"十二五"国家重点图书出版规划项目

2012年度国家出版基金项目

西方教育史
经典名著
译丛

单中惠 徐小洲/主编

国家出版基金项目
NATIONAL PUBLICATION FOUNDATION

Studies in Education During the Age of the Renaissance

文艺复兴时期教育研究

〔英〕威廉·哈里森·伍德沃德/著

赵卫平 赵花兰/译

山东教育出版社

图书在版编目(CIP)数据

文艺复兴时期教育研究/(英)伍德沃德著;赵卫平,赵花兰译.
—济南:山东教育出版社,2013(2017 重印)
(西方教育史经典名著译丛/单中惠,徐小洲主编)
ISBN 978－7－5328－6311－2

Ⅰ.①文… Ⅱ.①伍…②赵…③赵… Ⅲ.①教育史—研
究—西方国家—中世纪 Ⅳ.①G519.3

中国版本图书馆 CIP 数据核字(2013)第 216658 号

西方教育史经典名著译丛

单中惠 徐小洲 主编

文艺复兴时期教育研究

[英]威廉·哈里森·伍德沃德/著

赵卫平 赵花兰 译

主　管:	山东出版传媒股份有限公司
出 版 者:	山东教育出版社
	(济南市纬一路 321 号　邮编:250001)
电　话:	(0531)82092664　传真:(0531)82092625
网　址:	www.sjs.com.cn
发 行 者:	山东教育出版社
印　刷:	山东临沂新华印刷物流集团有限责任公司
版　次:	2017 年 3 月第 1 版第 2 次印刷
规　格:	710mm×1000mm　16 开本
印　张:	40.25 印张
字　数:	600 千字
书　号:	ISBN 978－7－5328－6311－2
定　价:	77.00 元

（如印装质量有问题,请与印刷厂联系调换）
印厂电话:0539－2925659

"西方教育史经典名著译丛"总序

　　教育史蕴藏着教育智慧，教育史名著闪耀着人类教育智慧的光辉，因此，从教育史中可以寻找教育智慧的宝藏。教育是人类社会的一个永恒课题，在教育发展的过程中，不同历史时期不同国家的思想家和教育家，或在自己教育实践的基础上，或在总结前人教育经验的前提下，提出各具特点的教育主张、教育理论和教育方法。毋庸置疑，在数千年的历史长河中，古今教育家通过他们的实践探索和理论思考给后人留下很多教育智慧。从事教育的人，研究教育的人，管理教育的人，以及学习教育的人，如果不了解教育的历史，那不仅与自己的崇高称号不相匹配，而且是令人难以想象的。不了解教育历史的人往往对教育限于感性，在教育实践中会走弯路。不了解教育的历史，不知道教育上的巨人是谁以及他的肩膀在哪里，就无法在历史传承的基础上谈教育创新。

　　法国教育社会学家涂尔干（Emile Durkheim）在《教育思想的演进》（The Evolution of Educational Thought）一书中曾这样说过："历史的研究不仅将会使我们有能力与我们自己的原则交流，而且也会使我们时不时从我们的前辈那里，发现我们必须纳入考虑的一些至关重要的东西，因为他们是我们的先辈，而我们是他们的传人。"概括起来，教育史研究的意义主要在于：一是拓展教育视野。教育既是一种历史现象，又是一种永恒现象。通过教育史，可以了解古今教育家是如何对教育问题进行实践探索和理论思考的，从而拓展教育视野。二是增长教育智慧。教育问题的解决需要教育智慧。通过教育史，可以拥有前辈的经验和智慧，从而既能对过去和现在的事情作出合理的解释，也能对将来的事情作出合理的推测。三是寻求教育思想支撑。从历史传承的意义上来讲，教育史上教育家的一些思想并没有过时。通过教育史，可以从历史上的教育家那里借鉴一些有益的东西，得到一些有益的启迪。四是获得教育方法。在教育发展历史上，很多教育家都是有长期教育实践经验的教师。通过教育史，可以了解其有特色的教育理论，获得其有启示的教育方法。

20世纪以来，在西方教育史学界，美国、英国和法国等国教育史学家撰著了很多在学术上造诣很深和影响很广的教育史著作。这些著作既对西方教育史学的发展起了很大的推动作用，也在西方教育史学界确立了重要的学术地位。这次，我们策划翻译出版"西方教育史经典名著译丛"，其目的在于向我国教育界尤其是教育史学界推介一些西方教育史经典名著。通过这些西方教育史经典名著，教育学者尤其是教育史学者不仅能在教育理论素养上有所提高，而且能在教育史学观念上有所感悟，还有能在教育史研究方法上有所启迪。

在确定"西方教育史经典名著译丛"的入选书目时，我们主要考虑了三条原则：一是经典性。入选的书目在西方教育史学界应是流传较广和影响较大的著作。由于它们具有形成智慧的教育价值，因而凸现出经典性。二是代表性。入选的书目在西方教育史领域的不同学术研究方向和研究视角应有一定的代表性。其中，既有通史，又有问题史；既有制度史，又有思想史；既有古代史，又有近现代史。三是独特性。入选的书目在西方教育史领域应能体现不同的史学理论和研究方法，同时应能体现西方不同国家教育史学家的学术成果和学术思想。其中，既有体现传统史学研究的著作，又有体现当代史学研究的著作。在确定"西方教育史经典名著译丛"入选书目的过程中，我们还征求了国内外一些学者的意见，在此表示衷心的感谢。

据此，"西方教育史经典名著译丛"精选了十本西方教育史经典名著。其中有：

〔美〕布里克曼（William W. Brickman）：《教育史学：传统、理论和方法》（Educational Historiography：Tradition，Theory，and Technique）。

〔英〕弗里曼（Kenneth J. Freeman）：《希腊的学校》（Schools of Hellas）。

〔英〕科班（A. B. Cobban）：《中世纪大学：发展与组织》（The Medieval Universities：Their Development and Organization）。

〔英〕伍德沃德（William Harrison Woodward）：《文艺复兴时期教育研究》（Studies in Education During the Age of the Renaissance，1400—1600）。

〔法〕孔佩雷（Gabriel Compayré）：《教育学史》（The History of Pedagogy）。

〔美〕伯茨（R. F. Butts）：《西方教育文化史》（A Cultural History of Western Education）。

〔美〕布鲁巴克（John S. Brubacher）：《教育问题史》（A History of the Problems of Education）。

〔英〕拉斯克（Robert R. Rusk）、斯科特兰（James Scotland）：《伟大教育家的学说》（Doctrines of the Great Educators）。

〔美〕克雷明（Lawrence Arthur Cremin）：《学校的变革》（The Transformation of the School）。

〔美〕托里斯（Carlos Alberto Torres）：《教育、权力与个人经历：当代西方批判教育家访谈录》（Education，Power，and Personal Biography，Dialogues with Critical Educators）。

改革开放以来，由于山东教育出版社领导的精心打造，教育史著作出版已成为山东教育出版社的特色品牌。这次"西方教育史经典名著译丛"的翻译出版，得到了山东教育出版社领导的高度重视和大力支持，在此谨致最诚挚的敬意。还必须感谢的是，在翻译出版的过程中，教育理论编辑室主任蒋伟编审做了大量的指导和协调工作，付出了辛勤的努力。

我们希望"西方教育史经典名著译丛"的翻译出版，不仅能推动我国西方教育史的学术研究和学术积累，而且能为我国教育界提供一些具有重要学术价值的西方教育史经典读物。

单中惠　徐小洲

浙江大学教育学院

2009 年 2 月

目　录

《维多里诺与其他人文主义教育家》

解　读

赵卫平

《文艺复兴时期教育研究,1400—1600》(*Studies in Education during the Age of the Renaissance,1400—1600*)和《维多里诺与其他人文主义教育家》(*Vittorino da feltre and Other Humanist Educators*)是英国著名历史学家威廉·哈里森·伍德沃德(Willian Harrison Woodward)在西方教育史研究领域,尤其是文艺复兴时期人文主义教育研究领域的具有奠基性意义的重要著作。前者由英国剑桥大学出版社出版于 1907 年(1924 年重印);后者由英国剑桥大学出版社出版于 1897 年。

伍德沃德于 1855 年出生。他曾在牛津大学基督学院工作,1892—1899 年,任维多利亚大学教育学讲师。1899—1907 年,任利物浦大学教育学教授。除《文艺复兴时期教育研究,1400—1600》和《维多里诺与其他人文主义教育家》外,他的其他主要学术成果还有:《英帝国扩张简史,1500—1870》(*A Short History of the Expansion of the British Empire,1500—1870,1899*)、《伊拉斯谟论教育的目的与方法》(*Desiderius Erasmus Concerning the Aim and Method of Education,1904*)①、《凯撒·波吉亚传》(*Cesare Borgia. A Biography,1913*)、《埃莱娜,一个意大利浪漫故事》(*Elenna, an Idalian Romance,1929*)、《英帝国扩张史》(*History of the Expansion of the British Empire,*

---

① 该书的第一部分共 5 章,是伍德沃德对伊拉斯谟的研究,内容包括伊拉斯谟的学术生涯、个性特征和对教育目的的看法等;第二部分共 3 章,内容主要是伊拉斯谟的部分教育论著。

1930)、《伊拉斯谟论教育》(*Erasmus concerning Education*,1930)等。此外,伍德沃德本人作过贡献的著作有:《剑桥英国文学史》(*The Cambridge Historu of English Literature*,1909)、《美国教育百科全书》(*The Ameirican Encyclopeadia of Education*,1912)。1929 年 11 月 30 日,伍德沃德去世。

《文艺复兴时期教育研究,1400—1600》一书除"序言注释"外,全书共 13 章,还附有一个简要的"年表"。该书名中的"文艺复兴时期"是一个较为宽泛的概念,它实际上已将宗教改革时期包括在内。本中译本是根据 1924 年的英文重印本翻译的。其中,第一章论述 15 世纪与人文主义教育的兴起,可以作为全书的导论。第二至第十二章,基本上是每一章介绍文艺复兴时期一位著名的人文主义者及其教育代表作。第十三章中分为三节,主要论述文艺复兴时期英国的教育情况,重点论述了几位人文主义教育家及其著作。在该书的"序言注释"中,伍德沃德强调指出:"希望本书可以达到两个目的。对于所有那些关心古典教育并渴望了解历史上的伟大学者和教师们的成就的人来说,本书的主题希望能引起他们的兴趣,认识到以往的学者和教师们为近代世界的高等教育奠定了基础。对于许多这样的读者来说,他们最终将会意想不到地发现,近代的人们所思考的一些问题以及所提出的被认为是新颖和意义深远的解决办法,就他们三个世纪以前的先辈们而言,早就是一些平常事了。同时,对于另一类学生读者,即那些正在系统地学习教育史的研究生来说,本书也会被证明是有用的。对于他们而言,这些研究为更进一步的探究尤其是为考察原始资料指出了方向。"①

第一章"15 世纪与人文主义教育的兴起"。在这一章中,作者论述了 15 世纪的特征、当时一些人对古代文化的热情、意大利的文艺复兴和人文主义的发展。"昆体良的论文的影响就像在罗马帝国的影响那样大,这种影响在文艺复兴时期更富有成效。文艺复兴时期的每一位教育家,不管是理论家还是实践者,不管是在意大利还是在日耳曼人的

---

① Willian Harrison Woodward, *Studies in Education during the Age of the Renaissance*, *1400—1600*, Cambridge: at the University Press, 1924, Prefatory Note.

土地上,伊尼亚斯·西尔维乌斯或者帕特里齐、阿格里科拉、伊拉斯谟、梅兰希顿或者托马斯·艾利奥特都深受昆体良的著作和精神的影响。"①其中,作者着重阐述了意大利人文主义教育家维多里诺(Vittorino da Feltre)的教育实践和理念。他创办了著名的宫廷学校——孟都亚学校,自称"快乐之家"。"确实,被维多里诺这样付诸实施的教育思想在其他地方实际上很少被人们所认识到。……要理解人文主义教育的内在精神,要理解它的宗旨、它的方法和它的结果,评论家就必须求助于孟都亚学校。"②

在第二、第三、第四章中,作者分别论述了三位意大利前期人文主义教育家。

第二章"维罗纳的格里诺"。在这一章中,作者论述了意大利人文主义教育家格里诺(Guarino da Verona)的教育实践和教育思想。格里诺先在佛罗伦萨主持希腊语讲座,后在威尼斯创办学校(维多里诺曾前往学习),又多年在费拉拉大学担任修辞学教授,还编有拉丁语教科书《格里诺语法规则》。格里诺和维多里诺两人所办的学校有相似之处,但他们的办学思想则明显不同。前者的教育目标主要是培养具有德行和忠于社会的身心和谐发展的人,而后者偏重智育并以学习古典著作为教育宗旨。格里诺身后留下了作为"一位人文主义教师"的美名,他的声望几乎不低于维多里诺。

第三章"里昂·巴蒂斯塔·阿尔伯蒂与《论家庭》"。在这一章中,作者论述了意大利人文主义教育家阿尔伯蒂(Leon Battista Alberti)的教育思想。阿尔伯蒂是佛罗伦萨早期文艺复兴的代表,著有《论家庭》(四卷)。他强调健全教育的理想和个性发展的思想,旨在使年轻人今后在家庭和社会中能够合格地承担其应有的职责;他主张培养"一家之主"(即父亲和丈夫),因为家庭的幸福取决于一家之主的品格和能力,

---

① *Studies in Education during the Age of the Renaissance*，*1400—1600*，1924，pp. 8—9.

② *Studies in Education during the Age of the Renaissance*，*1400—1600*，1924，p. 25.

而家庭关系好,则国家就稳定了。阿尔伯蒂被称为一位名副其实的"知识分子的老师"。

第四章"马提奥·帕尔梅利"。在这一章中,作者论述了意大利人文主义教育家帕尔梅利(Matteo Palmieri)的教育思想。帕尔梅利和阿尔伯蒂是同时代人和朋友。他的教育思想主要体现在他的《论公民生活》一书中。他指出,教育目的应该是培养公民,通过良好的教育培养最杰出的市民;他注重道德教育,并认为环境对于儿童的成长至关重要。

在第五、第六章中,作者分别论述了两位尼德兰人文主义教育家。

第五章"鲁道夫·阿格里科拉"。在这一章中,作者论述了尼德兰人文主义教育家阿格里科拉(Rudolph Agricola)的教育实践活动和思想。他认为,在哲学意义上,人是所有教育的最终产物。对于一个有文化教养的人来说,不仅要学习道德哲学、自由学科(包括自然、历史、文学、政治)以及雄辩术三方面知识,而且要学习建筑、绘画和塑像等。阿格里科拉在把意大利的人文主义思想引入北欧的过程中起了决定性的作用。在学问的领域中,他被认为是意大利文艺复兴的一个精神产儿。

第六章"伊拉斯谟"。在这一章中,作者论述了尼德兰基督教人文主义教育家伊拉斯谟(Desiderius Erasmus)的教育思想。他的主要教育论著包括《愚人颂》、《论男孩教育》、《论教学的正确方法》、《基督教君主的教育》等。伊拉斯谟强调古代文化,认为它并不只是某些人文学科,它还带有社会秩序的一种能够实现的理想的性质。他主张一种更为正确的教育的普及,认为博雅教育就是一种公共教育。他还论述了公共教育和私立教育以及家庭教育和女孩教育。作为一位博学的拉丁语学者,伊拉斯谟是当时欧洲学界公认的领导者之一。

在第七、第八章中,作者分别论述了两位法国人文主义教育家。

第七章"纪尧姆·比代的《论君主的教育》"。在这一章中,作者论述了法国人文主义教育的早期代表人物比代(Guillaume Bude)的教育思想。他著有《论君主的教育》、《希腊语评注》等。比代强调培养"理想的君主",因此,君主必须学习"知识"和实际的智慧。其中,学习希腊语应该优先于学习其他知识。在比代的影响下,16世纪上半叶,法国先后建立了著名的人文主义学府:法兰西学院和古伊纳学院。

第八章"古伊纳学院与马瑟林·科迪埃"。在这一章中,作者论述了法国人文主义学者科迪埃(Mathurin Cordier)的教育思想以及古伊纳学院的办学情况。他曾先后长期在法国和瑞士的学校里教书和当过校长,具有丰富的教学实践经验。他所著的《对话集》作为一本学校的手册享有非凡的声誉。科迪埃强调把男孩们培养成为自立的人,服从自己内心的法则。他帮助确立了古伊纳学院的教学和组织方法,课程包括哲学、希腊语和数学等,教学中把法语作为学习拉丁语的手段,并采用辩论的方法。

第九章"红衣主教萨多莱托的《论儿童的正确教育》"。在这一章中,作者论述了意大利晚期人文主义教育家萨多莱托(Jacopo Sadoleto)的教育思想。他著有《论儿童的正确教育》一书。萨多莱托认为,国家应该重视教育,因为道德的健全和社会的繁荣依赖高于所有其他事情的教育。他提出一种博雅教育的理想目的,即通识教育的培养目标;强调生活道德和家庭榜样;认为学习是一个愉快的过程。关于知识教学,他主张儿童学习古典语言、历史、数学和哲学等,还要学习音乐和体操。作为他那个时代的较伟大的学者之一,萨多莱托在对希腊思想的重要意义的领悟上超过了他们中的大多数人。

第十章"胡安·路易斯·维韦斯"。在这一章中,作者论述了西班牙基督教人文主义教育家维韦斯(Juan Luis Vives)的教育思想。他的教育论著主要有《智慧入门》、《论教学的正确方法》、《论基督教妇女的教育》和《论知识的传授》等。维韦斯认为,教学和学校的功能既是培养品格又是传授知识。他最强调与训练和教学有关的心理学,并结合自己的教育活动去研究心理学。他主张开设广泛的课程,包括拉丁语法、历史学、修辞学、逻辑学、物理学、哲学、数学等,也重视本国语的学习。此外,他也主张给予女孩子以适当的教育,还论述了教职人员、教师的培训等。

第十一章"德国人文主义教师梅兰希顿"。在这一章中,作者论述了德国新教人文主义教育家梅兰希顿(Philip Melanchton)的教育实践和思想。作为宗教改革时期著名的学者和基督教新教神学家,他受到德国宗教改革运动领导人马丁·路德（Martin Luther）的直接影响，而马丁·路德的新教教育理想主要是通过梅兰希顿等人去付诸实施的。梅兰希顿对中世纪大学进行了严厉的谴责，其严厉的程度超过其他的人文主义者，并对德国南部大学的改革和发展影响极大。在教育领域中，他试图使新教的理想和人文主义精神相结合，但他更偏向人文主义教育。他还努力去提高学校教师的作用和地位。他为德国新学校的建立制定了许多计划，被称为"德意志的老师"。

第十二章"礼仪的原则与《宫廷人物》(1528)"。在这一章中，作者论述了意大利晚期人文主义者卡斯底格朗（Baldasarre Castiglione）的教育思想。他著有《廷臣论》一书，这是他对自己一生辅佐贵族的记录，被认为是 16 世纪欧洲最有影响的书籍之一。卡斯底格朗强调廷臣的培养，把廷臣看做是文艺复兴时期所设想的理想人格。"廷臣"是当时统治集团以及依附于该集团的文人学士的统称，也是当时一种理想的人物，即积极的社会活动家。作为人文主义教育理想的廷臣必须具有军事技能，具有活力、勇气和涵养。对于一个完美的廷臣来说，军人和文人这两种状况彼此协调是必要的。此外，作者还讨论了罗梅伊（Annibale Romei）伯爵的《廷臣的学院》。

第十三章"文艺复兴与英国教育"。在这一章中，作者分别论述了英国几位人文主义教育家和学者的绅士教育思想。第一节"托马斯·艾利奥特与《行政官之书》"，主要论述了托马斯·艾利奥特（Thomas Elyot）的教育思想。他著有政治教育专著《行政官之书》，该书可以看做是《廷臣论》的英国版。艾利奥特认为，"行政官"是指 16 世纪英国的统治阶层——资产阶级贵族。无论是"廷臣"还是"行政官"，都应能文能武，效忠于国家。此类人物在法语中称为"绅士"（Gentilhomme）。欧洲后来的绅士教育即源于此。第二节"《绅士的教育》与《伊丽莎白女王的学园》"，分别论述了这两本书中所提出的教育思想。《绅士的教育》是一位无名作者所写，这里绅士是指当时英国的资产阶级新贵族。《伊丽莎白女王的学园》的作者是英国殖民地的一位开拓者、航海家和军人吉尔伯特（Humphrey Gilbert）。他建议在伦敦建立一所学园，以进行绅士教育。第三节"《青年贵族的学校》"，主要论述了教育家詹姆斯·克莱兰(James Cleveland)的教育思想。他著有《青年贵族的学校》一书。"青年贵族"即绅士。本章所阐述的英国几位人文主义教育家和学者的教育思想是一脉相承的,即绅士教育思想。到了17世纪,英国哲学家、教育家洛克(John Locke)进一步继承和发展了这种思想。

《文艺复兴时期教育研究,1400—1600》一书表现出以下的特点:

第一,资料翔实,论述全面。该书在翔实的拉丁文资料基础上,不仅论述了意大利文艺复兴前期和晚期、尼德兰、法国、德国、西班牙以及英国大约16位人文主义教育家,而且更值得注意的是对这些人文主义教育家的全面性论述,具体包括他们的生活、教育实践活动、教育著作和教育思想以及他们之间的相互影响等,以便对这些人文主义教育家进行一种立体式的勾画。

第二,框架以教育家为线索。该书把所论述的人文主义教育家按国家依次排列,其论述要比其他西方教育史著作更为具体和深入;同时对他们的教育代表作也尽可能地进行有条理的阐述。因此,在这个意义上,该书也可以被看做是一本文艺复兴时期人文主义教育家的思想史。当代美国著名历史学者、美国普林斯顿大学历史学教授劳伦斯·斯通(Lawrence Stone)指出:"毫无疑问,人文主义学者在本书中提出的观点对西方文化产生了深远的影响。……他们的工作在实践上与现实世界的历史具有直接的联系。"①

《维多里诺与其他人文主义教育家》一书有一个副标题:"古典教育史导论"(*An Intruduction to the History of Classical Edcuation*)。本中译本是根据1963年的英文本翻译的。该书除"前言"外,全书共三个部分。伍德沃德一直把揭示早期人文主义的重要特征作为自己的一个目标,他在该书的"前言"中指出:"本书主要介绍文艺复兴时期第一阶段,即彼特拉克(Petrach)去世之后的那个世纪的教育研究。本书分为三个部分。第一部分论述了独特的人文主义教师、费尔特雷的维多里诺的生平。第二部分包括在此期间出版的、现在的学生不容易获得的

---

① *Studies in Education during the Age of the Renaissance*,1400—1600,New York:Teachers College Press,Columbia University,1967,Foreword.

四篇值得注意的教育论文。这些论文在本书中呈现的是英文版本。在第三部分,我的目的在于对人文主义学者所设想的教育进行概括性的评论。"①在该书的"序言"中,当代美国教育史学者尤金·F·小赖斯(Eugene F. Rice, Jr.)也指出:"伍德沃德一方面描述了费尔特雷的维多里诺于1424年在孟都亚侯爵詹弗朗切斯科·贡札加(Gianfrancesco Gonzaga)的官邸建立的一所著名的学校;另一方面对人文主义教育家的办学目的和方法进行了明智的、均衡的分析。"②

第一部分:"费尔特雷的维多里诺"。在这一部分中,作者十分详细地阐述了维多里诺的生涯以及在孟都亚学校的办学实践——"快乐之家",努力表明维多里诺在学术史和教育史上的地位,并主张为他冠以"第一位现代教师"(the first modern Schoolmaster)③的重要头衔。作者指出:"无论是维多里诺的目的,还是真正的人文主义教育者的目的,都是想获得心灵、身体和性格的和谐发展。"④

在第二部分中,作者阐释了意大利文艺复兴时期的人文主义教育理念。具体包括四篇教育论文,原文都是拉丁语,由伍德沃德译成英语。第一篇:《佩特鲁斯·保卢斯·韦杰里乌斯与〈论绅士风度〉》。人文主义教育思想家韦杰里乌斯(Pietro Paolo Vergerius)的论文《论绅士风度》大约写于1393年,主要论述了有关学习和行为的准则,以及绅士教育的科目、学习方式和身体锻炼等。第二篇:《阿雷佐的利奥纳尔多·布鲁尼与〈论文学学习〉》。人文主义者布鲁尼(Leonarde Bruni)是市民人文主义(civic humanism)的新一代代表人物,曾担任佛罗伦萨的秘书官。他的《论文学学习》大约写于1405年,可能是最早的人文主义关于教育的短文。它原是写给一位出身伯爵之家的女士蒙特费尔特罗的巴普蒂斯塔(Baptista di Montefeltro)的信,主要论述了古典文学的学

----

① Willian Harrison Woodward, *Vittorino da Feltre and Other Humanist Educators*, New York: Teachers College Press, Columbia University, 1963, Introduction.

② *Vittorino da Feltre and Other Humanist Educators*, 1963, Foreword.

③ *Vittorino da Feltre and Other Humanist Educators*, 1963, p. 92.

④ *Vittorino da Feltre and Other Humanist Educators*, 1963, p. 36.

习,强调"诗人、演说家、历史学家以及其他学者的所有著作都必须学习,每一种学习都必须尽力。这样,我们的知识才会变得全面、简明、丰富和高雅,为以后的实践做好准备或有益于对所有学科的理解"①。第三篇:《教皇庇护二世埃涅阿斯·西尔维乌斯与〈论博雅教育〉》。西尔维乌斯(Aeneas Sylvius)主教的论文《论博雅教育》原是写给当时波西米亚和匈牙利的国王拉迪斯拉斯(Ladislas)的短文,主要探讨男孩的教育,包括身体训练、知识学习和宗教教育等。第四篇:《巴蒂斯塔·格里诺与〈论教学秩序与学习〉》。人文主义者巴蒂斯塔·格里诺(Battista Guarino,即维罗纳的格里诺的小儿子)的论文《论教学秩序与学习》大约写于 1459 年,原是写给布雷西亚的马菲奥·甘巴拉(Maffeo Gambara)的一封信,主要论述了指导费拉拉学校教学的一般原则,具体包括教授希腊文学和拉丁文学的方法、学习课程等。

第三部分:"关于第一个百年人文主义教育目的和方法的评论"。在这一部分中,作者展现文艺复兴一百年来人文主义学者有关教育目的和方法的普遍看法,对人文主义教育家的教育实践活动和教育思想进行总结与分析,具体包括七个方面:一是人文主义教育家的总体目的;二是早期教育——家庭;三是人文学科;四是数学、科学和音乐;五是道德教育和宗教教育;六是体育;七是人文主义与女孩教育。作者明确指出,人文主义教育家的总体教育目的是培养"完美的公民";在教育方法上,主要是早期的家庭训练,之后是通识教育(或博雅教育)。

《维多里诺与其他人文主义教育家》一书表现出以下的特点:

第一,研究资料翔实珍贵。该书在占有充分资料的基础上,主要论述了文艺复兴早期(即 14 世纪至 15 世纪)的人文主义教育实践和教育思想。特别是"费尔特雷的维多里诺"这一部分,对伟大的人文主义教育家维多里诺的生涯以及孟都亚学校教育实践活动的系统而详细的论述在深度上远远超过其他西方教育史著作。还有,收集了原本较难寻觅的意大利文艺复兴时期人文主义学者的四篇教育论文,现在经伍德沃德译成英语后,就能为更多的读者所阅读,从而为全面研究文艺复兴

---

① *Vittorino da Feltre and Other Humanist Educators*, 1963, p. 132.

时期的人文主义教育思想提供了珍贵的第一手著作资料。

第二，系统梳理总结分析。该书根据原始资料从七个方面对文艺复兴一百年来的人文主义教育思想做了概括性论述。实际上，这种概括性论述也为后来的学者研究文艺复兴人文主义教育思想提供了一个具有参考意义的框架。正如作者所指出的："在历史这个知识范围同在所有其他知识范围一样，直接了解原始资料的习惯能够避免无论是对思想还是对事实的真正要旨的误解。"①

《文艺复兴时期教育研究，1400—1600》分别列专章论述了法国人文主义学者比代和科迪埃的教育思想，但却未列专章论述法国另两位著名的人文主义教育家拉伯雷（Francois Rabelais）和蒙田（Michel Eyquem de Montaigne）的教育思想；该书列专章论述了德国路德派新教学校的组织者梅兰希顿的教育实践和思想，但却未列专章论述德国宗教改革家马丁·路德的教育思想，也未系统论述同为路德派的斯图谟（Johannes Sturm）和布肯哈根（John Bugenhagen）的教育思想；第十三章分别列专节先后论述了英国教育理论家艾利奥特，英国殖民地的一位开拓者、航海家吉尔伯特和教育家克莱兰的教育思想，但却未列专节论述英国著名的人文主义思想家和空想社会主义者托马斯·莫尔的教育理想。《维多里诺与其他人文主义教育家》分别专门论述了一些意大利人文主义者的教育思想，但并未论述意大利人文主义者康帕内拉（Tommaso Campanella）和他的《太阳城》等。对于这样的情况，伍德沃德本人曾做了一点说明："本书作者在书中有意识地选择了某一些学者，这样做的理由是：虽然这些学者对教育也有很大的兴趣，但到目前为止，至少在英语文献中没有从教育这一特殊的角度去讨论过他们。"②因此，就研究的全面性而言，这两本著作还是不免有点令人遗憾。

但是，应该看到，《文艺复兴时期教育研究，1400—1600》和《维多里诺与其他人文主义教育家》所用的一手资料非常翔实，体现出作者在拉

---

① *Vittorino da Feltre and Other Humanist Educators*，1963，p. 179.

② *Studies in Education during the Age of the Renaissance*，*1400—1600*，1924，Prefatory Note.

丁语方面的极高造诣。而且,这两本书自首次出版以来至今都已一百多年了,尽管此后其他学者又陆续出版了一些有关文艺复兴时期教育的研究著作,但对于欧洲文艺复兴时期教育的研究来说,伍德沃德的这两本著作仍然是十分重要的基础性著作,具有极大的学术价值。后来,这两本书被美国著名教育史学家、前哥伦比亚大学师范学院院长克雷明(Lawrence A. Crenmin)收入他主编的"教育经典丛书"(Classics in Education),由美国哥伦比亚大学师范学院出版社出版。前者为"教育经典丛书"No. 32,出版于1967年;后者为"教育经典丛书"No. 18,出版于1963年(1970年第二次印刷)。当代美国教育史学者尤金·F·小赖斯在1963年指出:在人文主义教育上,"没有哪一本书能超越伍德沃德的学问精深的且有治疗作用的研究";"近七十年来,由这些重要内容构成核心的这本书一直是早期文艺复兴时期教育理论和实践的基础研究"。① 当代美国历史学者劳伦斯·斯通指出:"自从伍德沃德写了这些文章之后,关于文艺复兴时期的教育就有了很好的研究基础。"②美国著名教育史学家布里克曼(William W. Brickman)在他的《教育史学:传统、理论和方法》一书中也明确指出:伍德沃德的研究"是文艺复兴时期领域的专家所做的具有很高学术水平的研究"③。

---

① *Vittorino da Feltre and Other Humanist Educators*, 1963, Foreword.

② *Studies in Education during the Age of the Renaissance*, *1400—1600*, 1967, Foreword.

③ William W. Brickman, *Educational Historiography*: *Tradition*, *Theory*, *and Technique*, Cherry Hill, N. J.: Emeritus, Inc., Publisher, 1982, p. 31.

文艺复兴时期教育研究
1400—1600

Studies in Education during
the Age of the Renaissance，1400—1600

序 言

劳伦斯·斯通①

(Lawrence Stone)

　　谈及文明社会的所有机构,没有别的机构比教育机构更抵制变革。 ix
甚至宪法也经常改动,但反对的意见并不多。产生这一现象的原因有
三个方面。第一位的和最重要的原因是教学专业本身的抵制。这个强
大的专业团体坚持他们的作风,他们所受到的训练使他们习惯于使用
一定的教学方式传授某些知识和思想,他们在任何时候和任何地方总
是用所有的力量来抵制和阻碍变革的号召,而这种号召来自于教育所
处社会的不可抗拒的变革。第二方面的原因是,那些革新者通常是专
业教育机构以外的人士,就像意大利的人文主义者,他们大部分是政治
领导者的秘书而不是大学教授;或者是通过政府的干预而把一些人强
行派往大学,就像在亨利八世(Henry Ⅷ)统治时期把一些人文主义者
渗透进牛津大学和剑桥大学;或者在 17 世纪 50 年代由国会议员把一
些科学家派往牛津大学任职那样。第三方面的原因是,对于改革者们
来说,要拿出真凭实据来证明他们的新建议不言而喻地优于现在的做

---

　　① 劳伦斯·斯通(Lawrence Stone),美国普林斯顿大学历史学教授。《过去与现
在》(*Past and Present*)杂志编委会成员,皇家历史学会(Royal Historical Society)和皇
家考古学会(Royal Archaeological Society)的会员。其著作包括:《英国的雕塑:中世
纪》(*Sculpture in Britain:The Middle Ages*,1955)、《一个伊丽莎白一世时代的人:霍
雷肖·帕拉维奇诺爵士》(*An Elizabethan:Sir Horatio Palavicino*,1956)和《贵族统治
的危机,1558—1641》(*The Crisis of the Aristocracy,1558—1641*,1964)等。

法,这是极其困难的。特别是,教育理论可以提出大胆的假设,而这种假设是不能以经验为根据来证明或反驳的。

    结果是,在西方以往几千年的整个历史中,只有两次主要的教育大变动,第一次发生在文艺复兴时期,第二次发生在我们自己的时代。今天,整个一系列的力量已集中在一起,在规模、社会的形式和目的以及课程等方面导致了革命性的变革。日益复杂的文明社会需要数量非常庞大的、熟练的行政管理人员,这就导致了高等教育的一种扩张,而这种扩张粉碎了文艺复兴时期关于培养数量有限的精英(elite)的那种理想。从 16 世纪到 20 世纪初,教育是一种特权,只限于一个世袭的、富裕的地主阶级,教育的目的是向他们传授一种与众不同的文化,使他们具备行使政治权力的能力;而现今,教育是社会流动的一条开了绿灯的大道,使得中下阶层的儿童能够进入通向政治的和经济的权力的仕途,教育本身能够赋予人以一定的社会声望;而在从前,这种声望是一个人家庭出身的"副产品"。在近来的几百年中,对于所有欧洲各国接受教育的人们来说,拉丁语第一次不再是一种共同的语言,古典文献的知识也不再是一种共同的经验。至于有一种共同的欧洲文化的存在,它是基于英语和"热力学第二定律"(Second Law of Thermodynamics)之上的。

    在我们的时代,如果说教育的规模和班级形式已发生了变化,那么,课程也已发生了变化,因为科学的需求已深深地进入几个世纪以来唯一的一种文科教育之中。最后,对于专门人才的一种难以满足的需求,首先导致了研究生学习的快速发展,作为培养一个国家未来领导者的教育的最后一个阶段,研究生教育正在取代旧的本科生的文理教育;其次还导致了一大批新的学校的出现,这些学校在商业、公共行政管理、法律、医学和教育等领域提供了专门化教学。一个新的需要管理的、专业化的、技术性的和科学的社会要求有一种新的教育计划,这种新的教育大部分已经实现了,至少在美国是这样,虽然也经历了一百多年的长期和艰苦的斗争。

    在最近这场斗争中被颠覆的是一些教育理想、一种教育体系和一种课程,而这些则是在 450 年前的文艺复兴时期通过另一场剧变而建立起来的,并和本书中涉及的文艺复兴时期某些重要人物的职业生涯和思想有关。

　　在今天,社会的性质似乎已发生了深刻的变化,这些变化也迫使顽固的学校教师和大学教授们进行变革。基本上说来,由于战争变得更加专业性,由于意大利的城邦国家(city-states)以及随后西欧的民族国家要求有大量受过更好培训的官员来管理他们正在扩展中的事务,因此,就发生了旧的封建精英阶层的职能的一场变革。在中世纪,国王和贵族主要依靠宗教界人士和律师的帮助来进行统治,宗教界人士和律师起草和编写必要的公文。这些人通常来自地位卑下的家庭,但他们几乎垄断着高等教育的设施,因而也垄断了当时书本的和文化的成果。后来,在很大程度上随着印刷出版物的发行,文化在世俗人士中间的传播,这就开始导致以上这种垄断的瓦解,同时世俗贵族的军事作用也正在衰落。所以,在中世纪贵族教育中,对学问和文学的关注是第二位的,最受重视的还是在社交举止和军事知识方面的训练。但是,当时统治阶级的长子发现自己被迫要精通公文的撰写和阅读,只有这样才可以处于政治权力的中心地位。长子的弟弟们则发现很难获得赖以生活的财产,也很难在军队里获得佣金。于是,他们被迫转而去从事一些专业性的职业,包括政治、法律、宗教或医学等,而所有这些职业都需要文化知识和技能。

　　使文艺复兴成为教育史上如此特别的一个时期,是由于当时意大利的一些知识分子和文士发现了古代的一批文献(首先是古罗马的文献,然后是古希腊的文献),这引起了课程观念的大转折。幸运的是,这种转折又和新的社会需求相一致。这些学者引领了一场大的思想革命,从而颠覆了中世纪的经院哲学和逻辑学,并代之以一套新的教育目标和方法。中世纪大学的目的已经从培养出身低微的教授并使之服务于文化水平较低的军事贵族这一目的转变成培养和改善贵族阶级自身,把这个人数不多的社会精英群体转变成一群出身高贵和道德高尚的人,他们在古典文化方面受过文学和修辞学的训练。这种新人(new man)是文艺复兴时期人文主义者的产物,他们在国家事务中十分活跃,熟悉古典文献的主要内容,精通具有说服力的雄辩术。他们接受的训

xii

xiii

练主要是纯粹的古典文献和文法,这两者相互之间紧密相联;还有历史,大部分是古代世界的历史;还有道德哲学,大多数内容从古典权威文献中精选出来。另外,还有基督教教学(不同的教育家所讲的内容多少有点相同),多数是教父神学;还有身体锻炼,这是为了履行以下这句格言:"健康之精神寓于健康之身体"(mens sana in corpore sano);还有,根据中世纪的方式所进行的行为举止方面的训练。为了实现新的教育理想,建立了一些新的教育制度,学校进行独特的和世俗的精英教育,而私人的家庭教师在一些大家族里教育儿童。这些教育可以毫不费力地挤在中世纪的初等学校(它们教授基本的文化知识)和中世纪的大学(它们进行神学、法学和医学等方面的专业训练)之间。

伍德沃德(Woodward)曾对当时一些著名理论家的理念作了简明而深入的研究,从中我们可以注意到,当时的一些激进者对于如何去实现他们心中所拥有的理想,意见并不一致。他们都试图以服务公众为目的并在古典文献的背景下来培养有文化的非专业性人员,但是,他们所用的方法则显然各不相同。有些人,诸如阿尔伯蒂(Alberti)、维韦斯(Vives)和艾利奥特(Elyot),他们关注乡村绅士阶层(rural gegentry class),关心在乡村的大家族里居住和工作的家庭教师的活动。其他一些人,诸如费尔特雷的维多里诺(Vittorino da Feltre),他们的视野和经验局限于城市,所以赞同寄宿学校。还有一些人,诸如帕尔梅利(Palmieri)和梅兰希顿(Melanchthon),则强调应把服务国家作为教育的主要目的;另外一些人,诸如吉尔伯特(Gilbert)和克莱兰(Cleland),则更关心实践技能的教学;还有的人,诸如卡斯底格朗(Castiglione),则试图完善老于世故的廷臣的行为举止和爱好。大多数人都强调受教育者的品质,把道德置于知识之上;但有的人,如格里诺(Guarino),则强调学习严肃的古典学问的重要性。

有些人的观点带有很深的基督教倾向,他们小心地协调异教的理想、基督教的理想和当权者这几者的关系;其他人则并不关心这个问题。有些人,诸如阿尔伯蒂和克莱兰,他们强调仔细地培养学生用本国语去进行自我表达;另一些人,诸如伊拉斯谟,则并不热衷于甚至反对这一想法。也许除了吉尔伯特之外,几乎所有的人都轻视科学(而不管

xiv

科学是作为一种有用的知识,还是作为一种教学的工具)。有的人把希腊语当做理解拉丁文化的基础;其他人则认为应该把希腊文降低到第二位的角色。有的人想减少文法教学直到最低限度,仅仅把文法作为学习古代著作的辅助性工具;其他人则热衷于恢复古代语言的纯正性,他们对经院哲学家的"纯理论的"文法持反对态度,而给予他们自己的"历史的文法"以一种优先的地位。大部分早期人文主义教育家都反对用体罚来作为确保儿童注意力的一种方法,并提倡设计一种适应儿童能力和兴趣的课程,从而激发儿童的学习热情。许多人出乎意料地支持对妇女进行智力训练,虽然所有的人都认为母亲不适合负责教育年满7岁的男孩。

一个重要的且尚未解决的问题是,这些早期文艺复兴时期的改革家们的崇高理想在多大程度上已被付诸实施。在学校教室和演讲大厅中实际发生了什么?显然,他们的思想的某些方面被完全地付诸实施了,对欧洲教育产生了影响,并一直延续到20世纪。例如,教育是培养少数的贵族以使他们更好地统治这一观点;第二是从世俗角度来看待前景、趋向、人事、方向;第三是主要以古典文学和文法为基础而不是以本国语为基础;第四是要培养的是精到的业余者而不是专家。文艺复兴时期的教育家在这些方面的胜利是无可争议的。

然而,怀疑和不确定也开始悄然而起。16世纪的研究也经常发现一些事实,它们也让这些文雅、博学和品格高尚的改革家们感到震惊。我们发现,一些思想狭隘的学究为了把文法知识最枯燥的部分灌入儿童的头脑中,而对他们实行例行的体罚,这些体罚甚至近似暴行。随着民族国家的发展,也产生了宫廷(court),教育中"礼节"(courtesy)这一因素也随之而来。17世纪,卡斯底格朗的廷臣处处取代了格里诺的学者;业余的国家服务者,熟练的城镇管理者,他们通常具有专长。而且,对自然科学的怀疑和轻视态度在文艺复兴时期反对科学的教育家中占了很大比重,而自然科学在几个世纪里都对欧洲很多地区贵族阶级的思想形成产生了重大影响。这一思想对14世纪和15世纪社会的发展形成了很大的阻碍,直到17世纪现代科学才慢慢产生。对于粗野的中世纪晚期拉丁文化的反抗实际上仅仅是摧毁了一种语言,而它的缺点——西塞罗范式(Ciceronian standards)却最后残留了下来并得到了发展。在这里,语言就像一具复活的僵尸,当它所有被公认的纯正都死亡之后,这也意味着它的纯正不会受到语言发展过程中的污染。那些对本族语言持有反对意见的教育家们认为,应该让孩子们在任何时候都说拉丁语,甚至是在用餐和玩耍的时候,但这并没有带来完全乐观的结果,就像莎士比亚(Shakespeare)令人惊讶又复杂的语言风格在很大程度上来自于他对于拉丁语和希腊语的知之甚少。

从另一方面来说,有更多的无疑有价值的建议。例如,需要给妇女接受正规教育的机会,或者是使用鼓励多于惩罚的方式来引导儿童,这些建议都要等到 20 世纪才能实施。

当写完所有以上这些话时,毫无疑问,人文主义学者在本书中提出的观点对西方文化产生了深远的影响。他们认为,贵族的精英需要在诗歌、历史和古典哲学的熏陶下长大,并且要使其具有公共服务的愿望,这创造了欧洲和北美 16 世纪至 19 世纪的文化。在历史上,很少有贵族通过教育达到他们应有的文化和政治责任的水平;但在这些世纪里,西方已经做到了这种情况。这就是文艺复兴时期教育改革的成果。所以,他们的工作在实践上与现实世界的历史具有直接的联系。

文献注释

XVII   自从伍德沃德写了这些文章之后,关于文艺复兴时期的教育就有了很好的研究基础。关于这方面的总的介绍,最好的是格雷(E. Garin)的《欧洲的教育,1400—1600》(*L'educazione in Europe*,1400—1600)(巴伦,1957)。博尔加尔(R. R. Bolgar)的《古典遗产及其收益》(*The Classical Heritage and Its Beneficiaries*)(英国,剑桥,1954)考察了欧洲古典教育的演变过程;同时,克里斯特勒(P. O. Kristeller)的《古典著作和文艺复兴思想》(*The Classics and Renaissance Thought*)(马萨诸塞,坎布里奇,1955)从一个更狭窄的方向对同一主题做了溯源。

格雷出版了两本非常有用的关于意大利教育论文的论文集（带有评注），分别是《意大利的教育》(*L'educazione umanistica in Italia*)（巴里,1949）和《教育论》(*Il pensiero pedagogico della Umanesimo*)（佛罗伦萨,1958）。

关于费尔特雷的维多里诺，有甘巴拉(A. Gambara)写的一本现代的传记《费尔特雷的维多里诺》(*Vittorino da Feltre*)（都灵,1964），以及伍德沃德自己的研究《维多里诺与其他人文主义教育家》(*Vittorino da Feltre and Other Humanist Educators*)（英国,剑桥,1897）；格雷的论文集《教育论》的第504—718页，也是伍德沃德的论著。维罗纳的格里诺(Guarino da Verona)的作品，在格雷上述论文集的第305—503页中也有研究，关于格里诺的事业方面，在萨巴迪尼(R. Sabbadini)的 *Guariniana* 中有研究（都灵,1964）。在格雷的另一本论文集《人文主义教育》(*L'educazione umanistica*)的第121—155页，收录了阿尔伯蒂的教育著作，该论文集的第107—120页则收录了帕尔梅利的教育著作。伊拉斯谟的《一个基督教君主的教育》(*The Education of a Christian Prince*)有博恩(L. K. Born)编辑的版本（纽约,1936），《愚人颂》(*The Praise of Folly*)是由赫德森(H. H. Hudson)编辑翻译的（普林斯顿,1941）。一项关于吉勒乌姆·比代(Guillaume Bude)的生活背景的很有趣味的研究是里纳尤迪特(A. Renaudet)的《意大利影响下的巴黎人文主义》(*Prereforme et humanisme a Paris pendant les premieres guerres d'Italie*)（巴黎,1953）。还有道拉斯(R. M. Doulas)写的《雅各布·萨多莱托》(*Jacopo Sadoleto*)及其现代的自传（马萨诸塞,坎布里奇,1959）。自从福斯特·沃森(Foster Watson)编辑和翻译了《都铎王朝(1485—1603)时代男学生的生活：维韦斯的对话体作品》(*Tudor Schoolboy Life: The Dialogues of Juan Luis Vives*)（伦敦,1908）后，很少有把维韦斯作为教育家来研究，他还在《维韦斯和文艺复兴时期妇女的教育》(*Vives and the Renascence Education of Women*)一书中展示了他的开创性研究。梅兰希顿最新的传记的作者是曼施雷克(C. L. Manschreck)，书名是《梅兰希顿,一位温和的改革者》(*Melanchthon, the Quiet Reformer*)（纽约,1958）。

xviii

近年来,有关贵族的文献一直受到强烈的关注,美国学者对它几乎进行了完整的研究。詹姆士·克莱兰(James Cleland)的《青年贵族的学校》(*The Institution of a Young Nobleman*)是由莫利纽克斯(M. Molyneux)编辑的(纽约,1948),而卡斯底格朗的《宫廷人物》(*The Book of the Courtier*)(伦敦,1928)1561 年由霍比(Hoby)翻译之后现在已经在任何一个图书馆都可以借阅到,该书由亨德森(W. D. Henderson)编辑。16 世纪作品的代表是凯尔索(R. K. Kelso)的《十六世纪英国绅士的思想》(*The Doctrine of the English Gentleman in the Sixteenth Century*)(乌尔班纳,1929)和梅森(J. E. Mason)的《形成中的上流人士》(*Gentlefolk in the Making*)(费城,1935)。关于妇女的研究有凯尔索的《文艺复兴时期的妇女观》(*Doctrine for the Lady of the Renaissance*)(乌尔班纳,1956)。在 17 世纪,关于妇女的思想经历了某些重大的变化,这方面的研究可见小霍顿(W. E. Houghton, Jr.)题为《十七世纪英国的艺术名家》(The English Virtuoso in the Seventeenth Century)的论文——该文刊登于《思想史杂志》(*Journal of the History of Ideas*)1942 年第 3 期和乔治·C·布劳尔(George C. Brauer)的《一个绅士的教育,英国的绅士教育理论,1660—1775》(*The Education of a Gentleman, Theories of Gentlemanly Education in England, 1660—1775*)(纽约,1959)。教育变革的社会和政治后果在赫克斯特(J. H. Hexter)的《文艺复兴时期的贵族教育》(The Education of the Aristocracy in the Renaissance)一文中有精彩概略的叙述——该文见《历史的重新评价》(*Reappraisals in History*)(伦敦,1961)一书的第 45—70 页。

更惊人的是英国关于文艺复兴时期教育的作品的数量和规模。有两个近代的关于这一时期的学术的探索:西蒙(J. Simon)的《英国都督王朝时期的教育和社会》(*Education and Society in Tudor England*)(英国,剑桥,1966)和查尔顿(K. Charlton)的《英国文艺复兴时期的教育》(*Education in Renaissance England*)(伦敦,1965)。需要注意的是,他们在结论上有所不同。麦克马洪(C. McMahon)的《十五世纪英格兰的教育》(*Education in Fifteenth Century England*)(巴的摩尔,1947)

和韦斯(R. Weiss)的《十五世纪英国的人文主义》(*Humanism in England in the Fifteenth Century*)(牛津大学出版社,1957,第二版)都描述了中世纪后期的社会背景环境。16世纪早期的教育的发展可以从以下两本优秀的著作中体现出来:布什(D. Bush)的《文艺复兴与英国人文主义》(*The Renaissance and English Humanism*)(多伦多,1939)和卡斯帕里(F. Caspari)的《英国都铎王朝时期的人文主义和社会秩序》(*Humanism and the Social Order in Tudor England*)(芝加哥,1954);莱曼伯格(S. E. Lehmberg)对一位主要的教育改革家作了仔细的研究,著有《托马斯·艾利奥特爵士,都铎王朝时期的人文主义者》(*Sir Thomas Elyot, Tudor Humanist*)(奥斯丁,1960)。柯蒂斯(M. H. Curtis)的《变革中的牛津大学和剑桥大学,1558—1642》(*Oxford and Cambridge in Transition, 1558—1642*)(牛津大学出版社,1959)和科斯特洛(W. I. Costello)的《十七世纪早期剑桥大学的经院主义课程》(*The Scholastic Curriculum at Early Seventeenth Century Cambridge*)(马萨诸塞,坎布里奇,1958)这两本书追溯了课程的变化,在弗莱彻(H. F. Fletcher)的《约翰·弥尔顿的思想发展》(*The Intellectual Development of John Milton*)(两卷本;乌尔班纳,1956、1961)一书中可以看到关于早期人文主义教育的有吸引力的故事。

《文艺复兴时期教育研究,1400—1600》
1967年英文版序言
哥伦比亚大学师范学院出版社
纽约(New York)

序言注释

希望本书可以达到两个目的。对于所有那些关心古典教育并渴望了解历史上的伟大学者和教师们的成就的人来说,本书的主题希望能引起他们的兴趣,认识到以往的学者和教师们为近代世界的高等教育奠定了基础。对于许多这样的读者来说,他们最终将会意想不到地发现,近代的人们所思考的一些问题以及所提出的被认为是新颖和意义深远的解决办法,就他们三个世纪以前的先辈们而言,早就是一些平常事了。同时,对于另一类学生读者,即那些正在系统地学习教育史的研究生来说,本书也会被证明是有用的。对于他们而言,这些研究为更进一步的探究尤其是为考察原始资料指出了方向。

本书作者在书中有意识地选择了某一些学者,这样做的理由是:虽然这些学者对教育也有很大的兴趣,但到目前为止,至少在英语文献中没有从教育这一特殊的角度去讨论过他们。从总体上来看,本书的主题将被看成是在近代欧洲两个重要的世纪里形成的一种博雅教育(a liberal education)理念的起源和发展——包括它的性质、方式和教学。从严格的意义上来说,古典学问的历史在这些研究的范围之外。最及时的是,剑桥大学出版社即将出版桑兹(J. S. Sandys)博士的《古典学问史》(*History of Classical Scholarship*)一书的第二卷。该书所涉及的时期在本书中也写到了,也许把这两本书结合起来阅读是有很多好处的。

特别要感谢牛津大学艾伦(P. S. Allen)先生所提供的宝贵帮助,

尤其是在确定有关阿格里科拉、伊拉斯谟和维韦斯的生平活动时间顺序的难点方面。伊拉斯谟的《书信集》第一卷的问世，是人文主义历史上一个重要的里程碑。桑兹博士仔细地阅读了本书的大部分校样并做了有价值的评论，在这里我也要向他表达我的谢意。

威廉·哈里逊·伍德沃德

（William Harrison Woodward）

利物浦（Liverpool）

1906 年 10 月

年　表

1374 彼特拉克(Petrarch)逝世。维罗纳的格里诺(Guarino da Verona)出生。

1378 费尔特的维多里诺(Vittorino da Feltre)出生。

1386 德国海德尔堡大学(University of Heidelberg)建立。

1392 德国埃尔富特大学(University of Erfurt)建立。康弗斯诺(Conversino)在帕多瓦(Padua)教授拉丁语。

1396 佛罗伦萨大学(Florentine Studium)向克里索罗拉(Chrysoloras)发出邀请。维多里诺前往帕多瓦。

1400 克里索罗拉迁往帕维亚(Pavia)。

1403 格里诺(Guarino)前往君士坦丁堡。

1404 多密尼西(Dominici)的论文《上帝与家庭》(*Regola del Governo di Cura Familiare*)和韦杰里乌斯(Vergerius,即弗吉里奥)的《论绅士教育》(*De Ingenuis Moribus*)发表。

1405 帕多瓦被并入威尼斯公国(Venetian State)。

1407 巴齐札(G. Barzizza)教授在帕多瓦讲授拉丁语。

1408 格里诺的回归:他在佛罗伦萨教授希腊语。

1414 格里诺离开佛罗伦萨去威尼斯。

1415 维多里诺去威尼斯。曼纽尔·克里索罗拉在康斯坦茨(Constance)逝世。

1416 昆体良(Quintilian)《雄辩术原理》(*De Institutione Oratoria*)的全本被发现。

1417 瓦拉(L. Valla)在佛罗伦萨教授希腊语。

1422 维多里诺在帕多瓦继巴齐札后任拉丁语教授。乌尔比诺的弗里德
利希(Frederivk of Urbino)出生。西塞罗(Cicero)的《论演说家》
(*De Oratore*)全本被发现。

1423 维多里诺应邀前往孟都亚(Mantua)。

1429 格里诺应邀前往费拉拉(Ferrara)。

1433 阿尔伯蒂(L. B. Alberti)写作《论家庭》(*Cura della Famiglia*)。

1434 科西莫·德·美第奇(Cosimo de'Medici)回到佛罗伦萨。

1435 马提奥·帕尔梅利(Matteo Palmieri)写作《论公民生活》(*La Vita
Civile*)。

1444 瓦拉的《风雅》(*Elegantiae*)首次发行。阿格里科拉(R. Agricola)
出生。

1445 西奥多·加扎(Theodore Gaza)的希腊语语法书发行。　　　XVIII

1446 费尔特的维多里诺逝世。

1447 教皇尼古拉五世(Pope Nicholas V)。

1449 威廉·格雷(William Gray)从费拉拉回到英国。

1450 埃涅阿斯·西尔维乌斯(Aeneas Sylvius):《论博雅教育》(*De
Liberorum Educatione*)。

1453 君士坦丁堡的征服。

1455 第一本用活动的铅字印刷的书籍《拉丁语圣经》(*Biblia Latina*)在
德国西部城市美因茨(Mainz)发行。

1457 瓦拉逝世。

1459 格里诺的《论教学和阅读古典著作的方法》(*De Ordine docendi*)发
行。

1460 维罗纳的格里诺逝世。

1465 在苏比阿科(Subiaco)成立第一个意大利的出版社。

1466 伊拉斯谟(Erasmus)出生。

1467 第一个罗马的出版社。

1468 西塞罗的《论君主》(*Edd. Pince.*),维吉尔(Vergil)、李维(livy)的
《论演说家》(*De Oratore*)等出版。

1469 第一个威尼斯的出版社成立。阿格里科拉去帕维亚。

1470 第一个巴黎的出版社成立。

1471 教皇西克塔斯四世(Pope Sixtus Ⅳ)在古罗马朱庇特(Jupiter)神殿建立了一个古代博物馆。

1474 第一个西班牙的出版社成立。

1475 阿格里科拉在费拉拉。伊拉斯谟去德文特(Deventer)的学校。

1476 建于意大利米兰的第一个希腊语出版社。

1477 卡克斯顿(Caxton)在英国威斯敏斯特(Westminster)建立他的出版社。

1481 费莱佛(F. Filelfo)逝世。

1482 罗伊西林(Reuchlin)在罗马。

1483 海格亚斯(Hegius)任德文特学校的校长。

1485 亨利七世(Henry Ⅶ)就职。阿格里科拉在罗马;阿格里科拉逝世。林纳克(Linacre)去意大利。

1487 伊拉斯谟进入位于斯泰因(Stein)的修道院。

1488 荷马(Homer)的《君主的教育》(*Ed. Princ*)在佛罗伦萨印刷。

1491 格罗辛(Grocyn)在牛津大学教授希腊语。

1492 洛伦佐·德·美第奇(Lorenzo de'Medici)逝世。美国的发现。

1494 波利齐阿诺(Poliziano)逝世。由查理八世(Charles Ⅷ)发动的意大利的入侵。阿尔迪出版社(the Aldine Press)在威尼斯成立。

1495 伊拉斯谟在巴黎当学生。

1496 科利特(Colet)从意大利回到牛津大学任教。

1497 梅兰希顿(Melanchthon)出生。塞蒂斯(C. Celtis)在维也纳任教。温斐林(Wimpheling)的《德语入门》(*Isidoneus Germanicus*)出版。

1498 阿里斯多芬尼斯(Aristophanes)的《君主的教育》(*Ed. Princ*)出版(阿尔达斯印刷)。意大利僧侣、宗教改革家和殉道者萨弗纳罗拉(Savonarola,1452—1498)被处死。

1499 伊拉斯谟首次访问英国:他在牛津大学居留。

ⅹⅰⅹ 1501 索福克利斯(Sophocles)的《君主的教育》(*Ed. Princ*)出版(阿尔达斯印刷)。

1502 瑟西迪德斯(Thucydides)的《君主的教育》(*Ed. Princ*)出版(阿尔
     达斯印刷)。德国威登堡大学(University of Wittenberg)建立。

1503 教皇亚历山大六世(Pope Alexander Ⅵ)逝世。

1505 伊拉斯谟再次访问英国。

1506 伊拉斯谟离开英国前往意大利。罗伊西林(Reuchlin)的《论希伯
     来语基础》(*De Rudimentis Hebraicis*)问世。

1508 伊拉斯谟离开威尼斯前往帕多瓦。圭恰尔迪尼(Guicciardini)完
     成他的《佛罗伦萨史》(*Historia Florentina*)。

1509 亨利八世就职。罗伊西林与神学家的论战开始。维韦斯(J. L.
     Vives)去巴黎。梅兰希顿去德国海德尔堡。伊拉斯谟(从罗马)回
     到英国。

1510 科利特(Colet)建立圣保罗学校(St Paul's)。

1511 伊拉斯谟在剑桥大学——《论教学的正确方法》(*De Ratione
     Studii*)和《论词语的丰富》(*De Copia*)。

1512 利利(W. Lily)任圣保罗学校校长。梅兰希顿去德国图宾根
     (Tubingen)。

1513 尤里乌斯二世(Julius Ⅱ)逝世。利奥十世(Leo Ⅹ)就职。马基雅
     维里(Machiavelli)完成《君主论》(*Il Principe*)。

1514 伊拉斯谟离开英国。

1515 《书信集》(*Epistolae obscurorum virorum*)。弗朗西斯一世
     (Francis Ⅰ)就职。比代(Bude)写作《论君主的教育》
     (*L'Institution du Prince*)。

1516 伊拉斯谟的《新约圣经》(*Novum Instrumentum*)和《基督教君主的
     教育》(*Institutio Principis*)、莫尔(More)的《乌托邦》(*Utopia*)、
     卡斯底格朗(Castiglione)的《宫廷人物》(*Il Cortegiano*)完稿。剑
     桥大学基督学院(Christ's College)开办。

1517 三一学院(Cillegium Trilingue)在卢万(Louvain)开办。牛津大学
     基督圣体学院(Corpus ChristiCollege)开办。马丁·路德(Martin
     Luther)在威登堡写《九十五条论纲》(*Theses*)。

1518 梅兰希顿的《希腊文法教学》(*Institutiones Grammaticae*

Graecae);他在威登堡教授希腊语。埃尔富特大学和莱比锡大学受人文主义的控制。威尔西(Wolsey)在牛津大学开设公开讲座。

1521 利奥十世逝世。

1522 伊拉斯谟在瑞士巴塞尔(Basel)定居。

1523 维韦斯在牛津大学被任命为讲师:出版《知识论》(*De Tradendis Disciplinis*)。

1524 通过慈温利(Zwingli)的影响,人文主义学校在瑞士苏黎世建立。

1525 艾斯勒本学校(School at Eisleben)建立。马丁·路德给德国各邦政府的呼吁信。本博(Bembo)的《论通俗语言》(*Della Volgar Lingua*)。

1526 纽伦堡的"文科中学"(Obere Schule)建立。法国皇家出版社在巴黎建立。

XX 1527 伊拉斯谟的《西塞罗主义》(*Ciceronianus*)。罗马的劫掠。弗罗本(Froben)逝世。

1528 维韦斯在布鲁日(Bruges)定居。萨克森的选帝侯(Elector of Saxony)的《学校条例》(*Schul－Ordnung*)。《宫廷人物》出版。

1529 伊拉斯谟离开巴塞尔去德国弗赖堡(Freiburg)。《论儿童的教育》(*De Pueris instituendis*)。博达斯(Budaeus)出版《希腊语注释》(*Commentarii Linguae Graecae*)。

1530 法兰西学院(College de France)成立。查理五世(Charles V)的加冕典礼在意大利博洛尼亚(Bologna)举行。佛罗伦萨共和国解体。

1531 萨多莱托(Sadoleto)的《少年教育指南》(*De Liberis recte instituendis*)。艾利奥特(Elyot)的《行政官之书》(*Governour*)。慈温利逝世。

1533 拉伯雷的《庞大固埃传》(*Pantagruel*)(即《巨人传》的第二卷)出版。

1534 法国古伊纳学院(College de Guyenne)和耶稣会(the Society of Jesus)的建立。

1535 威登堡大学的改革。拉伯雷(Rabelais)的《卡冈都亚传》(*Gargantua*)(即《巨人传》的第一卷)出版。多尔特(Dolet)的《论西塞罗风格的模仿》(*De Ciceroniana imitatione*)。

1536 科迪埃(Cordier)去日内瓦。伊拉斯谟在巴塞尔逝世。

1538 斯图谟(Sturm)的《论文学教育学校》(*De litterarum ludis*):德国斯特拉斯堡文科中学(the Gymnasium of Strassburg)建立。

1540 耶稣会(Society of Jesus)得到保罗三世(Paul Ⅲ)的正式承认。维韦斯逝世。

1549 德国南部第一所耶稣会学校在因戈尔施塔特(Ingolstadt)建立。

1551 英国施鲁斯伯里公学(Shrewsbury School)成立。

1555 《绅士的教育》(*Institucion of a Gentleman*)。

1556 耶稣会学校在德国科隆(Cologne)开办。埃利·维奈特(Elie Vinet)任古伊纳学院的院长。

1559 阿米欧(Amyot)翻译普鲁塔克(Plutarchos)的《希腊罗马名人合传》(*Lives*)。

1560 梅兰希顿逝世。英国威斯敏斯特公学(Westminster School)成立。

1561 霍比(Hoby)翻译《宫廷人物》。

1564 科迪埃的《对话录》(*Colloquia*)出版。

1567 英国拉格比公学(Rugby School)成立。

1570 阿斯堪(Ascham)的《学校教师》(*Scholemaster*)。

1572 吉尔伯特(Gilbert)的《伊丽莎白女王的学园》(*Queene Elizabethe's Achademy*)写成。

1579 蒙田(Montaigne)撰写散文《论儿童的教育》(*On the Education of Children*)。

1580 蒙田的《散文集》(*Essays*)第一版。

1598 《南特敕令》(*Edict of Nantes*)。牛津大学博德利基金会(Bodley's of Foundation)成立。

1599 耶稣会的《教学大全》(*Ratio Studii*)最终文本颁布。

第一章 15世纪与人文主义教育的兴起①

教育研究中的历史方法

1　　使用历史探究的方法去研究教育,这是无须证实的。和任何其他复杂的东西一样——不管是采用一种机构的形式,还是采用有组织的知识或信仰的形式——或者用直接分析的方法去研究教育,或者通过考察历史发展的轨迹去研究教育。我们可能会合情合理地说:只要环境容许教育的存在,历史的方法将总是能够说明问题的;通过从炼金术去探索科学的发展,我们将会更好地理解化学;或者,通过研究古希腊关于宇宙的理论、中世纪的占星术以及哥白尼(Copernicus)②和开普勒(Kepler)③,我们将会更好地理解天文学。但是,我们可以毫不迟疑地同意:一种复杂的现象必须用这样的方法去研究,以至于正确理解这种现象在本质上同信仰和知识有关,而这种信仰和知识要能够适应不断变化的社会状态。因为"教育"是发展的;它的原则、它的组织和它的实践都是长期以来一系列经验的产物;而且就这些经验来说,至少在一定的历史领域可以进行仔细的研究,特别是在近代欧洲——自彼特拉克(Petrarch)④以来的欧洲的范围内——可以进行非常实事求是的研究。

2　　这样的考察很快揭示出一条明显的规律。教育的目的和课程是取

---

①　在本书的注释中,所引用的权威性论著都用了该论著的简称。其全称可参见正文或文献目录中的注释。

②　哥白尼(1473—1543),波兰天文学家。——译者注

③　开普勒(1571—1630),德国天文学家、物理学家。——译者注

④　彼特拉克(1304—1374),意大利诗人,人文主义的倡导者和代表人物。——译者注

决于一个又一个时代的理想和利益的,并且是随着这些理想和利益的改变而改变的。学校及校长只是表达了他们那个时代占统治地位的文化和社会的目的:他们只能遵循和服从,而不会引领或控制。这条真理并非与保守主义不一致,保守主义经常注意着教育的进步。因为社会秩序中必要的调整从来不会自动地与导致这些调整的理念相一致。很强的个性,即一种具有压倒性的宗教或文化的信念,有的时候确实能够加速这种进程。在教育方面,正如我们非常熟悉的那样,传统的连续性具有一种好的性质;方法和手段要求内在的优点,而不必考虑改变目标。通常我们会慢慢地感受到外界的压力,但是,在富于创造性的新时代,有关的障碍不再奏效。旧的组织必须调整自己,以便去适应新的需求。如果旧的组织固守传统的声望或既得利益,暂时抵制变革(通常自以为是正确的),那么,新的组织和改革后的课程就会表达出改革的理想,并且最终得以确立。不管采用什么方式,社会的要求会得到满足,教学会与当时占统治地位的思想相一致,就像特洛伊人(Trojan)服从于希腊人一样。

显然,这里所建议的一种探究方式涉及"教育"这一术语的广义的内涵。因为在培养青少年的过程中,如果教育被视为信仰、思想和社会理想,那么,研究教育的历史必然意味着要了解伦理学和宗教的概念、文学以及当时的政治-社会环境(即我们所要考察的学校和教师的环境)。因此,我们有理由这样说:教育的历史主要是一个自由的而不是一个专业的学科。它确实提供了一种观点——一种指导性的观点——由此可以分析一个特定时期的文化。相反,同样的道理,像意大利文艺复兴时期的教育理念,只能根据对最复杂现象的相关各方的正确认识才能去恰当地理解。没有任何人会怀疑以下这一点:没有对古代社会的相应了解,却要试图去理解雅典的年轻人或者出身高贵的罗马男孩受教育的重要性,那到头来必定会歪曲事实。同时,学习教育史的学生可以很坚决地主张,他并不关注某一特定时代的文化的起源,甚至也不关心它的抽象价值的问题。他理解一个特定时代的环境——精神的、艺术的和社会的——他感觉到当局为他所创造的环境,并且考察这种环境对教育目的所体现的效果,考察这个时代试图用来实现其教育目标的课程、工具和方法,他做到以上这一些就足够了。

意大利的文艺复兴和人文学科的复兴

学问的复兴是文艺复兴的一个方面,尽管它不可能从其他方面脱离出来。例如,意大利北部地区总的社会进步使得学问的复兴成为可能,学问本身对艺术的发展也有作用,而在文艺复兴中学问和艺术各自又都是深层次的元素。但是,意大利北部奇迹般的进步运动的起源不在这一探究方法的范围之内。我们完全可以这样说:在政治和社会方面已具备了新思想发展的土壤,而新思想发展的方式是由同时爆发的对古代的历史、语言和罗马的文化的兴趣而决定的。

下面几章将会谈到文艺复兴的特征。它们一直是许多文献的主题,在这些文献中英国并未受到应有的重视。但是,也许我们应该承认,在这个伟大的时代,我们没有一个历史学家或批评家的地位可以同布克哈特(Jacob Burckhardt)①或沃伊特(Voigt)、鲁蒙特(Reumont)或帕斯特(Pastor)②等人相提并论。布克哈特的一本很有价值的著作已被翻译成英文,书名是《意大利文艺复兴时期的文化》(*The Civilisation of Italy in the Renaissance*),这是现有文献资料中对一个复杂的文化新时代的最好的评论和描述。

激发人文主义热情的动机

有两个重要的动机产生了对古代的热情,这是 15 世纪的特征。一是爱国的情绪,二是艺术的吸引力。这两个动机都体现在彼特拉克的身上,在他的身上可以发现新的革命的动力及其最初的表述。重要的

---

① 布克哈特(1818—1897),瑞士历史学家。他的著作《意大利文艺复兴时期的文化》中文版被收入商务印书馆出版的"汉译世界学术名著丛书"。——译者注
② 帕斯特(1854—1928),普鲁士出生的历史学家。最著名的著作是《罗马教皇史》(16 卷,1886—1933)。——译者注

是要记住这样一个重大的事实:文艺复兴时期的意大利人把他们自己看作是罗马文化的直接继承者。他们的鼓舞人心的目的,就是要恢复罗马文化的辉煌以及罗马公民和国家组织的美德。爱国的感情并不满足于恢复过去的辉煌;他们宣传他们的复兴责任,并理想化地把古罗马皇帝奥古斯都时期(Augustan period)看作是人类的黄金时期,并认为可以通过勤奋地研究奥古斯都时期伟大的榜样人物的思想和行动而重新找回这一时期。毫无疑问,一种真诚的热情激励了彼特拉克、萨卢塔蒂(Coluccio Salutati)①、尼科利(Niccolo Niccoli)②、安布罗乔(Ambrogio)和一群有名望的佛罗伦萨人,这些人处在古老文化和新文化的交界处。人文主义者所主张的人文主义和中世纪对于罗马那种本能的崇敬之间的区别,部分在于:人文主义把对于历史延续性的一种自觉的和批判性的理解同那种依赖于神秘的、有点不可思议的过去的传统相区分。这种区分就是:如同布鲁尼(Leonardo Bruni)③或维多里诺(Feltre da Vittorino)④所解释的作为诗人的维吉尔(Vergil)⑤和作为巫术师的维吉尔(在他中年以后)。此外,另一部分区别在于:新的爱国主义的特点源于客观的立场(正是学术成就开始使得采取这种立场成为可能),并因此用某种超然于一些对行为和信仰的公认看法的态度去认识伟大的过去。在文艺复兴初期,人们准备创始一个新的时代,绷紧历史的统一性这根链条(野蛮人已拉断了该链条),主张把整个古代文化作为近代意大利的应得之物。因此,古典传统就显得很生动,并使得对过去的模仿和复制更为明显。这种模仿和复制对于那个时代而言是不可避免的,对于我们自己而言是可以理解的。生活的外在方式在建筑、

5

---

①　萨卢塔蒂(1331—1406),意大利人文主义者,曾任佛罗伦萨共和国秘书官。——译者注

②　尼科利(1364—1437),意大利人文主义者,热心搜集希腊文和拉丁文名著。——译者注

③　布鲁尼(1370—1444),意大利人文主义者,曾任佛罗伦萨的秘书官。——译者注

④　维多里诺(1378—1446),意大利人文主义教育家。——译者注

⑤　维吉尔(前70—前19),古罗马诗人。——译者注

公开演讲或者名称上特别显著,这必定成为古代精神的象征,人类依靠这种精神可以再次追求完美。在罗马帝国的教育形式和教育方法之外,找不到对新的理想的更为真实的表达。

然而,意大利北部的人民具有强烈的进取精神的本能,他们追求优雅与和谐、追求均衡、追求严肃的和自尊的情绪的充实;在这种追求的过程中,他们艺术感的最大满足就能体现出来——这种对古罗马的珍宝、艺术和文学的态度如同他们的爱国主义感情一样,现在刚刚被人们所正确地了解。就像彼特拉克一样,受过教育的意大利人爱好"雄辩",他们直接受到华丽的类似维吉尔那样的六韵步组成的诗行的影响,他们自己也喜欢浮夸的说教者所用的流畅的辞藻。奥古斯都时期的文学吸引了意大利人,使他们喜欢早期帝国的雕塑和比例宽敞的罗马建筑。所有的东西都是合情合理的和可以理解的,它们由于线条和形式或者由于令人印象深刻的匀称比例而使人具有一种陶醉的感觉。这样,文艺复兴向意大利人所展现的是艺术享受的一个新领域,它具有意想不到的全部魅力;文艺复兴带给意大利人的是一种不知不觉的艺术享受的能力。在 14 世纪末之前,佛罗伦萨一些较优秀的学者已经对他们当时的文化作了详尽无遗的研究;他们当时正在探索一个更全面的世界,也许他们自己并不知道这一点。几乎是偶然地,当世界以他们过去的历史形式展现在他们面前的时候,他们奋力向前,使世界成为他们自己的。因为时机已经成熟:智力、艺术的潜力、人类多方面的活力、十足的个性活力、社会和物质的环境,所有这些都已经具备,并完全可以去吸收整个文明。在其他条件下,时代的精神也许已经推进了科学探究,或宗教改革,或民族团结,或国外探险等。然而事实是,时代的精神被不可抗拒地拉向了古代,拉向了伟大的语言艺术、建筑艺术和绘画艺术,在这些方面这种热情有了建设性的表达。其他方面的进步被推迟了一个世纪。社会秩序的发展有一种特定的模式——就像在家庭或者在社会、语言、美术、休闲领域、教育等方面一样——在这种模式中,古代对人们的启发是主要的动机。

这种对古代标准的依赖涉及一场深刻的精神革命,这一点很清楚地被一些人所看到,同时又被其他一些人所怀疑,但大部分人则忽略了这一点。事实上，从广义上讲，基督教对被动的德行的至高无上的推断只是在形式上被意大利人的精神所接受。因此，文艺复兴的功能主要是向意大利人展现他们自己，在最大规模上展示意大利人的性格特征；也就是说，在重新发现的过程中向意大利人展示整个文化的特征。因此，古代知识的复兴吸引了意大利每一个真诚的儿童。因为在这种复兴的过程中，意大利人看到了他们自己的被强化的和天生的自我主张，还有他们对名望和荣誉的热爱以及根深蒂固的个性意识等。中世纪教会所提倡的道德是服从和对个性的压抑。希腊－罗马人的理想，就像他们所理解的那样，是对生活的完全相反的评价。个人力量的发展及其在社会、政治、文化或艺术等方面的相应主张，它们实际上反映了文艺复兴时期人们对艺术品的爱好（virtu）。人类阐明了自己的力量，同时也解释了自己的弱点。表达的技巧，还有对有价值的东西的熟练的仿造，这些都是某种理想所不可避免的结果（当这种理想已不再非常流行时）。

　　因此，爱国的思想感情、艺术的吸引力以及个性的本能结合在一起，就在 15 世纪的意大利产生了一种新的标准，并以此来判断"什么知识最有价值"。进步意味着对过去好的东西的保护，而不是一种新的思想的发展。而且，为了达到这一点，人们就要懂得，古人的方法的权威性一点也不低于古人的成就的权威性。古代美德的再创造及其繁荣、民族的自尊心、文化与和平都是进步的结果，所有这些只能通过恢复希腊和罗马的训练才能实现，别无他法。支持这样一种恢复应该是没有任何问题的。"亚历山大（Alexander）①的智慧的秘密何在？图拉真（Trajan）②的美德的秘密何在？事实上是亚里士多德（Aristoteles）③和普鲁塔克（Plutarch）④塑造了他们的青年时代吗？"因此，有人热切地相信，新的时代首先依赖于实行一种正确的教育，换言之，就是那种由古

① 亚历山大（前 356—前 323），即亚历山大大帝，马其顿国王。——译者注
② 图拉真（约 52—117），古罗马皇帝（98—117 在位）。——译者注
③ 亚里士多德（前 384—前 322），古希腊哲学家、科学家和教育家。——译者注
④ 普鲁塔克（约 46—120），古希腊作家。——译者注

代博学的大师们所传承下来的教育,尽管现在已经被完全遗忘了。

新的教育

　　一种新的教育是人文主义情感的自然产物,这一概念产生于那些传承古代文化的最重要的中心。首先是佛罗伦萨,它同但丁(Dante Alighieri)①和薄伽丘(Giovanni Boccaccio)②有着联系,它有紧张的城市生活,还有进取的和雄心勃勃的商人;其次是威尼斯,它是和希腊大陆进行贸易的中心;再次是帕多瓦,它是来自欧洲各国的学者们的聚集地,其骄傲之处在于和彼特拉克的密切联系,在新世纪初最早接触到新的知识。1396年,克里索罗拉(Manuel Chrysoloras)③应邀从君士坦丁堡到佛罗伦萨大学任教,直到三年后被尼科利的妒忌排斥走。韦杰里乌斯(Vergerius)④和巴齐札(Gasparino Barzizza)⑤(维多里诺曾是他俩的学生)在帕多瓦大学奠定了人文主义传统的基础。当帕多瓦归属共和国统治时,威尼斯的显贵们已经准备请人文主义教师来教他们的儿子,并表现出对新大学的一种强烈而理智的兴趣。此后,一大部分威尼斯的名门望族的后代都进入新大学就读。

　　有许多力量使得研究古典文化的热情得以蔓延。韦杰里乌斯已经写成了他关于新教育原理的最有吸引力的论文《论绅士风度与自由学科》(*De Ingenuis Moribus*,亦译《论绅士教育》);维罗纳的格里诺(Guarino da Verona)⑥翻译了普鲁塔克的关于儿童教养的文章;布鲁尼

---

　　① 但丁(1265—1321),意大利诗人。——译者注

　　② 薄伽丘(1313—1375),意大利作家。——译者注

　　③ 克里索罗拉(1350—1415),拜占庭著名学者,曾侨居意大利教授希腊语多年,培养了许多人文主义学者。——译者注

　　④ 韦杰里乌斯(1349—1420),即弗吉里奥(Pietro Paolo Vergerio),意大利人文主义教育家。——译者注

　　⑤ 巴齐札(1370—1431),意大利著名人文主义学者,在帕多瓦大学主持修辞学讲座15年。——译者注

　　⑥ 维罗纳的格里诺(1374—1460),意大利人文主义学者和教育家。——译者注

和弗朗西斯科·巴巴罗(Francesco Barbaro)当时正在拟定适合女性的　　　*8*
人文主义教学目的。但是,除了所有其他的影响,康斯坦茨委员会
(Council of Constance)间接地导致了已经被遗忘的古代经典著作的再
现——在这些著作中,昆体良(Marcus Fabius Quintilianus)①的《演说
家的教育》(*Education of the Orator*,1417)肯定可证明是其中最重要
的。在德国南部,特别是在圣盖伦(St. Gallen)②,作为人文主义者和教
会秘书(Apostolic Secretary)的波吉欧(Bracciolini Poggio)③的名字与
这些富有成果的研究永远联系在一起。

昆体良在 15 世纪的影响

昆体良的论文的影响就像在罗马帝国的影响那样大,这种影响在
文艺复兴时期更富有成效。可以毫不夸张地说,在 15 世纪,他得到了
人们充分的肯定。中世纪的作家(他们只是片面地通过残缺的手稿去
认识昆体良)有的时候把他作为一个道德家,有的时候把他作为一个雄
辩家,只有少数人认为他是一位学校教师。但是,从彼特拉克开始,人
文主义者理解了昆体良的重要性,把他作为罗马教育思想的主要的权
威人物。我们应该注意到,对于 1470 年以前意大利文艺复兴的教育的
形成,柏拉图或亚里士多德都没有做出任何显著的贡献;至于维多里
诺,在一定程度上确实可以说,他对当时的教育做出了贡献。在这方面
的希腊文献主要是以普鲁塔克的作品为代表,他的作品就像是个穿着
希腊衣服的罗马人。因此,昆体良就是维吉乌斯(M. Vegius)、波吉欧、
格里诺、韦杰里乌斯、帕尔梅利(Matteo Palmieri)④或阿尔伯蒂(Leo
Battista Alberti)⑤等人一直在寻找的向导;昆体良同样也是文艺复兴

① 昆体良(35—95),古罗马教育家、演说家。——译者注
② 圣盖伦,现为瑞士东北部一个州。——译者注
③ 波吉欧(1380—1459),意大利人文主义者,曾任佛罗伦萨的秘书官。——译者
注
④ 帕尔梅利(1406—1475),意大利外交家、学者。——译者注
⑤ 阿尔伯蒂(1404—1472),意大利人文主义者。——译者注

初期所有教师中最受人尊敬的维多里诺①所学习的前辈。"昆体良使得最好的生活方式和知识能得以发扬光大"（Quintilianum at optimum vitae atque eruditionis auctorem miris laudibus extollebat），普拉提那（Platina）在谈到维多里诺时曾这样说道。维多里诺最喜欢的学生朗戈的奥格尼本尼（Ognibene da Lonigo）成为了一位研究《雄辩术原理》（*Institutio Oratoria*）的著名权威。确实，在孟都亚学校（Mantuan School）中，发现了对昆体良的格言的注解，从而使这些格言适应意大利的现代生活。文艺复兴时期的每一位教育家，不管是理论家还是实践者，不管是在意大利还是在日耳曼人的土地上，埃涅阿斯·西尔维乌斯（Aeneas Sylvius）②或者弗朗西斯科·帕特里齐（Francesco Patrizi）③、鲁道夫·阿格里科拉（Rudolphus Agricola）④、伊拉斯谟（Erasmus）⑤、梅兰希顿（Melanchthon）⑥或者托马斯·艾利奥特（Thomas Elyot）⑦，都深受昆体良的著作和精神的影响。

昆体良确实描述了那种一眼就能看到的并在一定程度上受到限制

①本书中关于费尔特雷的维多里诺的权威性论述，也可以在伍德沃德（Woodward）的《费尔特雷的维多里诺》（*Vittorino da Feltre*）中找到。同时，也可求助于本章中所提到的对韦杰里乌斯（Vergerius）、布鲁尼（Bruni）和格里诺（Guarino）的小册子的描述。学生们将从巴希（Bassi）论述昆体良和卢齐奥-雷尼尔（Luzio-Renier）论述贡札加（Gonzagas）宫廷人文主义的文字中搜集到许多有价值的信息，见《意大利文学的故事》（*Giorn. Stor. d. Lett. Ital.*）。格里尼（Gerini）、罗斯勒（Rösler）、克莱顿（Creighton）和桑兹（Sandys）等人的论述，见《哈佛大学演讲稿与学术史》（*Harvard Lectures and the History of Scholarship*）。此外，也可再参见《费尔特雷的维多里诺》中所引用的一份作者的文献目录，其中列举了一些权威性论述。

②西尔维乌斯（1405—1464），意大利人文主义者、社会活动家，后成为教皇庇护二世（Pope Pius II）。——译者注

③帕特里齐（1529—1597），意大利人文主义者、政治家、历史学家和军事家。——译者注

④阿格里科拉（1443—1485），尼德兰人文主义学者和教育家。——译者注

⑤伊拉斯谟（约1469—1536），尼德兰人文主义思想家、语言学家和教育家。——译者注

⑥梅兰希顿（1497—1560），德国人文主义者，基督教新教神学家和教育家。——译者注

⑦艾利奥特（1490—1546），英国政治家和作家。——译者注

的训练类型,也就是一个演说家的训练。①　但是,他理想中的演说家和一位受过许多教育的男子的概念简直是完全一样的,此外还是一位进行法庭辩论或公开演说的专家。这种教育适合于所有那些生来就注定或者希望要在社会中承担社会服务责任的人。在意大利文艺复兴时期,由于其多种多样的政治团体、城市共和国、城邦、组织程度很高的专制政府以及它们的外交和国内服务,因此,上层社会和受过教育的一大部分人不可避免地关注以下这样的职责和职业,即在承担这种职责和从事这种职业时一种充分的理智训练和表达技巧的培养是获得成功所必不可少的。于是,雄辩的能力在过渡时期一点也不弱于古代罗马,它是知识和个性在处理事务中的实际展示。一般来说,哲学和"学问"(eruditio)是行政管理的多种艺术的"侍女"。因此,卡托(Cato)②把一个雄辩家(orator)定义为演说方面的一个真正的专家。只有一个"好人"(good man)才能是一个完美的雄辩家。"雄辩家"的名称是神圣的,而且他的理想被"绝顶聪明的男子"体现在斯多葛派哲学中。因此,昆体良坚决主张把说真话作为教育的基础,于是就要求培养道德家;昆体良要求雄辩家必须精通所有可获得的知识,于是就要求培养学问高深的人;昆体良为其学生所制定的最终目标是:"作为有逻辑头脑和有说服力的演说家,他们应该有能力将他们的品质和智慧都用于为社会服务",于是就要求培养能做事的人。因此,早期人文主义的一个特征就是:知识和对知识的使用这两者之间是成比例的,并且这种使用是公开的;所积累的且尚未公开的学问带有某种自私的性质。从这样一种态度出发,就必然会导致为了表现而表现,这一步将不再是遥远的事情。

　　因此,在说到昆体良时,有必要强调他作为人文主义教师的地位。意大利文艺复兴时期的教育经常会表现出一种突然的发展,即超常规地从快速上升到完成。但是,我们必须记住,在15世纪初,昆体良的教育思想是完全适用的,他对教学的判断可以被接受作为最终的和权威

10

————————

①　关于罗马教育,正如实际上那样,威尔金斯(Wilkins)的《罗马教育》(*Roman Education*)值得一读。

②　卡托(前234—前149),古罗马政治家。——译者注

的看法,并且在当时的环境下也容许使用他的方法。古代理想的人或事物的秘密——文学的和政治的——被认为已嵌入罗马的教育思想之中。这是当时人们典型的普遍的感觉,所以,伊拉斯谟 1512 年在谈到教学的方法或者目标时抱歉说:"实际上,昆体良在这方面已经说得非常全面了。"

维多里诺和孟都亚学校

维多里诺 1378 年出生在威尼斯的费尔特雷(Feltre),位于阿尔卑斯山脉。当韦杰里乌斯的影响开始在帕多瓦大学里被人们感受到的时候,维多里诺还是帕多瓦大学的一个学生。维多里诺师从文艺复兴的先驱者巴齐札(后与之共事)。巴齐札从 1407 年起在帕多瓦教授拉丁文多年。1414 年到 1418 年断断续续居住在威尼斯期间,维多里诺向格里诺学习希腊文(后者的工作将在下一章里谈到)。在 1420 年之前,他在帕多瓦建造了一个供膳的寄宿舍(boarding-house),对学生们来说他就是教拉丁语和数学的老师,在这些科目上他是非常胜任的老师。在帕多瓦这所世界性大学里,他被认为是一位有道德影响的著名人士,品行高尚,学识渊博。他的拉丁语学识极其渊博,以至于当 1422 年巴齐札离开后,他受命主持修辞学讲座。

在这个时候,孟都亚(Mantua)的侯爵詹弗兰切斯科·贡札加(Gianfrancesco Gonzaga)正在为他的孩子们找一位家庭教师。在邻近的统治家族中,他是一个"新人",并且他希望有一位学者能够通过其自身的名望来增加他的宫廷的声望,同时还能够使他的儿子在斗智斗勇的过程中胜出,这在当时的意大利对于一些较小的家族来说是生死攸关的。贡札加先邀请格里诺,在后者的建议下他又和维多里诺接触。在较长时间的犹豫之后,维多里诺接受了贡札加的邀请。维多里诺认为,一位教师的职业由于要承担这些如此特殊的责任,其服务工作一点也不少于在教会里的任职(他感到自己被宗教所吸引)。1423 年底,他在孟都亚工作时已经准备好承担新的任务。新学校建在一个娱乐场(casino)中,即在卡斯特罗(Castello)公园中的一幢豪华的花园式房子里。它原来定名为"La Zoyosa",或者称"愉悦之家"(Pleasure House),但后来被维多里诺重新命名为"拉·乔科萨"(La casa Giocosa),即"快乐之家"(the Joyful House),并且按照他的决定,用表现玩耍中的孩子们的壁画来装饰墙面,以与他的情感相一致。在这里,维多里诺和侯爵的孩子们一起生活和学习。逐渐地,学校中增加了一些来自其他阶层的男孩。再后来,数量不等的贫困学生被维多里诺选入学校,他们依靠维多里诺自己的薪金、侯爵及其夫人保拉(Paola)女士的赈济而获得膳宿和教育,有时还能免费得到衣服。我们听说,有 40(甚至 70)位这样的学生。这是维多里诺教育思想上的一项基本原则:为真正有能力的人提供平等的机会。这些穷学生中有一位就是奥格尼本尼,他是一个后继者,先在孟都亚(1449—1453)、后在维塞札(Vicenza)①进行了同样的实践,他作为著名公立学校的校长把维多里诺的人文主义教育思想付诸实践。②

维多里诺的教育目标

正如随后 2 年到 20 年中所发展的那样,在维多里诺的非凡个性的影响下,孟都亚学校的总体目标是:实现一种和谐,即使教会的道德和宗教教育与昆体良所赞成的古典教育、与意大利卡斯特罗的骑士般的训练相一致,所有这些都充满了某种对优雅与和谐的希腊式情感。这样,维多里诺关于一种人文主义训练课程的想法的广度和尊贵之处就更加令人印象深刻,也可以使我们的探究更加透彻。他旨在训练智力、身体和精神,并使这几方面相统一,这绝不是什么老生常谈。由于相当多的人文主义教师具有这种思想,因此这就不可能是假装的。而且,他

---

① 维塞札,意大利东北部一城市。——译者注

② 普伦迪拉奎(Prendilacqua)认识奥格尼本尼,对后者在孟都亚以及后来的情况很熟悉。他在谈到奥格尼本尼时说:"在意大利没有更伟大的教师了,没有别的人受到如此高度的尊敬,在吸引我们意大利的年轻人来学习这一方面,也没有别的人能够如此成功。"(第 44 页)像维多里诺一样,奥格尼本尼对希腊正教领袖的文献有很深的兴趣,在意大利是第一个阐述《论雄辩术》(De Oratore)的权威。

所进行的教育是一种全面的实践训练,是为年轻人的生活事务做准备的,是培养人的智力和品德,以使他们在各种事务中作出适当的判断。维多里诺的学校就是培养政治家、行政官、高级教士、杰出将领以及和他自己有同样想法的教师。但是,他的学校从不培养书呆子、爱炫耀的雄辩家以及狭隘的文法学家。至于教育的特别功能,那就是他不把扎实的文学或语言知识看作是一种休闲生活的装饰。所进行的教育应该是品德基础形成过程中一个非常重要的因素。把男人培养成公民,这就是维多里诺始终如一的观点。他常说:"并不要求每个人都去做一位律师,或一位医生,或一位哲学家,或生活在公众的视线之下,也不是每个人都具有杰出的天赋,但是,我们所有的人生来都要承担社会的责任,我们要对从我们身上散发出的个人影响负责。"维多里诺也不赞同大部分人文主义者蔑视"宗教"生活的观点。

人文主义文化和基督教的关系

维多里诺自信地认为,在信奉基督教的至高无上的动机之下,基督教的信仰和前基督教时代的文化是可以和谐共存的,这样他就解决了两者之间关系的问题。他坦率地否认畏惧那些宗派主义者和蒙昧主义者,他们凭幻想提出了新的异教信仰和道德的想法。对他来说,古典的历史、文学和伦理学都是一种历史的往事,它们依据基督教的更高的规律而进入其适当的地方。因此,如果基督教徒的生活被正确地反复灌输,并以此作为人文主义训练的重要部分,那么,那些合适的和处于从属地位的古代理想就能实现。另一方面,维多里诺决不同情那些要恢复古代文化的梦想,无论在语言上还是在政治秩序上,更不必说在行为准则上,尽管有些人文主义者表示要这样做。但是,他能够从古代文学和道德教学中选择所有那些对他来说似乎是崇高的东西,因为它们可以培养一个男孩的正义感和自我牺牲的情感;他也知道,在古典历史和古代诗人与散文作者的作品里有多少东西可以用来强化基督教对生活和行为举止的训诫。而且,一些由他的学生们和同时代人所留下的关于他的记录表明,维多里诺感到,基督教徒要求内心和谐的愿望应该与

一种审美的满足所导致的情感相一致,这种审美的满足来源于对美好
事物的意识、对人的外表的优雅和匀称的意识,而这些美好的事物等则
体现在训练有素的活动中、体现在自然和音乐的氛围中。维多里诺有
很强的节奏感和顺序感,这也是他同时代的伟大的阿尔伯蒂的特征。
善与恶的试金石不是基督徒或异教徒所喊的口号,而是一个人自己精
神倾向的回应,也是对所有那些有助于健康与强健的东西的关注和辨
别。

14

维多里诺的博雅教育概念

　　维多里诺不提供技术的或专业的训练。他的目的是在古典文化
(liberal culture)方面打基础,以此作为职业生涯特定训练的必要准备。
他的老师韦杰里乌斯说:判断力、智慧和正直都是通过博雅教育(liberal
learning)培养起来的。为了学习医学或法学,年轻的男子毫无疑问都
会从卡萨乔科萨(Casa Giocosa)转去帕多瓦或博洛尼亚(Bologna)①;但
是,要在古典文学和数学方面接受一种完全的教育,孟都亚学校就好于
任何一所其他的大学,至少在维多里诺晚年时费拉拉(Ferrara)大学建
成(1442 年)之前是这样。② 实际上,在文艺复兴初期,宫廷学校(court
school)是人文主义教学的中心。就学习而言,在学校和大学之间不存
在严格的和确定的界限。在一百年后的法国和德国,一些大学的文学
院所做的工作也以同样的方法在一些学校里进行着。当然,在维多里
诺生活的时代,所有的大学(费拉拉大学除外)都把文学只看作是通往
神学、法学和医学的专业学位的一个台阶,因此对文学的尊敬是有限
的。

---

① 博洛尼亚,意大利北部一城市。——译者注
② 费拉拉,意大利北部一城市。——译者注

教学手段

　　训练的手段完全是从古典文献和早期教会领袖的宗教著作中得来的。这些手段也适用于数学、自然科学、伦理学、历史学和地理学。维多里诺从昆体良那里接受了这样一种观念，即一个受过教育的人能够真诚和敏捷地表达自己，能够说服整个知识界。他只是看不起那些雄辩家的能力。他自己没有留下优美的书信体诗文或者华丽的演说词。然而，他把拉丁文和希腊文的散文艺术看作是文学训练的顶点。在孟都亚学校中，维吉尔总是被看成"第一诗人"。侯爵的第三个儿子贾卢西多·贡札加（Gianlucido Gonzaga）像亚历山德罗（Alessandro，侯爵的第四个儿子）一样非常好学，能够背诵维吉尔所有的诗，并能够写很不错的诗。像大多数人文主义者，诸如奥维德（Ovid）①、普劳图斯（Titus Maccius Plautus）②、贾维纳尔（Juvenal）③和贺拉斯（Horace）④一样，卢卡（Lucan）⑤的作品在学校中也需要被谨慎地使用。特伦斯（Terence）⑥的作品受到欢迎，被作为理解拉丁语会话的入门书；同时，普拉提那（Platina）⑦引用维多里诺的观点说："这也说明阅读普劳图斯的作品是正当的。"塞内卡（Seneca）⑧由于那崇高的"格言"（sententiae）自然地对维多里诺有吸引力。李维（Livy）⑨在历史学方面是一位受人喜爱的作家。正如我们从孟都亚学校一个杰出的学生所写的《埃迪蒂

15

---

　　① 奥维德（前43—约公元17），古罗马诗人。——译者注
　　② 普劳图斯（约前254—前184），古罗马喜剧作家。——译者注
　　③ 贾维纳尔（约60—约140），古罗马讽刺诗人。——译者注
　　④ 贺拉斯（前65—前8），古罗马诗人。——译者注
　　⑤ 卢卡（39—65），古罗马诗人。——译者注
　　⑥ 特伦斯（约前190—约前159），古罗马喜剧作家。——译者注
　　⑦ 普拉提那（生卒年不详），出生于克雷莫纳（Cremona），人文主义者、历史学家。——译者注
　　⑧ 塞内卡（前3—公元65），古罗马哲学家、戏剧家和政治家。——译者注
　　⑨ 李维（前59—前17），古罗马历史学家。——译者注

奥·普林斯普思》(*Editio Princeps*,1471)的序言里所知道的那样,在孟都亚学校中,学生们打下了对各种作品进行批判性学习的基础,而这个杰出的学生就是阿利里亚主教(Aleria),他为首家罗马出版社撰写了《埃迪蒂奥·普林斯普思》和其他一些名著。撒路斯特(Sallust)①和昆图斯·库尔提乌斯(Quintus Curtius)的作品被教给初学者们。普林尼(Pliny)②的《自然史》(*Historia Naturalis*)内容广博,涉及许多有趣的题材,因而被广泛地阅读。

拉丁文学和写作

昆体良自然占有重要的一席之地。当阿姆布罗吉奥·特拉维尔萨利(Ambrogio Traversari)③去孟都亚参观的时候,维多里诺和他详细地讨论了《雄辩术原理》。维多里诺几乎持续不断地关注西塞罗(Marcus Tullius Cicero)④的《雄辩术原理》。西塞罗的《书信集》(*Epistles*)对于写作是重要的,几乎他所有的演说对于那些年长的学生们学习修辞学都是有效的。对于维多里诺的作文教学法,普拉蒂纳留下了一些有趣的记录:"维多里诺总是不断地提醒他的学生们,在落笔之前,他们必须使自己的思想和特定的作品相协调,就像初次阅读和重读一位优秀作家的一段适宜的范文所要求的那样。在纠正各种练习中的错误和提倡巧妙的翻译方面,他自己是极其严格的。有时候,一个男学生在创作一段慷慨激昂的演说词时,总是会插入一句话,这句话表达了学生个人对老师的赞美,但是维多里诺就清楚明白地表示不赞成,把学生所写的东西退还给他,并要求学生迅速地纠正。"另外,我们还知道,任何过分夸饰的文章、冗长的或过分的描述或者用冗词赘语堆积而成的空洞的陈

① 撒路斯特(前86—前34),古罗马历史学家。——译者注
② 普林尼(23—79),古罗马博物学家。——译者注
③ 特拉维尔萨利(生卒年不详),加马多莱斯僧团的修士,懂希伯来文。——译者注
④ 西塞罗(前106—前43),古罗马文学家、哲学家和教育家。——译者注

16 词滥调都已经被无情地去除了。

然而，维多里诺认为，真诚的表达能力是很重要的。在这方面，他是一个典型的意大利人；尽管他不喜欢纯粹的矫揉造作，也不喜欢荒谬炫耀的空洞演说，但演说对于学生来说本来是很有价值的。然而，正如本书的后几章将要说到的那样，公开演说的几个方面的功能在意大利受到高度评价，不能被任何一位处在维多里诺位置上的"大师"（Master）所忽视。除了这一动机之外，维多里诺强烈地认为，通过对知识的再现，通过认真准备的讲述和把知识传授给他人，从而可以最好地检验知识。中世纪学校里的辩论在人文主义者那里被慷慨激昂的演说所代替，后来在德国和英国的学校里又被写文章所代替。但是，根本的理念是完全相同的；形式上的变化只不过是历史发展的一种状况。对于表达方式，维多里诺所指的是用希腊语或拉丁语而不是用意大利语写作，这一点无疑是真实的。但是，复杂的古代语言的充分练习对熟练掌握本国语的反作用是一个容易辩护的命题。

历史及其在高级教育中的地位

对历史的学习自然地要求助于那种爱国主义的冲动，正如以往所说过的那样，新的教育就像人文主义的理想本身一样，所得到的支持并不多。历史对于维多里诺来说，首先是指古罗马的故事，其次才是指古希腊的故事：它们两者，就像用可信的文学形式那样被描述出来。因此，学习历史就意味着，以恭敬的而不是批判的精神来阅读叙述李维、撒路斯特、凯撒（Caesar）①或普鲁塔克的文章。② 当代意大利的历史在人文主义学校里没有立足之地。因为意大利民族的英雄时代属于古

---

① 凯撒（约前100—前44），古罗马将军、政治家和历史学家。——译者注

② 值得注意的是，虽然受到彼特拉克的重视，塔西陀（Tacitus）作为格里诺所讲授的一门学科，在人文主义教育中并无地位。其中一部分原因很可能是一种风格的问题，另一部分原因可能是学科内容的问题；但是，主要的反对理由是因为手抄本（MSS）非常少。

代,只有古代文学相应地提供了对各种事件的富有色彩的叙述,从而使事实真相更令人信服,并具有政治教育的含义。当然,这对于历史的批判性学习来说是太早了,对政治的和宪政的发展情况的教学也只是试验性的。因此,这些用传记的文体来撰写他们的论著的历史学家们就有吸引力。普鲁塔克受到所有人文主义者的欢迎,这主要依赖一点,即他的传记能够容易地被用于教学和启发人的思想。但是,在处理这些历史材料的时候,存在着一种可靠的直觉。当时的实际政治生活培养了一种信念——无人能够否认这种信念所具有的坚实基础——即相信在各种事务中个人的重要性是第一位的,特别是个性中的善或恶的巨大的可能性。因此,不可避免的是,一个意大利人文主义者应该利用古代的著名人物作为道德原则和政治行动的实例。不止一位学者说过,历史主要是被用来为抽象的伦理准则提供具体的样板。历史的文学方面再一次和那种追求名望的激情紧密地连在一起,每一个人文主义者都爱好这种名望,当然追求名望是努力做事的最强烈的动机。没有历史学家,就没有历史;除非建立起一座永久的纪念碑,上面刻有不朽的文字,否则那些王子、士兵就将得不到赞扬。没有名望,生活就毫无意义。它只是种族的个人主义本能的另一种表达。正如一位人文主义教师所理解的那样,学习历史就是对那些作者通过文字所告诉我们的值得注意的行为的深思。

希腊语的地位

关于希腊语在孟都亚学校中的地位,也许可以说,维多里诺对希腊语的重视程度超过了文艺复兴初期其他任何一位教师,甚至包括格里诺。维多里诺很幸运地有西奥多·加扎(Theodore Gaza)①作为他的同事,后者是意大利本土最好的希腊语学者。作为一位教授语言的教师,维多里诺是很胜任的。但更进一步讲,他具有一种明确的希腊精神,并

① 加扎(生卒年不详),15世纪时著名希腊语学者。曾在意大利的孟都亚教授希腊语,也是维多里诺的希腊语教师,他同时跟从维多里诺学习拉丁语。——译者注

且对柏拉图有一种近乎系统的理解,在这一点上他超过了当时意大利所有的同时代人。我们可以推测,克里索罗拉的《厄奥特马塔》(*Erotemata*)被用作学习语法的一本入门书(很可能用的是格里诺的拉丁文版本)。色诺芬(Xenophon)①、伊索克拉底(Isocrates)②、德摩斯梯尼(Demosthenes)③和荷马(Homer)④都是在学校里学习的学生们经常特别提到的作家。这些作家们的作品和语法书无疑是作为课程的一部分被口授给学生的,就像通常学希腊语一样。据普拉提那的记载,维多里诺有时利用阿里斯托芬(Aristophanes)⑤不仅仅是因为“他的纯粹的雅典人的发音法”,还有别的原因。最有趣的是,同一位传记作者⑥还提到,人们经常地阅读埃斯奇勒斯(Aeschylus)⑦的作品,因为除了他的作品的地位之外,在当时希腊文化发展的情况下,这位诗人必定作了巨大的努力去克服一些自身的困难。

很可能的是,对希腊语的学习采用了一种与学习拉丁语不同的方法。因为人文主义者用拉丁语教他们的学生学习语法和写作,同时把希腊语主要作为讲授诗歌、自然科学或历史的一种工具。毫无疑问,格里诺派强调纯粹的学术。但是,普遍真实的情况是,在人文主义学校中,希腊语的学习是在文学方面而不是在语言学方面;而且,在后来的学习阶段,主要关注的是“学问”或题材。⑧

普伦迪莱克奎(Prendilacqua)说:在维多里诺的教导下,当加罗·

---

① 色诺芬(约前431—前354),古希腊历史学家和作家。——译者注
② 伊索克拉底(前436—前338),古希腊修辞学家和教育家。——译者注
③ 德摩斯梯尼(约前385—前322),古希腊演说家和政治家。——译者注
④ 荷马(约前9—前8世纪),古希腊诗人。——译者注
⑤ 阿里斯托芬(前445—前386),古希腊雅典诗人和喜剧作家。——译者注
⑥ 即普拉提那。——译者注
⑦ 埃斯奇勒斯(前525—前456),古希腊悲剧诗人。——译者注
⑧ 因此,相比后来几个世纪的古典学校或大学,当时希腊文作品的阅读范围更广。在15世纪,雅典人的语言标准是不被接受的;我们在学校中发现,克莱索斯汤姆(Chrysostom)、巴兹尔(Basil)、波利比乌斯(Polybius)和普鲁塔克的书是与柏拉图、修昔底德(Thucydides)和色诺芬的书一起被人们阅读的。

戴·贡札加"还只是个孩子的时候",就把普鲁塔克的《阿格西劳斯①传》(*Life of Agesilaus*)翻译成了拉丁文,这对于一个注定要成为一个士兵的人来说是一种很适合的练习。奥格尼本尼几乎在他青少年时期就翻译了《卡米拉斯传》(*Life of Camillus*)以及伊索(Aesop)的寓言。所以,贝卡里亚(Beccaria)是一个著名的翻译者——他在我们自己的汉弗莱公爵(Duke Humphrey)②那里找到了一位资助人,他甚至试图把《伦理学》(*Ethics*)译成拉丁文。普伦迪莱克奎发表了一个引人注目的关于亚历山德罗的声明:"他从小在希腊语方面受到基础训练,当他长大一些后,又在拉丁语方面受到基础训练;当他成年时,他的兴趣主要在于宗教研究。"这个特别的学生非常用功,举止文雅,爱好和平,他在家乡和孟都亚都受到民众的欢迎,在老师的直接看管下,他被老师认为是最有希望的学生。所以,也许不能这样推断:这是一个惯例。总之,不能认为,一种符合语法规则的方法就一定能被一个年轻的初学者所采用,尽管我们不能明确地知道,在卡萨乔科萨,教授基础知识的方法是怎样的。

人们应该记住,事实上,阅读经典作家特别是古希腊作家的作品的一个明显的动机在于:每一个学习古代文化的学生、学习伦理学和自然科学知识的学生,都必须求助于原始的资料,因为这些知识都珍藏在古代文献中。尚无依据古典作品的内容而写成的(或类似的)历史的、地理的、考古学的或者数学的著作。要读懂古罗马的历史,就必须直接学习李维。要了解古希腊的历史,只能去读修昔底德(Thucydides)③、色诺芬或普鲁塔克的作品。学习地理学,就必须读斯特雷波(Strabo)④或托勒密(Ptolemy)⑤、梅拉(Mela)⑥或狄奥尼修斯(Dionysius)的著作。

---

① 阿格西劳斯(约前 400—前 360),古希腊斯巴达国王。——译者注

② 汉弗莱公爵(1371—1447),英王亨利四世的小儿子,亨利六世未成年时期(1422—1429 年)的摄政人。——译者注

③ 修昔底德(约前 471—前 400),古希腊历史学家。——译者注

④ 斯特雷波(约前 63—公元后 24),古希腊地理学家。——译者注

⑤ 托勒密(约 90—168),古希腊天文学家、数学家和地理学家。——译者注

⑥ 梅拉(生卒年不详),公元 1 世纪时的地理学家,生于西班牙,著有《世界概述》(*De situ orbis*)。——译者注

亚里士多德、狄奥弗拉斯图（Theophrastus）①和普林尼的著作是学习自然科学所必不可少的。换言之，古代文明尚未被系统化，通往真知的唯一大道在于古代的书籍。伊拉斯谟和梅兰希顿以及他们许多同时代的人断言："法律、医学和数学知识的缺乏是由于忽视阅读古希腊作者的原著。"维多里诺对这一典型的人文主义者的判断是赞同的。

音乐的地位

我们还应该谈到音乐在维多里诺的教育计划中的地位。比其他人文主义教师更加彻底的是，他对这一科目也怀有类似古希腊人那样的感情。毫无疑问，他自己是受到音乐的影响的。他在进餐时间给几个男孩介绍音乐，他发现音乐是有用的——因为他们对他所讲的内容全神贯注，以至于都忘了吃饭。他的原理是：教育主要在于环境的影响（不管是否觉察到），在这些影响中审美的成分具有一种重要的地位，如果这些成分确实可以明确地从道德力量中分离出来——尽管找不到明确的记录，但很显然他的这种思想可以从他的学生所留下来的记录中去发现。这样，他为学校建筑、运动场地以及它们的地点的高贵性而感到高兴。所以，他重视一个男孩说话的声音、举止和礼仪，因为这些都会影响到他的同学们。他完全赞同柏拉图关于音乐曲调的判断。当心灵内在的心境表现为很压抑的时候，轻浮和卑微的音乐应该被禁止（这种音乐只能作为一种相应的内心情绪的表达），免得它在其他方面对人的精神状态产生可能的影响。健康的音乐，"多利安人的"（Dorian）、军事的或严肃的音乐，使男孩们在歌声中和谐地成长，在乐器的练习中得到陶冶。再者，音乐有其更严密的一面，音乐的理论是数学的一部分，因此，它也强烈地吸引着维多里诺。因为他在帕多瓦的日子里是受人赞美的，后来又成了一位几何学和天文学的老师，他的某些学生以知识渊博而著称。但是，我们难以确定，他的方法在哪些方面需要注意。代

---

① 狄奥弗拉斯图（约前371—前287），古希腊逻辑学家、哲学家和植物学家。——译者注

数学和几何学的教学标准非常低,而且公开宣布学校数学与所有的商业应用相分离,但是这些都是 15 世纪高等教育的特征。

快乐之家中的女孩教育

我们没有理由作如下的假定:除了那些在贡札加住宅里的学生之外——他们包括巴巴拉·冯·霍亨佐伦(Barbara von Hohenzollern),她是勃兰登堡(Brandenburg)①的公主,在孟都亚接受了几年的教育,并最终和侯爵的一位继承人卢多维科(Ludovico)结婚——维多里诺还有别的女学生。我们可以这样假设:维多里诺和利奥那多·布鲁尼持有非常相同的观点,后者的文章中曾论及女子教育。塞西莉亚·贡札加(Cecilia Gonzaga)受过良好的拉丁语和希腊语教育。她成长为一个性情坦诚的年轻女子,同时受到她的老师充满深情的关心,当她拒绝嫁给卑鄙的蒙特费尔特罗的奥丹托尼奥(Oddantonio di Montefeltro)——此人 1444 年在乌尔比诺(Urbino)②被暗杀——的时候,也就是在她的生活发生危机的时刻,她的老师站在她这一边,而这门婚事原是她父亲提议的。塞西莉亚已打算过一种修女的生活,这是出于她好学的天性以及她的宗教情感,当时她向被激怒了的侯爵表明了她的决心。在维多里诺的支持下,侯爵夫人明确地站在她女儿这一边。婚约被解除了,并且因为詹弗兰切斯科(Gianfrancesco)的死,保拉(Paola)和塞西莉亚两人都入了教会。很明显,无论是作为一个男人还是一位教师,在维多里诺看来,人文主义和基督教并无冲突。

个性研究

关于维多里诺,有人曾明确地说过,他几乎怀着敬畏之心去考虑他

---

① 勃兰登堡,德国柏林以西一城市。——译者注
② 乌尔比诺,由翁布里亚人建立的意大利马尔凯大区城镇,1442—1482 年成为文学艺术活动中心,建有图书馆等。——译者注

的每个学生的兴趣和爱好。所以,当学生们一表现出什么特别的才能时,他就会马上调整课程和方法。当他们逐渐成年的时候,当他们负责任的选择能力得到发展时,他就允许他们把兴趣集中在古典著作、数学或哲学上,或集中在诗歌或音乐上。这种尊敬个性以及真诚地发展个性的努力使他获得了各种不同类型家长的信任,他们都把自己的男孩委托给他管教。很快,维多里诺就不仅仅是一位"文法教师";用最好的词语来讲,他是世界上一个明智的男子,他审视生活的观点完全不同于一位专业学者的观点,维多里诺已不知不觉地投入了教学工作之中。在当时以及之后一个世纪,大部分学校教师的情况也许完全如此。例如,他在给一个名叫弗里德利戈(Frederigo)的男孩的父亲(这个男孩是乌尔比诺未来的君主)的信中写道:"你儿子的天赋表明,他要从事一个士兵的生涯并成为一批人的首领。为了证明他的才能的价值,我将培养他理智的敏锐性,这包括一种坦率的性格和一种对行动的强烈爱好,这将足以使他成为他那个时代的首领。"他还写道:"如果你听从我的建议,你就会鼓励和尊重他的雄心壮志。结果,就会像我所坚信的那样,这将增进他和你自己的荣誉;不仅使他的一生充满荣耀,而且会使他流芳百世。"

真正的人文主义教育的基础应该是:为了任何一种高尚的职业生涯而进行训练,这就是孟都亚学校的原则。专业的设施必须建立在这样的基础之上,同时要明智地延长学习的时间,直到学生接近成年为止。这样,学生们就会在孟都亚学校中一直学习到 21 岁为止。他们所受到的学识训练和大学教育已完全一样。古典知识的教育是市民学校或宫廷学校的职能,一位学者或教师声称:在孟都亚或费拉拉的教育、在克雷莫纳(Cremona)①或维塞扎的教育,同在帕维亚(Pavia)②或博洛尼亚的教育是不一样的。大学从未聘用奥里斯帕(Aurispa)③或费莱佛

---

① 克雷莫纳,意大利北部一城市。——译者注
② 帕维亚,意大利北部一城市。——译者注
③ 奥里斯帕(1374—1459),意大利企业家,曾多次赴希腊探险,发现大量古籍。——译者注

(Filelfo)①这一类的人；一直到 15 世纪末，作为高等古典教育的中心，帕多瓦和博洛尼亚才获得了确定的声誉。在孟都亚，希腊的语言和思想被公认具有很高的地位，所以，在那里希腊语的教师、图书馆和抄写员们把维多里诺的学校置于所有的人文主义教育中心之上，直到费拉拉的新的"学科"（studium）发展起来为止（1442—1445 年），而这时维多里诺自己的事业已开始衰退了。

体格训练

作为文艺复兴时期的一个真正的产物，维多里诺需要一种身体健壮以及与之相称的个人举止的标准，它与一种美好的、理性的人文主义相关联。维多里诺是一个朴素的人，他毫不忽视身体，而禁欲主义者对身体的理解是与一般人不同的。② 为了使身体变得更好，他愿意锻炼身体。因此，他重视饮食、衣服和身体锻炼；男孩们都要习惯于寒冷和长时间的锻炼。对他来说，虚假的比赛是不能容忍的。运动是强制进行的，一个人闲荡或独处的习惯是不允许的。维多里诺总是出现在运动场上。他曾经在暑热中带着他的一些学生去戈伊托（Goito）以及加达湖（Lake Garda）③上游的丘陵地区。同时，还要进行各种各样的军事训练。这些训练的目的是要培养一种大方和文雅的举止、动作的柔韧以及形象的端庄。社会的目的总是出现在他的脑海中。个性包括意向、性格和身体以及所有和它有关的东西。实际上，身体的一种细微的举止必定会表达出精神的本性，因此，从一个人的礼仪、说话的文雅、所避开的东西以及他无意识的偏爱，我们就能了解这个人。普拉提那说：声音、语调和手势都会引起维多里诺的高度关注；任何表示没有礼貌的事情，例如，扮怪相、烦躁不安、粗野态度等，都会立刻受到处置。稍后将

① 费莱佛(1398—1481)，意大利人文主义者、演说家，对于拉丁和希腊文化的复兴有很大贡献。——译者注

② 一般说来，禁欲主义者重视精神而轻视肉体。——译者注

③ 加达湖，位于意大利北部。——译者注

有机会说明:在意大利文艺复兴的高潮时期,个人文化和社会环境之间的关系是如何发展的。但是,在孟都亚的宫廷学校中,它的本质已经被看出来了。

维多里诺的地位和个性特征

维多里诺和贡札加家族的关系,以一种引人注目的方式说明了一位学者－教师在宫廷的社会和政治生活中也许可以发挥的影响。从他到来的那天起,在所有涉及这个上层家庭孩子们的训练方面,他都树立了自己的权威。他与侯爵本人清楚地谈到了家庭榜样的影响力。卢多维科和他父亲之间长期不和、积怨很深,其他人对此的调解全都失败了,然而,他们终于听从了维多里诺充满深情的规劝,他恳求这位执拗的父亲原谅他的学生。侯爵夫人是一位令人钦佩的妻子和母亲,当维多里诺计划帮助那些贫困学生时,她总是愿意帮助他,而维多里诺也渴望分担她在孟都亚这座城市里的宗教和慈善工作。她和她的丈夫都会征求维多里诺对国家事务的意见——因为侯爵是威尼斯市议会(Venetian Council)的议长,当他由于军事事务而缺席时,她经常扮演一个摄政者的角色。他们最大的儿子卢多维科在 1444 年接替了他父亲的职责,并特别致力于资助他以前的老师的事业。人们一致认为,卢多维科能够长大成为一个认真的和正直的男子,在很大程度上要归功于他的老师。卢多维科也证明他自己是一个令人钦佩的统治者。阿尔伯蒂是他的挚友,曾经数次在孟都亚居住。曼太尼亚(Mantegna)①也被吸引到了那里。比萨内劳(Pisanello)②也来到那里,并且制成了塞西莉亚和维多里诺的纪念章,它们属于伟大艺术家们的最有吸引力的作品。事实上,从卢多维科的时代算起,一个世纪以来,孟都亚作为一个著名的宫廷生活的中心一直享有盛誉,它把所有最好的艺术作品都吸引到这里来。在维多里诺去世后,年轻的侯爵付出了许多努力以维护孟都

---

① 曼太尼亚(1431—1506),意大利画家和雕刻家。——译者注
② 比萨内劳(约 1395—1455),意大利宫廷画家。——译者注

亚学校的声誉。维多里诺去世的第一年，人们就敏锐地感受到了他去世的损失，因为他一直以来的确就是这所学校的支柱和中心；一半的学生都退学了，学校的前景令人沮丧。但是，在1449年，奥格尼本尼成为这所学校的领导人，他反复地领会他老师的精神，很快就使学校的工作效率恢复到原有的水平。因为他的名声很大，所以，公爵夫人比安卡·马利亚·斯福查（Duchess Bianca Maria Sforza）急切地要求他担任米兰统治者继承人的导师，虽然她的要求是徒劳的。在孟都亚住了4年之后，他最终屈服于不断来自维塞扎这座城市的压力。当时，他还根据维多里诺的方法编了一本《拉丁文法》（*Latin Grammar*），该书至今仍是早期人文主义者最有趣的作品中的一种。

　　要了解维多里诺的个性并不难，甚至从这里对他的活动的简单描述中就可以了解。最主要的特征就是一种真诚的奉献，即献身于他所承担的责任，以及对他的学生们的深切的爱。能够说明他的教学的个性特征的就是，他对每一个学生的性情和能力都非常熟悉。他是一个热情的人文主义者，然而对他来说，基督教的信仰和理想都是真理，这一点是如此明显，以至于旧的信念和新的知识之间的冲突毫无意义。他的工作就是和格里诺一起，在一种现实的基础上树立一种训练年轻人的典范，这种训练无愧于这些年轻人所生活的"伟大时代"。这是一种从中世纪的训练保留下来的理想，它应当保存有价值的东西，它融合了来自古代的教育手段和方式，它按照一个现代的和基督教的国家来看待一切，因而要建立一个适应文艺复兴时期社会的多方面需要的综合教育。确实，被维多里诺这样付诸实施的教育思想在其他地方实际上很少被人们所认识到。对于一种体制而言，完全可以要求根据其最终的成就来作出判断。要理解人文主义教育的内在精神，要理解它的宗旨、它的方法和它的结果，评论家就必须通过孟都亚学校。对于狭隘、迂腐、苛刻以及脱离生活实际等情况的各种指责来说，无论有什么样的辩解理由（与古典教师和后来的教育相比），以下这一点是确定无疑的，即它们根本没有涉及这里所考察的理想的人文主义学校。

第二章　维罗纳的格里诺

26　　　　前一章已提到过维多里诺和维罗纳的格里诺之间的往来。这两位学者在年龄上几乎是同时代人,他们是亲密的朋友和多年的邻居;而且,格里诺身后留下了作为"一位人文主义教师"的美名,他的声望几乎不低于维多里诺。

格里诺的早年生活

27　　　　由于出生在叫做维罗纳(Verona)①的地方,因此,格里诺(1374—1460)②也被称为"维罗纳的格里诺"(Guarino da Verona)或"维罗纳人

---

　　① 维罗纳,意大利一城市。——译者注

　　② 与格里诺同时代的传记作者包括人称"安农尼莫·维罗内西"(L'Anonimo Veronese)的作家,还有帕诺尼乌斯(Pannonius)、卡博(Carbone)和维斯帕西亚诺·达·比斯泰西(Vespasiano da Bisticci)。"安农尼莫·维罗内西"于1424年10月或11月写了一篇文稿来评价他的老师格里诺,后者当时还在维罗纳。他准确地知道格里诺的经历的前半部分中的一些主要事情:格里诺曾住在西奥(Scio),他曾在佛罗伦萨和威尼斯工作,他曾应邀去过孟都亚。因为格里诺自己喜欢透露他早年的生活情况,所以"安农尼莫·维罗内西"有机会了解以上这些情况。该文稿的原文见 Cod. Ambros. O. (66. f. 21—27)(在米兰)。这篇文稿被奎里尼(Querini)和罗斯米尼(Rosmini)使用过。帕诺尼乌斯(G. Pannonius)的《颂词》(Panegyric)写于1453年。帕诺尼乌斯原是格里诺的学生,不过他对格里诺的经历中的一些实际情况和日期竟然不了解,但是,他对格里诺的教育工作的一些细节描述得很充分,因为当时他在费拉拉读书,了解这些细节。卡博和维斯帕西亚诺写的传记没有大的价值。

　　在 R·萨巴蒂尼(Sabbadini)之前,近代关于格里诺的一本最好的书是由 N·西塔迪拉(N. Cittadella)写的,见《格里诺》(I. Guarini),博洛尼亚,1870年;该书是根据费拉拉的档案撰写的。但是,今天人们对格里诺的生活和工作的了解主要是看了萨巴蒂尼的研究成果,后者直到不久前还是卡塔尼亚(Catania)的拉丁文教授。《格里诺的一生》(Vita di Guarino)和《格里诺的学校和学科》(Scuole e Studii di Guarino)是学生们可以理解的。但是,作为具有纪念意义的收藏品,格里诺的《书信集》(Letters)及其附录的原稿还在。本书作者为了写好本书,已仔细地考察了格里诺的上述原稿。当《格里诺书信集》(Correspondence of Guarino Veronese)这本书出版时,它将证明是这一代人对早期人文主义历史所作出的最重要的贡献。

格里诺"(Guarino Veronese)。他生于 1374 年,是一个金属工匠(显然是手艺人而不是艺术家)的儿子。他父亲去世时,格里诺才 12 岁,由慈爱的母亲来照顾他,她是一个虔奉宗教的和很能干的女人。从母亲那里,格里诺获得了深厚的宗教情感,而这种宗教情感一直是他的特性。格里诺的青少年时期是在他出生的那座城市里度过的,无论是当时还是现在,该城市是意大利最知名的城市之一,它的居民是机灵的、有自尊心的和富裕的。在著名的教师马扎盖亚(Marzagaia)的指导下,格里诺受到了良好的拉丁文基础训练(明显属于前人文主义训练的类型);作为当时一个认真的学生,在掌握了基本的方法之后不久,格里诺去了帕多瓦和威尼斯,以寻求进一步的教育。不能确定格里诺是在什么时候受到乔范尼·迪·康弗斯诺(Giovanni di Conversino)①的影响。但是,在 1390—1403 年期间,他结识了韦杰里乌斯、西科·伯伦托恩(Sicco Polentone)②和帕多瓦的其他一些学者,并和威尼斯一些有地位的家族的成员建立了联系,或者是作为一位家庭教师,或者是作为他们的一个同学。除了帕多瓦学校不仅仅局限于专业的目的之外,关于帕多瓦学校的古典学习,人们有太多的事情可以说。它的拉丁语缺少"优雅、纯正与和谐"的特征;它的"学问"是不足的;它不精通希腊语。但是,在帕多瓦,可以发现一种带有某些特征的新的环境。因为那里有独特的教师,例如,韦杰里乌斯,对他而言拉丁文不仅仅是学习神学、法学或医学的一种工具。康弗斯诺在他的教学中引入彼特拉克的观点和情感,并以此去面对古代以来的进步;就学问而言,康弗斯诺具有一种使命感,他把知识当成是实现更高目标的一种力量。毫无疑问,在佛罗伦萨之后,帕多瓦为热衷于古代文化的学生提供了最鼓舞人心的环境,当 1407 年巴齐札从米兰迁居到这里时,帕多瓦在文艺复兴发展过程中的重要性已经被确立了。

28

---

① 关于康弗斯诺(Conversino),参见伍德沃德(Woodward)的《费尔特雷的维多里诺》(*Vittorino*)第 3 页,以及在那本书中所引用的具有权威性的典籍。

② 伯伦托恩(1375—约 1446),帕多瓦的一位主要官员。——译者注

格里诺 1403 年至 1408 年在君士坦丁堡的居住

格里诺在家乡维罗纳、帕多瓦和威尼斯这三个中心学习与任教,度过了他一生中的前三十年。之后,他的职业生涯中的重大机遇来临了。1403 年,格里诺得到了一次去希腊(即君士坦丁堡)旅行的机会,为一位威尼斯商人和行政官员工作,此人名叫保罗·赞恩(Paolo Zane)。这对于一个平和的学生来说是一次冒险,但格里诺热切地抓住了这次机会,并在希腊居住了将近 5 年时间。对于任何一个学者来说,如能访问神秘的希腊学术中心,那是幸运的,同时也会成为他的同行非常羡慕的目标。但是,除此之外,格里诺还极其幸运地获准去了克里索罗拉的家乡,后者在佛罗伦萨和帕维亚教授希腊语之后,刚从意大利回来。曼纽尔·克里索罗拉在整个西方是以学者和外交官的双重身份而闻名的,他是在位的东罗马帝国皇帝的一个亲戚,居住在延伸到博斯普鲁斯(Bosphorus)的一座带有花园的漂亮房子里。正如格里诺所记录的那样,这座著名的城市连同其极好的地理位置、气候、植物,特别是它的带有大量古代遗迹的正式的社团机构,所有这些给意大利的这位学者留下了一种深刻的印象。格里诺连续学习了两年的希腊语;克里索罗拉的儿子——年轻的约翰尼斯(Johannes),也是君士坦丁堡的贵族青年的一位文学教师,他成了格里诺的老师。我们可以很自然地想象,格里诺在古代艺术遗迹中、在各个图书馆中特别是在说希腊语的人民中,所受到的激励是多么强烈,那里的图书馆中有许多关于雄辩术和诗歌的希腊语著作,而这些正是在西方世界所遗失的东西,那里的人们的本国语言就是伯里克利(Pericles)①或德摩斯梯尼所使用的语言。凭着他的见识,格里诺不是没能够察觉出异教徒的阴影将不可避免地发展成厄运的来临,这也将是他活着时所能见到的。不幸的是,格里诺和这一时期有关的信件保留下来很少,尽管我们知道他与威尼斯的朋友们经常

---

① 伯里克利(约前 495—前 429),古希腊雅典民主派政治家和演说家。——译者注

保持书信来往。在这些朋友中,包括名门望族巴巴罗(Barbaro)家族中的年轻后裔弗兰切斯科(Francesco),他是一个非常热爱文学的人,他一生都与格里诺保持着密切的联系。在这一时期,格里诺就像许多其他的初学者一样,注定要试图亲手翻译卢奇安(Lucian)①和普鲁塔克的作品,并且在希腊本土了解这些东西当然不会有一些限制。我们有他一次访问爱琴海的记录。可能是以保罗·赞恩的秘书和特派员的资格,格里诺代表赞恩去了罗德斯岛(Rhodes)②和巧斯岛(Chios)③,就像我们所期望的那样,他一定在那里带回了一些有用的书籍。但在1408年,他回到了威尼斯。

这时,格里诺已经34岁。他已经历了他思想发展的第一个和最重要的阶段,由此,他在学术和教育进步中的地位被彻底地确立了。第一个因素就是他在帕多瓦学校的学习经历,在一个小而精的学者团队的引领下,他最早在领悟人文主义精神的领域占有一席之地,这一点我们可以在其与韦杰里乌斯来往的书信中看出。这一成功最关键的推动力正是由于格里诺与希腊世界的中心的联系。在文艺复兴的初期,一个人文主义者想要进入古代文化的中心,这种强烈精神的意义对于今天的我们来说,几乎是难以理解的。

在佛罗伦萨主持希腊语讲座/
佛罗伦萨社会的特征

格里诺希望在他回到意大利后能在威尼斯找到一个合适的职位;但令人失望的是,他去了博洛尼亚(1410年2月),在那里他结识了波吉欧、布鲁尼,可能还有其他一些学者,他们作为教廷的大臣逗留在教皇

---

① 卢奇安(约120—约180),希腊修辞学家、讽刺作家。著有许多对话,其中最有名的是《死人的对话》。——译者注

② 罗德斯岛,在土耳其西南部。——译者注

③ 巧斯岛,在土耳其西部,属希腊。——译者注

的住宅里。应布鲁尼之请,格里诺立即被邀请去佛罗伦萨,在那里他首次发现了他真正的职业是作为一位传播古代希腊－罗马文化的教师。格里诺一直是克里索罗拉所熟悉的学生,实际上一直在关注希腊,在佛罗伦萨绝对是受到尊重的。格里诺马上开办了学校,这也是以尼科利为首的一小群市民私人投资的产物。这所学校很快就获得了较高的声望。著名人士帕拉·斯特罗齐(Palla Strozzi)①和阿姆布罗吉奥·特拉维尔萨利都是格里诺的强有力的支持者。所以,很自然地,当 1412 年佛罗伦萨公共讲习所(Studio of Florence)重新开放时,格里诺被市政当局任命为希腊语的主讲人,在此之前这一职位是由克里索罗拉独自担任的。格里诺的命运从此便开始了在文艺复兴的真正诞生地的忙碌的学术生涯。尼科利、阿尼约洛·潘多尔菲尼(Agnolo Pandolfini)②、斯特罗齐以及布鲁尼和特拉维尔萨利的这一阶层,组成了一个"社交圈"(society)(从"社交圈"这个词最确实的意义上来说)。因为在佛罗伦萨,社会交往已经是一种艺术。经常与意大利国内和国外的城市交往,与著名的外交官、王子和教士们的来往,使其公民具有成为商人的高超能力,缺乏滋生封建主义的肥沃土壤。他们的高贵性,他们的文雅举止,他们的智力,他们对于一种有益于健康和适宜的生活的直觉——这些特征使得佛罗伦萨真正处于欧洲文明的前列,也为艺术和思想的伟大发展提供了一块良好的土壤。在佛罗伦萨,也便于同在里米尼、费拉拉、维罗纳、帕多瓦和威尼斯等地具有同样兴趣的人们保持联系。特别是在佛罗伦萨,格里诺从亲眼所见中懂得:古代世界的生存离不开当时世界的理想和活动。在每一个人文主义者的教学中,崇高的"实用"(utilitas)思想是如此突出。这种思想在佛罗伦萨也可以被举例说明,因为在佛罗伦萨,在行动中(如同在学习方案中一样)阐明了这一点,即人文主义的学习目的是为了最大的社会福利,包括行政管理的完善、司法的公正、爱国主义的自豪感、高尚的自尊等,并且给公众的生活带来

---

① 斯特罗齐(1372—1462),佛罗伦萨著名的贵族斯特罗齐家的一员,希腊语言学家。——译者注

② 潘多尔菲尼(? —1446),意大利人文主义学者。——译者注

普遍的幸福。很少有一种崇高的热情能够引发一种活动,而这种活动的直接兴趣在于学问。虽然我们承认一种活动在某种程度上要根据其结果来证明它的合理性,但是,只有最肤浅的评论才会把伟大的学者和古代文化的爱好者(其中格里诺以后将是一位主要人物)的活动断定为一种狭隘的和价值不大的浅薄涉猎,并且把他们逐步建立起来的教育断定为一件卖弄学问和耍手段的事情。

格里诺 1414 年至 1429 年在威尼斯和维罗纳

当时,尼科利是佛罗伦萨最具有自我意识的人,在他所出生的城市中,他是文人们(men of Letters)的著名赞助人,但也是一位难以与其共事的人。格里诺具有学者的一种强烈的自尊心,几乎不能忍受那些富裕的收藏家和有权势的市民的恩赐态度。因此,我们可以作出这样的结论:克里索罗拉早已离开了佛罗伦萨,所以,格里诺没有见到他。在其他学者中间也许存在着嫉妒心,但作为一个 40 岁的男子,格里诺的忍受力并不是很强。他也是一个新来者,他的影响是在他自己的家乡维罗纳以及在威尼斯,在那里他有许多亲密的朋友。在这些朋友中,有一位年轻的弗朗西斯科·巴巴罗,他碰巧在那时(1414 年)去佛罗伦萨访问,当时学者之间的不和已不再能够加以掩饰了,巴巴罗便和格里诺一起去了威尼斯,在那里格里诺受到了众人的热烈欢迎:"如同将军得胜归来时受到欢迎一般"(ut videretur imperatorem triumphantem adventasse),这是当时在那里的一个人这样告诉我们的。格里诺马上为年轻的贵族开办了学校,也有一些渴望掌握希腊语知识的学者到学校来学习,其中包括只比格里诺小三四岁的维多里诺。格里诺和知识分子们的友谊稳步加深。他一生做得最好的一些工作就是在这一时期完成的。通过不断研究西塞罗及修辞学原理,他的拉丁语知识得到了巩固。他也花了许多时间去研究昆体良,从昆体良那里引申出他自己的教育方法的一种权威性基础。此时,格里诺开始编写并完成了希腊语文法和拉丁语文法的教学手册,几年后他在费拉拉发行该教学手册。他于 1418 年结婚,并回到了维罗纳,在他所出生的城市被选为该市的修辞学教授。1420 年,他应邀去了维塞札;1421 年或 1422 年,他又去了孟都亚;但他不愿离开维罗纳。他建议贡札加侯爵(Marquis Gonzaga)去求助于维多里诺。对希腊语学习的兴趣正在迅速地增加。许多有希望的、年龄各不相同的学生来到了维罗纳。在格里诺讲课的房间里,甚至有人扮演布道的天主教修道士。艾伯托·达·萨赞纳(Alberto da Sarzana)是格里诺的学生,从那时起他就成了他老师的一个勇敢的朋友。虽然格里诺只有很少的同事——多数人文主义者没有同事——在这些不多的同事中,有方济各会修道士和多明我会修道士。然而和维多里诺一样,格里诺非常敬重两位著名的"修道士",即佛罗伦萨的特拉维尔萨利和西恩纳(Siena)①的伯纳尔迪诺(Bernardino)。然而,在此时,格里诺由于赞扬贝卡德里(Beccadelli)②的众所周知的《男女两性一体》(Hermaphroditus)而使自己遭到他人情有可原的误解,他公开赞扬贝卡德里是"又一个狄奥克里塔(Theocritus)"③。其结果是,对格里诺的辱骂声在宗教界响成一片。

学习巴齐札的做法,格里诺把寄宿学校的学生带到他在维罗纳的住宅里,在夏季的暑热中把学生带往邻近瓦尔波利塞拉(Valpolicella)的别墅(格里诺通过他的婚姻拥有了这座别墅)。我们已多次提到格里诺的家乡。他的孩子们(其中至少有 12 个孩子活到成年)为他带来了荣耀,其中多数孩子具有和他同样的兴趣。

应尼科洛·德·伊斯特之邀前往费拉拉

1429 年,格里诺接到了一个邀请,这个邀请与他的未来岁月和家庭职责有关,他感到不能拒绝。这就是,侯爵尼科洛·德·伊斯特(Niccolo d'Este)④邀请他去费拉拉,担任侯爵的儿子和继承人利奥纳

① 西恩纳,意大利中部一城市。——译者注
② 贝卡德里(生卒年不详),意大利诗人。——译者注
③ 狄奥克里塔(活动时期公元前 3 世纪),古希腊诗人。——译者注
④ 尼科洛·德·伊斯特(? —约 1441),费拉拉城的君主。——译者注

洛(Leonello)的导师。薪酬很高,有 350 个金币(ducats),随后又增加了。的确,这也许是对一位人文主义教师的工作所支付的最高的薪酬。起初,格里诺被约定为利奥纳洛的老师;但显而易见,格里诺拥有一定的自由活动权(就像维多里诺那样),他也承担了对该城市其他年轻人的教育工作。后来,当利奥纳洛结婚时(1435 年),格里诺获得了属于他自己的一幢房子,于是他把寄宿学校的许多学生带入该房子。由于德·伊斯特君主所提供的机会,因此,被吸引来到费拉拉的著名学者的人数激增,以至于 1436 年穆尼西庇阿(Municipio)开始建立一所"公共讲习所"(Studio pubblico)①,任命格里诺为城市的修辞学教授。利奥纳洛当时已是侯爵,他采用非限制性的方式来组织这所学校②,于 1442 年从皇帝那里为它获得了一所大学所具有的正式权利。因此,费拉拉大学(University of Ferrara)能成为一个著名的人文主义中心、一个有文化教养的社会中心和艺术的中心,尤其是它与我们自己国家学术的起源具有密切的关系,其直接原因都是由于格里诺的影响和声誉。作为一位修辞学教授,他生活在费拉拉,不懈地工作直至 1460 年逝世,时年 86 岁。

33

1442 年至 1460 年在新的大学任修辞学教授

从 1408 年到去世,格里诺的生活既是一位学者的生活,又是一位教师的生活。他的生活是值得羡慕的和幸运的,在他最强烈和最美好的兴趣同他的专业性工作之间不存在分离的现象。到当时为止,对古代的研究是没有组织的、没有筹划的和非专门化的,但这也是非常吸引他的一种追求。从荷马到巴兹尔(Basil)③,从普劳图斯到奥古斯丁,从

---

① 这所学校是大学的雏形。——译者注

② "那个可爱的人就是彬彬有礼的和有学问的利奥纳洛·伊斯特。"(Quel fiore di gentilezza e di sapere che fu Lionello d'Este),这是最具判断能力的权威人士对利奥纳洛的描述。对照卢齐奥-雷尼尔(Luzio-Renier)的《意大利文学的故事》(Giorn. Stor. d. Lett. Ital.),第 13 卷,第 125 页。

③ 巴兹尔(约 329—379),东派教会希腊教父的代表人物之一。——译者注

最初对一份手稿原文的考证到修辞学的原理或到古代世界的地形,从"地区的建设"到异教和基督教的伦理观的调整——古代文明的整个领域作为一种连贯和一致的现象呈现在格里诺及其同时代人的面前。与此同时,格里诺的专业工作只不过是解释、整理和传递这种研究的成果。因此,这种不断的进步显示出一个人的教学特征,他不仅是其他人的一个学生,而且是未知领域的一个探索者。这样,格里诺要编一本关于缀字法的小册子《论双元音技巧》(de Arte Diphthongandi),那就是很自然的事情。但是,当他 70 多岁时,他投身于对古代地形这个巨大问题的研究——他是近代试图研究该问题的第一人;在 79 岁时,他开始校正和翻译斯塔布(Strabo)①的作品,三年后完成了这一工作。

格里诺作为学生和作为教师的工作

34

可以正确地断定,格里诺的教育目的不同于维多里诺,前者更强调训练学生从事专业性的职业,而后者的孟都亚学校的特征则不同。我们有这样的印象,即格里诺自己对学问的专注(就广义的学问而言)决定了他的教育观点和做法。从费拉拉走出了博学的教士,或大学教授、训练有素的雄辩家和博学的学校教师。无疑,这在一定程度上是社会环境的一个问题。男孩的未来取决于他们的聪明程度和学问,前程有限的男孩被指定去教会做事、去教书,或者在官邸或教廷里担任一个低级的职务。例如,格里诺的儿子中,有一个继任他的职位成了一位教授,另一个成为大教堂牧师会的一个成员,第三个当了一名民事秘书,第四个当了一位开业医生。如果说格里诺不太重视军事训练或适合宫廷气派的训练,那很可能是因为他的学校所招收的出身于社会最高阶层的男孩要比孟都亚学校更少。我们也必须注意到格里诺的教学和大学组织的紧密联系,就像与不同的和更多样的机会形成对照那样,这种机会也许表示了一所宫廷学校的特性,教师在学校中具有一种完全自由地做事的权力。卡萨乔科萨的环境更具有吸引力;为学生进入社会

---

① 斯塔布(前 63—公元 21),希腊地理学家。——译者注

做准备更为明显；作为同学的女孩们的存在——在费拉拉我们未曾听说别的学校里有女生——意义重大。在 15 世纪，人们似乎已接受这样的情况，即在格里诺这一边，古典教育倾向于被认为是教育的主要目的；而在维多里诺那一边，古典教育则被看作是一种完整的训练的一个手段。

正在发展的人文主义学校的特征是公共教学与寄宿制和学费制的结合。这种做法无疑借用了大学的做法，现在则被用于人文主义学校的男学生，如同在别的时代里，由一个细心的公共机构所授予的特权被看作是某些贫困学生定期生活津贴的一种陪衬物。三位著名的教师发展了这一类型的学校——巴齐札、维多里诺和格里诺——他们都与帕多瓦有联系，可以被称为帕多瓦教学方法的代表人物。格里诺把这种制度带到佛罗伦萨、维罗纳，最后带到费拉拉，就如同维多里诺及其继承者在孟都亚所实施的制度一样。一所英国大学的学院（College）或校外学生宿舍（hostel）的相似性很容易被人发现，但我们必须记住，在意大利寄宿学校学生被称为"contubernales"，他们类似于一所公共走读学校的住宿学生（resident pupils），或是一个学部（Faculty）的住宿学生，并没有一个法人团体所保证的连续性或控制。类似的情况有点像近代牛津大学的一个"私人讲堂"（private Hall）（这一说法是根据 1882 年的牛津大学章程），或像孟都亚一所公共学校的校舍（School-house）。在 15 世纪，采用同样的方式，巴黎大学的一大部分学生居住在导师或讲师的私人讲堂里。作为教授，格里诺把早上的时间用于公共教学；但是，一天中的其余时间是用于教他的住宿学生或从事研究。正是在他的工作的这一方面，其个人影响的促进因素才被人们强烈地感受到。其中一个寄宿学生说："多少次啊，我们一直学习到午夜；然后，因为决心要胜过别人而充满热情，在黎明之前我们又一次开始学习。"格里诺的这种个人力量，加上对学术、口才以及管理能力的高度重视所带来的刺激，有助于使年轻人更加敏锐，对学术、口才以及管理能力的重视表现了意大利北部重要城市的特征。格里诺在所致力的工作和教学上是真诚的，就像维多里诺站在一个不同的平面那样，当时也有个别追求私利的和动荡不定的人文主义者，他们很容易把学习的名声搞坏。因此，

35

格里诺的"寄宿学生"（contubernium）包括成年男子：像拉穆拉（Lamola）那样已是杰出的教师和学者，或者像弗朗西丝科·巴巴罗那样才华横溢的显贵，但也有来自匈牙利或莱茵河畔的 14 岁或 15 岁的青少年。没有证据能够表明，威廉·格雷（William Gray）或格里诺的其他英国学生究竟是否也曾寄宿在他的"房子"里。无疑，对于初学者，格里诺仿效巴齐札的方法聘用了助教。我们知道，格里诺通常受到别人的抱怨，即走读生没有受到他们本应受到的足够关注。

巴齐札曾这样记载：格里诺对一个学生一年的伙食费和学费收取"40 个威尼斯古银币"（40 scudi veneziani）；他的资助人都是富有的威尼斯商人，他们乐意支付一笔费用，我们可以把这笔钱看成是实际上相当于现在意义上一所著名的公学（public school）中包括食宿在内的一切费用。但是，巴齐札只有一份钱很少的正式薪酬，似乎从未能有积蓄。相反，格里诺是一个做事细致的男人，他作为修辞学教授坚持在 1436 年要确保收入达到 400 个"费拉拉的里拉①"（lire di Ferrara）。

格里诺的教学方法

要研究这第一代人文主义教师的教育理论或实践活动，就不可能不承认韦杰里乌斯②作为新教育的真正奠基者的重要性。他的论文《论绅士风度与自由学科》（*De Ingenuis Moribus et Studiis Liberalibus*）大约写于 1404 年，具有深远的影响，特别是对帕多瓦学校的学者和对佛罗伦萨的人文主义者（诸如帕尔梅利和特拉维尔萨利）的影响。更为可能的是，格里诺在威尼斯与维多里诺往来期间，他吸收了维多里诺的某种热情，并且这种热情后来又通过和维多里诺的学生马格赫里蒂·贡札加（Margherita Gonzaga）的约会而得到加强，他用这种从维多里诺那里吸收来的热情对待自己的学生利奥纳洛·德·伊斯特（Leonello

---

① "里拉"（lira，复数为 lire），意大利货币名。——译者注
② 关于韦杰里乌斯，参见本书英文本第 8 页以前；关于维多里诺，参见本书英文本第 14 页和第 93 页。

d'Este）。对于格里诺和维多里诺这两位伟大教师之间往来书信的遗失，我们不能不感到遗憾。没有必要到格里诺早期的拉丁语教师乔范尼·康弗斯诺的身上去寻找他对于形成格里诺的教育方法的任何特殊影响；更不要到巴齐札的身上去寻找他对格里诺的影响，巴齐札的实际能力全部在于教授拉丁语的比较基础性的知识，其兴趣集中在对有关著作原文的评论上。此外，巴齐札不懂希腊语。

像维多里诺一样，格里诺在真正意义上说是一位有独到见解的教师。他们都是最早对一种适合近代的完整的文化教育计划进行设想并作详尽阐述的学者和教师。他们详细考察了古代文化的整个范围并想要得到最好的部分，以便找到一种应该适合于年轻人训练的方法，其目的是为了当时意大利的发展。柏拉图、亚里士多德、罗马的实践和理论以及早期教会领袖的权威论著等都以能作贡献的理由被提了出来，创立了一种广泛的教育概念，在这一概念中信仰和道德、艺术、文学以及体操等都能找到各自适当的地位。十分需要的是，重申昆体良在文学教育中的极端重要性。

体格训练

至于身体的基础训练，在格里诺的学校中要注意的是，我们对他的做法的了解只局限于一个较短的时期（从 1429 年至 1435 年），当时他是利奥纳洛的导师。一位年轻君主的教育显然要求较多地关注户外练习；人文主义在其最好的时期并未废弃上流社会的优雅的训练，而且被要求开展这种训练。因此，军事训练是必要的，还有骑马和打猎——一种针对战争的实践，就像格里诺所说的那样；再加上游泳和球类活动。无论如何，这些动机显示出新的气氛的种种迹象。游泳的确有益于健康，但它也是一种美的享受，因为游泳者在蓝色的和闪光的水中会欣喜不已；绿色的河岸和明亮的天空都是令人愉快的或令人兴奋的。此外，看守大桥的霍雷修斯（Horatius）是一位勇敢的游泳者；正像利奥纳洛所不能忘记的那样，凯撒的技能救了他的命，亚历山大在西德努斯河

(Cydnus)冰冷的水中洗澡时几乎丧命。步行和球类游戏在西庇阿(Scipio)①或莱利乌斯(Laelius)②的实践中是很重要的。很奇怪,捏雪球的活动受到称赞,利奥纳洛曾被要求在模拟战中率领一半学生去打另一半学生。作为对仪态优美的一种帮助,舞蹈是被坚决要求学的。

知识教学的三个阶段

不管怎样,在格里诺的训练中,教学是基本的因素。这种教学分成三个阶段:基础学习阶段、语法学习阶段和修辞学习阶段。这三个阶段并无年龄的限制,在语法的初学者中间也许经常都是一些成年男子,所以,班级组织几乎是不可能的。至于在孩子几岁时用正规教学取代母亲或保姆的家庭教学,也没有任何特别的规定。

基础学习阶段从阅读开始,很可能包括拉丁语和希腊语两者。清晰和正确的发音非常重要。信奉普鲁塔克的看法,克里索罗拉总是极力主张这一点,正如弥尔顿(John Milton)③所说的那样,相比日耳曼人,它的确是拉丁系民族(the Latin peoples)④的一个特征。格里诺说:"当你朗读时,不要像在嘴中咀嚼食物那样含混不清,而应该用一种清晰的声音把词语读出来;因为这不仅有助于领悟所读的内容,而且可以加深对它们的记忆。"这无疑是直接从普林尼那里学来的。接着,就要学习语法的基础知识,首先学习词的变格、词尾的变化以及动词的各种变化形式。很可能只有一小部分男孩拥有教本。《较小的奉献》(Donatus minor)是在中世纪晚期编的一册节选本,也称为"Janua",成了格里诺的初级课本。

随后就是语法学习的阶段,它有两个平行的方面,即方法学(Methodice)和历史学(Historice)。

---

① 西庇阿(前 237—前 183),古罗马将军。——译者注
② 莱利乌斯(? —前 160),古罗马将军、政治家。——译者注
③ 弥尔顿(1608—1674),英国诗人。——译者注
④ 拉丁系民族,指法兰西、西班牙和意大利等国的民族。——译者注

《格里诺语法规则》

　　首先,正式的拉丁语教学包括学习语法所有的变化形式,还有逐渐学完动词的用法。针对后者的教科书就是《格里诺语法规则》(*Regulae Guarini*)。这本卓越的并且被广泛使用的教本是格里诺根据他的经验而编成的,考虑到了语法不同部分的重要性和难点,处理时比较简单,但它绝不是对语法科目的一个系统的或逻辑的概括性研究。它的编写是为了满足学习者的需要,而不是要提供一个关于词法和句法的指定大纲。就其重要性而言,在任何人评价人文主义教育以及评价一种对教学中语法地位的正确理解时,《格里诺语法规则》的内容是值得注意的。该教本是格里诺在维罗纳生活时开始成形,如果不是更早的话。

　　1. 导论,界定语法的四个部分。

　　2. 词类八个部分的定义。

　　3. 动词的种类(主动的、被动的、异相动词的、及物的和不及物的);与一个动词搭配造句的格(直接的和间接的宾语)。

　　4. 非人称动词。

　　5. 恰当地理解句法关系。

　　6. 不同的动名词以及分词——句法。

　　7. "原型":形容词的预期描写法、兼用法、轭式搭配法①、综合、抗下垂、唤起、同位、提喻法②——符合规程;所有东西都和语法有关。

　　8. 姓。

　　9. 动词的词形:表示开始的动词、重述的动词,等等。

　　10. 关系代词。

　　11. "什么"和"(两者中)任一的"以及它们的复合词。

　　12. 帮助记忆的口诀中的不规则名词。

---

　　① 轭式搭配法,指用一个形容词或动词勉强修饰或支配两个名词的方法。——译者注

　　② 提喻法,指以局部代表全体,或以全体喻指部分。——译者注

13. 三个动词的句法关系：解开(solvo)、结合(nubo)、隐藏(lateo)。

这样一个大纲显然是专断的，它说明了一种实际的方法，格里诺就是用此方法训练初学者，使他们能掌握系统的语法。① 因此，它是词法和句法的一种混合。格里诺对学习内容的选择以及他对这些内容的编排顺序给我们留下了印象。我们可以把他的教科书和本书前一章中所提到的奥格尼本尼·利奥尼塞诺(Ognibene Leoniceno)的词法以及伊拉斯谟的教本作比较。由于没有逻辑上的障碍，《格里诺语法规则》被公认为是对中世纪语法教材的一个明显的超越。格里诺并不试图去解释句法的规则；他对这些规则作确切的说明，用古典作家的惯用法来说明这些规则，仅此而已。关于格里诺的方法，我们有一个例子能说明这一点。格里诺说："在称呼一个人时，你应写'te oro'，而不是'vos oro'，因为'一个'是单数，因为所有的拉丁语作家都遵守这一规则。"这是洛伦佐·瓦拉(Lorenzo Valla)②和每一位人文主义者的原则。

当时，编写《格里诺语法规则》是把它作为作文中口头练习的一种辅助物，对此格里诺高度重视。格里诺的儿子巴蒂斯塔·格里诺(Battista Guarino)③在他题为《论教学和阅读古典作家著作的方法》(De Ordine Docendi)的论文中解释其父亲的方法时说："必不可少的是，要求每一个学生在口头上构词造句并举出例子，以说明词法和句法的主要规则，不仅要准确，而且要注意某种风格的得体。例如，要适当地注意句子中词语的顺序和从句的位置。"我们可以补充说关于在词汇中排除不规范文字的问题。不用说，在课堂中应该讲拉丁语。

在方法上也要安排诗体学和韵律；这要依靠亚历山大的《学问》(Doctrinale)，但更强调维吉尔的背诵法。在费拉拉，有一些学生能够背诵维吉尔所有的诗。

关于散文中的进一步练习，要教授西塞罗的《书信集》(Epistles)的

---

① 到目前为止，尚未提到格里诺写的一本较容易阅读的书：《词藻绚丽的避难所》(Floriferus Portus)，它是根据同样的原则编写的(B. Mus. MSS. Jul. F. 105—117)。

② 瓦拉(1407—1457)，意大利人文主义者，曾任教皇的私人秘书。——译者注

③ 《维多里诺》(Vittorino)一书中巴蒂斯塔·格里诺的论文，第159页。

选段,并要求记忆。因为书信比演说更流行,所以,书信体风格的重要性应该被注意到;在后一个世纪的学校中,这一点甚至更为明显。还有,这样的作文是上课时口头进行的,而不是校外的一种书面练习。所有的口头作文被称为"主题"(Themata);而当通过准备把作文加以扩展和发挥时,它们就被叫做"正式的演说"(Declamationes)。题目不过是每一位学者都要做的拉丁语发言的一种提炼和解释;演说是通过对内容作系统的丰富和扩展来进行的,其最好的例子可见于后一个世纪的一本典型的教科书,即伊拉斯谟的《论词语的丰富》(De Copia)①。引导学生掌握编排基础词典以及有序收集"摘录"(excerpta)的方法也属于这一阶段,这些摘录选自一些作家和评论家们的作品,并带有解说性的评注。词汇表、来自神话集的专有名称、历史学和地理学(现代编者称这些为"古代文化"),它们就这样慢慢地变成索引的形式,其目的是为了方便查找。在中世纪的学校里,对于那些较为先进的学习者来说,这无疑一直是一种平常的做法;但是,在格里诺的指导下,学生直面作家的原文,自己来创作他的"杂记"或系统的笔记本;而在人文主义学校建立以前,学生必定是被迫记下教师口授的另一人的汇编,这种汇编常常是晦涩难懂的。格里诺及其同时代人属于这样一个时代,即在当时每位教师必须从语法的教科书开始编写他自己对学术著作的注解或索引等,而很少去寻找那些建立在前几代人的专业经验之上的被认可的教本。把中世纪对拉丁语学术的指导置于一旁,或者对这种指导加以净化直到它们变得无害,这的确是人文主义教师们不断努力的成果。

　　格里诺曾动手编一本希腊语－拉丁语词典,但未完成,而且也失传了。但是,他编的克里索罗拉的《希腊文法》(Erotemata)的节选本(伴有一个拉丁语的译本),在文艺复兴时期意大利的所有学校里为希腊语的初学者们所使用。关于希腊语在费拉拉所占据的地位,引用巴蒂斯塔·格里诺的话(1459 年)就足够了,他明确地说,他只是在陈述他父亲的做法,"熟悉希腊的语言和文学,这是一个受过教育的人的基本特征

41

———————

　　①《论词语的丰富》,1512 年在巴塞尔出版,英文名为"*A Plenitude of Expressions*"。——译者注

……没有希腊语的知识,就不可能有真正意义上的拉丁语学术。"但是,和拉丁语不同,希腊语不是作为一种口语来教授的。"我还知道,我父亲的不少学生在完全掌握拉丁语之后,能够在一年内在学习希腊语方面取得很大进步,能够准确快速地翻译难度一般的完整的希腊语著作。当时要达到如此熟练的程度,只能通过精心地和系统地教授语法的基础知识……在使用教科书时,最需关注的是动词、动词的一般形式、动词的各种语气和时态,接着要关注不规则动词。当能够直接区分动词和名词(当然名词也包括形容词)的形式,并且能够辨认语态、语气和时态各自的变化时——这只能通过不断的词汇练习(viva voce)来考查,然后就要开始学习简单的叙事散文。在这一阶段,凡是需要有周密思想的题材的作品都要避免,因为全部的注意必须集中在词汇和语法上。只有当在后面的这些地方已获得了某种程度的自由时,教师才开始介绍难度更高的书籍……这时就要学习重读的规则……非常重要的是,初级作文中的常规练习从一开始就要提出要求。学生将很快就能把一段拉丁语译成希腊语,这种翻译迫使我们去理解作者语言的适切性和作者文体的端庄程度。因为尽管一个漫不经心的读者可能会忽略词句的细微差别和表达方式的美感,但它们不可能逃过一位忠实的译者的眼睛。"

希腊语和拉丁语的教学自然是同时进行的,很可能是(至少在费拉拉是那样),学习希腊语最主要的动机是为了服务于拉丁语的学习。[①]可能要特别提到一种重要的方法,因为它是此后一个多世纪里规模更大的人文主义学校的特征,即对西塞罗的《书信集》的利用。巴蒂斯塔·格里诺说:"要求记忆,因为记忆可能是最有助于文风的纯正、直率和灵巧的手段之一,为了适应我们自己的使用,它用一种极好的形式提供一种极好的内容。"迄今为止,它是学习希腊语和拉丁语的有效方法。

---

① 在前一章中已说过,在意大利,希腊语学术的立足点不同于拉丁语。参见本书英文本第 18 页以前。

历史的作用

在教授方法学的同时，格里诺还教授历史（该术语来自昆体良《雄辩术原理》第一卷的第 9 点），后者包括解释散文作者（尤其是历史学家）和受人称赞的诗人。古典教学的这一方面主要涉及所阅读的作家的作品内容。例如，"按照一般顺序所学习的历史学家们"，将使学生深入了解"不同类型国家的风俗、法律和机构"，"个人和国家的命运，他们成功和失败的根源，他们的力量和他们的弱点。这种知识不仅使学生感兴趣，而且在处理他们的事务中具有实际的价值"。在学习历史的同时，还要仔细阅读诗人的作品。"这时才能懂得富有诗意的虚构的真正意义。正如西塞罗所说的，这种虚构在于根据想象中的人和处境来展示我们自己生活的现实。"把维吉尔置于他自己应有的地位，之后推举出斯泰夏斯（Publius Papinius Statius）①、奥维德、塞尼卡、卢卡、贾维纳尔和普劳图斯等人，对于一门完整的拉丁语阅读课程来说，学习这些人的作品是必要的。在西塞罗的《书信集》之后，可能要阅读特伦斯的作品，因为他作为一位文体批评家和会话体拉丁语的典型代表，具有一种特别的优势，他的作品能给我们提供"一座充满宝贵判断的思想宝库"，他的作品是意大利和德国的人文主义学校中主要阅读的学习材料。例如，对于特伦斯作品的教育价值，伊拉斯谟的评价甚至比格里诺还高。至于希腊诗人，首先推荷马，其次是戏剧作品，再次是英雄史诗。但是，这一时期人文主义者的一个特征是，把许多作家都包括在内，其范围大大超过了纯粹古典时代的作家，所以，普鲁塔克、亚里士多德、狄奥克里塔、奥卢斯·盖利乌斯（Aulus Gellius）②、马克罗比乌斯（Macrobius）③

---

① 斯泰夏斯（约 45—96），古罗马诗人。——译者注
② 盖利乌斯（生卒年不详，创作时期在公元 2 世纪），拉丁文作家。著名的著作是杂文集《雅典之夜》。——译者注
③ 马克罗比乌斯（生卒年不详），公元 4 世纪意大利拉丁语作家，著有散文和《农神节》以及关于西塞罗著作等的评论。——译者注

和圣奥古斯丁(St. Augustine)①等人在格里诺的课程中都有他们的一席之地。这可以用以下的事实来解释:出于解释和分析的目的去学习这些作家的作品,并且这种学习又可以有两个明显不同的重要目的。第一个目的是对小部分受人称赞的作者的作品进行细致的学习,他们的作品被看作是文体的样式。这部分作品要背诵,要被看作是模仿的教材。出于在作文中练习的目的,精选的西塞罗的书信和演说以及奥维德的部分作品在费拉拉是主要使用的学习材料。但是,另一个目的可以较为自由地表达(这种自由在15世纪要甚于以后任何时期)。对于实际上在一所学校或大学的课程中没听说过的作者也要给予解释、评论和进行学习,以作为对于理解古代文化的帮助。就格里诺来说,选择的一个标准是道德的目的,一个作者也许可以被引导去促进这种道德的目的。例如,通过用讽喻方式叙述非基督教的神话,或根据一种传记文学的方法去论述希腊或罗马的历史,或使用诸如瓦莱里尤斯·马克西马斯(Valerius Maximus)这样次要的作家,"它们都很有价值,以致可以对隐含在有吸引力的文体中的道德格言(sententiae)提供实际的解释",道德的教海就是一个主要动机。格里诺反复强调说:古典学习只要处理得当,它就富有道德意义。② 一个次要的目的就是"知识"(eruditio)的目的,它包括各种知识,只要这些知识有助于解释作者的意思,有助于正确地理解古代世界的历史、地理和神话。对于那些和年轻学生打交道的博学的学者来说,这种"知识"是诱惑的一个来源,而年轻学生在上课时的职责也常常局限于不停地记笔记。古典著作早期版本的"连续不断的注解"呈现出这样一种前后一致的、未中断的知识流动,就像人文主义教师所喜爱的那样。因此,格里诺重视笔记本的使用,也有人重视让学生整理教师口授材料的做法,整理时加上适当的标题;但这样的重视要想有效,还是取决于学生自己的阅读。这里,我们又有了一长系列的"杂记"(Miscellanea)、"杂录"(Adversaria)和"摘录"(Excerpta)的开始,它们多数属于一个稍后的时期,这些书面材料至少

---

① 圣奥古斯丁(354—430),古代基督教会思想家和教父哲学家。——译者注
② 比较梅兰希顿对古典阅读的态度,本书英文本第234页以后。

体现了人文主义学者的勤奋,在某些方面具有不朽的价值。

修辞学的教学

在费拉拉,古典教学的第三个阶段是修辞学(Rhetorica),这是根据罗马以前的叫法。至此,学生在说拉丁语方面已达到了一定的熟练程度,也掌握了词法和句法的足够知识,在作文的一些方面也有了某种练习,他们现在把注意力集中于西塞罗和昆体良,部分原因是把这两人的著作当作学习的科目,但主要原因是把它们看做指南,用以指导系统学习各种形式的散文写作。在语法领域,不管可以辨认出中世纪学习方法的什么痕迹,但在人文主义的学校中,修辞学的科目采用了一种全新的形式。被作为是纯正的西塞罗关于演说的学说的精髓,他的《修辞学》(*Rhetorica ad Herennium*)在费拉拉是学习的起点,是长期被公认的权威性著作。随着学生的成长,再增加《论演说家》(*De Oratore*)、《演说家》(*Orator*)以及西塞罗所有的对话体著作等学习材料。在学习西塞罗著作的同时,还要学习昆体良的《雄辩术原理》。近代没有其他的修辞学教本能够像巴齐札或费莱佛编的教本那样被格里诺所接受;他在根据自己关于罗马和希腊的演说术的广博知识而进行介绍的过程中,还要提供所有必要的内容。同时,还要阅读西塞罗的《论义务》(*De Officiis*)和《图斯库卢姆》(*Tuschlans*),前者是作为关于职责的一本教本,后者展示了丰富的知识,而这些知识对于每一位近代作家的题材和表达方式都是最有价值的。巴蒂斯塔·格里诺说:学习演说术的学生必须在他自己的头脑中经常记住西塞罗;西塞罗著作的简明、崇高的道德标准和注重实践的特征使得它们特别适合用于一位公共演说家的训练。还要指定阅读柏拉图和亚里士多德的著作,它们主要有助于理解古代的道德标准。至于柏拉图,他则是一位向导,"有助于人们正确理解西塞罗,西塞罗的对话体著作在形式和内容上似乎都模仿了希腊哲学家"。所有这些显然意味着,学生要粗略地阅读希腊作家的作品。关于人文主义者对散文科目的重视,本书将在后面的章节中提及。因此,假定格里诺衷心地同意一位演说家的定义是"勇敢和精明的男人"(vir

45

46

bonus peritus dicendi),其中真诚的品质是最重要的美德,那么这里只要简要说明格里诺的某些方法就足够了,这些方法构成了他的修辞学教学的特征。用拉丁语写作的做法被认为是掌握一种好的拉丁语文体的最有效的方法,此外也通过把希腊语翻译成拉丁语的做法。我们并未听说有涉及翻译意大利本国语的练习,但演说的主题被设定在涉及当时人们感兴趣的问题以及来自古代的问题。一个特征是修辞学的分析和对著名诗人诸如维吉尔、特伦斯、卢卡等人的评论,继昆体良之后,卢卡更多地被认为是修辞学家的榜样而不是诗人的榜样。在这一点上,散文写作中是否允许用诗体的段落这一重大问题存在着争论。书信体的文体在早期被公认是重要的,因为实际上它在日常生活中使用得更多。像西塞罗一样,普林尼也被作为一个榜样。格里诺自己是一个不倦的通信者。如果说他的文体是冗长的,并常常和西塞罗的文体完全不同,那么他所写的信件的内容比他同时代人类似的多数作品要更有趣,因为其内容更现实。

简要地说,这就是格里诺根据罗马帝国时期的做法(就像昆体良所阐述的那样)所制定的文学训练的有组织的计划,他们强调语法、写作以及句法分析和哲学这三个阶段。在这种课程中,中小学的方法不知不觉地变成了大学的方法。或许可以发现格里诺的计划和维多里诺的教学之间的主要差异,即在孟都亚,相对来说更重视数学、音乐和希腊语的教学。

维多里诺和格里诺的比较

不应该忽略格里诺对《圣经》学习和宗教科目的兴趣。他讲授《论上帝的国度》(De Civitate Dei),讲授巴兹尔、杰罗姆(Jerome,)[①]和赛普里安(Cyprian)[②]的著作。他的个人信仰和虔诚之心体现在他的书信

47

---

① 杰罗姆(340—420),古代基督教《圣经》学家、拉丁教父的主要代表人物之一。——译者注

② 赛普里安(约200—258),大约出生于迦太基,基督教神父。——译者注

以及声望之中,他的学生对他抱有好感。我们也许会怀疑,在对他的学生利奥纳洛的直接影响方面,格里诺是否像维多里诺对贡札加的男孩们那样取得了同样的成功。格里诺在本质上几乎就不是那种特别可爱的人,但是,所有去他那里学习的学生却为维多里诺所喜爱。就像我们也许可以根据马提奥·达·帕斯蒂(Matteo da Pasti)所制作的格里诺肖像纪念章①来进行判断那样,关于格里诺,不存在难以理解之处,或许更不存在禁欲主义的东西。但是,他是一位绝对真挚和忠诚的教师,是一位真诚和热情的学者。

---

① 见在法布里克齐(Fabriczy)复制的纪念章,pl. xi. 。

第三章 里昂·巴蒂斯塔· 阿尔伯蒂与《论家庭》

48   正是因为教育的历史研究既有吸引力又有困难,所以,只能把它作为一个特定时代的社会和思想环境的一个方面来加以正确理解。把涉及大学和学校、它们的目标、课程和组织的一系列问题与它们所必然要依赖的历史环境相分离、与那些控制当时人的智力和精神的兴趣相分离,那就使教育事实本身失去了和它们的意义相连接的线索。因此,并非少见的情况是,最可靠的方式是洞察那些实际上在学校工作过或有过相关教学思想的人所经历的教育发展,而且这种教育发展同当时社会的生活和工作的大趋势也是一致的。为了这样做,就要使我们自身避免那种夸大的说法,而夸大其词的风险肯定是往往伴随着孤立的社会现象,以及单纯地从比例上用专家们的视角来看待这些现象——假使是这样的话,这些专家就是著名的学校教师或者是“教育改革家”。此外,这样的探究使学生与诸如阿尔伯蒂这样的伟大人物相接触,与诸如弗兰西斯·培根(Francis Bacon)①这样的一流人士相接触,与诸如卡斯底格朗、艾利奥特或蒙田(Montaigne)②这样的世界级学者相接触。

---

① 培根(1561—1626),英国哲学家。——译者注
② 蒙田(1533—1592),文艺复兴晚期法国人文主义思想家、散文作家和教育家。——译者注

作为佛罗伦萨文艺复兴代表的阿尔伯蒂

正是基于这一理由,补充前面几章中所写的内容是有教育意义的。前面通过简要研究同一时期佛罗伦萨地区的典型代表人物,阐述了一位著名的学校校长和一位热心的学者的工作。为了说明刚才所说的话,让学生通过阅读其他材料去全面地了解 15 世纪前期几十年中佛罗伦萨的生活和政体环境无疑是必要的。里昂·巴蒂斯塔·阿尔伯蒂(Leo Battista Alberti,1404—1472)[①]属于一个引人注目的家族,这是一个在财富、文化和思想等方面具有代表性的佛罗伦萨的伟大家族,当时,中世纪正屈服于新时代的影响。阿尔伯蒂 1404 年出生于热那亚(Genoa)[②],此时其家庭正处在离乡背井的生活之中,在他生命最初的 24 年中,生活是迁徙式的,他的父亲从一个地方迁徙至另一个地方,管理着商行大量的国际商务活动。这些商务活动当时来自热那亚,来自威尼斯,来自博洛尼亚,但从未来自原先靠近亚诺河(Arno)[③]的地方。他的家族与伦敦、巴黎、布鲁日(Bruges)[④]、科隆、巴塞罗那、爱琴海、北非伊斯兰教各国(Barbary)和叙利亚等地都有商业来往,并在以上这些地方有代理人。但无论他们住在哪里,或他们的财富来自哪里,最重要的是阿尔伯蒂始终是佛罗伦萨人。

49

---

① 关于阿尔伯蒂的最好的传记,是 1882 年佛罗伦萨的曼西尼(Mancini)所著的那本。沃伊特(Voigt)所写的那一章和加斯帕里(Gaspary)所写的那部分都是令人钦佩的。为描写这样一个多面的人物,限制那些关于阿尔伯蒂在教育上见解的讨论是必要的。关于他的作品,邦乌西(Bonucci)的版本是唯一一授权完成的。格里尼(Gerini)和罗斯勒(Rosler)可以提供有益的帮助,参见本书英文本文献目录。

② 热那亚,意大利西北部一海港城市。——译者注

③ 亚诺河,位于意大利中部。——译者注

④ 布鲁日,位于当时的尼德兰和现在的比利时。——译者注

阿尔伯蒂的生平和特性/对青年教育的兴趣/ 家庭在佛罗伦萨市民生活中的重要性

阿尔伯蒂自少年时代起,就表现出一种持久的好奇心,并具有一种相应的敏锐的观察力,这种好奇心和敏锐性延伸至自然事物、人类和社会现象等。正如文艺复兴时期所有典型人物一样,他拥有坚强的意志力:"人们能够做好他们想做的一切事情。"(gli uomini possono tutto quando lo vogliono)这是阿尔伯蒂特别喜爱的一句格言。由于离乡背井的生活变化多端,再加上人物和环境的变化不停,因此,这样的生活就急迫地要求人们能够自食其力,迫使其对观念进行改变,以上这些推动了阿尔伯蒂的个性发展。在阿尔伯蒂勤奋的一生中,他生来就具有对于懒惰的蔑视、对于工作职责的信念和对于创造的激情,所有这些使他成为文艺复兴时期托斯卡纳(Tuscany)①人的最好的榜样。此外,这种被迫远离政治责任的生活所导致的结果是:首先,在阿尔伯蒂身上强化了家族地位的概念,它是佛罗伦萨人甚至是托斯卡纳人的生活所必不可少的一种标志;其次,使得文艺复兴时期整个意大利在个性发展、道德、自我完善和特性发展等方面有了任意发挥的空间。在这样一种本性的基础上,古典文学必定要与特殊的力量相互作用。阿尔伯蒂在少年时期学习了拉丁语和希腊语,学习是在 1414 年和以后的时间里进行的,地点大概是在威尼斯。他阅读了大量的书籍,主要是为了了解它们的内容,并不只是为了满足语言学方面的兴趣。他从一位杰出音乐家的儿子那里早早地学会了演奏几种乐器;在他的一生中,音乐对他有一种深远的影响。阿尔伯蒂对于韵律具有希腊人的感情,把韵律视为所有真正均衡的行动和正确的审美情感的一种规则。同希腊和罗马的年轻人一样,他从与他的长者们的日常交往中在性格和智力上学到了许多东西。虽然他是一个优秀的拉丁语学者,也并不反对用拉丁语书

---

① 托斯卡纳,意大利西部一个行政区。——译者注

写,但是,他是维护托斯卡纳语的尊严的一个有力的支持者,他从童年起就开始练习如何仔细地使用这种语言。后来在阿尔伯蒂的一生中,一些较为刻板的人文主义者和他在这方面有冲突,当时他大声反对所谓学习的"秘诀",而这种"秘诀"是通过使用一种学者语言去故弄玄虚地培养的。因为他认为智慧应该通过充分的才能产生于实验室或别的研究场所,智慧应该被撒播在广阔的生命之路上,让所有的人都能得到(就像他们应该能够得到的那样)。年轻的阿尔伯蒂很精通所有需要技巧和体力的运动,对此必须进行详细的研究。那不只是说明他的目的是把所有的事情做好,而且还说明从身体的一种自由的、柔软的姿势中,他看到了外形的完美和谐与身体力量的精巧平衡。因此,名副其实的体育是个性充分发展过程中的一个必不可少的因素。

51

《论家庭》

容易理解的是,在阿尔伯蒂刚步入成年期(当时他的父亲已去世),他的亲戚请求他在两者之间做出简单的选择:一方面是顺从他对于研究工作的强烈爱好,另一方面是从事一种商业的职业,他毫不犹豫地决定选择学问。1424 年阿尔伯蒂在博洛尼亚时,他收到了来自商行的最后通牒,当时他清楚地认识到,他正在选择一种具有不确定性的生活,并且很可能是贫困的生活。在这时,一项关于民法的研究占去了他的大部分时间,同时他还正在撰写一部拉丁语的剧本,该剧本多年来被认为是失传了的古代作品的重新发现。之后不久,陷入赤贫之中的阿尔伯蒂到红衣主教阿尔贝格蒂(Cardinal Albergati)那里做事,还陪伴主教去了巴黎。这导致他在梵蒂冈被任命了一个职位,这也是当时许多年轻学者的命运。不久后,他在那里幸运地找到了他学生时代的一位朋友萨赞纳的托马斯(Thomas of Sarzana),此人即教皇尼古拉五世(Pope Nicholas V.),他成了阿尔伯蒂的赞助人。同时,在 1428 年,阿尔伯蒂被允许返回佛罗伦萨,于是他第一次看到了他们种族的家。在罗马,他潜心研究该城市的建筑遗址以及城市四周的平原。大约在1432 年到 1433 年之间,他在那里草拟了《论家庭》(*Trattato della Cura della Famiglia*）一书的提纲（在本章中我们主要关注此书），在该书中他描述了一个托斯卡纳人的家庭和社区的社会生活理想，还有与此相适应的准备工作。佛罗伦萨虽然是他曾经离乡背井生活过的地方，但他内心深处知道，对于他来说那里是理想的社会，对于人类活动来说托斯卡纳的乡村生活是完美的、健康的和具有激励作用的环境。在阿尔伯蒂身上，很难指出他的主要兴趣是什么，因为他的天赋是如此的多。政治职业也许对他吸引力最小。他曾与罗马教廷有过正式的联系，其结果是他有了牧师的身份，但他从未履行牧师的职责，而是投身于艺术、建筑、数学和文学。在他自己的经历中，他阐明了其一贯坚持的一条原则：一个人必须朝最好的方向发展，包括在品德、智力的提高和实际成就等方面。他说："我总是更喜欢真正的知识、卓越的研究，以及思想上对世间各种利益的高度兴趣，财富可以产生利益。"这是给在生活中面对许多选择的人所说的一句话。甚至在那样一个涌现出很多杰出人物的年代里，没有人能在精力和成果上超过他。虽然阿尔伯蒂可能因为他在建筑上的天赋而最为知名（他在佛罗伦萨、里米尼①和孟都亚的工作仍然对此能够证明），但是，阿尔伯蒂作为一位自然科学的探索者、数学家、意大利的散文作家、古典文化学者以及留有杰出的实际成果的人②，他的力量在所有后人可以判断的方面都留下了痕迹，他是一位名副其实的"知识分子的老师"。他于 1472 年去世，享年 68 岁，当时他的才能达到了顶点。

教育目的

我们可以从阿尔伯蒂的著作中得出一种健全教育的理想，它适合于 15 世纪的托斯卡纳人，也具有实际的优点。对于当时的文明和他自己国家的社会秩序，他就像自己所了解它们的那样去加以领会；他把自

---

① 里米尼，意大利东北部一海港城市。——译者注
② 阿尔伯蒂曾参与建筑方面的实践工作，例如，他曾参与孟都亚的圣安德列亚教堂的建设。——译者注

己所必须说的一切对准一个问题的答案,他对于这个问题的理解是透彻的。为阿尔伯蒂立传的传记作者①说:"在 15 世纪那些给我们留下了他们正式的教育论著的人中间,没有一个人在论述其主题时视野开阔并能触及实际,而这些情况我们在阿尔伯蒂所有的教育言论中都能清楚地看到。"在《论家庭》全书中,以下这一点是明显的:他在两个方面具有一个始终如一的观点,一是整个社会环境和为之而设计的年轻人训练,二是所涉及的道德和心理的状况。这给予阿尔伯蒂的著作以一种精确的解读,他的著作积极探索理想的计划,并将用于教育那种多少有点不真实的儿童,而这种教育又是在那种或多或少不可能的条件之下为了传承一种想象中的文明。自柏拉图的年代以来,一些哲学家或学者一直在向世界提供这种理想的教育计划,在文艺复兴时期这种教育计划是最为普通的。

个性的发展

阿尔伯蒂把家庭、家庭的生活、家庭的共同利益、家庭的延续性、家庭对自我否定的惩罚、家庭对集体和个人名誉的认识等,都视为最适合个人成长的环境(milieu),视为一种目的,家庭的每一个成员都必须为这一目的贡献出他的一切。然而,不需要阻止个人的生长。因为个性是家庭的装饰品。一个人的才能越丰富、越广泛,他作为儿子为其家庭所做的贡献也就越大。同样,家庭特别优秀——它的荣誉、它的独特才华——是那个家庭对国家或城市所做的贡献。一种公认的压力或者是在个人或氏族身上所形成的相同模式,以上这些和佛罗伦萨人的性情是不相符的,因而长期以来一直被否定。有人评论说,1400 年的佛罗伦萨是有意忽略穿着时尚的少数城市之一,人们只是穿适合自己的衣服。② 在阿尔伯蒂和其他某些佛罗伦萨人的头脑中,家庭是一个比国家更为重要的单位。家庭以自然和血缘关系为基础,并且理想地建立在

---

① 曼西尼(Mancini)所著的传记的第 245 页。

② 布克哈特(Burckhardt):《意大利的文艺复兴》(*Renaissance*),第 369 页。

慈爱的情感之上；而国家是家庭的联合，建立在利益之上，是为了相互的保护和获利；或者说，国家是征服的结果，它的组织是一种人为的设计。因此，家庭的教育比国家的教育更有说服力、影响更深远，至于普通家属关系的意识及其相互之间的责任的意识，在较小的范围内会更加强烈地表现出来。因此，阿尔伯蒂开始考虑，采用怎样的方式，才能使家庭被安全地建立起来，才能提高它的尊严和重要性；运用怎样的技术，才能使家庭实现繁荣，才能赢得并保持人们友好的尊敬；通过什么步骤，才能使家庭安全地维护其现有的荣誉和历史的声望。他没有将自己的观点仅仅局限于家长和孩子的现实家庭，他还考虑到更宽泛的氏族、血缘关系、姓氏和领土利益的统一，或者一个大家族内的商业的统一。14 世纪时佛罗伦萨的政治和社会状况以及阿尔伯蒂自身的经历足以证明：在一个时代中，如果当时复仇、内讧、个人的嫉妒或者一个占据优势的氏族的野心能够颠覆社会秩序和危害每个公民的安全，那么，除了家庭兴衰的原因、家庭成员对于一个社会的义务（这个社会建立在许多伟大家庭的联合之上）之外，就没有更现实、更适时的研究课题了。确实，在意大利的北部，几乎没有一个城邦不潜伏着或不存在着同样的问题。在阿尔伯蒂研究这个课题的过程中，不难看到他自己的经历的影响（他是由于党派的原因而被迫离乡背井的一个家庭的一个成员），也不难看到他杰出的父亲洛伦佐（Lorenzo）和他的叔叔安东尼奥（Antonio）对他的示范和教育所产生的效果。

阿尔伯蒂所从事的研究范围自然比家庭中的儿童所实际受到的教育更广泛。该研究的一些重要部分涉及家庭各成员间的关系、家庭之间的友谊、房屋和财产的管理、父亲和妻子的地位等，但是，其中的任何一个部分都和年轻人的培养有关，而这种培养旨在使年轻人今后在家庭和社会中能够合格地承担其应有的职责。

至于一个男孩训练的基础条件（包括道德的和心理的），我们不应该去寻找一种系统的分析，因为在当时亚里士多德仍然未被人们所真正了解，心理现象是根据经院神学来解释的。的确，阿尔伯蒂和所有的意大利人文主义者一样，反对心理学而只接受当时的经验主义思想。当时占支配地位的说法是：行动（而非沉思和推测）是人类生活的正常目的;所有的品质和天赋都应被看作是实现这一功能的推动力或阻力。认真的或宗教的生活不应该受到诋毁,但是,如果没有明确地理解为社会利益作贡献这一目标,以上任何一种生活都是不完整的。在另一种生活中,为了个人安全而生活,这是无可非议的,但我们必须得以生存,这里无论什么生活都包含有改善生活条件的责任;而且,如果两者有了冲突,那后者是更符合基督教目标的。让我们的目的追求正义——首要的社会美德——体现在生活的每一种关系上,然后,我们同样应该使自己与我们所承担的责任相协调,这种责任是对于我们的同伴、对于我们自己个人的成功的一种义务:"所以,我们应当完成那些为神权、为社会、为品格和内心自由所做的工作,而品格和内心自由是我们自己的真实的自我。"然而,在命运与人坚决敌对的地方,一个人同样被家庭和国家排除在外,于是个人、"神自己"(padrone di se)、自力更生、自制力等都在文学和艺术中得到了完全的满足,人甚至会表现出自己是命运的主人。在阿尔伯蒂最晚期一批著作中,其中有一本著作的主题是:最高的王权在于一个人对整个内心生活的发展具有绝对的控制权。

　　就像神所创造的那样,人性具有天堂和人间的特征;在人的外形中,"人是所有活的物体中最崇高和最优雅的"。作为我们神性部分工具的身体,必须通过所有正确的方式来使它保持健康、美丽并具有熟练的技能;通过它,一个人才能为他的国家、他的家庭以及他自己提供最完全和最长久的服务。残废的和有病的人生必然是不能够提供这种正当的服务的。也就是说,所有意大利的人文主义者都反对所谓身体无价值的思想,反对基于这种思想并随之而来的关于生活的禁欲主义的观点。心灵的首要美德是无穷的好奇,还有相应的专注于真理的能力。大脑是人类区别于其他东西的标志。人和动物一样,都具有保护其自己物种的本能,他们独自拥有探究"事物的原因"的愿望和能力,也具有在道德上辨别行为的优劣的愿望和能力。因此,智力的天资——好奇心、判断力和推理能力——都涉及构建我们的生活的责任,以使这些能力最有效地发挥出来。能够做到这些是不言而喻的,因为我们的意志力与我们的真实愿望是对等的:愿望和能力(*volere e potere*)只是同一件事物的两个方面。对自由意志的原理的完全接受是文艺复兴时期的人的另一个特征。

比例和节奏的含义

　　人性的精华，它在行动中自发的"推理能力"（正如伊拉斯谟所说的那样），它本能地向上看的目光，它对于无限发展的信仰，所有这些都落入意大利人精神理念的范围之内，并毫无疑问地受到古典权威的支持。很自然地，这一观点受到有些人的猛烈辩驳，而这些人是站在教会的思想立场上去看待教育的。佛罗伦萨天主教多明我会修道士乔范尼·多米尼西（Giovanni Dominici）在他论述家庭教育的著作中，大声反对篡改"人的堕落"的事实，①他正确地看见了与之相伴的对古典研究的新的爱好。关于人类的天性，在本书中连续的几章里，将有机会考虑人文主义者的观点和严厉的牧师的观点之间的关系，考虑是天主教的人性观点还是新教的人性观点。但是说到阿尔伯蒂，可以毫不犹豫地说，他是一位最虔诚的信徒。他不同于卡洛·马尔苏比尼（Carlo Marsuppini）②、瓦拉和贝卡德里，这些学者尽可能多地去获得基督教徒的品性，而这些品性是得到古代最优秀的道德家们赞同的。他与多米尼西有很多共同之处。但是，意识到他自己具有自我发展的特别的力量，意识到在他生活时的意大利的人性所具有的广泛力量，他不能怀疑个人将具有几乎是无限的能力，而用这种能力可以去追求美好的东西，也可以去追求邪恶的东西。和所有意大利的人文主义者一样，阿尔伯蒂的道德分析并不是很深刻的。他生性就反对思辨神学和神秘主义。对于死亡和报应、罪孽、上帝和世界之间固有的矛盾等方面的思考，都不是他的思想观点的主要特征。和他同时代的许多人一样，他大概不能使旧时的信仰和复兴的文化知识之间保持真正的和谐，但他对此并不感到有很大的忧虑。人的道德本性所自然追求的目的就是"美好地和愉快地生活"（il bene e beate vivere）——一种自觉正直的生活的内在和谐以及对于

---

① 意指《圣经》故事中所说亚当和夏娃受引诱而吃禁果之堕落。——译者注
② 马尔苏比尼（生卒年不详），15 世纪曾任佛罗伦萨的秘书官。——译者注

美德的热爱。心灵的完美，就像阿尔伯蒂所理解和所宣称的那样，是不能脱离这种和谐生活的；而且，更确切地说，宗教崇拜应是其令人喜悦的表达。如果我们按照自己较低级的欲望行事，并且故意忽视我们应有的权利（这种权利是由于我们在社会中所处的地位而赋予的），那么很快就会证明，我们还没有掌握"美好地和愉快地生活"这门艺术。最大的善就是成为你自己，但必须是最好的自己，是可达到的最高尚的自我。一个放纵身体的人，一个对身体和罪孽满不在乎的人，都与这种真实的和谐相违背，这种人因为他自己的错误，就不能取得原本他有可能取得的最好成就。力量以及服从节奏和平衡的规律，这是阿尔伯蒂的道德理想。对于他来说，道德生活、音乐和建筑的基本概念是用完全相同的形式表达出来的。一位认识他的古代传记作者说："当他进入特别美丽的地方，一种单一的和最强烈的快乐影响着他。一位老者具有令人尊敬的外表，虽年事已高，但仍很壮健、充满活力，对他有不可思议的吸引力。一位艺术家的天赋或纯熟的技艺，风景的曲线和距离，宝石或花朵的光泽和颜色——在它们的美丽中，他看到了神性本身的某些东西。看着明媚的大地，往往会治愈他的一种疾病。"当然，在这样一种情绪中，阿尔伯蒂超越了富于战斗性的天主教多明我会修道士的格言，虽然这种情况很少，但或许甚至还超越了圣弗朗西斯(St. Francis)①的精神。我们绝不能忘记，维多里诺的忠实朋友阿姆布罗吉奥·特拉维尔萨利也非常喜欢阿尔伯蒂。阿尔伯蒂了解维多里诺和特拉维尔萨利，在这两个人的敦促之下，他把杰出的学者加马多莱斯(Fra Ambrogio Camaldolese)②写成最赞同他的精神的人。

58

---

① 圣弗朗西斯(1416—1507)，出生于意大利，天主教方济各会修道士。——译者注

② 加马多莱斯(生卒年不详)，15世纪意大利修士、文人，曾翻译教会的希腊教父的著作。——译者注

家庭和早期教育

现在转过来看阿尔伯蒂的著作《论家庭》，我们可以看出，它最初的思想是：家庭的幸福直接取决于一家之主的品格和能力。正像其他作者在构思他们的教育理想时，都是以培养不同类型的人来阐述的，或是培养公民，或是培养学者，或是培养廷臣，或是培养演说家，或是培养君主，或是培养行政官等，而阿尔伯蒂是一个严谨的和实事求是的人，他是根据他所了解的情况去对待社会的，所以，他草拟了正确培养一个佛罗伦萨家庭的一家之主的大纲。他采用了一种对话的形式，谈到了有利于家庭安全的一些条件，阿尔伯蒂家庭的各个成员都参加到了对话之中。在这四卷书中，第一卷讨论"长辈对孩子的责任和孩子对长辈的责任，以及正确养育年轻人的一些原则"；第二卷论述婚姻生活（这种生活的基础在于真爱）、家庭的和睦以及增进家庭共同幸福的条件；第三卷论述了对家庭的财物、地产和家务进行最好的管理的形式；第四卷论述了在几种利害关系中不同家庭间的相互关系及其家长间的相互关系，以及这些关系对国家稳定的影响。

和他所在时代的观点完全一致，阿尔伯蒂认为，父亲和丈夫的父系权力是家庭稳定的根基。该书中一位主要发言人说："我从来都只允许妻子把我看作是主人。""这永远是一种诚实的标志——在男人占主导地位的社会里，女人保持沉默，她只是倾听；多嘴多舌或者到处闲荡、在家庭责任未尽之前先去娱乐，那是轻浮和轻薄的。"他把这种从属性建立在对体格和性情的考虑之上，因为女人天生就是被动的、退缩的、温柔的和反复无常的。这种观点和文艺复兴时期比较进步的观点之间的差别是明显的。

59　　家长-教育家（parent-educator）的模范是古罗马的监察官卡托（Cato the Censor），他毫不费力地教他的儿子学习文字和养成身体的技能。所以，托斯卡纳人的父亲也必须承担同样的责任。他不能够以忙于生意为借口，因为有什么事情能比教育子女更紧迫的呢？带有传统和榜样的背景的家庭训练，对于孩子的爱、信任和期望的不变的表现形式,以上两方面所固有的刺激在品格的形成中是最重要的影响。因为在家庭里栽种了严肃生活的根,所以,在家庭的周围聚集了这种生活的理想。在教育上主要吸引阿尔伯蒂的道德和精神的品质,首先是宗教的情感,它是以个人对神的意志的忠诚的一种观念来表达的,它实际上与尊重共同幸福和自我尊重是相同的;真信的对立面是迷信,而迷信对于智力的自由发展是有害的。对于宗教约束的这样一种分析,既不能使热情的牧师感到满意,也不能使诸如马瑟林·科迪埃(Mathurin Cordier)①和梅兰希顿这样的新教人文主义者感到满意。接着是诚实,然后是自我控制,特别是在控制愤怒和欲望等方面,并且首先是要控制对赌博的嗜好,没有别的缺点比这更有害的了。在道德指导这一棘手的问题上,父亲将记住,在处理早期的或轻度的过错时需要机智,而且重要的是应该避免一种自以为有道德和道德虚伪的态度。

父亲首先要仔细观察儿子的心理特征和爱好,然后才有根据来及时预测孩子将来所从事职业的性质。说话、礼仪和姿势会很快揭示一个人的本性;一些好的征兆对懒散是反感的;把我们已开始做的事情进行到底的热情、真诚、不固执、愿意原谅别人等,以上这些都是好的品质。一个男孩可能成不了所谓最有出息的人,但他仍然可以从事一种相应的职业,"属于他个人的职业"(virile ed onorato);如果他处于这一中等标准之下,那就训练他去从事普通的职业。密切观察孩子不断增长的能力的这种习惯,不仅是父母双方的首要责任,而且必定含有家庭教育的意思。家长的职责是为每一个有希望的孩子提供最好的发展机会。当儿子成年时,他就要为他自己最大限度的发展负起责任。

体格训练

教育的目的被定义为天生能力的提高,这一目的通过训练、通过家庭中义务和权利的一种高标准的提出而得到公认,也通过艺术和文学的学习而得到强化。纯粹的格言在个性形成的过程中是没有效用的。

---

① 科迪埃(1479—1564),法国人文主义教育思想的代表人物之一。——译者注

家庭的影响,主要是母亲在孩子幼年时所施加的影响,在适当的时候对于导师的工作能够起到帮助的作用,导师将被看作是家庭的一个成员,理所当然地得到家长们的信任。在导师看来,品格的特征甚至比学习的特征更为重要。作为一种环境,乡村中的房屋要比城市中的大厦更适合于年轻人的训练。因为在那里,健康和体力的基础能够得到最好的保证;"节制"(temperantia)从它最真实的意义上讲,是可以被反复灌输和训练的。一个男孩已习惯于劳动,对室外活动有了兴趣,热爱自然,接受了灵活性的训练,获得了忍耐力和技能,并且发展了实际的本能,学会了手和手指的使用,所有这些并未因系统的学习或社会的礼物而受到干扰。在所有的训练中,身体的强健是首要的目的。它是道德健全以及智力发展和保证社会利益的条件。因此,体力运动应该与脑力劳动交替进行,而不仅仅是诸如参与活动。球类和其他运动(诸如击剑、跳跃、骑马和游泳等),它们需要身手敏捷、耐力、力量、眼睛和神经的特殊品质,以上这些活动在乡村生活中自然都有它们的一席之地。不建议进行比赛;比赛是危险的,那只不过是一种炫耀。然而,我们不必去从事某些甚至受到称赞的运动,仿佛它们所包含的本领只是重要的荣誉的一种标志。首先,它们是证明个人能力的一种工具;其次,它们是高级才能的优美的补充。身体技能的片面的出色使人注意到更优良的品质的缺失。

文学、自然科学和艺术的作用

61　　阿尔伯蒂反对一个商业国家中的那种普遍的观念,即虽然阅读构成了教育中的第一步,但写作和算术是现实生活的必要工具。关于更宽泛的和更高级的学习在训练中的地位问题,这种训练是为了使人以后从事一种实用的职业,赞成这种学习的理由不是说这种学习因为获得了有用的东西而具有一种直接的价值。但是,从以下这条原则,即把好奇心这种天生的力量作为一种神所赋予的天资出发,阿尔伯蒂认为,通过适当的教育,这种品质在艺术、自然科学和文学方面将找到有吸引力的材料,这些材料在人成年以后将成为自发的兴趣的一种对象。因此,这就是为什么一个男孩应该在他人的有技能的指导下,去理解和喜爱历史、去欣赏诗歌、去熟悉崇高的思想和行动的一个重要原因。通过学习历史,我们深入了解了过去所思考的东西和所取得的成就,没有其他费力的事情比这种学习有更丰富的回报。文学也与文雅的举止是协调一致的;它们使有才智的人变得更高贵,为个性增添魅力和力量。一个受过教育的人和一个忽视历史的人之间的差距,就如同一个发展良好的成人和一个小孩之间的差距。因此,一个富于探索精神的成人,他受过训练并要去寻找最充足的资源,以此来满足探索的需要,他就是一个更合格的公民,他会在探索中成为一个发展得更好的人。"文学从未是一种障碍,但是,对于无论从事什么职业的人而言,文学都是力量的一种独特的源泉。"因此,阿尔伯蒂重申了关于学习作用的良好的人文主义思想。

在一个男孩学会了不费力地阅读和书写并且在算术和几何入门等科目上已有了初步的训练之后,他将开始学习拉丁文法。在阿尔伯蒂的教学方案中,并未试图把儿童看作是仿佛出生在古罗马、要求他小时候就说拉丁语。本国语是家中所说的唯一语言。在书籍和作者的选择上,最好是对年轻人进行必要的限制。在语法上,和中世纪文化的研究者们相比,更应选择普里西安(Priscian)①和塞尔维乌斯(Servius)②的作品。在罗马的散文家中,西塞罗、李维和撒路斯特是首选的。就措辞的抑扬顿挫而言,没有别的作品能超过荷马和维吉尔的诗歌;在德摩斯梯尼的作品中,说话的流畅与和谐的节奏,对于阿尔伯蒂来说它们都是极度快乐的源泉。关于财产的管理,色诺芬是第三个被推荐的古希腊作者,阿尔伯蒂很感激他的著作《家庭和财产的控制》(*Control of the Household and the Estate*)。但是,关于教学过程,他并未说过些什么,因为他不是一位职业的学者或教师,他只是禁止导师依赖于仅仅让学生阅读作者的选集,因为在选集中可能会完全看不清作者的要旨和意

①　普里西安(活动时期约为公元 5 世纪),古代罗马最负盛名的拉丁语语法家。——译者注

②　塞尔维乌斯(活动时期为公元 4 世纪),拉丁语语法家。——译者注

图。他主张一种清晰的教育,即教师避免困难的尤其是无趣味的内容,选择容易理解的作者,因此,很可能学过的东西被保持在记忆里,在可能的时候这些被建议的东西就可以应用于当前。

阿尔伯蒂的独创性

但是,单独的书本学习不是一种有效的教育方法。应该鼓励男孩们多与比自己年长的人来往,特别是与那些刚刚进入社会开始做事的年轻人来往。于是,他们将懂得目的的严肃性,立志今后有益于社会并获得名声;他们将被引导去解决困难,将受到他们所敬仰的那些人的赞扬或责备的鼓舞。在社会生活中,对话的作用是如此重要,以至于必须训练一个年轻人,不仅使他在讨论中表现得既谦虚又自信,而且以此为基础使他习惯于和各种不同年龄的人交往。

关于"科学"、数学、天文学和音乐,阿尔伯蒂很少提及;但是,我们必须记住,这些都在人文主义学习的范围之内,都是满足十足的好奇心的一些恰当的对象。在这一时期,算术和几何学的发展与应用正在积极地推进。阿拉伯数字已经被莱昂内·菲博纳西(Leone Fibonacci)①引入了佛罗伦萨,这就使得算术方面的进展成为可能。各家商行采用了新的计算方法,为了满足需求,一种新型的学校即"城市学校"(Scuola d'abaco)在佛罗伦萨应运而生,并吸引了大批学生。在这种学校中,算术、欧几里德(Euclid)②几何学和基础代数学都是主要的科目。因此,算术在阿尔伯蒂的方案中是一门有重大价值的科目。排在几何学之后的是天文学,它涵盖了物理、地理学和气象学,其中后面两者从商业的角度来说是特别需要的。阿尔伯蒂对地理学很感兴趣,并因而成为托斯卡内利(Paolo Toscanelli)③的好朋友。的确,我们可以推断,阿尔伯蒂的主要兴趣在于数学、科学和艺术。他特别暗示了年轻人的审美教

---

① 菲博纳西(约 1170—约 1250),意大利数学家。——译者注
② 欧几里德(约前 330—前 275),古希腊数学家。——译者注
③ 托斯卡内利(生卒年不详),文艺复兴时期的科学家。——译者注

育,但这些暗示是琐碎的。然而,审美感及其重要性已经浸染了他的整个生活观,这一点已有证明。对于他来说,音乐是有利于和谐发展的象征。在一段值得注意的讲话中,他建议,建设者们应该根据音乐中所表达出来的节律去决定建筑物的恰当比例。他经常肯定地说,美术特别是绘画,对于男子和妇女来说都是有教育价值的。

阿尔伯蒂是早期文艺复兴的代表

在新时期的佛罗伦萨,这样来考虑年轻人的训练,并使这种训练承担其应有的职责,乍一看可能几乎没有原创性的东西。但是,我们应该记住,《论家庭》是从 1431 年开始写的,当时有关教育的论著确实很少,而这种教育又是由不断增加的探索古代文化的兴趣所导致的。阿尔伯蒂在写作时,他关注生活的实际方面,关注他所在城市的社会福利。他不是一位专业的学者,也还不是一位校长。阿尔伯蒂处于有文化教养的和敏锐观察力的公民的地位,他指出了社会对教育的期待。他记录了他自己的看法,确信生活的朴素、尊重父母的权威、对公共义务的奉献等都与古代智慧相一致,并由于古代智慧而更为生色。阿尔伯蒂自信地宣称,新的时代已把许多东西归功于并将把更多的东西归功于那些经过整理的古希腊和古罗马的知识;他没有受到不同道德理想的冲突的影响。他很明白,长时间以来,佛罗伦萨人坚持突出自己的这种个性已有了强有力的、足够的发展,并且很少是从古代的先例那里学到的。

总之,阿尔伯蒂对于古代经典的态度完全是他个人的观点。他吸收并消化了古代的一些东西,然后把他所学到的东西通过一些适合他自己的世界的形式复制出来,而这些东西都是他直接了解的,是他渴望去推进、改进和建立的。这里,还要考虑到他和意大利语的应用的关系。当他为失去这一传递文明的伟大的、共同的专门语言而深深地痛惜时,对于意大利人来说,他支持将托斯卡纳语作为拉丁语的一种相称的代用语。对于托斯卡纳语的偏见是一种谬论。每一个人都使用它,每一个人都理解它。如果学者们在其古代方言的基础上努力去完善和

64

83

丰富托斯卡纳语,那么,它可能会完全获得与拉丁语相似的一种权威性。阿尔伯蒂的请求得到了当时相当多的人文主义者的赞同,诸如克里斯托福罗·兰迪诺(Cristoforo Landino),他将阿尔伯蒂看作是推动意大利语发展的主要人物之一。这就是阿尔伯蒂的典型性,因为无论在社会或政治的理想方面,还是在艺术或学习方面,他从来都不只是一个模仿者。更确切地说,他是文艺复兴发展到更自由、更富有原创性的阶段的代表人物,在那时,对于学者们来说,在新旧之间保持适当的均衡的意识仍然是可能的,也有可能想象进步是某种更高层次的东西,而不只是重现历史的一场斗争。

第四章　马提奥·帕尔梅利

帕尔梅利的特征

　　马提奥·帕尔梅利(Matteo Palmieri，1406—1475)①是阿尔伯蒂的一位同时代人和朋友，与佛罗伦萨的市民、商人、学者和艺术家团体的关系较密切，他在他的著作《论公民生活》(*Della Vita Civile*)中留下了一位意大利公民对于年轻人训练的见解。帕尔梅利于 1406 年出生于佛罗伦萨一个在政治和事业上都不错的家庭，他在三位杰出的人文主义者卡洛·马尔苏比尼、索佐梅诺(Sozomeno)和特拉维尔萨利的指导下学习了拉丁语和文科的知识。帕尔梅利一生的记录说明他与圭恰尔迪尼(Guicciardini)②、卡伯尼家族(Capponi)③和亚历山德里家族(Alessandri)以及其他家族在书信和政见上有着亲密的关系。1432 年，他已经有了公开办公室，并且在接下来的一年里结了婚。1434 年，他在召回科西莫·德·美第奇(Cosimo de'Medici)④的运动中发挥了重要作用；而且，作为有权力家族的朋友，帕尔梅利承担了公共责任，几乎填补了每一处官职的职责空缺。在他的职业生涯中，最值得一提的是 1455 年与那不勒斯国王阿尔方索(Alfonso)在大使馆的会面，那时他正负责

65

---

　　① 就权威性而言，可参照作者名单上巴西(Bassi)、梅塞里(Messeri)以下部分。关于帕尔梅利在文人中间的声望，从选择他在 1453 年 4 月卡洛·马尔苏皮尼(Carlo Marsuppini)的葬礼上发表演说一事即可得到证实。

　　② 圭恰尔迪尼(1483—1540)，意大利历史学家、作家。——译者注

　　③ 卡伯尼家族，15 世纪意大利佛罗伦萨的名门家族。——译者注

　　④ 科西莫·德·美第奇(1389—1464)，1434 年—1537 年统治佛罗伦萨的美第奇家族照顾要主系之一的开创者。——译者注

佛罗伦萨和该王国条约中的相关交换事宜。帕尔梅利用拉丁语、西班牙语和意大利语作了有关宫廷的演说，凭借其学术成就和处理事务技巧的结合，给阿尔方索留下了深刻的印象。他疾呼："美第奇家族不能简单地被认为是佛罗伦萨的市民贸易中心！"再者，为了意大利的防务，作为所在城市的代表，帕尔梅利于 1473 年和西克图斯四世（Sixtus Ⅳ）①议定了一个盟约。帕尔梅利作为商人和外交官，本应是诸如波提切里（Sandro Botticelli）②这样一位画家的朋友，本应为他自己的城市写一部历史，就公民的权利和义务写一篇论文，创作一首带有柏拉图主义者性质的宗教诗（虽然乏味但是就其正统性来说却是"可疑"的）。而这些在佛罗伦萨的伟大年代里是非常具有特色的。此时，他的朋友阿尔伯蒂正忙于写《论家庭》一书，帕尔梅利正计划着他在形式结构和内容范围上都非常相似的文章，介绍相同的、有尊严的佛罗伦萨市民的典型代表阿尼约洛·潘多尔菲尼（Agnolo Pandolfini）③，在"规范家庭、国家的方法"上或者针对稍后几年将出版的作品《论公民生活》④的题目进行相关论述。它第一次发行的日期可能确定在 1435 年和 1440 年之间。对话的场景是在马格劳——佛罗伦萨北部的亚平宁山脉的一个山谷——的一个乡间房子里，时间是在 1430 年发生瘟疫期间。其主题被提议为"在完美的公民身上我们期望的美德是什么"（in what consist the virtues tobe desired in the perfect citizen）。这个主题在该书的四个部分中讨论过，第一部分论及了从儿童到成年初期的训练。

对话体著作《论公民生活》

帕尔梅利所涉及的领域与阿尔伯蒂的十分相似。做一个事务上有学究气的人是他的理想。他的目的就是展示出意大利城市（不是想象

---

① 西克图斯四世（1414—1484），意大利藉教皇（1471—1484 在位）。——译者注
② 波提切里（约 1444—1510），意大利画家。——译者注
③ 潘多尔菲尼（？—1446），意大利人，有著作存世。——译者注
④ 现存该书第一版注明于 1529 年出版，本书中所引用的内容出自该版本。

出的一个没有时代或空间中心的国家)中一位严肃市民的教育和活动。他的人文主义情感很明显地给世人留下了印象。潘多尔菲尼问道:为什么长久以来知识和文化上的进步一直停滞不前和无确定性呢?为什么人们满足于他们前辈传下来的东西,而在智慧和艺术的进步上却丝毫不关心呢?"因此,离我们很遥远的祖先(即古罗马人)的显著成就已被遗忘,并且对于现代人来说已经不可能再取得那样的成就。直到乔托(Giotto)①缓慢地修复以往的美术作品之前,画家们的艺术作品在哪里呢?真是人类绘画艺术的一幅讽刺画!雕刻与建筑长久以来仅仅沉浸于对艺术的滑稽模仿,在今天也只是从模糊不清中被拯救出来;只有现在它们才被天才和博学的人们带至一个完美的新的高度。谈及文学和自由学科,人们最好一般都保持沉默。对于这些区分所有艺术的真正向导、所有文明的坚固基础,已经早在800年甚至更久之前就被人类所遗失了。在我们今天的时代,人们才敢吹嘘他们看到了更美好事物的黎明。例如,拉丁语长久以来由于人们对其陌生,仅仅是一种附属语言,而后却凭借其古老的纯净、美感和庄严的韵律熠熠发光。我们将上述的拉丁语历程归功于雷奥纳多·布鲁尼。现在,确实,祝愿每一种有思想的精神都可以感谢上帝,因为上帝允许它生在这个充满希望和承诺的新时代,在比几千年前更多的一大批具有杰出天赋的灵魂之中欢悦。如果我们痛苦的大地享有确保的和平,那么,我们大多数人应该积累现在播种下去、在不久即将结出的果实。我们应当看到这些由来已久的和长久存在的错误,它们把知识的每一个分支进行滥用,并挖掘其根基。对于那些在黑暗年代里的书籍,就是它们自己——否则就会怎样?——黑暗且模糊,在更加黑暗之前都要通过其细微之处和混淆之处来学习……但是,我看到了那一天;那时,所有的哲学、智慧和艺术将从纯净的源头——古代的伟大智慧汲取而来……通过阐释的方式,不久之前,一个把他的大部分工作时间花在讲解错综复杂的拉丁语法上的蹩脚教师,以错误的教本来进行教学,把文法和哲学、逻辑学与各种各样的学习混在一起,从而产生了一种荒唐的结果。但是现在,我们高

---

① 乔托(约1276—约1337),意大利佛罗伦萨的画家、建筑师。——译者注

兴地看到,我们的年轻人在学习拉丁语时采用正确的顺序和方法,以致在一年或两年内,他们就可以流利正确地说和写这种语言,而我们的父辈要达到这种水平是完全不可能的。"①

《论公民生活》的人文主义倾向

这就是帕尔梅利对于学习和人类学习历程的未来满怀信心的展望;文艺复兴时期里充满激情自信的典型。

在另一种语言甚至更具指导性的语言中,我们会领悟到相同的精神。他宣告说:"人类没有实现艺术和知识的真实目的,这是令人满意的———一种高雅愉悦的事物———蕴含着了解和理解真相的渴求。这是由于自身的原因:一个人们达成共识的观点,即人类应该为个人利益或名望去追逐艺术和智慧。"②在这里,佛罗伦萨文艺复兴的热切精神将自我发展作为一个充分的目的。尽管这种具有社会目标和动机的协调已被察觉,但他的基督精神是毋庸置疑的,甚至比阿尔伯蒂更为明显。西塞罗和圣杰罗姆在同一个顶点上支持他的判断。具有无意识的幽默,帕尔梅利很遗憾,教他用本地语言写散文的伟大老师(指薄伽丘)没有被选中去用伟大牧师的语调从事写作。古罗马演说家和研究圣经的神父的位置排列是一种方式,这种方式宣告了古代制度和杰出的人文主义礼仪的协调。的确,帕尔梅利由于频繁地提及未来的生活,因而与维多里诺和特拉维尔萨利一起被认为是"有信仰的学者"的典型范例。

《论公民生活》的内容

对话体著作《论公民生活》的第一部分,论述了人从小一直到成年这段时期内的智育和体育。在第二和第三部分中,帕尔梅利阐述了人

---

① 《论公民生活》,第27—28页。
② 《论公民生活》,第29页。

的道德生活,展示了好的公民是如何体现在生命的所有关系中的"正直"(onesta)或正义,正如他通常称呼的那样。在第四部分中,他论述了"有用的"和"有道德的"之间的相互作用,换言之,就是实现社会富强的动机和实现个人价值的动机之间的相互作用。但丁[①]、彼特拉克,还有古希腊和古罗马的道德家们,已凭借其贡献得到公众的认可,但是,古希腊的作家只是被间接地和肤浅地认知。某些关于西塞罗、色诺芬和普鲁塔克的论文,以及不完整的昆体良著作,看起来都是他曾经从古典散文中所读到过的。

帕尔梅利所主张的教育目的

　　在最终的教育目的上,帕尔梅利得出了以下结论:没有什么人类活动比获得社会的安全和繁荣、实现各阶层市民之间的相互信任更崇高了。他回顾了人类的卓越性格特质的各种形式,还探究了是什么才符合慎重、勇气、禀性和正义这些基本美德。对"宗教的"要求是因为世俗生活中受到剥夺。孤独的生活——这种对外在责任毫不关心的生活——必然地低于市民的生活——有意识的公民生活。"毫无疑问,一些人被要求致力于思考宗教智慧以找到他们自己的快乐";但是,在说到天才被孤独的生活所危害、逃离所有的公共活动、失去人类社会生活的责任、意图自我拯救时,他还是有遗憾的。没有人比帕尔梅利更加了解,在领导人的公共责任感缺失的意大利,金钱吸纳、文化排他、宗教冷漠的危害是多么大。在古希腊和意大利的自治社会之间,相似之处的标记远不止一个,其意义深远并具有教育性。他最终断言:"对于上帝来说,没有别的活动像分享人类社区引导的任务(基于社会公正)那样容易接受;对于完成这些任务的人来说,上帝已经作出了确保来世幸福的承诺。"个人与社会美德的关系是:年轻人学习训练理性来控制自己;之后,他将这一相同的技能或者纪律约束下的能力带入家庭生活氛围及其利益中去,在节制的和个人生活公正特点的基础上,使家庭有秩

　　[①]《论公民生活》,第 21 页;"我们的负有盛名的诗人。"(il nostro gloriose poeta.)

序。再后,他证明了自己值得成为连接各社区的统治者,并且使自己承认共同幸福的保卫和拓展。因此,阿尔伯蒂和帕尔梅利认为,家庭是培养美德的地方,而美德有利于国家的兴旺。

帕尔梅利的心理学分析

在心理学分析上,和阿尔伯蒂一样,帕尔梅利浑然天成而且稍有瑕疵,在所有人文主义者成为真正的亚里士多德之前,在本世纪是要经过相当长一段时间的。"灵魂"(anima)有两个部分,即理性的与非理性的,其中第一部分是个人性格的要素,控制着身体的冲动、使自身的技能释放从而获取知识。理性的灵魂有三个因素:记忆(memory)、智力(intelligence)和深思(prudence)。记忆尽管是天生的禀赋,仍然可以被训练,例如,通过学习历史、作文练习、背诵、重复和反省。凭借智力,我们不仅习得了知识,而且我们可以判断事实、自身和其他人行动的动机。深思是一种可以从原因预见结果的智慧。但是,关于人类天性的观点都是不完整的,它们并未在"灵魂"中辨认出一种不朽的品质。

课　　程

关于课程,帕尔梅利的理念是独创的(仅就它们代表了人文主义的热情和训练佛罗伦萨年轻人应付实际生活的传统方式的相关性而言)。他从未忘记他自己曾为一个近代社会所写下的话:他为用母语表达自己的观点而感到自豪,他希望看到母语得以传播和发展。他的房子的主人是一个在生意上积极进取的人,也是一位敏锐的政治家,对于个人文化的一种激情激励了他。在佛罗伦萨市民生活的环境里,这样一个人是帕尔梅利的理想。实际上,这种环境是由最杰出的市民,即那些事实上受到良好教育的人创造的,而良好的教育是帕尔梅利所主张的。对所有理想的道德来说,假设渴望创造的条件是不可避免的评定标准。

71

马基雅维里（Niccolo Machiavelli）①具有勇气去公正地观察透过表面所显现出的真相，并将实事求是地去描述"统治者"。

环境的重要性

通过怎样的训练，可以使一个受过训练的男孩过上如帕尔梅利所构思的严肃的市民生活呢？决定教学方式的选择有两个主要因素：第一是环境。正如大家所知，佛罗伦萨的作家将教育的主要原因归于此。第二是天性，或者说是遗传因素。即使拥有最有前途的个人气质，如果没有正确的引导，其发展也将是微弱的和不明显的。而且，技艺是充分发挥天赋才能的必要因素。他从身体成长的角度阐述了训练应依照天性的道理。与自然动作不协调的每一种姿势和练习是不雅致的，而且肯定是错误的。在走路时，一个男孩必须举止端庄并保持吸引人的仪态。男孩活动的天性，例如，消耗体力和锻炼灵活性的游戏，都应该被准许；但是，帕尔梅利要求进行全面的军事训练。这些方面的观点，特别被急迫的爱国主义得到加强，对于佛罗伦萨那些缺乏军事精神、离开防卫而到国外花钱雇佣军队的商人来说，这是非常正确的。对于个人竞争引发骚乱的国家来说，服饰上的虚荣和炫耀应该受到压制，因为这很可能会引发危险。

演说才能的重要性

关于教学最初的步骤，帕尔梅利追随普鲁塔克的看法，认为是母亲的责任以及看护者和小伙伴的选择。他提出了一个令人难以理解的建议，在来自阿尔伯蒂和人文主义者心中的性情上一般是相异的，也就是，小孩应该始终害怕地狱，不听话的男孩在适当的情况下应该被驱逐

① 马基雅维里（1469—1527），意大利政治思想家、历史学家。被称为"政治学之父"。——译者注

回家。至于教学科目,帕尔梅利显然在很大程度上依赖于昆体良,他针对《演说家的教育》的论文在中世纪从未被完全遗忘,近 20 多年来都以一种更加完整和准确的形式在流传;而且是每一个人文主义者的古典教育教材。他显然读过弗吉里奥的《论绅士教育》(*De Ingenuis Moribus*),也可能读过(但不能完全确定)维吉乌斯的论文《论博雅教育》(*De Liberis Educandis*),该论文是 15 世纪内容最丰富的教育手册。《论公民生活》第一部分的结尾基本上是复制了来自《论义务》(*De Officiis*)的几段话,而且格里诺对普鲁塔克教育论文的翻译是显而易见的证明。但是,昆体良是更加重要的权威,引用他和阿尔伯蒂类似的文章是可能的,这暗示了对古代作家的直接借用;实际上,这对于大多数人文主义者①来说都是可能的。但是,弄清楚这些是如何结合得更加深远的意义,这很大程度上受限于教学事务,像帕尔梅利为他当时的佛罗伦萨所制定的适合理想的教育结果。其精神是近代的;尽管古代世界是其思想来源,但不是为了模仿而是为了吸收。罗马的公共生活提供了某些天才的类比,正如帕尔梅利所知的,佛罗伦萨在这种情况下借用昆体良是更加可行的。政治服务的传统,演说天赋的重要性,对于国家和公民的强烈的自我意识,朱利安(Julian)②王朝和美第奇(Medici)王朝的相对位置,通过外在影响的干涉所导致的当地文化的改进——这种希腊文明的影响对于奥古斯都时代的罗马和 15 世纪意大利的古老世界是相似的——这样的相似都是暗示性的。当我们记得在古罗马那些受过认知社会理想、理智生活的复兴教育的人们的忧虑时,我们并不知道那些人文主义者是否是专业学生或者只是有文化修养的事务型人才,在古老文明将要再生道德和荣耀的年代,把罗马教育的系统指南作为权威性的指导。因此,人文主义者没有丝毫隐藏地再现了昆体良、西塞罗或普鲁塔克。那里没有伪装,就没有剽窃。没有必要提及昆体良;他对于每一个人文主义者来说都是自由的知识源泉,而且每一位学

---

① 参见巴西(Bassi)在《意大利文学的故事》(*Giorn. Storico d. Lett Ital.*)第 23 卷第 191 页上的论述。

② 朱利安(332—363),古罗马皇帝(361—363 年在位)。——译者注

者都认出了来自那些被推倒的新建筑的岩石。谁会说维吉尔"剽窃了"荷马或弥尔顿、维吉尔？试图改进昆体良的作品是无用的；正如伊拉斯谟在 70 年后所说的，在昆体良所阐明的一项原则的地方，想再去改变它是放肆的。要提及的基本事实是：帕尔梅利有一篇系统论述这个问题的论文，即《教育》(*Institutio*)。在该论文中，他承认仔细的和博学的阐述来自经验；此外，对于佛罗伦萨的一个人文主义者来说，经验就是古代的黄金时期，同时也是恢复意大利文化的理想，因此，他使用昆体良的作品。实际上，帕尔梅利的"最理想的公民"(ottimo cittadino)与西塞罗或昆体良所理解的"完美的演说家"(perfect Orator)是一样的。帕尔梅利成功地将昆体良用于他对提高佛罗伦萨社会的策划之中。在《论公民生活》中，几乎没有借用材料的拙劣痕迹。对于这本书来说，一个原创头脑的天才作品陈述和解决了一个难题，这对于时代来说实际上是特别的，它具有自己的独特条件，在一个相似的发展时段，对于所有的文明来说这都是相似的。在这个特别的文艺复兴时期，一个沉浸于商业和都市事务中的人应该毫无排斥地接受罗马帝国更高水平的教育，因为这直接和确实地适合于铸就佛罗伦萨市民的理想训练方法。近五个世纪以来，西欧国家的教育已经跟随了 15 世纪意大利的最初方式。

74

本国语的地位

再来谈谈帕尔梅利的教学计划的细节，我们注意到他比较重视基本步骤。在写作之前，首先要求口齿清楚流利。文字应该被辨识和读出，然后在本地语言基础上进行简单的阅读。所有这些都是在课余时间里教授的，尽管具有合适的语调、手势、举止的演说技巧应当经过仔细的谆谆教导。这些带有阅读和绘画元素的教育，包含了头十年家庭教育最重要的因素。人们常说，意大利人文主义者对于本地语言演说的教育是冷漠的。对语言语法或者意大利散文、诗歌的优秀教师来说，确实没有制定学校教育的具体计划。但是，每一位意大利教师都应当在意大利语的口语方面注重流利，并使其得到改善。对话作为教学和实际双语教育的一个工具,它的作用已经在法国和意大利得到了充分的承认。

教学的基本步骤

接下来再谈谈音乐和歌唱,为训练人们的清晰发音和正确读音,这是非常有价值的。通过韵律,它们作为精神上的纪律发挥作用,并且通过身体锻炼对个人的健康发挥作用。排在第三位上的算术和几何——"数字的顺序和形式的差别"——两者都是实际的艺术,是理性的纪律。接下来,一个孩子就要进入系统的古典学习。针对这一点而做的准备已经在本地语言的训练中得以完成。并没有试图强迫用古老语言作为母语,因此,正如帕尔梅利所说的,在 11 岁之前,拉丁语法并不是开始并作为所有严格意义上的智力的基础。"优雅表达的学问"(doctrina dell'ornato parlare),或者在广义上说的口才,对于一个自治国家的市民来说是非常重要的;也就是,实际上只有品质的发展才能将人与野兽区分开来。但是,可以确定的是,在本地语言表达的进步上,学习拉丁语和希腊语被帕尔梅利视为一个主要部分。

口 才

毫无疑问,法国或英国的绝大多数人文主义教师关注修辞训练(其人数几乎不少于意大利人,除了像伊拉斯谟这样的语言纯正癖者之外),他们不仅将其视为拉丁语的训练,而且把它作为一种基本的工具,用来获得一种正确的和优雅的本国语风格。对于世界上的佛罗伦萨人来说(他们以帕尔梅利为典型代表),这是肯定的;在一个连续的时代,对于诸如马基雅维里、卡伯尼、波利齐亚诺(Angelo Poliziano)①的历史

---

① 波利齐亚诺(1454—1494),意大利诗人和人文主义者。他在 16 岁时把荷马的著作译成拉丁语,人称"小荷马",曾在佛罗伦萨大学讲学,写有许多抒情诗。——译者注

学家和文学家来说，这是真实的。锡耶纳（Siena）①的一个市民弗朗西斯科·帕特里齐像帕尔梅利一样，论述到道德对于一个自由社会的必要性。在同一世纪，强烈要求将学习罗马演说作为训练市民口才所需要的准备。"对于国家来说，没有什么比公共演说更重要了，特别是讨论与文明相关的方面。国家的完善商业是依赖于说服人们去处理事务的能力，或者劝阻人们做某事的能力，这是一种行为的建议……市民不能被引导到一种错误的政策中去，在痛苦的经历之后，他们被迫不再那样做。"公共经济中重要性排在第二位的是辩论和辩护的艺术，所有的年轻公民都应当被鼓励具有这种能力。很明显，这种口才意味着对于本地语言的自由使用。还有，帕特里齐说得很清楚：口才的基础应在于"语法"，或者拉丁语阅读和写作。对于国家承诺培养这方面基础课程的公共教师来说（对于所有公民的儿子都免费），当时的贫穷可能是没有妨碍的。②

76

道德哲学

　　必须从罗马作家（主要是西塞罗和塞内卡）和希腊作家（指普鲁塔克或色诺芬）那里学习道德哲学。这样的道德教育应当有足够的例子，与家庭生活和个人自我尊重有着密切联系，并且对市民的未来责任有所影响。在道德教育之后是"自然"哲学，这对于人类来说是更有用处的。"它存在于对自然秘密的研究之中，当然对其自身来说那不是一项值得的研究，还不如研究作为种族繁荣的基础的道德智慧有用。所以，承认雨、雹、雪、冰的原因，彩虹的颜色起源，闪电和雷鸣的秘密，我们坚持它们自身有奇妙的重要性，而且应当刨根问底。在解决如何生存这个难题上，我们对这方面研究的兴趣最少。"③

---

　　① 锡耶纳，意大利中部一城市。意大利在中世纪时重要的商业城市。——译者注

　　② 《演说》（*Discori*），第 44、51 页。

　　③ 《论公民生活》，第 20 页。

帕尔梅利在这里所暗示的课程观点，根据当时的理解教学主要由算术的实际形态、天文学组成，这对佛罗伦萨商人在自己孩子的教育上是非常有前瞻性的。所以，帕尔梅利不得不面对针对他提出的过于多样的科目的批判。在共同的人文主义领域，帕尔梅利提出了相应的教学变化，例如，食物的多样对身体有好处；千篇一律的传统的语法学习就像啃一块干巴巴的骨头一样乏味。如果教学要激发学生兴趣的话，那就应该同时增加学习的数量和学习的多样。

惩罚和纪律

惩罚可能并不是粗暴的，并不会伤害到自尊。实际上，这是家庭教育的场景所保证的，在家里父亲的控制是最上层的。如果一个孩子不可救药地虚度光阴或者非常愚蠢，那么，他就会从遵守较高的纪律转变到遵守较低的纪律，把时间花费在手工艺上，而不是博雅学科上①；这样的孩子是为从事机器类或工业类工作做准备的，带有对世界的有限看法，不会被期望在社会产生影响；而且，正如帕尔梅利所认为的，存在着在更高水平的学习上激励孩子坚持下去的足够的刺激因素。我们已经确信，深深植根于随后一个世纪人文主义者脑海中的观点：善于观察的教师可以在年轻智者的早年准确估计其性格和能力，以及他们未来将从事的职业。与这个确信的观点相符的是，个性是每一个人创造和塑造他将成就的未来的内在力量。"让每一个人通过仔细衡量自身的能力，决定他应获得怎样的教育，并且使自己投入其中。"我们记起了阿尔伯蒂的信条："立志做一件事与成就一件事是同一件事的两个阶段。"

---

① 对于男孩具有更聪明的智慧来说，一个这样低水平的孩子可能会通过不公平的方式受到惩罚。

乔万尼·鲁塞莱和公民的自尊心

　　本章用乔万尼·鲁塞莱(Giovanni Rucellai)①的一个说法来结尾可能是合适的。他是阿尔伯蒂和帕尔梅利的朋友,是与他们同时代的杰出人才。作为佛罗伦萨一个典型的商人公民(merchant-citizen),在尊严的高度上表达了新的教育已在他的城市里引发了无上骄傲。"命运还没有到这种程度,能够给予应该得到的优雅,但至今我还在正确地行动。基本信条是行为能够被感受到和得到荣耀,我的精神是令人满意的。……主要的障碍是实际的情况,佛罗伦萨(Firenze)是我的家,夸拉希(Quaracchi)是我的场所,圣玛丽亚·诺韦拉(Santa Maria Novella)是全体基督教徒的代表,而共济会会员就是我的命运。"(La fortuna non tanto m'ba conceduto grazia nel guadagnare, ma ancora nello spenderli bene. E credo che m'abbi fatto piu onore l'averli bene spesi ch'averli guadagnati, e piu contentamento nel mio animo, ... massimamente delle muraglie ch'io ho fatte della casa mia di Firenze, del luogo mio di Quaracchi, della facciata della chiesa di Santa Maria Novella, e della loggia nella vigna dirempetto alla casa mia.)他感谢上帝让他成为一个"理性的生物、一个基督教徒,而不是一个土耳其人、一个摩尔人,或者一个野蛮人";他感谢上帝让他出生"在更加值得尊敬的和更加高尚的意大利,这是因为整个基督教文化的缘故,以及托斯卡纳(Toscana)省被认为是值得尊敬的省"。(nelle parti d'Italia la quale e la piu degna e piu nobile parte di tutto il cristianesimo, e nella provincia di Toscana la quale e reputata delle degne provincie ch'abbi l'Italia.)更进

78

---

　　① 乔万尼·鲁塞莱(Giovanni Rucellai):《文稿》(*Zibaldone*, 1466),比亚吉(Biagi)引自《意大利的文艺复兴》(*La Vita Italiana nel Rinascimento*)第 83 页。在文艺复兴时期,人的尊严已发展成为一种理想,超越《农庄管理》(*masserizia*)所描述的精明的家族生意,塑造了古老的佛罗伦萨生活的典型。它是亚里士多德的"崇高"(μεγαλοπρεπεια)。参见《意大利的文艺复兴》,第 262 页。在普鲁塔克的作品《马里乌斯的生平》(*Life of Marius*)中有明显的回忆,正如桑兹(Sandys)博士所表明的那样。

一步,他可以认为自己的出生地佛罗伦萨"是值得尊敬的,因为那是更美好的家乡,没有如此多的基督教文化,而是整个世界的世俗生活"(la quale e reputata la piu degna e la piu bella patria che abbi non tanto il cristianesimo ma tutto l'universo mondo);最后,他"处于现在的年代,能够充分和正确理解每一个自从佛罗伦萨建立以来已经逝去的光辉时代的超越"。

第五章　鲁道夫·阿格里科拉

阿格里科拉的声望

每当德国人文主义者从 16 世纪起回顾他们自己国土上新知识的 79
起源时，一致认为，弗里斯兰(Friesland)的周游四方的学者鲁道夫·阿格里科拉(Rudolph Agricola,1444—1485)①是他们的先驱者。然而，分清一位复原者(在他短暂的一生中习得知识)获取崇高声誉的确切原因不是一件容易的事情，虽说在连续年代中的学者之间这也是一件常事，这种说法也曾被人们接受。关于阿格里科拉生平的真实记录很少，尽管很有趣。如果他的有影响的成就不够显著，那他的文学作品就很少 80

---

① 阿格里科拉的生平和信件已经成为许多研究的主题。主要的资料是:《夜间学习》(*Lucubrationes*)、《小作品》(*Opuscula*)和《论发明》(*De Inventione*),都是在 16 世纪印刷的。除外,《*Serapeum*》第 10 卷包括从哈特菲尔德(Hartfelder)已经补齐的斯图加特手抄本中摘录的内容。(Unedierte Briefe 等,1886 年)1477 年的《彼特拉克的一生》(*Vita Petrarchae*)(Monac. Cod. Lat., 第 479 页)后来再未印刷。贝索尔德(F. von Bezold)教授关于阿格里科拉的著作《祝词》(*Festrede*)(1884 年)和莫内维格(Morneweg)的《冯·达尔贝格》(*J. von Dalberg*)是近代很有价值的权威性著作。卡恩(Kan)博士 1894 年已从一个威尼斯手抄本印刷了一份有趣的但不完整和不精确的阿格里科拉生平,这是梅兰希顿的一位匿名朋友所作。特雷斯林(Tressling)的作品 *Vita et Merita R. A.* 没有原创价值。在一些德国图书馆里,或许有更深入的未编辑的信件。牛津大学的艾伦(P. S. Allen)先生贡献了一篇重要的文章,这是关于阿格里科拉的已印刷的"资料",刊登在《英国历史评论》(*English Hist. Rev.*)1906 年 4 月号上,对于现在的作者来说这是非常值得感激的。也可参见他的《伊拉斯谟书信集》(*Op. Ep. Erasmi*), 第 1 卷, 第 579 页以后。盖格尔(Geiger)在《德国传记》(*Allgem. Deutsche Biogr.*)中的传记,正如他在《人文主义》(*Humanismus*)中的 A 部分,很少与他的真实学识匹配。

会有标志性意义。他不是一个像维多里诺或亚历山大·海格亚斯
(Alexander Hegius)①那样的伟大教师,也不是像梅兰希顿那样的管理
者和组织者,也不是像约翰·罗伊西林(Johann Reuchlin)②那样的辩论
家。阿格里科拉在评论或学术成就上、在神学或哲学上都不出名。然
而,冯·达尔贝格(von Dalberg)、冯·兰根(von Langen)、海格亚斯、温
斐林、梅兰希顿和伊拉斯谟等一类人却一致认为,在把来自意大利的新
曙光引入北欧的过程中,阿格里科拉具有决定性的影响。伊拉斯谟在
谈到阿格里科拉时这样说:"确实难以置信,他是何等的完美"
(Incredibile vero, quam multa divinarit vir ille plane divinus);而且,
"如果德国有人嫉妒,那就是他在意大利学到了很多知识。"(si fatorum
invidia superesse voluisset, haberet Germania quem Italis opponeret,
qualem nunc habet Gallia Budaeum.)在《西塞罗主义》(Ciceronianus)
中,伊拉斯谟断言:阿格里科拉学识渊博,具有一位纯粹作家的非凡能
力,其拉丁语风格简洁有力,值得与昆体良媲美,在清晰程度上甚至胜
过昆体良。在其修辞学的天赋上,阿格里科拉使得伊拉斯谟想起了伊
索克拉底。伊拉斯谟特别举例说明,阿格里科拉对拉丁和希腊文献的
广泛阅读以及他的扎实的学术知识。"在掌握希腊语和希腊文化的同
时,他还掌握了拉丁语和拉丁文化"(Inter Graecos Graecissimus, inter
Latinos Latinissimus);在雄辩术和诗歌方面以及古代学问方面,他值
得人们最高程度的尊敬。伊拉斯谟渴望阿格里科拉存世的手稿的问
世,并要求阿格里科拉所有的著作一经出版就送给他。对阿格里科拉
关于逻辑学的论文,伊拉斯谟认为值得出版一本评论集,对此,伊拉斯
谟自己高兴地想进行尝试。关于阿格里科拉作为一位文本评论家的能
力,伊拉斯谟选出阿格里科拉对塞内卡文本的评论为例,以说明阿格里
科拉的特别敏锐之处。一位熟悉伊拉斯谟和阿格里科拉的人说③:"我

---

① 海格亚斯(1433—1498),德国教师。伊拉斯谟的老师。——译者注

② 罗伊西林 (1455—1522),德国早期人文主义者。——译者注

③ "伊拉斯谟说,无论在口才方面,还是在学问的所有领域中,他显然都不及阿格
里科拉。"卡恩,第9页。这些是阿格里科拉的一位密友写给梅兰希顿的一封信中的
话。

自己听到伊拉斯谟说，无论在口才方面，还是在学问的所有领域中，他显然都不及阿格里科拉。"梅兰希顿说："考虑到我受阿格里科拉的影响多么深、多么大。"（quantum Germaniae，quam bene de literis meritus sit.）"日耳曼人在文化上愚昧无知到这样的程度，本国人民是否能够正确地演说实际上是可疑的……唯独阿格里科拉首先做了判断，并激励他们的活力和期望他们开始较好地演说。"（Cum Germania tanta literaum inscitia esset，ut quid esset recte loqui ne quidem suspicari nostri homines possent，… unus Rudolphus primum auribus atque animo sentire illa vitia et desiderare meliorem orationis formam coepit.）梅兰希顿尤其称赞阿格里科拉是德国新教育的创建者。基于真正的亚里士多德思想，阿格里科拉在辩证法的学科中完全作了有启迪的改革；"缺乏说服力的学派"（ineptae persuasiones scholae）——它们对智力发展的影响是如此有害——让位于一种辩证法，这种辩证法真正有助于人的思想和评论。在梅兰希顿的人文主义思想形成过程中，除伊拉斯谟之外，没有一位学者像阿格里科拉那样产生一种如此有效的影响。梅兰希顿这位改革家间接提到了阿格里科拉个性的魅力、阿格里科拉对人类思想贡献的结果本身等，而这些则是受到了一种进步的爱国主义的指引。在学问的领域中，作为意大利文艺复兴的一个精神产儿，阿格里科拉把一种对说德语的人民的进步的巨大热情引入他的人文主义思想。由赫莫劳·巴巴罗（Hermolao Barbaro）——威尼斯的杰出学者、阿奎莱亚主教（Patriarch of Aquileia）——所写的阿格里科拉的墓志铭被人引用作为一种象征，在意大利用以表示对阿格里科拉的尊敬："他在意大利中部地区学习，把希腊文化传播给日耳曼人。"（Scilicet hoc uno meruit Germania laudis Quicquid habet Latium，Graecia quicquid habet.）伊拉斯谟把这一陈述作为对阿格里科拉的最终评价。在阿格里科拉去世30年后，一位在意大利学术界具有较高地位的权威人物彼埃特罗·本博（Pietro Bembo）①用文字记录了阿格里科拉在一些了解他的学者之间所留下的深刻印象，甚至圭恰尔迪尼也

---

① 本博（1470—1547），意大利人文主义者。——译者注

特意提到了阿格里科拉的盛名。

阿格里科拉的早期生活

阿格里科拉 1444 年 2 月 17 日出生在荷兰北部格罗宁根(Groningen)附近的巴佛罗(Bafflo)。作为一个孩子,他在音乐和绘画、造型艺术以及木雕等方面表现出非凡的才能。他最初在格罗宁根的一所城镇学校接受教育,他的学习成绩很快就超过了他的同学。他是否接受过共同生活兄弟会(the Brethren of the Common Life)的教育和受过它的影响,这一点不能确定。最早为他写传记的人没有提到他曾在兹沃勒(Zwolle)的著名学校读过书;有一种无可考证的口传,即他接受过肯普滕的托马斯(Thomas of Kempten)的教育——世人更多地称他为"肯比斯的托马斯"(Thomas a Kempis)[①]。他曾是位于德文特的圣勒比恩(St. Lebuin)学校的一名学生,这一点也无从考证。

共同生活兄弟会

这里也许要对共同生活兄弟会的情况做一个简短的说明。在这一时期,共同生活兄弟会的工作开始在荷兰和莱茵河下游区域的教育发展过程中显示出一种起支配作用的影响。共同生活兄弟会所建立的学校——它们有时是以圣杰罗姆或圣格里高利大帝(St Gregory, the Great)[②]的名字来命名,他们被说成是学问的传统的保护者,诸如希鲁尼米安埃学派(Scholae Hierunymitanae)或教皇格里高利(Gregorianae)——的起源归功于德文特的吉尔特·格鲁特(Geert Groot)[③]的工作,他创建了一个协会(Association)或共同生活兄弟会

---

① 肯比斯(约 1379—1471),德国神学家和作家。——译者注
② 圣格里高利大帝(约 540—604),意大利籍教皇(590—604 年)。——译者注
③ 格鲁特(1340—1384),荷兰学者,约在 1374 年皈依基督教,后成为布道者。——译者注

(Brotherhood)——它绝非一种建立在誓约之下的修道院规章制度。该组织中的虔诚的人们将他们的生命致力于工业、教书和学习等，并赋予该组织众所周知的权利。在中世纪末和文艺复兴初期，阿尔卑斯山北部据说进入了衰落的一个世纪（1430—1530 年），没有一所学校曾如此频繁和广泛地将与共同生活兄弟会机构有所关联作为一种荣誉。这些学校从他们的发源地荷兰传播到莱茵河、威斯特法利亚以及德国西南部。1500 年以前，那些在兹沃勒或列日的学校规模较大，各自有 800名学生，另有其他 8—10 所学校位于大的城镇，也获得了同样的声誉。这些学校在类型上是"拉丁"（Latin）学校或"普通"（Trivial）学校，所谓"普通"是指教授文法、辩证法和修辞这三门科目的学校。这类学校在组织上无论是城市办的还是教会办的，都提供相应年龄段学生的中等（middle）或"第二阶段"的（secondary）教育。在这类学校最好的和最上层的组织形式中——就像在一所近代的公学（Public School）中，所提供的教育和一所同时代的大学中的文科（Faculty of Arts）并无明显的区别。我们并不假设共同生活兄弟会与国外意大利的人文主义有着密切的关系；我们可以从某种意义上来认识它们的机构，无论在德文特或兹沃勒都缺乏一种对待学习的反思，一种对更高目标的同情以及教育的方法。

共同生活兄弟会和学校的关系

　　事实上，共同生活兄弟会与学校的关系在不同的城市是不同的。在这一点上，包尔生（Paulsen）①的观点与现在的主流观点有所不同，他认为："共同生活兄弟会并不是一所学校，也不是像耶稣会信徒之后所形成的教众整体；可以确信的是，他们不是人文主义教师。从人文主义的角度来说，早期的共同生活兄弟会成员，在格鲁特时期甚至可以追溯到肯比斯（Thomas Kempis）时期，都不是人文主义者。这些特殊的人是禁欲主义者和虔诚的人，他们并不关注世俗的知识。共同生活兄弟

---

　　① 包尔生（1846—1908），德国教育家、哲学家。——译者注

会与任何他们设立了学校的城镇的关系,主要体现在以下方面:他们接受外来者作为城市开办的或教会开办的拉丁学校的走读男生(day boy)进入他们的组织,在精神上和道德上看护他们,而且无疑在学习上进行指导。已知共同生活兄弟会的成员很少到学校里去亲自教学。从另一方面说,许多世俗的和教会的学校教师虽然不是共同生活兄弟会的成员,但是,对共同生活兄弟会抱有同情之心。"①例如,在德文特,海格亚斯并不是唯一的共同生活兄弟会成员,他与共同生活兄弟会团体关系密切,他的几位老师也是属于这个团体的。他主持的学校附属于圣里伯因(St. Lebuin)的教堂,和其地位相当的学校在英国一般都可能是伯弗利大教堂或林肯的或威尔士的大教堂的一部分。我们已有证据证明,在16世纪末,共同生活兄弟会与其学校的关系更为密切,共同生活兄弟会对与其联系的学校也都保持着一种一致的和连贯的影响方式。这一时期,低地国家(Low Countries)②的教育理念的迅速更新是有其特殊原因的。职位不断变化的实际情况是,临时的老师只停留二三年就另觅他处,前来参观的商人和前往新学校给人印象深刻的意大利神职人员,这些因素引起了知识和课堂教学方法的交互变化,还慢慢地改变了公众对于令人满意的学习的观念。个人的机遇和环境与这一改变有着重要的关系。人文主义很早就对德文特地区有所影响,例如,这一时间早于对博斯-勒-德(Bois-le-Duc)的影响时间;因为这一点可以从海格亚斯建立共同生活兄弟会、他的成员的机智合作以及他的革新的方法中体现出来。

海格亚斯在德文特/海格亚斯对声誉的要求

亚历山大·海格亚斯是德文特学校的校长,他以跟随鲁道夫·阿格里科拉学习为荣。他说:"尽管我是一个40岁的艺术大师,但是,在遇到我的年轻老师阿格里科拉的那一天,我才成为真正知识的一个初

---

① 包尔生:《历史》(Geschichte),第1卷,第159页。

② 低地国家,指荷兰、比利时和卢森堡三国。——译者注

学者。"这是在 1474 年,海格亚斯在艾默里奇遇见了从帕维亚来那里暂住的阿格里科拉。阿格里科拉比海格亚斯年轻 10 岁:"从他身上我学到了所有我知道的或者说是他所想要我知道的知识。"在阿格里科拉的激励和启发下,海格亚斯在学习希腊文方面取得了进步,像早期的人文主义者一样,他在这方面主要是自学的。伊拉斯谟在离开德文特前获得了不多的知识,而在这里海格亚斯将这方面知识暂时引入了更高形式的研究之中,并致力于研究整个学校的拉丁文教学的设备和方法的改革。在他于 1498 年去世之前,德文特成为在说德语的青年中排名第一的学校。海格亚斯的贡献在文艺复兴发展上主要在他的工作中作为一所学校的改革者。伊拉斯谟在回顾他在德文特的学习生涯时,从人文主义的观点出发非常轻视学习的效率。[①] 但是,我们有必要记住,理想和实践在一所规模大的学校里的融合一致是一个缓慢的过程。助教、教材、使用的方法、父母和牧师的态度都需要考虑在内。尽管如此,但海格亚斯在他的职业生涯末期仍然获得了很大的成就。通过将希腊语并入学校课程之中,他在德国教育体系中为自己争得了一席之地。但是,事实上,真正学习希腊语的学生总数还比较少,面临的困难主要是教材和语法知识的匮乏,通过经验准备尝试的教学方法是容易被感知和领会的。在他的论文《论希腊语的益处》(*De Utilitate Linguae Graecae*)中,海格亚斯陈述了学习希腊语对神学研究的意义,在真正的人文主义精神中,希腊语对于在任何领域掌握完备的知识体系具有不可缺少的重要性。海格亚斯对于拉丁语教学的主要关注,在于将语法回归到正确的位置,减少拉丁语对于逻辑学的依赖,并将其看成是对于古典文献阅读和书写的一种帮助。海格亚斯是一位非常有效率和鼓舞力的教师,是很多人文主义教师的精神之父,这些教师将他们的启发灵感归功于德文特的学校,同时他作为一名组织者也是具有重要力量的。

₈₅

---

① 尼科尔斯(Cp. Nichols):《伊拉斯谟书信集》(*Epistels of Erasmus*),第 1 卷,第 7 页。

在他去世的时候,他共有两千多名学生。他将学校分为八个年级①,他自己教高年级的男孩,主要是通过朗诵和演说拉丁文的诗歌以及基于西塞罗和普鲁塔克的道德教育。伊拉斯谟记述到:尽管在三年级,但他有时也会参加这种课程,这使他很高兴。海格亚斯的个人品质使得他将教育放在优先的位置,尽管他作为一个人文主义者相信完善的教育、适当的应用对道德价值来说是十分有必要的。

德文特的人文主义活动

德文特城镇通过学校成为学术的中心。两位印刷者帕夫雷特(Paffraet)和布雷达的雅各布(Jacob of Breda)的积极活动,表明当时对古典书籍的大量需求,尽管我们并不认为他们所给出的书目中所有书籍都是与学校的需求紧密相关的。西塞罗、维吉尔、普劳图斯、佩尔西乌斯、塞内卡、伊索、赫西奥德和阿格里科拉翻译的柏拉图对话等,在德文特都能找到一席之地。这里已被看作是德国西北部甚至是荷兰的人文主义中心,漫游的学者们找到了他们通向真正的学问的方向。从德文特来的教师们满载着人文主义教育的精神,并将这种精神带到德国各地,在默梅利厄斯、凯萨利乌斯、冯·布谢以及其他许多地方,海格亚斯的教育方法和目的在其后的几百年间都产生着影响。

列日文法学校

列日的学校是由共同生活兄弟会于 1496 年创办的。它的所有组织机构的建立都基于海格亚斯详尽阐述的理念。约翰·斯图谟(John Sturm)②是斯特拉斯堡(Strassburg)的学校的知名校长,他曾就读过这所学校。这所学校的规章制度值得一提,它无疑是德文特学校组织形

---

① 德文特学校的八个年级中,最低的是第八年级,最高的是第一年级。——译者注
② 斯图谟(1507—1589),欧洲宗教改革时期德国新教派教育家。——译者注

式的最好再现,同时也成为斯图谟1538年提出的重构斯特拉斯堡学校的基础。

在德文特学校,共有八个年级。在八年级,学生被要求学习阅读和书写拉丁语,并会重复词尾变化和动词的词形变化。在七年级,通过运用一本简单的拉丁语教材以及在其结构上编撰的练习,开始就是练习句子结构。在六年级,开始阅读简单的拉丁语文章,学习系统的语法,写拉丁语散文和诗歌。在五年级,语法学习比较复杂,首先是阅读历史著作,对它们风格的学习和模仿;并练习写诗歌,第一步是用希腊语来写。在四年级,更多的时间将用在希腊语方面;从西塞罗到昆体良的逻辑学的基本原理,也教修辞学的基本原则和原始的诗歌。直到三年级,才开始希腊语的写作,随着希腊文语法和著作学习的结束,还将继续主要学习诗歌、逻辑学和修辞学,通过模仿古代诗歌来进行固定的写作练习。在二年级,将会用希腊语阅读亚里士多德的《工具论》(*Organon*),也阅读柏拉图的著作;用拉丁语阅读欧几里德的几何学和罗马法律的原理。演说被要求严格根据西塞罗的语法结构来进行;也会练习关于古典学科的辩论。最后,在一年级,将会对神学进行介绍以及增加在辩论中对理论的使用,这时有两个低年级的学生将会参加其中。修辞学的学习将是完整的。我们注意到,无论是希腊语还是拉丁语,修辞都是作者常用的手法。或许没有一所大学在1500年就开设了如此高级的文学课程,但是,它已经出现在列日学校的两个较高年级的课程之中。

阿格里科拉在德国、巴黎和意大利/
去费拉拉/阿格里科拉的学术兴趣

回到阿格里科拉本人,他的学生生涯时期正是人文主义的影响开始渗透到德国北部的时候,尽管是人文主义影响的早期,但有一些教师鼓励学生学习诸如文学这样的古典科目,激励他们有目标地去意大利接受完备的教育。阿格里科拉12岁时(1456年)从格罗宁根到埃尔福特大学学习,两年后他到在新大学排名榜上迅速上升的卢万大学学习。经过在埃尔福特的两年学习,他在15岁时获得了他的"桂冠"(laurea)

87

和学士学位(commenced Bachelor);17 岁以前,他在卢万大学获得了文科硕士学位(stupor omnium)。他的主修课目是数学和哲学,但是他也抓住机会向来自法国的学生学习法语。1462 年 5 月从卢万大学毕业后,他到科隆大学担任神学教师,但他认为,用不适当的逻辑方法和形而上的学说研究神学是浪费时间。后来,他承认在科隆大学时产生了用历史的方法来研究神学的兴趣,但是,他从未完全抛弃过现有的神学精神。在科隆的时期,他还短暂地去过巴黎,并在那里与罗伊西林建立了终生的友谊;尽管没有什么事实被记录下来。阿格里科拉早期生涯的最重要时期大约在 1468 年或 1469 年,他人生的机遇降临了,这时他来到了意大利。无论是对他还是对他人来说,在意大利的日子对阿格里科拉人生发展是至关重要的。他在意大利待了十年左右,除了短暂的离开,相对其他任何北欧学者来说他是一个更常住的居民。从他的信件中,我们知道,他首先到了帕维亚,这里有许多他的同胞,像他一样学习古典文化和法律。像伊拉斯谟和其他学者一样,阿格里科拉在旅行时也赚钱谋生。他的方法是成为当地年轻人的导师,这些年轻人是奥丁根的一位伯爵的儿子们,他在帕维亚引导他们的学习方向,并对他们今后的发展产生了持续影响。在帕维亚,阿格里科拉第一次遇见了冯·达尔贝格(Johann von Dalberg),并成为他的指导者。1474 年,冯·达尔贝格 19 岁时就被选为大学校长。之后作为巴拉丁的选帝候(the Elector of the Palatinate)的大臣和沃尔姆斯的主教(Bishop of Worms),他对于确立阿格里科拉在海德尔堡的地位是很有帮助的。在那里,阿格里科拉发表了演说,很清晰地表达了自己的观点。他们之间的友谊是德国人文主义发展过程中的一段佳话。阿格里科拉在学习罗马法律方面花了许多时间,但是,他心里慢慢开始产生了一种排斥这一方面知识的情感。他抛弃了原来的方向,而全身心地投入到古典语言的学习中去。但是,在帕维亚,他并未找到为了充分发展而需要学习希腊语的机会,于是顺从了在费拉拉普遍感受到的吸引,正如他所描述的"费拉拉是所有智慧女神的故乡"。冯·达尔贝格于 1475 年夏天离开意大利,前往费拉拉成为巴蒂斯塔·格里诺和加扎的一名学生。巴蒂斯塔·格里诺是维罗纳的格里诺的杰出的儿子;加扎曾是维多里诺在孟都亚的同事,是希腊语言和文学方面最有能力的老师。从这时开始,阿格里科拉在文字方面的主要兴趣转向了希腊语。实际上,费拉拉大学当时是欧洲向国外学者推广人文主义最有声望的大学。它的创建者与后来的捐助者——伊斯特家族的君主们(the d'Este princes)——有一个目的,即大学作为一所学校基本上是发展文科知识(liberal arts)而不是专业知识。因此,费拉拉大学吸引了所有那些主要是从巴利奥尔学院(Balliol College)①来的英国学者,他们跨越阿尔卑斯山来寻找古典知识。格里诺和他的儿子的声誉吸引着学习希腊语的学生,例如,阿格里科拉。在费拉拉,阿格里科拉写了许多信件,这些信件显示出他的许多兴趣。我们发现,他花了很多时间翻译卢奇安(Lucian)的著作;关于伊索克拉底,他希望用伊索克拉底的风格成为一名艺术家,"因此,事实上,确实表明他具有卓越的吸引力,同时如此献身于精心准备的演说"(ea enim suavitas est dicendi, is ornatus, et, ut ita dicam, sculptura orationis):他的 *Demonicunm* 版本在一个世纪内有着非凡的吸引力,也许他的主要研究内容是亚里士多德的《逻辑学》(*Logic*)、《形而上学》(*Metaphysic*)以及关于自然历史的著作,同时阅读普林尼的《自然历史》(*Historia Naturalis*)。对于昆体良的学说,他进行了完整的学习;对于塞内卡的文本,他以辩读的视角和能力进行了修正,并得到了伊拉斯谟的赞赏。在学习真正的亚里士多德的过程中,西奥多·加扎被特别提到是作为他的导师,但是,他从格里诺身上学到更多,他后来从德国写信给这位老师时都一直充满着尊敬。阿格里科拉在费拉拉还进行了伪柏拉图对话(pseudo-Platonic dialogues)的翻译和一本普里西安(Priscian)选集的编辑。我们可以假设,在格里诺的指导下,他打下了学习修昔底德、色诺芬、狄奥多罗斯·西卡尔勒斯(Diodorus Siculus)②和波利比阿(Polybius)③等人作品的基础,这些也成为他以后的研究方向。但是有一件事,可能发生在 1477 年,但肯定已结束,即他

---

① 巴利奥尔学院,牛津大学的一所学院,建于 1263 年。——译者注
② 西卡尔勒斯(生卒年不详),公元前 1 世纪希腊历史学家,著有《历史丛书》。——译者注
③ 波利比阿(约前 205—前 125),古希腊历史学家。——译者注

在一次旅行中产生了特殊的兴趣。这个手抄本(MS)虽然从未被印刷，但用的题目是《彼特拉克的生平》(*Vita Petrarchae，illustrata per eruditissimum virum Rudolpgum Agricolam，ad* Antonium Scrafinium Papiensem：Ann：Sal：1477 年)。这不是对于有关彼特拉克生涯的知识的实质性贡献；它倒是具有一种"赞赏"的性质，而且有可能在大学中成为一门公开的科目。结合我们从其他来源的了解，这给我们提供了证据，证明他曾同情最早的人文主义者："彼特拉克自己时代的全部聪明智慧绝对不应归于所有的执政官，当时提出的一切教育见解在我们的时代有很多是应当赞美的。"(quem cunctis ingeniis seculi sui haud cunctanter praetulit, cuique, sua sententia, omnis eruditio seculi nostri plurimum honoris debet.)值得注意的是，阿格里科拉认为，彼特拉克与其说是一位诗人，倒不如说主要是一位拉丁语言学家和学问复兴的鼓励者。然而，意大利的这位伟人的这方面的知识和阿格里科拉的兴趣相异。和其他人文主义者不同，他并不轻视那些坚持以本国语言进行研究以期获得尊重的人文主义者。除了他自己国家的荷兰语，阿格里科拉已能熟练地用德语和法语的知识进行工作，他还在费拉拉和帕维亚学习了意大利语。与伊拉斯谟和其他日耳曼学者不同，阿格里科拉期望自己能深入了解新时代的意大利精神，这种了解是建立在完整的意大利语言知识之上的。正如阿格里科拉的学生和传记作者约翰·冯·普莱宁根(Johann von Pleningen)所说的那样，阿格里科拉致力于意大利本国语的学习："从生活的必要性和可能性出发，应该真正地改变不鼓励传播意大利语的软弱习惯，为用意大利语的自由演说各自进行一致的准备。"(non quemadmodum vulgo sciri tenerive solent, quo vitae necessaria coemere posset，verum ut versu et oratione soluta in singulis concinne apteque diceret.)

作为一个北欧学者，阿格里科拉对于意大利文艺复兴有着一种特别的同情。因为他具有一种很好的接受性，这使他(或迫使他)能够更好地吸收他周围所有精神的影响。心灵内外的和谐使他变得极为优秀。这本身就是一种值得关注的存在。他的传记作者十分赞赏他坚毅的脸庞、富有栗色光泽的胸膛、宽厚的肩膀、尊贵的举止，这些都使他成为费拉拉上层社会一位杰出的绅士。关于他优雅的举止、醇厚优美的嗓音等都被仔细地记录下来。他的富有吸引力的行为举止并不都是天生的，真正的意大利精神培养了他这些优秀的品质。阿格里科拉还是一名优秀的军事防卫者，他会使用各种军事武器和旋转圆盘（whirled the disc），精通球类游戏，这些使他在智力工作之余保持了良好的体魄。他在费拉拉的一位好友说："他的身心协调发展，是一个真正值得尊敬的人。"

阿格里科拉的艺术情感 / 阿格里科拉的个性/阿格里科拉对音乐和绘画的热爱

对阿格里科拉来说，出色的外表和艺术家的气息在他身上非常和谐。他的许多方面都吸引着模仿他的人们，尤其是他对生命的珍爱和对自由的热情通过各种形式表达出来，使他成了文艺复兴的真正产儿（genuine son）。我们不能仅仅把他看作是一心想要借助希腊和拉丁学术来振兴德国的一位勤奋的语法学家。必须记住，这是一种完全不正确的观点。相反，他作为意大利文艺复兴的宠儿，比许多北欧学者发展得更为充分，他身上惊人的个性使他成为北欧人的骄傲。他出色的言谈天赋使他在上层社会如鱼得水。他的优雅语言和经过良好训练的声音使得一直把北欧人视为不文明的"野蛮人"①的意大利人不得不打破成见。在这样一个社会中，他的音乐才能使他个人的特色更加明显。他是一名博学的音乐家、训练有素的歌手、舞蹈者，会演奏长笛和小提琴，甚至还对音乐理论颇有兴趣。他的同时代人认为，他能够在他的时代有良好的表现。在文艺复兴时期的音乐史上，阿格里科拉占有一席之地。在离开意大利一两年后，他为格罗宁根的圣马丁教堂建造了一

---

① 例如，诸如孟都亚的年代史编者希瓦诺格利亚（Schivanoglia）的评论，他描述来到孟都亚的玛格丽特（Margaret di baviera）在成为费尔特雷继承人的新娘时说："性情带有足够的 todeschii 和 todesche……那生活就没有什么障碍。"（Cron., 第 153 页）这是在 1463 年，即在阿格里科拉抵达意大利的前几年。

92 架风琴,第一次将风琴的音栓(vox humana stop)引入风琴中。此外,在意大利,阿格里科拉发展了他的另一种天赋——一种对美术的真正爱好。他并不是我们所认为的业余爱好者,只是肤浅地被他少有的对于艺术和美的狂热所影响,而正是艺术和美术这两个因素使他的新环境变得尊贵。相反,他是一个严肃的设计专业的学生,花费大量的时间在画室里工作。在音乐方面,他则试图掌握音乐艺术的原理。举个例子:在画人体时,他坚持要对人体在解剖学上的比例有一个正确的理解,并认为这是有重要意义的。他宣称,如果没有这样的正确理解,所有装饰性的加工都只是为掩饰其技术上的薄弱所做的拙劣尝试。据说,他在形象记忆方面也有惊人的天赋。他能够凭借记忆画出一个人的肖像,而不需要借助速写或备忘录。他的传记作家同时也是他在费拉拉最亲密的朋友说:"当他想要画一张肖像时,他会在无意中观察他想要画的对象。比如在教堂,他会记下他所观察的对象的态度、站立的姿势,以此抓住对象的自然本我、一个完整的人。回到家后,他会用炭笔把头脑中的印象画下来。当我看到这个草图时,我想说我看到的正是那个人,他在我的面前、站在画里。"阿格里科拉曾说,为了画一幅真实的肖像,他必须画下对象的整体,而不仅仅是脸部,因为只有整体才是人的真实表现。我们甚至可以说,假如他选择绘画作为他一生的事业,那么在这个领域,他也会成为将意大利文艺复兴的气息传到德国大地的传播者。他在艺术兴趣方面的特有名声,表现在其作品的完整性和彻底性上。他的个性充满了意大利精神。① 这种精神是通过吸收最好的东西形成

93 和发展起来的,这块得天独厚的大陆促使人们很自然地选择那些最好的东西。只有当我们了解到阿格里科拉惊人的接受能力和他那整合各种东西成为一种显著个性的个人力量后,我们才能明白这个在活动和著述方面都很少表现的人为什么会在他同时代那些一流学者中留下技艺高超的印象。阿格里科拉凭借真理将意大利文艺复兴传给德国人,

---

① 马尔西里奥(Marsilio)的这一句话是阿格里科拉的全部特征:"格雷田(Gratiae)和缪斯(Musae)概括了德奥(Deo)和德伊姆(Deum)的关系。"带着一种强烈的和真诚的性情,阿格里科拉仍然使自己享受生活。

他也正是凭借这些真理形成了其意大利精神中最重要的因素。当我们学会理解真实的阿格里科拉的时候,我们在较浅的基础上已做过的有关彼特拉克与其日耳曼人(Teutonic)信徒之间的比较研究就有了新的意义。

阿格里科拉在费拉拉的声望

阿格里科拉待在费拉拉期间,他有幸被邀请在大学会议的开幕式上,在埃尔科莱公爵(Duke Ercole)、校长和学生面前发表赞扬健全的哲学和博雅教育的演说。我们可能会忘记,他在费拉拉被堂而皇之地召见,而在德国北部被那些气量狭小的权贵们所忽视。但只要我们回忆起这两个强烈的对比体现在他身上,我们应该能原谅这位演说家在他的赞助人面前所说的那番已经被定好基调的赞颂词。然而,阿格里科拉开始感到要对本国进行号召,以照亮他自己的人民。他承认,当批评日耳曼人的时候,在意大利的学者和廷臣的口中,"举止粗鲁的,不学无术的,不善言谈的"(barbari,indocti,elingues)等是一些并非不公平的形容词。德国学者的职责是:务必使他们的国家成为高雅之地、雄辩之地和正确知识之家园,以适合与意大利的文化并列。阿格里科拉渴望带头证明德国莱茵河西部地区(Rhineland)有能力达到这样伟大的文化高度。

返回德国

1479 年,阿格里科拉在经历了几乎十年时间的古典学习之后,他翻越了阿尔卑斯山。此时,他已掌握了希腊语,掌握了具有真正人文主义标准的一种拉丁语风格,尽管离波利齐亚诺(Poliziano)的水平还较远;但是,在西奥多·加扎的指导下,他获得了关于亚里士多德的第一手知识——这是一种了不起的成就。就他所表现出来的气质来说,他具有一名学生而非一位教师的天赋,具有一个激励者的而非一个组织者或

94

管理者的天赋。在他 38 岁之前，他以极其谦虚的方式拒绝了两个重要职位的邀请：一个邀请是在安特卫普①改革一所拉丁学校；另一个邀请是在勃艮第②的宫廷里做官，这是一个有影响力、有地位的职位。但是，我们也可以很容易地明白，阿格里科拉这样做是不想让自己面对教师生涯的单调生活和宫廷的束缚。他为了成为自己时间的主人，从而更好地为这个世界做出贡献和追求自己的理想——这就是人文主义者阿格里科拉的永恒特征。

阿格里科拉在荷兰的职业

1479 年阿格里科拉回到荷兰后的 4 年里，他很难决定自己具体要从事什么职业。他在荷兰格罗宁根市政委员会（Municipal Council of Groningen）担任一个行政职位（1480—1484 年），该职位允许合理的请假。他被马克西米利安皇帝（the Emperor Maxmilian）③派出去执行行政任务，在行程中他有机会访问许多学校和学术活动中心。他不断地回应教师和学者，激起了他们对新的光明的追求，并且他的呼吁是以爱国主义这一目的为基础的。他认识到，那种民族精神和他本人都预示着德国的文艺复兴（民族精神也部分地构成了意大利文艺复兴的基础），就像后来德国的文艺复兴在胡登（Ulrich von Hutten）④、马丁·路德和梅兰希顿等人那里被表达出来那样。然而，我们不得不察觉到对意大利的渴望（这种渴望包围着阿格里科拉）：一种真正的怀旧（这种怀旧之情在他的晚年是难以忍受的）。

---

① 安特卫普，比利时北部一海港城市。——译者注
② 勃艮第，位于法国东部。——译者注
③ 马克西米利安皇帝（1459—1519），神圣罗马帝国皇帝。——译者注
④ 胡登（1488—1523），德国早期人文主义者、诗人。——译者注

阿格里科拉的通信

阿格里科拉在 1480 年至 1485 年期间的信件，提供了关于他的兴趣和性情的有启发意义的见解。首先，最重要的一点是他向往回到意大利，他想知道他应该怎样才能随身携带他的这一堆书。他想去看一个位于巴塞尔的希腊手抄本图书馆，虽然这一过程会花费他一周或 10 天时间。在听到关于埃尔科莱公爵来历不明的财产时，他表现出了焦虑，并询问了很多关于这个事件在意大利的新闻。他祝贺一个有特权听到巴蒂斯塔·格里诺情况的记者，或者报告翻译卢奇安的作品的进展，并询问有关任何古典手抄本的信息；或者可以购买的书籍；他急切地要求印刷商出版科卢梅拉（Columella）①等作家的作品，而这些作家都并未受到德国出版商的充分注意。另外，我们还得到了德国南部由于瘟疫而引起的对于学术干扰的新闻；他在意大利旅途中遇到的危险和花费；他的一个学者朋友出于相互保护和经济上的原因想去南部加入一个派别；我们也可以生动地了解到那些在旅途中可能发生的疾病或无能给他带来的危险和焦虑。阿格里科拉是在 1485 年特兰托的炎热天气中花费数周时间记下这些的。应该注意到，这些信件在风格上与那些充满意大利人文主义气息的正式信件不同，它们很少表现出华丽的风格。阿格里科拉写信仅仅只是想说一些事情，用他文笔优美且可读性强的拉丁文记录下那些平凡而真实的经历，这一风格让我们可以更加接近真实的他。②

应邀去海德尔堡

在荷兰期间，他去了一趟海德尔堡（1482 年），并计划长久地留在意

---

① 科卢梅拉（公元 1 世纪—?），罗马军人和农民，写过很多农业和有关题材的著作。——译者注

② 关于阿格里科拉的著作和书信集，我们热切希望有一个完整的版本。

大利。在冯·达尔贝格的请求下,他被说服接受一个故意定位不明确的职位——在巴拉丁奈特(Palatinate)①的首都。他从前的学生现在都已经是沃姆斯(Worms)②的主教和大臣。这个任命给他提供了一个充分享有空闲和自由的职位。当选的君主冯·达尔贝格和他们的朋友都极力劝说阿格里科拉考虑一下对贵族学习的支持——只要他在场就可以了。冯·达尔贝格强调,他完全明白并认同阿格里科拉对独立的渴望以及他不想成为别人的侍从的决心。为此,他请求阿格里科拉可以住在他的宫廷里,在这里阿格里科拉可以完全按照他自己的意愿和乐趣而生活,就像在自己家里一样。在教育方面,不会对他有任何多余的要求,除非他自己愿意,例如,出于仁慈,将亲自对冯·达尔贝格本人教授相关的人文主义知识。当然,这必须是他自己愿意做的,而非出于冯·达尔贝格对他所施加的影响。关于他的行动自由,阿格里科拉可以随时想来就来,想走就走。1482 年,他们用种种理由劝使阿格里科拉到海德尔堡去,并且已经成功地让他接受了在一年内及时去赴任的承诺。但是,在 1484 年 3 月之前,阿格里科拉都还不能离开格罗宁根;他和海格亚斯③待在德文特,在 4 月 7 日到 12 日之间,伊拉斯谟见到了他。5 月 2 日,他终于来到了海德尔堡。

在海德尔堡的居住

莫尔内韦格(Morneweg)说:"毫无疑问,阿格里科拉一到海德尔堡

---

① 巴拉丁奈特,德国莱茵河西岸一个地区,旧时曾为德意志帝国内之一国。——译者注

② 沃姆斯,德国西南部一城市。——译者注

③ 海格亚斯的生平年表尚未最终确定。如果像维也纳(Vienna)所保存的有关手稿中所记录的那样,海格亚斯于 1483 年就任德文特文法学校校长,那么伊拉斯谟因其母亲去世而转去位于博伊斯-勒—杜克(Bois-le Duc)的学校则必定是在 1484 年,因为在海格亚斯任德文特文法学校校长期间,伊拉斯谟必定是在德文特。参见尼科尔斯(Nichols)的《伊拉斯谟的书信》(*Epistles of Erasmus*)和艾伦(P. S. Allen)的《英国历史评论》(*Eng. Hist. Rev.*),1906 年,第 315 页。

就马上开始了教学工作。因为梅兰希顿清楚地得知主教劝使阿格里科拉不仅做他的指导者，而且做青年的指导者"（至于是整个城市的青年还是大学的青年就不得而知了）。他在大学里尝试讲述的内容是否涉及逻辑学、物理学、天文学、亚里士多德的动物历史学、雄辩术（Eloquentia）以及希腊和拉丁文学，这些甚至都不能确定。事实是科系或大学并没有记录下和他有关的资料，但是在海德尔堡期间，阿格里科拉陪同冯·达尔贝格主教一起去沃姆斯，在那里他们考察了当地的古代和中世纪历史遗迹。同样也是在海德尔堡，在达尔贝格的要求下，他多次开设关于古典科目的讲座，其听众主要由教师组成。在给海格亚斯的一封信中，阿格里科拉抱怨说：这些教师几乎无法从沉闷的文字工作中腾出时间来，很难真正进入学问的领域。在沃姆斯，他也和主教辖区的牧师进行了一场谈话，冯·达尔贝格很希望从牧师那边赢得他们对新的科目的支持。显然，阿格里科拉很享受在冯·达尔贝格的恩典下所得到的很大自由。并且，毫无疑问，他因此可以有机会向那些聚集到宫廷周围的人们传递他的学术热忱。冯·达尔贝格和阿格里科拉的名声吸引了各地的学者来到海德尔堡大学。在这些人中包括康拉德·切尔蒂斯（Konrad Celtis）[1]，他后来成为维也纳人文主义运动的核心。但是，我们没有理由认为阿格里科拉拥有明确包含特定职责和地位的席位；而在文艺复兴时期，大学运动的假设是以现代经验为基础的，这一点也显示了阿格里科拉的职位在海德尔堡是多么的不恰当。阿格里科拉采用意大利人文主义大师的独立风格来教学。但是，他也参与学校的辩论[2]，并对大学的日常事务提出建议。从梅兰希顿论及阿格里科拉的文献中，至少我们可以了解到一部分情况，阿格里科拉在海德尔堡承担了研究古代世界史的工作[3]；而且，我们也有证据证明，他圈子里的

---

[1] 切尔蒂斯（1459—1508），以"大人文学者"著称的德国学者，拉丁文诗人。——译者注

[2] 当20年后梅兰希顿在海德尔堡大学做学生时，这些辩论又被恢复起来并流行开来。

[3] 与此相关的《编年史》（Chronicon）已失传；该书的性质和命运已成为众多研究的一个主题，但这些研究并未取得相应的结果。

学者在进行着希腊和拉丁古典名著的大规模翻译工作。法国和英国的文艺复兴也正是以这样的方式为开端的,其显著特点是古典名著被翻译成本国语发行。

　　这是北欧文艺复兴中典型人物的特点,阿格里科拉显露出趋向神学和希伯来研究的转变。1484 年他一到达海德尔堡,就开始跟冯·达尔贝格为他找的已改变信仰的一个犹太人学习希伯来语。阿格里科拉从未感到人文主义和宗教之间的矛盾。像他之后的罗伊西林和伊拉斯谟一样,他也认为行为才是最重要的;也像他们一样,他认识到学问对于正确和公正地探寻基督教的起源有重要作用。除了显露出他心性方面的倾向,他在祈祷文领域的研究并没有什么意义,不管是诗歌还是拉丁文,都与他的名声不相符。然而,为了作为一种纯净的基督教的补充,他还是热心地要完成一本新的独立版本的《旧约》(Old Testament)。①

对意大利的最后一次访问和逝世

　　不管怎么说,阿格里科拉都太不安定了,以至于他不满足于在海德尔堡的职位。他刚到海德尔堡没多久,就抱怨说他怕自己不适合这个职位。也许当时他的健康状况不佳;更可确定的是,文艺复兴的精神让他没有耐心专注于狭隘的活动(正如伊拉斯谟所做的),因为还有那么多东西等着他去学习。对他来说,费拉拉不同于海德尔堡,意大利不同于莱茵河。很快,他期待的机会来临了。西克斯图斯四世(Sixtus Ⅳ)于 1484 年 8 月去世了;英诺森(Innocent)②当选的消息在 12 月 12 日传到了当选的君主那里。他决定派一位使节去祝贺新的教皇。冯·达尔贝格很自然地被选中,阿格里科拉则担任他的秘书。从春天开始,他们穿越了布里纳山口(Brenner),在深爱的费拉拉住了一晚,那里由于威尼斯战争造成的荒凉依旧很明显。5 月 30 日,他们来到了罗马。他们

---

　　① 关于莫尔内韦格在海德尔堡的情况,《达尔贝格》(Dalberg)中有最权威的记录。
　　② 英诺森八世(Innocent Ⅷ,1432—1492),即教皇(1484—1492 在位)。——译者注

最多只花费了 6 周时间参观罗马城的古迹,很遗憾的是,关于阿格里科拉这唯一一次罗马之行并未留下任何的文字记载。在梵蒂冈,他发表了必要的演说,并在 7 月回去的路上途经维罗纳。在那里,阿格里科拉得了间歇热病,经过一段长时间的调理,他才又踏上了回海德尔堡的路途。但是,一个月之内,间歇热病又犯了,最终他于 1485 年 10 月 27 日死在他悲伤的友人的双臂中。

书信体著作《论学科的形成》

一封他写给他友人巴尔比里亚纳斯(Barbirianus)的题为《论学科的形成》(*De Formando Studio*)的信(海德尔堡,1484 年),经常被人们引用。对于这样一个人物,这封微不足道的信件只能被看作是描绘了他一个大概的轮廓。阿格里科拉英年早逝,在他仅有的 42 年生涯中,他花了近 12 年时间学习新的知识。而且,他也像维多里诺一样,是一个在性情上不愿意多写作品的人。然而,他的性情表现在对各个领域的兴趣上。在这些兴趣中,第一个长篇系列作品是以德国人为主题的。他首先把整个中世纪的各种戒律排除出新的教育,关于思想的现实性争论在他看来也毫无意义,他所看重的是思想本身的内容。精巧言辞上的微妙、逻辑学上的辩证同样没有意义,这些可笑的困境构成了方言训练,也破坏了语言学习——所有这些,就像精神训练一样,被他以轻蔑的态度拒绝了,正如所有其他人文主义者所做的那样。事实上,在哲学意义上,人是所有教育的最终产物;但是,对于"哲学"一词,他给出了一个与当时潮流十分不同的近代解释。他认为,哲学包括三个部分:道德哲学、自由学科以及雄辩术;或者说,行为艺术、自由学科(包括自然①、历史、文学、政治)以及表达自己想法的艺术。

---

① 阿格里科拉尤其要求学习地理学和"自然哲学"的知识,但是后者特别只有在古希腊哲学家狄奥弗拉斯塔(Theophrastus,约前 371—前 287)和亚里士多德的著作中才能找到,而前者无疑包含在古希腊地理学家斯特雷波(Strabo,约前 63—公元 24)的研究中,阿格里科拉对这两种学问的兴趣源于在费拉拉学习时受巴蒂斯塔·格里诺(B. Guarino)的影响。

100 　　"道德"、行为和信条都在知识之上,它们是我们学习所有知识所要通往的彼岸。但是,学问的地位在与行为的关系方面是很重要的。因为人的特性是通过学习各种伟大的例子和古代智者们的判断而形成与强化的,这些智者对于行为的审视和判断对我们来说是充满指导意义的。不仅仅是专业的道德家,亚里士多德、西塞罗或塞内卡这些对于我们有指导意义的人,而历史学家、演说家和诗人在指导人们何为有价值的生活、何为无价值的生活方面的作用,也丝毫不亚于他们。如果我们把这些古人当做我们的同伴,我们会发现,新一代人在他们的激励下会鼓起精神努力解决近代世界的问题。① 因为古人为个人和社会两方面的行为提供了巨大的指导和鼓励。他们让我们去进行那些在历史、地理、科学、政治、思想、文学、医学和艺术等方面的辩论。于是,阿格里科拉毫不犹豫地宣称,这些都是智慧的次要方面,即人们通常所说的"事实知识"(rerum cognitio)和"学习"(eruditio)。因为它们经常被提到,只能在古典作品中找到,而它们对这个时代的忽视,也使它们几乎不受人们所重视。它们仅仅被用来确证古代伟大的权威。严格而专业的法学、神学、医学并不在阿格里科拉的知识范围里,也不在他的学习范围内。而想要准确地掌握它们,又恰恰需要古人的智慧作为基础。

　　这些伟大作者的地位就这样被清晰地划分出来。他们的作品应该被严格认真地加以阅读,在关于各种世俗知识方面,他们是权威;就人的品质、行为方式、个人和民族的教养等各方面提供一些榜样和典型来
101 说,他们的研究使我们"获得美德"(paratiores ad virtutem)。通过阿格里科拉宣称人文主义在生活中的作用,我们几乎可以听到格里诺的声音。在伊拉斯谟批判中世纪的作品中也有预言,他严肃地建议:"怀疑迄今为止你被教导过的任何事情,将所教的只是当做应该远离的冒牌货,除非它被伟大的古代先贤证明过。"

　　哲学的第三个因素是表达真理的艺术。对于一个人文主义者来说,首先,真理一定要被准确地定义,这样才可以被理解;其次,真理必

----

　　① 与艾利奥特的比较是明显的(第 286 页以后);但是,这种观点始终是人文主义的观点。

须是可交流和可记录下来的,这样才可以为人所用。于是,对阿格里科拉来说就和对其他人来说一样,辩论不仅仅是"学习"的装饰性外衣,也发挥了它应有的基本功能。阿格里科拉对于修辞学①的贡献主要表现在一本关于逻辑学的指导手册——《论辩证法的发明》(*De inventione dialectica*)里。在费拉拉,他第一次发现了逻辑学对于清晰地表达和阐述有很大帮助,并将逻辑学从抽象的语法学习中分离出来。就像修辞学在严格意义上包括文学——要成为诗人或者演说家,就必须深入理解其他诗人和演说家——所以,它也需要采用能做到正确理解的规则。修辞学与逻辑学相遇于"发现"(inventio),"发现"是产生说服力的规则,而说服力则应用于描述、叙述、阐述、辩论和宗教信仰。他认为,所有的演说、著述和说话都包括三个因素:演说者、所选主题和听众。因此,在所有成功的演说中,必须包括:演说者说话时明白易懂、对主题的推论和听众赞许的态度。要做到第一点,就要学好文法;要做到第二点,就要有条理地阐述事实,需要依靠逻辑学;要做到第三点,就需要依靠修辞学。正因为其与表达的关系,阿格里科拉将逻辑学视为证明的工具,对证据进行记录、交流和加强。所以,逻辑学和文法一样,从这个词最广义的角度来看,它是风格上的一个因素,因为观点的清晰比装饰性和多样性更重要。《论辩证法的发明》作为对逻辑学发展的一个贡献,并没有很大的价值。阿格里科拉阅读了亚里士多德的著作并了解他,他知道刻板的辩证法并反对它。近半个世纪以来,意大利的人文主义者都持有他的观点,虽然没有人能在清晰地论述和强化主题的说服力方面超过他。但是,这本书对德国有很重要的影响。对于那里的教师和学者来说,它在很多方面都是介绍辩证法这一新概念的第一本书。举个例子:梅兰希顿就认为这本书刺激了新的智慧的开端,他不能夸大它对自己的影响,他本身对于逻辑学的重视都只是以阿格里科拉的信条为基础的。相对来说,它只是给作者带来一些荣耀的一本小册子。梅兰希顿在他14岁的时候就一口气读完了这本书。他说,每一位教师

①　阿格里科拉对梅兰希顿的影响也许可以通过此处这一段和第238页以后的比较,从而得到较好的说明。

只要认真阅读它,就会变得更强有力。在看待逻辑学的价值上,人文主义者是正确的,因为逻辑学是新知识的陈述者的标准之一。人们可以通过它来展现主题,就像可以通过推理所组成的句子来形成自己的观点一样。

对于逻辑学的这样一种看法,使德国的文艺复兴免受形式与内容分开这一错误观点的影响。当然,对于阿格里科拉来说,纯粹的模仿以及费力的和空洞的风格是毫无吸引力的。而且,至少它在德国大地的散文领域内变成了一种时尚的运用。正如我们将看到的,意大利学者所熟知的"演说"很快就让位给散文,并使散文成为一种教育手段,这样可以提高作品的现实性。

阿格里科拉和美术

103　　　　还有一个真正的教育所需要的要素是我们所必须记住的。阿格里科拉坚持认为,对于一个有文化教养的人来说,建筑、绘画、塑像在理论和实践上的学习是很重要的特征。这样的规定表明其教育观念的广泛性和高雅性。阿格里科拉的这一观点形成于意大利,并在日耳曼人的文艺复兴中敦促其同伴遵循这一规定。他宽广的胸怀和热情的个性则加强了这个观点的影响力。这些也许可以让我们抓住他之所以会产生深远影响的秘密线索。在他生活的时代及以后的时代,阿格里科拉对文艺复兴时期的伟大的知识分子产生了最大的影响。

第六章　伊拉斯谟

北欧文艺复兴的问题

像文艺复兴那样，一种明显带有意大利全部特征的复杂文化向国外传播，这种传播是研究的一个对象，其研究的微妙性几乎不亚于意大利文艺复兴本身。事实上，在其他国家准备承认文艺复兴运动之前，该运动在它的发源地国家意大利已经接近其发展的最后阶段。在某种程度上，这就使得相关的研究工作做起来较为容易些。但是，另一方面，诞生于外国的文明不会或不能对不同的人群具有同样的吸引力。任何时候，看待知识的一种新的方法，或者看待生活的一种新的方式，都会以一种逐步成熟的形式表现出来，以便适应一个陌生的环境，于是，一个具有浓厚兴趣的问题就马上被提出来了。在历史上，从来没有一种文明只是"被借用"这么简单的现象。在这样一种情况下，接受就意味着选择和适应。用这种接受的方式去辨别某些变化，在随后吸收的过程中去辨别某些变化，用精神的成果去辨别某些变化（这种成果在艺术和文学中表现出来），用信念和行动的目的去辨别某些变化，以上这些就是评论的一个基本任务。

如其所是，本章的最终目的在一定程度上就是尝试去理解这一问题的某一方面，即去关注意大利的人文主义及其教育理想最初是如何适应日耳曼人的世界的。很明显，这种探究就是在广泛的事实和人物方面进行研究。初次从事这种研究的学生将在当时某些杰出人物的生平和教学活动中明智地找到通往这一研究主题的途径，而在那些杰出人物中间，北欧文艺复兴最显著的个性最值得人们的重视。

伊拉斯谟的生活情况

伊拉斯谟(1466—1536)于 1466 年 10 月 27 日出生在鹿特丹。① 他的童年是在母亲的照料下度过的。1475 年,母亲带他去了德文特,进入了该地的圣莱布英(St Lebuin)的学校,在那里,他得到了属于共同生活兄弟会②的一些教师的教导。在他离开之前(可能是 1484 年),海格亚斯已被任命为该校校长。伊拉斯谟在他的晚年曾怀着崇敬之情回忆起海格亚斯,此前除了一直对鲁道夫·阿格里科拉有过这种崇敬,他很少承认还对别的什么人如此崇敬。伊拉斯谟显然是在 1483 年见到阿格里科拉的,那时这位伟大的人文主义者经过德文特并与海格亚斯在一起。不久以后,伊拉斯谟的父母去世,他被带离那所学校,并被安置在波伊斯-勒-杜克(Bois-le-Duc)的修道院学校,他所置身的新环境与德文特学校中更自由、更具有激励作用的气氛之间的悬殊差别无疑被这个勤奋的年轻人敏锐地感觉到了。也许他对修道院这种教育场所所持的不信任态度是有真实原因的。在晚年,他尤其怨恨施加在他身上的压力,那种压力迫使他打算把"宗教的"生活作为一种职业,而这种职业显然是命运为他规划的。1487 年,他进入了哥达(Gouda)③附近位于斯泰因(Stein)的奥古斯丁大教堂(我们现在不能确定在多大程度上他是自愿同意的),经过一个较短的修道士的见习期,他于 1488 年成了全职

① 伊拉斯谟一生最初 30 年的活动年表甚至还不能确定。P·S·艾伦先生和尼科尔斯(F. M. Nichols)先生在某些重要之处意见不一。艾伦先生现在把伊拉斯谟在德文特的时期确定在 1475 年至 1484 年,包括期间伊拉斯谟去过乌特勒克(Utrecht)。这一时期的下限取决于人们所认为的海格亚斯去德文特继任的日期(1483 年)。在斯泰因(Stein)的时期也被缩短了。但这一说法有它自己的难点。1495 年后伊拉斯谟的通信使得有关他的活动的记录更加确切。对于 1514 年之前伊拉斯谟的活动记录,艾伦先生的《伊拉斯谟的通信集》(*Op. Epist. Erasmi*)是现有最权威的。

② 共同生活兄弟会(Brethren of the Common Life),进行慈善工作的基督教宗教团体,由尼德兰的格鲁特(Geert Groot)于 1376 年创建。北欧著名的人文主义学者和教育家,大都曾在该会所办的学校就读。——译者注

③ 哥达,荷兰西部一城市。——译者注

的修道士,并在 1492 年被任命为牧师。他生涯中的这段时间在决定他的才能和爱好方面至关重要。那时,他有许多空闲时间去学习,他把自己学习的主要兴趣分成两部分:古典书籍的阅读和神学。在 1493 年或者后一年,伊拉斯谟去为坎布来的主教(Bishop of Cambrai)服务,并期望和他一起去罗马旅行一次。然而,环境迫使他放弃了这一诱人的前途;相反,他被他的赞助人送去了巴黎,并从 1494 年起住在那里,在蒙泰哥学院(College de Montaigu)当了一名学习神学的学生。虽然巴黎大学的主要兴趣是逻辑学和经院神学,但伊拉斯谟似乎还是尽可能从规定的阅读神学著作和偶尔的辅导工作中抽出了一些时间,用来弥补他的拉丁语知识的不足。他也努力自学希腊语的基础知识,尽管收效不大。他已倾向于用一种历史的而不是哲学的方式去研究神学,这一点对他自己来说是察觉得到的,他也进一步认识到学习古典文化和解释基督教的起源相联系的意义。他特别尊重洛伦佐·瓦拉的作品,从瓦拉身上他不仅获得了关于语法功能的一种观念,而且得到了一种可应用于基督教会主张的历史批判法。

在巴黎,伊拉斯谟偶尔遇到一群在大学求学的英国学生,其中一个人是蒙乔伊勋爵(Lord Mountjoy)。后来,应此人的邀请,伊拉斯谟于 1499 年去英国作了一次旅行。从伦敦出发,伊拉斯谟于当年秋天到了牛津大学,结识了科利特(John Colet)[①]和格罗辛(William Grocyn)[②]以及聚集在他们周围的一小群人文主义学者。

牛津大学的人文主义/伊拉斯谟在意大利

这些人从意大利返回后,满怀热情地准备用新的精神来指导英国人的学习。格罗辛曾在牛津大学公开教授希腊语;科利特则忙于整理圣保罗(St. Paul)[③]的《使徒书》(*Pauline Epistles*)。在牛津大学校外,

---

① 科利特(1466—1519),英国人文主义教育家。——译者注
② 格罗辛(约 1446—1519),英国人文主义教育家。——译者注
③ 圣保罗,基督教《圣经》中初期教会主要领袖之一。——译者注

托马斯·莫尔（Thomas More）^①和沃哈姆（Warham）^②、林纳克（Thomas Linacre）^③、费希尔（John Fisher）^④以及老艾利奥特等人都正在用他们各自不同的方式拓展思想界的理性兴趣。这些人是英国文艺复兴的真正的奠基者。早期的学者在 15 世纪最后十年之前发现了他们从英国去意大利的路，他们和这后一批人（主要是牛津大学的人）很相像。认识他们的目标并不困难，我们可以追随他们的足迹去佛罗伦萨或罗马，还可以注意到几乎不变的吸引力，即费拉拉在其兴盛时期对他们那些人的吸引力，当时老格里诺和他的儿子想把欧洲那些有雄心壮志的有才智的人士引入伊斯特君主的宫廷。格雷（Gray）、弗里亚（Frea）、冈索皮（Gunthorpe）和弗莱明（Fleming）都是牧师；他们通过朝圣而获得了提升，但是，他们的学问并没有给他们的同辈人留下印象。他们并未开创传统，也未建成人文主义的思想流派。以下这一点是可疑的：格雷从费拉拉买来的宝贵的手稿图书馆（最终他又把它给了巴利奥尔学院）是否在这所幸运的学院中引起了人们的一种特别的愿望、使大家想要去阅读这些手稿呢？在牛津大学，存在着其他一些起作用的影响，它们预示着新的动力。维特利（Vitelli）是一位意大利学者，大约在 1470 年至 1475 年期间，他作为一名私人导师正在新学院（New College）^⑤教授希腊语。在莫德林学院（Magdalen College）^⑥，在克莱波尔（Claypole）的指导下，人文主义者的爱好在新世纪初期变得明显起来，科利特自己可能也是这同一团体的成员。但是，伊拉斯谟与牛津大学那些人的交往注定是要证实在英国存在着一种促进因素，这种因素是要推动一场明确的人文主义运动，甚至比阿格里科拉在海德尔堡发

---

① 莫尔（1478—1535），文艺复兴时期英国空想社会主义者、人文主义思想家和教育家。——译者注

② 沃哈姆（约 1450—1532），英格兰基督教人士，宗教改革前最后一任坎特伯雷大主教。——译者注

③ 林纳克（1460—1524），英国医生、文学家和人文主义者。——译者注

④ 费希尔（生卒年不详），曾任罗彻斯特主教、剑桥大学校长。——译者注

⑤ 新学院，牛津大学的一所学院，建于 1379 年。——译者注

⑥ 莫德林学院，牛津大学的一所学院，建于 1458 年。——译者注

起的运动更有效。例如,费希尔在剑桥大学公开宣布建立人文主义的基督学院(Christ's College)①,这很可能是由于伊拉斯谟的影响。的确,如果让他选择的话,伊拉斯谟可能在英国安家落户。也许没有一个国家能够那样强烈地引起他的兴趣。但是,他像许多其他人文主义学者一样,怨恨那些将自己长久地束缚于某种专门工作或定居某地的所有建议。正如我们所见,这种契约曾使阿格里科拉感到恼怒;伊拉斯谟使自己终身能按照自己的选择自由地往来各地。但是,他对珍惜自由还有一个深层的原因。他意识到了他对希腊语的忽视,并相信只有在意大利才能实现他的愿望,而在他的这个学习愿望能够实现之前,7年时间已过去了;在这段时间的间隔中,他致力于认真学习那些较容易读懂的作者的作品。伊拉斯谟宣称,他会为了得到希腊语书籍而卖掉自己的上衣;但是,在法国或低地国家中找不到能胜任的教师。然而,他进步很快。他的勤奋和阅读能力是超常的。他的健康被忽视了;必须要提到,为了过一种学生的生活,他毫无保留地恳求别人的资助。巴黎、奥尔良、卢万和荷兰,还有伦敦,这些地方依次成为他的居住地。他收集拉丁语的格言,和莫尔一起翻译卢奇安的作品,并尝试翻译欧里庇得斯(Euripides)②的作品。有人作了努力,使他留在卢万的大学当修辞学教授。终于在40岁的时候,伊拉斯谟大概已是一位博学的拉丁语学者,超过了法国人或英国人。1506年,他出发去意大利。他对呈现在他眼前充满生气的意大利的特点始终是熟视无睹的,而当时的意大利正处于文艺复兴的顶峰时期。对他来说,佛罗伦萨、帕多瓦、威尼斯和罗马只是学者和古代图书馆的故乡。近代世界所熟知的最完美的、人们最渴望的生活所跳动的脉搏对他没有影响。在威尼斯,他把自己关在阿尔达斯(Aldus)的一个印刷所里;在佛罗伦萨,他和只说托斯卡纳语的人几乎没有交往;在博洛尼亚和帕多瓦,他一心致力于学习希腊语。在1509年间的几个月里,他看到了罗马人文主义的辉煌和高贵的外表。在蒙乔伊的突然邀请下,他回到伦敦去祝贺年轻的亨利国王即位。

①　基督学院,剑桥大学的一所学院,建于1505年。——译者注
②　欧里庇得斯(前485—前406),古希腊悲剧作家。——译者注

伊拉斯谟在剑桥大学

　　伊拉斯谟当时已成为欧洲学界公认的领导者之一。在接下来的5年里,英国成了他的家。他在伦敦或伦敦附近生活,莫尔在切尔西(Chelsea)①的房门为他敞开着。正是在那里,他写下了《愚人颂》(*Praise of Folly*)。当时,格罗辛有一年或稍长一些时间正在伦敦,他对伊拉斯谟表示欢迎。在剑桥大学校长费希尔的建议下,他在1511年8月接受了希腊语的一个讲师职位,然而该职位是没有资助的,也绝不是很有保障的,同时他还靠玛格丽特夫人(Lady Margaret)的基金资助讲授神学。他在剑桥大学的影响(1511—1514年)绝不局限于他对偶尔前来求教的一些学生的指导——他指导这些学生阅读克里索罗拉和加扎的作品——令人失望的是,我们可以猜测:一位伟大的学者对讲授基础知识感到不耐烦;他的影响甚至也不局限于他对杰罗姆(Jerome)的作品的解释的直接效果。伊拉斯谟给予新的知识以重要地位,他创造了人文主义可以兴盛繁荣的环境,这一点他比其他任何一个人所做的贡献都要多。

　　在剑桥大学期间,伊拉斯谟花了很多时间参与圣保罗大教堂的新学校②的建设。当他1509年到达英国的时候,1505年后任圣保罗大教堂教长的科利特正在规划该学校的建设。情况很可能是这样:要不是伊拉斯谟的激励和积极的活动,建设新学校的计划将永远实现不了。他为学校物色教师,并帮助找到了里利(William Lily)③。他编写和修改了不完整的拉丁语词法,校长把它规定为初级学生的教材——名为

---

　　① 切尔西,伦敦市的一个文化区,位于伦敦市西南部、泰晤士河北岸。当时,艺术家和作家多数住在此地。——译者注

　　② 该校即后来著名的圣保罗公学(St. Paul's School),1884年迁至伦敦。——译者注

　　③ 里利(1466—1529),英国人文主义教育家、著名文法学家。1512年任圣保罗学校校长,他所编的《里利语法》(*Lily's Grammar*)即是该校拉丁语语法的教材,为英国模范的语法教材,流行达三百年之久。——译者注

《论演说的词法结构》（*De Octo Partium Orationis Constructione*）。他在剑桥大学完成了《论词语的丰富》（*De Copia*），并把它作为对于写作教学的一个贡献——在这所新学校中，它是很有价值的一本教材。他关注那些在真正的人文主义教育实验中所提出的问题，这种关注使他系统地思考有关一门课程的原则，这些原则在《论教学的正确方法》（*De Ratione Studii*，1511）①中得到了系统的阐述；《对话集》（*Colloquia*，1516）是出自同样兴趣的一部作品。他在 1512 年写道："我现在已全然是一个英国人了，这就是我所受到的欢迎。"但是，和多数人文主义者一样，伊拉斯谟意识到了他应得的奖赏，他发现他得自英国朋友的捐款跟他的期望和需求不相称。因此，尽管剑桥大学给予他宝贵的闲暇时间，以从事历史神学（historical divinity）的研究，还有他从促进知识和教育发展的机会中所得到的快乐，但他在 1515 年还是决定去巴塞尔（Basel）②，安排他在英国居住期间的成果——《新约》（*New Testament*）希腊语译本和关于杰罗姆的书籍的出版事宜。在接下来的两年中，伊拉斯谟曾返回过伦敦做了一次短暂的访问，但是直到 1522 年，他主要的住所是在卢万。在那里他关注新的人文主义学校，即三一学院（Collegium Trilingue）的建设，他的几个私人朋友（部分原因是因为他的提议）参与了该校的建设。但是，他自己谢绝了担任教授一职，就像他曾谢绝了弗朗西斯一世（Francis I）③宫廷的博达斯（Budaeus）④所建议的一个空缺的职位那样。然而，1516 年他成为了阿奇杜克·查理（Archduke Charles）⑤的顾问，这是一个必不可少的闲职。

110

---

① 《论教学的正确方法》（英文为 *On the Right Method of Instruction*），这是伊拉斯谟第一篇系统论述教育问题的论文，1511 年在巴黎发表。——译者注

② 巴塞尔，瑞士西北部一城市。——译者注

③ 弗朗西斯一世（1494—1547），法国国王（1515—1547 年在位）。——译者注

④ 博达斯（生卒年不详），文艺复兴时期的希腊语学家。——译者注

⑤ 阿奇杜克·查理（1500—1558），西班牙国王"查理一世"（1516—1556 年在位）、神圣罗马帝国皇帝（称"查理五世"，1519—1556 年在位）。——译者注

伊拉斯谟在卢万和巴塞尔/宗教改革/
伊拉斯谟之死

宗教改革的争议所造成的阴影当时开始笼罩着西欧的上空。卢万和它的大学陷入了冲突之中。伊拉斯谟是一个改革者,但并不狂热。首先,他不是一个脱离论者(separatist)①。他的态度是适中的,他发现争论的双方都面临着一个大问题。没有人较为严厉地谴责罗马教皇的宫廷中的一般教士和政府中的反宗教分子的蒙昧主义。他的本能就是逃离至一个地方,在那里他可以不受干扰,继续他的古典研究和关于早期教会领袖的宗教著作的研究,并因此为真正解决那些重大问题而提供相关材料,没有其他人能比伊拉斯谟更清晰地认识到那些问题的重要性。无论是在教会中还是在国家中,他关心教育甚于关心教义的冲突,关心和平与团结甚于关心国籍。因此,1522 年他去了巴塞尔,在那里过了几年——其间有一段时间他在邻近布雷斯高(Breisgall)的弗赖堡(Freiburg)②,继续从事编辑和翻译工作。在《论儿童的固定的和自由的训练》(De Pueris statim ac liberaliter instituendis)中,他详尽阐述了他的教育理念;在《已订婚的基督徒的教育》(Institutio Matrimonii Christiani)中,他进一步阐述了关于女子教育的观点;他的《西塞罗主义》(Ciceronianus)③实质上是一部对话体作品,讨论了拉丁语使用在近代生活中的真正作用。通过信件往来,他与事务界和学术界保持着密切的联系,他注视着基督教会的危机朝着基督教统一体瓦解的方向发展,他的信心在逐渐消失。在多年忍受慢性疾病的折磨后,伊拉斯谟于1536 年病逝。

也许可以认为,当时一位敏锐的观察者从外部去仔细观察意大利的文艺复兴,他能够比那些实际置身于意大利文艺复兴发展之中的人

---

① 脱离论者,指 16—17 世纪英国的主张脱离国教的人。——译者注
② 弗赖堡,德国西南部一城市。——译者注
③ 《西塞罗主义》一书于 1528 年问世。——译者注

们更好地欣赏其中的内容。但可以确定的是,阿格里科拉是一个真正的例外,在北欧文艺复兴的参与者中,没有一个人能够领会或表达 15 世纪的多方面意义,在特定意义上说,波利齐阿诺(Poliziano)或卡斯底格朗,甚至还有数百位佛罗伦萨或威尼斯的有教养的公民,他们都是该时期的典型代表。因此,在承认伊拉斯谟作为欧洲文艺复兴时期日耳曼人的一位代表人物的时候,人们还是有所保留的,因为他只是部分地表达了意大利人在 15 世纪已经详尽阐述过的东西,但这种阐述由于法国人的入侵(1494—1501 年)而终止了。

伊拉斯谟对古代文化的态度

事实上,伊拉斯谟把该时期的力量看成是一位文人。严格地说,古代文化对伊拉斯谟的吸引力不小于对布鲁尼或波利齐阿诺的吸引力。就像对布鲁尼等人一样,对他来说,这是一个黄金时代。到目前为止,人文主义的学术成就不容许对伟大的雅典时期或奥古斯丁帝国的道德、社会或经济等实际情况作出一种批判性的评判。罗马世界曾被描述成一个世界性国家的理想,而且这一理想还曾一度得到实现,这个世界性国家以和平与公正统治着整个人类,它还取得了艺术、文学和实用技能的成就,而人类在经历了中世纪初期的野蛮状态后已失去了这些东西,然后又努力要重新找到它们。以上这种说法并非是不公平的。因此,对伊拉斯谟来说,古代文化并不只是某些人文学科,它还带有一种社会秩序能够实现的理想的性质,而这种理想要适应于近代的条件,其中首要的条件就是对基督教至高无上的信仰。因此,关于古代文献在新一代人的教育中所能发挥的作用,伊拉斯谟不得不说出他的意见,而在他所说的话中,其激情洋溢的口气是显而易见的。否认古代知识的学习,就是站在人类进步的对立面。因为那个年代在生活的各个方面所渴望的对各种现象的诠释,都存在于古代的知识之中。因此,进步意味着回到一种理想的状态,而这种理想在以往的历史上曾一度得以完美的实现。

在北欧人文主义者看来,作为一种为了生活的训练,古代文化缺乏

112

一种针对意大利人的特殊鼓励,即对爱国情感的鼓励,而那种为了生活的训练是受到这种鼓励的。西庇阿或奥古斯丁时期的罗马属于新意大利,因为它不属于日耳曼人的德国或英国。对这些国家来说,罗马的历史和语言都是外国人的东西。这影响了人们的看法,并随之不可避免地导致了方法的不同。虽然也有适当的例外,但是,用拉丁语说话的习惯和养成这种习惯的方式在阿尔卑斯山以北地区是一件不同的事情。尽管所有的技巧和压力都有助于拉丁语的说和写的教学,但收效与付出从来都是不成比例的。一旦本国语获得了书面语言的地位,知识同时也进步了,那么拉丁语和希腊语就只是成了智力训练或培养兴趣的工具。无论是从蒙田、培根的观点还是从洛克的观点来看,对此作出回应都是不可避免的。

我们发现,伊拉斯谟固执地拒绝承认拉丁语在意大利和北欧国家之间的地位必然有差别。他从四个主要方面进行了论证,归纳起来就是要坚持强调:把人文主义作为近代世界一种可能的为了生活的训练。首先,古典语言和文学的学习强化了宗教。那种学习以各种途径实现了这一点。要把《圣经》和早期基督教作家们的论著当作知识来学习,这只有通过学习古代文化才能达到,其直接倾向于更理智地去看待信仰的根据,并且把基督教作为一种起作用的力量从当前的迷信和腐败中分离出来。此外,对古代较为优秀的、有才智的人所从事的道德教育进行研究,其本身就是对真正的宗教的一种支持。确实,我们在这些方面能认识到神的精神(Divine Spirit)的作用。基于宗教的理由反对人文主义主要出自它的死敌,即修道院的制度,伊拉斯谟用他的引起争论的方法来处理这种反对意见,他的方法的特征是对细节不厌其烦。因为一个宗教或道德的问题在阿尔卑斯山以北地区的人看来比在阿尔卑斯山以南地区的人看来影响更大。因此,伊拉斯谟尽力指出一些方法,而采用这些方法就可以使可能的危险得以避免。他解释说,早期基督教作家们以赞成的态度引用非基督教作家们的言论。某些古典神话对所有基督教徒来说都是有启发作用的,而其余的则都被当成寓言来阅读。拥有适当的情绪是家长和教师都能保证的一个条件,以这样的情绪对待古代知识甚至能够从花朵中酿出蜂蜜来,但是某种毒物也可能隐藏其中。至于对虚假信仰的威胁,伊拉斯谟直截了当地怀疑对美好信仰的指责。总之,北欧天主教和新教的学者把人文主义看作是对基督教生活的一种辅助物,基督教改革运动领袖们中间的一些能人很快就认识到:在人文主义的文化中有一个强有力的工具可以用于他们的事业。

其次,伊拉斯谟为他自己的时代在古代文化中发现了一个最为重要的政治-社会理想。他强调说,罗马帝国就是受法律与和平的支配的一个标准的证明,它具有知识的传播和人类中不能自助的那部分人的幸福组合而成的利益。他对战争和个人野心的憎恨,或许是他在政治领域中的一个固定的和坚信不疑的看法;根据他的经验,个人野心是战争的通常起因。任何有助于国际协作的力量都受到他的欢迎。学习正确知识的积极性也许是通往更高目标的最重要的指导者,在这些目标面前可以无视不同国家或语言的界限。为了实现和平(就像罗马曾经拥有和平那样),伊拉斯谟将牺牲许多东西,正是这些东西实际上构成了近代世界,尽管他没有意识到这一点。他不喜欢国籍,看不起民族语言,对各种族的教义和教会深恶痛绝。因为以上每一个都涉及分裂和敌对,并最后导致战争。一种世界性语言——拉丁语、一个世界性教会、一种文化的相同标准以及永久的和平,以上这些构成了他的社会理想。按照他的想象,把一个改革后的天主教和一种理性的人文主义结合在一起是一个最重大的贡献,而他自己能够对此起到促进作用。

第三,只有通过对古代作家的系统学习,人类的知识才能得到净化和发展。"在古希腊和古罗马两类文献中,蕴藏着所有我们认为对于人类而言是最重要的那些知识"。用梅兰希顿的话来说是:"如果在一个世界中,古希腊文化的永久价值不为人所知,那么在这个世界中,成人就始终只是孩童,或者换句话说,这些成人正通过令人迷糊不清的薄雾去探索他们的道路。"伊拉斯谟及其后继者们举例说明,每一个知识领域都需要通过有见识地学习古代文化去加以改革。这不仅适用于宗教、文学、艺术、历史和雄辩术等(在以上这些领域论证很容易),而且也适用于应用性知识和专业学习,诸如法律、医学、教育、数学、自然科学、政治和军事等。① 因此,直接阅读古代书籍是很重要的。严格地根据伊拉斯谟的精神,梅兰希顿将拒绝把一张医学的毕业文凭颁发给不能阅读盖伦(Galen)②或亚里士多德的原著的一个申请者。在这方面的争论中,有许多事实表明,在知识的大多数分支学科里,尤其是在应用科学中,尚未重新达到古希腊和古罗马曾经达到的水平。确信伊拉斯谟所理解的古典教育的范围和方法的意义是明显的。

伊拉斯谟对古典学习在近代社会中作用的看法

最后,和意大利人一样,伊拉斯谟认识到,尽管带有一种不可避免的差异,但人文主义和人的行为之间存在着密切的联系。古代形成了一种社会准则和个人行为举止的一些标准,以便与人们内心生活的理想价值相称。正如后面将会表明的,在社会中规划出近代人的理想就是意大利文艺复兴特有的任务之一。伊拉斯谟所处的环境远不如在孟都亚和乌尔比诺的那些人的环境有利,但他也看到了心灵美和社交礼节的相同的一致性。他表示出对小的土地贵族的轻蔑,他在德国时了解这些人,诸如他们的傲慢和粗鲁、他们自私的生活理念、他们对自己的粗暴放纵。的确,他对他们没有更多的期待,因为他们嘲弄知识、鄙视教育,认为一个学者的地位还不如他们的马夫或厨师。因此,他在解释他们的生活方式时没有困难。因为他们的行为是为了追求利益。所以,一个男孩如能有幸学习古代伟人的思想,他就可以很快地学会如何使自己外部的行为举止适应于这样的社会,学会如何在自己的整个个性中表现出思想内在的文明,而这种文明是良好学习的产物。在这样的基础上,伊拉斯谟为了男孩的利益写了他的小册子《论国民顺从儿童》(*De Civilitate Moyium Puerilium*),反复强调父母应该为孩子提供

---

① 关于人文主义教育理想的这一特征,比较伍德沃德的《维多里诺》(*Vittorino*),第 182 页及以后各页,还有本书英文版第 286 页以后所提到的,艾利奥特(Elyot)把这种理想明确地应用于英国的政治活动。

② 盖伦(约 130—200),古希腊名医。——译者注

一种特定的家庭环境,在这种环境中孩子最初无意识得到的印象将是美好的。

一种新教育的重要性

很明显,这种古典文化的有益影响只有通过对年轻一代的教育才能起作用。因此,伊拉斯谟尽了最大的努力去促进一种更为正确的教育的普及。他很熟悉所涉及的相关问题。他对儿童天性的洞察力是显著的;他察觉到需要改革女子教育;他以一种合理的常识的精神来安排教学的第一个阶段,来应对男孩的天性所表现出来的可能性。他采纳了意大利学校中最好的理念或流行的课程。他也曾考虑过语言教学的方法、语法的地位、句法分析和写作的地位以及可能有帮助的书籍类型等。学校的组织和管理、教师的资格、父母和老师的合作、同伴以及男孩的兴趣等,以上这些是他长期观察和思考的问题。尽管伊拉斯谟实际上从未从事过儿童的教学工作,但他基本上是一位实际的"教育工作者",在欧洲的教师中没有人想过要忽视他的建议。

伊拉斯谟的心理学思想

伊拉斯谟的心理学就是那些处于宗教改革影响范围之外的大多数人文主义者的心理学。与意大利的伟大教师们相比,伊拉斯谟对身体的关注更少,他毕竟是一位僧侣和一个学生。心理活动决定于本性(Natura)、理性(Ratio)和经验(Usus)的协调。本性是天生的和固有的,是一种天赋。一般来说,就像"对于外界的自然倾向"(aptitudo quaedam ad discendum)是每个人所拥有的;具体来说,就像个人的爱好,它几乎总是能被好的教师所辨别出来。理性是一种思维能力,使人类和较低级的动物相区别,其内在的倾向就是作出如实的判断。伊拉斯谟如何在观察和想象这两方面判断理性,对此我们并不清楚。经验是对所学知识的应用和练习。因此,本性是天然的能力,不是后天所习

116

得的技能,它是一块已经耕犁过的和等待播种的土地,是为陶艺工所准备的柔软的粘土。它渴望对外部的印象做出反应。由此就形成了伊拉斯谟关于教育的基本思想。"事业的成功取决于是否按本性进行,但是也离不开有效的教育"(efficax res est natura sed hanc vincit efficacior institutio);"教育可以成就一切"(educatio superat omnia);"人是可以发展的,但是受到某些因素的影响"(homines, mihi crede, non nascuntur sed finguntur)。考虑周到的教育的影响是无限的;与此同时,忽视教育或者不正当的训练甚至有可能延误一种有希望的能力和天性的发展。正如马丁·路德(Martin Luther)①所认为的,这是一种人性观,它具有不确定的危险。它假定人性本善,人的意志具有一种完全的自由,这种人性观和一种原罪说几乎是不相同的。

教育目的

伊拉斯谟所理解的教育的广泛目的,在以下这段话中是这样说的:"初步说来,首先,要用一定的方法使柔弱的生命力接受虔诚的宗教洗礼;其次,要学习和熟悉高贵的知识;第三,要学会从事公务活动;第四,从一开始就要立即学习初步的政治知识,具有良好的品行。"(Sicut prima [pars], ita praecipua, est, ut tenellus animus imbibat pietatis seminaria, proxima ut liberales disciplinas et amet et perdiscat, tertia est, ut ad vitae officia instruatur, quarta est ut a primis statim aevi rudimentis civilitati morum adsuescat.)②完全可以肯定地说,就像对于伟大的意大利人而言一样,对于伊拉斯谟来说,教育就是为了使人今后能在教会、国家、城市和家庭中提供社会服务而进行的训练;然而,单纯的专业学习对学生来说没有吸引力。通过学习一种伟大的文明而实现

① 马丁·路德(1483—1546),德国宗教改革家,德国宗教改革运动领导人。——译者注
② 比较伍德沃德的《伊拉斯谟》(Erasmus),第73页,《伊拉斯谟书信集》(1033 B. C.)。

的个人能力发展和学识进步,这是在人生中各种荣耀的工作上取得成效的真正方法。实际经验作为实际生活本身的准备还是不够的。一种博雅教育就是一种公共教育,它对于从事任何职业的人都是一样的。它类似于昆体良详尽阐述的"雄辩家"训练;实际上,它与伊拉斯谟自己的弟子托马斯·艾利奥特所描述的"行政官"训练是完全相同的。

一种"学习的次序"

这里可能要注意的是,用莫尔的话来说,人文主义教育意味着"一种学者的制度"①。乌托邦人挑选少数人,"这些少数人被免除所有其他的劳动,只是要求他们学习;就是说,从他们很小的时候起,人们已在他们的身上看到了一种独特的发展方向、一种良好的智力和一个善于努力学习的头脑"。"整个童年时期的教学……都是使用他们自己的母语"。这段话表明了人文主义对教育的分类问题的态度。从事情的本质来看,他们的理想是为了少数特许的人,这种教育绝非取决于出身或财富而是取决于能力。② 然而,这种教育的倾向是要形成一种受过教育的中上阶层的人,而不是狭隘的或专业的人员,他们能够担负起现在封建社会所未能承担的责任。因此,确实可以说,文艺复兴在一种教育的希望方面并未给普通人提供什么东西,只有以下一种情况除外,即某个人脱离他原来的阶层去接受一种训练,此后他就可以进入高一级阶层。

118

有人经常说,人文主义者对于青年教育问题并未做出贡献。可以承认,和今天大多数教师一样,人文主义者对于教学的适当材料和方法只有一种经验主义的认识。但是,至少他们认识到了问题的存在,其中一些人也曾试图着手解决这一问题。对于教育第一阶段中的问题,伊

---

① 《乌托邦》(*Utopia*),第 2 卷,第 128 页,鲁滨逊(Robinson)的译本、卡姆洛特(Camelot)版。

② 50 多年后,马尔卡斯特(Mulcaster)担心这一阶层的发展速度会超过经济的需要。

拉斯谟献上了他最重要的一部教育专著——《论男孩教育》(*De Pueris*)①。他意识到了遗传的力量、无意识模仿的力量、早期审美的和道德印象的力量。和很多人文主义者一样,他对母亲的直接作用评价较低,其中部分原因是他对女子的认识的结果,在他的时代里,女子所接受的教育是很贫乏的。他同意让女子去看管年龄在六七岁之下的孩子,因为在这时,健康、习惯、宗教影响、运动和对食欲的控制等是她们主要应该关注的方面。伊拉斯谟高度重视童年期的身体健康,把它作为未来智力发展的基础。但是,必须承认,他很少有或者根本没有那种古希腊人对于身体健康完美的情感,而这种情感在一定程度上是维多里诺的特征,在意大利文艺复兴时期的"健全人格"(complete personality)中,这种情感是一种必不可少的因素。

家庭在青年教育中的地位

严格地说,最初打下教育基础的责任属于家庭,因为在儿童 7 岁之前,系统的教学是不合乎需要的。关于基督教信仰的基础知识、对教会秩序的遵守以及生活的道德基础等,这些都在母亲的膝下加以反复灌输。同样,精确的发音训练(他选择拉丁语)、阅读、绘画和书写的基础训练等,这些在家庭教育中都占有一席之地。字母不应模仿德国的手写体,而要模仿一种古罗马帝国钱币(sesterce)②上漂亮的印刷体字,这是出于合理的天性。自然物体的使用,诸如动物或花园等、家具和家庭礼仪的运用,这些将为掌握词汇和有教育意义的会话提供练习的机会。每一件事都"通过游戏"(per lusum)来进行,能够引起兴趣、自发性、父母和家庭导师的协作等,以上这些就是这一阶段全部教学的特征。有些父亲威胁和逼迫孩子,他们在惩罚孩子时不能控制自己的怒气,伊拉斯谟对他们的批评是很严厉的。他知道,富有同情心地去观察儿童的

119

---

① 《论教学的正确方法》和《论男孩教育》的译文(节略本),见伍德沃德的《伊拉斯谟》。

② 这种古罗马钱币先为银币,后改为青铜币。——译者注

行为和思想是一件难事、是一种艺术，但它又是获得成功的一个最必要的条件。"不能把青年一代训练成平庸之辈。"（Non mediocris artis est instituere primam aetatem.）导致生活的失败，这是教育最不应该具有的一个作用。

公共教育与私立教育

7岁时，男孩进入接受系统教育的阶段。在理论上，伊拉斯谟更倾向于在父亲指导下的家庭教育。但实际上还是舍弃了这种教育，因为很少有父亲拥有闲暇时间，而具备必要能力的父亲则更少，因此，只能在以下两者之间进行选择：一是公立的走读学校，另一是在某个男孩的家中聘请一位高水平的教师来教育一群男孩。就像艾利奥特那样，伊拉斯谟对当时（1520—1530年）普通学校的教师评价不高，对在宗教场所里开办的学校的批评更为严厉。对教师的资格要仔细地考察，对他们的要求应该制定高的标准。精通希腊语和拉丁语、有广泛的阅读面、具有拉丁语的会话能力，以上这些尤其是必不可少的。教学的成功将取决于教师能力的高低，取决于他能否了解自己学生的"天性"、兴趣、爱好和特殊能力等，而以上这些在每个学生身上的表现是不一样的。伊拉斯谟希望培养一批新型教师。在剑桥大学的时候，他曾因为极力主张由大学中名望高的人去从事教师职业而受人嘲笑，他用自己的感觉来维护自己的观点。他从未提到过维多里诺，但很明显，在维多里诺的个性特点中，他可以找到他所形成的理想。

文法、写作和修辞

学校工作的开始阶段主要由拉丁语而不是拉丁语的语法构成。伊拉斯谟对语法的定位对于新的教育发展趋势具有重要的意义。中世纪文化研究者把语法本身作为一个目的；但要强调的是，对伊拉斯谟来说，语法只是一个工具。对中世纪教师来说，语法和通过语法所表达的

120

思想的法则是难以区分的;对瓦拉及其后的所有人文主义者来说,语法只是古典用法的一种概括。瓦拉说:"无论谁的重要影响是否令人满意,我选择接受。"(Ego pro lege accipio, quicquid magnis auctoribus placuit.)伊拉斯谟特别赞扬维多里诺的一个学生佩罗蒂(N. Perotti)的《初学者入门》(*Rudimenta*),它是基于人文主义原则所编写的第一本系统的教科书。伊拉斯谟所主张的学习入门方法,包括实验性的会话、实物教学①、对话、阅读容易的课文以及口头或书面写散文等。拉丁语被当作是一种充满生气的语言,近代生活的情况以及古代的生活情况都能够用它来表达。和科迪埃一样,伊拉斯谟极力主张父母在家里说拉丁语,就像艾斯特尼(Estiennes)、蒙田和托马斯·莫尔所做的那样。这样做是为了儿童的利益,就像一个人现在可能在吃饭时要为说法语而辩护那样。语法是不应该被忽视的,但是,在每一个阶段要严格地使语法学习和实际需要相称。绝不应该去追求逻辑上的完整性;就教授这样的基本原理,按照这样的顺序去教,这样的方法对于学生理解一些较为容易的文章来说是必要的。但是,只要有可能,特殊的或不规则的方式必须予以忽略。词法和句法最初教本的实际安排,应该符合该教本编者所信奉的教学方法。格里诺、奥格尼本尼、里利和梅兰希顿等人所编的教本在顺序上明显表示出各种差异。直到梅兰希顿对人文主义的影响占据支配地位之后,逻辑上完整的语法才开始影响学校。伊拉斯谟把这一科目的学习推迟到教育的后期阶段,他要求语法应该学得彻底。

在《论教学的正确方法》中,伊拉斯谟草拟了阅读计划,他认为这对于一所人文主义学校来说是恰当的;他还草拟了与之相伴的修辞学课程。他为自己对待一门科目的态度致歉,昆体良曾把这门科目看成是自己提出的。在道德教育领域,他把基督教的《福音书》(*Gospels*)和根据普鲁塔克、塞内卡、伊索的著作选编而成的《格言集》(*Proverbs*)作为补充教材。展示古代作家道德论述的内容,并在政治和社会评价中吸

---

① 比较对话体著作《敬神的聚餐》(*Convivium Religiosum*);英文摘录见《伊拉斯谟》,第 226 页。

取训诫,这是伊拉斯谟的一个主要目标。"最终是为了使哲学家和诗人的格言适合于对本性的思考"(Postremo ad philosophiam veniat et poetarum fabulas apte trahat ad mores),这是他对教师的指导。来自对一位作家的阅读方式的提示,值得与巴蒂斯塔·格里诺的《论教学和阅读古典作家著作的方法》(De Ordine)①中所包含的方法进行比较。伊拉斯谟对于那些关于正确教学的心理学原理有着清晰的直觉,尽管当时通过心理分析的方法还没有得出这些原理,但是对于那些阅读他教育著作比较仔细的学生来说,这一点是明显的。

给予演说术和修辞技巧的学习以一定的地位,这是人文主义的特征,就像在意大利所发展的那样,其原因这里就无需重复了。但是,有时在意大利,更多时候在德国和英国,修辞学的练习倾向于发展本国语的熟练性。例如,在政治文本的写作和宗教讲道时,轻视所有近代语言的伊拉斯谟把拉丁语的修辞本身看作是一种目的。昆体良和西塞罗自然是这方面的最高权威,高年级学生所精选的西塞罗演说将被作为正式规则的例证而加以细致地学习。李维、撒路斯特和塔西陀(Tacitus)②、德摩斯梯尼和伊索克拉底,还有注重修辞的诗人卢卡,他们的作品将作为作文中的范文而被阅读。书信体的和适宜于朗读的风格的重要性将被详细地阐述;看来好像所有的人文主义者都极力主张初学者应努力学习西塞罗的《书信集》。近代已有的主要辅助读物是伊拉斯谟的《论词语的丰富》和《书信集》(De Conscribendis Epistolis),还有瓦拉的《论拉丁语的文雅》(Elegantiae)。

历史在教育中的地位

这种对修辞技巧的过分专注带有某种明显的危险,尤其是它影响了人文主义者对历史学家的评价。必须承认,伊拉斯谟在历史观念上是有缺陷的。他对于文体的说服力和公开教诲的探索过于活跃,以至

---

① 格里诺:《论教学和阅读古典作家著作的方法》等,见《维多里诺》第117页。
② 塔西陀(56—117),古罗马历史学家。——译者注

于不能对历史著作或一位能够启发人的历史教师做出一种合理的评价。无疑，他坚持认为，历史的学习对于一个人的教育是必要的：在这一方面，普鲁塔克、李维、撒路斯特、希罗多德（Herodotus）①和色诺芬等人的名字经常被提到。然而，事实是，历史学家把文体批评家的技巧表现得越多，他就越能得到人文主义者的称赞。我们能够从《论教学的正确方法》中看出，伊拉斯谟对于他给高年级学生建议的主题以及根据这些主题所确定的历史内容的认识是多么不完美。把历史主要作为道德教育的一个主要部分，这是伊拉斯谟和许多人文主义者的一种习惯。在一个不加批判的时代中，主要应该利用历史人物和引人注目的历史事件，这是不可避免的；而一种进一步的解释可能存在于当代世界杰出人物的重要论据之中。历史方法论的发展（包括批判性方法和建设性方法）并不是学者的成就，而是外交家和政治家的成就。

希腊语的地位

显然，希腊语学习是有目的性的，其学习方法实质上不同于拉丁语学习中所采用的那些方法。"有根据表明，在教育中，几乎所有的知识都来自古希腊的演说家。"（Ex instituto omnis fere rerum scientia e Graecis oratoribus petenda est.）此外，除去对古希腊文明的了解，古罗马文化只有一半是可以理解的。因此，所有正确的教育都涉及这两种语言。但是，所期待的目的主要还是学习古希腊的知识和文献的内容，并不强调对语言学的细致学习，不强调作文，也根本不强调会话能力；但是，更强调广泛的阅读，强调理解古希腊世界的思想和诗歌。通过教师和教会得以广泛传播的关于希腊语的第一手知识将被证明是一种最重要的改革力量。

---

① 希罗多德（前485—前425），古希腊历史学家，被称为"历史学之父"。——译者注

自然科学和数学

　　关于逻辑学，伊拉斯谟对所有那些采用烦琐方法的东西是如此不信任，不论是在语法上还是在神学上，以至于他对近代教育中的这门学科没有说过一个赞美之词，而他对阿格里科拉的《论发明》（*De Inventione*）的尊崇则是一个明显的例外。关于自然和数学学习在教育中的地位这一问题，伊拉斯谟具有人文主义者通常所共有的局限性。他的确渴望学生在自然和地理学这些学科中获得广泛的信息，但是，他所推荐的学习材料的来源是"可靠的作家"。在这些作家中，有一位演说家，即"一个受过教育的人"，他将自由地发表公共演说或谈话："对古代社会的好奇心使我们获得了大量的材料，而演说家的讲话又使这些材料有所变化。首先是关于鸟类、四足动物、野生动物、蛇类、昆虫和鱼类等的自然发展史，这将主要从古代作家的著作中学得，并加上我们自己的观察。其次，我们将珍视一些可靠的、有权威性的典籍传给我们的关于一些特别的冒险活动的叙述，诸如阿里翁（Arion）和海豚的故事、龙的故事（龙营救它的递送者脱离狮子的危险，龙以仁慈还仁慈），还有普林尼所确定的其他故事。第三，存在着大量关于地理现象的基本知识，其中某些知识是很特别的，这些知识对于学者来说具有特殊的价值，甚至连自然界中日常发生的事情都不应该忽略。还有，在这些知识中，一部分来自于古代，一部分来源于我们自己的经验。我指的是河流、泉水、海洋、山脉、宝石、树木、植物和花朵，所有关于这些知识的比较都应该源于我们的记忆并从记忆中提取出来，为的是在叙述或辩论中可以果断地使用。"[①]关于植物或动物的这种知识的结果不能被称做是对事实的一种科学的理解（即使这种知识是直接获得的），它主要体现在拉丁语词汇的增加和对于古代自然观的一种更好的理解上。《敬神的聚餐》（*Convivium Religiosum*）、《友谊》（*Amicitia*）和《问题》（*Problema*）等三本对话体著作，为这一态度提供了恰当的解释。至于

124

――――――――――

　　① 伊拉斯谟的《作品集》（*Opera*），第 1 卷，第 389 页。

算术、音乐和天文学,只要很少量的信息就足够了。事实上,对于不直接涉及人类生存的学科,伊拉斯谟是没有太多兴趣的。此外,在本书中的其他地方也可以看到,在 16 世纪最初的几十年中,自然学科在精确性和系统性方面仅仅开始取得一点进步,而这种精确性和系统性对于知识的有效运用来说是必不可少的,其运用是出于教学的目的。

女孩教育

女孩教育是伊拉斯谟晚年所探究的一个主要课题。他熟知意大利人关于女子训练和女性地位的观念。但是,伊拉斯谟意识到,在德国,忽视女孩教育的原因深植于社会制度中。当时妇女在社会中的地位较低,按照这种情况,公众的意见是赞成与之相应的一种教育。伊拉斯谟似乎是从以下的观点来看待这一问题的,即提升家庭的影响,家庭对男孩的童年也产生影响。他要求建立一种新的标准,为的是训练女孩今后怎样当好一名母亲。虽然他很反对那些未受过教育的和轻浮的母亲对儿童的思想和品格所产生的不良影响,但他还是充分认识到母亲的良好影响的缺失会意味着什么。因此,他必然把女孩的训练看得和男孩的训练一样重要。此外,伊拉斯谟认为,在品格的最坏的敌人中就包括了轻浮和懒惰,而轻浮和懒惰又是缺乏机会培养高尚兴趣的结果。更丰富的生活就是更好的生活。因此,他极力主张按照古代方式所进行的女孩教育,这种教育在一个世纪前曾由列奥那多·布鲁尼详细阐述过,在意大利较为讲究的社会中也是流行的。伊拉斯谟对莫尔在切尔西的家中的文化氛围留有印象,他希望看到健康的和愉悦的家庭环境,而这种环境还具有庄重和得体的特征;他希望看到母亲明智的和慷慨的耐心,并以这种耐心去指导而不是压制年轻人的希望和活力。他对那时德国社会中所接受的训练女孩的方法持轻蔑的态度,因为那种方法导致了最坏的毛病,它表明了妇女的本性——任性、虚荣心、浅薄和私通。在伊拉斯谟的这种批判和后面一章中将提到的伯彻(Bercher)

125

的观点之间有着很多共同之处。① 伊拉斯谟特别强调了一点。他强烈呼吁，父母在"宗教"的和婚姻的生活之间做重要的决定时，应该尊重他们女儿的评价和情感。这里所发现的个人特征是清楚明白的。

道德教育

最后，对于伊拉斯谟来说，就像对于维多里诺来说一样，道德责任和宗教信仰的训练是所有的正确教育的最高目标。家庭独自能够奠定品格的基础：人文主义训练的高贵性在这方面看来不是最不重要的，它适合于训练那些今后将肩负重大责任的人。上帝的父权、人类的兄弟关系是对家庭凝聚力的支持。通过榜样、通过友好的训练、通过直接的教育，将引导年幼的男孩理解基督教生活的规律。男孩尤其必须学会控制脾气、控制恶意、不屑撒谎。到 14 岁的时候，这个受过良好训练的孩子的爱好应该明确地趋善。系统的道德教育来自于伦理学家、历史学家和诗人的作品，它们构成了一种古典教育的大部分内容。在这一方面，普鲁塔克的地位仅次于早期基督教作家们。在形成品格的过程中，西塞罗、塞内卡、特伦斯和维吉尔等人的作品都是值得学习的。这并不是说，伊拉斯谟把道德教学建立在一种纯粹书本的基础上。道德教学的根基从头至尾牢牢地围绕着家庭生活的组织和榜样。与名声好的长者交往是深一层的促进因素，因为文艺复兴时期的人不知道如何用近代的方式把年轻人局限于当时的时代和兴趣。个性应该通过所有可用的力量加以鼓励，旅行作为开阔精神境界和培养宽容性的一种必要的工具，尤其应该受到鼓励。作为所有东西的王冠而提出的一个共同目的就是：为了适当地服务于社会和上帝而发展个性。

126

---

① 本书英文本第 12 章，第 261 页以后。对话体著作《博学的夫人和修道士》(*The Learned Lady and the Monk*)完全代表了伊拉斯谟的态度。

第七章　纪尧姆·比代的《论君主的教育》

　　前面提到，1509 年亨利八世的即位激发了推进学问的期望，正是这一事件在当年把伊拉斯谟从罗马吸引到伦敦。随后几年中，在两位君主的统治之下，另外两个政权得到承认，他们对自己和自己的国家有所承诺，并引发对光明未来的期望。在法国，年仅 20 岁的弗朗西斯一世（Francis Ⅰ）于 1515 年继承了路易十二（Louis Ⅻ）的王位；在西班牙，年轻的查理（Charles）君主于 1518 年成为国王。对于如伊拉斯谟和比代这样的敏锐观察者来说，这些令人欣喜的事件对推进知识的事业来说具有重要的意义。尽管是以不同的甚至在某些方面是无法预见的方式，这三位君主实际上都注定与政治和信仰的新局面有关系，并迎来了未曾预见的"正确学问"（sound learning）的诞生。

法国的文艺复兴和意大利的战争

　　伴随着查理八世（Charles Ⅷ）和路易十二的撤退大军，文艺复兴运动从意大利降临至法国。法国 1494 年惊险的远征是该国重大历史上具有开创性的时刻，它以获得那不勒斯作为其耀眼的奖赏，但实际上是意大利失去独立性的开端。1494 年到 1495 年的军事进程（不止于此）把意大利展露在法国面前，而意大利也正处在其自身发展的关键时期。可以推断，在 15 世纪的最后十年，意大利处在巅峰时期。罗马、威尼斯和米兰在各自生活的辉煌中，正要在接下来的一个世纪中达到完满的卓越。然而，表达意大利文艺复兴的事物以及文艺复兴的真正状态却已完成了，这就是人们的气质和风尚。那些人既是文艺复兴的产物，又是文艺复兴的创造者,至今没有被习俗或因陌生而来的制约力束缚过手脚。在国王军队中的法国人应当对文艺复兴的信徒有深刻的印象,因为在罗德里格·波吉亚(Rodrigo Borgia)①的身上看到这种人向世人宣告过,还在洛多维科·斯福查(Ludovico Sforza)②或埃科尔·德·伊斯特(Ercole D'Este)③的身上看到了他们神秘兮兮的儿子的身影,这些都已经不足为奇了。然而,在翻越阿尔卑斯山返回时,这些法国人对不同类别的人群和观念也有了深入的印象。城市和宫廷生活的优雅和活力,宫殿、别墅、市政厅和广场的张扬陈设中透出的庄严,艺术和文学中展现出的对美的本能追求,高超的技术知识——简而言之,意大利民族的高雅、新潮、冲力在法兰西灵魂中唤起一种机敏的回应。在 15 世纪的最后几年,路易十二曾一度赢得了公爵的爵位,并成为意大利政界的长久的代理人,这使得古典复兴的影响越过阿尔卑斯山,发展成为一股稳定的和不可阻挡的潮流,在建筑、美术和(特别是)文学方面带来了全新的鼓舞。

巴黎大学

法国中世纪精神的堡垒是巴黎大学,其神学观点的力量并不亚于教皇权威本身。在那一时期,巴黎大学显得更加偏狭和缺乏宽容,充斥着侵蚀平民信徒灵魂的空气,其敏感程度远远超过文艺复兴时期的罗马。恰恰是巴黎大学的立场让法国人文主义者的任务特别艰难。在普罗旺斯和勃艮第,为新思想的土壤已经预备就绪,但是,法国的知识与精神统治权在巴黎,全国各地的勤奋学生都被吸引到那里。巴黎大学代表着哲学、逻辑学和经院主义神学各界,这个庞大而组织完备的权威

---

① 罗德里格·波吉亚(生卒年不详),意大利枢机主教,即后来的教皇亚历山大六世(Alexander Ⅵ, 1492—1503 年在位)。——译者注

② 斯福查(生卒年不详),曾被授封为米兰大公。——译者注

③ 埃科尔·德·伊斯特(生卒年不详),15 世纪意大利一个王朝的统治者。——译者注

以不容置疑的方式被推到了最前沿。意大利人文主义者或新教徒改革者不时对一些特定知识或教学给予声讨、讽刺或抛弃。我们确实发现，不论哪种知识和教学，在巴黎大学的诸多学院中都有其主要的堡垒和有力的辩护者。然而，巴黎大学的名声是那样的普遍，其吸引力是那样的强大，以至于北欧民族中对它的批评者和它最猛烈的对手恰恰是那些跨入该大学门槛的人。阿格里科拉、罗伊西林、伊拉斯谟、维韦斯、加尔文、多雷（Dolet）①、科迪埃和斯图谟等都是巴黎大学的学生或教师，他们用自己一生中最好的年华与它的最为珍视的理想进行斗争。

弗朗西斯一世

阿尔卑斯山北部的人文主义学者，看到意大利的新学问的辉煌进展，自然会为自己的大学对探求古典学问的态度与意大利大学的态度而感到惊讶。在意大利，对人文主义最初的和最强烈的动力并非来自传统的法学院或神学院，而是来自宫廷或自由社团。帕多瓦大学、博洛尼亚大学和帕维亚大学已变成不情愿招待不请自来的客人的东道主。这些大学作为知识进步的引领者的功能，已经让位给威尼斯贵族，或佛罗伦萨银行家，或小的专制国家无足轻重的统治者，或如同尼古拉五世（Nicolas Ⅴ）和庇护二世（Pius Ⅱ）那样的教皇。这些赞助者代表着一个不断增长的持有平民信徒观点的群体，在他们面前，蒙昧主义的专业兴趣迫于这种局势而让步了。在 15 世纪结束之前，意大利的大学已给了自由学问以平等的机会，并且在回应探求古典学问的热情中确实形成了全新的基础。因此，在英国、德国和法国，人文主义学者把希望寄托在君主、公爵、国王或皇帝身上，后来则不确定地寄托在受过启蒙的市民团体上。在法国，伟大的国立大学的主导地位使得任何小于国王影响力的力量失去了作用，这对弱小的和分散的人文主义力量形成了一种屏障。因此，学者们在与经院哲学、专业特权和基督教会迷信的斗争中，转而寻求支持的对象正是年轻、勤奋而有雄心的弗朗西斯一世（Francis Ⅰ）。

130

———————

① 多雷（1509—1546），法国人文主义者、印刷商。——译者注

比代的生平

纪尧姆·比代（Guillaume Bude）出生于 1468 年 1 月，其父亲是巴黎的一位市民。关于他所受的教育，我们只知道是敷衍塞责的那一类。他年轻的时候在奥尔良学习法律，但因其薄弱的拉丁语阅读能力而受到许多阻碍。在他 23 岁那年，他因学术雄心猛增而致力于学习古典文化。他自学了希腊语，并用拉丁语进行广泛的阅读。在希腊语学习中，与他的同代人伊拉斯谟及后继者朱利叶斯·西泽·斯加里热（Julius Caesar Scaliger）①一样，他靠自己的努力获得有关希腊语的技巧。除了古典文学，他还学习了有关数学、神学、哲学和医学的知识。他拥有使自己追求学者生活并摆脱职业工作的手段。30 岁刚过，比代就开始忙于翻译普鲁塔克和圣巴兹尔（St Basil）的作品，随后写了一部关于罗马法的著作。1514 年，他写出了自己第一篇重要论文《货币论》（De Asse et Partibus ejus）。此论文基本上是一项罗马财政体系的研究，但其研究延伸到更加宽泛的古代文明的经济领域。他用了 10 年时间写那篇论文，完成后立刻被公认为法国国内外皆堪称一流的作品。1516 年，他用法语写了一本小册子《论君主的教育》（De l'Institution du Prince），是写给年轻的国王弗朗西斯一世的。1527 年，比代写了一篇影响不大的论文《论正确的学习和适合的训练》（De Studio literarum Recte et Commode Instituendo）。最后，他写了传世之作《希腊语评注》（Commentarii Linguae graecae）。这是一部扎实但缺少编排的资料、字典、评论和语法的集大成著作，这部著作作为比代确立起欧洲第一位希腊语文学家的声誉。除了这些，他所有的作品中还包括一些翻译著作以及他与其他学者往来的相当数量的书信。弗朗西斯一世很快认可了比代的卓越才华。不管怎么看，年轻的国王并不是一个富于教养的青年，然而他敏捷、善于接受并拥有良好的艺术感觉。他渴望使自己成为艺术和学术的赞助人，并且在这些方面与意大利君主并驾齐驱，虽然他

131

---

① 斯加里热（1484—1558），居住在法国的意大利学者。——译者注

并不了解他们的成就。他欢迎学者和艺术家来到他的宫廷,并把人文主义者聘用为大使和大臣。于是,比代 1522 年被任命为皇家图书管理员,并向国王承诺来创办一所颇具规模的文学院,如同威尔西有牛津大学令其沉思默想、伊拉斯谟和他的同行有鲁汶大学使其讲学论道。扎实的学问终于获得王室的推动,年长的蒙田为能看到这一天而欣喜。伊拉斯谟向法国及其学者祝贺,因为他们在一位有指望的君主门下而获得好运。

因此,比代在他所处的环境中并不是没有志趣相投的因素。然而,他是一位逊色的廷臣。在枫丹白露(Fontainbleau)①,尽管皇家图书馆的藏书量在他的管理下有所增长,特别是有关美学和希腊语手稿珍本的收藏显得尤为昂贵,但他还是渴望更多的自由。但是,他对弗朗西斯的影响力使他有机会协助皇家出版社的建立(1526 年),罗伯特·埃斯蒂安(Robert Estienne)成为皇家出版社的第一任执掌者。此外,比代还协助创办了设想已久的法兰西学院(College de France)。成立皇家出版社的授权令如是写道:"我们相信,这些扎实的研究将在我国产生出神学家——他们将从事神圣教义的教学;还将会产生出法官——他们将以公共平等的精神行使公正而毫无偏狭;最后还将会产生出有能力的管理者,这是国家的荣耀——他们会因对公共利益的热爱而牺牲个人的利益……这样的益处可能而且几乎只能从扎实的研究中明智地发现。"皇家出版社成为让法国的学术成就得以呈现在世界面前的工具。

法兰西学院

法兰西学院于 1530 年因希腊语和希伯来语新教席的设立而开端,随后又设立数学和拉丁语教席。这样有节制而意义重大的开端归功于比代不屈不挠的坚持,中间尽管遇到反对,但他以雄辩予以谴责,这让我们想起伊拉斯谟嘲笑蒙昧主义法令的情景。比代去世于 1540 年,比

---

① 枫丹白露,现法国北部塞纳-马恩省城镇,位于巴黎东南 65 公里。——译者注

伊拉斯谟多在世几年。但在他去世的时候，人文主义已经赢得了世界，并且在法国知识界中开始骚动，甚至已经开始对它进行了变革。据说，人文主义者很快就看到了对君主进行教育的重要性，这样既可以传播新学问，又能确保他们的现状。君主于是被理想化成了米西奈斯（Maecenas）①和奥古斯都（Augustus）②两人的结合体。意大利人形成了时尚；韦杰里乌斯、伊尼亚·西尔维乌斯、费莱佛、帕特里齐（1494 年）都有过向赞助者呈现题目论文的任务。伊拉斯谟效仿那些意大利人，虽然《基督教君主的教育》（Institutio Principis Christiani）论述了皇家的责任，而不是需要教君主是什么（what it is）的训练。比代在弗朗西斯一世 1515 年即位后立刻开始动笔，但是其著作直到 1546 年才付印。这样的拖延可能是因为伊拉斯谟刚刚发表了前面提到的那篇论文，而比代不想让他那篇平淡的、用本国语写成的著作卷入到批评性的比较之中。

正如比代所期望的，为了让法国在学术界中获得荣耀，他已经赢得了弗朗西斯一世对人文主义的同情。他信服地认为，法国将因为拥有一位身为哲学家的国王而前进。哲学家应当成为国王的说法当然被传统原则所禁止。和伊拉斯谟一样，比代把国家幸福与有保障的和平结合起来。君主必须学习"知识"（sapientia）、实际的智慧，而不是"沉思"（contemplatio）。他认为，有必要假设一位国王生来就拥有完整的普通能力，通过教育使其能力高于普通水平，然后他会掌握最广博的知识。这些可以通过启蒙经验、向优秀典范的学习和通过与学者的亲密交流而获得。那些学者将把他引向对伟大历史的丰富解释。因此，在比代的计划中，历史颇具重要性，它抵得上整个学院的教授。

133

---

① 米西奈斯（生卒年不详），曾任罗马第一任皇帝奥古斯都的私人秘书。——译者注

② 奥古斯都（前 63—公元 14），原名盖约·屋大维，罗马第一任皇帝（公元前 27—公元 14 年在位）。——译者注

比代的"理想君主"

比代关于君主的素质和义务的理念，不是以分析的方式呈现的，而是采用了劝勉的方式。因此，他的论文中增加了较多的古代例子，并从古代著作中归纳出不少二手资料。他论文第一部分的构成，主要是对优秀统治者应有的知识和美德的总体反思。论文中所指的统治者是抽象的，不属于特定的时间和地点，也不能理解成法国的国王。论文第二部分篇幅较长，他安排了一组历史的和传统的人物作为沉思的对象，然后形成文本，提供了他自己对道德和政治智慧的观点。

但是，论文对它的一个特殊目的有这样一个注解：每个人，即使他是一位国王，都应当致力于学习语文学（philology）。语文学可以解释为对文学和自由学问的追求与热爱，之所以这样说是因为追求语文学的人必须独立而自由。这种学问也被古人称为"关于人的"或"人文主义的"，因为如果对它没有兴趣，没有"知识"，那世界就是兽性的和非人性的。然而，这种学问只有通晓希腊语和拉丁语才能获得。比代声称，学习希腊语优先于学习其他知识。希腊文学习甚至比拉丁文学习还重要。作为一种语言，作为思想的体现，作为哲学真理表达的基本工具，希腊语都是独一无二的。希腊语是学习拉丁语的必要秘诀，对此罗马人欣然承认。甚至学习罗马史本身，我们也只要读希腊作家的作品就行了，从他们那里足以获得有关重大历史时期的扎实知识。对希腊语学习的激情是比代性格中最重要的元素，在促使弗朗西斯一世意识到希腊语的重要性方面，比代的努力获得了成功。

人文主义：雄辩术

对于一位国王来说，雄辩术（即对文体的掌握）是必要的，虽然对一个民主政体的领袖来说并不是完全如此——后者必须靠说服的艺术支持他的政策。比代的论文引用了伯利克里关于当一个真正的领袖所需

134

要的四个条件。其中第二个条件就是雄辩,没有这个条件,知识就像紧紧藏于刀鞘之中的利剑。如今,这种雄辩术不能只局限于拉丁语,比代自己用法语写那本册子的例子,就表明了古典作文的训练与本地口头语言技巧的关系。我们也不能忘记,从历史上看,法语靠着翻译古代经典的过程而获得了它自身的完整性、精确性和灵活性,而这成为了比代晚年的法语文学活动的特征。

　　比代意识到思想和表达的紧密关系,而这一点总是敏锐地呈现于人文主义者的头脑中。没有清楚的表达,鲜明的思想也是不可能的。大学的学者们"不明白知识相对于生活而言,雄辩充当了知识的工具,否则真理就无法转化成行动,正如一个引擎如果没有人知道怎样运行,就根本不是引擎,而只是一团金属而已"。"对于所有的能力,如果除去文学的帮助,那仅仅是无剑之鞘,除了能吓唬小孩外,什么都不是。"一种精致的语言不仅对记录和交流是必要的,而且对思考也是如此。当今,有如此良好结构的语言只能从希腊语和拉丁语的古典用法中找到。思想的精确性、敏捷性和确定性需要一种语言,它能够把不同逻辑的命题、所有断言的可能性关系,连同具体与抽象用语之区别,都归结为规则中的语法表达。这能在古典语言中获得。因此,正如比代和所有人文主义者所肯定的那样,学者、事务家、律师、医生和神学家手边都会有一种表达精确思想的工具,这使得伟大的古代文明成为可能。他反对一些大学拒绝看到科学的进步需要一种纯化的和扩大的分析工具,这就是具有逻辑结构的语言。

历　史

　　重要性仅次于雄辩术的是历史。用伊丽莎白时代的话说,君主必须在语言方面很出色,以便在为扎实学问赢得地位的斗争中,使自己有资格提倡那些语言。因此,君主必须阅读历史,以便鼓舞历史学家。比代在这篇论文中给历史部分的篇幅,表明了他对历史赋予的重要性。他的立场是这样的:历史知识能使一个人对现在有更可靠的判断,对未来有更清晰的预测。一位被历史读物所强化的君主是一个两面神(Janus)①或百眼巨人(Argus)②,他不会处在无法预知的状态。历史通过事件和人物个性提供的例子,"能将隐藏于各种可靠本质背后的、沉睡着的高贵基因激发起来,促成勇敢而有成就的活动"。因此,对于一个反应敏锐的灵魂来说,通往名誉和不朽的道路是开放的和平坦的。但是,并不是每一位历史学家都能够发挥这种作用。值得尊重的作者必须将目的的严肃性和尊严性与吸引人的表现形式结合起来,以便让读者快乐而信服。偏袒会毁坏真理。所以,奥古斯都要求唯独有声望的历史学家探讨自己的统治时期。普鲁塔克是历史研究中最好的榜样,甚至在罗马历史方面也是如此。这个论断表明,在文艺复兴时期,历史学家的功能以不予批判和有限度为特征。比代给历史研究以极大的篇幅,特别是关于罗马政治家的历史。他宣称,卢卡所描述的庞培(Pompey the Great)③在名人行列中位居前列,并主张应进行研究。无疑,比代想到的是历史学家而非历史,他的关于事实与表达的关系的观念也的确无法绕开,历史只能蕴涵在清晰的阐述之中。但是,比代相信,被认可的历史学家是值得信任的。不必太理会现代宫廷分析家和写颂词的人,在了解真正的历史是什么的赞助者的影响下,一种新型的历史学家会出现。法国不能夸口在历史学界有杰出的作者,也没有一位历史学家做过努力以便让自己的品格确保长久的名声。这种状况持续着,直到国王保护和奖励那些致力于历史研究和写作的学者们,才会有所改变。在法国,鼓励和支持那些作者的慷慨是何其缺乏!可是,希腊的情形却大不相同,不仅如此,波斯人、米堤亚④人、埃及人以及罗马人都与法国不同。通过古代历史学家的著作,古代国王的声誉铭记在文献中,火焰和战争都不能将其摧毁,如今,印刷术还让这些历史遗物保存得更加久远。

---

① 两面神,古代罗马宗教所信奉的看守门户的神。——译者注

② 百眼巨人,希腊传说中的一个人物的浑名,其源自他头部或全身上的 100 只眼睛。——译者注

③ 庞培(前 106—前 48),古罗马将军和政治家。——译者注

④ 米堤亚,伊朗高原西北部的奴隶制古国。——译者注

可以看到，比代从没有涉及政治哲学。他的论文中没有对最佳形式的政体的讨论，他毫无异议地认同一个管理良好的君主政体是一个理想的政体。他惊讶于法兰西王国漫长而持续的存在状态。在讨论他的赞助者的王位基础问题上，比代也显得不是很开放。安定、卓越的法律和透明的财政是一个"好的君主"和幸福臣民的特点。

这使得比代考虑：如何使自己理想的学生清晰无误地理解历史教训。他认为，只有使学生成为一个有成熟经验的人，直接而系统地阅读历史学家才是有效的。在另一些情形中，学生需要一位渊博的教师，以便能够使他的注意力集中在明显的事情上，并且这位教师能够对其进行解释，使学生的智力获得充分的理解。在训练一位君主时，这样的一位教师不能被赋予太多的劝引力，因为他身上所承担的不是一个人的命运而是百万人的命运。众所周知，菲利普（Philip）[①]和亚里士多德就是例子。人在年轻时代并不喜欢持续专注于心智方面的事物，因此，需要有一位教师，他能够靠他的才能得到学生的尊重，并依靠其坚强的性格强迫自己去做。学问是一份永久的财富，它教导年轻人温和，教导成年人自立；它是贫穷中的一份新的财富，它是财富中的无价之宝；对于一位君主来说，它是一份至高的馈赠。

和大学的冲突

然而，比代可能意识到让年轻的国王信服和坚持自己的观点是困难的，因为国王的偏爱并不容易稳定下来。弗朗西斯自己所受的教育并非那种引发高深学问的严肃观点的类型。比代是否被证明具有抵制对既有特权进行干预的足够强势的力量，这一点是让人怀疑的。因此，比代抨击大学里的反启蒙主义者。他从他们中间发现了自己的主要敌人。特别值得一提的是，他对希腊语和古典拉丁语研究被异端邪说损害的借口进行辩论。然后他参与讨论，指出《圣经》的完美与意义只有

---

① 菲利普（前382—前336），即菲利普二世，亦译腓力二世，马其顿国王（公元前359—前336）。曾邀请亚里士多德担任他儿子亚历山大的老师。——译者注

学过古典学问的人才能洞察到,这一点被天主教人文主义者和改革派人文主义者普遍接受。先人摩西(Moses)[①]和但以理(Daniel)[②]很擅长外邦人的智慧成就;巴兹尔和格里高利就古典学问方面来说像是庙宇中的顶柱;希拉里(Hilary)[③]、杰罗姆和奥古斯丁熟练地穿行于古代作者之中。在古代和宗教之间并没有对立。可是,比代显然没有认识到希腊人和基督徒性情之间的一种对比关系,而这一问题是要向道德理念学习者表明的一个深刻的伦理-宗教问题。

波尔多的新学校

比代可以辩护说,纳瓦拉学院(College de Navarre)已经接纳了个希腊语教师。一个名叫希罗尼穆斯·巴尔巴斯(Hieronymus Balbus)的威尼斯人同时可能是一位非常温和的希腊语学者,通过在那里的教学(1485—1492年)获得了薪酬。伊拉斯谟已经在这个世纪的早期找到了自己的助手,但是,比代的目的在于创立一所学院,这所学院设立同哲学和神学教授职位相等地位的教席。这个目的至少在 1534 年部分地实现了。然而,在那一年,在法国西南部著名的省会波尔多,人文主义教学的进展迈出了重要的一步,它与里昂一起成为古典活动的一个引人注目的中心。

---

① 摩西,《圣经》中传说率领希伯来人摆脱埃及人奴役的领袖。——译者注
② 但以理,据《圣经旧约》的记载,他是被俘虏到巴比伦的犹太人。——译者注
③ 希拉里(约 315—约 368),法国早期基督教神学家。——译者注

第八章　古伊纳学院与马瑟林·科迪埃

波尔多的人文主义/
重建的学校校长安德烈·古维亚

比代在巴黎的教学、由弗朗西斯一世所创立的新的讲座所导致的人文主义的影响在大学的发展,尤其是艾斯蒂安家族(the Estiennes)和其他博学的印刷业者们越来越多的活动,明显地影响着民众对儿童教育的看法。正如一个世纪前的意大利,对古代经典文献的兴趣的传播直接对学校生活的宗旨和精神产生了影响,因此,在威尼斯、孟都亚和费拉拉等地建立了一种新型的学校。这样的事情同样发生在法国。波尔多作为法国西南部的商业港口、行政和社会中心,自然是大的省城中第一个感受到新教育运动冲击的城市。1534年,在波尔多市的机构中,设有一所享有一定声誉的大学和与之相关的一所古老的学校,两所学校都在地方行政长官的控制之下,它们向安德烈·古维亚(Andre Gouvea)①,然后是向巴黎的圣芭贝学院(College de Sainte-Barbe)的院长申请,要求承担重组一所男生学校的任务,希望该男生学校能在法国

---

① 古维亚(生卒年不详),法国著名人文主义者,1534年创办古伊纳学院,又译居也纳学院或奎恩学院。——译者注

的人文主义学校中名列前茅。① 正如被该男生学校后来的学生蒙田称之为"法国最伟大的校长"的古维亚,邀请一些同事和他一起转去波尔多。他们当中有三位享有很高的声誉:布丁(Budin)、格鲁希(Grouchy)和马瑟林·科迪埃(Mathurin Cordier)。在一位有才干的且又得到许多心胸宽广的非神职董事支持的校长的领导下(作为市长的蒙田在1580年是董事会主席),学院能够吸引有显著能力的教学人员。在助教中,我们发现了许多苏格兰人的姓名,其中包括博伊德(Boyd)、巴克利(Barclay)②、罗伯特·贝尔福(Robert Balfour)(他后来升任校长)和乔治·布坎南(George Buchanan)等,而布坎南是那个世纪苏格兰最重要的人文主义者。

学校和改革/马瑟林·科迪埃

在改革的时期,法国人文主义学者在很大程度上倾向于赞成新的思想。在古维亚周围的一群学者是拥有这一倾向性观点的代表。在董事们或"地方行政官员们"的允许下,他本人声称一旦来这里,他会承认在学生或教学人员之中没有信仰之区分。例如,科迪埃先前是加尔文(Jean Calvin)③的忠实信徒,他曾在巴黎的马尔凯学院(College de la Marche)的拉丁语班上是加尔文的学生。然而,到1535年,教会成功地说服弗朗西斯一世新的教学不利于国家的稳定,至此给予的宽容逐渐

---

① 最受赞赏的权威文献是格里耶(Gaullieur)的《古伊纳学院的历史》(*Histoire du College de Guyenne*)。马西比奥(L. Massebieau)重印了《阿基坦大区学校》(*Schola Aquitanica*),即1538年由维奈特(Vinet)以学校的传统做法为基础而制定的法国国家计划(*d'Etudes*)。这是我们所拥有的有关16世纪的学校的实际组织和课程的最有价值的文件。同一位编者所编的《有关学校的专题讨论》(*Les Colloques Scolaires*),作为那个时期的拉丁语教学方法的评论,也是很有趣的。福斯特·沃森(Foster Watson)教授所写的《科迪埃》(*Cordier*)一文,刊登在芝加哥的杂志《学校评论》(*School Review*)第12卷上,是一篇很有吸引力的梗概。

② 巴克利(1475—1552),苏格兰诗人、作家。——译者注

③ 加尔文(1509—1564),欧洲神学家和宗教改革家。——译者注

被撤回。也许是为了避免面对他的同事们的尴尬,科迪埃决定接受加尔文的邀请,与他合作在日内瓦创建他的伟大的新教学校,然而仅仅工作两年后他又被邀请回到波尔多。但是,科迪埃为古伊纳学院留下了永久的影响,因为他已确立了该学校的较低形式的教学和组织方法,在那个世纪的其余时间里,该校一直沿用着这些做法。

埃利·维奈特/波尔多的耶稣会

古伊纳学院随后的命运不可避免地经历了那个世纪各种不同趋势的政治和神学争论。有两个特点明显是令人关注的:一是在学校管理上与城市行政机构的敏锐的、明智的合作;二是优秀的教学人员。像穆瑞图斯(Muretus)这样的学者在 1550 年担任的是助理教师。显而易见,古维亚是一个有指挥才能的人,他精力充沛、开明、非常真诚,他把他的精神留给了学校,这种精神在近一个世纪里通过他在领导过程中形成的方法来实施。从管理的最初时期起,这所学校的特色就是:与同事相比,校长应视自己为"同辈中年纪最长者"。我们清楚地知道:"他对待不同的同事没有差别,给所有的人同等的尊重。当他们开会商谈的时候,第一个到达的人坐在主位。这样,每个人都确信他得到同样的器重。同样,每一个人都有权责备、表扬或惩罚他的学生,因此,这就是每个人都受到不亚于给予校长本人的尊重。"这种做法的结果是,古维亚能够得到他的每一个教职人员的热忱合作,虽然来自各方面的意见都受到欢迎和给予考虑。校长从他的职位上退下来以便投身于一个特定部门的教学,从而为自己有独创性的工作获得闲暇时间,这是可能的。前董事、古维亚手下的教授或教师埃利·维奈特(Élie Vinet),1560年用这种方式辞去他的校长职务,为的是让他自己专心于希腊语和数学教授的职务。就在维奈特与学校有业务往来的时期,学院作为一个教学机构达到了其繁荣的顶峰(1556 年至 1570 年)。然而,在这些日子里,古伊纳学院和法国自身一样,困扰于相互竞争的信仰之间。这种争议在 1557 年至 1562 年期间差不多是以实际的分裂而告终。但是,在维奈特的管理下,学校经受住了这场风暴,而 1570 年或许可以被认为是它的效率和声誉的顶峰时期。然而,就在这一年,维奈特辞去了这个管理职务而去找他的一个同事,以便他能够有空闲时间编完奥索尼乌斯(Ausonius)①的作品,在那里发生了一件对波尔多来说具有非常重要意义的事件。耶稣会派出若干教父到城里去,目的是获得市政当局的支持,如果不是因为要把学院转交给教会,至少是因为想建立一所竞争的学校。在 1572 年,由于大主教支持那些干扰者,已经很复杂的形势因为罗马教皇使节的到来变得更加尖锐,而且赠予教会的一个大的恩惠特别有利于建立一所新学校的意图。在那年接近年底前,玛德琳学院(College de la Madeleine)——它有 8 位公认有能力的教师——在这座城市里开办了。这时,维奈特已经恢复了他的校长职位,而且由于他的教育热情和认真态度,因而宽宏大量的天主教赞成市政当局支持他。但他的学校无法容忍耶稣会会士的刁难,因此,当耶稣会被亨利四世(Henri Ⅳ)驱逐出去的时候,他们的部分教育收入转归于古伊纳学院。1598 年,著名的《南特敕令》(*Edict of Nantes*)第二十二条款明确保证在教育信条中的宽容和平等的特权,自古维亚到来以后,其有时是公开地而且总是有意地成为波尔多学院(College of Bordeaux)的标志。以下这些话值得引用:"高尚纯洁的行为既没有实际的区别,也没有注视宗教箴言(如宗教改革),所接受的学识确实适合于大学、学院和学校的教学。"(qu'il ne serait fait aucune différence ni distinction pour le regard de la dite religion (i. e. the Reformed) à recevoir les escholiers pour estre instruicts ès universities, colleges e escholes.)

　　埃利·维奈特为他的伟大学校所做的工作的另一个原因也有理由被记住。正如人们所说的,作为一个年轻人,他曾是古维亚的一个同事,并且经常敦促他的上级概括性地编写学习和班级组织的计划,而古维亚和他的全体教职人员一起,特别是和科迪埃一起,在实践中已制定出了一些相应的计划。虽然实际上古维亚原来的学校计划自那时起一直支配着学校,并随着经验的增加也被详细地修改过,但是,维奈特所

---

① 奥索尼乌斯(约 309—约 392),法国诗人。在故乡教授修辞学三十年。——译者注

提议的这件事从未被做过。在学校历史中的英雄时代传统的继承人维奈特，决定以纪实的形式描述出学院的"学科和教学方法"，因为自他的伟大校长时期起他就已经熟悉并沿用它。作为法国文艺复兴时期的一所优秀学校的一种权威性计划、课程、课时表和组织方案，这个"体系"（Ratio）是值得仔细研究的。它不仅应该与由梅兰希顿和斯图姆制定的类似的学校计划相比较（它们都对同一时期的新教德国的古典教学产生了很大的影响），而且应该与更加著名的耶稣会学校"体系"相比较（它在同一世纪的最后一年最终成形）。

《古伊纳学院》

这份文献的重要性因为这一事实而增强，即它不是由一个对学校实际工作不熟悉的人编写的空想计划，或由一位教师提议要在一所尚未被创立的学校里使用，就像如此多的写于本世纪的同名论文《论教学的正确方法》(*De Ratione Studii*)一样，因为在这里面我们看到，它记录了一种在其背后有 50 年经验的方法。确实，这是我们所拥有的非常少的几所学校日常实践的证据之一。首先，可能要注意某些一般特征。寄宿生的问题没有提及，虽然很可能大多数教师（其中有几位已结婚）带一些寄宿生到自己家里并担任他们的家庭导师。我们知道，这也曾是梅兰希顿在威登堡的习惯。但是，大多数学生似乎是住在这个城市及邻近地区的居民家庭里，包括市民、小贵族和地主豪绅等家庭。其次，也没有提及盛行的纪律处分，尽管非常强调辩论、打分、考试和升级等促进因素。在哲学上更高水平的群体的存在以及希腊语和数学公开讲座的存在表明，中学和大学有重叠的部分，这相当于在中学机构中引进了大学人文学科教师的一些程度较低的教学工作。这揭示了我们现在应该描述为教育的预备阶段、中等阶段、学术阶段之间的协调——一种已经引起注意的、具有意大利一流的人文主义学校特征的理解。最后，应当唤起人们注意"辩论"的实践，或师生之间、或一个学生与另一个学生之间的提问，这种实践可以提供给初级班。作为一种既来自错误答案也来自正确答案的工作方法，和作为一种敏捷的口头表达练习，对于熟练的教师来说,这就是对中世纪实践进行有益的改变并用于初级的古典教学中。

古伊纳学院的目的/古伊纳学院的班级组织

古伊纳学院的目的在教学计划中用下面的话作出了声明:"拉丁语学校尤其知道这样做的目的。"(Latino sermoni cognoscendo haec schola imprimis.)这并不妨碍初学者在本国语的帮助下被教授基础知识;而且,用法语进行良好的阅读是从低年级升到中年级的必要资格。最低年级,即十年级的第十等级(Classis Decima),包括 7 岁和不到 7 岁的男孩,他们被称为"学习字母的学生"(Alphabetarii 或 Abecedarii)"。给这个班级提供的书:一是《字母表》(the Alphabetum)①,其中包含大小写字母表,二是拉丁语的基督教主祷文(Pater Noster);以及 7 篇悔罪的诗篇和天主教的《万福玛利亚》(Ave Maria);还有《男孩的小书》(the Libellus Puerulorum),它是对普通名词和动词的词形变化的一份简单总结。学生们被安排坐在无靠背的长凳上,有 5 英寸宽。坐在前排座位的是程度较高的学生,他们能够阅读和背诵悔罪的诗篇。教学方法要详细陈述。坐在前排的学生被分成两人或三人一组。例如,"miserere"(怜悯)这个词,教师读出该词的发音,然后让第一组学生跟着朗读。接着教师用字母和音节的形式拼写单词,下一组的男孩跟着他学。另外一个词"mei"(我的),以同样的方式教授,因此,前排的每一个男孩都可以轮到。然后换到第二排的学生,学习新词,但该方法保持不变。轮到第三排的学生是详细解释《万福玛利亚》;第四排的学生是学习基督教主祷文。当他们结束时,第五排的学生接着由教师朗读或用手指着学习字母表中的字母。在此期间,小组中实际上没有读懂的

---

① 英语中的"字母表"(alphabet)一词源于拉丁语的"alphabetum"和希腊语的"alphabetos",实际上是由希腊字母表中的头两个字母"alpha"和"beta"组合而成。"alphabet"除了指一种语言的"全部字母"或"字母表",有时也用于喻义,表示"入门"或"基本原理"。——译者注

儿童尽可能地跟随其他小组学习。在课堂上,每个学生至少可以轮到一次,随后前排的学生只有在学习《男孩的小书》的过程中有半小时的练习。早晨的上课以这些男孩背诵《使徒信经》(*the Creed*)、《主祷文》(*the Lord' Prayer*)和献给圣母玛利亚的赞美诗(the Hymn to the Virgin)结束,整个班级虔诚地聆听他们的朗诵。在中午和下午的课堂上,同样的过程被重复。每天上课的时间始终是在早晨 8 点、中午 12 点和下午 3 点开始。写作课没有尝试,直到在阅读中已经获得了一些技能。字母、单词以及有教育意义的格言抄写在习字帖上,而且一做完就要交给教师进行批改。教师被指示要忽略对绘画的尝试,他可以在空余时间教授它;男孩会画人、马和狗,但是,如果书法没有被忽略,教师才可能宽容地看待这样的创作品;它们往往是真正的艺术感觉的早期迹象。一般来说,孩子在这个阶段的压力必须要轻,正如昆体良所强调认为的,除了诸如反复听别人朗读句子所产生的结果之外,记忆工作是不被要求的。这不仅适用于拼写,而且适用于词的曲折变化。

古伊纳学院的学习时间和学习内容以及学生升级

学生升入九年级学习,可能是每季度升级一次,能力测验包括:(1)要阅读前面提到的两本手册中包含的所有内容,(2)要进行变格和列举动词的词形变化,(3)要书写清楚。校长检查并决定升级,他亲自把升级成功的学生送到他们的新老师那里,即每一年级都必须遵守的正式手续。九年级是学校里最大的班级,因此,占用了礼堂或学院的"大学校"。男孩们在座位上坐成 6 排。课程需要用法语和拉丁语流利并快速地阅读和写作拉丁语名词和动词的词法,卡托的有相同的法语版本的《有关性格的对句》(*disticha de moribus*)和一本语法小手册,如科迪埃的《词类的范例》(*Exempla partium orationis*)(1540 年)以及艾斯蒂安(Estienne)的关于拉丁语语法的法语手册,其中对于处理基础知识的方法进行了非常充分的阐述。法语和拉丁语教学之间在这一阶段的密切关系,在艾斯蒂安的手册里得到了确定:"因此,教师习惯于儿童非常想说法语和非常讨厌拉丁语。如此多地注意拉丁语,相应地又成

146

为法语的习惯障碍物,但要通向更多的领域就非常需要知识。"(Le Maistre accoustumera aussi l'enfant à bien prononcer le Francois et le bien escrire autant le Latin. Par ains adviendra que tant en Latin que en Francois il sera accoustuné et bien instruit pour aller plus oultre.)

第一节课在 8 时开始。前排的学生以小组形式朗读选自卡托的两个或三个句子,其他排的学生朗读同一课文中的其他部分,例如,"七位贤哲"(Seven Wise Men)①的名言,每个板凳下面标有年级,有其专门的功课。在每一段拉丁语译成法语之后,每个学生根据为他自己制作的书本朗读或记忆背诵。中午的课包括拉丁语法的背诵,每条长凳上的孩子做不同的功课,程度高一点的男孩比程度低一点的小组涉及更多的范围。

下午 3 点的课仅限于学习规则动词的语气,在星期五整个动词要写出来并交给教师。在星期六,口头讲的和书面写的所有课程的复本都必须呈交上去,这就是那一周的家庭作业。

有两件事情是引人注目的。一是班级的学生因为句法分析和词法而被指定分别坐在 6 条长椅上,这明显带有浪费时间和分散师生注意力的风险。二是准备的重点落在书面工作上,因为课本、译本和笔记都要在家里抄写并变成练习册以便在课堂上使用,实际印刷出版的教本根本不被带到学校去。

147　　从程度低一点的座位升到程度高一点的座位和从九年级到八年级是由口语测试决定的,特别是由背诵卡托和词法的能力,还有流利的阅读和清晰的书写。在八年级,使用的课本是西塞罗的《书信集》、特伦斯的戏剧选场以及科迪埃的《对话集》(在维奈特时期是这样)。后者被分为每天一部分,要求学生背诵。学生要把这些书的每一本都买到,还要买一本普通的手稿本,其中每天所学的那部分要抄写下来。然而,语法的印刷本这个时候是被允许带到课堂上的。在句法分析课上,每一段只允许三个学生参与。参与的第一个男孩朗读课文;第二个男孩解释

---

① 七位贤哲,收于《一千零一夜》的故事。有一个东方国家,妄想置王子于死地的王妃所讲的七则故事,都被七位贤哲驳倒。——译者注

课文,并用拉丁语说出课文的释义;第三个男孩陈述论点和进行逻辑分析。然后第二组的三个男孩进行下一段。当整个课程的这种活动完成后,全班开始进行语法分析,参与的男孩轮流列举动词的词形变化并解释句法结构。"惯用语"或对话短语以及常见的法语短语的拉丁语对应词——"Je me porte bien"(我很好)、"Tu m'a fait plaisir"(你让我很高兴)——都要学习。我们看到,系统的拉丁语对话是通过练习特伦斯和各种对话开始的。一篇法国散文被口授,然后作为每周要在家里完成的拉丁语写作任务。每天有 2 节句法分析课,第三节课是背诵语法。升级到七年级,部分取决于考试,部分取决于本年级教师的报告。

作为一种教学手段的法语

七年级课堂教学以重要的一步提前为特点。虽然西塞罗的《书信集》仍然是主要的课本,但教学步骤完全不同。教师高声朗读拉丁语课本,通过他的语调表明段落的总体状况,例如,主句和从句之间的区别、插入语从句。他指明不熟悉的词的拼字法。然后,他开始解释段落,把原文中的每个字译成法语原义,但是,有成语的地方需要做更多的事情。这个工作完成后,转而进行词类分析,因为段落可能有助于说明词性,动词尤其要被提问,任何复合词或派生形式要详细论述。这部分的课程结束后,紧接着就是复习,以三人一组朗读课文,提供法语解释或拉丁语的释义,而第三个男孩说出挑选出来的词的曲折变化并复述"惯用语"和对谈话或散文有帮助的其他短语。在星期三和星期六,口授拉丁语作文的主题,例如,用法语自由地翻译一篇西塞罗的书信,其内容会被非常仔细地解释。这个练习在星期四和星期一提出讨论,而且所有的错误在年级里得到纠正。这种保留法语作为拉丁语教学的手段是值得注意的。这个阶段的学生大概在 11 岁和 12 岁之间。

148

德波泰尔

要求解释的课文数量通常是小八开课本中的四行句子,这些被抄写在练习本上，在课文下面留一空行以便在课堂上插入法语译文。以上课程在 8 时进行。中午的课程被规定为德波泰尔（Despautère）的拉丁语语法，基于维拉·戴的亚历山大（Alexander de Villa Dei）的一本中年级使用的书，同样是用拉丁语六步格的诗编写，附有专门为教师使用的很长的注解。这本书有一些像辛希伊姆（Sintheim）的简化的《教义》（Doctrinale），对此伊拉斯谟勉强认可。德波泰尔的拉丁语法书从 16 世纪初起就在法国的学校中普遍使用，虽然被高度赞扬为系统的词法和句法的入门书，但事实上它却是一本令人望而生畏的书。一次学习两个或三个诗节，然后精心解释并举例说明。这种过多的注解是语法学家的一个缺点，被伊拉斯谟和维韦斯常常指责为迂腐的炫耀，使学生的进步很慢。

六年级和五年级仍然主要把西塞罗的《书信集》作为固定的散文课本。其中部分要背诵，而且也要牢记已变成笔记的教师解释。在五年级，我们发现，增加了特伦斯的完整的剧本和奥维德的《书信集》（Epistolae）。许多人文主义学校以学习诗人的作品开始，然后过渡到散文作家的作品，这种做法在波尔多未被采用。在五年级，韵律法的规则也是第一次学习。

西塞罗的《书信集》

直到四年级（13 岁或 14 岁的男孩），学生才开始学习西塞罗的演说，这门课使用的是修辞学的一本小册子，例如，巴齐札的教本，或苏尔皮西乌斯（Sulpicius）①的手册，或伊拉斯谟的《论词语的丰富》；奥维德的《哀怨集》（Trestia）是要阅读的主要的诗学著作。这些作家的作品被变成了语法提问的课本，其中德波泰尔总是被提及。写作练习被更频繁地要求而且文章的长度更长；简单的拉丁语诗歌的材料被作为一项家庭作业来听写。正如后面将要表述的，上四年级课的男孩们是第一次接触希腊语。

---

① 苏尔皮西乌斯（前 106—前 43），古罗马法学家。——译者注

　　三年级的学生，一般年龄为 13 岁到 14 岁，整个一学期的时间是在早晨 8 时阅读西塞罗的《给朋友的信》(*Epistolae Familiares*)或《雅典风格》(*Ad Atticum*)，同时伴有教师用法语做的评论。接下来的两个学期被用于西塞罗的一个演说和一本由"某位优秀作家"编写的重要的修辞手册。中午的课程(一年中的部分时间)，用于语法、诗歌写作和德波泰尔关于"模式"的部分。以上这些后来由特伦斯的一个剧本所取代。在下午的课上，阅读奥维德的《纪年表》(*Fasti*)或《变形记》(*Metamorphoses*)，每节课的第一部分包括背诵前一天探讨的课文和教师前一天晚上写的评注，特别强调有关的句子结构。来源于法语的散文和诗歌的拉丁语写作的难度越来越大。

　　二年级学习的重要著作包括西塞罗的一篇或更多篇演说论文，由他其中的一篇演说来说明，他的《书信集》在这个时候被搁置一边。中午的课程主要是古代历史，毫无疑问是罗马的历史，虽然我们没有关于教授这门课的目标或方法的详细情况。在这个阶段，开设这门课似乎是这所特别的学校所特有的，其通常是放在学修辞学的年级或最高的年级。一般下午 3 时的课程用于诠释维吉尔、奥维德或卢卡。和以前一样，这个年级阅读的文章全部要背诵。在家里要做的散文写作第一次包括"慷慨激昂的演说"以及来源于法语原文的习惯主题。这个时候额外增加了一小时。在下午 5 时，一种诗歌写作的形式练习被口授，男孩们在离开教室前要把完成了的本子交上去。

　　在最后描述的三个年级中，越来越强调修辞学，这一特点在一年级或最高的年级更为显著。据说，所有的安排是基于昆体良时代的罗马学校的做法。一年级每天的课程以一小时的关于西塞罗和昆体良演说艺术的规则的授课开始，紧接着在 9 时以演示的方式讲解西塞罗的一篇演说，然后作为范例用于雄辩和辩论散文的练习中。中午是历史课，选自"李维、贾斯汀、塞内卡、尤特罗庇乌斯(Eutropius)、梅拉或其他作家的作品"。下午 3 时阅读诗人的作品。在这一学年中，首先学习维吉尔、卢卡和佩尔西乌斯(Persius)①的作品，接下来学习朱文诺尔、贺拉

————————

① 佩尔西乌斯(34—62)，古罗马讽刺作家，深受斯多葛派的影响。——译者注

150

斯或奥维德的作品，要非常注意后面这几位诗人的规范。和程度低一点的年级的做法一样，在下午 5 时学习写作。每一次的文法分析课都是以背诵前一天讲解的篇章开始。这些篇章的书面本在上课时都要交给教师。此时，慷慨激昂的演说准备在各星期日中午 1 时在全校学生面前当众背诵；在各星期六，还要进行非公开的背诵，但只在本年级面前进行。它明确表明，散文和诗歌的拉丁语写作要提前布置给一年级的学生，以便对这些最重要的练习给予应有的考虑。

哲学读本

10 节语法课，迄今为止已被总结过了，被圆满地作为文科部（Faculte des Arts）的课程，为所有已上完一年级的男孩们开设。由哲学学科的讲师（reader）来演说，并持续两年时间。第一年的课程（学生的年龄大概是 18 岁），主要包括亚里士多德的逻辑学，它直接选自亚里士多德作品的拉丁语版本。波菲利（Porphyry）①的《导论》（Isagoge）也被提到。第二年的课程——学习这些课程的学生被称为"物理学家"（Physici）——主要的课本还是亚里士多德的著作，那就是《物理学》（Physica）、《论天》（De Caelo），还有在哲学这门课中通常要阅读的其他著作。此外，增加由格鲁希（N. Grouchy）——在古维亚领导下的学院里的一位杰出的教师——编写的一本入门书。从广义上讲，所论述的主题都是那些被称为自然哲学的主题，然而完全是基于古代的知识。

整个过程从入学到学院里的第二年的完成，因此，大约需要 12 年。高于平均能力的男孩在哲学教师的指导下可能会提前一年或两年通过，因为在程度低的年级的升级有时可能会每半年获得一次。但是，除了以上描述的年级和学院的正常功课外，所有的四年级、三年级、二年级和一年级学生都被要求同时要上希腊语课程，而且所有三年级以上的学生还要增加一门数学课。我们有趣地注意到，这两门科目没有采

---

① 波菲利（约 233—304），新柏拉图主义哲学家。其著作《导论》是对亚里士多德的《范畴篇》的注释，在中世纪被广泛阅读。——译者注

用各年级的系统的教学方法,似乎一直是以听写的方式进行教授。

希腊语读本

希腊语的高级讲师在中午 1 时讲课,每年 10 月 1 日开始。因为按照常规,从学生进入四年级起,他们将听他 5 或 6 年的课,我们可以认为他讲授相同的课程而难度逐渐增大,因而每个学生每周只听他一小时的课。我们得知,前半小时用于语法的基础知识,后半小时用于"德摩斯梯尼、荷马或尽可能几乎相同的作家"的作品的阅读、句法分析和解释。一本基础语法书由波尔多的学者型印刷商米朗琪(Millanges)出版,而在后期阶段采用的是西奥多·加扎的语法,原本是为维多里诺的学校编写的。

我们可以得出结论:由此产生的语言知识有些贫乏,而且通过这样的一个过程获得的对希腊人思想和生活的深入了解完全不能令人满意。当我们回想意大利最优秀的人文主义教师的做法以及年轻的格里诺的有影响力的名言:"没有一个人可以被授予'受过教育的人'的称号,如果他不能自由地周旋于希腊学术界"的时候,这种差异就更明显。此外,伊拉斯谟、梅兰希顿和维韦斯的理想,加之他们关于所有聪明的男孩都应该早点开始学习希腊语的主张,似乎都远远超过古维亚及其继任者的做法。然而,我们可以有信心得出以下结论:在具体的实践中,古伊纳学院的课程及其把希腊语归于明显的下等地位的做法,在 16世纪法国和英国的文法学校中是非常典型的。

数 学

参加高级讲师的数学课程的人被限制为二年级和一年级的学生以及两个哲学班的学生。教学从算术开始,维奈特出版了一本涵盖简单的比例、平方和立方根以及一般的分数的学校手册。紧随其后的是 11

世纪的作家普塞洛斯（Psellus）①的《数学概要》（*Mathematicorum Breviarium*），这是一本枯燥乏味的有关算术、音乐、几何学和天文学的手册，由维奈特从希腊语原文翻译过来供在学校里使用。意大利的数学和天文学教师中一位最受人们喜欢的作家普罗克洛斯（Proclus）②的《论行星》（*De Sphaera*）也在使用。

辩　论

153　　关于学校课堂教学的一般方法，我们有一些有趣的见解。在年级老师的管理下，以相互提问的合理形式保留中世纪的辩论，以防止给全班讲课或口授时常犯的普遍错误。伊拉斯谟经常嘲笑这是不熟练的教师或迂腐的教师炫耀其博学的做法。句法分析课通常持续一个小时，紧接着是这样的辩论：学生相互提问，提出难题，讨论课本内容，随后由教师进行注释。这个练习占用半小时。在星期六，中午的固定课程被安排了辩论，其中有年级与年级之间的辩论。来自于每个年级的6个学生提供尽可能多的提前完成的散文形式或诗歌形式的作文。这些作文被写在大的手写本上并被钉在教室的墙上，在手写本的每一行下面留下清晰的空间以便在行间写出修正和批评。这样，反对者能够仔细检查每一个练习，发现错误并提出改进意见。这种辩论持续一个小时。

　　虽然正如所表明的，法语经常被用作拉丁语的句法分析和写作的工具，但在学校里或操场上是不允许说法语的（除了低年级学生）："没有人可以说法语，除了用初级西班牙语说话的孩子。"（nemo nisi parvulus idem elementarius vernacule loquatur. ）要求年龄大一点的男孩用拉丁语跟小男孩说话，只有在没听懂的情况下他才能用法语重复他的话。正如1599年修订的巴黎大学章程中的话所表明的，在法国人

---

　　① 普塞洛斯（1018—约1078），拜占庭式的作家、哲学家、政治家和史学家，亦被称为"百科全书式学者"。——译者注
　　② 普罗克洛斯（410—485），希腊数学家。实际上是最后一个举足轻重的异教徒科学家。他是一个新柏拉图主义信徒。——译者注

学习的官方场所同样的原则要坚持到 16 世纪末："他不会用本国语而用拉丁语跟大学里的任何学者说话，在他们和亲密的朋友之间也一样用拉丁语。"（nemo Scholasticorum in Collegio lingua vernacula loquatur，sed Latinis sermo eis sit usitatus et familiaris.）

　　上课时间是早晨 8 时至 10 时、中午 12 时至下午 1 时、下午 3 时至 5 时。在学生学习希腊语和数学的情况下，每周有 2 次课额外增加 1 小时。在星期日，除了对高年级学生布置练习外，一整天都是假期，就像圣徒节一样。在一些重要的宗教节日（一年约有 50 个节日），可以休息半天。全校师生每天都要参加弥撒。学年从 9 月份开始，一直持续到来年的 8 月初。

天主教和古伊纳学院

　　可以很容易地想象到，古伊纳学院将作为一所开明的胡格诺派类型的中学得到发展。持这种观点的人们很快以弗朗西斯一世为代表，逐渐对改革采取坚决反对的方针。在 1520 年至 1540 年期间，法国人文主义学者和共享文艺复兴精神的有地位的人们，很赞同对神学和教会的教义采取更自由、更明智的态度，但是他们会不会像在德国莱茵河西部地区和德国北部的类似阶层那样坦率地接受违反罗马的行为，这一点根本不能肯定。至于在波尔多的学校，正如已经提到的，虽然从一开始在信仰问题上一直保持着完全的忍耐，但在后来的岁月里，在耶稣会士的控制下变成了极为不满和反对，它依旧明确信仰天主教。然而，在整个世纪里，它明显摆脱了教会的控制，并像圣保罗的科莱特学校一样，无论是在管理方面还是在课程的指导目标方面，都保持其公民的和世俗的特点。

科迪埃在巴黎

　　对聚集在因方法分歧而被迫离开学校的古维亚周围的最有吸引力

的人物之一的职业生涯进行探究,是一件有意义的事情。作为胡格诺派教育的最知名的代表,马瑟林·科迪埃是引人注目的。1479 年出生于诺曼底的他发现自己被教士的职位所吸引,至少在一定程度上是由于对玄想和宗教礼仪的一种本能,在其中他的这种能力得以充分体现。于是,他作为一名学生来到巴黎,被任命为牧师。我们听说,他在鲁昂(Rouen)①担任一个修道院外的牧师,1514 年他离开那里回到大学;在那里,他在巴黎的不止一所大学里学习神学和拉丁语。他的脾气严肃、认真,但对年轻人总是富于亲切的幽默和真正的同情。

科迪埃的著作《论修正讹误的演讲集》

作为一个学者,科迪埃和伊拉斯谟一样热衷于丰富的古典学习;而作为一位拉丁语教师,正如不久之后梅兰希顿所做的一样,他很快就发现更高层次的学习受阻于在词法和语法上功底的欠缺。的确,很容易看到伊拉斯谟教授拉丁语的方法和中世纪教授拉丁语的方法是一样的,尽管方式不同,但可能都同样对完全彻底的理解产生不利的影响。后者过于抽象,太多的东西涉及辩证法,而且过于晦涩;前者肤浅并且缺乏系统性,不能在阅读和写作方面提供必要的保障。为了弥补这一点,1527 年科迪埃放弃了他在马尔凯学院的修辞学教授的职位,辞职去担任语法教师。在这里,他的真正的力量和独特的天赋显现出来,尤其是他对初学者的诚挚的同情和了解青年人想法的能力。他在这个阶段的教学活动的不朽作品是他的名著《论修正讹误的演讲集》(*De Corrupti Sermonis Emendatione Libellus*),试图给法国学生传授古典措辞的纯正标准。他在序言中写道:"关于写这本书的原因,首先是每一个博学的人可以借此写出更好的作品;第二,不仅能使男孩们现成地使用拉丁语谈话,而且激励他们过一种高尚的生活。因为在整本书中,我们在适当时机撒播了对一种虔诚的和基督教的生活的规劝。因为这一点比纯正的演说更重要。没有虔诚之心,在学业上就不可能有真正

---

① 鲁昂,法国北部一海港城市。——译者注

的进步。"在这里，我们看到了古典教学进行时所呈现的两个密切相关的方面，尽管对于一个严肃的人文主义者来说明显是以不同的比例；无论是对维多里诺、对阿格里科拉、对斯图谟，还是对科迪埃。"虔诚的文学"（Pietas literate）、"智慧和雄辩的虔诚"（eloquens et sapicns pietas）——对于科迪埃来说，这种结合是一件极其重要的事情，正如对于孟都亚的教师来说：作为一个人他是独特的，而不是作为一个胡格诺派教徒。刚才提到的那本书论述了在法语和拉丁语中使用的短语，这在日常会话中是需要的，在大多数情况下以演说的形式出现。严格对应拉丁语原义的法语文本常常放在前面，随后是对应的古典文本。下面是一个"有关基督教品行的虔诚规劝"的典型实例。

156

> "诅咒。
>
> 高卢人，Mauldissons，被逐出教门。
>
> 你可以赢得魔鬼。
>
> 太可恶了！

但是，如此缺德的话语应该出自一个男孩之口吗？他应该是天真无邪的人。万一恶魔抓住你那该怎么办呢？他的确会这么做，如果他得到上帝的允许。

你说：'但是，我不是认真地说这话的。'

就这样吧。然而，这是一种不好的话，即使是开玩笑地说。如果有人骚扰你，你或者根本不回答他，或者回答说：'朋友，愿上帝原谅你。'从你的嘴里说出的总是仁慈的话，而不是邪恶的话。"

一堂纯粹的语法课是下面这样的[①]：在每个例子中，第一行是"错误百出的演说"。

> "21.西塞罗从来没有提到过这一点。

---

① 《论修正讹误的演讲集》（De Corrupti），1538 年编，第 243 页。

西塞罗从来没有说过这一点。

因为这个原因他没有提到西塞罗。

关于这一点西塞罗没有提及。

西塞罗从来没有提到这个事实。任何地方都没有：

也就是说，在任何一个地方。

关于这个话题西塞罗从来没有提过。

他会说很好的拉丁语。

他的拉丁语说得很好。

这是一个很长的演说。

你说了太长的时间。

单调乏味的谈话。

你比两个人的演说时间还要长。

一个不同于他的问题，而他忽略了。

我问他一个问题，对此他没有反应，或者他不能回答。

我打算问他一个问题，对此他不能回答。

不同之处：对此他没能回答。他怎么可能解决不了。他怎么会解决不了。他怎么也无法解释。"

有人曾提出，在对本国语的重视方面，科迪埃在人文主义教师中是独特的。因为显而易见，他把法语作为最初教拉丁语基础知识的工具。刚才所引述的书不亚于古伊纳学院的较低年级的做法，就充分证明了这一点。由此，他和维韦斯的做法一致，而不同于伊拉斯谟和可能大多数其他德国人文主义者的做法。然而，这种做法在低地国家里很普遍，并且在英国也很可能是常见的方法。这一点由这类书籍，诸如佩罗蒂（N. Perotti）的语法、各种各样的"口头禅"的鲁汶版，以及由霍尔曼（Horman）、斯坦布里奇（Stanbridge）和这一时期的其他英语教师汇编的词法节选本的普及所证明。但可以肯定的是，在早期阶段之后，不仅是不鼓励使用本国语的，而且在谈话中实际上是禁止使用本国语的。

科迪埃在刚刚引述的著作中说道:"我们必须使孩子们不仅热爱拉丁语,而且如此心醉于它,以至于我们不好意思使用本国语和违背我们的意愿去恢复原来的习惯。"

会话的拉丁语

后来在日内瓦(1560年)担任教师时,科迪埃的规则是:男孩们应该在课堂内外都说拉丁语,而且违反者应当被举报。在班长和另一个男孩之间的对话中,我们可以看出他一贯重视用拉丁语说话的习惯(《对话集》第四册,第13页):"教师说,我已经听说了,"——班长在引述他的话——"你们当中有些人经常说法语,而且与此同时你们当中没有一个人告诉我任何事情,这是你们所有人的一致论点……因此(他说),我劝告你们,你们每一个人都要勤奋地说拉丁语,并且你们要把那些不听从劝告的人的姓名告诉我,我可以对这种恶行增加一种补救措施(处罚)。"

另一个男孩问班长:"所以,我们不可以用法语说任何话吗?"

回答是:"老师不明白这个问题,所以……因为他不是非常严厉或严格,所以在他们一起交谈时,如果任何词无意之中从某人嘴里脱口而出,他的确立刻进行惩罚。他时常在全校师生面前说他的规定只是针对那些人,即当他们知道如何说拉丁语时,却总是寻求他们可能用法语交谈的机会。"

规则是:男孩们在学校内外都要说拉丁语,班长应该举报犯规者。《对话集》(1564年)不含一句法语;更早一些的《论修正讹误的演讲集》(这代表了他在巴黎时期的方法)是以法语教学为基础而设计的。然而,当我们考察在日内瓦的瑞弗学院(College de la Rive)的课程时,正如在1559年的章程中所规定的,其部分是科迪埃所写的,并且无疑他在这种学校制度下完成了最后五年的教学生涯。看来有必要允许把有规律地使用法语作为一种教授拉丁语的工具,尽管这种推测有悖于《对话集》中提供的这种做法。

科迪埃离开古伊纳学院去日内瓦/
加入加尔文在日内瓦的学校

科迪埃的声誉因为他在讷韦尔(Nevers)的学校中的成功而得到很大的提高。从 1530 年至 1534 年,他在那里担任校长,在后面一些年里他受到古维亚的邀请而成为古伊纳学院的教学人员。和他的大多数同事一样,科迪埃早已加入了加尔文派,因此,在波尔多的更加自由的气氛中感到非常高兴。他合作的成果在学校低年级的教学课程中可以看到,其中他所有的在儿童生活方面的独特洞察力和同情心都得到了充分的发挥。然而,那只是很短的一段时间,因为在 1536 年底前,他受到城市地方行政长官的逼迫,害怕与教会产生纠纷,就离开了波尔多。他接受了加尔文的迫切恳求去他那里,加尔文是他过去的学生,那时正在日内瓦避难。所以,从那一年到他 1564 年去世,科迪埃一直在瑞士生活,始终从事教学工作,组织或改革学校。最后几年他住在日内瓦,并在知名的瑞弗学院从事教学工作,这是由加尔文本人管理和激励的日内瓦的公立学校,并且由他发展成为最有效的宣传工具。下面的日内瓦学校的课程摘要(上文中曾提到过),与在同一世纪所提出的其他类似的计划相比较是很有启发的。共有 7 个"班",七年级是最低的班级。

加尔文学校的课程

七年级班。在这个班,学生将学习字母,并把它们写出来以便形成音节,使用拉丁语-法语的阅读课本。阅读法语,然后阅读来自一本《法语-拉丁语教义问答手册》(*French-Latin Catechism*)中的拉丁语;绘画,并写字母表中的字母。

六年级班。以(动词的)变格和词形变化开始,这占用了上半年。用法语和拉丁语学习词性;更多的书写练习;口头学习并作为对话练习不断重复简单的拉丁语句子。

五年级班。词性学习结束；语法基础：阅读维吉尔的《牧歌集》（*Eclogues*）；以书面的拉丁语作文为最初的步骤；同时使用拉丁语和法语。

四年级班。继续学习拉丁语法。以西塞罗的《书信集》开始；写作练习以这些为基础。用奥维德的读物作为例子说明韵律。希腊语学习开始：（动词的）变格和词形变化；初级的句法分析。

三年级班。系统学习希腊语法，比较两种语言。西塞罗的《书信集》、《论友谊》（*De Amicitia*）和《论老年生活》（*De Senectute*）；这后两篇论文被翻译成希腊语。阅读《埃涅亚特》（*Aeneid*）、凯撒和伊索克拉底的作品。

二年级班。重点强调阅读李维、色诺芬、波里比阿、赫洛提安（Herodian）①和荷马的作品。开始学习逻辑学：从西塞罗的演说中举例说明命题、演绎推理。每周用希腊语讲一次福音故事。

一年级班。逻辑学根据经核准的纲要进行系统的教授（如梅兰希顿的）；与这有关的修辞学基础和演说艺术。根据西塞罗的讲话以及德摩斯梯尼的《关于奥林图斯的演说》（*Olynthiacs*）和《反菲利普辞》（*Philippics*）举例说明修辞学的整个学说。出于修辞的目的，还分析了荷马和维吉尔的作品。每月准备两篇原文的"慷慨激昂的演说"。每周阅读一次圣保罗或其他使徒的一篇希腊语书信。

作者的选择和逻辑学的地位值得关注，这不亚于在低年级的班级中接受本国语的问题。

科迪埃的《对话集》

长期以来，科迪埃是许多著名的法国学校教师中的一个很好的例子——忠诚，做事认真，为人谦逊，对品格培养充满热情，对儿童充满同情。他因自己的两本主要的著作脱颖而出。对他的《对话集》的简短参

---

① 赫洛提安（？—约238），出生于叙利亚，历史学家。——译者注

考,将补充上面已经谈过的有关他的早期著作的信息。

科迪埃等人对学校生活的见解

　　科迪埃的《对话集》的目的在这个标题中得以陈述:《渐渐得到认可的四本有关儿童拉丁语训练的学术对话集》(*Colloquiorym schlasticorum libri* IV *ad pueros in Sermone Latino Paulatim exercendos recogniti*)。像维韦斯或莫塞拉努斯(Mosellanus)编写的对话集一样,其目的是通过为男孩们提供日常生活中常见的会话例子,使这些年轻人在这样的会话机会出现在他们面前时能够说拉丁语。科迪埃意识到这样一个事实,即不允许男孩们用自己的本族语同他们的老师或同学谈话,往往会不可避免地扼杀思想,使谈话贫乏且虚假。因此,《对话集》的目的就是为了弥补这种缺陷。于是,我们发现,它们主要是关于男孩们每天在家里、在城市里、在寄宿处、在学校里和在教堂里的工作;关于他们的性格和气质;关于不同类型的家庭和环境;关于学校教师生涯和工作、困难和目的。福音派教会的有关责任和权威的观点、神圣和人性是整本书的主色调。他在日内瓦的很多学生都是流亡者的儿子;他们中的许多人都准备从事神职工作,而他们中的不少人的确注定会成为他们的信仰的殉道者。瑞弗学院的学生被视为这个城邦国家的孩子,而且是未来收获信仰的珍贵种子。所以,科迪埃作为一位教师正如在他的实际工作中所做的那样,这本《对话集》的手册旨在为年轻人确立一个应该影响他们整个生活的严肃的目的。例如,我们从《对话集》中得知,每天从 11 点到 12 点全校师生如何唱赞美诗,在教堂或在学校的公众祈祷每天重复两次或者三次,《圣经》中的诗篇被系统地学习和背诵,有关布道主题的问题经常被提出,而且正式坚持个人祈祷。此外,雇用班长,这在巴黎和德国的许多学校,如在戈德堡(1531年)的特罗岑多夫(Trotzendorf)的学校里是常见的现象,他们被视为教师的耳目,并容易背上是纯粹的告密者的坏名声,但是,它被科迪埃以一种全新的精神继续沿用。"教师无法详细地监督所有的事情,要求对于其他学生来说处于兄长地位的最年长的学生帮助他们。经过老师和男孩自己之间的协商后,他们被授予为期一个月的职责。这是一种如同以上帝的名义进行的选举;班长们以祈祷的形式被任命。他们聚集在老师的书房中,被教导以庄严的职责,并借用救世主的名称以激励他们具有一种应有的责任感。他们必须不能表露出偏袒,也不能表露出反感;他们不能采取报复,也不能失去自制;他们必须不惧怕任何威胁,而只敬畏上帝。"(《对话集》第三册,第6页)

科迪埃等人的宗教倾向

不同的对话展示出工作中的班长们:仁慈中带有严厉,制止教堂中的心不在焉,劝告学生去学习,调查请假的要求,制止说谎,监督活动,谴责闲逛的人,举报那些不说拉丁语的男孩。老师很信任这些学生,他们可以临时请假进城,他们的话很容易被相信。总之,科迪埃尊敬年轻人,并努力把男孩们培养成为自立的人,服从自己内心的法则。

那么,除了贯穿整本书的道德和宗教行为准则的明确目的之外,作为一份具有历史价值的文献,科迪埃的《对话集》在当今也有重要的意义,和维韦斯的类似的对话集一样,使我们直接深入地了解那个时代的学校生活。不同于伊拉斯谟的是,它们更加简单,它们没有让人感到痛苦的和有争议的论点。事实上,虽然风格实际上是加尔文主义的,但作者完全摆脱了宗教的强烈影响,充满了对人的同情,因此,他的书在稍加删减后被广泛地使用了两个世纪(甚至在天主教学校里)。作为一本会话手册,并不要求将其背诵下来,而是"作为一种愉快的练习朗读和再朗读"。这本手册是五年级特有的课本,也就是10岁到11岁的男孩所使用的,它为他们提供适当的材料,以进行系统的拉丁语对话。

对话中的那些角色是以前的学生;在许多情况下,他们的实际名字会被保留。对话被设计为诸如家庭这类主题,每个人都说拉丁语,除母亲外,她是唯一被允许在规定时间里用法语与她的孩子们交谈的人。这个家庭常常假设是巴黎的艾斯蒂安家族(Estiennes)中的家庭。然而,在这一方面,科迪埃仅仅代表了人文主义教师对这位未受过教育的母亲的一般态度。尽管他温柔可亲,但他对这位母亲有相当多尖锐的话语。在一个对话中,他呈现出母亲对孩子的溺爱是个缺点,因为通过把这归因于不受拘束的本性是可能找到其理由的。在另一个对话中,我们发现他抱怨说,父母在长期持续的和显然无益的拉丁语教学情况下显得焦躁不安。尤其是市民看到他们的儿子被带离工场(Shop)而去接受一种只适合于牧师或专业生活的教育。他们说,如果有必要教授拉丁语,那就用一年的时间来学,然后把它学完。我们看到其他人走得更远,决定送孩子到国外去学习现代语言。科迪埃解释说,使用拉丁语能够最好地进行国际交流,因为有太多种类的方言存在,而它们是不利于国际交流的。吸引科迪埃的那种类型的家庭生活在《对话集》第二册里的第五十个对话中有描述。

164　　蒙塔努斯(Montane):"你几岁?"尤西比乌斯(Eusebius):"13岁,正如我听我母亲说的。"蒙塔努斯谈到自己的一个只有5岁的弟弟。尤西比乌斯:"他已经会说拉丁语了吗?"蒙塔努斯:"你为什么感到惊讶呢?我们家里一直有位教师,既博学又勤奋。他的确教导我们任何时候都要说拉丁语。他不用法语说任何话,除非是想弄清楚某件事情。此外,我们不敢跟我的父亲说话,除非用拉丁语。"尤西比乌斯:"所以,你从来都不用法语说话吗?"蒙塔努斯:"只有跟我的母亲说话时,而且是在某个时候,即当她命令我们到她身边时……仆人自己也跟我们说拉丁语……感谢上帝的礼物,使我们有一位如此认真地关注和教导我们的父亲。"

马库阿达斯(Marcuardus):"每当我们的父亲不必忙碌的时候,他就随时训诫我们:早晨,午饭前后,晚饭前,晚饭后很长时间,最后还有我们睡觉前。"皮克斯(Picus):"他在哪些事情上训诫你们?"马库阿达斯:"他要求我们准确掌握那些我们在学校整个一周里已学会的知识。他仔细检查我们的作文,并对我们提出一些要求。他经常给我们布置一些要写下来的东西,有时用拉丁文,有时用法文。有时候,他还用母语给我们说一个短句,我们把它翻译成拉丁语。相反,有时候,他又命令我们用法语重复某些拉丁语句子。最后,在饭前和饭后,我们总是要朗诵一些法语《圣经》里的内容,而且是在全家人面前……我已忘了有关他常常告诫我们的在餐桌上的行为礼仪。"皮克斯:"你的父亲为什么花这么多功夫训诫你们?"马库阿达斯:"他可以了解我们在学校中是否白费了努力和滥用了我们的时间。"皮克斯:"这个人的勤奋是了不起的,同样他的智慧也是了不起的。哦,你们一定太感谢上帝赐给你们地球上这样好的父亲吧!"(《对话集》第二册,第28页。)

从《对话集》第四册的第27页上,我们可以引用以下内容,表明了那个时期的宗教困难的特征:

A. 我看你有点像伤心的格拉利努斯(Gralianus),这是怎么回事呢?

G. 我日夜都在想念我那离家外出的父亲,所以我为此事感到伤心。

A. 他离家有多久了?

G. 大约4个月了。

A. 在这期间他没有给你写过信吗?

G. 自从他离开我们后,我们没有听到他的任何信息。

A. 可能他写过信,但他的信或者是被投递错了,或者是被被人截获了。今年夏天,他没去巴黎吗?

G. 他确实是在那时很果断地出发了。

A. 我深信他是安全的。

※　　　※　　　※　　　※　　　※　　　※

但是,我请求你听听我心里想些什么。

G. 想些什么呢?

A. 如果你的父亲航行到英国去旅行怎么办? 因为那里现在有最大的自由。

G. 你说的自由是什么意思?

A. 在《福音书》中,这个词是指在那里被听到而且是最自由地听到。

G. 你是说《福音书》现在在英国?

A. 那是当然的。

G. 因此偶像崇拜被驱逐走了?

A. 是的。

G. 哦,好消息,很高兴听说!

　　※　　　　※　　　　※　　　　※　　　　※　　　　※

A. 此外,某个英国人不是一个小人物,也不是一个随随便便的人,他告诉我父亲就在这几天内收到了一封值得信任的信,这件事情就在信中,即所有因基督的名义被赶出他们国家的人在英国都受到了最亲切的招待和慷慨的欢迎。

G. 那么,我们为什么还要怀疑呢?

A. 这件事情(正如你听到的那样)没有什么值得怀疑的。

G. 我们仍然只有首先歌颂万能的上帝的仁慈,以尽可能多的赞美和感恩。①

　　※　　　　※　　　　※　　　　※　　　　※　　　　※

至于使用《对话集》的方法,通常是老师给全班解释选定的对话;男孩们很容易地被带入到在他们日常经历的而且与他们自己直接有关的场景气氛中。有时候,对话由挑选的男孩复述,每个人依次选择一个角色与老师展开即席对话,以即兴形式就有关主题锻炼全班学生。这种机会将被用来进行词形变化,或列举一个词的词形变化,或引用一个句法规则。其基本目的是展示在共同生活的事情上男孩们如何能以完善的拉丁语形式设计他们的交往。科迪埃本人并没有把《对话集》作为训练记忆力的课本来使用,但毫无疑问,缺乏原作者所有的那种热情、创见和多才多艺的普通教师经常改变了该书的初衷。

《对话集》的流行

作为一本学校手册,科迪埃的《对话集》享有非凡的声誉。其在16世纪最后几十年的发行量超过了任何其他的拉丁语课本。它很快在英国得到使用,由布林斯利(Brinsley)(1614年)翻译的英文本被用作拉丁语写作的练习材料,胡尔(Hoole)在1657年发行了英语和拉丁语对照的版本。在序言中,他引用了牛津大学的公共演说家雷诺兹

---

① 来自胡尔(Hoole)编的《对话集》(*Colloquia*)的版本,1637年。

(Reynolds)的推荐意见:"当年轻的学生来到他面前,希望他告诉他们,仔细阅读什么书,将会更快且更有把握地获得纯正的拉丁语风格或者出色演说的造诣,他甚至命令他们去买科迪埃编的《对话录》,并且确保在阅读它时要在写作和说话两方面把那些语句都变成自己的东西,因为在它们中他们应该能找到特伦斯和图利(Tullie)的应用于外交谈话中的优雅。"直到 19 世纪中期,这本书仍然在英国学校里使用。

第九章　红衣主教萨多莱托的《论儿童的正确教育》

萨多莱托论文的目的

167　　　教皇秘书、法国南部卡庞特拉(Carpentras)的主教、红衣主教雅各波·萨多莱托(Jacopo Sadoleto，1477—1547)的论文值得关注有几个理由。① 该论文写于 1530 年，当时意大利在"罗马之劫"(the Sack of Rome)的记忆之下仍然处于惊吓和迟钝之中，它志得意满的自由自在一去不复返了。因此，萨多莱托作为一个有教养而又虔诚的信徒表达了很严肃的态度，他如此热心地致力于研究反宗教改革的性情的症状。作为一个心中有明确目的的人，他写道：他心里想着具有较高专业层次的——他自己的——以及有适当社会地位的地主家庭的青年。他了解什么是所需要的法国和意大利的社会经验。此外，其他涉及教育的人文主义作家没有一个人如此彻底地讨论柏拉图的真正精神。萨多莱托提出的目标是通识教育的培养目标，与品味或需要暗示的任何合理的学术上层建筑的目标无关。从《论儿童的正确教育》(*De Liberis recte Instituendis*)中，我们所获得的印象是作者对他要写的那种类型的人非常了解，他保持在可达到的目标界限之内，积极地着手于用调和的梗概展示对现代的和天主教的世界的适应，所有最擅长把古代教育作为意168　大利文艺复兴时期受欢迎的学问的人都揭示了这一点，因为其已经达到了顶峰时期。萨多莱托本人是他那个时代较伟大的学者之一，在对

---

① 乔利(Joly)的作品(1856)和查彭尼(Charpenne)的作品(1855)是对萨多莱托作为人文主义者的很有用的研究。

希腊思想的重要意义的领悟上超过了他们中的大多数人。不过还要补充一句,他的论文对耶稣会的《教学大全》(*Ratio*)的学习是一种有启发性的导论。

萨多莱托的生平

雅各波·萨多莱托出生于 1477 年,他的父亲是摩德纳人(Modenese),当阿格里科拉在费拉拉时,他在那里担任民法教授的职位,是巴蒂斯塔·格里诺的同事。年轻的萨多莱托学习过文学和哲学课程,当时他把西塞罗和亚里士多德的作品作为主要的学习科目。在 1499 年离开费拉拉后,他去了罗马。稍晚些时候,他结识了皮埃特罗·本博,在选举利奥十世(Leo Ⅹ)时其与萨多莱托一起被任命为罗马教皇的秘书。在过去的近一个世纪里,教皇秘书的职位一直是学术界里的一种荣誉。它曾经由布鲁尼、波吉欧、比昂多(Biondo)[①]甚至瓦拉担任过,它容易适合于有价值的和无价值的抱负,并且给予机会展示优雅的拉丁语和深厚的学问。但是,萨多莱托不仅具有写书信的天赋,而且总是证明自己是一个正直无私的人,很少赞同许多有害的外交手段,在这一方面他是一个代言人。他在 1517 年成为卡庞特拉的主教,但很少去察看他的教区,直到 1522 年他的老师去世。克莱门特七世(Clement Ⅶ)把他召回到罗马,萨多莱托很不情愿地离开了自己负责的教区。他的建议和他自己的高标准生活在罗马教皇的宫廷同样被忽视。在罗马陷落的几个月前,他要求恢复他的自由。随后的一些年,他一直致力于哲学和对基督教《圣经》的注释,用心地管理着他的教区,在那里他很受教徒的爱戴。1536 年,保罗三世(Paul Ⅲ)又一次把萨多莱托召回,任命他为红衣主教,并给予他完全的信任。自此以后,信誉和教会的宗教领域的恢复便成为罗马教廷的当务之急。萨多莱托对促成两位伟大的天主教君主弗朗西斯(Francis)和查理(Charles)之间的讲和(1538 年)

169

---

① 比昂多(1392—1463),文艺复兴时期人文主义历史学家,第一部意大利史的作者。——译者注

发挥了很大作用。作为天主教罗马教廷枢机主教团（Sacred College）中最有学问和最受人尊敬的成员，当他在 1547 年去世时，他仍然是卡庞特拉的主教。

萨多莱托理解教育在近代国家中的重要性

萨多莱托抱怨说，行政当局不关注教育。它极度关心财产、秩序和正义，但又忽略如此急迫的责任，于是把这个责任留给了反复无常或疏忽大意的父亲。"道德的健全和社会的繁荣依赖高于所有其他事情的教育。"罗马帝国树立了一个较好的榜样。令人满意的、有组织的学校的缺乏，迫使萨多莱托建议在家庭里进行教育，来自友邻家庭的一小部分男生可以在那里聚集在一起由一位导师进行指导。

教育的因素

在训练中，教师必须不仅关心较大的目的，而且还要关心微小的细节。道德教育与文学有关，就如同目的与工具的关系一样。"良好的学习效果是为了塑造我们接受来自大自然的自我——一种未开发的和未成形的个性——因此可以实现和体现其内在的区别。"教育有两个方面：一是来源于自我反思、自我修养。这是后来的经验的成果，与成年人有关而不是与青年人有关，它是各种爱好的很容易的猎物。另一是纪律和官方制度的压力。正确地应用这种外部控制来创造一种内部的自制，这就是"美德"。两种有利于性格培养的力量是知识和对上帝的敬畏，以及家庭榜样的影响。父亲通过外在的行为举止和衣着达到正确的外观标准。他的行为应该值得尊重。萨多莱托特别称赞在任何情况下的自我约束，甚至在愤怒、坏消息、意想不到的快乐的时候，都不应该允许一个人失去理智。没有什么比展示如此完美的自制更为神圣。在其他方面——例如衣着——不应该讲排场，但也不能小气，更不能忽视。在公开的手势上，他会让外表来表达自己内在的心境。这当然体现了人文主义信念的本质,不阻止在特别强调情感时允许适当的显示。因此,男孩将学会理解两种重要的生活美德,一种是极端,另一种是受尊重的中庸。这些生活美德在年轻时通过训练灌输给我们,并在整个一生中警觉地依据经验而实行。所以,由此得出结论,家庭生活的规则是严格的,但却是有序的、安静的和有尊严的,没有过多的强制或苛刻。一种格调优美的道德标准渗透到人的行为之中。

家庭榜样的影响

萨多莱托设想的家庭是:赚钱并不是父母每天感兴趣的一件事情,他们心里所考虑的是一种来自于地产的、有保证而又适中的收入。豪华的家具、多样的艺术品和装饰品、精心的服务以及餐桌,伴随着娱乐上的铺张浪费,这将会导致一种错误的生活观,尤其是就它们在促使我们生活的舒适方面引发对我们同胞的关心。

简明教学的需要/妇女管理的弱点

家庭的中心是父亲。在家里,女性对孩子的影响不是很好。不愿给男孩们强加任何超越自我满足的标准的软弱以及对天性的纵容,都是关于母亲的明显事实。依据萨多莱托的经验,"几乎所有的妇女都是这样"。和其他人文主义者一样,他并不认为,拒绝母亲一起分享负有责任的影响会把她与她的日渐长大的儿子的关系局限于放纵的范围。他对比了塞勒斯(Cyrus)①的吃苦耐劳的抚养和康比斯(Cambyses)②的女眷的培养,并指明其教训。因此,需要改进的一般家庭的环境得到了这样的阐述:"家庭生活的态度应该是认真而严谨的,但却明显地关注优雅,在对待受抚养人上表现出一定的宽容,以及在与同伴交往时要殷

---

① 塞勒斯(前 600? —前 529),波斯国王(前 550—前 529 在位)。——译者注
② 康比斯(? —前 522),波斯国王(前 529—前 522 在位)。——译者注

勤款待。"萨多莱托敏锐地察觉到自私是社会奢侈和炫耀的起因,即使当收藏家以较为含蓄的方式表示对艺术作品的热情时也是如此。

母亲管教男孩的成长阶段很快就过去了。大概是到第五年时母亲被免职,然后由父亲承担全部责任。像斯巴达和罗马的父亲所做的一样,传授宗教真理、灌输对父母和长辈的尊重,以及性格的保障、自我尊重(这是"对坏名声的畏惧"),这是父亲的责任。父亲的影响力是建立在儿子对他的真挚情感和判断力的坚信上。人们经常提到特伦斯,正如卡斯底格朗所说的:"其最出色地描绘出人类生活的实际情形。"萨多莱托极力主张,需要"严肃",而且不赞成"结交",因为这意味着过分熟悉、蔑视或至少太多的自由而不受约束由此而产生。将孩子保持在视线范围内的目的是,劝说孩子喜欢做吸引父亲兴趣的事情,而不做父亲不信任的事情。在父亲的权力中,令人讨厌的事就是实行毫无价值的处罚,这在紧急关头时一定要避免。尽管父亲可以温和,但他绝不是无足轻重的人。在辨别青年人意志的堕落和自然的活力时要慎重,这的确需要认真指导,要通过合理的推理而不是绝对的权威。在任何情况下,父亲都不能打孩子,甚至因愤怒而失去自制,这"总是有损于尊严的"。父母自我克制的最高动机是感觉到孩子的生活被赋予了新的生命和活力,这确实是控制家庭纽带的原则。如果父亲无法胜任这种崇高的责任,那就让他躲而避之并把孩子托付给另外一个人。他所居住的房子就是孩子的世界,因此,它的主人代表着管理一切事情的至高无上的权力。

像佛罗伦萨人一样,萨多莱托坚持认为,家庭生活是培养的中心。关于学校及其组织,他并没有说什么。关于课程,他没有提供任何新的内容,也没有详尽阐述任何新的方法;在他之前,也没有一个能适用于所有国家的所有人的方案。这种理想的本质是强调其中的环境,强调从看见的和听见的事物进行下意识的吸收——他仔细地区别这些事物——和谐且适当比例的。完全没有关于谈话力量的信念,没有讲道和说教的过程,而这些对伊拉斯谟来说却是很珍贵的。早年的教育是通过事物的工具性而得到的,而这些显然是与培养任何人无关的。那些被本能地认为是我们的楷模的人的声音和音色、手势和衣着;日常交往的风度和有节奏的次序;外表的时尚;使物质生活和精神生活成比例的约束力——这些都是环境的特征,其本身就是一种教育。这些至少是萨多莱托要求的基础,体现出真正的柏拉图式的态度。

无意识吸收的能力/宗教教学和道德教学

现在,到了系统教学的阶段。从历史的角度来看,教授神的威严和善良的宗教概念并通过实例得到了加强。言行上的谦虚、厌恶谎言是首要的美德。实际上,诚实同时被作为品行和智力而进行教导,真挚和知识是谎言和无知的反义词。因此,模仿不适当的人物或行为是不允许的,因为这违背了真理。模仿"好人"有助于真理的获得,因为这往往会激发人自然地去做正确的事情。从长辈体验的角度来讲,在这个阶段必须允许玩耍,而不要有太多的压抑,因为并不要求孩子早熟的苦修。就道德倾向而言,人们可能希望对孩子不需要太多的直接监督,因为他可以尽情享受灵活的和自主引导的个性。

学习是一个愉快的过程

教育基于好奇心、应用的能力以及卓越的本能。萨多莱托不害怕竞争,这对他来说是一种高尚的动机。孩子将被教导对学习的喜欢,而且文学也不会作为一种令人厌烦的事情被提出。特别是一些男孩由衷地喜欢学习。从一开始,拉丁语就被作为一种必要的学习和交往的工具进行教授,因为我们不能把自己的阅读和谈话局限于我们自己的语言。人们认为,与外国人的交流将通过意大利语进行,而且他自己国家的古代文学与但丁的作品处于同等地位。但是,希腊语的基础知识要同拉丁语一起学习,而且不用说,在系统教学开始的阶段之前,除了本国语,什么语言都不会教授。对萨多莱托来说,正如对本博来说一样,拉丁语不是一种活的语言,因此,教学目标是古典语言的纯正而不是漫不经心的精通。

173

希腊语的地位

萨多莱托这样提醒他的读者,同时学习希腊语的目的是:拉丁语和希腊语这两种语言不仅是如此密切关联,而且保存在拉丁文学中的智慧是如此明显地依赖于希腊文学中的智慧,只有拉丁语知识"是一件残缺不全且应该制止的事情"。所以,从一开始就应该让孩子学习这两种语言。

文法的地位

萨多莱托勾画的学习过程,只是已经详尽阐述过的过去一个世纪里人文主义者的做法的一种变异。像他的前辈一样,他的说法建立于普鲁塔克和昆体良的基础之上,尽管他从罗马经验中所取得的收获充满了对柏拉图的感情,他并不熟悉更早期的学者或文艺复兴时期的德国使徒。至于语法,他不赞成一些教师纷纷推出的伊拉斯谟的词法和语法的复杂性。他问道:对于初学者来说这涉及什么内容呢?分词是动词的一部分,还是独立的词性?真正重要的内容是:(1)词性;(2)词形变化;(3)一致;(4)音量;最后,通过阅读学习拼字法。事实上,仅仅用这种方式教授语法是一种令人厌烦的学习,同时对从阅读作者的作品中得到的规律进行一种合乎逻辑的总结也是没有吸引力的。然而,和梅兰希顿一样,萨多莱托使语法在预想的范围内被牢固地掌握。其次,作为一种语法练习,写作伴随着句法分析。修辞学作为一门艺术,从语法中获得句法规律,并为它们增添有逻辑的和雅致的说明原则,因此,产生了准确而有说服力的散文写作。所以,西塞罗处于模仿典范的地位。不过,即使在这里,我们删除了很多,除非我们把他与德摩斯梯尼和伊索克拉底并列。然而,正如在后来的人文主义者中几乎只有萨多莱托一人注意到,青少年时期不是学会批判风格的阶段。因为"判断"这种在表达上进行权衡和选择的能力还是不可能形成的。如果男

174

孩积累了一些例子,不知不觉地吸收了他的典范的用法,通过尝试性地识别什么是好的来培养品位,这就是对他的全部期望。在散文作家中,必须要阅读罗马和希腊的历史学家"以便加强理解",因为"从历史中,我们可以很容易地了解在生活事务上应该避免什么和应该追求什么"。所以,这不仅仅局限于国家的事务,而且也局限于个人工作的非常时刻。萨多莱托在多事的 15 年里在执行罗马教皇的政策方面做出了不小的贡献,他应该知道希腊和罗马的故事如何帮助他劝告利奥和克莱门特。当然,对于旁观者来说,其结果似乎是令人失望的。

作文的地位/历史的地位/作品的选择/音乐

　　萨多莱托不同于一般人文主义教师的地方,在于把诗人放在散文作家的后面。这时,希腊语和拉丁语作家的作品也是同时阅读的。他并不排除诗人,虽然他同意柏拉图的观点,拒绝有辱人格的作品。他没有尝试要规定界限。特伦斯被考虑是因为他的人文学科知识和他的拉丁语会话;普劳图斯也是,尽管有更多的保留。荷马是诗人中的巨匠。关于音乐,他将通俗而不很高雅的旋律和强劲而高尚的音乐相区分,前者降低道德的敏感性,而后者的功能是完善、强化和激发人类最为高尚的情感。严格来说,这是在教育中只适合于准备阶段的一门课程,但它的一个作用就是可以作为充分理解诗歌的入门书。声乐中的"观点"(即歌曲的主旨)具有重要的意义。罗马人吟颂祖先的事迹的做法,维吉尔对歌颂天体运动的人的称赞,向人们表明:基督教知识为歌曲提供了广泛的范围。国家应该看到,在音乐和歌曲上的新观念被小心地保护——用真正的柏拉图式的格调。他鄙视那种模仿动物声音的聪明,认为对于有智慧的生物来说,这是毫无意义的和没有价值的。音乐在 16 世纪得到了很大的改进,而且任何地方都不如利奥十世下的罗马教廷圈内人士那样孜孜不倦。同样,马丁·路德也被它所吸引。西塞罗主义者因为他们在说话节奏方面的训练,自然是可以接受的;而且本博和萨多莱托都同意没有什么对情感有更直接的影响。"没有灵魂是如此强大,以至于它可以抵制音乐,可以拒绝屈服,顺从并被其力量所征

175

服。"然而,音乐在教育中仅仅占据次要的地位,辅助于且适合于道德。作为一种消遣,跳舞对年轻人来说是不禁止的,但这必须限于用端庄优雅的方式,限于缪斯制定的规范。萨多莱托不仅允许、而且坚决主张,成长中的学生在作家的作品中漫游,通过选择的练习来丰富他的心灵和扩展他的爱好,作为形成批判能力的开端。他认为,只建立在风格基础之上的排他性不利于智力评价,其必须依赖于更加广泛的品味标准。

体　操

教育基础到此为止。在论述他的主题之前,他就体操运动说了几句话。他意识到,他那个时代的意大利社会不承认希腊的体育文化标准。角力学校、奥林匹克竞赛、公共游泳池在希腊人的生活中占有一个位置,尤其是对那个民族来说。但是,他的确赞成古罗马的传统运动,诸如打球、跑步、投标枪和骑马,以及所有带青少年去户外的运动(展示他们卓越的活力和自发性活动,而不是培养复杂的技能和高度专业化的训练)。

176

萨多莱托感觉到对他的请求,要他为即将提议的课程的广度做辩护。在假设学生现在已经达到的阶段中,多样的科目对于智力发展是有帮助的,而不是一种阻碍。其目的不是期望每一个学生都进行深刻的研究;但他应该对普通知识有总体的了解并抓住其要点,这是有益的。这样,他就像一个旅行者会熟悉新的领域一样,学会足够的东西,使他能够选择最适合他的地区或土地,打算以殖民者和公民的身份返回并定居在那里。真正的专业化方法意味着三个步骤:第一,迅速回顾被古代和人文主义者的实践所证实的文科和训练;第二,协调"哲学"方面的知识;第三,根据这种广阔的生活和思想观念,选择一个特殊的学习领域,从而使学生有一种更适合于真诚探问的心灵,但对一个从一开始课程的范围就很窄的人来说是不可能的:"为了财富和资源以及养成哲学的头脑,需要做更好的准备。"(revertetur enim ex opiisque philosophiae et animo et ingenio multo paratior.)在萨多莱托那里,我们确实没有找到任何关于"哲学"的确切定义。显然,它是所有文科中最复杂的科目，也是"所有科学中的霸主"（omnium scientiarum domina）；它不只是伦理学，但也不是经院哲学中的形而上学；它不仅是智慧的艺术，而且是生活的艺术；历史、道德和辩证法是它的三个主要组成部分。

数　学

算术是一门必须学习的课程。作为一种抽象推理的形式，它不受具体情况的约束，是一种有价值的心理训练。作为对生意的一种帮助，它也应该受到尊重，因为在诚实人的手中，生意不会被鄙视为无价值的东西。但是，其在教育中的地位的主要论据是：它是所有精确的学科的必要的入门课——音乐、几何学和占星术都依赖于它。几何学作为一门严谨推理的学科，是直接的智力乐趣的来源。萨多莱托的意思是，智力对简单的逻辑证明的直接反应的过程伴随着令人愉快的情感。此外，几何学在建筑、雕塑、绘画、筑垒和其他的军事行业，以及在航海和地理方面的实际用途，给它增添了附加的吸引力。然而，正是这种抽象的本质，让它应该配有这样的头脑，例如，阿基米德（Archimedes）①的事例。它被作为哲学的基础或入门，因为它是从对合理的不同现象的依赖中进行推理，从而使我们能够上升到纯粹概括的方法的第一步。占星术是"一门令人产生敬畏兴趣的学科"，但与解释影响人类命运的天体现象没有关系。萨多莱托这里当然是指天文学（基于托勒密原理的学习）。

哲　学

哲学是数学学习的直接准备。萨多莱托承认他依赖于希腊的思想家，因为他们是所有哲学家中最伟大的人物。罗马人没有科学推测的

---

① 阿基米德（前287—前212），古希腊学者。——译者注

才能。他问道："你认为,在哲学领域的许多事情能逃脱希腊的伟大思想家的智慧吗?"尽管经过了一段漫长的黑暗时期的间隔,但我们又有了具备最高水平的思维能力的人:本博、亚历山大、比科(Pico)①,在他们身上智慧和口才(阐述的能力)结合了起来。他谨慎地补充说,无论我们走向古人或现代人,我们一定要走向原始资料本身,因为中世纪精神把希腊思想埋在一座名副其实的、有悖于常理的评论和注释的山下。

178

哲学阅读中的两个主要因素是伦理学和辩证法,两者学习的直接来源都是亚里士多德。我们必须记住,萨多莱托是在事实上的亚里士多德(不同于经院哲学中的伪亚里士多德)已成为深奥的分析学习的主题的时候写作的。在那个世纪的其余时间,所有的政治和伦理研究都势必会陷入通晓亚里士多德的《伦理学》与《政治学》的讨论形式中去。

显而易见,哲学是本能地对目标的科学阐述,然而却被一般具有思想的人稀里糊涂地追求。其功能不仅是发展和系统化智力活动,而且塑造心灵和支配行为,引导该专业的学生通往最大的幸福。因此,对于担任重要职务的人来说,这是一种具有重要意义的学习;而对于知识领域的探寻者来说,只有它能够使他立足于牢固的基础之上。

文学和哲学的学习充当精神登上最高智慧的阶梯,这是自我和上帝的有意识的统一。它们提供的重要帮助是使思想摆脱了感官中的事物,并使心灵思考超出合理现象的变化和缺陷的事情。它们是宗教和道德的正当补充,因为它们挖掘并反映了更优秀的本能,并抑制了较低级的冲动和不适当的偏见。

一种博雅教育的理想目的

乔利(M. Joly)总结了通过对萨多莱托试图的研究以得到解决教育理想目标的方案所留下的印象。"完美的目的影响着受到启示的智力。现在,所有真正的智力产物都可以为这个目的服务。这甚至对于技术行业都是真实的,其中工人把物质幸福作为他的目标,或者艺术家

---

① 比科(1463—1494),意大利哲学家。——译者注

努力对理想美的模仿和感官的表达。这样，根据个人智力对他的工作影响的材料留下的方向，精神能够找到其满足感。因此，不仅纯粹的科学、文学和哲学，而且行业中的技艺，都可以被公认为自我发展的因素，以及充实我们的最高智慧。"

然而，献身于哲学的生活和如此奉献暗示的一切，使人类更接近上帝，并实现其最高尚的功能。

萨多莱托和伊拉斯谟

萨多莱托的目的是塑造一个人，使他适合于填补文明的和安全的政体下有教养的公民的位置。因为他不考虑任何的特殊职位，所以，他没有拟定新奇的或过多的课程，例如，有关弥尔顿的部分。此外，通过负面证据，我们猜测在教育材料方面萨多莱托没有任何意识去调和基督徒和异教徒之间的关系。这个问题由一位意大利人文主义者解决了。这部作品的确赢得了赞扬，尽管像雷金纳德·波尔（Reginald Pole）那样的北欧评论者认为，不仅对宗教的强调不够，而且对神学的要求被错误地忽视了。对此，萨多莱托自然会作出答辩说，他正在起草博雅教育的概览，其中神学——或法学、或医学——作为一种学术上的上层建筑会找到其应有的位置。然而，谈到宗教的基础，不难看出，他的训练基础与家庭的有序的虔诚密切相关。毫无疑问，当我们转向加尔文派教师科迪埃或诺克斯（Knox）①时，对比就出现了。因为萨多莱托像伊拉斯谟一样，对犯罪没有强烈的信念。人的确是不完美的，善与恶交织在一起；但是，在明智地制定计划的情况下，再加上良好的教学，早期的邪念会慢慢地减弱，而天性的善良会慢慢地取得控制地位，这样崇高的兴趣只有在家长和教师的激励与榜样下才能找到发展的空间。

---

① 诺克斯（约 1513—1572），苏格兰宗教改革运动领袖。——译者注

第十章　胡安·路易斯·维韦斯

维韦斯在教育史上的地位

180　　　路易斯·维韦斯(Luis Vives,1492—1540)[①]1492 年出生于西班牙的瓦伦西亚(Valencia)[②],但是,他在人文主义教育发展进程中应有的地位最近才获得承认。与伊拉斯谟相比,维韦斯对古代和近代世界的认识广度比不上伊拉斯谟那样优秀;作为一个对他人的评价者,他的能力也不及伊拉斯谟;维韦斯的书面成果也较少。但在另一方面,维韦斯是一位更彻底的学者;作为一位教师,他具有更多的技能,对于他那个时代的教育需求有着更透彻的了解。在一个重要的方面,在一个新的和重要的研究领域,维韦斯是一位先驱者。因为他是第一个使亚里士多德的心理学受到系统分析的人文主义者,他也考虑到他的研究成果和教学之间的联系。在哲学中这一感兴趣的方面,在他对可能的课程内容的全面理解上(这种课程内容应该与知识的发展和北欧文艺复兴时期新社会的需求相一致),维韦斯在 16 世纪的学者和教师中显然是

---

　　① 关于维韦斯,英文的资料不多。《知识的传授》(*De Tradendis Disciplinis*)两个部分和《拉丁语练习》(*Exercitatio*)的一个版本,或者用对话体写的著作,应该期望能找到。阿诺(C. Arnaud)对《知识的传授》所做的一个研究（1887 年）和蒂鲍特(Thibaut)的《关于维韦斯》(*Quid de Puellis instituendis senserit Vives*,1888)对学生均是有用的。维尔(H. Veil)在他对斯图谟的叙述中（斯特拉斯堡,1878 年）,还有施密德(Schmid)的《教育史》(*Geschichte der Erziehung*),都论及了维韦斯的历史地位。艾伦(P. S. Allen)先生已对维韦斯在英国居住的有关事实情况进行了梳理。维韦斯的心理学由霍庇(Hoppe)博士充分地进行了考察。由纳米切(Nameche)所写的传纪价值不大。本书第 183 页上所列举的维韦斯的论著完全可供直接研究。

　　② 瓦伦西亚,西班牙一海港城市。——译者注

名列前茅的。

维韦斯的生平和训练

维韦斯的生涯相对较短。他在家中接受了良好的教育,这种教育至少带有人文主义的基础知识,可能也包括一些希腊语知识。之后,他于 1509 年去了巴黎。西班牙人文主义的特征虽然比较平和,但从中世纪精神到新知识的转变还是实现了。此外,西班牙人文主义的另一个特征是热情高,在这种热情下要求完全承认母语的主张也被接受了。西班牙不久前取得了一场胜利,结束了它与异教徒的长期斗争。因此,基督教徒、国籍和卡斯蒂莱语(Castilian tongue)①因为一场共同胜利的鼓舞而结合在一起。作为西班牙文艺复兴的典型代表,维韦斯因而受到了尊敬。他始终是一个虔诚的教士。他也许从未完全自由自在地置身于西班牙的生活和社会的范围之外。他真诚地以自己的母语为骄傲,并证实和阐明了西班牙语在教育中的作用。

维韦斯在英国的经历

1512 年,由于不爱好雄辩术,因此他离开巴黎,前往佛兰德斯(Flanders)②。在卢万,他积极地在大学里从事教学工作。他讲授维吉尔和西塞罗的作品、普林尼的《自然史》(Historia Naturalis)和庞波尼厄斯·梅拉(Pomponius Mela)的地理学,就像我们从伊拉斯谟的某些讽刺性评论中可以知道,官方完全不喜欢梅拉这位作者。的确,大学对人文主义的欢迎是半心半意的,这就可以解释建立三一学院的重要性,对于三一学院伊拉斯谟和他的朋友们是很感兴趣的。也正是在其职业生涯的这段时期,维韦斯与伊拉斯谟结下了个人的友谊。大约在 1518

① 卡斯蒂莱语,以前西班牙北部一个王国卡斯蒂莱(Castile)的方言。——译者注
② 佛兰德斯原是欧洲的一个国家,现成为比利时的东佛兰德斯、西佛兰德斯两省及法国北部的一部分。——译者注

年,维韦斯成为年轻的天主教红衣主教威廉·德·克洛(Cardinal William de Croy)的导师,克洛于 1521 年去世。在维韦斯 1522 年第一次去英国之前,他一直住在卢万。1523 年,他应威尔西(Wolsey)①之邀(当时威尔西正忙于实施他在牛津大学的计划),在牛津大学的人文学科讲座担任讲师,而该讲座是由威尔西刚刚设立的。他被安排住在基督圣体学院(Corpus Christi College)里,而该学院是由伊拉斯谟的朋友福克斯主教(Bishop Foxe)大约在 7 年前建立的。作为一个西班牙人,维韦斯受到凯瑟琳王后(Queemn Katherine)的资助,在她的命令下,他写了题为《论基督教妇女的教育》(De Institutione Feminae Christianae,1523)的论文。维韦斯在牛津大学作为拉丁语讲师的工作表现出色。无疑,他是该大学中最好的学者。他找到了志趣相投的同伴,包括克莱蒙德(Claymond)院长、托马斯·勒普西特(Thomas Lupset),还有其他主要居住在马格戴莱恩(Magdalen)的一些人,这些人在新知识与"放荡的人"(Trojans)的斗争中首当其冲。1524 年,维韦斯在布鲁日。同年 6 月,他与一位表妹结了婚,她也是一个西班牙人,是由于事务的原因而定居在那里的一位商人的女儿。在米迦勒节结账期(Michaelmas Term)②中,维韦斯继续讲学,仍然住在基督圣体学院,与宫廷有来往。1525 年春,他去了布鲁日,没有证据表明他日后回到过牛津大学。当英王离婚事件③受到公众的关注时,维韦斯被召去王后的家中,教授玛丽公主(Princess Mary)。他为玛丽公主的学习而撰写的拉丁语基础教本被保留了下来。也许是自然地,他在这场重大的争论中站在王后这一边,因而受到威尔西的怀疑,后来又受到国王的怀疑,于是他受到某种程度的约束,再后来被免职并被责令离开英国。他失去了国王的资助,1529 年也失去了王后的资助。此后,维韦斯定居在布鲁日,度完余生。写作和教学、与从事教育工作的人通信,虽然他远离争议,尽最大努力在教堂中保持平静,但他从一个虔诚的天主教徒的观

---

① 威尔西(生卒年不详),英国枢机主教。——译者注
② 米迦勒节,是宗教节日(9 月 29 日),也是英国四大结账日之一。——译者注
③ 即 1527 年英王亨利八世和凯瑟琳王后的婚姻危机。——译者注

点出发,强烈地渴望内部的改革。尽管他可能从来都不是一个富有的人,并且有时陷入极度的贫困之中(依照学者的生活方式来看),但是,对于维韦斯的社会和个人成就,当时人们的认识也是模糊不清的。

维韦斯的经验主要是在社会的统治阶层中获得的,他生来就隶属于这一阶层。在佛兰德斯,他的同事和学生都来自西班牙的统治阶级;
在英国,他的家自然也在宫廷之中。他的教科书《拉丁语练习》(*Exercitatio*)给读者留下了同样的印象,该书中的引喻和说明多半来自于相似的社会。

维韦斯的著作

维韦斯涉及学习的著作主要有以下四部:《格言集》(*Satellitium*,其中收集了拉丁语的格言)、《智慧入门》(*Introductio ad Sapientiam*,1524 年)、《论教学的正确方法》(*De Ratione Studii*,这是一本关于词法的小型摘要)和《论基督教妇女的教育》。他最受欢迎的宗教著作是他评注奥古斯丁的《上帝之城》(*De Cicitate Dei*)的注解本,该注解本在精神上是完全合乎福音的,在知识上是完全正确的。《论灵魂与心灵》(*De Anima et Vita*,1538 年)和《针对假的辩证法》(*In Pseudo-dialecticos*,1519 年,是对巴黎大学的学习和学习方法的一篇评论文章)是他主要的哲学论著。对话体著作《拉丁语练习》(*Linguae Latinae Exercitatio*,1538 年)是根据他所了解的儿童生活的日常经验所编的,适合于拉丁语的初学者。①

《论知识的传授》

但是,作为一位教育家,表现维韦斯的经验和智慧的、具有永恒价

---

① 要了解《拉丁语练习》中的一段叙述,参见马西比奥(Massebieau)的《对话集》(*Les Colloques*),第 158 页。

值的作品是《论知识的传授》(*De Tradendis Disciplinis*,1531 年),该书的第一编经常被引用,其单独的题目是《论知识腐败的原因》(*De Causis Corruptarum Artium*)。正如该标题所暗示的,这一部分内容基本上是批判性的,采用的形式是考察在一个社会和政治迅速变革的时代中知识发展缓慢的原因。在第一编全部七卷中,维韦斯论述了:(1) 知识腐败的总的原因,包括各种各样的原因,诸如贪婪、不学无术者的傲慢、不愿意虚心学习、战争、学术语言的丧失、不同领域知识的混杂、对真正的亚里士多德的无知、大学的腐败;(2) 缺乏真正的拉丁语和希腊语的教学;(3) 不把逻辑学作为一种研究的工具;(4) 缺乏表达能力的训练;(5) 对正确的自然科学的无知;(6) 道德哲学的正确研究的衰败;(7) 法律的学习方法的衰退。鉴于当时的学习和实际需求,第二编论述了教育的目的、方法、工具和课程等。这本综合性著作是文艺复兴时期所问世的那些著作中最为系统的一本,它不仅是在亚里士多德、普鲁塔克和昆体良的基础上编纂而成(因为这是不可避免的),而且也汲取了 15 世纪的教师和作家的思想,特别是伊拉斯谟的思想。但是,尽管对前人有这样的继承性,《论知识的传授》的广度和有条理的陈述使得该书成为长期有影响的权威性著作,在一个世纪或更长的时间里,教育领域的作者和工作者都一致地求教于它。

维韦斯对心理学的贡献

在修正维韦斯所提出的教育的总体计划之前,概述他对心理学的态度是合适的。[①] 从教学有效性的观点出发,他探讨了心理学这门学科。他是第一位把经验主义的研究方法应用于认知现象的人文主义者;他开拓了一条新的道路,摆脱了亚里士多德、盖伦和托马斯·阿奎

---

① 《论灵魂与心灵》是一项研究工作的题目,在该书中他的心理学理论得到了阐述。

那(Thomas Aquinas)①等权威人物的束缚,而这些人物代表了 17 世纪哲学思想的特征。维韦斯的兴趣就是一位人文主义者和实践教师的兴趣,他对心理学的研究不是源于心理学最初的推动,而是他的教育活动的结果和附属物。如果他的研究不那么广泛的话,那他有可能在心理学领域取得划时代的成果。

从韦杰里乌斯的时代开始,没有一位知名的人文主义者不反对某些陈规旧习,因为这些陈规旧习使亚里士多德的辩证法作为心理训练的一种工具已失去了价值。瓦拉、阿格里科拉和梅兰希顿为恢复演绎逻辑学的简明性做出了贡献,这种逻辑学可以作为思维和表达的一种辅助物。但是,纯粹的推理功能外的心理活动现象,诸如感觉、记忆、想象和判断等,它们尚未引起学者们的系统关注。实际上,这种研究与盖伦的传统的生理学研究和托马斯·阿奎那的形而上学研究几乎没有差异。实际上,教会把后者认为是正统思想的最完美的陈述。然而,维韦斯以一种不完善的和试验性的方式,创始了心理分析的一种新方法。他的方法不是借助于"真正的亚里士多德"和"古代的真正的智慧",他也不希望从任何一种先入为主的(a priori)观点出发去充分解释心理活动,无论这种观点是古典的还是神学的,他所采用的一种研究方法是观察和分析实际的智力活动过程。"灵魂"不是通过教条的主张来解释的,而是通过指明灵魂对思想、信仰和活动的多种形式的表达来解释的。

现在应该记住的是,对于在人类活动的任何一个新领域中从事工作的一位先驱者,我们都应该表示尊敬,但这种尊敬主要不在于他已明确取得的成就,更多地在于以下两个方面——一是他第一个认识到有一个特定问题的存在;二是他推测出解决问题的一般方法。在教育的过程中,真理需要不断的思考,我们对人的评价必须以此为基础。如果承认这一点,那么对于维韦斯为心理学进步所做的贡献,就需要给予高度的重视。

---

① 托马斯·阿奎那(约 1225—1274),欧洲中世纪神学家和经院哲学的主要代表。——译者注

联　想

　　自然地，维韦斯最强调与训练和教学有关的心理学，特别是关心对记忆的分析，在这种分析中，他系统地阐述了一种关于联想的学说。他说，记忆是灵魂特有的官能，通过记忆大脑保持了通过感知和反省而领悟到的印象。这些印象是一些心理的映像，它们就像把自己印在一块底板上，这可以通过心灵的眼睛来加以辨认。用另一种比喻的说法，他把记忆说成心灵的手，我们用它来抓住和保留外部的印象。识记的能力、回忆的能力和重组所记忆的材料的能力，它们是记忆的三个因素。人类所特有的能力就是搜索部分被损坏的记忆。作为大脑器官的一种功能，记忆区位于头的后部。一个干燥的头脑（dry brain）有较强的记忆力，而一个潮湿的头脑（moist brain）则较为敏感。就像我们在易激动的或高度兴奋的人身上所看到的那样，热度过高对印象的稳定性是有害的。这种身体状况的适当调节，一部分是性格的事情，一部分是健康和饮食的事情。

　　但是，维韦斯说的不止这些，他自然是从医学知识的角度来理解他所讲的内容。他提出了正确记忆事情的先决条件。我们只能记住我们试图记住的东西，我们也只能关注我们感兴趣的东西。如果情感与认知行为联系密切的话，那么，记忆就确切得多，保持的时间就更长。他说，这是他自己作为学生和教师的经验。再者，接收印象所用时间的长度决定了记忆的强度。维韦斯认为，这也许可以解释为什么很有天赋的人，他们有能力去迅速地理解一些现象和理念，但记忆力却较弱，因此，他们必然成为那种单调乏味的类型的人。在练习中对所记忆的东西加以应用，并通过提问的方法定期测验所记忆的内容，这样做有助于记忆的巩固。他对健忘类型的人的分析是有启发的，也是有独创性的。他认为，健忘有时是由于身体方面的原因，例如，生病；或者是由于情绪发狂，目前的情绪和所牢记的事情没有紧密地联系在一起；或者是由于身体或情感所引起的任何障碍；或者是由于记忆的全部或部分的消失（这是明显故意地造成的），因为当有些材料不再被我们所需要或者

186

没有价值时,我们就会把它们消除掉——在学习的选择过程中,无用的东西被抛弃了。然而也可能会有另一种现象:当手边不再有某个东西时,却意外地发现还需要它;或者是由于最初的印象不明确,由于有错误的知觉或者不合逻辑的反省;或者是由于偶然的情况,联想的一个链节掉下了,整根链条就不能恢复了。

　　接着是对于联想的说明。这样的联想取决于原因和结果;取决于部分和整体的联系;取决于时空中的环境和相关联的事实;取决于一种情况和另一种情况的相似性。某些联想是快速的、瞬间的;然而即便如此,联想的一系列链节可以通过彻底的分析来查找。如果要同时去理解和记忆两个印象,那么,次要印象的出现将使人回想起那个更重要的印象。维韦斯坦言,正是采用这样的方式,他自己的经验引导他去阐明有关的规律。回忆的过程可以通过教师去推进,教师在安排他的教材中要花费必要的力气,这样,学生的记忆就如同被局限在一条狭窄的通道上,也就不可能走失。数学的定律、押韵、推论的次序和时间的顺序,所有这些都有利于准确地记忆事实,并帮助人们容易回忆这些事实。通过适当科目的良好教学,可以引发诧异和惊讶的情绪,而这样的情绪对于年轻的学习者来说是一种很大的帮助。然而必须记住,任何能引起兴奋的东西也容易妨碍知觉和随之而来的映象的准确性,特别是如果后面的描述来得较快或较混乱的话。当重要的实际情况被完全忘记时,可能出现以下一些现象,其包括不知不觉地想起什么东西、反复无常地回忆以及不连贯地记忆明显琐细的事实。对于这些现象,维韦斯是根据他自己的个人经验或者他学生的经验来加以论述的。

　　正是在心理学研究的这个部分,维韦斯突出了他的方法的最大优点。他没有以近代的方式来确立关于联想的学说,而联想的理论是根据经验主义心理学流派来接受近代的方式的。但是,对于心理现象研究的经验主义基础,他谨慎地接受并且试验性地加以应用,特别是致力于记忆研究的领域。如果以中世纪的方式,那他会坚持那种依靠一种特殊的力量(vis)来解释各种功能的方式,而这种力量是各人所固有的;同时,他还打破了哲学研究依据神学教条的束缚,这种教条对科学的进步是一种很严重的阻碍。实际上,维韦斯在近代向一门独立的思维科学迈出了最初的步伐；在某种程度上，他对亚里士多德的直接研究也获得了一个结果，使他认识到心理学受到生理学因素的制约，不管他的想法多么不完善，但这一真理是不卑俗的。的确，维韦斯举例说明了一条不可避免的规律：为人类开辟了一条新道路的人至少把自己原来在旧的活动范围内的某种东西带入了新的环境。经院哲学只是一个出产成果较慢的领域。在维韦斯的有生之年，他阅读了亚里士多德的论著，终于第一次发现了这位哲学家的实际意图。一些先入之见和思维方式必然受到他的环境和他所受教育的影响，而这些先入之见和思维方式不能不使他自己的探索带上某种色彩，不管他最终所采用的方法是多么具有独创性。因此，维韦斯所得出的心理学原理属于新的时代，他的教学实践是以这些心理学原理为基础的；与此同时，他在阐明他的判断时所采用的方式和这些原理是不一致的。必须要重复的是，他对心理学的兴趣源于他对所有涉及教育效果的事情的热情。

教育的职责

《论知识的传授》的第一段话定下了全书的调子。"由于上帝无比的慷慨，我们被赋予了思维和探索的能力，因此，我们不仅能够认识我们面前的事情，而且还能反省过去的事情和预测未来的事情。我们合理的要求是，运用我们的这些能力来考察所有的事实和所有的真相；此外，我们自己的活动范围还包括：把一个事情和另一个事情作比较，并对它们加以整理，按照整个宇宙的本来面目去审视它，尽管我们可能有时由于无知而迷失研究的方向，并且不能正确地理解宇宙。"知识的神圣责任、知识内容的广度、获取知识的正确方法的必要性，这些都是维韦斯关于教育观点的全部内容的基础。"虔诚"（Pietas）这个词作为教育的目的，对于像梅兰希顿、斯图谟和夸美纽斯这样的教育改革家来说是如此熟悉；而对维韦斯来说，这不仅是一个遵守行为守则的问题，而且是对道德约束力的一种承认，所有的智力活动都要以它为依据。在年轻人的训练中，虔诚和知识是一个坚实的整体。如果他们学习的动机是正确的，那么学问和信仰是不冲突的。"虔诚本身和物质并不完全

189

对立，没有虔诚就没有知识。"（Pietati nulla est ex se materies contraria, nulla cognitio. 第244页）但是，所有知识的目的总是被预先假定的，而知识是用于提高和改善人类生活水平的。教学和学校的功能既是培养品格，又是传授知识。"学问如果不回报生活，那么它对事业而言可能是有害的和卑贱的。"（Doctrina cui non respondet vita res est perniciosa ac turpis.）对维韦斯来说，这不只是惯例，他自己的生活脱离了偏狭、嫉妒以及他那个时代许多文人所具有的利欲的奢望。

教育的第一个阶段

关于儿童最初的照料，维韦斯提出了与伊拉斯谟相一致的建议。他理解遗传的规律，并允许在训练中充分考虑它的影响。他极力主张父母承担责任的重要性。学校几乎不能根除那些坏的冲动，而这些坏的冲动正是由于坏的榜样或严重忽视家庭教育所引起的。监督与孩子有关的一切事情是父亲的责任，父亲应加强对家庭的控制，关注影响男孩健康和娱乐消遣的所有事情，首先要选择好负责管教孩子的教师或导师。母亲可以教授文字，给孩子朗读一些有启发意义的故事，在道德上首先打好基础。对于一位明智的妇女来说，这些职责也是一种促进因素，能使她自己不断地学习，这样她就可以更好地帮助自己的孩子。维韦斯引用了一个例子，一位学习过拉丁语和希腊语的母亲，为了听她的孩子早上在家里晨读，甚至训练自己早早地起床。这样一位妇女对她孩子品格的影响比她想象得要大。这就使我们发现了另一种说法，它不同于我们所熟悉的伊拉斯谟著作中的内容。伊拉斯谟对妇女的影响持有普遍怀疑的态度，尽管应该记得，他心里认为德国母亲作为一个女孩应接受少量的教育。维韦斯也认为，妇女的意志不强，这很可能是造成男孩刚成年时所表现出来的缺乏自律的根源。他允许母亲可以鞭打她的孩子；但伊拉斯谟却认为，这对于双方都是不光彩的。

190

学校的选择

如果现有的学校是非常令人满意的话,那维韦斯就会把男孩送入学校,"而且马上开始学习"(etiam extemplo a lacte)。但是,他尚未找到任何这样的学校。对于男孩来说,家庭教育当然优于普通的学校教育,总是想象这种家庭教育是完美的。但是,在一般情况下,他提出的建议是:男孩 7 岁时应该进入"城市的公共体育馆"(gymnasium civitatis publicum)和"完美的学院"(vera et perfecta Academia),以便今后有机会学习大学的人文课程。男孩应该寄宿在一位有权管理他的亲戚或朋友的家里。但是,维韦斯反对寄宿学校,因为学校的食宿已经成为一种营利性事业,很多钱都是从寄宿学校学生身上赚来的。在每一个城市和乡村的某些中心地区,都应该有一所公立学校。值得注意的是,维韦斯自己是一个俗人,他仿效伊拉斯谟和科利特,似乎总是宁愿选择一所世俗的学校,而不喜欢修道院学校或牧师办的学校。如果家庭教育是必要的话,那么必须至少要介绍一个共同学习的伙伴。

对于他所满意的这种学校的必要条件,维韦斯作了详细的论述。他在这个问题上所发表的建设性意见,其价值比伊拉斯谟那种多少有点不真实的贡献更大,实际上甚至比梅兰希顿的观点都要先进。维韦斯对现有学校的评价,有许多和伊拉斯谟或托马斯·艾利奥特的严厉批评一样。任何人只要过了 20 岁,都能够从一所大学、一位主教或其他的权威机构那里获得一张教书许可证。无用的年轻人、生活中多次失败的老人、醉汉甚至从监狱释放的男人,他们都可以管理学校。学科教师的助手通常是大学文科的毕业生,他们还在为获得法学或神学的学位而继续学习,对自己的日常职责漠不关心。这样的职业很少存在:教师是其他工作的台阶。有些教师对自己的工作不认真,他们只是暂时从事这一职业,因此,支付给他们的薪酬就不高。在法国、德国和意大利,给教师的薪酬类似于社会上给佣人的薪酬,这并不冤枉他们。因为这些无知的教师是残酷纪律的实施者,是学生终身受伤害的根源。在这种影响之下,一个具有良好教养的男孩也会堕落。使他的父母感到震惊的是,他回家后表现粗野、狂暴和对他人不关心。维韦斯未提及德文特或列日的一些著名学校或法国的某些天主教学校,在那里寄宿条件似乎是很令人满意的。

维韦斯关于教师资格的观点

关于维韦斯所要求的实际条件,他论述了校址、教职人员、教师的培训、课程、游戏和运动等。特别是由于前三点,使得维韦斯领先于他的同时代人。他要求一个空气流通的和有益于健康的环境,学校既不要靠近一个生产性城镇,也不要靠近一座宫廷。他希望学校能靠近一个集镇,这样食物也许会很好而且品种丰富。但是,关于走读学校的建筑物,他并未说什么。维韦斯是为了一个社会阶层的利益而写,而不是为了半封建的地主阶层的利益而写,这一点是明显的,因而他并未提及把军事训练作为教育的组成部分。然而,他心里也考虑一些家庭可以通过财富、机会和教育来提高社会等级,超过较低的自由民阶层(burgher class),这一点并非不明显。作为达到一个目的的手段,运动处于次要的位置。但是,他坚持认为,身体运动应该是经常性的,每天至少参加一次活动,包括足球、网球或跑步。长距离行走应该受到鼓励。在下雨时,应该提供避雨的场所,并组织有吸引力的室内娱乐活动,诸如当时在德国学校里普遍表演的拉丁语戏剧。

对维韦斯来说,身体的实际发展本身似乎不是一个目标。那里没有纯粹的禁欲主义的迹象。他坦诚地指出,运动会刺激心理活动。从健康的角度考虑,他坚决主张学校每天早开门上课。我们知道,在意大利和阿尔卑斯山以北地区,学校是在早上 6 点或 7 点开始上课。一天必须吃四餐,可以喝水、少量的啤酒以及稀释的酒(这是难得的)。惩罚必须委托给经过仔细选择的教师,因为他们是仁慈的。最后一点,维韦斯并不减少体罚:"虽然理由不充分,但引起疼痛的事对谁都有可能。"(eum revocet dolor cui ratio non est satis.)但是,绝不能引起严重的伤害。

192

维韦斯论教师培训

　　教师的选择是一个问题，对此维韦斯有很多话要说。他详细地阐述说：作为教授男孩的一种资格，文科硕士（Artium Magister）的身份是不够的。只有通过一位校长和其他专家的鉴定与仔细观察后，才可以获得一个公认的"教师地位"（gradus docentis）。教学职位的候补者应该在有经验的教师的监督下、在实际的课堂教学中顺利通过反复的考查。显然，当时有一种流行的做法，即两位候选者在相邻的班级中相互竞争，由许多非专业的旁观者进行观察，在选择较好的教师时采纳这些旁观者的评价。维韦斯认为，这样做是完全不真实的。他希望有一所好的类型的工作学校（working school），把它作为一所用于实习的学校，在该校中能力和熟练程度（facultas et dexteritas docendi）可以得到检验，并可以授予"专业教师"（professores magistri）的头衔。在教育史上的那个阶段，这个建议的重要性就无需再强调了。但是，在成就这方面，教师的资格也具有同等的重要性。伊拉斯谟的小册子《论教学的正确方法》如此深受梅兰希顿的尊崇，维韦斯显然对它也是很熟悉的。和他的伟大前辈一样，如果他能够的话，维韦斯也希望有一个人能精通整个教育领域的知识，以履行教学的职责。至少他坚持主张，他本人已经能够学会的这些科目，基于课堂教学的目的，就应该彻底地学习、正确地理解和适当地逐步发展。他认为，合格的教师应该是这样的人：就像在家里那样能自由行动，在理智方面有着浓厚的兴趣。他进一步强调指出，好的教师完全不要把师生关系考虑为商业关系。他特别坚持，教师不应该在学生的饮食和住宿上获取商业利益。学生也不应该直接向教师付费，教师的薪酬应该是公共支出。教师的薪酬不应该过高，伊拉斯谟会准备冷言冷语地反驳说——出于金钱动机的人不在教育领域。维韦斯反对私立的寄宿学校，部分原因是其包含的盈利动机。采用这样的方式，教师和家长、教师和学生的关系才会更自然、更真诚。严肃而不苛刻、友好并有信心（但没有过分的亲近），这些就是维韦斯所表明的对学生的态度。

教师和学生家长的联系/
对学生心理和道德能力的观察

在一个重要的方面,这种私人关系将证明是重要的,即使教师仔细观察他的学生,然后决定这些学生各自的恰当的训练计划。维韦斯并不认为,根据对年轻人行为的一种粗略的观察来推断这个人的心理倾向和性格是一件简单的事情。确实,他自己的心理学依赖于那些以经验为根据所获得的事实;但是,他不会被这种敏捷性引入歧途,通过这种敏捷性也许可能形成一个正确的或错误的结论。[①] 他断言:两个男孩不会天生就有完全相同的禀赋,甚至同一个男孩的禀赋也会随着时间和所处生活环境的变化而变化。一个有希望的孩子可能会堕落;而一个似乎看来没有希望的孩子有可能成长为一个健全的人。没有别的事情比探究人的这些特性更有用和更困难的了。由于这些特性对教师工作的影响非常大,因此,教师应该关注它们,除了一年至少 4 次非正式谈话外,还应该举行认真的会议,专门讨论所教育的男孩的爱好和性情。

瓦特的《人类智慧的考察》

在这里,维韦斯以非常适当的方式简略地论及了一个问题,而这个问题几乎每一个人文主义作者在论述教育时都会提到。例如,阿尔伯蒂坚持认为,一个观察力敏锐的父亲必然能够知道儿子的兴趣、爱好、能力以及最不喜欢什么。早在一个男孩 10 岁时,就可以预测他未来的

---

① 要了解儿童的道德差异的含义,参见维吉乌斯(M. Vegius):《论博雅教育》(*De Liberorum Educ.*),第 1 卷,第 18 页。维吉乌斯很强调先天的品质:"做事在于本性……在于是否适合当时的情况。"天性也许是"迟钝的"(plumbeum)或"坚定的"(ferreum)或"服从的"(glebae ascriptum),各自都需要适当的关心。比较伍德沃德的《维多里诺》,第 109 页。

职业。但是,他主要考虑的无疑是孩子的性情和爱好,而不是特殊的智力品质。伊拉斯谟非常强调在个人身上可以辨认的独特性格,这种性格决定着每个人以后职业的类型,甚至与每个人相适应的特定的学习领域的类型。① 在教育的进程中,可能很早就有这样的认识。斯图谟1538 年被委派去斯特拉斯堡学校(Strassburg School)任职时说:"勤奋的教师为了教好学生,就要尽可能了解每个学生各自相应的性格。"(industrii doctoris atque magistri est videre ad quam quisque artem accommodatam naturam habeat.)所要追求的特征是:"心中的热情、探索的勤奋、领悟力的敏锐和记忆的保存。"(ardor in suscipiendo, studium in vestigando, acumen in percipiendo, et in conservando memoria.)但是,这里还是要指出,以上这些是心理的一般品质而不是特殊的才能和爱好,只是暗指心理能力。如果我们转到后一个世纪一位杰出的英国观察者、伊顿公学校长亨利·沃顿爵士(Sir Henry Wotton)那里②,我们发现,这种对年轻学生的能力的仔细评价被认为是教师的主要职责。"必定有一种途径,通过它就可以知道如何识别儿童的天赋才能和爱好。"有两种方法是可用的,由此可以得出这样的结论:一是观察表情、姿势和态度的方法;二是注意"某些形成的记忆术"的方法。眼睛、气质、表达和头的形状(他更喜欢"大而圆"的头)是第一种类型的标记;任性、爱空想、爱孤独是使人沮丧的;机灵、有见解、记忆力强、准确的发音是有出息的象征。在维韦斯之前,艾利奥特曾这样说:"一位导师的职责首先是了解其学生的天性,也就是说,学生最倾向于往哪里发展。"③但是,对能力和教学的关系特别关注的思想家是一位西班牙哲学家胡安·瓦特(Juan Huarte),他在 1575 年出版了一本书,题为《人类智慧的考察》(*Examen de Ingenios para las Ciencas*),译成意大利文为:"*Essamina degl' Ingegni degli Huomini acconci ad*

---

① 关于伊拉斯谟的心理学,见伍德沃德的《伊拉斯谟》,第 77 页。

② 沃顿(Wotton)的《教育的哲学研究》(*A philosophical survey of Education*)。

③ 艾利奥特(Thomas Elyot):《行政官之书》(*The Boke named the Governour*),第 1 卷,第 38 页。

apparare qualsivoglia Scienza",由此译成英文是:"*The Examination of Men's Wits*"。

和维韦斯一样,胡安·瓦特从教学的立场去探讨心理学。他的主要论点是:自然赋予不同的个人以一种特殊的才能,这种天赋才能特别适合一种学习类型的人,而且只适合这种学习类型的人。他也承认,有些天性根本不适宜学习。刚才提到的这本书英文版说(就像胡安·瓦特所正确地注意到的那样):"没有人能够清晰地和确定无误地阐明:天性究竟是什么(它使得一个人能够精通某种学科而对另一种学科则不能驾驭)? 在人类身上所发现的智慧有多少种差异? 什么人文学科或自然科学特别适合某个人? 最重要的事情是什么特征能够为人类所知?"瓦特的见解如下:

1. 在不同类型的精神天资中,就杰出的程度而言,任何个人只被赋予一种天资。他承认,也有一些"傻瓜",他们根本没有任何天资。

2. 对于不同类型的能力,都有一个具体的知识领域或学科与之相对应,这一点是能够看到的,也是能够被使用的。

3. 但是,每门学科的"实践部分和理论部分"之间需要进一步的辨别,因为"每门学科所需要的才智是如此的不同,就好像它们是相反的一样"。

4. 这些才能或"才智"是:(a) 记忆力,它与拉丁语法或其他语言、法学理论、确有助益的神学、宇宙结构学和算术等学科特别有关。(b) 理解或推理的能力,在经院神学(教义的)、物理学、逻辑学、伦理学和"法律练习"等学科中,这种能力都会得到富有成效的运用。(c) 想象力,它在某些涉及形象、一致性、和谐与比例的人文学科和自然科学中能得到特别的发挥,这些学科是诗歌、雄辩术、音乐和传道的技能等,还有物理、数学和占星术的练习,绘画、素描、写作和阅读,事务的行政管理;技艺以及同时向四位作者口述不同事情的奇特能力。

显然,对于教育的目的来说,在心理品质与智力的、审美的和实践的活动之间的这样一种假定的联系并没有许多价值。然而,值得注意的是,瓦特坚持一个原则,该原则使得他去尝试获得这样一种相关性,即教学不仅要考虑教材的逻辑顺序和学校课堂的组织,而且要考虑学

196

生的心理。就像在维韦斯那里一样,他的这个西班牙同辈最让我们感兴趣的就是,他直接关注把心理分析作为正确地调整教学的一种特有的帮助。有充分的证据证明,瓦特从维韦斯那里学到了很多。他们都强调考试的重要性。

迄今为止,维韦斯的理想学校吸引了人们的注意。他坚持关注以下的方面:需要合适的场所和周边环境、学校师资的训练、教师的职责在于使教学适应个人的能力和爱好以及系统的体育运动的重要性。

学校课程

维韦斯详细地讨论了课程,并按以下的顺序来安排:语言(他是指语法)、逻辑学、物理学、主要的哲学或形而上学、辩证法、修辞学和数学。这样一种课程安排适用于从 7 岁到成年的学生。它被当作专业训练的预备。维韦斯对它并未作详细的考察,但在某些方面给人以启发,以说明所涉及的一些原理。

本国语

首先,就本国语的作用和价值而言,维韦斯和伊拉斯谟或斯图谟的看法是根本不同的。就像所有西班牙人文主义者一样,维韦斯所受到的教育使他为自己的卡斯蒂莱人血统而自豪;他在西班牙殖民地布鲁日的新家时,也很珍惜自己的这一血统。他说佛兰芒语(Flemish)①和法语,无疑还有英语。"父母和教师的责任是尽力让儿童正确地说他们的母语。"教师必须懂得其学生的本国语,否则他就不能用本国语的手段适当地教授希腊语、拉丁语等学术语言。一个恰当地受过教育的人将永远不会忽视学习他的本国语,而且要尽全力促进它的发展和丰富它的内容。于是,维韦斯通过本国语来教授拉丁语。

---

① 佛兰芒语,说英语者对比利时荷兰语的常用名称。——译者注

拉丁文法和古典作家

　　然而，维韦斯提醒他的读者，语言的多样性是罪恶的结果，即在没有建成的通天塔①上的人的骄傲自大：一个完美的国家意指一个种族、一个民族和一种语言。但是，事实和现实反对试图假设有这样的状况。因此，进一步说，需要一种全世界的语言。各国人民之间的交往、共同的信仰、具有永恒的和普遍的影响的著作，以上这些都需要有这样一种语言。由于拉丁语的历史、结构以及它与伟大的拉丁系语言各旁系的关系，这就清楚地表明拉丁语是人类团结一致的象征。在瓦拉之后，维韦斯也坚持摒弃中世纪的语法观念和中世纪的词汇，因为它们毁坏了作为一种标准语言的拉丁语。逻辑学家们详细研究"原因"（causae），而修辞仅仅被认为是"使用"（usus）。"为什么第五个词尾变化局限于阴性名词"，或者为什么在拉丁文法中独立的格（absolute case）总是夺格（ablative），这些问题都无关紧要，知道这些事实就足够了。因此，维韦斯以伊拉斯谟的风格斥责陈旧的论辩术的语法，并鼓励德斯波特里尤斯（Despauterius）或梅兰希顿。男孩直到 7 岁时才开始接触拉丁语。应该学习语法规则，但是，不必迷信语法的完整性和严格的精确性。起先，儿童只需要表现出一种愿意学习的和专心的心理状态，不要求他们做更多的事；但是，在学校学习了一段时间后，他就必须开始说拉丁语。为了达到这一目的，同伊拉斯谟和科迪埃一样，维韦斯以对话体的形式编写了适当的辅助读物。关于这种教授拉丁语的方法，我们在上文已经说过一些。除了他在教学过程中利用本国语的做法，在看待语法的功能以及语法与句法分析和写作的关系方面，维韦斯还仿效伊拉斯谟。在学习的各个阶段，只有在需要的范围内，才应该教授词法和句法。关于语法的使用，维韦斯是否在现有的知识上增加了一些东西，这可能是令人怀疑的。可以肯定的是，就希腊语而言，他公开表示愿意追随拉斯

198

────────────

　　① 没有建成的通天塔（Babel），这是在基督教《圣经》中所提到的。——译者注

卡利斯(Lascaris)①和加扎。

至于所要阅读的著作,维韦斯反对使用节录本;作为廉价的教科书,这种节录本当时在学校中是常用的。如果只读节录本,那一个作者的完整意思和尊严就都失去了。就像通过摘录和节本来学习亚里士多德这种方式所已证明的,在理解上就易于产生最严重的错误。男孩天生喜欢诗人,和伊拉斯谟一样,维韦斯在诗人中间推荐卢肯作为学生开始学习的对象,以便学生接着能领会经过"选择"的(delectus)和容易读的散文作家的作品。应该牢记在心的是,和许多人文主义者(特别是约翰·弥尔顿)一样,维韦斯把古典作家看作是智慧的源泉,而不仅仅是文体的榜样。特别为16岁以下的男孩所规定学习的作家和作品如下:凯撒、西塞罗的《书信集》、特伦斯的《田园诗》(*Eclogues*)、《农事诗集》(*Georgics*)②和《埃涅亚特》(*Aeneid*)③(按照那个顺序)、从贺拉斯的《颂歌集》(*Odes*)④中精选的一部分诗、普鲁登修斯(Prudentius)⑤、曼塔安尤斯(Bapt. Mantuanus);李维、瓦莱里尤斯·马克西马斯,最后是西塞罗的《演说集》(*Speeches*,希腊语版),没有以上这些作品,拉丁语和拉丁文化几乎是难以理解的。此外,还要学习的作品和作家有:《伊索寓言》、伊索克拉底、卢奇安、克莱索斯汤姆(S. Chrysostom)⑥、德摩斯梯尼、荷马、选自欧里庇得斯和阿里斯托芬的戏剧中的若干场戏(不是整场戏)——索福克勒斯(Sophocles)⑦和埃奇库罗斯(Aeschylus)⑧不包

---

① 拉斯卡利斯(1434—1501),生于君士坦丁堡的语法家兼抄写家。他被拜占廷帝国流放后,最初在意大利教希腊语。——译者注

②《农事诗集》,维吉尔作的长篇田园诗。——译者注

③《埃涅亚特》是维吉尔作的史诗,叙述特洛伊(Troy)陷落后埃涅阿斯(Aeneas)来到意大利以建立罗马城的冒险经历,共12卷,近万行。——译者注

④《颂歌集》,又译《歌集》,共4卷,103首诗,论人生各种经验。——译者注

⑤ 普鲁登修斯(348—约410),出生于西班牙,基督教诗人,当过律师和法官。——译者注

⑥ 克莱索斯汤姆(约347—407),基督教教父。——译者注

⑦ 索福克勒斯(前497—前406),古希腊悲剧作家。——译者注

⑧ 埃奇库罗斯(前525—前456),古希腊悲剧诗人。——译者注

括在内——赫西奥德（Hesiod）①、色诺芬和修昔底德。个人阅读将覆盖一个更广的领域。这种阅读的范围会在男孩 16 岁时再扩大。维韦斯强调说："诗歌不是食物，而是生活的调味品。"

历　史

维韦斯反对过分崇拜西塞罗，就像在其他领域中对于柏拉图或亚里士多德过分崇拜那样。他并不承认，古代形成了一种不同于近代世界秩序的思想。古代为以后的时代提供了一些榜样人物，他们热情地献身于真理，并努力追求真理。但是，在崇敬他们的精神的同时，没有必要肯定地说：他们在所探究的所有学科中都获得了最后的真理。在适当的课程中应该学习古典著作，如果有可能的话，它们也许会被超越。维韦斯极力主张，在阅读历史书籍时，不仅要学习李维或普鲁塔克的书籍，还要学习弗罗伊萨特（Froissart）②、科米斯（Philippe Comines）③、蒙斯特勒莱（Monstrelet）④和斯帕尼阿德·瓦莱拉（Spaniard Valera）的书籍。"一直写到我们自己这个时代的世界历史的总纲是需要的。"就像艾利奥特建议的那样，历史的学习必须先于地理课程，或者和地理同时学习。但是，他继续问道：历史中什么部分是最重要的？"是战争吗？不是。因为战争主要只是掠夺，仅此而已。"作为事实，它们应该受到注意，但不值得加以特别的研究。学生应该主要学习文明史，了解"值得称赞"的一些事件和人物。然而，极少有历史学家会恰当地突出他们的学科的这一方面。有的只是一些糟糕的教学，要求学生背诵一些相对价值较小的活动细节，却忽视了那些源于英明政策的东西。维韦斯建议，阅读色诺芬、希罗多德、修昔底德、李维、塔西

---

① 赫西奥德（前 750—前 650），古希腊诗人。——译者注
② 弗罗伊萨特（约 1333—约 1404），出生于法国，历史学家、诗人。——译者注
③ 科米斯（1445—1509），法国历史学家和外交家。——译者注
④ 蒙斯特勒莱（约 1390—1453），皮卡尔迪的一个贵族家庭出身，以写百年战争最后阶段（1400—1444）的编年史出名。——译者注

陀和普鲁塔克的著作,近代的人都比不上这些伟大的作家,他们所有人的写作都是从事情的叙述到极好的和有说服力的"格言",因此,对于教育目的来说是特别有价值的。无疑,维韦斯在强调历史的地位时是着眼于教导,但是,当一个年轻人把学习历史视为今后担任公职而做的一种技术性准备时,维韦斯把来自于历史学科的政治教训仅仅当作进入一个更高的学习阶段的合适的知识。然而,虽然把历史作为一种学校课程,但他在论述历史时所持的一种态度不同于他之前的任何一位人文主义者所表示的态度。他的看法与蒙田较接近,而和伊拉斯谟相差较大。

至于对古代文献和社会的学习可能引起的道德风险,对待过去的这样一种态度解除了维韦斯的焦虑。他能够采取历史的观点。把早期基督教著作和《圣经》接纳为学校的课本,这应归于维韦斯见识的广阔。它们也是世界遗产的一部分。但是,至于根据宗教的立场排斥古代知识的精华,维韦斯在这一点上很顽固。他认为,有的建议是不能容忍的,就好像一个人应该拒绝在麦地里长罂粟属植物一样。

修辞学

尽管维韦斯在他的课程中把修辞学放在较后的位置,但还是比较方便注意到它和"语言"(linguae)的关系。中世纪史专家们认为,修辞学一方面和语法有关,另一方面则和逻辑学有关。所谓"发现"(inventio),即为了说明问题而用逻辑学的形式来处理事情,它是辩证法的一个分支;而"演说风格"(elocutio)、文体或表达方式都是语法的一部分。"文法的"(grammaticus)目的在于为了平常的运用而能够"简单地、合适地谈话"(sermo simpliciter congrnus),为了学术上的或文学上的目的而使修辞学教师能够敏捷地"谈话"(sermo figurativus)或善于"修饰"(ornatus)。因此,修辞学旨在通过审美的和情绪的刺激以及严格的推理去产生效用。许多人文主义者对于西塞罗和昆体良的盲目崇拜,以上已经详细阐述过了。无论如何,维韦斯是反对这种情况的。他和伊拉斯谟都嘲笑"模仿奴性的、迟钝的人"(imitatorum servum pecus），认为有关西塞罗主义者的争论是"每一位读者所熟知的"。我们也许记得，博达斯（Budaeus）持有同样的观点：文体不仅要服从主题，而且只有当它恰当地适合于内容、演说者和听众时，它才能够被断定是完美的。

在修辞学的教学中，维韦斯认为，教师的职责是把学生置于正确的道路上，而不是把他们直接带到目的地。做事情时，教师开个头，学生通过天性（如兴趣和能力）和实践将会把事情做完。没有学生的实践，这件事情就不值得去尝试做。"但是，在我的时代，期待着从教师那里获得一切，教师是没有什么的，他只是连接古代权威著作的一根管道。"因此，教师将不会主要关心这种来自西塞罗的"优雅"（elegantiae），然后再加到其他任何内容中去。"优雅的"（elegans）就是"朴素的"（purus）、"优美的"（nitidus）和"适合的"（aptus）。"我宁愿以生硬的、不加修饰的方式陈述真理，也不愿用不真实的和华丽的语言仅仅说一些空话。"

模　仿

然而，对典范的学习也是一种必然性，维韦斯引用了"诚实模仿"（vera imitatio）的一种方法。"模仿西塞罗就是要使你自己处于他的位置。例如，西塞罗的目的是为了说服元老院。他的步骤是非常明确的。他使自己掌握历史的或当代的事实，他分析了有关人物的动机，并对这些资料运用自如：事实和动机在它们明显的关系中被显现出来，所有这些都需要熟练的技巧。因此，通过西塞罗的一篇演说来仿效他：接过他的主题，尝试用你自己的方式来处理它。然后，仔细考察西塞罗自己的方法——对材料的运用、"发现"、顺序以及论点的建构等。其次，注意"开始"（exordium）的功能、他开首的论点、他采用的"约束"（nexus）的类型、他对一般原理的应用等。采用这一方式，你开始了解西塞罗的修辞学，不是通过直接抄袭他的作品，而是通过分享他的精神。"

这样的模仿是为了发展我们自己的个性，而不是摧毁我们自己的个性。尽管维韦斯并未这样说过，但是，也许他把本国语的修辞学看成是古典文体训练的产物。关于拉丁语书信体诗文的写作技巧的教学，

201

维韦斯提出了一些建议并占有一定的篇幅,这表明作文这一形式对于那些从事于公共服务的人们的重要性,而该职业也是他的学生们最向往的。

逻辑学

关于逻辑学,维韦斯坚持阿格里科拉和梅兰希顿的立场。他没有给逻辑学理论增加什么东西,但他把该学科作为年轻人学习的一门学科。难以理解的是,他并未察觉到后来弗兰西斯·培根所提出的异议。培根认为,逻辑学还是一门不成熟的学科,所以,他反对把逻辑学包括在儿童的课程中。但是,我们必须记住,人文主义学校没有其他精密思维的主要工具,没有一门系统的数学课程。然而,使逻辑学变得更纯正也并非易事。学校的旧习惯,即为了辩论而把全部知识置于进退两难的境地的习惯是很顽固的。维韦斯断言,男孩们离开学校时是自负的、好争辩的、举止招摇的和专断的;他们自以为是精明的和机灵的,但实际上是吹毛求疵的和爱反驳别人的,而不是见识广博的。托马斯·莫尔爵士知道,如此学习逻辑学基本原理的男孩将不会反驳他们所听到的东西,就是因为他们不懂。

自然学科的地位

在辩证法之后就是自然知识,"物质"(physica)代表有关时间的科学知识:"植物和动物的起源与本质以及现象的原因;不管是陆地上的,还是天空中的;不管是在田野中、在山上,还是在森林中。"但是,这样的自然知识到目前为止是没有组织的。一方面,维韦斯认为,亚里士多德仍然是科学真理的一个权威性来源;另一方面,他也承认,最好的书本是自然本身。学习者必须利用他的日常休闲时间和假日来思考自然。

因此,借助于古代的伟大探索者普林尼、科卢梅拉、瓦罗(Varro)①、亚里士多德和狄奥弗拉斯图等人的著作,将可以对所观察到的东西加以详述、核实,并进行概括。这里的困难显然有两个方面:首先,观察的方法尚未系统地提出;其次,科学"知识"的文献完全不适合学校的目的。数学的教本大部分是晦涩的节选本,对教学来说是无用的,或者是数量庞大的对开本——诸如欧几里德(1482 年出版的)和博戈(L. de Borgo)关于算术与代数的更为厚重的著作。在维韦斯看来,只需要算术、几何学、天文学和音乐的有限知识就足够了;超越这一限度可能会有危险,就像数学的抽象化"把人的思想从对生活的实际关注中分离开来,使其更加不能正确地面对具体的和世俗的现实生活"。对于男孩们来说,费伯(Faber)、萨罗博斯科(Sacrobosco)——哈利法克斯(Halifax)②的一位天文学家霍利伍德(Holywood)——以及珀巴奇乌斯(Purbachius)的作品可能是易懂的。在自然科学方面,大多数中世纪的书籍被加上了过多的注解,而近代的书籍还没有为初学者们所编辑。

因为所有这些原因,所以,维韦斯打算把整个学科从学校中撤除,直到科学探究者掌握了他们学科的不同分支,以便能够立即以一种确定的、容易理解的并适合于智力的方式展现其权威性的结果。

维韦斯面临的困境说明了一个原则,即当一个学科的倡导者能够得到明确的、确定无疑的结论,能够系统地检验和承认这种材料、文字或其他的说明,并能够在课堂教学的情境下运用时,学校才能够把这一学科纳入到课程中去。如果这被认为是反对人文主义教育家,那他就不能对科学的观点有充分的认识,答案就像它的结果一样简单,科学家迄今为止还不能提供能够教授给学生的有组织的材料。但是,"物理"(physica)至少还有维韦斯这样一个支持者,他用这个尚不完善但仍会发展的学科来陪衬他的教育目的。

---

① 瓦罗(前 116—前 27),古罗马学者和作家。——译者注
② 哈利法克斯,英格兰北部一城市。——译者注

形而上学

就像前面已说清楚的那样，对于人文主义者来说，所有学习的目的就是人的更完善的发展。"这必须是学校中任何自然学习的首要原则：不是把研究推向原因和原理，这是我们所不能及的，而是把我们的探索引向生活的需要、对智力和体力有明显好处的或者个人虔诚的目的。"对自然的纯理论的思考倾向于形而上学的微妙，比如逗乐烦琐哲学家，维韦斯把这视为是对健康的智力生活的极大威胁。他意识到，中世纪的"物质"（physicus）摧毁了"事件"（res）研究中的所有事实。他比铁匠和农场工更无视眼皮底下的实际物体，但对根本不存在的各种性质进行没完没了的争论。在16世纪意大利文学艺术发展的初期，当时天文学尚未从占星术中分离出来、化学尚未从炼金术中分离出来，为了人类的进步，人文主义者致力于消除"以前的"（a priori）方法的诅咒（它笼罩着科学界）。维韦斯为年龄稍大一点的男孩写了一本小册子《论哲学入门》（*De prima Philosophia*），它明显是以基督教为基础来安排的。他完全忽略唯名论（Nominalist）①和唯实论（Realist）②的争论，从意识的表现解释了关于意识起源的简单概念，例如，"论道义"（de Deo）、"论物质和形式"（de Materia et Forma）、"论时机"（de Tempore）、"论实质"（de Substantia）、"论偶然性"（de Accidente）。语言上很平实，虽然并不是抽象真理，但非常适合作为年轻的心灵进行哲学思考和理解术语的初步入门。

课程的总的范围

维韦斯把这种教育看作是成年期学习的准备，成年期的学习自然

---

① 唯名论，中世纪经院哲学的一个派别。主张一般先于个别。——译者注
② 唯实论，中世纪经院哲学的一个派别。主张个别先于一般。——译者注

是技术性的和专业性的学科,包括法学、医学、建筑学、神学、政治科学和军事。和维多里诺一样,他认为一种课程完整的博雅教育是可以不通过大学来实现的,如他所知,在大学里纯粹的人文主义教育通常占据从属的位置。当时在卢万设立的三一学院,就是在维韦斯和伊拉斯谟的影响下设立的,它反对对古典学习的强烈的专业兴趣持一种敌对态度。

女孩教育

迄今为止,论述的都是男孩的教育;但是,关于女孩的教育,维韦斯有一些明确的和有教育意义的观点要说。[①]　必须注意的是,他为亨利八世的女儿玛丽(Mary)公主做过四五年的家庭教师,玛丽的丈夫菲利普(Philip)作为一个年轻人,是维韦斯的赞助者之一。维韦斯确立了这个思想,乌尔比诺的伊丽莎贝泰公爵夫人(Duchess Elisabetta)和孟都亚的伊莎贝拉侯爵夫人(Marchionness Isabella)标志着在阿尔卑斯山以北国家中所公认的女孩教育观念上的显著进步。

直到宗教改革,在德国、法国和英国社会存在的对女子教育的中世纪看法,这是封建社会里女子从属地位的自然结果。偶尔有一个作家诸如文森特(Vincent de Beauvais)或一个意大利人克里斯蒂娜(Christina a Pisanis)辩护说:"对妇女不应该没有教育。"(arets et literae.)但是,地方的和教会的当权者反对任何关于扩大妇女生活的诉求。家庭内的职责天生和按规定就是她们的职责,为了这些职责的训练包括:阅读、写作以及含有医学和外科基本知识的"概要"(computatio),以便在家庭成员生病和受伤时她能够充当护士的角色。其他必需的才能是针线活、纺织以及各种才艺、音乐、占星学以及不太普通的法语和普罗旺斯语。至少在表面上,宗教是最重要的科目。

---

①《论基督教妇女的教育》(*De Institutione Feminae Christianae*)一书是题献给凯瑟琳王后(Queen Katherine)的(1523 年),应该与伊拉斯谟关于同样主题的小册子作比较。见伍德沃德的《伊拉斯谟》,第 148 页。

女孩教育的目的和方法不同于
意大利人文主义者的观点

　　与格里诺同时代的列奥那多·布鲁尼首次倡导,古代文学的财富不仅应该对妇女开放,而且应该成为她的教育的完整部分。维多里诺也许是第一位践行教育性别平等原则的学校教师。从教育的观点来说,应该仔细阅读布鲁尼的小册子并赞扬它的重要意义。在意大利,无疑正如维韦斯所知道的,在 15 世纪,妇女的社会地位经历了显著的变化。妇女们在社会中渐渐取得了新的地位,需要一个完全不同的和比她们北欧的姐妹们更加广阔、更加彻底的教育。在佛罗伦萨或费拉拉,与她们的丈夫和兄弟的个性相比,妇女的个性并没有什么值得尊重,而且更没有能力接受教育。妇女不是由于她们的教育使得她们要求一个新的社会认知,而是她们更加自由和更加有价值的社会地位需要一个更高类型的教育,这是与教育进步的普遍规律相一致的。因此,只有当妇女们属于一个完全接受男女社会平等观念的阶层时,她们才能触及教育的全新的框架和内容。当时,这从来就不是一个很大的阶层。如我们将在下一章所见的,这个阶层在那不勒斯、巴勒莫(Palermo)①、威尼斯根本就不存在,更不用说在巴黎和莱茵河西部地区了。甚至在宣扬文艺复兴精神的团体中,古典教育也只是统治阶层女性的专利。佛罗伦萨杰出的银行家和商人给予妇女平等的地位,但中间阶层的市民却不愿意,因为在前一种情况下,社会会更加进步,对妇女的文学素养和交谈技巧会有更高的需求,这就要求把她们接纳到社会中来。即使如此,直到 1480 年前后,优雅的和有才智的交际才得到发展并达到完善,正如在"罗马之劫"(the Sack of Rome, 1527 年)之前 20 年的乌尔比诺王朝一样。但是,有事实证明,意大利的市民阶层并没有改变女孩教育,以使其与文艺复兴时期为男孩提供的教育相一致。

_____

　　① 巴勒莫,意大利一海港城市。——译者注

北欧国家有教养的女性的例子经常被引用——这些名字不断地被提起,诸如托马斯·莫尔的女儿们、纽伦堡的皮克尔海默(Willibald Pirckheimer)①、简·格雷(Jane Gray)女士和库克(Cooke)女士以及其他女性。毫无疑问的是,与意大利的学识渊博的女性相比,这些只是十分罕见的例子。因此,我们也许可以断定,古典复兴在很大程度上决定了上层阶级或富裕的中层阶级的男孩教育,只有在上层阶级中(这里不是绝对意义上的),女孩教育才会受到相同的影响。这个陈述反映了阿尔卑斯山以北的所有国家在 1520 年至 1540 年期间的真实情形,在这个时期文艺复兴的影响开始渗透到英国和法国社会。

在 15 世纪的法国,有相当数量的为女孩开办的学校。在这些学校中,女孩能接受社会所要求的教育,也就是阅读、写作、算术和宗教。这些学校一部分由教会开办,一部分由所在城市或法人团体设立。然而,妇女的才智仍然没有受到重视。伊拉斯谟认为,妇女一般都是软弱的、反复无常的、易怒的和轻佻的。但是,他认识到她们的教育和平时的兴趣对道德与智力的影响是不利的,因此,他呼吁一个更有价值的训练的观点,这与一百年前塔斯坎·布鲁尼(Tuscan Bruni)提出的那些观点如出一辙。出于同样的原因,维韦斯认为,为了团体的利益,有必要开始解决女孩教育的问题。

维韦斯认为,需要"通过明智哲学的帮助"使妇女变强,因为妇女是懦弱的。妇女是轻佻的,所以,要培养她对伦理学的兴趣。道德尊严是妇女的荣耀。如果无知是保护她的最好方式,那么我们是不是就应该让她无知呢。但是,真是这样吗? 按常理来说,无知对邪恶是没有免疫力的。此外,真正的学识为更好的道德目的提供榜样和刺激物。如果心灵的培养是危险的,那么我们应该摧毁我们的智慧,把我们降到无理性的野蛮生物的水平上并摒弃那些使得思考的人受到困扰的冒险! 维韦斯总结了他自己的观点:许多妇女都是难相处的、坏脾气的,喜欢衣服,醉心于琐事,成功时傲慢自大,不幸时楚楚可怜。总之,这是让人无

①　皮克尔海默(1470—1528),支持宗教改革,精通希腊语,曾把柏拉图、色诺芬和普鲁塔克等人的著作译成拉丁语和德语。——译者注

法容忍的。为什么呢？因为她们缺乏合理的兴趣，比如知识能够提供的兴趣。他声称，没有见过哪个受过良好教育的妇女不被人尊重的，根据他的经验，恶劣的性情是与无知紧密相连的。因此，从妇女自身和团体利益来看，妇女应该享有和男人同样的获得知识的机会，这才是公平的。

然而，由于性别不同，因此，教学的各种要素的比例也是不同的。例如，自然哲学、数学、历史，除了那些用来解释善恶和政治论据的，都要适当地予以忽略。而且，在教学中，维韦斯特别强调要包括作为华丽演说艺术的修辞学，因为一名妇女的主要职责是保持沉默。虔诚的牧师的性情在这里被表达出来。就妇女而言，这种性情充满了西班牙人的孤独天性。在意大利，它是文艺复兴学说的对立面。

在女孩的教育中，应该认真教用本国语说话，这是占据首要位置的；然后是拉丁语。维韦斯偏爱女教师，如果能找到的话。他允许把严格审查过的诗歌作为初学者的一般读物，近代的爱情小说是不被允许的；像薄伽丘或波吉欧一样，《高尔的阿马迪斯，兰切洛蒂》(*Amadis de Gaul*, *Lancelotte*) 是被禁止的。"妇女没有被蔑视为毒蛇和蝎子"(feminae non minus aversandi sunt quam vipera et scorpio)，所以，自然地，他发现《圣经》和十五六世纪的基督教诗歌是最有益的读物。但是，柏拉图、普鲁塔克、西塞罗和塞内卡的作品也是规定要学习的，因为"所有这些都是关于自制的知识"，"妇女特别需要哲学这一课"。其次，就是关于抚养儿童、家庭管理之类的书籍，例如百科全书。最后，就是《圣经》。自然知识的学习是可以的，它是为妇女充当护士的角色照顾病人做准备的：因为家庭的职责通常必须优先于学问的获得。维韦斯认为，厨艺是一种与完美道德分不开的才能。说到他所知道的布鲁日或卢万

时，他问道："在近代为什么会对家庭如此漠不关心？""我认为，真正的原因在于，妻子和母亲们在厨艺方面的懒惰和粗心，这导致丈夫和儿子们极其厌恶家里的饮食，而到其他地方寻找更有吸引力的食物。"把对这些平凡职责的强调和维韦斯关于女孩教育中对音乐、绘画和舞蹈艺术的忽视相比较来看，这是有启发意义的。

因此，女孩教育的一般目的就是培养热心的和节操高尚的女士、慈

爱的妻子和母亲、平等的和有智慧的同伴，最重要的是家庭能干的女主人，在休闲生活中有严肃的兴趣。这是一种理想，就像托马斯·莫尔给他女儿所制定的一样。而且，正如维韦斯所知道的，这是以佛兰德斯的西班牙社会的更高的统治阶级社会为前提的。实际上，他具有典型的稍为严肃的、近乎禁欲的西班牙情感，这在他在伊比利亚半岛文艺复兴第一阶段所写的著作里有所体现。这种关于妇女生活的理想远没有同时代的意大利社会中显耀的妇女的生活优雅，却比她们有更多的限制。但是，毫无疑问，它更能符合这块土地上可以接受的标准，相比以南欧的明智的宫廷为代表的活动领域，在这里对妇女开放的活动领域更加严格。

维韦斯和伊拉斯谟以及英国学者的关系

在所有关于学习和教育的问题上，维韦斯从未否认他受益于阿格里科拉，特别是受益于伊拉斯谟。"伊拉斯谟的学生和后辈"（discipulus filius Erasmi），这是他自己的表达。在这两个人之间找出相似之处并不难，他们都主持过教会组织，他们都希望从内部进行改革，他们都通过完善的学识和无偏见的历史探寻基督教的起源。维韦斯采用一种强烈的福音派新教会的语调来写作，这使我们想起阿格里科拉以后的时代，但这是一个在宗教改革以前西班牙宗教作品中的显著人物。因此，我们可以说，维韦斯的目的在于用很好发展的良知来灌输纯粹的知识。在这方面，他与英国严肃的人文主义者很相似，例如，罗杰·阿斯堪（Roger Ascham）①、约翰·蔡克爵士（Sir John Cheke）②或托马斯·霍比爵士。

把维韦斯与伊拉斯谟更紧密地来比较，他们的观点的一致性可能在以下这些方面：强调最初阶段的教育；强调家庭、父母、保育员、导师和同伴；强调女孩教育需要一种认真的变革；强调教师的选择以及他们

210

---

① 阿斯堪(1515—1568)，英国人文主义者。——译者注
② 蔡克(1514—1557)，英国人文主义教育家。——译者注

的成就、薪酬和地位;憎恨烦琐的方法和书本;对西塞罗主义者表示出轻蔑的态度。另一方面,维韦斯比伊拉斯谟进步的地方在于:关心学校的位置及设备;强调教师的训练和游戏的重要性;对心理学有浓厚的兴趣;主张用近代课程来扩大课程的范围;把本国语当作教学的工具。而且,维韦斯不赞同伊拉斯谟对僧侣和教士的无知的谩骂,以及他乐于把批判精神引用到讨论中去。然而,我们不容忽视的事实是,作为一个历史上学识渊博并对智力发展进程产生影响的人,伊拉斯谟确实处于一个维韦斯绝不认同的阶层。只要像伊格内修斯·罗耀拉(Ignatius Loyla)①、农西(Nausea)和斯图谟这些人从维韦斯那里为他们自己的工作而受到激励,而这种激励又能够以不同的方式为教育艺术和思想的发展提供如此巨大的推动力,那么作为教育发展中的一种力量,维韦斯依然值得人们更多的关注,这种关注应该比他已受到的关注更多。

---

① 罗耀拉(1491—1556),天主教耶稣会的创始人。——译者注

第十一章　德国人文主义教师梅兰希顿

梅兰希顿的早年生活和教育

菲利普·施瓦策尔德(Philip Schwarzerd)在宗教改革和学识的历史上是以菲利普·梅兰希顿(Philip Melanchthon，1497—1560)①这一姓名而闻名于世的。他于 1497 年出生在巴拉丁(Palatinate)②的伯雷登(Bretten)。他非常幸运出生在这样一个家庭里，他的父亲是一个声望很好、拥有财富和卓越智慧的人士。相比通常那种富裕的中产阶级家庭，他的家庭更能和学习有着紧密的接触与联系。约翰·罗伊西林是菲利普·梅兰希顿的叔叔，他对他所认同的这个男孩的勤勉和热情没有一点点兴趣。梅兰希顿在家里接受一位私人教师的教导，这个古典学者足以使他接受完全的拉丁语的基础学习和真正的语言品味。梅兰希顿很怀念这个早期训练，并在多年后实现了他的家庭曾给他提供的充分而又特殊的机会。他 10 岁的时候父亲去世了，他被送到了罗伊西林的家乡普福尔茨海姆(Pforzheim)的拉丁语学校，这所拉丁语学校是德国西南部最好的城镇学校。罗伊西林开始给梅兰希顿传授古希腊

211

212

---

① 关于梅兰希顿著作的出处引自布雷特施奈德(Bretschneider)的《宗教改革文集》(*Corpus Reformatoyum*)。关于梅兰希顿的教育活动的两部著作(主要是写给学生看的)是哈特费尔德(Hartfelder)的《日耳曼教师梅兰希顿》(*Mel. als Praeceptor Germaniae*)和他的《梅兰希顿教育学》(*Melanchth. Paedagogica*)。所有关于德国人文主义的情况，应该查阅包尔生(Paulsen)的《具有学术水平的教学的历史》(*Geschichte des gelehrten Unterrichts*)。关于梅兰希顿的教育活动这一方面，英语文献中没有任何重要的材料。盖格尔(Geiger)和施密德(Schmid)已提到过了。

② 巴拉丁，德国莱茵河西岸一地区。——译者注

词汇和语法,以便让他为背诵罗伊西林自己的作品中拉丁文喜剧而做准备。12 岁的时候,梅兰希顿就可以很流利地说拉丁语,并很快地掌握了希腊语语法。1509 年,他去了与德国文艺复兴开端有紧密联系的海德尔堡。阿格里科拉和冯·达尔贝格的名字,斯潘盖尔(Spangel)、盖勒(Geiler)、温斐林(Jacob Wimphling)①的名字,以及罗伊西林自己的名字,都和这个光明但却短暂的"光明时期"联系在一起。的确,20 年来,冯·达尔贝格的房子一直是德国人文主义早期的一个最好的中心,就像托马斯·莫尔爵士在切尔西的房子对于英国人文主义者那样。直到 1503 年冯·达尔贝格去世,海德尔堡大学不止一次地阐明,人文主义作为大学里一种永恒的力量,要依赖于古典文学方面一些受到资助的讲座的存在,以便使连续的教学可以得到保障。如果没有这种被承认的人文主义学科教学的地位,无论是在莱茵兰、在巴黎、在牛津还是在卢万,都要受到拥有大量捐款资助并且学费低廉或者不是免费教学的专业学科竞争的危及。所以,梅兰希顿发现了在海德尔堡日渐衰退的人文主义的利益。尽管年轻,但他成为了新一代古典学者的中心,他期待以阿格里科拉为灵感的新德国应该同成为"信纲的自由"这一领军地点的意大利引发争论。在海德尔堡,他投入了大部分时间学习希腊语,在这个领域他经被认为是有前途的年轻一代。然而,从获得了大学老师的授权起,梅兰希顿断言说他学到很少的知识或没有学到知识,以及他被他自己的资源所抛弃。这些批评一直来自其他的古典学者,但是,梅兰希顿的例子无疑是真的,他不得不依靠私人教师们和他自己特殊的勤勉与洞察力来对待希腊文学。在没有大学的阿尔卑斯山北部地区,历史学家和戏剧家是系统教学的实体。他自己的话是:"对于青少年来说,除饶舌的雄辩术和一小部分自然科学外,没有什么公开的传授。"(cum adolescentibus nihil publice traderetur praeter illam garrulam Dialecticam et particulam Physices.)在 1511 年获得学士学位之后,梅兰希顿去了图宾根,并在那里于 1514 年成为硕士。在这一时期,他在阅读能力上看起来是十分卓越的,他具备了独特的辩证能力。

_____

① 温斐林(1450—1528),德国早期人文主义者。——译者注

他开始结识意大利的人文主义者，其中的波利奇亚诺（Angelo Poliziano）①被他认为是拉丁语学家中最卓越的人。他在图宾根的 6 年（1512 年至 1518 年）是他生涯中真正成长的几年。他不仅掌握了维吉尔、荷马、特伦斯和海西奥德的讲义，讲授有关西塞罗、李维和德摩斯梯斯的课程，而且还致力于对亚里士多德的一手研究，并打算编一本书专门用于德国的大学。他花费大量的时间在数学、天文学和物理学上，并且阅读关于医药学的经典著作，还用几个月致力于罗马法的学习。在 20 岁之前，他就对基督教会的争论十分感兴趣，他正准备与伊拉斯谟或胡登的最热衷的支持者一起参与宗教改革事业。

在日耳曼文艺复兴中典型的梅兰希顿的人文主义

梅兰希顿的人文主义是热切的、民族的和伦理的人文主义，我们把它和日耳曼人的文艺复兴相联系。相比阿格里科拉的人文主义，梅兰希顿的人文主义更少一些彼特拉克的精神。梅兰希顿和科利特、罗伊西林以及伊拉斯谟的关系更密切些，而与本博或卡斯底格朗的关系则较少。梅兰希顿是人文主义者，但他仍然是神学家，这一点从未改变过。他真诚地相信文学作为一种有助于进步的力量的功效，并且特别把古代作为世俗和宗教智慧的源泉。把这种智慧应用于说德语的民族的年轻一代的培养，应用于基督教信仰的民族形式，这就是梅兰希顿生活的双重目的。

成为威登堡大学希腊语教授

1518 年，萨克森的选帝侯（the Electoral Prince of Saxony）要求罗伊西林为他找一个年轻学者去威登堡的一所大学教授希腊语，至于应

214

---

① 波利奇亚诺（生卒年不详），意大利人文主义者，1480 年应聘担任佛罗伦萨大学教授。——译者注

该如何选择,当时在学者们中间也没有太多的疑惑。梅兰希顿受到了邀请,他接受了该职位。在当年的秋季,他发表了他的就职演说《论改进青年的学习》(*De Coyyigendis adolescentium Studiis*),这是一篇为了在德国进行大学改革的宣言。马丁·路德写道:"所有在威登堡学神学的学生都在喧嚷要学习希腊语。"这就是那次就职演说的结果,而且从此以后,对于梅兰希顿的信徒来说,希腊语就是获得所有正确知识的必不可少的秘诀。

马丁·路德对梅兰希顿的影响

马丁·路德的个性统治着威登堡,他的影响很快就被这位年轻的教授感受到了。梅兰希顿到威登堡还不到一年,就准备开始学习神学,1519年9月,他成为神学学士。然而应注意的是,和伊拉斯谟一样,梅兰希顿被吸引去学习神学主要是着眼于神学的历史方面。把学术应用于对各种起源的研究,这是他和路德运动的接触方式。对伊拉斯谟来说,一件令人恼火和扫兴的事情是,梅兰希顿不应放弃从教会内部开始改革的方法,不应帮助在宗教上设立民族的障碍。就像马丁·路德在梅兰希顿决定自己的职业生涯时对其所起到的强烈影响那样,梅兰希顿也深深地意识到伊拉斯谟对他的影响,而伊拉斯谟这位学者曾忘记了他自己在德国的历史危机中本适合作出特别的贡献。① 使新教和人文主义和谐一致,使古代的知识适应近代的生活,使历史的连续性和民族的自力更生相和谐,这显然是一个完整的任务,它和在日耳曼人的文化重建过程中的宗教净化是一样的。在本章中,将从两个方面来看待梅兰希顿:首先是作为"日耳曼人的老师"(Praeceptor Germaniae),就像他被人们所称呼的那样,他是德国学校的组织者和改革者;其次是作为人文主义和新教以及日耳曼人意识的最完满的调解者。

215

---

① 这个特别的贡献主要是指,伊拉斯谟在宗教改革中未能有力地支持改革者,反而与马丁·路德发生了直接的论战。——译者注

梅兰希顿居于新教人文主义者的首位

在威登堡的 15 年任期中,梅兰希顿被公认为新教德国有关大学和中学组织的最高权威人物,已使得改造威登堡、图宾根等古代大学和建立马尔堡、柯尼斯堡等近代大学的计划付诸实施,这同时表达了德国人、人文主义和新教关于新时代的理想。再者,作为许多城市和君主的顾问,梅兰希顿已为诸如在纽伦堡和马德堡的新学校的建立以及许多其他学校的重组提出了详细的计划。在选帝侯的指导下,他对于萨克森的人文主义学校的发展和视察花费了特别的心思。并且,他在威登堡自己的房子里办了一所私立学校,把它作为学习大学课程的预备学校。在这里,我们可以看到梅兰希顿教学思想的某些重要原则。梅兰希顿在德国北部所做的工作,同斯图谟和奥科兰帕迪乌斯(Oecolampadius)在上莱茵河(the Upper Rhine)所做的工作、同慈温利(Zwingli)①在苏黎世所做的工作、同加尔文和科迪埃在瑞士西部所做的工作一样,所依据的是相似的路线。

梅兰希顿对学校和大学的第一手知识

除了特别注意梅兰希顿的基本原则,即福音派新教会的宗教和古典教学的密切联系,他对于教育的特殊贡献在于:他促进了学校教学的系统组织,这种促进作用应该是和教学科目本身的逻辑关系相一致的。对于传统的方法并未作根本的改变,德国中世纪的学校正在慢慢地和局部地同人文主义课程的某些内容相结合。此前不久受到一种对于新知识的热情的激励,一位校长具有充满热情的目的,但是,书本、助教和教学过程都不能与之相协调。此外,语法和作文、句法分析的适当关系也难以被人理解。在掌握足够的词汇或关于句法的知识之前,就去阅

216

---

① 慈温利(1484—1531),瑞士宗教改革者。——译者注

读作者的作品,想要了解作品的内容。优先学习"自然的"和学术的逻辑性的风气浪费了宝贵的年华。对于价值不大的知识或拉丁语、学校和大学等相互之间的关系,人们只是混乱地加以理解,在一所德国大学中被看作是语言和文学的拉丁语与希腊语的整体处境尚未完全确定。协调教育就是梅兰希顿在德国北部和斯图谟在德国南部所要做的工作,就像马丁·路德的成就就是提供他对全国的激励。

简而言之,梅兰希顿为德国的文艺复兴提供了伊拉斯谟或阿格里科拉所不能提供的东西,即一种制度上的本质东西。他的作用就是把教育理论和思想加以实际运用,就像伊拉斯谟在他的著作和通信中所指出的那样。

当梅兰希顿作为一位学校改革家开始其积极的职业生涯时,他就对当时所面临的教育极为不满。他知道温斐林关于在斯特拉斯堡建立一所中学的建议(1501 年),该建议的目的是在拉丁语学校和大学之间提供一种中间机构。[①] 他与那些在蒙斯特(Münster)[②]、阿克马

---

① 温斐林在同一年出版了一本小册子,它的题目是《日耳曼》(*Germania*),发出了一种爱国的呼吁,即资助学习。其中的第二章向斯特拉斯堡市议会(Council of Strassburg)提出要求,敦促建立一所"市立文科中学"(Stadtgymnasium)。这样一所中学将把它的课程局限于培养拉丁语演说家、道德家和历史学家,他们的学习不仅直接与培养牧师(Holy Orders)有关,而且与自由民、市议员或骑士的培养有关。对于年龄太小的男孩来说,他们也许不适合接受骑士训练、商业训练或文职人员训练,因此,可以为他们提供一种预备性课程。在城市管理艺术或家务处理的基础方面,例如,可以学习埃吉迪厄斯·哥伦纳(Aegidius Columna)的书;在道德训练中,可以学习韦杰里乌斯的《论绅士教育》(*De Ingenuis Moribus*)。当他们再长大些时,他们将从塞尼卡和西塞罗那里学习道德生活的原则,从维格修斯(Vegetius)那里学习军事科学,从弗龙托(Fronto)那里学习竞选,从维特鲁维亚(Vitruvius)那里学习建筑的艺术,从瓦尔罗(Varro)那里学习农业的原理。"这些东西,还有比这更多的东西,都能够在建于斯特拉斯堡市内的一所特殊的文科中学里教授,而且该学校的建立也无需花费大量的时间或金钱,结果是儿童们就可以被吸引到市内来,而不是远离市区到某些更有名的教育中心去。你们的城市因而将成为全德国所羡慕的目标,也许的确可以自称为帝国的真正的王冠。"

② 蒙斯特,德国西部一城市。——译者注

（Alkmaar）①、列日和德文特等地参与中学教育的人关系密切,那些中学都是德国和低地国家中早期文艺复兴的典型学校——在所有这些学校中,希腊语有一席之地,罗马文学也被认真地学习。梅兰希顿自己并不因为缺少一所这种类型的学校而受到损害,只不过因为他具有特殊的能力和理性的抱负。他非常正确地觉察到,对于一般13岁的男孩来说,大学生活是十分不适合的,因为缺少基础训练以及缺乏纪律,所以他们在大学中所花的时间基本上就浪费了。

《论糟糕的启蒙教师》

梅兰希顿在题为《论糟糕的启蒙教师》(De Miseriis Paedagogorum)一文中留下了一幅关于该时期一些不太有名的学校中实际教学的生动画面。它不是对一位令人失望的和不成功的教师的抱怨,也不是要表达一位知识分子对基础课教师的蔑视。例如,就像受到彼特拉克的鼓动那样,彼特拉克对学校教师的命运曾给予了讽刺式的告诫。相反,梅兰希顿的文章是对教育失败的伤心的承认,当时虽然有好的理念,但缺乏能够实施这些理念的方法和组织。男孩来到拉丁语学校,但完全缺乏良好的准备。教师抱怨说,学生什么都记不住。为了使学生听懂所教的科目,教师把嗓子喊哑,但发现他们却已昏昏入睡了。时间被无休止地用于讲授基础语法的简单知识;然后,教师试图与学生进行会话练习,结果却发现他们词汇量很少,不能念简单的词,也不懂得转调。只有通过坚持不懈的努力才能使学生去做书面练习,一个学期中你从这些学生那里几乎选不出一封用拉丁语写的短信。至于订正语法错误、去除没有意义的短语、改正文体、加上说明,等等,教师的耐心得到了严厉的考验。"生活中如果没有一些热情,那就将一事无成。但是,我所关心的学生对于赞扬和责备都无动于衷,他们从未表现出一点点想要胜过别人的渴望。"这种智力特征会导致类似的道德缺陷,需要通过严厉批评去根除。谁能否认教师的职业是一个好的职业?

218

---

① 阿克马,荷兰西部一城市。——译者注

但是,至少当时教师的报酬较低,与这种职业是不相称的。和伊拉斯谟一样,梅兰希顿将努力去提高学校教师的作用和地位。

梅兰希顿的"私人学校"

梅兰希顿的"私人学校"(schola privata)值得注意,在他抵达威登堡几年后,他在自己的房子里建立了这所学校。它是一种尝试,想要纠正以上所引用的他在论文中间接提到的那些缺点。他坚持这项实验十多年,学生人数是限定的,他们直接受到教师的亲自教诲。他的目标是为那些将要升入中学或大学文学院的男孩们提供完善的预备性训练。因此,该学校具有一种模范的拉丁语学校或普通学校的性质,至少在所提供的教学的一些标准方面是这样。① 拉丁语基础训练是该校教学的主要目的。在宗教、数学或"物理"方面,没有提供具体的课程。这些内容是通过学习拉丁语和拉丁语作品来教授的。无论如何,它也教授希腊语的基础知识,这一点就不同于普通学校的做法。教科书由梅兰希顿自己编写,内容选自一些祈祷文,还有《新约全书》的摘录等。它也教授散文和诗的写作:说拉丁语,以折子戏的方式表演拉丁语的戏剧,这一部分的原因是为了娱乐,但主要是为了有助于提高拉丁语的会话能力。梅兰希顿写了戏剧的开场白来为这种表演辩护,他还对所挑选的情节提供了道德上的解释。为了达到目的,他更喜欢特伦斯的作品,但也包括塞尼卡的作品以及至少欧里庇得斯的一部戏剧。在学生中间,有一种升级和竞争的制度,学校的纪律明显具有一种全面的人性特征。学生全部是寄宿生,他们受到威登堡教育的好名声的吸引而从德国不同的城镇来到此地求学。

---

① 关于该学校的基本原则,最权威的德文和荷兰文的论著是马勒(J. Muller)的《学校教育制度》(*Schulordnungen*),1885 年。

梅兰希顿为艾斯勒本制定的学校计划

就像梅兰希顿所设想的那样,一种发展得更充分的普通学校类型在艾斯勒本的一所学校中被展现出来,该校由曼斯菲尔德伯爵(Count Mansfeld)建立于 1525 年。该校可以被称为威登堡的新教徒-人文主义者影响下的第一个与众不同的成果,它几乎足以在地区上影响统治阶级家庭的思想。这所新学校的教学大纲一直被认为是由梅兰希顿制定的,很好地表达了他的基本原则。该校的目的被确定为:不断灌输真正的宗教和正确的知识——它们还被进一步认为是与"美好的文化"(bonae literae)相一致的——从而把年轻人培养成为具有福音派新教信仰的、能胜任工作的教师和有用的公民。这里有一种反对再洗礼教徒的狂热的暗示,这种狂热对待人文主义就像对待多数的蒙昧主义制度一样,是有敌意的。

学校课程

艾斯勒本的这所学校的组织是普通拉丁语学校的组织,就像在梅兰希顿的"私人学校"中那样,在高级班中增加了一个重要的部分,其中的学生要学习希腊语。在该校中,分有三种不同的年级,学生按能力分级,并测验学生的学习进展情况,从而为后面的学习打下坚实的基础。一年级是"基础班"(Classis Elementariorum),所招收的学生是以前没有上过学的孩子。他们阅读《通俗小册子》(*Vulgati Libelli*)之类的阅读课本,很可能就像梅兰希顿于 1524 年所编写的《儿童基础学习手册》(*Enchiridion elementorum puerilium*)那样的书,通过本国语传授拉丁语的基础知识。这种课本总是包含短句、祈祷文和赞美诗等,它们是用拉丁语和德语写的。在本书中,将会提及在纽伦堡所使用过的选自一本类似的课本的摘录,它们是于梅兰希顿在纽伦堡的学校活动结束之后才使用的。然后,基础班的学生接着学习伊索寓言、《加图道德诗》

220

（*Disticha Catonis*）和莫塞拉努斯的《对话集》（*Paedologia*）。莫塞拉努斯是和梅兰希顿同时代的人，他为学校的孩子们写了这本对话体著作，要求孩子们记住这些学习内容，并辅以教师的解释，把它们作为拉丁语会话的基础。在基础班中，拉丁语教学的方法是模仿的和以经验为根据的。语法的讲授仅仅局限于使学生能够分析和写作简单的句子。要求学生记住许多句子的形式和词汇，但是，拉丁语基础知识教学的原则显然是和我们现在教授一种现代语言的所谓自然法原则完全相同的。梅兰希顿并不相信以下这种语言训练，即所采用的方法是把语法置于一种次要的地位；他坚持认为，只要教师发现一个孩子已适合于接受一种更严密的教育，这个孩子就应该从基础班转入二年级。确实，有人马上会说，梅兰希顿明确反对那些他称之为拉丁语教学的浅薄的方法，把那些方法引入新学校的是这样的一些教师，他们自己的学问并不很可靠。就梅兰希顿而言，他认为，有人在希腊语教学中所采取的做法，即在正确掌握句法之前轻率地对待语法、为了知道内容而直接去阅读作家的作品，这种做法在拉丁语的教学中是不被许可的。值得注意的是——但普遍被忽视了——在文艺复兴的关键时期，有必要明确这一点，即不应对语法在古典文化教学中的地位漠不关心。

因此，在艾斯勒本的学校，二年级的教学特别关心如何彻底掌握拉丁语语法，其"教学大纲"郑重地反对那种试图采用任何其他方式学习拉丁语的想法。就语法来说，要阅读特伦斯和维吉尔的作品，还有孟都亚的基督教新教浸礼会（Baptista）的《田园诗》（*Bucolica*）。但是，在阅读这些作家的作品时，应该主要地（如果不是唯一的话）把它们作为对语法规则的说明，作为有助于掌握诗的词汇的材料。规则在先，说明次之。教学一律是演绎的，我们发现那些被伊拉斯谟、维韦斯和科迪埃等人所赞许的方法，却并不被梅兰希顿所仿效。要求学生写简单的记叙文、信件和短诗，但它显然不是依据本地的真人或真事去写，而是根据老师所建议的题目去写。

进入三年级的男孩应对词法、句法和作诗方法有透彻的了解。这样，他已准备好开始学习逻辑学的基础知识（依照鲁道夫·阿格里科拉的习惯，逻辑学被认为有助于人的连贯思维），同时学习修辞学原理。

伊拉斯谟的《论书信的写作》(*De Conscribendis Epistolis*)和一位古希腊修辞学家阿弗托尼厄斯(Aphthonius)的书的一个译本①被作为教科书,此时要求在拉丁语会话和写信方面达到一种优秀的标准。在句法分析方面,应阅读历史作家(特别是李维和撒路斯特)的作品,以了解这些作品的内容;在诗人中,要阅读维吉尔、贺拉斯和奥维德的作品;同时学习西塞罗的精选的演说和道德论文。根据某些间接的说法,以下这一点是清楚的:至少三年级(可能也包括其他两个年级)在总体上很少会使用一种统一的集体教学方法。男孩们按能力和主要的特性分组,个人的预习工作以及与老师的交流基本上都是个别进行的。可以肯定地说,在16世纪德国和英国的一些古典学校中,这确实几乎就是一律的做法。可是,也有明确的规定,一周两次要分别给全班学生上2节课,例如,讲授普劳图斯的戏剧或讲授西塞罗的《书信集》。

三年级的这部分学习和拉丁语的学习一样,都有了良好的进展,学生也显示出了具有某些特殊能力的迹象,这时就要让他们学习希腊语。奥科拉姆帕迪厄斯(Oecolampadius)②的《希腊文学》(*Dragmata Graecae Literaturae*)是第一本教科书。接着,要阅读卢奇安、赫西奥德和荷马等作家的作品;这里要注意的是,不包括散文作家的作品。通过仔细考虑,运用正确的方法减轻希腊语学习的任务;但要注意,对于句法上的知识完全没有提出要求,而这种知识在拉丁语学习中则是必不可少的。我们可以假定,对于学习希腊语的学生来说,拉丁语方面的全面练习就足够了,显然并不要求他们在写作上作预备练习。应该鼓励少数孩子开始学习希伯来语。

在三年级里,不设立数学课和"有关整个世界的自由科目"(totus orbis artium)。但考虑到人的智力的局限性,这些科目应该推迟到学生较好地掌握了语言之后再学习。因为语言(希腊语和拉丁语)是学习"各种知识"(cognitio rerum)的一种工具。假定已准确地掌握了语言,那就有希望有效地去学习数学。对这一点的解释,部分在于以下的事

222

① 这无疑是指 *Progymnasmate* 的译本,由阿格里科拉翻译。
② 奥科拉姆帕迪厄斯(1482—1531),德国教士、学者、宗教改革家。——译者注

实:当时并没有用德语写的数学书。每天一小时用于学习音乐和唱歌。

路德派新教会的宗教训练的重要性

无论课程设计得多么仔细,它也只有在和个人的宗教练习结合之后才能使学生获得良好的训练,"正如耶和华(Jehovah)①所要求的,应该教育儿童敬畏上帝。"(《圣经》,申命记,第 6 卷,第 7 页)因此,让星期日去承担这一伟大的责任。于是,校长要在全校学生面前简洁地和无争论地解释基督教《旧约全书》的《箴言》(Proverbs)中的一个福音、一封使徒书或一章,最后孩子们就可以懂得一种真正的和笃实的宗教,可以区分宗教的真假,过上一种顺从和诚实的生活。为了促进这种关于神的知识,还要求孩子们记住《主祷文》(the Lord' Prayer)、《使徒信经》(the Apostles'Creed)和《圣诫》(the Commandments),还有所指定的《圣经》中的部分内容,每星期日都要背诵这些东西。

去纽伦堡的邀请

基于梅兰希顿的专门知识和他的学术声誉,1524 年 10 月,他被邀请去纽伦堡建立和指导一所新学校。虽然他谢绝了请他出任首任校长的邀请,但他还是怀着某种热情忙于规划学校的总体路线,就教师的任命和课程的细节提出建议。该校的"条例"(Ordnung)或"形式"(Scheme)带有梅兰希顿的特性。在 1526 年 5 月 23 日该校开办的那一天,梅兰希顿到校发表了首场演说。

纽伦堡关注高等教育已 30 多年了。该城市的重要性在于它的商业和工业活动,它的特性是对艺术有一种真诚的感情,但是它没有一所中学或大学。阿尔卑斯山北部地区没有哪个城镇像佛罗伦萨那样,公民的生活具有个性,人的兴趣广泛,所有这些表明了佛罗伦萨的公民是

223

---

① 耶和华,即上帝。——译者注

引领潮流的。

纽伦堡在教育改革上的早期努力

1496 年,纽伦堡市议会同意聘请一个人文主义者来为该市的年轻人教学,但首位入选的教师显然并不幸运——被称为"教课的诗人"(schola poetica)。尽管海因里希·格伦英格(Heinrich Gruninger)是一个彻底的人文主义者,并了解意大利的学校,但他不能吸引学生或者至少不能留住学生。新学校于 1509 年被并入或与两所现有的文法学校(或用现代的术语,即初中)联合,这两所文法学校与圣西博尔德(St Sebald)和圣洛伦茨(St Lorenz)的教堂相连。它们在平常的课程之外再加两门课,"教授新的语法和诗歌,或'演说技巧'(ars oratoria)"。对该市学校的检查工作被委托给一个视导委员会,其主席是著名的人文主义者皮克尔海默(Pirckheimer)。到 1511 年,有报道说:"正统的(即书面的)拉丁语学习已开始了。男孩们开始理解古代的著作,写作韵文和散文,并正确地说拉丁语。我们现正在阅读维吉尔和撒路斯特的作品,已在句法和词源学的学习方面迈出了第一步。"纽伦堡新学校制度的目的是重新开始原先夭折的试图建立一所中学的计划,即为了 1526 年新的奥伯学校(Obere Schule)的建立,原有的诸如圣西博尔德和圣洛伦茨的学校将作为这所新的中学的预备班。

224

梅兰希顿关于开设新学校的演说

梅兰希顿在他的首场演说中陈述了他对于教育制度应如何适合一座大城市的看法,他是从一个福音派新教会的人文主义者立场来看待这一问题的。上帝的目的,即儿童应被培养成有道德和笃信宗教的人,对所有的人来说都是明白的,但是,这种义务并不局限于这个或那个公民的儿童,而涉及一个国家的全体青年,要求对他们进行训练。因为我们所面临的最终目的不是仅仅培养个人的美德,而是对公共福利的关注。除非通过以历代实践为基础的教育来得到受过正确训练的心智健全的人，宗教的真理和道德的义务是不能被正确地理解的。我们现在即将开办的学校将提供自由的训练，而医学、法学和宗教等专业的技能必须以此为基础。

学校的目的

因此，教育你们城市青年的共同职责就落在了家长和社会的身上。首先，他们必须注意正确地教授宗教，这也意味着作为一种必要的条件，要有充分的文化教学。其次，社会安全和尊重法律也要求有类似的训练。纽伦堡的市议会已在该市的新学校中注意了这两个方面。已经存在的文法学校目的是为了拉丁语基础的教学，将对这些学校进行改革，以服务于那些今后注定要升入中学的学生，对他们进行预备性训练。在学校的两个阶段的区分旨在使学生做好准备后再去学习更高级的科目。只有牢固掌握语法，才能使学生适合去学习如何运用拉丁语进行会话、句法分析和写作。不管怎样，拉丁语学校将不会忽视学习那些令人称赞的作家的作品，其中包括伊拉斯谟（《对话集》）、特伦斯和普劳图斯的作品，维吉尔的较容易的作品也将在学校中占有一席之地。在这些学校中，每天也要教授音乐，每周一天教授信仰和宗教的基础知识。

拉丁语和中学

为了学习的正常有序，中学自身是按照年级来组织的。那些从拉丁语学校升上来的男孩进入最低的一年级，该年级由修辞学和雄辩术教师掌管（具有"教授"的头衔）。教师所用的教科书将包括伊拉斯谟的《论词语的丰富》和西塞罗的演说，它们是用于说明修辞和雄辩方法的，在稍后阶段还包括昆体良的部分作品。该年级学生也将练习辩论，其

225

目的在于运用逻辑规则进行辩论。[①] 二年级将由拉丁语教师掌管,他将主要关注一些诗人的作品的阅读,教授学生必须擅长的韵文写作。三年级的学生将学习数学。四年级或高级班将由希腊语教师掌管。对于写作,梅兰希顿又多说了一些话,但它们显然并不包括希腊语的练习,因为他指定学习西塞罗的《论义务》[②],学习李维和其他拉丁语历史学家的作品;他要求每周准备练习;他坚持认为,要想正确地鉴赏一种好的散文体,韵文写作是必不可少的。

在称赞纽伦堡发展教育事业的热情方面,梅兰希顿是具有说服力的。主教们不再站在知识的一方;君主们并非总是开明的赞助人,但纽伦堡使梅兰希顿想起了佛罗伦萨,后者欢迎说希腊语的离乡背井者,把他们当成尊敬的客人。作为人文学科的保护者,纽伦堡将证明它是亚诺河畔以北城市的代表,并且作为德国所有各邦的模范站在前列。

然而,奥伯学校只是一个短暂的成功。该校的学生人数并不多。梅兰希顿详细研究了富裕的德国南部商业重镇的事业,但此中也埋下了失败的根源,因为他很快就发现,一个未来准备经商的年轻人如果在一位杰出的人文主义者的指导下,学会了书写合格的韵文或者能够正确地说拉丁语,但他还是没有获得经商的好本领。因此,学生毕业后过了一年或两年,一些有钱的家长继续送男孩去瑞士或英国,去威尼斯或布鲁日,学习大量的商业语言。[③] 家长至少不愿意花学费去培养自己的儿子,但最后使一个学者挨饿。

226

---

① 例如,教师将从历史上提出一个问题:布鲁特斯(Brutus)谋害凯撒是对的或错的? 或者,为了接受塞尼阿姆人的领袖(Samnite chief)的挑战,曼利厄斯(Manlius)杀害他的儿子是对的还是错的?

②《论义务》(De Officiis),又译《论责任》,共 3 卷,论述美德在社会生活中的重要性。——译者注

③ 和科迪埃(Cordier)的抱怨相比较,科迪埃说:男孩子们被送去国外学习外语,而不是在古典学校中学习更长的时间。

中学不能满足当地的需求

除了那些组织规模大的,办在诸如维也纳、斯特拉斯堡、波尔多(Bordeaux)①或卢万等重要中心地区的学校以外,刻板的人文主义学校的失败并不难理解。一般的自由民负担不起人文主义教育的费用,因为这种教育如果要有效,至少需要在学校学 10 年时间。商人的儿子 14 岁时就被送去学做生意,只有极少数有专业才能的儿童在学校中学习更长的时间。因此,我们看到一种提供技术教育的倾向,例如,在一些建议中(就像以上所提到的温斐林的建议)②,或者在汉弗莱·吉尔伯特(Humphrey Gilbert)③的《学园》(Academy)中都能看到;同样的怀疑态度在马尔卡斯特(Richard Mulcaster)④的抗议中显露出来(他反对过度的高等教育),并且在蒙田的批评中也显露出来(他批评当时教育不切实际的性质)。新教—人文主义学校的主要成果是学校教师、公务员和传道士。当时的共同抱怨是,有才华的人暂时参与教学工作,但他们没有任何的职业意识,一有机会就放弃所承担的教学工作。实际情况似乎是,意大利以外的西欧人尚未富裕到负担得起昂贵的学习费用,除了很有限的阶层以外。无论什么原因,使整个德国支持纽伦堡学校的人极度失望的是,该学校未能扎下根来。

梅兰希顿和大学改革

在德国人文主义发展的过程中,具有更重要意义的是梅兰希顿为大学制度的改革和扩展所作出的贡献。在学习的改革中,他产生了许多直接的影响,其中最值得注意的是,威登堡大学转变为一所新教-人

---

① 波尔多,位于法国西南部,所产葡萄酒很有名。——译者注
② 见本书英文本第 218 页。——译者注
③ 吉尔伯特(约 1539—1583),英国航海家及军人。——译者注
④ 马尔卡斯特(约 1530—1611),英国教育家。——译者注

文主义大学。但是,在其他地方,他的激励作用和意见对那些从事于发展人文主义的人的活动产生了影响,例如,在海德尔堡和图宾根,它们处在威登堡的直接影响之外。在德国比较著名的新教大学中,至少有三所是依据梅兰希顿生前所制定的路线而建立的。马尔堡、柯尼斯堡和耶拿这三所大学是福音派新教会的信仰和古典教育相互协调的纪念碑,而这种协调也是梅兰希顿才华的主要成就。任何人只要他思考以往四个世纪以来大学在整个德国生活中的地位,他就容易理解前面这种表述的意义。这种表述独自就能解释和证明梅兰希顿得到"德意志的老师"(Praeceptor Germaniae)这一称号的理由。

人文主义学者和中世纪学者

梅兰希顿对中世纪大学进行了严厉的谴责,其严厉的程度超过其他的人文主义者。但是,有必要告诫人们,不要轻易地接受文艺复兴时期一些学者对待中世纪重要的"公共讲习所"(Studia Generalia)的研究及其方法的态度。在经院哲学这些堡垒的反对者中,我们必须区分出两种人:第一种人对中世纪进行攻击,主要是受到了诸如梅兰希顿或加尔文等宗教改革家的热情的激励;第二种人受到对于普通知识的强烈爱好的驱使,其中包括阿格里科拉和博达斯。也许真的可以这样说:以上两种人都没有作出公正的努力去正确评价他们所谴责的制度。尤其在两点上,人文主义者未能理解学习和生活之间联系的问题,就像该问题呈现在中世纪时人们的头脑中那样。首先,在经院哲学学者所有的冗词和思想混乱中,他们一直努力想要就普遍真理得到一种符合逻辑的说明。因此,没有一种现象不在他们的探究之内。其次,人文主义讽刺作品的特定对象,即学究式的拉丁语,如同包尔生所恰当指出的那样,显然有其为自己辩护的理由。14世纪和15世纪时流行的拉丁语(就像当时教会文书所说的和大学里所使用的那种拉丁语)是与旧的规定无关的。它不具有奥古斯都时期(Augustan)的语言纯正,也不针对任何这样的标准。因为中世纪的拉丁语是一种活的语言,它是灵活的、吸收的和进步的。因此,词汇必然要随着新的需要而增加,句子结构必

228

然要适应近代的思想和表达方式。"因此,受过教育的德国人在其城市或修道院的环境中的日常生活,无需从西塞罗那里借用词汇。西塞罗的确也没有东西能拿出来,以满足托马斯主义①的注释者、法庭的书记员或国王的大臣等各界人士的需求。有的人文主义者说:'西塞罗将理解不了你的拉丁语。'回答是:'但是,我们现在不是写给西塞罗看的或说给他听的,而是写给我们自己的同事和同代人看的、说给他们听的。'他们很可能还会说,古典拉丁语作为一种哲学的工具,与哲学自身在中世纪的发展相比,是非常不完美的。"②至于中世纪语法的价值,人文主义者也没有作出完全充分的判断。句法是辩证的真理的表达,这一点被他们忽视了。尽管为了教学的目的,特别是为了教育年轻人的目的,惯用法是必不可少的基础,但是,如果拒绝承认语法作为一种分析的学习,是一门能够辩护的、探究的学科,那就什么也得不到。几乎没有一个人文主义者会嘲笑维拉·戴的亚历山大(Alexander de Villa Dei)和他的《学问》(Doctrinale),18世纪伟大的拉丁语法学家们在制定拉丁语句法原则的过程中将真诚地感激他。

229　　当承认人文主义在某些重要方面作了不正当的批判的同时,我们也可以坦率地承认,新的时代要求重新估计知识的相对价值。世界已敏锐地注意到古典文化作为一种有助于进步的因素的价值。就主要方面来看,大学不能为一些新的兴趣提供场所,而这些兴趣正涌上思想家们的心头。而且,旧大学似乎不能改革它们的教学方法,或使它们的组织适应变化的环境。促使旧大学不情愿地与近代世界的需要相协调的那种力量从未由大学内部产生,而几乎无一例外是由外部所形成的。在意大利,普遍的真实情况是,不管一些著名大学的兴趣如何,君主、赞助者和学者是独立行事的。在法国,完全是因为国王的直接干预才有效地打破了巴黎大学的排外性。在德国,几乎在任何情况下,君主都是一种力量,依靠这种力量,高等教育概念的扩展实际上被实现了。

---

① 托马斯主义(Thomism),西欧中世纪的神学学说,经院哲学的基础。——译者注

② 包尔生:《历史》,第1卷,第42页。

　　几乎不值得十分重视梅兰希顿早期对大学的讽刺，那只是他对大学的理解，因为《关于反对托马斯主义的演说》（*Oratio adversus Thomam Placentinum*）只是一篇新教的、引起争议的短文，并无紧要的价值。然而，我们可能要注意的是，就对论证的方法、形而上学、教会法规和经院神学的谴责而言，梅兰希顿与瓦拉、阿格里科拉和伊拉斯谟是一致的。同时，从其他资料来看，以下这一点是明显的，即在古老的学科因受到马丁·路德的攻击或伊拉斯谟的讽刺而开始崩溃之前，梅兰希顿就已经清楚地认识到人文主义的影响在海德尔堡、埃尔富特（Erfurt）和图宾根等大学[1]中的存在。可以参考有关鲁道夫·阿格里科拉的那一章，那里间接地提到了人文主义在海德尔堡大学的影响。

230

威登堡大学和它的教师

　　1518 年，梅兰希顿应聘去了威登堡大学。它是一所新大学，1502年才成立。[2] 从成立之时起，它就对人文主义和"诗人"给予了某种程度的重视，尽管在任何方面都没有把经院哲学和神学的地位降低。在威登堡大学，新的知识和旧的知识、文科和专业性学科一起存在，并无公开的对抗；而在海德尔堡、莱比锡或牛津等大学中情况则不同，那里在接受人文主义观念时曾有过一些斗争。为梅兰希顿所设立的希腊语讲座收到了一些捐赠，这给予了古典学科一种更为肯定的地位。也设立了一个希伯来语的讲座，威登堡大学已处在文艺复兴的前夜，因此，建立了三一学院，它是为学习人文学科的日耳曼学生所设立的一所适当的学校。在威登堡大学的人文主义教学力量扩展中，梅兰希顿的影响迅速地被感受到了。1522 年，卡梅拉（Camerarius）[3]被聘来讲授昆体良的著作。还开设了讲授普林尼的《自然史》的课程。聘请了数学教师，

---

　　① 例如，在 1470 年至 1474 年间，弗赖堡大学和巴塞尔大学都已为"作诗法"设立了讲座。图宾根大学在 1481 年为"演说的艺术"提供了一种奖学金。

　　② 威登堡大学于 1817 年停办。——译者注

　　③ 卡梅拉（1500—1574），德国古典学者，基督教路德宗神学家。——译者注

严格地遵循人文主义路线。指令医学教学要以盖仑和希波克拉底（Hippocrates）①的研究为基础。更不必说，在神学领域，马丁·路德的影响已取代了那些支持奥古斯丁的经院哲学学者，也取代了《旧约全书》和《新约全书》。教会法规也停止学习了。总之，依据人文主义的原则，大学的学习科目无一例外地被彻底重组了，这使洛伦佐·瓦拉自己很满意。这些变化充分表明了一种精神，梅兰希顿正是以这种精神着手解决了以下两个问题：一是使大学适应近代学习的需要，二是改革宗教信仰。只要领会梅兰希顿改革的精神，就足以理解那些巨大的变化，在德国的教育中，那些变化就是由改革的精神所引起的。在威登堡，君主的影响事关重大，梅兰希顿的计划的命运取决于萨克森选帝侯的态度，取决于君主能否找到经费或者正确评价这门或那门教学科目的价值。直到 1536 年，梅兰希顿才看到他的理想在大学的章程中被表达出来，但从那时起，威登堡大学的人文主义的和新教的特征被最后确定了。②

法学院有 4 位捐款聘请的教授；医学院有 3 位教授；哲学院，即扩大的文学院，有 10 位独立的教师，每一位教师分别教授以下科目：希伯来语、希腊语、古典诗、语法（特别要求讲授特伦斯的作品）、高级数学、初级数学、逻辑学、修辞学、物理学和伦理学。在古典科目中，明确要求进行正式的演说和辩论。需要注意的是，和维韦斯一样，梅兰希顿高度重视开展辩论，把它们作为一种必要的措施，以预防机械地吸收教师的思想或学识。他竟然说，一所大学如果没有一种精心组织的辩论制度，那它就不值得被称为"学校"（schola）。在 16 世纪期间，当用拉丁语说

---

① 希波克拉底（约公元前 460—前 377），古希腊医生，有"医药之父"之称。——译者注

② 梅兰希顿改革的福音派新教的特征，在以下摘自 1546 年威登堡大学的《条例》（Ordnung）的段落中有典型的表达："我们（教授们）必须记住我们所构成的这一团体的性质，它不是一所柏拉图式的学园（Platonic Academy），而是上帝的教堂，在这里我们被召来从事培养年轻人的工作。如果因我们的行为而玷污这神圣的教堂，那将是多大的罪孽啊！"参见《作为"德意志的老师"的梅兰希顿》（Mel. als Praeceptor Ger.），第 477 页。

话的做法逐渐消失时——这是宗教的一个不可避免的结果（宗教通过本国语来吸引它的信徒），也是民族性发展的结果——正式的演说让位于叙事体或评论性作文。除了公开展示的目的，正式的演说在大学和中学里让位于用拉丁语写文章，后来通过一个自然的过程用本国语写文章。在德国的学校中，用拉丁语写文章依旧是学生升级的重要的考查内容，这种要求延续了很长时间。

法学、神学和医学等专业学科的重要性表现在：支付给神学、法学和医学教授的薪酬比给人文学科教师的薪酬金要高。同时，梅兰希顿自己则是例外的，因为他拿到的薪酬和欧洲任何一位教师的薪酬一样多。

232

学生的课程

以下这一点是可以描述的，即当一个学生向威登堡大学申请注册入学时，他接着要学习什么课程（这些课程将适用于同类型的其他大学）。如果该学生在拉丁语方面不能做到会读、会说和会写，并达到某种熟练的程度，他将被要求去修读预备课程或"找一位私人教师"。在这一阶段，他也将修读逻辑学和修辞学的初级课程。在宗教方面，参加公共礼拜和指定的考试是强制性的，违犯者将被开除。作为一个注册的学生一进入哲学院，他就要学习逻辑学、修辞学、赋诗法、西塞罗作品阅读、昆体良作品阅读等课程，还要学习某些拉丁语诗人的作品。除了这些文科的科目外，还要学习数学和物理的基础知识。到这时，他就可以获得学士学位。为了获得硕士学位，他有必要学习希腊语语法和某些作家的作品，还要额外学习亚里士多德的《物理学》和《伦理学》的原著，还要分别阅读欧几里德的数学和托勒密的天文学。对于专业学位来说，这种语言－哲学的课程是必不可少的基础课程。

新教德国的君主和大学

君主在人文主义改革中的影响已经被间接地提到了。在这里，可以回忆比代和弗朗西斯一世交往的例子。法国和德国的情况一样，人文主义进入大学都是通过宫廷的支持。学习意大利学者令人称许的样式，梅兰希顿写了老一套的文章《论君主的教育》(*De Institutione Principis*)。无论在拉丁语的使用上，还是在总的眼界上，该文章都比不上埃涅阿斯·西尔维乌斯和列奥那多·布鲁尼的相同的文章。的确有人提议开设一种完备的古典课程，但我们注意到，就像事实所表明的那样，例如，在维多里诺的实践和理想中，或在卡斯底格朗的《宫廷人物》中，都缺少对古代文化的优雅魅力的一种认识。梅兰希顿很可能已经意识到，德国的君主(就像梅兰希顿所了解的那样)仅仅对特别的名誉有适度的爱好，意大利人称之为"男人的气质"。德国君主的世界是杜雷尔(Albrecht Durer)①的世界，而非拉斐尔(Raphael)②的世界，是易北河(Elbe)③的世界，而非亚诺河的世界。但是，正如我们所应该期待的那样，在梅兰希顿给予德国君主的建议中，有一种内在的严肃性，而这一点我们在埃涅阿斯·西尔维乌斯的文章中却没有看到。

通过宗教改革，世俗政府的职责在教会和大学中都被大大地扩展了。中世纪大学的自由，它在基督教会或封建势力之下的自治，是其思想独立性的一种保证。大学已在一种真正的意义上组成了一个教育的联邦共和国。作为一种改革的结果，伊拉斯谟担忧学习将成为一种地方性的和从属性的事情。就国立大学受到教义或种族的约束而言，伊拉斯谟的预测被证明是正确的。宗教改革的另一个结果是，在新建或重组的大学中，神学的目的是很明显的。新教的君主不可避免地把他自己的信条或这种信条的一个方面作为他的领土的一种防御物。因此，教育一旦与新教相一致，它就分担了风险，它就会依赖市民的力量。无论如何，在新教德国的历史上，总的看来，世俗权力的权威性一直是和思想自由相一致的。在 16 世纪和 17 世纪的教育中，德国大学的统治地位的形成应该归于君主的支持、新教的认真和人文主义的方法等

---

① 杜雷尔(1471—1528)，德国画家和雕刻家。——译者注
② 拉斐尔(1483—1520)，意大利画家。——译者注
③ 易北河，自捷克西部流经德国入北海。——译者注

几个方面的结合。在形成这一联合的过程中，没有别的因素比梅兰希顿的个性和才华更为有效。

梅兰希顿和批评

有待于考察的是，关于人文主义教育的内容，梅兰希顿的立场在哪些方面不同于其伟大的前辈。总之，可以这样说，关于古典作家的相对的教育价值，虽然梅兰希顿的分析比阿格里科拉和他的同代人的分析更深入，就像我们应当从思想的迅速发展中所期望的那样，但梅兰希顿还是继承了人文主义传统。他看到了伟大作家们的三个方面：作为语言的大师；作为知识的讲解者；以及作为道德智慧的源泉。在这一点上，梅兰希顿和人文主义的先驱者们并无不同，只是他在评价个别作家的教育价值时，在这些作用之间作了明确的区分。分别考察他对待荷马和特伦斯的态度将是有益的，他的评价源于他的立场。

荷马引起梅兰希顿的一种崇拜之心，其强烈的程度仅次于他对希伯来语的诗歌的崇拜。"最早的原文就是如此，没有其他特别的东西。后来，就不断有新的作家出现，无论他们采用何种语言或来自什么国家。凡由于人类的才能所造成的东西，无论崇高精华的东西还是圣物，到处都受到欢迎。因此，人有这样多的学问，表现出这样多的文雅或吸引力。"[1]（Primum quidem sic statuo nullum unquam scriptum, inde usque a primum condito orbe, ulla in lingua aut natione, ab ullo ingenio humano, editum esse, sacra ubique excipio, in quo vel doctrinae tantum sit vel elegantiae vel suavitatis.）这是梅兰希顿多年为福音派新教会的教育而忙碌之后所下的结论。荷马是当时杰出的诗人。他留下的精神财富，靠一个人的智力永远也不能钻研完。他写的诗的魅力，只有他对人物和主题的深刻洞察力才比得上。"人文主义者尚无人超越，因此，到目前为止，他们是最好的教师。"[2]（Humanitatis morum nullus eo

---

① C. R. xi. 407.

② C. R. xi. 403.

melior magister.)个人所承担的公共义务,还有君权的最严格的需求,都在《伊里亚特》(*Iliad*)①和《奥德赛》(*Odyssey*)②中得到了坚持和说明。当诗人吟咏奥德修斯(Odysseus)③的命运时,家庭生活的职责、坚定、虔诚、英勇和忠实——这些都是他的主题。

柏拉图对于荷马史诗中诸神和英雄们所受到的待遇有过评论,梅兰希顿并未受此影响。首先,对于大自然,对于希腊人的本性,荷马是真实的。④ 如果说他自己的同胞有时不能理解他(就像柏拉图那样),许多具有杰出天赋的人也不能理解他。除非让所有那些想要了解最好的东西的人去阅读和重新阅读荷马的作品。"因为他用高尚的、无价的和不朽的精神财富丰富了人类的精神——人身上最高尚的和不朽的东西。"于是,为了了解荷马用词风格的"优雅"和"吸引力",为了了解他的记叙体作品所包含的"学问"和"知识",为了了解他对于人的品行的说教价值,就应该学习他的作品。

然而,必须提出一个深层次的问题。如果梅兰希顿感受到了《伊里亚特》和《奥德赛》作为诗歌、作为文学的实际魅力,那么他的这种感受到了什么程度? 显然,他对荷马的六韵步组成的诗行的韵律和雄壮的节拍有所反应;作为一位艺术家,他口头上理解形容词、人物形象和比喻等的恰当性。但是,梅兰希顿将不会仅仅为了"快乐"而去阅读希腊语的作品:作品内容的伦理学意义才是要紧的。哈特费尔德(Hartfelder)恰当地引用了梅兰希顿对《奥德赛》的评论来加以说明。荷马的理想是"英雄明智而坚定:何等的坚定,就像他的父母和崇敬者!同样多的爱、同样多的人联合起来,他们去往何处? 经验是永存的,无人能把它夺走。"(vir prudentissimus et constantissimus: quam sancte enim ille parentes colit ac veneratur! quanto amore natum, quanto

---

① 《伊里亚特》,古希腊史诗,相传为荷马所作。——译者注

② 《奥德赛》,古希腊史诗,相传为荷马所作。——译者注

③ 奥德修斯,希腊神话中的英雄,特洛伊战争中献木马计,使希腊军获胜。古希腊史诗《奥德赛》中的主人公。——译者注

④ C. R. xi. 410. 在说到荷马和他的追随者维吉尔时,他说:"举例描述英雄是如何行动的,怎样能真正地克服人本身的自卑。"

coniugem amplectitur, a quo nec consuetudine dearum immortalium avelli se patitur.）然后，“当一位近代的读者放下荷马的作品时，他本能地说：‘荷马的作品多好啊！’梅兰希顿时代的学者也受到人类感情的触动，这一点并不亚于我们，然而他们所考虑的整体是：‘怎样启发读者！’”①这是我们在伊拉斯谟的身上、在文艺复兴时期所有北欧学者（阿格里科拉除外）的身上所要面对的问题；尽管他们是学问博大精深的人，但他们是否完全懂得真正的希腊精神？否。除了很少的例外，他们是否有一种充满生气的意识，是否能感觉到他们花费一生的精力去阅读、分析和解释的东西是第一流的和最重要的文学？对于这样一个问题，记住以下这些话是恰当的：作为德国的人文主义者，梅兰希顿把亚里士多德置于柏拉图之前，把欧里庇得斯置于索福克利斯之前；当他珍视海希奥德时，他忽视了埃斯奇勒斯，他并不真正赏识维吉尔，他把西塞罗看作一位哲学家。以上这些和以下的事实并非前后矛盾，即作为语言，梅兰希顿和他的朋友们能够理解希腊语和拉丁语说话方式的韵律和华丽、逻辑上精确、比喻的本领以及描述的能力；但是，他们的审美能力停留在当时的水平，或者如果说这种能力要进一步发展的话，那将取决于伦理的自我意识。关于古罗马的喜剧（根据拉丁文学的一种典型说法），梅兰希顿坚持那种当时严肃的人文主义者所持有的观点。和维多里诺一样，在语言学和伦理学两个方面，他认为普劳图斯的作品只能被用于提高人的辨别力。他将允许阅读《驴》（*Aulularia*）和《行囊》（*Trinummus*）②以及选自其他剧本的某些片段。但是，他全心全意地赞同特伦斯的作品③，这一点我们在格里诺和伊拉斯谟的身上也已注意到了，马丁·路德也有同样的看法。无疑，梅兰希顿在这里就像经常在他的教育观点上一样，受到了伊拉斯谟态度的影响，后者把特伦斯置于那些适合于青年人教育的古罗马作家之首。作为拉丁语口语的一种训

236

①《作为“德意志的老师”的梅兰希顿》，第 396 页。

②《驴》（又译《驴子的喜剧》）、《行囊》，均为普劳图斯所创作的戏剧。——译者注

③ “喜剧可以提高人的说话技巧。正是在这里，大量精彩的东西以某种方法得到了解释，同时也提出了相关的理由。”C. R. xix. 692.

练,特伦斯的作品的效用,还有那些见解(即喜剧作品使古罗马人的生活和方式清楚明白地显示出来的见解),所有这些分别在两个条件——文雅和知识——上满足梅兰希顿的要求,它们在被选来用于教育的每一位古典作家身上都是必要的。但是,首先,梅兰希顿在把特伦斯的作品评价为道德榜样的一间陈列室时,他和每一个人文主义者是一致的。"这种处罚是民法运用上的模式,由此确定源于人性的东西是不会轻易改变的。有的事情会妨碍到公务,但人性是稳定的。"(Habet is multa egregia exempla civilium morum et humanorum casuum, unde judicium certum peti potest de rebus humanis. Nam qui diligenter expenderit hos casus, et personarum officia et consilia, de rebus humanis prudentius et ipse judicare discet.)为了学校的利益,特伦斯更值得推荐:他的立场始终是一种健康的道德立场;每一部戏剧都指出了某些适当的教训。梅兰希顿努力使每一部戏剧对人的教诲都能明白地显示出来,他希望这些教诲能被年轻的学生们所牢记。[①]

梅兰希顿把荷马和特伦斯看作是学校中那些学生学习的作家,从中我们可以追溯到他的评价方式。在总体权衡古典文学的价值时,他评述了许多人,在那些人中间荷马和特伦斯具有典型性。对于像普林尼这样的一位作家,梅兰希顿自然是更详细地评述他对于"认识事物"(cognitio rerum)的重要性,正像在德摩斯梯尼那里,"雄辩"是主要的特征。但是,就每一位作家来说,风格、内容和教诲这三种条件应该都是需要的。因此,像伊拉斯谟一样,梅兰希顿不愿意使用基督教诗人的作品,而科利特和其他人则倾向于选择这些诗人的作品。

梅兰希顿对修辞学的看法

形式和内容的这种同样的结合是正确的雄辩术的特征。拉丁语作

---

① 他把希腊悲剧主要看作是道德教育的一种手段,这多少有点亚里士多德的腔调。为了愉悦而去阅读一部戏剧,那只不过是在处理重要事情时缺乏应有的严肃性。参见哈特费尔德(Hartfelder)的《歌剧艺术》(*op. cil.*),第395页。

文在德国人文主义中的功用,在梅兰希顿这里得到了很好的说明。作为受过完整教育的人,演说家的完美典型在前几章中谈及帕尔梅利和伊拉斯谟时已陈述过了。但是,在梅兰希顿之前,基督教改革运动的领袖已提出了严肃的教育目的,即宗教信仰和公民义务。对于拉丁语修辞学方面的全面训练和运用本国语在宗教讲坛以及市议会发表演说这两者之间的联系,我们不可能视而不见。伟大的新教大师们是如此热情地反复强调拉丁语修辞学的训练,梅兰希顿、斯图谟和科迪埃是这些大师的代表。像意大利的人文主义者一样,英国的人文主义者对此也毫不隐瞒他们的观点,正如我们在艾利奥特①或霍比(Thomas Hoby)爵士②那里以及在帕尔梅利那里所看到的那样。但是,作为拉丁语方面的能力,梅兰希顿对"雄辩"专门做了详细的研究,他是一位拉丁语的大师,因此,我们必须考虑他的意见。

在完美的"演说家"身上,昆体良和西塞罗已要求具有正直、博学和口才的一种结合。在学习古代文化的近代学生中,没有人渴望能达到荷马风格的、雅典的或古罗马的修辞学所达到的那种完美的标准。梅兰希顿所说的雄辩,首先是指思想和表达方式的密切结合,其次是指把这种表达方式变成艺术的形式,通过艺术形式使表达有说服力,并能激起适当的情感冲动。就像阿格里科拉所设想的那样,逻辑性和风格之间的关系已被提到了。梅兰希顿接受了这种观点,并表示完全同意。能够以逻辑的顺序来清晰地讲一个问题,这就证明对该问题已有了充分的理解。的确,如果我们能达到这一点,那就会有一种理想的陈述真理的方式,在那时,就能精细地把语言和思想协调得非常一致,以至于

---

① 应该注意,他的小册子《造就一个聪明之人的知识》(*The Knowledge that makcth a Wise Man*,1533年)的序言。以下引自《行政官之书》(*Governour*)的这段话表明了他的立场:"无疑,在每一种语言中,真正的(即真实的)雄辩是指,用清晰的、华美的和秀丽的文字把任何情况或已做的事或将要做的事表达出来:这些句子是如此的恰当而简洁,以至于它们通过一种难以说明的功效吸引了听众的注意,引起了听众的共鸣,此外,听众或者被说服和被感动,或者引起了他们的欢乐。"i.116—117。

② 霍比(1530—1566),曾任英国外交大臣。卡斯底格朗的《官廷人物》一书的英文版译者。——译者注

两者成为一个严密的整体。我们也许准备在诗的最高境界上实现这种语言和思想的一致性，但是，梅兰希顿却非常渴望摆脱教育思想中起阻碍作用的混乱状态，渴望提高复杂的和有逻辑的拉丁语的精确性，以便为近代所用，而思维和表达方式的相互影响似乎对分析满不在乎。正如经常被指出的那样，因而就有了人文主义修辞学教师的一个基本错误。一种说话的训练相当于一种思想的训练。语言的学习培养了一种正确的思维能力；一位历史学家没有风格就不是历史学家；没有"雄辩"的"博学"只是对于拥有知识的一种自私的自鸣得意，那是不道德的和对人类无益的。因此，所有教育的两个目的是不可分割的："关于仁慈的和明智的知识"（scientia judicandi de rebus humanis）和"能力"（facultas dicendi）。这样，就像我们从伊拉斯谟或者从维韦斯那里所看到的那样，"博学"本身也就经常只是成了言词的解说；"人类的财产"（res humanae）是所有那些被他们用修辞学的形式所评述过的东西，"自然的财产"（res naturae）缺少适当的书面形式，因而对教育是无用的。的确，梅兰希顿已说过："雄辩"包含了如实陈述的实质；真理和表达方式的和谐一致不是多余的或次要的，而是带有必要的性质。

因此，用拉丁语书写的重要性对于受过教育的人而言是一样的，拉丁语是当时仅有的思维工具。梅兰希顿认为，用一种学者的语言写作，它更多地涉及对所要表达的思想的深入分析，而不只是追求句法分析过得去。在这一点上，他是正确的。很可能没有非常合适的练习来提供机会进行逻辑思维的训练。但是，除非考虑大量阅读古代作家的作品，否则"雄辩"也许就是一件无聊的事情。这里，梅兰希顿回想起昆体良。经常学习伟大的古典著作必须同时伴随写作。"阅读雄辩作家的作品"（Eloquentium scriptoyum lectio），其目的更多的在于理解内容，而不在于学习文体，这种阅读能够独自提供情况、训练判断能力，没有这些也就不可能有"雄辩"。对于意大利人文主义者来说，具有西塞罗风格形式的空洞的演说是如此可爱，但这样的演说对于梅兰希顿是没有吸引力的。然而，他对于委婉的拉丁语演说的和谐悦耳的声音是敏感的。在和阿格里科拉的思想相称的一段话中，梅兰希顿断言："既没有悦耳的音乐，又没有好听的演说，那就难以使人领悟，要以词句及其含义表达出持久的美德。因此,如果没有令人愉快的演说,人的性格就会颓废。"(neque musica dulcior aut jucundior auribus aut mente percipi ulla potest quam aequabilis oratio, constans bonis verbis ac sententiis. quare si quem nulla voluptate talis oratio afficit is longe a natura hominis degeneravit.)所有的男孩都应该练习韵文的写作,把它作为一种必要的练习,即通过修辞手段、明喻、隐喻和有韵律的短语来使原本单调的作品更加多姿多彩。以上这种梅兰希顿一再坚持的意见和他对于文风的审美观是相连的。的确,语法是整个修辞的基础,但不是雄辩术这座大厦本身。仅仅是准确的说话,也许完全不能赢得人们的赞同,或者不能激起人们的情感,因为这种说话缺乏"雄辩"的本质特征。

240

梅兰希顿对科学学习的看法

谈到数学和自然科学,梅兰希顿是文艺复兴时期要求在大学和大学预科中系统学习它们的第一位教育家。温斐林在他向斯特拉斯堡市议会(Council of Strassburg)提出的著名呼吁中并未提到数学;阿格里科拉希望根据亚里士多德和狄奥弗拉斯图的论著教授地理学和自然历史。1524 年,马丁·路德在他著名的呼吁信中宣称:"至于我本人[①],如果我自己有子女,那我将不仅让他们学习语言和历史,而且还要让他们学习唱歌、器乐和一门完整的数学课程。"但是,数学书的印刷商很少,那些人主要在威尼斯。阿兰西(Alansee)在维也纳(1518—1530 年)印制了一些书供德国人使用。数学工具产于意大利,但 1490 年后,当乌尔木(Ulm)[②]、维也纳、巴塞尔和纽伦堡等地也开始印刷时,这些书就便宜了。同时,实用算术或商业算术在佛罗伦萨、热那亚(Genoa)[③]和威

---

① 当时马丁·路德还未结婚。——译者注
② 乌尔木,德国一城市。——译者注
③ 热那亚,意大利西北部一海港城市。——译者注

尼斯等地已有了很大的发展;在汉萨同盟(Hansa)①所属的城镇和在德国南部,情况也是一样。但是,没有人文主义者把算术看作是一门自由学科。私立学校在书写和计算等科目中满足工业界的需要,但这些学习内容并未成为学者们所理解的教育机构的部分。交易、平均数、百分率和商业表格、用于航行的天文学表格等,把这些内容作为纯粹技术上的事情来教授,并且采用本国语写的课本。②

梅兰希顿忙于组建纽伦堡学校的那一年(1525年)有几件大事。其一,艾伯特·丢勒(Albert Durer)的实用几何学的教本在德国问世了③;其二,把数学引入小学的教学计划(和拉丁语学校不同);其三,在梅兰希顿的建议下,在纽伦堡的奥伯学校中,为一个高级班配备了一位数学教师。1536年,他自己就古代的数学史作了一次演说;校订了英国人萨克罗博斯科的著名的《论行星的轨道》(*De Sphaera*),还有佩尤巴赫(Peuerbach)④的算术书。在天文学和物理学方面,他在大学中表现得很活跃。他对这些学科和教授这些学科的方法都没有做出原创性的贡献。很可能他从未接受哥白尼的学说,但他很宽宏大量,极力主张关注哥白尼所做研究的结论。作为一个真正的人文主义者,他认为,古典作家尚未被近代的研究者所超越。欧几里德、托勒密、亚里士多德、普林尼和庞波尼厄斯·梅拉是他所认定的权威人物。学习的方法仍然是"字面的"(verbal)而非"实际的"(real);激励着现今教师的教育目的是反复强调推理的精确性,而梅兰希顿宁愿通过语言和论证来达到这一目的。很可能维韦斯是唯一始终考虑主张学习这一领域知识的人文主义者——这种知识很快就变得非常吸引人——在教育中占有一个明确的位置。而且,正如我们将要看到的那样,梅兰希顿发现自己面临着一

---

① 汉萨同盟,13—17世纪北欧城市结成的商业、政治同盟,以德意志北部诸城为主。——译者注

② 参见冈瑟(Gunther):《数学课程历史》(*Gesch. d. Mathem. Unterrichts*)。

③ 该教本的书名是:《*Die Underweysung der Messung mit dem Zirkel und Richtscheyd*》。第一本在英国印刷的算术课的教本是滕斯托尔(Tunstall)的教本,于1522年问世。

④ 佩尤巴赫(1423—1461),奥地利天文学家、数学家。——译者注

个他所不能克服的障碍。数学以及在更高程度上的自然研究,在这些科目上都缺乏有机的和科学的说明,而对于年轻学生的教师来说,出于教学的目的,好的说明可以使简化教学工作成为可能。

没有必要继续探讨梅兰希顿对于其他学科(例如,历史或宗教)的态度。[①] 对于历史,他采取了普通的人文主义观点。至于宗教,在道德目的的重要性和极其重视个人生活中宗教的地位等方面,假定信仰的变化,他的观点和维多里诺特别相似。另一方面,他的某些观点和耶稣会一样,后者从梅兰希顿这里学习了很多东西;特别是他们都认为:世界应该通过正确的教育而接近真理。

而且,像耶稣会为天主教国家决定了教育所应采取的形式那样,梅兰希顿同马丁·路德和斯图谟一起,帮助欧洲的日耳曼人把普通教育建立在人文主义原则之上。

德国人文主义学校的作用

在梅兰希顿 1560 年去世前,对于观察力敏锐的人来说,以下这一点正变得很明显:不管在英国和德国,还是在法国,对于人文主义学校毕业生的社会需求毕竟是有限的。梅兰希顿和斯图谟设计了他们的教育计划,以满足新教德国对于受过教育的牧师、学校教师和有能力的文职人员的需求。他们还希望培养一种对于学习的强烈爱好,而这种学习不受专业需求的支配。但是,至少在阿尔卑斯山北部的地区,商人、小地主、医生和律师等发现,在人文主义教育中,没有东西或只有很少的东西与他们的工作或闲暇有真正的联系。两种职业——牧师的职业和学校教师的职业吸引了文法学校与大学的大多数毕业生。但是,梅兰希顿的抱怨(他认为在他生活的时期,受过教育但又失业的人员太多了),汉弗莱·吉尔伯特的建议[②],蒙田对自己生活时期的中学教育结果的批评,纽伦堡学校的失败(这引起了德国所有人文主义者极大的失

---

① 对照维韦斯关于"实际的"学科的态度,本书英文版第 202 页。

② 参见本书英文版第 302 页。

望),还有科迪埃承认商人把他们的儿子从古典教育中撤出和再送他们出国学习近代语言——所有这些都说明了以下的结论:人文主义的活动并未完全解决为新时期组建教育的问题。其困难是由于当时的条件所决定的,具有时代的性质。本国语还未完全固定下来,自然科学几乎不存在,民族文学在德国、法国和英国仅仅刚诞生,以上任何一个方面作为教育年轻人的工具都是不适合的。一种明确的、已经过详尽阐述的知识,同时也是对学校教师来说有价值的知识,就是古代的语言和文明、数学的有限部分、基督教的《圣经》和宗教书籍。教育制度只能建立在公认的社会理想的基础之上,课程不可避免地必须适合学科内容的教学,而这些内容是由专门的研究者(学者、数学家和科学家)所确定并加以系统化的。在 17 世纪之前,除了包含在古代文化领域中的知识以外,没有适当的知识存在。

第十二章　礼仪的原则与《宫廷人物》(1528)

如同在教学方面一样,意大利人在礼仪方面也为近代世界开辟了 244
道路。新的时代要求重塑行为的理念,以便与知识方面的革命相适应,
与道德标准和社会秩序方面的重新调整相匹配。对于生活中的"重要
事情",人们的感觉发生了变化,这也产生了个性观念的相应变化,而通
过个性观念的变化,新的真理得以表现。①

礼仪的新标准/意大利人关于个性的概念/
城市和宫廷的影响/帕尔梅利和"节制"

中世纪时代认可两种具体的教育类型:骑士(knight)类型和职员

---

① 相对于知识方面的卓越,礼仪方面的文献没有发挥恰当的作用。罗利
(Raleigh)教授为霍比(Hoby)所译的《宫廷人物》(*Courtier*)的"都铎译本"而写的前言
是一篇极好的介绍文章。爱因斯坦(Einstein)在他所著的《意大利文艺复兴在英格兰》
(*Italian Renaissance in England*)中以极好的一章讨论了这个题目。同以往一样,布
克哈特(Burckhardt)在探讨意大利社会礼仪方面的建议是丰富的。《处世之道手册》
(Ⅱ *Galateo*)(1558年)在这个题目的讨论方面较为琐碎,但远比《宫廷人物》的流通量
广,并且也以不同的题目重复出现在英格兰,如"有教养的廷臣"(Refined Courtier)等
类似题目,一直到18世纪。阿尼巴尔·罗梅伊(Annibale Romei)的《廷臣的学院》
(*Courtier's Academy*)(1597年)是他的著作《关于贵妇人和骑士的演说》(*Discorsi...
tra Dame e Cavaglieri*)(1586年)的英文版,讨论在《宫廷人物》中提到的相同问题,虽
然是以一种枯燥的方式。在这卷书末尾的文献目录中,包含被这一阶层广泛阅读的著
作题目。

(clerk)类型(律师或神职人员)。两种类型的训练都是职业性的;前一种还不止于此,因为它局限在一个等级制度中,即拥有土地的不同的封建领主等级中。每一种教育类型都与中世纪时代某种根深蒂固的观念相对应——例如,等级组织、阶层和社团组织等观念。随着新观念的出现——即意大利的特殊创造或至少是它的重新发现——具体来讲,人作为一个俗人(不管是士兵还是职员)和人作为一个独立个体而非一个团体中的无名者这种说法的出现,使"个性"成为人的发展的有意识的目标。14世纪末,古典文化因素注入意大利的行进轨迹,在形成人的个性理念方面施加了某种间接影响。古人向具有活力而善于接纳的时代展现出陌生但富于吸引力的卓越表现。在这样有吸引力的人中,有富于教养的民主政治家、雄辩家、博学的顾问、地方行政官和从人民中脱颖而出的爱国军官,他们来自非特权阶级,是新生的公民,是以公民身份而出现的人。尽管这些类型的人对意大利人来说是新鲜的,但是,他们是当时政治环境下的产物。那种政治环境类似于此时的意大利人所知晓的环境,或类似于他自称是属于自己的土地和种族的环境。熟悉希腊和罗马的伟大文明,使用这些知识作为教育的首要工具,都不可避免地使人们渴望张扬的生活方式,渴望与所吸纳的灵性智慧相对应的仪态。于是,在"知识和本性"(artes et mores)与"文学和德行"(lettere e costumi)之间有了各种结合,使其成为展现于内心世界的事物的外在表征。每一个人文主义者,不管是学校校长、文人还是实务人员,都同时用两种方式运用古代的风俗习惯:一是个体类型呈现为意大利年轻人所模仿的样式;二是雅典或奥古斯都时期的罗马(Augustan Rome)的贵族文化(当然是理想的)会激励一个人获得应有的优雅和尊严,而这样的人受到召唤又会在他自己的时代再造那种优雅和尊严。在明显扩张的商业城市中,也产生了对新的礼仪标准的影响。在那里,从市政和商业领域中涌现出了卓越的成就。带有市民气质的贵族身份特征体现出了佛罗伦萨、热那亚或威尼斯的特点。佛罗伦萨家庭中的男人有银行家或商人,威尼斯的显贵者有的是投机商人。这些共同体自然而然地创造出自己的卓越理念,创造出彰显那些理念的礼仪。佛罗伦萨或锡耶纳的"终身公民"(vita civile),完全不同于东英格兰或莱茵河西部地区的自由民城镇中那种名不见经传的附庸社会。前者对自己的价值、对优越于南部未开化和半封建社团的感觉拥有清晰的意识，这就是它呈现出的"美德"的标记。但是，正是在一位君主，诸如贡扎加、德·伊斯特和蒙特费尔特罗家族的人统治下的两三个较小的自治城邦中，旧的类型与新的类型才会彼此妥协，骑士与市民和学者才会彼此妥协。也正是从这种妥协中，产生出个性的理念，产生出近代社会的全人（the complete man）理念，这代表文艺复兴塑造的、终极的与和谐的关于"个性"的画卷。据说，在孟都亚的宫廷，费尔特雷的维多里诺致力于把古代文化中的文学和雅致结合在以统治阶层为特征的骑士训练中。蒙特费尔特罗的菲德利哥（Federigo di Montefeltro）①后来成为乌尔比诺的大公爵，之前他是佐约萨（Zoyosa）的一个具有代表性的学生。他的职业生涯表明，在把古典教学施加于军事理想的过程中，他如何改变了后者，并创造出第三种类型，即这样的军人把深刻的激情献给了艺术和文学，但其个性仍是由军事而非文艺塑造的。对欧洲来说，这种类型是全新的。然而，维多里诺却有不一样的学生。他的学生会从事市民职业；而他对他们也强调同样的仪态理念和高贵礼仪。这些不是出身良好的人的特权，而是内在思想被文明化的适度表现，也就是人文主义学习的结果，即"非凡的性格"（ingenui mores）。激发一种个性，使知识与风度、性格与礼仪应当成为其仅有的相关内容——这正是韦杰里乌斯的论文的文本，也是伊拉斯谟、科利特和科迪埃的教育目的的一大部分，旨在培养一种个性，而知识和兴趣、品格和礼貌应该是这种个性的相关方面。西欧的高等教育从未刻意忽视这种高尚的传统。在阅读诸如帕尔梅利、阿尔伯蒂和弗朗西斯科·帕特里齐的著作时，读者会发现这些作者同样强调人的外在与内心的融合。那时，社会的首要美德"节制"（temperantia）和"谨慎"（prudentia），是作为古典教学的一个主要目标来实行的。这些美德从高尚的道德冲动中给良好城市的公民气质和仪态的养成带来了细微的变化。关于道德的价值和未开化两者可以相容

①蒙特费尔特罗的菲德利哥（？—1482），曾任意大利乌尔比诺的大公爵。——译者注

247

的说法,对于信奉文艺复兴的人来说并不明智。因此,帕尔梅利在讨论一个国家中的"节制"时,先讨论了古人在遵守法律和权威方面、在城市中培养友善方面有哪些例子,然后就直接讨论了"有序的生活"的另一个不可分离的因素。"通过看一个人的仪态、活动或休息状态,可以恰当地说是什么因素构成了一个公民。"必须避免与优雅及行动自由不协调的动作和态度;我们的动作经常揭示我们的或善或恶的动机;我们常常表露出高傲或尊敬的表情;我们的特征常常显示出沉思或痛苦、怀疑或傲慢;声音经常与令人怀疑或微妙的意图相应、与愚蠢或机巧相应。想想有多少东西是通过我们的手表现的;它们帮助我们表达,它们本身就是一种语言。它们解散或召集人群、显示快乐或痛苦、要求沉默或演说、威胁或请求、勇敢或警醒、宣称或否定、争论或计数、接受或否决。正当的训练总是暗示,在使用我们的手时要带着优雅,并与我们的意图相一致。因此,让我们的双手表现出坚定和意志,永远不要像妇人的双手那样悠闲地下垂,而是让它们时刻准备立即服从我们的思想和情感——我们的手总是那样善于表达那些思想和情感。

248

"傲慢的思想又是多么容易地从自负的行走姿态中表现出来,就好像你走在队列的最前面。抖动自己的外套,扩展自己的身躯,似乎在表示人行路上空间不够,没法容纳自己的多个姿势。如果你走得太快,就可能会让人怀疑你不是一个严肃的人。"因此,一个人的仪态应当显示出秩序和谦逊,而这正是"节制"的外在标记。这些会与他恰当的尊严形成一致,并显示出他真正的出类拔萃之处,让万事万物都自然、不矫饰和恰当。我们穿的衣服要与那种恰当的仪态保持一致。首先,典雅的衣服要适合身材;其次,衣料的质地应当好,在风格和材料上要与城市的风格搭配;第三,在衣服的精细做工中,应该没有女性元素、没有对潮流的过度关注。简而言之,其目的是伴随着渐渐形成的品位,让穿衣者开始具有男性的特征和卓越的个性。其中的基本原则必须用帕尔梅利自己的话来表述:"在责任的适当次序上,在所有时间的每一个更悠久的信念上,没有什么新的东西。"（Nulla altro e Temperantia che ordine debito di quello che per ogni tempo a ciascuno maggiormente si conviene.)个性是道德、智力、情绪和活动的一个结合体。一个人要在每一个方面都遵守同一个和谐律或平衡律。凡是饮用了古代智慧之泉的公民将会表现出"人性",所有看见他的人都会从他身上识别出"美德",而这形成了他的个性。

卡斯底格朗的《宫廷人物》

现在,我们大概能明白意大利的人文主义者对以下这件事是如何高度关注的。尽管在一种非常真实的意义上说,意大利人是有激情的人文主义者。这件事就是:简单分析一个人的外表,就能辨别出一个人的风格。在切入本章主题时,有必要了解人文主义的信念,而前面所写的正是作为巴尔达萨雷·卡斯底格朗(Baldasarre Castiglione)①的《宫廷人物》(*Il Cortegiano* 或 *Book of the Courtier*)的一个引言。

卡斯底格朗的生平/
孟都亚和乌尔比诺的宫廷 / 对话的地点

对《宫廷人物》在它的历史背景中的地位,只需要简单地述说。卡斯底格朗于 1478 年 12 月 6 日出生于孟都亚附近一个较为显赫的家庭。他的母亲是贡扎加家族的一个成员,与皇室有关联,因此,与乌尔比诺的埃利萨贝塔公爵夫人(Duchess Elisabetta)有关,并与其继承人莉奥诺拉公爵夫人(Duchess Leonora)有关联。卡斯底格朗是孟都亚城堡受欢迎的来访者,在那里他首度获得了一流的文艺复兴时期宫廷的经验。并无重要证据显示,卡斯底格朗在杰出的贡扎加侯爵夫人②伊莎

249

---

① 卡斯底格朗(1478—1529),意大利外交官、侍臣。——译者注

② 埃迪(Ady)夫人在她所写的《伊莎贝尔·德·伊斯特》(*Isabella d'Este*)中,对昌盛时期的孟都亚宫廷有一个生动的描述。她的书是建立在卢齐奥(Luzio)先生和雷尼尔(Renier)先生多年努力收集的史料之上的。

贝尔·德·伊斯特(Isabella d'Este)①门下有家室。他所在的是一个有学术气息而优雅的宫廷,决不亚于他后来在乌尔比诺所了解的宫廷。他受的教育包括整个希腊语、拉丁语和意大利语方面的人文主义学识、艺术方面的学识以及军事方面的学识,而后者最终成为其职业。他青年时代的后期在米兰度过。在成年之后,卡斯底格朗于1499年11月开始在孟都亚侯爵身边服役。孟都亚侯爵迫于形势,与征服米兰的路易十三(Louis XIII)建立了良好的关系,并按照其家族传统于1503年接受了法国军队中雇佣兵队长(Condottiere)的职位,或称为总队长(Captain-General),参加与西班牙争夺那不勒斯王国(Kingdom of Naples)的战争。卡斯底格朗起初在那里辅佐他,但是在1504年9月,这位年轻的军官投身到乌尔比诺的公爵蒙特尔特罗的圭多巴尔多(Guidobaldo di Montefeltro)麾下,并因此而得罪了他的旧主,即强势的孟都亚侯爵。在圭多巴尔多和他的继承者弗朗西斯科·德拉·罗维里(Francesco della Rovere)的门下,卡斯底格朗获得了公爵宫廷中的职位,直到1516年利奥十世(Leo X)废除了公爵,并一度将该小邦国纳入圣彼得(St Peter)的疆域之中。在那里的12年间,卡斯底格朗领受过不同的使命,而他的性格魅力使他很胜任那些使命。1506年,卡斯底格朗来到伦敦,把亨利七世(Henry VII)授予圭多巴尔多的嘉德勋章带回意大利。他在费拉拉宫廷最辉煌的时候访问了那里,并拜见了毫无争议的王位继承人阿尔方索(Alfonso)的年轻妻子卢克丽霞·波几亚(Lucretia Borgia)。他还和埃尔科莱公爵(Duke Ercole)交了朋友,此人同样在30年前表达过对鲁道夫·阿格里科拉的敬意。卡斯底格朗在乌尔比诺居住过12年时间的住所是一座宫廷。这座宫廷可能是意大利文艺复兴时期众多著名宫廷中最让人惊叹的,它是由维多里诺的学生菲德利哥(Federigo)在30多年前建造的。这座宫殿耸立在高高的台阶上,俯瞰着下面的小城镇。蒙特费尔特里(Montefeltri)②的住所,无

① 伊莎贝尔·德·伊斯特(?—1539),1490年和弗朗西斯科·贡扎加(Francesco Gonzaga,1466—1519)侯爵结婚。——译者注

② 蒙特费尔特里,意大利边境地区乌尔比诺城的贵族世家。——译者注

论在规模和环境上,还是在建筑外形比例的庄严性、细节的美感上以及新古典主义风格的和谐和适用性上,都堪称高贵气派的欢乐家园。对聚集在那里的男人和女人来说,它是那样光彩夺目。乌尔比诺远离交通要道,在那里亚平宁山脉(Apennines)①中部开始偏离向亚得里亚海(Adriatic)②。组成这个小国的城镇和领土是非常繁荣的,国内百姓都效忠于王室,并自豪地分享着王室的那份尊严。圭多巴尔多公爵虽然是一位年轻男子,但因身体虚弱而没有致力于军事,而是热中于人文学科。他的妻子、尊贵的伊利萨贝塔·贡扎加(Elisabetta Gonzaga)是孟都亚侯爵的妹妹,被她同时代所认识她的人看作是最为优秀的女性之一。卡斯底格朗去那里服役期间,那里是意大利全境内(包括费拉拉在内)最优雅的宫廷中心。卡斯底格朗的书中活灵活现地展现出宫廷生活的图景。通过该书中极尽可能所用的文学形式,我们看到一个展现宫廷休闲和娱乐生活的真实画卷,正如公爵夫人所塑造的那样。有过许多战事经历之后,卡斯底格朗在罗马教皇的教廷中成了尤里乌斯二世(Julius Ⅱ)③之下弗兰西斯科公爵(Duke Francesco)的代表。但是,他没能在利奥十世占有欲极强的控制中待下去。利奥十世在 1516 年把乌尔比诺归入教皇的主权下。卡斯底格朗妥协于贡扎加侯爵,在罗马任职于孟都亚的大使团。1524 年,克莱门特七世把他派遣到西班牙,在查理五世(Charles Ⅴ)的宫廷担任罗马教皇的使节。他在罗马的职位被解除,因为他没有向他的主人解释清楚一些事件背后的意义,这对他的自尊是一个极大的打击。卡斯底格朗于 1529 年在托莱多(Toledo)④去世。查理五世听到他的死讯后感叹道:"我们失去了我们这个时代最优秀的绅士。"

《宫廷人物》是卡斯底格朗对自己磨难一生中最快乐的岁月所做的记录。那时,他曾一度实现了自己与高贵群体为伍的愿望,而那些人是

251

---

① 亚平宁山脉,位于意大利中部。——译者注

② 亚得里亚海,位于意大利之东。——译者注

③ 尤里乌斯二世(生卒年不详),教皇。——译者注

④ 托莱多,西班牙中部城市。——译者注

由圭多巴尔多公爵和他的夫人聚集到一起的。他在 1508 年用几天时间写出一个纲要,描绘了他理想中的廷臣,然后先放在一边,后来又再度拿起,并一部分一部分地写,直到 1516 年才差不多写完终稿。而那一年,利奥十世的铁腕触及了他所在的邦国。尽管众所周知,1528 年该书的手稿只交付给阿尔达斯(Aldus)的印刷厂印刷,但却迅速成为当年欧洲最流行的读物之一。1540 年,该书的西班牙版问世;1561 年,托马斯·霍比爵士把该书译成英语出版,名为《宫廷人物》(The Courtyer);1538 年或 1538 年之前,该书至少被两位作者译成法语;该书还被译成拉丁语。"如果把一本书当作我们时代的道德和社会观念的要旨或缩影,那么这本书必定是《宫廷人物》。"①

意大利文艺复兴的典型艺术说到底是演说艺术。"演说稿"(il bel parlare)、"演说的优雅"(il parlar gentil)是表明一个人在社会中具有卓越素质的必要条件;雄辩的才华经常决定着政治和外交中的成败;文人必须朗读、复述和创作。"计算"(conto)、机智或浪漫的短篇故事、卖弄学问但传统上是正确的牧歌,都是傍晚娱乐的内容。在柏拉图和西塞罗这些先辈的有力影响下,对话形式可能是文艺复兴中期或晚期特有的风尚。对于帕尔梅利和阿尔伯蒂来说,对话仅仅是一种形式,其中的主角论述总是被赞同的评论不时打断。但是,卡斯底格朗在用对话形式建构自己的论述时,呈现出一种真正的讨论,其中在有分歧的观点上并没有彼此妥协,这样就隐含着真正的讨论和对结论的长期思索。在休息室(eithdrawing room)的四个晚上,一位廷臣提出一个想象出的议论主题,并为公爵夫人所接受,即"为了塑造出一个好的廷臣,请举出所有必备的条件和特别的素质,作为值得拥有这个名分所具备的东西"。可以想象,参与这一上层议论的有来自文学界、政界和社会的男女名流,诸如朱利亚诺·德·美第奇(Giuliano de' Medici)②、皮埃得罗·本

---

① 罗利(Raleigh)教授,见前页。
② 朱利亚诺·德·美第奇(1479—1516),佛罗伦萨统治者(1512—1513年)。——译者注

博、贝比埃那(Bernardo di Bibbiena)①、凯撒·贡扎加(Cesare Gonzaga)和爱米利娅·皮娅女伯爵(Contessa Emilia Pia)以及其他许多人。不应该忘记的是,卡斯底格朗曾经帮助这些人不时地在宫廷中消遣。卢多维科·达·卡农萨(Ludovico da Canossa)和朱利亚诺·德·美第奇的主要任务是描写出完美的廷臣形象,虽然有许多跑题的地方,但对主题有其独特的精致论述。本博关于"理想之爱"(Ideal Love)的著名独白是文艺复兴留给我们的最为精到的哲学思想表述。

作为人文主义教育理想的廷臣

廷臣完全是文艺复兴时期所设想的理想人格。16 世纪,宫廷代表着社会上每一个高雅活动的核心动力和认可标准。这不仅是意大利所关心的问题,而且对于法国、英国、西班牙、巴拉丁奈特②和萨克森来说也是如此。管理、实业和文学等各界在上层社会圈中都能找到共同的互动。国务大臣、好运的士兵、学者、诗人或艺术家、大贵族和富于冒险的水手正是或者有可能是宫廷的成员,或者为了追求鼓励、利益和认可而专注于宫廷。运用近代词汇的现象的确存在,但这在当时被看成是对理想的贬低。卡斯底格朗曾以精准的语言阐述廷臣的作用:"引导和说服君主向善,并说服他离开恶,使他的君主能够明白善与恶,能够爱憎分明,正是廷臣技艺的真正结果。"另外,"通过他的成就,廷臣可以容易获得并且应该获得善良的意愿……如果他真能如刚才所描述的那样,那他就能够机智地为自己揭示万事万物的真谛。"因此,将发生这样的情况:"渐渐地,廷臣将把主要的美德灌输给自己,以先辈的优秀品格为榜样来激励自己,使用他的个人天赋来赢得他的君主,以便君主在自己的社会中获得快乐并在自己的美好意愿和判断力中拥有信心。理解其主人的本质和性情是廷臣的主要工作,正如亚里士多德,他同样是一

253

---

① 贝比埃那(生卒年不详),意大利作家,写有通俗的散文喜剧。——译者注

② 巴拉丁奈特,德国莱茵河西岸一个地区,旧时为德意志帝国内一个邦国。——译者注

位廷臣,拥有关于亚历山大心智的全面知识,因而谨慎地将他主人的心智纳入他的训练,以至于年轻的君主爱他胜于爱自己的父亲。柏拉图也以这种方式对待叙古拉的狄翁(Dion of Syracuse)。"但是,那位哲学家没有赢得专制统治的君主并使他避开专权,随后他就离开了他的君主。同样,"如果一个廷臣有机会侍奉一位君主,但这位君主没有善恶感,那么当他发现君主的做事原则后,他要做的事情就是必须离开这个职位;而且,因为扶持一位没有道德感的君主,必然会让一个有良知的人产生焦虑,所以,他应当避开这种焦虑。"廷臣的真正动力是用各种方法去服务君主,而这会转化为他的荣耀和利益,因而其中包括不服从对于彼此都不好的命令;特别要看到,廷臣的日常工作是处理最繁重的事务。

人们将可以看到,在以服务为目的的双重教义中,我们只把"国家"摆在君主面前。这样的双重教义激励了托马斯·艾利奥特爵士,也能在对年轻的威尼斯贵族的训练中看到,这种教义在那里是以近代欧洲最为严格的形式进行的。

254 　　有一种评论是很明显的,即除了在财富方面,廷臣在其他任何方面都胜过君主。正如布克哈特曾经说过的,廷臣占满了背景,君主和宫廷只是给了他一个舞台来展现他的美德。因此公爵夫人指出,这样的廷臣本身就是一个完美的君主。至少,比起"廷臣"这个称谓,他值得拥有一个更高的头衔。所有这些表明对于廷臣概念的真实性,形式和背景都不是有形的,而是对"完美的绅士"(complete gentleman)的概念进行详细陈述,并且在允许优秀的个体持续发展的环境中展开。文艺复兴利用那些优秀的素质标明理想中的个性。正是这些理想化的东西,把廷臣转换成一件令学习人文主义的学生信服的作品,并且在廷臣所存在的世纪中给他以相当深远的影响。对于一个必须服务于宫廷的人来说,他会有20个私人职位。但是,对于每一个通过自己的教育和品味而对所写的东西有所理解的人,他能从中找到帮助并提升自身的那些努力,以追求内外充实而富有价值的生活。

开始争论的议题是:好的出身是否是一个廷臣所必需的。达成一致的意见是,尽管个人天赋是基本的条件,但是,为了确保每一件有助于他影响力的事情,荣耀的出身也不应该被低估。有的观点认为,经验告诉我们,许多有地位的和幸运的年轻人表现得没有自尊;而出身卑微但其能力得到最高程度发挥的年轻人却并不在少数。但是,君主应当尊重普遍的感受,确保家族中的年轻人脱离尖刻的嫉妒,并赋予他本能的勇气来平等对待为自己服务的下属。而且,这样的家族根源"激发和鼓励美德,就如斥责之于恐惧、光荣之于希望"。然而,这方面的考虑不能凌驾于对年轻人进行正当训练的重要性,不能凌驾于性情和形象方面的个人天赋的重要性。

255

廷臣的才能/廷臣的技能、社会品质和社交

　　廷臣必须具有军事技能,并能以活力、勇气和涵养而实行。鉴于战事生涯的局限性,他并非愿意做一名职业军人。例如,虽然在临敌之时他总是冲在最前面,接受个人冒险的机会,并在技能和勇气方面表现出卓越才能,然而他几乎不谈战争;他也不是大声喧哗的夸耀者,特别是在女士面前,任何夸耀对他都没有价值;他所流露出的是他能力中最有价值的确切特征,优越于所有的自我表彰。在体育运动和练习中,他也被同样的原则所引导。体育运动是他的爱好,是对活力和警觉性的测试,是一个人致力于高雅兴趣的验证。当他行动时,他以适合自己地位的技能和特征来行动。他不是一位运动专家;对于某些形式的体育运动,比如翻跟头和奇特的体操,他不会去做,因为他认为那些运动不雅观,因而价值也不大。"涵养"应该是他早期就习得的,这使他不会有任何的假装,包含非自然的努力和不寻常的态度。被推荐的项目包括:打猎——他当然会成为一名出色的骑手——游泳、网球、马上刺枪、短棒和投矛、跳跃、掷石头等。凯撒·波吉亚(Cesare Borgia)①在被带到意大利的几年前就有西班牙斗牛的爱好,他曾经在罗马公众面前用自己的右拳给一头公牛以致命一击。但是,廷臣不会在公众面前和低俗的

---

　　① 凯撒·波吉亚(1476—1507),意大利枢机主教、军人和政客,教皇亚历山大六世之子,曾出征北部意大利的各城邦,以凶狠残暴被人所痛恨。——译者注

环境中测试自己的力气。如果在众人面前练习跳舞，那他也会注意保持一种尊严，并避免与自然涵养和自由不相协调的动作。他不是一个舞蹈之王，不会做出以双脚腾空跳跃并划动的姿势。廷臣将以"若无其事的态度"(sprezzatura)进行所有的练习，以完全轻松的和"跨大步"的神态进行，而这将使他在各方面的出色之处不被察觉。

256

廷臣的忠诚

更特别的是，在廷臣的谈话中，决不会有虚假成分；可是，他言谈举止的尊严性，对辩论所做贡献的尊严性，会被所有人感受到。因为，他"将会发现自己在每件事上都疏忽了掩藏自己的技艺，并表现为：无论自己说什么或做什么，都是自然而然地从自己身上流露出来，都是原模原样的，而不必费神费力"。对美德的意识是不能炫耀的。用心以清晰而音乐般的声音说话，不能太软也不能像女声一样尖细，用心调整姿势并与辩论的重要之处保持协调，用心了解如何倾听、如何反驳，都是好的礼仪的精要之处。要避免学究式地坚持托斯卡纳式(Tuscana)标准下的正确性，一些陈旧词汇，即使被薄伽丘或彼特拉克用法所证实，也应该明智地放弃使用；然而，来自古代和国外的新词汇，如果有可靠的词源，那是可以用的。"在发明新的词汇或用新的语气和修辞手段来表达这些词汇时(以拉丁语作为它们的根源)，我不会让他感到有顾虑。"丰富和锤炼地方语言是那时意大利人文主义者所专注的事情，如同在随后的时代里，英格兰、法兰西或西班牙那些心智开阔的学者所专注的事情。卡斯底格朗补充说，一个人没有缘由地喜欢古代言语，仅仅因为人们先前是那样说的，于是就不按现在的方式说，这样做是愚蠢的。这一原则不仅适用于拉丁语，而且适用于 14 世纪的意大利语；一些佛罗伦萨的清教徒会把一种行将消失的语言强加于意大利的活跃的思想。

总之，廷臣的作风优于谄媚的习惯。无疑，他会在不太重要的事情上接受君主的意见。但是，他不在背后说人坏话，不好争辩，不固执己见，不喜欢把自己的意见强加于人。"我不会让他成为一个巧言令色之辈。"卡斯底格朗用较大篇幅讨论了讲故事的艺术、机敏的真正诀窍、幽默的允许限度、讽刺、开玩笑,并加入许多生动的例子。但是,廷臣不应该把机敏用到坏处;就交谈而言,模仿是一个危险的附属品;发笑应当好好地控制;不管在何种诱导之下,廷臣都应当牢记让话题和讨论与大家的关注相一致。

廷臣的作战本领和对文学与艺术的爱好

廷臣具有机警的、善于接纳的和发展均衡的智力;他的综合素质会引导自己向有价值的事物靠近。"如今,法国人在选择廷臣应关注的事物方面,设置了一个错误的标准。除了在军事方面,法国人对其他所有的资格都持有贬低的意见,认为学者头衔是被贬低的标志。如果年轻的继位者(弗朗西斯一世)如期登上王位,那么关于学问的光辉会让军事方面的荣耀黯淡。"再者,古人留给我们无数卓越军事和出色学问结合的例子,没有人可以怀疑学问会使人的生活增加尊严。"在学问方面,我会温和地教导廷臣,特别是在人们所说的礼仪知识方面,让他不仅理解拉丁语,而且理解希腊语。""让他在诗人、雄辩家和历史学家中更加渊博。让他练习写散文和诗歌,特别是用地方语言来写。"诗歌方面的才华具有社会作用,能帮助我们获得评价别人的诗歌的标准。而且,廷臣在展露其知识时会与众不同,而不是显得鲁莽,他会鄙视对自己作品的阿谀奉承。要让他用自己的所学来形成在学问和生活中的可靠判断。对他来说,抵制专业语法学家的权威是必要的。本博曾适当地问道:在认为思想优越于身体的问题上,是否学问(而不是军事)不具备优先权呢?然而,更可取的是,一名军人同时也是一名文人,这两种状况彼此协调对于一个完美的廷臣来说是必要的。

音乐的地位可以容易地确定:它是一种消遣。对一个从事实务的人来说,音乐品位和演奏技巧会把他从劳动中解脱出来,并给不平静的思想以安宁。古人也支持这种说法。亚历山大对音乐的敏感是出名的;苏格拉底在晚年开始学习音乐;柏拉图和亚里士多德把音乐包括在理想的教育中。这里可以引用莱克格斯(Lycurgus)①和喀戎(Cheiron)的话:"不管是谁,如果他没有对音乐的喜好,我们有理由判断他是由许多不和谐的灵魂组成的。请你想想,要说服一条鱼把一个人从有暴风雨的海洋险情中运送出来,能有怎样的影响呢?"我们的廷臣可以当众演唱,而且如果可能的话,可以用中提琴或笛子为他伴奏。但是,他应该避免演奏管乐器,这些是不雅观的乐器,会使演奏者略显滑稽。如同别的学科一样,他会本能地知道音乐在什么时候是不合适的,虽然恰巧那时音乐适合他的情绪。

尽管一些人认为素描、油画和雕塑是专业性的职业,而且对一位绅士来说是不适合的,但它们是真正教育的必要部分。希腊人把它们当成博雅教育的一部分。它们有一些实际的好处,例如,能够使廷臣绘制战争用的地图,或者在旅行中对一个国家的地理位置、它的薄弱和坚固之地、城堡和要塞有准确的了解。并且,这种实践性知识会在判断和享受美好事物方面培养品位,无论是自然美还是艺术美。但是,不止这些,一篇好文章的作者从人文主义的热情里来欣赏好的艺术。这里引用霍比的译文:"真的,无论是谁,我们看到一个辽阔的天空,伴着闪耀的星星,显得特别明亮;在中间,大地被海洋围绕,被山脉、山谷和河流分开,并被各种树木、美丽花朵和药草所装饰。我们可以说它是一幅高贵和伟大的画卷,由大自然和上帝之手创作:他是我们可以跟随的上帝,在我看来,他值得更多的赞美。"

至于穿着,则没有限制的规则。与潮流保持一致是人所想望的,但不是说只靠外表来吸引人。然而,如果坚持说潮流现在特别多样,而且意大利人易于按照他们的品位追随潮流,那么,每个人都可以自由追随自己所喜欢的。廷臣的穿着应该有助于他的自尊,与他的身材线条一致并显得有尊严。对于普通的衣着,黑色是让人偏爱的,然后是一些深色系列。在节日庆典的时候,他应该穿着庄重。然而,一件衣服应该总是与穿衣人的真实性情一致,正如他对那件衣服的鉴赏。一个廷臣总是优雅而不动声色地严厉。任何淡色或女性化的东西会对他的品位和

---

① 莱克格斯(生卒年不详),公元前 9 世纪时斯巴达政治家。——译者注

严肃性带来不真实的推测。

罗梅伊的《廷臣的学院》

　　不同的社会显然把某些与其相关的重要性,纳入到理想个性中的某些构成因素之中,而那些重要性之间的分歧也是允许存在的。例如,在佛罗伦萨,军事能力的排名并不高,而文学和管理市政的能力要高于前者。在阿尔诺河(Arno)①地区,对良好出身的要求可能不只包含家族渊源,还包含在商业机构中的积极参与。因此,转向另一个讨论,即一个理想绅士所必备的素质是有意义的。在阿尔方索君主二世(Duke Alfonso Ⅱ)统治时期(1585 年),阿尼巴尔·罗梅伊(Annibale Romei)伯爵把他的对话者安排在费拉拉。他们用 7 天时间讨论了"关于美、关于人性之爱、关于荣耀、关于战争、关于高贵、关于富裕、关于学问或军事的优先性"。正如伊丽莎白时代的翻译家所说的:"每个讨论题目都建立在亚里士多德式和柏拉图式的坚实的学科基础之上,但同时也带着那些时代的气氛和感觉。"作为一本书,它并不是拿来和《宫廷人物》做比较的。这本书过于偏重哲学,而缺少真正的文学艺术。但是,《廷臣的学院》(*The Courtiers Academie*)——正如凯珀(Keper)的称号所包含的——涉及与当前议论有关的三四个观点。罗梅伊承认,"高贵"是一种有关本性的馈赠,而与出身或皇室的怪想无关。但是,他不能听任这个词形容那样一种人,即他们只纪念三代以内的显赫祖先。富裕是这种高贵的一个条件,"因为没有富裕,美德几乎就不会出现",穷人也不会展示出"高尚的行动"。但是,富裕是获得高贵的条件的手段,因为富裕本身含有高贵的特质。书中引用了威尼斯的例子:在服务国家时,合理获得和使用的财富是一种荣耀的特权,而这些都是允许的。但是,不管一个人因其财富或血统而显得如何高贵,都不能被称为"高尚"(gentle),除非他具有可贵的美德。后者比前者有更具有限制性的意义。

----

　　① 阿尔诺河,位于意大利中部。——译者注

学问或军事的优先性是在《伦理学》和《形而上学》中讨论过的问题。"那些忙于沉思和沉湎于卓越学问研究的人,比其他所有人都深得上帝的垂爱,因为他们仰慕心思中与神圣之物极其相似的那一部分。"然而,武士(soldier)的活动"原则上是以身体力量开展的",因而具有"必然的不完美"。因此,结论是这样的:"我们决定把城市的荣耀给予从事军事职业的人,因为那是对卓越和英雄行为的奖励;而尊敬属于神圣之物,适合给予聪慧和博学的人……武士值得荣耀,而博士值得尊敬。"

威尼斯人的理想

在罗梅伊的对话集中,有关于威尼斯的影响力及其政体的特有条件的证据。如果罗马的理想教育是有关雄辩家(Orator)的教育、有关文艺复兴时期城邦的廷臣(Courtier)教育、有关都铎王朝下的英格兰行政官(Governor)的教育,那么,威尼斯的教育无疑是有关文书(Secretary)的教育。

261
对共和国的年轻贵族进行实践训练,其目的在于为市政、司法和外交等领域进行服务。没有哪个社会像威尼斯那样,在给统治阶级的后代进行博雅教育方面,给予如此大的重要性。接受古典文化、数学和绘画艺术方面的精心训练,对于那些想获得公务职位的人来说,是一种不能避开的责任。威尼斯的邦国要求其所有的公民都工作。1470 年,共和国建立了"体育馆"(Ginnasio)或中学,作为升入国立帕多瓦大学的准备阶段。共和国的整个教育组织由一个政府委员会(Government Board),即大学改革委员会(the Riformatori dell' Universita)来集中管理,由它来任命教授、管理图书馆和博物馆以及建立学校。在威尼斯历史上,最响亮的名字可以在它的图书馆人员和教授中、教师和文人中找到。在乌尔比诺,陆军取得的地位等同于在威尼斯海军所取得的地位;然而在威尼斯,在市政和外交官员的高级职位中取得的卓越高于海军在海上获得的功绩。因此,另一个教育理念产生了,并与乌尔比诺的教育理念并列。这一理念把商业接受为一个社会的必要条件,并且带着社会的责任;在艺术与文学方面的卓越以及对外国政治领域的开阔视野,都被看成是"完美的生活"(cmplete life)的因素。前途无量的年轻贵族被赋予的特权是文书公职庄严性的明证:他们曾出现在萨维的康西格利奥(Consiglio dei Savi)的讨论中,参加过关于公共事务的辩论,穿梭于大使之间的关系中,并能接触外国的文件和档案。这样的年轻人注定是要担任文书职务的。

文艺复兴时期的理想个性的三个特征

总体回顾文艺复兴所提供给我们的各种理想的、适合于社会精致要求的个性,我们不难发现三个明显的特征。第一个特征是被亚里士多德称为"高尚"(μεγαλοψνχια)的特征,与意大利语中的"美德"的较高层面一致。亚里士多德在《伦理学》的第 4 卷中说:"我们将发现那些品德崇高的人,在真正配得上伟大事物的同时,也以同样的方式珍视他们自己……因为凡是轻看自己优点的人就是思想狭隘的,而越是看重自己优点的人就越展示出他真正的卓越。"这种追求卓越的意识不可避免地要寻求得到承认,而得到承认就是荣誉。第二个特征是从文艺复兴时期的威尼斯发展出来的,但在美第奇的罗马和佛罗伦萨以及文雅而较小的宫廷生活中则是典型的。人文主义者能从亚里士多德的著作中找到对应的词"崇高"(μεγαλοπρεπεια)。"一个穷人永远展示不出'华丽';如果他试图有这样的展示,那与'适当'的原则冲突,而'适当'是必要的德性所包含的内容。""气派的人根据事物的相称原则花费他的财富,这是所有德性的基础。""总之,他决不会忽略对特别事物的适当花费。""不管他做什么事情,他都会以华丽的方式完成,而这样的华丽适合它。""他的花费应当出自对公共利益的考虑,而不是他自己的利益。"

第三个特征是与希腊精神一致的。这个特征让帕尔梅利、阿尔伯蒂和卡斯底格朗都感到极其震惊,即整个个性(the whole personality)中的和谐与相称。完美的个性中的特征和行动总是在完美的双向关系之中。使他自己成为优秀的人是这样调节他的生活的,即在"善心"

262

(Virtu)和"正直"(Onesta)之间不能失去协调,或者我们可以这样说,在人性、智慧和行为之间不能失去协调。"通晓"(Prudentia),即亚里士多德所说的理解(φρov),生活中较高的实践智慧是那种最能涵盖一个人的积极品质的东西。但是,超越那个——乌尔比诺的廷臣在高度卓越中显得很突出——文艺复兴中的完美绅士,在征服柏拉图思想的高度,并将其看作是自己智慧的巅峰之后,终于在理想之爱中发觉自己最大的满足,然后在世俗之美和神圣之美之间获得完全的和谐,就是飞蛾和铁锈都不能将其侵蚀。没有对沉思和自我实现方面的展望,廷臣的理想将被证明为只是人文主义高尚思想的残损呈现。对于这样的廷臣,我们和朱利亚诺(Giuliano)有着同感:"从来没有已故的,或许从来就没有发生。"(mai non fu,ne forse puo essere.)正如霍比所指出的那样:"这样的廷臣过去没有,我相信将来也不会有。"对于这种所有人文主义教育都在追求的理想,合理地思索它展示出来的多方面本质,会帮助我们意识到一些人是如何无望地误入歧途。他们认为,人文主义代表着对无用问题的吸收,而且牵涉其中的教育只代表文字、模仿和卖弄学问。

宫廷中的贵妇人

在乌尔比诺的议论中,应当把宫廷中女士的相应作用和优秀之处归于其范围内,而这点也是不能避开的。实际上,廷臣很多是为了保持住自己在社会中的地位而对自己进行塑造的,而他们假设女性的优秀之处类似于自己。和他们一样,女性廷臣应当出身高贵,外表迷人,具有轻松优雅的姿态。这些是真正的基本素质。完全意义上的慎重和明智,性情中的真善和"正直"(onesta),这是一个完美的宫廷妇人(Lady of Court)的所有标志。她会避开好争的灵魂、嫉妒、中伤以及听取对其他女性做评价的习惯。她的天赋会特别表现在操持家务的实际能力中,并以机敏和聪慧的兴致参与对话。她羞于加入琐屑的交际之中,但并没有那种优越的自负。自然地,她对衣着的关注远远胜过廷臣,可是她会根据自己的个性在适当性原则中找到最安稳的规则。在运动方面,虽然她喜欢骑术,但她不会加入狩猎队。跳舞自然是要练习的,但她会非常勤奋地练习,为的是完善她的优雅仪态。在音乐方面,唱歌和掌握一些乐器技能是被认可的,但管乐器是被禁止的。她将观看并学会理解男性运动项目,能够评价相关的技能,并能够以其智慧在对话中谈论那些项目。

264

贵妇人的爱好和学识

在学问方面,宫廷妇人会精通文学,我们认为其中包括古典语言和意大利文学。此外,还增加了油画课程。她将获得确保完整尊严的个人美德,并因此而适合担当崇高的责任。因为她有可能被召来管理城市。尽管这里举了一个极端的例子,但可以辩论的是女性的思想更准确,比起男性来说更适合于精细的思考。朱利亚诺说:"实际上,不管男人能知道和理解什么,女人也能做到。一个人的智慧能深入的地方,另一个人也能达到。"这个宣告表明了通常认为的男人和女人在本性方面的分野的不正确性。然而,被认可的观点是,那个时代在管理复杂的生活方面,女人和男人一样,具有值得荣耀的但并不相同的责任。

妇女在社会中的地位和所需求的训练

在这里,我们要参照其他几本源于 16 世纪上半期的、讨论女性地位和教育权利的书,而这些书被认为具有高度的责任感。这里可以讨论三本书。《论女性的高尚和优秀》(*De Nobilitate et Praecellentia Feminei Sexus, ad Margaretam Austriacorum et Burgundionum Principem*)(1529 年)是由亨里库斯·科尼利厄斯·阿格里帕(Henricus Cornelius Agrippa)写的。他是一位于 1486 年出生于德国科隆的学者,但却是在意大利接受教育的。这本书在 1542 年被翻译为英文。阿格里帕极力主张女性和男性的平等以及女性的优胜之处。该著作被多米尼奇(L. Domenichi)大量使用,并于 1544 年写成《杰出的女性》(*Nobilita della Donna*)。这两本书通过伯彻写于 1552 年的《女性的高贵》(*Nobylytye of Wymen*)①而进入英国社会。"展示女性世界和男性世界中的相同的学问、相同的刚强和相同的宽宏大量,构成了我写本书的目的。"至于她们在文学方面的能力,伯彻则以人文主义的方式引述了阿斯帕西亚(Aspasia)、霍坦西亚(Hortensia)和科尼莉亚(Cornelia)的话。卡桑德拉·费德勒(Cassandra Fedele)是一位杰出的威尼斯女士,她"在自由学问方面的理解和安杰勒斯·波利提安(Angelus Politianus)②所具有的理解一样,并创作过赞歌"。玛格丽特·瓦雷西亚(Margarita Valesia)女士是纳瓦拉(Navarre)的女王,她在拉丁语和希腊语方面的理解上,与她国内所有的男士没有差别。佩斯卡拉(Pescara)的侯爵夫人(Marchioness)维多利亚·科隆纳(Vittoria Colonna)的话也被引述了:"我想,你听说过托马斯·莫尔有三个女儿,都会流利地说拉丁语、希腊语和希伯来语。"在其后的一代人中,玛格丽特·罗珀(Margaret Roper)的三个女儿玛丽(Mary)公主和伊丽莎白(Elizabeth)公主、简·霍华德(Jane Howard)公主——特别是后者,"对她来说,希腊语和拉丁语都是通俗的",而她创作的诗歌是相当引人注目的——阿伦德尔的伯爵(Earl of Arundel)的女儿、萨默塞特的公爵(Duke of Somerset)的女儿、亨利·格雷(Henry Grey)的女儿和 A·库克爵士(Sir A. Cooke)的女儿等,当学习的机会确实降临到她们身上时,她们都展示出女性智慧的力量。书中的一个角色(和通常一样,书是按对话形式写的)埃尔西伯爵夫人(Countess Elis)说道:"我已经发现了女性的学问、女性的节制、女性的慷慨"以及类似的被认可的美德,"而且,我将其与有类似恩赐的男性做了对比,发现女性与男性是平等的,甚至胜于男性。"如此,一个重要的争论被提了出来。"一个人的生活方式有助于他的思想……对女子生命的教育和训练过于直接,就像是被关在监狱之中,以至于她们天性中具有的美好倾向全被遏制了。我们从实践中发现,潜力不佳的男性最终会获得娴熟的技艺,所

---

① 根据 1559 年的版本,1904 年为罗克斯伯勒会所(Roxburghe Club)而印制。
② 波利提安(1454—1494),意大利古典学者和诗人。——译者注

以,我能确认为什么女性在处理持续进行的习俗事情时会显出弱势,而那些事情是男性按照他们的生活方式安排的。如果女性有任何软弱的灵魂,有任何易变性或任何类似的事物,它都源自于男性世界的各种各样的刻薄。"

从前几章中可以看到,只有 15 世纪的人文主义教师和作家提倡女子高等教育。在意大利,鼓动大家族的女儿参加由私人教师开设的课程成为很普遍的现象,而那些私人教师同时服务于公民职位。但是,应当注意的是,联合或统一教育的原则绝没有被普遍接受。那不勒斯和北方的南部(如威尼斯)持有的关于女性在社会中的地位的观点,只能说是东方式的。例如,没有任何例子显示 16 世纪威尼斯贵族家庭中妻子的社会影响力。只有一位威尼斯的女士被记载是有学问的,她就是卡桑德拉·费德勒。即使是意大利维罗纳的诺加罗拉(Nogarola)的女儿也不受人喜欢,因为她用拉丁语给格里诺写过书信体诗文。

显然,女子教育问题被当时社会中有关女性地位的观念所左右。在 15 世纪和 16 世纪,如同在 18 世纪一样,教师把社会观念所准许的教育提供给女子,在多数状况下,那根本没有什么意义。在美第奇家族的佛罗伦萨,教育标准是相当高的。在孟都亚和费拉拉,像贡扎加和德·埃斯特这样的大家族也有类似的情况。但是,接受家庭教育之外的教育的女子,其人数总是非常少的。市民阶层和乡村居民坚持传统方式的训练。母亲就是教育者,有关家庭责任的圈子和对宗教的遵从提供了女子所需要的全部教育。这甚至是阿尔伯蒂的观点,而这代表传统的佛罗伦萨理想。如果我们打算寻找有关女子教育实践的权威性解释,我们必须在这位天主教多明我会(Dominici)的修道士①的《论家庭》(*Cura della Famiglia*)中寻找,而不是在布鲁尼的论文中寻找。特别是在威尼斯,从来没有一个人鼓吹"男孩和女孩在教育上机会平等"的人文主义原则。希腊闺房的狭隘观念统治着贵族关于女性问题的信念。女子教育自然与其相对应。她可能除了家庭责任的惯例之外,什么也学不到;她从不锻炼,仅仅出现在教堂门口;她没有家庭之外的朋

---

① 指阿尔伯蒂。——译者注

友;什么都不允许她读,而且除了从宫殿的凉廊所能看到的,其余的什么都不让她看;她也从来没有旅行过;她唯一的责任就是等待婚姻。这一时期,在信奉基督教的欧洲,巴勒莫(Palermo)①除外,对女性活动限制的苛刻程度,没有任何一个地方超过威尼斯。同样,在英国、法国或德国,对女子教育的推进仅仅来自一些影响较大的观点,这些观点主要是关于社会对妇女的要求和许可。但是,不管真正的人文主义精神渗透到哪里,总会有一股力量为扩大女性的权益而生成,无论它是潜藏的还是积极的。根据相称的原则,当社会的一个或另一个阶层接受了这种精神,女性争取机会的权利也会得到认可。

① 巴勒莫,意大利西西里的首府,位于西西里岛西北部。——译者注

第十三章　文艺复兴与英国教育

第一节　托马斯·艾利奥特与《行政官之书》

当我们把在意大利逐步形成的新教育看作是文艺复兴所不可避免 *268*
的结果时，可以用一位著名的社会活动家弗洛伦廷·帕尔梅利
(Florentine Palmieri)的观点来加以说明。因此，当我们追溯人文主义
的信仰在英格兰的传播时，可取的办法就是不再局限于研究当时的学
者和学生，而转向去了解一个世纪后新时期一位典型的政府官员是怎
样看待人文学科的，这位官员就是托马斯·艾利奥特爵士(Sir Thomas
Elyot)。

艾利奥特的生平

托马斯·艾利奥特大约出生于 1490 年，他是威尔特郡一位文雅的
绅士理查德·艾利奥特(Richard Elyot)的儿子，这位绅士是学习法律
的。理查德·艾利奥特曾在他的家乡被任命为司法案件受理人
(Crown Receiver)，担任过高级律师，1509 年被任命为巡回审判庭的法
官。在托马斯·艾利奥特小的时候，他的父亲似乎主要是居住在伦敦，
在那里理查德·艾利奥特和一批名人关系密切，这批人聚集在托马
斯·莫尔的周围，莫尔当时住在切尔西。当托马斯·艾利奥特成年时，
他迫切想成为学习人文学科的学生，尽管他后来未被送进大学学习，但
他的想法还是得到了充分的理解，在一些因素的促使下，他的确还是受
到了林纳克的直接教导，林纳克肯定是伦敦最好的希腊语学者。1511

年,理查德·艾利奥特为他年轻的儿子获得了巡回审判庭书记员的职位,于是托马斯·艾利奥特的职业被决定了。经沃尔西(Wolsey)的任命,他成为枢密院的秘书。5 年后,人们发现托马斯·艾利奥特和托马斯·克伦威尔(Thomas Cromwell)①关系很好。1530 年,托马斯·艾利奥特被封为爵士。1531 年,他出版了《行政官之书》(*The Governor*)②。他的父亲去世多年后,托马斯·艾利奥特和一位富裕的女士结了婚,她和艾利奥特有同样的爱好。艾利奥特的公务并不忙,这就使得他有充足的业余时间去广泛阅读古典文学作品和意大利文学作品;他和学术界交往密切,所交往的人包括从欧洲大陆来英格兰的所有名人,这激励他保持着学术的兴趣。1531 年,艾利奥特离开英格兰去英帝国法院(the Imperial Court)就职,履行他的首次外交使命。回到英格兰后,他重新开始文学创作,历时 3 年或 4 年。在克伦威尔首次巡视一些修道院时,艾利奥特陪伴随行。大约在 1536 年或 1537 年,艾利奥特又一次去皇帝身边任职。在之后的日子里,艾利奥特主要从事写作和翻译。他大约在 1546 年 3 月去世,享年约 56 岁。

艾利奥特的著作

托马斯·艾利奥特所写的下列著作显示了他强烈的人文主义兴趣。《行政官之书》写于 1530—1531 年,在 1531 年出版,该书是他研究的成果,也是他对当时公共生活的需要进行仔细观察的结果。他把该书呈献给国王。本章将阐述《行政官之书》的论点。1533 年,艾利奥特出版了一本篇幅较小的书,主要论述"那些能使人变得聪明的知识",其体裁是对话体。过后不久,他就忙于准备编写一本《拉丁语-英语词典》(*Latin-English Dictionary*),该词典"将不仅仅为孩子们服务,它对于专业人士来说也将是随手可用的"。这是该类词典在英格兰的首次出

---

① 克伦威尔(约 1485—1540),英格兰国王亨利八世的主要谋臣,1532—1540 年间英格兰的实际统治者。——译者注

②《行政官之书》,又译《统治者之书》。——译者注

版,它是补充而不是取代那些为初学者和文法学校的学生所准备的简明词典。艾利奥特编写的这本词典包括一些经典的单词以及法学、医学和神学的术语,它吸引了广大的读者,成为后来其他一些有关书籍的基础。艾利奥特花了很大的力气,仔细地核对了各种"手册"(compendia)和"分类词典"(thesauri),诸如巴雷特(Barret)的《三重词典》(*Triple Dictionary*)等,这些"手册"和"分类词典"都具有人文主义的和古典文科的来源,目的是要按字母顺序排列的方法编出一本系统的词典,供说英语的学生和从事学术工作的人们使用。

《保护淑女》(*The Defence of Good Women*)(1534 年)是一本令人关注的书,它要求以真正的人文主义精神对妇女在文化修养和道德哲学方面进行明智的训练。我们必须专门提及艾利奥特对古希腊著作的翻译:普鲁塔克的《行政管理的象征》(*The Image of Governance*)、《儿童的教育或培养》(*Education or bringing up of Children*)以及其他作品;出身显赫的演说家伊索克拉底写的《君主的学问》(*Doctrinal of Princes*),这是 1534 年呈献给国王尼古拉斯(King Nicoles)的。翻译《君主的学问》是一次试验,其目的是想知道"我们的英语是否可以接受希腊语中活泼的和特有的句子",换言之,是想把希腊语的风格以及特性传给英语语系。在写《行政官之书》的过程中,艾利奥特使自己去从事以下的工作,即根据古典语言去扩充英语的词汇。"扩充我们的英语,这样男人就可以更充分地表达他们心中所想的东西,也可以把希腊语、拉丁语和其他的语言译成英语。"

艾利奥特的学识

有充分的证据表明,艾利奥特对古典著作的阅读是真心实意的,他的阅读面也是很广泛的。他直接阅读了柏拉图、亚里士多德、西塞罗、昆体良和普鲁塔克等人的原著。艾利奥特怀着欣喜的心情迎接正在兴起的文艺复兴的潮流。随着我们对极有特色的《行政官之书》了解的加深,我们可以发现,艾利奥特在对世界的总的看法上和马提奥·帕尔梅利是一致的,而这一世界经受了伟大历史环境的激励和洗礼。像 15 世

270

纪伟大的意大利人一样,艾利奥特摆脱了那些墨守成规和一味模仿的做法,这些做法阻碍了文艺复兴的继续发展。他是一个老于世故的人,是英国都铎王朝时期的热心人,他主张用古代最崇高的思想为国家服务。艾利奥特把《行政官之书》作为他阅读古典著作的最初成果呈献给国王。《行政官之书》的目的是用具有实用性的美德教育男子,这将保持"一种社会福利的权威性"。该书几乎不是一篇政治论文,它并不试图制定行政管理的方法。该书不是一个完美国家的蓝图,艾利奥特在自己的头脑中始终记着英格兰和英吉利人;但是,他无疑具有一种远见卓识。因为革命时代在政治组织和管理上的需要,所以,他了解培养统治阶级男孩的正统的想法。在英格兰,为世俗的和国民的政府服务的思想是一种新思想。艾利奥特认为,和那些通过权力或"办事员"的服务的旧思想相比,这种新思想必然会强调为世俗的和国民的政府服务的重要性,随着教会的和封建的领土特权服从于国王的宫廷的权威,新思想最终将战胜旧思想。

《行政官之书》的目的/
《行政官之书》的理想是教育的而非政治的

意大利独自提供的一些例子能够说明这样的政治环境,即已有的权利要服从新的力量(公民的、工业的和个人的)。因此,以下这一点就是自然的,即应该从意大利产生出有关近代社会和教育的文学描述,这种教育适应其公民或君主们的需要。艾利奥特深入地阅读了 15 世纪有关政治和社会方面的书籍。《行政官之书》显然是受到帕尔梅利和帕特里齐、埃涅阿斯 · 西尔维乌斯和乔维诺 · 庞达诺(Gioviano Pontano)①等人的启发而写的,没有他们,该书的问世是不可能的。列举出以下一些书名是重要的(严格地说,这些书也许被认为是艾利奥特

---

① 庞达诺(1426—1503),意大利诗人和历史学家、人文主义者,写有拉丁文诗和《那不勒斯史》。——译者注

所依赖的近代一手资料）：马提奥·帕尔梅利的《论公民生活》(*Vita Civile*)、《论王室的教育》(*De Regno et Regis Institutione*，1435—1440年，1529年印刷）；帕特里齐的《论共和国》(*De Republica*)、《科学》(*Sienese*，1494年）；埃涅阿斯·西尔维乌斯（即后来的教皇庇护二世）的《论教育》(*On Education*，1451年）、《论庞达诺的原则》(*De Principe of Pontano*)；此外，还必须加上马基雅维里和圭恰尔迪尼有关历史和政治的论文，《宫廷人物》(*Cortegiano*，1528年发表）；伊拉斯谟的《论儿童的博雅教育》(*De Liberis Instituendis*，1529年）和《论君主的教育》(*De Principis*，1516年）。但是，以下这一点是可以确定的，即艾利奥特从以上这些作者那里获得了启发（这是容易证明的），他广泛地阅读了意大利的用新拉丁语所写的文献，尤其是如何培养年轻人去满足履行公民义务和服务公众的一些较高要求的文献。他从这样的阅读和经验中认识到，对所有那些希望参与行政管理的人来说，文科的训练是必需的。"行政官"包括所有世俗的官员（领取或不领取薪酬的、参与行政或立法活动的人都算在内）：皇家大臣、英王法院(King's Court)的法官、治安官、郡长，甚至于市长、大使、国会议员、英国财政部或大法官法庭的办事员等。对于那正在迅速地用革命来替代的东西而言，亨利·梅恩爵士(Sir Henry Maine)[①]把这种东西称之为英国社会中特别是在公共服务中有关人的地位的契约的基础，一种有关责任的全新的概念在今后是必不可少的，正如艾利奥特清楚地觉察到的那样。对此，有关意大利政治和教育的文献给艾利奥特提供了最有成效的建议。因此，自然地，他谴责说："认为伟大的有学识的人不适合去做那些重要的管理工作的观点，那是一种邪恶的观点。"作为文艺复兴时期一个典型的男子，艾利奥特支持根据摩西、亚力山大、西庇阿、凯撒、哈德连(Hadrian)[②]、加图(Marcus Porcius Cato)[③]和西塞罗等人，甚至还有查理大帝(Charles

272

---

① 梅恩爵士(1822—1888)，英国法学家。——译者注
② 哈德连(76——138)，罗马皇帝(117—138在位)。——译者注
③ 加图(前234—前149)，罗马政治家。——译者注

the Great)①的事例所作出的这种判断。

　　艾利奥特从社区(community)这一概念开始说起,而社区是作为一个有组织的单位,是根据能力、职能和技术的适当秩序而组织起来的。而能力、职能和技术等,它们又是社会中不同的因素,分别是一个有机整体的不同的组成部分,它们要服从一种均衡的规律,相对而言,它们对于一个国家的重要性是不完全相同的。显然,《理想国》已向他暗示了这种把工作加以区分的观念,即根据所提供的服务的性质来划分高低贵贱。从摩西和阿加梅农(Agamemnon)②的事例中、从威尼斯和费拉拉的事例中、从英国国王埃德加(Edgar)的事例中,艾利奥特证实:必须要有一个统治者,在这个统治者的统治下,繁荣和安全就能得到显著的推进。民主的雅典就是一个标准的前车之鉴,罗马也是被迫依靠一些独裁者和皇帝的。

273

　　在第二章中,艾利奥特建议进行必要的探究,这是回答有关公共福利的条件的所有基本问题的前提,也就是说:"从贵族儿童出生时开始,采用最好的方式教育或培养他们,使他们成为高尚的人,成为一种社会福利的统治者。"他明确地否认了以下这种观念,即把出身低下的男人排除在国家事务之外。但是,他的训练计划要求家庭具有一定的财富和精心的安排,要求家长能够有开阔的见解。此外,他还认为,如果把那些具有违法所得的官员除名,那么完善的管理就更有保证了。

教育的开端/伊拉斯谟对《行政官之书》的影响

　　当艾利奥特转而谈到教育的过程时(他期望为这种过程制定计划),像多数人文主义者一样,他从人的幼年时期开始讲起。必须仔细地寻找孩子的保姆,她的身体健康和道德要有充分的保证。保姆的一个职责是养育孩子,所有涉及教育的事都被委托给一位女保育员负责。除了医生之外,不允许任何人再进入保育室。从普鲁塔克、昆体良和伊

---

　　① 查理大帝(742—814),法兰克国王(768—814 年在位)。——译者注
　　② 阿加梅农,希腊神话特洛伊(Troy)战争中的希腊统帅。——译者注

拉斯谟等人那里,艾利奥特已认识到模仿本能的重要性。无论是好的还是坏的行为,儿童都是靠模仿学得的。他当然熟悉伊拉斯谟的小册子《婚姻状况的职责》(*the Duties of the Married State*)。"只要儿童能够开始说话,就应该立刻用最令人愉快的、吸引人的办法去向他们逐渐灌输一些良好的行为方式和善良的习惯",为他们安排一些好的同伴,约束他们做一些谄媚的举动。

"一些古典作家认为,儿童在 7 岁以前不应该受到读书识字的教育;但是,那些作家既不是讲希腊语的人也不是讲拉丁语的人,在他们中间,所有的宗教教义和科学都是以他们的母语来发音的;那个时候,他们花费一整天的时间用来更好地理解希腊语和拉丁语……因此,在我们这个年代,我们的国家占用儿童数年的时间是不恰当的,特别是贵族,他们可以相比其他人更快地获得智慧和谨严。正如我说的,考虑一下他们的凌驾在一切之上的要求和例子是最要被尊重的。尽管我不是想要用暴力强迫他们去学习,但根据昆体良的建议,对儿童要用赞美的话语或者精美的礼物让他们高兴,这对他们将是十分有吸引力的。他们学到的第一个字母应当是用愉快的方式进行的,那里温柔又有勇气的儿童是愉快的。而且,相对于高雅的艺术来说,没有比引起和他们那些低级的同伴之间的争论更诱人的了。他们有时候故意使得更多的贵族孩子受到抑制,正如给予他们统治的权利和土地那样,尽管实际上那些低级的孩子学到得更多。"

"但是,比一点一点训练他们说拉丁语更便捷的是,让他们知道眼前的所有事物的名称,给身体的所有部分命名,给他们想要的和渴望的东西,用最温柔的方式一遍遍用拉丁语提问他们……而且,当教授关于拉丁语和希腊语的语法时,如果好好选择一下,这个年代比起以往更容易入门。"

家庭教育

"考虑到奥克塔维厄斯·奥古斯都皇帝(Octavius Augustus)也注重为他的孩子和侄子们读西塞罗和维吉尔的书,因此,对于一位贵族而言,通过嬉戏或安慰的方式去教育他自己的孩子或对自己的孩子进行最少量的考试,这也将是无可指责的。为什么贵族不能教育他们的孩子读书、反而要去教他们的孩子掷骰子和玩纸牌(那样他们将会很快失去和浪费他们自己的财富)?……但是,回来说到我的目的,最好的办法是:一位贵族的儿子从婴孩时期起就要持续不断地使他逐渐习惯于说纯正的和漂亮的拉丁语。同样,如果可能的话,这个男孩的保姆和他周围的其他妇女也要说纯正的和漂亮的拉丁语,或者至少在最低程度上,她们只说纯正的、有礼貌的、正确的和发音清晰的英语,而不像那些愚蠢的妇女那样,经常任意省略字母或音节,使得一些贵族和绅士的孩子的发音被搞糟、被弄坏,就像我现在所确实知道的那样。"

"谁将会怀疑这种花费在培养婴幼儿方面的努力?但是,当这些不缺乏天赋的孩子逐渐长大时,他们将会善于接受知识吗?……采用这样一种考虑周到的方式去教育他们,同时没有任何的暴力或强制,在他们7岁以前,在更多的时间里采用适合于儿童的游戏方法,那就不会产生类似于恶习的东西。"

在这里,艾利奥特强调了有关儿童训练的三个要点,对此伊拉斯谟也曾经强调过。毫无疑问,当这位英国作者在计划自己的工作时,他已仔细地研读过《论儿童的教育》(De Pueris,1529年)。这三个要点是:第一,密切关注童年时期清晰准确地演说的必要性;第二,教学初级阶段的教学方法的指导原则;第三,对话法在学习一门陌生语言(这就是拉丁语)的过程中的价值。正是通过比较艾利奥特所提出的主张和伊拉斯谟关于早期教育的思想,"埃利奥特向英格兰人解释了伊拉斯谟的观点"这一说法是可以使人完全信服的。两位作者的这种关系将在下面的例子中得到更加清晰的展示。"儿童长到7岁以后,我认为最好是让孩子脱离母亲的陪伴。"这是人文主义者的普遍观点,艾利奥特就不信任让女佣人(甚至母亲)去陪伴孩子。他认为,在男孩的成长过程中,需要鼓励他养成坚强的性格。正因为如此,最好的建议就是将孩子从所有女性的陪伴中解脱出来,"把他送到一位家庭教师面前,这位家庭教师应该是一位德高望重的和可敬的男子",他以严肃但耐心的脾气赢得孩子的喜爱。"通过模仿这样一位老师,孩子长大后就可能会很出色。此外，如果这位教师知识也很渊博，那他更加值得称赞了。"因此，家庭教师的最基本的品质就是要具有优良的道德。一位合格教师的第一个任务就是要了解他的学生的本性。"也就是说，学生最想要的和最倾向于做的是什么，在什么事情上他感到最有乐趣或者最喜爱。如果他天生是一个勤奋的、有怜悯心的人，天生有一颗坦白的和宽厚的心，这就是仁慈的一种基本象征，就像《圣经》中所确定的那样。所以，一位明智的家庭教师……应该告诉学生：由于这些美德，他会得到怎样的荣誉、怎样的爱和怎样的物质财富。如果他具有相反的气质，那老师应该指出他们的罪恶，并尽可能地对之表现出厌恶。"

家庭导师

艾利奥特采纳了伊拉斯谟和北欧人的观点，认为对于一个出身好的男孩来说，请一位家庭教师是必要的。毫无疑问，对比意大利的学校教育或公共教育，这是由于两国社会习俗的不同。在英国和德国，上层阶级本质上就是一个国家的阶级；在意大利，富裕的和有地位的人都向往社交活动和城市的舒适生活。此外，同一阶层和不同阶层之间的社会交往在意大利是一种精妙的艺术，为了适应这一点，就要培养这种交往的艺术，它本身就是一种教育的目的。所以，像孟都亚学校这样的学校就很受欢迎。此外，在英格兰，相对于在宫廷的训练而言，爱好户外娱乐和地主的半封建地位使得乡村生活成为另外一种可接受的选择。在 16 世纪后期，罗杰·阿斯堪能够从学校的观点来看待教育。在那时，伊丽莎白的宫廷就已经推广"城镇"作为社会的中心；而且，同样重要的是，在英格兰旅行是一件较容易的事。因此，像伊顿公学和威斯敏斯特公学那样著名的寄宿制学校和走读学校就把孩子从家庭中吸引了出来，其他学校则是为本地服务的。施鲁斯伯里公学是菲利普·西德尼（Philip Sidney）①曾经就读的一所学校，它也为韦尔什·马奇（Welsh March）服务过。毫无疑问，有些男孩把他们的家庭教师也带到了公学，

---

① 西德尼（1554—1586），英国诗人和政治家。——译者注

在城镇租房屋和他们一起居住。和洛克（Locke）①一样，我们也许得承认，通过家庭教育的方式所得到的实际教育与普通的学校教育相比，常常能更好地加以调整、更多样化、更自由和更人性化。因为直到下一个世纪，欧洲北部才出现学校，才提供宫廷训练和博雅教育相结合的教育，而这些在孟都亚学校已有了很好的例子。

作为娱乐学科的音乐、素描和绘画

艾利奥特注重测试家庭教师的技能，"他不允许儿童由于连续不断的学习而感到疲倦，那样可能会使儿童娇嫩的大脑和未成熟的智力受到损害或压迫；但此外，又可以结合进行一些愉快的学习和练习，诸如演奏乐器（是适度的而不是为了追求名誉），就是说，没有任性的面部表情和放荡的动作不应该受到轻视"。值得注意的是，艾利奥特比伊拉斯谟更了解一个男孩在努力学习文学和语言课程时所花的力气，更了解在集中注意力学习那些已死亡的语言②的基础知识时长期保持兴趣的难度。从这一观点出发，艾利奥特显然把音乐看作是一种娱乐，而不是一种系统的学习。"希腊最高贵的和最勇敢的君主们为了使他们的精神得到休养，以增强他们的勇气，他们经常要演奏乐器。"在说明这些的时候，他会引用阿奇里斯（Achilles）③、喀戎（Cheiron）和大卫王（King David）④的例子。"但是，我不会被人认为是在引诱贵族们贪图享乐，我只是认为贵族们应该把他们的全部学习和幸福同演奏乐器和歌唱结合起来，就像尼禄（Nero）⑤皇帝所做的那样。"……"艺术名家"（virtuoso）并不吸引艾利奥特，对他来说，所有的文科教育只不过是为承担社会责

---

① 洛克（1632—1704），英国哲学家、思想家、教育理论家。——译者注

② 指希腊语和拉丁语。——译者注

③ 阿奇里斯，荷马史诗《伊利亚特》（Iliad）中的希腊英雄，传说除踵部外，全身刀枪不入。——译者注

④ 大卫王（前11世纪—前962），古以色列国第二代国王。在公元前1000年左右建立统一的以色列王国，定都耶路撒冷。——译者注

⑤ 尼禄（37—68），罗马暴君（54—68年在位）。——译者注

任做准备。"因此,与其让一位贵族掌握精确的音乐知识以无节制地享乐,并由此导致忘记了他对社会所应承担的必要职责,那还不如不对他进行音乐教育。""当菲利普王(King Philip)听说他的儿子亚力山大唱歌很动听,他就温和地指责他的儿子说:'亚力山大,你能够唱得如此好和如此熟练,难道你不觉得害臊吗?'在这里,菲利普王的意思是说,那种技艺的公开职业只不过是一种低级的职业。"如果音乐的功用是为了"精神的恢复",那就是值得称赞的。导师将指责那种过分地迷恋于音乐的行为。然而,艾利奥特已从希腊人那里得到了有关音乐节奏的更高级的作用的一种暗示。"然而,他还是要称赞对音乐的正确理解,他认为音乐知识对于更好地理解社会福利是非常必要的,正如我所说的,社会是由各个阶层和等级所组成的一种制度,通过理性在社会中包含了一种完美的和谐。当他以后有朝一日读到柏拉图和亚里士多德有关社会福利的书籍时,他将能够更完整地理解这一点,因为在柏拉图和亚里士多德的书中有许多关于音乐和几何学的事例。一位聪明的和谨慎小心的导师可能会采取这种形式,使文雅的音乐学科适应一种必要的和值得称赞的目的。"毫无疑问,音乐教育的这种作用并不十分明确,但是,它使我们对音乐教育还是有了一定的了解,而伊拉斯谟对此却是外行,但阿尔伯蒂、阿格里科拉、比科和萨多莱托等人对于音乐教育还是了解的。

"如果孩子就像许多人那样天生喜欢用笔画画,或是在石头上、树上雕刻各种肖像,那么就不应当在这方面让他放弃,也不应当指责他的这种天性,因为对他来说,做这些事情是快乐的;但是,如果让孩子在学习其他更重要的知识以外的空闲时间里,让他学一样自己最喜欢的工艺时,应当让他在绘画或雕刻上受到最明智的教育。"要求美术比要求音乐技艺有着更坚实的基础。艾利奥特认为,他必须捍卫自己的观点。自然地,他首先是诉诸克劳第阿斯(Claudius)[①]、台塔斯(Flavius Sabinus Vespasianus Titus)[②]或者哈德连"这些先人和优秀的君主们",

---

① 克劳第阿斯(生卒年不详),罗马皇帝。——译者注
② 台塔斯(约40—81),罗马将军、皇帝(79—81年在位)。——译者注

他们都受过着色、绘画和雕刻方面的教育。对于将军们来说,掌握绘画方面的知识的直接好处是明显的。例如,在设计和改善武器上、在绘制战略地图上、在确定战术位置和防御工事的路线上、在房屋规划上、在测量上、在图表的绘制上,各行业的人都会感到美术的必要。尤其是在历史的描述或旅行线路的说明时,"我敢断定,一个男子通过至少半年时间阅读和听那些学科知识,还不如他通过一个星期对那些绘制精细的图标数字的学习获益多"。有插图的历史描述有助于激发人的想象。艾利奥特手里必然是常备他那个时代著名的插图历史书,包括李维关于威尼斯的有插图的书籍、菲利普斯 · 伯戈门赛斯(Philippus Bergomensis)的著名的编年史、纳雷伯格(Nuremberg)的编年史和马勒迈(Mallermi)出版的《圣经》、瓦尔图里乌斯(Valturius)的《论战争的艺术》(*On the Art of War*)等。但是,这样一些教育还是不够的,因为"我的唯一目的就是让一个贵族孩子能得到全面而完善的教育"。尽管在儿童时期阅读高雅文学得花费所有的时间,但是,因此被培养的手工技艺、艺术和音乐的感觉将会一直延续并成为人的个性形成的重要因素。因为这种高雅的知识在他的脑海里形成了对美的一种精确完美的判断。艾利奥特也认识到,艺术被英国人过分地贬抑为不实用。但是,他认为这种过分的贬抑压制了很多天才,这是这个国家的损失。有关娱乐的学科就谈论到此。

系统教学的第一个阶段

当艾利奥特开始设计导师所要教授的课程时,他要求在儿童 7 岁之前(包括 7 岁)就应该保证其正确的说话方式,实际上说拉丁语这种能力是不现实的。如果教师知道怎样去刺激一个人的野心和超越别人的欲望的话,那么这个人进步就会很快。先人就有这样的例子,诸如亚里士多德、安多尼诺斯(Marcus Aurelius Antoninus)[①]和图拉真。对于

---

① 安多尼诺斯(121—180),斯多葛学派哲学家,罗马皇帝(161—180 年在位)。——译者注

后者,他明确地说(他并不知道他所依赖的事实是新近的发现):"图拉真为什么会成为如此优秀的君主？是他恰好拥有普鲁塔克这位著名的哲学家作为老师吗？我同意有些人的天性趋善,但是,良好的教育和榜样示范加上天性趋善会使得一个人更加优秀。"文科教育是万能的这个理念巩固了人文主义者一贯的信仰。但是,这一点必须记住,对于他的学生,艾利奥特把美好的道德环境看得比教师的教学技巧和知识还重要。如他所说,教育的过程是连续的、一致的,它是遵循模仿、榜样示范和人格激励这些原则的,而不是依靠知识的传授。

在第十章中,艾利奥特谈到了"适合一位绅士学习的秩序",这是系统的教育开始后所要遵循的。"我同意昆体良的说法,我想让他在同一时间接触希腊语和拉丁语的著作,不要一开始就接触希腊语著作。如果一个孩子在 7 岁之内开始学习,他可以连续学习 3 年希腊语著作,同时采用拉丁语发音作为相似的语言,这种语言(拉丁语)对于贵族子弟在没有其他人为之服务或者可以说很优美拉丁语的陪伴他的人在场的时候也可以应付得来。让人觉得怀疑的是,他可以像说法语一样很快地说好拉丁语。但是,我总是建议他不要使儿童在这种繁重的学习中花费太长的时间,无论是希腊语语法还是拉丁语语法。语法是理解著作的一个入门,如果它对于学习者过于冗长或者花哨,那就会挫伤他的勇气。那段时间他们接触到最华丽和最悦目的古典作品的阅读,学习的热切愿望是消除语法负担的动力。"

这篇文章使我们直接回想起伊拉斯谟。在《论教学的正确方法》中,他对昆体良的依赖是完全相似的。使用拉丁语对话,同时学习拉丁语和希腊语,特别要逐步进行字形变化以及语法入门的训练,伴随着全部伊拉斯谟著作的阅读,这是学生的需要。艾利奥特认为,纯正的拉丁语可能被适合的、长幼有序的家庭所接受,让我们想起蒙田小时候的经验:当他 6 岁到波尔多上学的时候,他只会说拉丁语,他父亲坚持认为佣人和做粗活的工人应该掌握拉丁语词汇。相反,帕尔梅利说,意大利人普遍认为这种想法不能实现。艾利奥特倡导的语法教学的调整是合乎人文主义实践的,一直到 16 世纪后半期。

就像艾利奥特所说的,学习希腊语一开始就要通过伊索,伊索的

《寓言》(*Fables*)应该由导师读给学生听,它们的词汇是有教育意义的、是容易理解的,它们充满了"许多道德和政治的智慧"。选择作品的启发性,是人文主义者普遍关注的一个方面,古典作家经常关注在实际语言中的主题内容以及实践活动。背诵课文是作为对于词汇学习的一种辅助以及对句子结构的掌握,在学习伊索之后要学习卢奇安的"敏捷和快乐的对话"。阿里斯托芬也许可以被更快速地背诵,甚至可以取代卢奇安。如同几个世纪以后的欧里庇得斯所设想的那样,在这一阶段,阿里斯托芬在古典教育领域中占有一席之地。毫无疑问,选择的基础在于他的喜剧对于雅典人生活和思想的影响。

下一个人就是荷马:"从他那里所有的雄辩术和知识的学习就像源源不断的泉水一样。因为在他的书中包括最多的和表达最准确的,不仅是军事上的公文和武器上的规则,而且也包括智力上的独特性和统治者在政策上对人民的指导。"亚历山大大帝就被认为是受到激励而学习荷马的最好例子,因为"他从他的敌人那里得到了激励和力量、咨询的智慧和雄辩以及对他的人民和敌人进行劝说"。在这里,没有将荷马的强制力量同任何的指导进行对比,"如果他能够被清晰而详尽地解释并被大师所宣布"。希腊的作家就提到这些。他们作品内容上的重点,尤其是其道德的目的,必须仔细地加以注意。

通过诗歌学习希腊语和拉丁语

在拉丁文作者的决定上,荷马建议将诗人维吉尔的诗作为平行的读物。《艾尼伊德》(*Aeneid*)①会因为它的题目而吸引人,《牧歌》(*Eclogues*)和《田园诗》(*Georgics*)也不会逊色。教师将把《奥德赛》和《艾尼伊德》作对比,前者的突出目的是赞成慎重和毅力,而后者主要涉及的是浪漫的功绩和奇迹。奥维德的《纪年表》或《变形记》只需要花很少时间去阅读,正像贺拉斯的博学而又富有哲理性的作品一样。要把这些建设性的作品联系在一起,就必须教学生写诗,要把荷马和维吉尔

---

① 《艾尼伊德》,古罗马作家和诗人维吉尔所著的史诗。——译者注

的作品当作示范,因为这样的练习可以"为学习提供快乐和勇气"。

第一个阶段:到 13 岁时结束

孩子到 13 岁结束的时候,就可以让他们接触那些伴有语法和韵律学的阅读性知识了。我们应该意识到,作者都会毫无例外地从诗中选择。艾利奥特认为,经典的诗歌要比散文出现得早而且更有吸引力,这在于诗歌不会像政治演说或历史描述那样,诗歌不要求支持性的判断或推理。艾利奥特正确地争辩说:对于一个种族和个人来说,诗歌都是童年的语言。诗歌是孩子们了解的第一门哲学,通过它孩子们总能够在正确的方向上获得他们的第一课,他们学到的不仅仅是礼仪和自然的情感,还有大自然的杰作,把各种有趣的事情结合在一起。他还利用机会与"占统治地位的错误观点"相对抗,那种观点认为:诗歌除了充满谎言和不纯洁的东西之外,就没有别的东西了。他最后还明确指出:"我并不是要求把这些作品在孩子们甚至还没有能力接受的时候就教给他们,我的目的是这些阅读的内容应该大致存在于头脑之中,让他们知道并试图去多学一些好的东西。""我只是期望,学生们能在我所提及的每一本著作的指导下获得益处。"

以下这一点是清楚的,艾利奥特把经典著作的教学看作是文学的教学,阅读这些著作是为了享受乐趣。他具有人文主义的观点,把阅读诗歌看作是一种乐事。教师将努力用一种对语调和节奏的感情去鼓舞学生,将避免语法教得过多,分析或评论只限有助于增加课文的乐趣。因此,根据他的观点,所教的诗是容易的,在那些诗集中诗人们的作品配有图片,也很浪漫,并带有明白易懂的伦理道德。

第二个阶段:演说术和历史中的古典散文

教学的第二个阶段几乎完全是涉及古典散文的,其标题分为修辞、历史和宇宙结构学(cosmography)等。作为修辞的入门书,将要学习西

283

塞罗的《论演说家》或阿格里科拉的《论有创造力的雄辩家》（De Inventione Dialectica）。根据人文主义的判断,逻辑学的作用就只限于帮助人们对问题进行说明。此外,艾利奥特并未提出要把逻辑学当作教育的一门学科(他仿效伊拉斯谟而不是梅兰希顿),这同英国学校的做法大体是一致的,逻辑学在英国属于大学的课程。

14 岁的男孩被直接带到雄辩家和修辞作家们的面前:公元 2 世纪希腊修辞学家赫莫杰尼斯（Hermogenes）和昆体良——"从阅读《雄辩术原理》第三卷开始,教育儿童勤奋学习书中所提到的语言技巧,最重要的是它涉及人的说服力,这在协商讨论中是最重要的。"艾利奥特考虑要培养学生说话的艺术,或者是慎重的,或者是明断的。虽然他用"一次重要的接见"或一次外交使命的完成来作为实例,但他的观点依然适用于履行一些较低种类的职责,诸如在一个法庭上进行申诉或者一位地方法官的判决。另外,"不要强逼一个男人说出意外和混乱的话,但要使他说得恰到好处"。在阅读《雄辩术原理》的同时,还要阅读西塞罗、伊索克拉底和德摩斯梯尼等人的演说精选,把它们作为有逻辑地说话和选择措词的样板。但是,作为如何写作的一本工作手册,艾利奥特明确地推荐伊拉斯谟的《论词语的丰富》,"所有有文化的聪明人都必定会感谢和支持这本书"。除此之外,没有提到练习写书信或记叙文,尽管艾利奥特看不起那些仅仅用于写一些浮夸和谄媚的信件的技巧。艾利奥特以上这些话进一步证明,通过希腊语和拉丁语所进行的修辞学训练的最终目的实际上是完善一个男人说本国话的语调。甚至伊拉斯谟也不否认这一点,尽管也许有点勉强。对于德国的人文主义宗教改革家们来说,教士们影响的增大是古典教育的一个主要动机,正像 15 世纪的意大利人——尽管各处都有语言纯正癖者（purist）——发现,就精确性、丰富性和雅致性等方面而言,他说标准的意大利语的能力主要源于拉丁语修辞学的训练。

还有,在对"雄辩"的看法上,艾利奥特同那种偏激的观点是完全一致的。正如已经显示出来的那样,人文主义者从西塞罗和昆体良那里借用了那种观点。修辞的技巧只是真正的雄辩术的一部分。[①]"一位真正的演说家不可能没有更好的手段：对道理的详细解释或阐明属于他(即格言)。"他的职责也是提出忠告，重新激起和复活原已丧失的信心，抑制轻率的冲动。"他必须已获得有关所有事物的知识和最重要的技艺……在一位演说家身上，要有大量的各种各样的知识，有自然科学界的知识或哲学思想界的知识，简而言之，他就是古希腊的'百科全书'。"那些仅仅懂得修辞的技巧的人只能被称为修辞学家或"矫揉造作的演讲者"，而不能被称为演说家；对于打油诗人和真正的诗人来说，他们之间的差异是相似的。"仅仅掌握语言只是一个鹦鹉学舌的人"；仅仅会写优美的书信体诗文只是发出喇叭似的声音，但并无目的或含义。在这样一种艺术中，技巧是被看轻的。所有这一切的思想基础是文艺复兴鼎盛时期人文主义的基本观念，即认为古代语言是获得唯一正确的和有效的学问的秘诀；同时认为当说话所用的语言与所要表达的含义非常贴切和一致、并能把说话的内容逻辑地表示和表达出来时，学问对于世界才是有价值的。文体和内容的内在和谐的实际情况在古代伟大作家的作品中全部得到了展示，而且只有首先掌握了古典语言纯正的秘密，一种相应的和谐才能在近代的民族语言中得以实现。以上所说的看来就是古代文字和近代文字的关系，不管是在意大利，还是在英国，也许特别是在法国，根据人文主义的优良精神，这种关系都是如此理解的。

接下来是宇宙结构学，艾利奥特极力主张学习地理学和历史学的关系。"让孩子去理解有着很多不为读者所知的国名和地名的历史，确实是一件冗长无趣的事情，所以，如果明智的话，应当增加历史的趣味性……在讲解地理这门课时，没有比用实际的模型和工具更好的学习方式了……让人在一小时内见识到也许到老都不能游历完的那些地域、城市、大海、河流与山川，这是多么快乐的事情！在见识过各种各样的人、野兽、家禽、鱼、树木、水果和花草之后，收获了难以置信的喜悦，即不必经历旅途的艰辛，只要通过兴奋的学习或谈话，就能了解人的各

---

① 西塞罗：《论演说家》，第 1 卷，第 12 页。

种生活习惯、状态和天性。……其中的价值是由此知道了伟大的亚力山大国王,因为他促使国家努力和熟练地朝着他所计划的方向发展,任何事业都将被描绘出来,通过看图片他就能知道哪些地方是最危险的,在哪里他和他的主人是可以轻松经过的。"在另一方面,居鲁士(The Great Cyrus)①和克拉苏(Marcus Licinius Crassus)②这两个首领是因忽视地理的战略而导致灭亡的反面例子。应当阅读斯特雷波(Strabo)③和索利努斯(Solinus)④的书——所谓"能让人无比快乐的人"的书,还有庞波尼尤斯·梅拉和戴奥尼夏(Dionysius)⑤的书。应当注意的是,要阅读帝国时期的作者所写的地理书,因为艾利奥特质疑当时或中世纪时期的旅行书的价值。而且,地理学在博雅教育中占有一席之地,几乎主要是因为其对于阅读史书的用处。"当宇宙结构学被彻底了解后,这时就要引导孩子学习历史。"从伊索克拉底、普鲁塔奇和西塞罗那里,可以证明历史对于君主和政治家们的特殊重要性。按照昆体良的建议,李维的书比撒路斯特的书更适合作为入门书,因为李维是一位掌握优雅和流畅的文体的名家,从他那里学生将了解到"罗马这个最伟大的城市是怎样通过恩威并施从又小又穷的情况一点一点地成为统治世界的帝国的"。李维之后是色诺芬,然后再是亚历山大的经历——就像昆图斯·柯蒂厄斯(Quintus Curtius)所陈述的那样。要读懂凯撒和撒路斯特的书,要理解他们的"一种正确的和完美的判断",需要非常仔细的解释,并且还需要有比较多的战争和地理学的知识。但是,对政治家和士兵来说,当从经验的角度来学习这些历史学家时,他们确实是能增长见闻的。艾利奥特对于凯撒著作的观点到现在才被接受。有关高卢战争的著作是"认真地获悉英国的君主和他们的顾问的想法,由此同爱尔兰人和苏格兰人的战争考虑作出必要的指示,爱尔兰

---

① 居鲁士(约前 600—前 529),古代波斯国王(前 550—前 529 在位)。——译者注
② 克拉苏(约前 115—前 53),古罗马将军。——译者注
③ 斯特雷波(约前 63—公元 24),古希腊地理学家。——译者注
④ 索利努斯(生卒年不详),古希腊地理学家。——译者注
⑤ 戴奥尼夏(?—约前 7),古希腊学者。——译者注

人和苏格兰人具有同样的粗鲁和野性,如同在凯撒时代的瑞士人和不列颠人那样"。古代历史学家的修辞技巧吸引了作为人文主义者和政治家的艾利奥特。"也有不同的演说术,塔西陀的历史著作提到了一些作者和他们的书,在这些书中也讲到了这些演说术,它们是非常令人愉快的;而且对于律师来说,记住这些是非常有用的。"

　　因此,将列举学习历史的总的目的。"一个年轻的绅士被教导:在宣布历史事件时,不仅要注重顺畅和优雅,而且要关注战争的原因,还要关注计划和决策",根据自己的军事技能做出判断。接着,撇开战争,要考虑"社会福利制度的建立,不管它是繁荣的还是衰败的,这都是一种极端的情况,行政官的方式以及做法作为统治者的优良和邪恶的本质,随美德而来的有价值的东西、无价值的东西和邪恶犯罪"。在这里将展开这四点,即历史学家的风格、军事事件教训的描述、国家增长或衰败的原因、政治手段和统治者的道德价值,这些都影响着国家的福利。遇到的缺点是:历史有时候是交错的,伴随着神话般的不确定性和错误的传统。埃利奥特的回答是:历史学科这方面的教育价值实际上是不同的,但却又是重大的。因为作为历史的道德的重要性是教师,"真实"的事情不是专门的实际发生的事情。"如果读到内斯特(Nestor)①的贤明睿智、尤利西斯(Ulysses)②的巧妙的说服力、梅涅劳斯(Menelaus)③的简明认真、阿加梅农的帝国权威、阿奇里斯的英勇无畏、赫脱(Hector)④的英勇气概,我们就可以理解:依靠我们的智慧,任何事情都可以改进,我们的社会名流也可以为我们的公共福利和我们的君主服务。尽管荷马也写了谎言,但什么力量能把这强加给我们呢?"没有其他作家能像历史学家那样充满着教育的意义。他们作品的主题是人类生活的写照,表现出道德的吸引力,也表明了坏事的丑恶和

---

　　① 内斯特,据希腊神话,他是木马屠城战争中最年长和最贤明的老人。——译者注

　　② 尤利西斯,荷马史诗《奥德赛》中的主角,传说是特洛伊战争中智勇双全的英雄。——译者注

　　③ 梅涅劳斯,据希腊神话,他是斯巴达之王。——译者注

　　④ 赫脱,荷马史诗《伊利亚特》中特洛伊战争的勇士。——译者注

令人厌恶。因此,历史就是军事、政治和道德智慧的一种扼要的记录。

相比文艺复兴时期一些较好的学校中所持有的观点,以上所说的是一个比较明智的教育的历史观,在那些学校里历史主要局限于关于传记的教学。"肯定的是,如果一个贵族确实严谨而又勤奋地阅读历史,我敢断言:就同任何时代和年代的关系而言,没有别的学习或科学对他来说是同样有用的或令人快乐的。"在这里十分显著的是,中世纪或者现在的历史作为教育学科还没有涉及,其原因是显而易见的:在意大利之外,没有本国作家对许多风格或安排、或者"句子"的普遍样式以及现存的道德结论有充分的要求。一个学生在恰当地接受文化历史的训练之后,随着需要的产生,可以转而学习他自己国家或其他国家的编年史作者的著作和历史,从中获得适当的好处。无疑,艾利奥特后来读到伯纳勋爵(Lord Berner)为他的一本书的弗罗伊斯阿特版本(1523年)所写的序言,该序言以相同的语调陈述了学习历史的好处:"在这个世界上,对于人类生活的教育最有用的东西就是历史。"因为通过历史的学习,年轻人获得了有关大量事情的经验,受到了行政管理方面的训练,也受到了高尚行为的激励,在广场上或者在市议会大厅里不会担忧其行为受到责备;而且,更进一步讲,"学习历史的好处是,所有崇高的、高尚的和善良的行为都是不朽的。"

第三个阶段:哲学

此时假设这个男孩已经到了17岁,也就是说,进入了他的文化教学的第三个阶段。正像艾利奥特解释的那样,在这一阶段中,要围绕着讲话的艺术、拉丁语修辞、地理、历史、军事和政治等方面的内容进行教育。在他即将进入的第三个阶段,主要学习哲学。"当孩子真到了17岁的时候,为了用理性约束他的冲动,就需要让他读一些哲学的书,尤其是道德哲学。"正像埃利奥特建议的那样,选择亚里士多德的希腊文版的《伦理学》的第一部和第二部,看来是非常明智的做法。下一个要学习的就是西塞罗的《论义务》(*De Officiis*)①;然后是柏拉图的书,"当一个男人的判断逐渐趋于完美的时候"。因为在柏拉图和西塞罗的作品里都表现出了"庄重和愉悦"、"出色的智慧并伴有神圣的雄辩"。"三本书的每一个地方都因为其有益的建议而吸引人,建议里充满了真诚。这三本书几乎足以培养出完美的和出色的统治者。"艾利奥特还进一步建议,可以选择所罗门(Solomon)的《旧约全书》的《箴言》(*Proverbs*)、《传道书》(*Ecclesiastes*)和《圣经外传》(*Ecclesiasticus*)以及其他所有的历史书籍,包括《旧约全书》(*the Old Testament*)的各种预言书(the Prophets)。但是,《新约全书》(*the New Testament*)应该被恭敬地视为圣者的宝石或遗物,而不应该被通常的理智所控制或者用世俗知识的准则来解释。道德的职责依赖于经典的权威而不是《新约全书》的作品,后者在神职人员的执掌范围内,在人文主义者的实践中是非常普遍的。在总结的时候,艾利奥特表达了对"伊拉斯谟博士最优秀的小册子"的赞美,该小册子是呈献给查理五世的——他当时是卡斯蒂尔(Castile)的君主——书名为《一个基督教君主的教育》。"这本书应该为有地位的男人所熟悉,就像亚历山大大帝熟知荷马那样,或者西庇阿熟知色诺芬那样,因为没有任何一本用拉丁文写的书在这么小的篇幅中包含了警句(即原则)、雄辩术和善良的主张,该书的内容既丰富又简明扼要。"

"博雅教育"的思想

然后,艾利奥特提出了人文主义教育的基本原则,并从他自己的职业角度加以说明。"我确信,如果按照我所写的那样去教育儿童,并且使他们持续地学习真正的哲学,直到他们21岁时止,并遵守这一国家的法律,无疑他们就会成为非常优秀和聪明的人,在世界上任何国家的公务领域中,都找不到比他们更高贵的谋士。"他发现医学的学习也是一样,无疑林纳克是在他的记忆中的。文科是高等专业训练的基础这

---

① 《论义务》,又译《论责任》,论述美德在社会生活中的重要性。——译者注

290 一思想受到"注重实际的想法"的抵制,艾利奥特对以下这种习惯感到痛惜,即让有希望的年轻人过早地去学习法律,或去宫廷从事服务工作,或去过一种庄园主的生活。教育的第二和第三阶段是从14岁到21岁,他发现拉丁语的学习被忽视了,有的学生的拉丁语不太熟练,而掌握拉丁语并不是适合某一种职业的充分证据,它实际上只是知识大厦的一种基础。例如,一个14岁的少年认为学习法律是难以忍受的事,他放弃了学习,也就随之放弃了所有的智力兴趣。此外,有一种令人痛苦的抱怨,学校教师衰微了,教师的职业落入了不能胜任的人的手中。无疑,其部分原因是支付给教师的薪酬太少、社会评价低;但除了这些之外,还因为一些本来有希望的男孩过早地结束了学校的学习而进入实际生活中,他们就不可能成为未来的好教师。艾利奥特说:"上帝啊,多少儿童良好的和纯洁的才智现在被愚昧的教师毁掉了!"

学校教师的衰微

艾利奥特对学校教师的要求可以从他对课程的评论中获知。他用一段模仿昆体良的话总结了教师的条件,基本上重复了伊拉斯谟在《论教学的正确方法》中所说的那些话。具有高尚的品格和宽广的知识面、擅长演说,这样的男子就是"演说家"。就像人文主义者所设想的那样,我们就让擅长教学的人来当学校教师。有的教师对学生很苛刻,经常不教任何东西,或者,他们自己就是无知的,对教学不感兴趣,也不会激励人,这种教师就是艾利奥特不断抱怨的对象,也是伊拉斯谟所抱怨的对象。以上所说表明,就公共看法而言,缺少对学习的兴趣,这就是不愿为教学工作出钱的根本原因。不重视教育的人主要是国内的中上阶层,他们在宫廷外施加各种影响,艾利奥特对这些人表示了轻蔑,他所用的措辞和伊拉斯谟所用的措辞是完全相同的。在英国,科利特也许最早意识到把教学提升到一种专业性工作的需要;但是,一种教育概念认为,应该使闲暇生活变得高贵,应该提高人的能力,而这种概念开始

291 产生于像英国那样在社会和经济上如此落后的一个国家。

游戏和运动

关于绅士所需的练习，艾利奥特有许多话要说。在他所推荐列举的游戏和体育项目里，没有原创性的东西，毫无例外都是来自于当时英国的实践。但是，他坚持古代的先例，把游戏和体育项目列入人文主义训练的范围，这样做也许能得到其他人的支持。他首先声称，作为总的目的，身体健康是为了学习。因此，在教育孩子上，尤其要从 14 岁开始，就让他接受特定的训练。这些训练"有益于一位绅士成为名流，使其身体更强健、有力、敏捷，并救其于危难之中"。艾利奥特参照盖伦很多，但除盖伦之外，他也研究并后来针对健康法则写了一篇专题论文。摔跤这项英国传统的体育运动是首选，在伊巴密浓达（Epaminondas）①或者阿奇里斯那里，跑步也被列入其中，就像霍雷修斯（Horatius）②和凯撒所认为的那样，罗马人所热衷的游泳在遇到危险时是有用的，色诺芬的《百科全书》（*Cyropaedeia*）中描述了打猎。希腊人——特修斯（Theseus）③和亚历山大狩猎狮子、豹子或熊。在非洲，庞培（Pompey）热衷于野外活动。在英国，人们满足于红鹿、狐狸或野兔。用鹰行猎不是一项比较高尚的项目，却能满足人的欲望。骑马——骑在高头大马上，无论用战斧或长矛训练与否，都是必修的技艺。弓在所有的体育项目里是最受推崇的，主要是因为在保卫国家的用处上，箭术成为英国人最卓越的追求，其次是作为娱乐和慰藉。它"既属于君主和贵族们，也属于所有其他的人，通过他们的例子，决定在美德和诚实中度过他们的一生"。保卫国家的职责同样落在所有的阶层身上。

---

① 伊巴密浓达（约前 418—前 362），希腊将军和政治家。——译者注
② 霍雷修斯，罗马传说中的英雄。——译者注
③ 特修斯，希腊神话中雅典的英雄，一生颇多功绩。——译者注

"高贵"和个性

自然地,艾利奥特应当探寻他一再提到的"高贵"包含什么。他的结论的本质就是,高贵是由个人的优点所组成的。但是,不可否认的是,高贵也涉及世袭的名望、头衔、土地和职位。但是,两者在哪里结合是有显著差别的。艾利奥特——其老师沃尔西更加明显——作为新兴统治阶层的代表,非常想证明正确的训练如何能给国家提供可靠的服务者。在人文主义者里这个观点很明显,大部分人相信意大利是个人声望可以得到详尽发挥的地方。"行政官"(Governor)是意大利理想的"廷臣"(Courtier)的英国版。它是伊拉斯谟有关于培养一位君主那本小册子的目的。艾利奥特将通过指导来实行这个理念。"经常给年轻的绅士们讲讲纽马·庞派利斯(Numa Pompilius)①是怎样通过自己的管理被人民选为罗马皇帝的。是什么造就了他成为罗马皇帝?除了他的智慧和美德外,什么使得他如此高贵、然后又从高贵走向尊贵?"就像伊拉斯谟总是敦促的那样,现在知识使得一个人趋善。所以,知识对于一个立志于成为最高贵的人的最高价值就在于它包含了出身、能力和崇高人格。就像艾利奥特所理解的,个性完美的典型实际表现在"明智"(Prudentia)或"智慧"(Sapience)之中,它是一种精神品质,是"本性"(natura)、"知识"(scientia)和"美德"(virtus)的结合,可以应用于实际的事务。罗马就是靠公民的这种品质建立起来的。当艾利奥特按照英国的需要来看待问题时,这种"智慧"不同于"教条",它是真正的教育所开出的花朵。

在较少的娱乐活动中,艾利奥特建议玩国际象棋,"因为在下棋的过程中正好涉及如何运用巧妙的方法去取胜,这样就能使头脑更灵敏、记忆力更强"。他勉强地默许玩牌,但除非在玩牌的过程中包含道德教育的成分。他把掷骰赌博看作是对青年和成人的极大威胁。

---

① 庞派利斯(生卒年不详),古罗马王朝初期第二位国王(约前715—前673年在位)。——译者注

艾利奥特对韵律的感情

在一个有趣章节中,艾利奥特认为舞蹈具有"极好的效用,其中包含了很好的人物,或就像希腊人那样,把它们叫做美德和高尚品质的观念",尤其是慎重的观念。所谓慎重,艾利奥特是指"懂得期望什么、避免什么"。"就大部分而言,道德的学习对于年轻人来说是沉闷的,他们在年轻时确实喜欢手舞足蹈。"他陈述了一种方法,通过这种方法,可以激发那些已参加了安排有序的跳舞活动的人(或者还有那些观看者)去理解和追求这种好的慎重品质。这一巧妙的论点部分地取决于以下这种关系,即身体的有节奏的、和谐的运动同情感和行为中的均衡与节制的规律之间的关系。迄今为止,希腊人在内心是完全看重这种关系的。还有,艾利奥特所描述的舞蹈是为了比喻(或崇敬、或考虑)男子和妇女的品质的互补。这又带有其源自意大利的所有痕迹。艾利奥特的见解的重要性,首先在于他直观地感觉到古代人对节奏的感情(阿尔伯蒂或阿格里科拉也有这种直觉),其次在于他对个性的新认识,《宫廷人物》注定把人的个性和整个英国社会连在一起(艾利奥特已知道有《宫廷人物》这部著作)。而且,在这一方面,可以恰当地观察他对高尚的道德(亚里士多德的高尚)给予了多么高的一种地位,就是荣誉的意识、高尚的行为在其道德的形式中,这是意大利人的道德榜样的独有特征。艾利奥特也从文艺复兴时期的意大利那里获得了他对于妇女学习文化的合理性的信念,妇女恰当地要求接受真正的教育,以作为未来有价值的婚姻生活的一种准备。

293

英国人关于真正教育的落后观点

像帕尔梅利和伊拉斯谟一样,艾利奥特问道:是什么东西使得近代世界不能获得古代的美德和学问?这位英国人发现,对该问题的答案主要在于家长的傲慢、贪婪和疏忽,其次在于教师的缺乏。关于傲慢,

294

他是指一些有地位的男人公开表示看不起学问。"很有学识并不光彩","'秘书'的名声不高,也不受人尊重"。然而,这样的嘲笑者应该记住英国的亨利一世(Henry Ⅰ)①、亚力山大、哈德连,或者马卡斯·奥里欧斯(Marcus Aurelius)②,甚至庄园主们也认为这些人是值得尊敬的。这不是帕尔梅利的回答,因为艾利奥特面临着特殊的障碍,基于土地所有制,封建社会在北欧建立了这种障碍,以抵制所有那些同权力和财产分离的理想。伊拉斯谟在论述德国的地主阶级时发现了同样的困难。关于贪婪,艾利奥特引证了中上阶层在支付他们所聘请的家庭导师的薪酬时的吝啬,除了薪酬低,对所聘请教师的其他条件并不关心。如果按这样的态度去聘请一位新的厨师或养猎鹰者,那不出乱子就算是好的。这种疏忽行为就是不愿意让男孩在 14 岁后继续接受教育。这样一种公众看法的状况需要有根本的改善。实现这种改善就是《行政官之书》的主旨。因为在新的时代,英国繁荣的未来取决于人的智力,而这种智力是可以通过所有那些承担一定责任的人去培养的,他们的责任就是解决那些涉及国内外进步的伟大变革的社会和政治问题。当然,艾利奥特认识到(尽管这种认识不完整),英国已开始进入到的一个更高的发展阶段,一个新的统治阶层、一个世俗的和专业的阶层正在产生,对此,一种新设计的东西是必不可少的。学习意大利的榜样,艾利奥特在古代教育的一种进步的改革中找到了这种新东西。因此,他用一段自信的话结束他的著作:"现在,所有你们这些读者希望使自己的孩子成为行政官,或者在你们国家的公共事务中具有任何其他的权力,如果你们运用本书中所说的那种方式去培养和教育你们的孩子,那么,在所有的人看来,他们将似乎是值得拥有权力和荣誉的,是值得成为贵族的,所有在他们的管理之下的东西都将会繁荣昌盛、趋于完美。"

① 亨利一世(1068—1135),英国国王(1100—1135 年在位)。——译者注
② 奥里欧斯(121—180),罗马皇帝(161—180 年在位)。——译者注

第二节　《绅士的教育》与《伊丽莎白女王的学园》

在考虑艾利奥特爵士为促进英格兰的高等教育所做的工作时,我们看到,在许多他所读过的著作中,有帕尔梅利的《论公民生活》和《宫廷人物》。这两本著作都对他所写的专题论著(即培养青年人为国家服务)产生了很大的影响。罗杰·阿斯堪在 40 年后发表了他的主要著作《学校教师》,实际上所写的是同一主题。当他写《学校教师》这本书时,《宫廷人物》的英国译本已经流传十多年了。他对卡斯底格朗的著作的评价很有名。"学习加上适当的练习,卡斯底格朗在他的《宫廷人物》一书中明确地教导我们哪本书应该仔细阅读并努力付诸实践,但是我认为,对于年轻人来说,在英国的家中待一年比到意大利旅行三年更有益。而且,我感到惊异的是,在宫廷中阅读此书的人并不很多,因为它已经由一位令人尊敬的学识丰富且精通多国语言的绅士托马斯·霍比爵士译成了英文。"但是,尽管对于普通人来说该书的含意太过严肃和高深,以蔡克、吉尔伯特和西德尼为代表的新教社会已经准备接受《宫廷人物》了。无疑,连女士们都很虔诚地阅读这本书,就更别提菲利普·西德尼了,"他外出的时候也总是把它装在口袋里"。

这些著作在英国教育中的地位/
这些著作的首要意义

这一章将会探讨三本不那么广为人知的著作,它们都阐明了新的教育目标,深受《宫廷人物》一书影响且源于意大利,直到 16 世纪后半期才在英国出现。它们都展现了一个共同的个性,即不管是对于普通的乡绅还是皇家宫廷的高官,绅士教育的最终目标都应该是公共服务。人们注意到,16 世纪的最后 25 年在英国出现了一种符合地主阶级需要的学校组织或"学园",这种学校在法国和德国则更多。这种学校提供的课程是公学和文法学校所不教授的,有军事体操、拉丁语、现代语(法语、西班牙语、意大利语)、实用数学和自然哲学。吉尔伯特爵士是第一个基于上述路线方针来概述新教育的基础的。尽管原有的还是保留下来了,但是,这个概述还是显示出了对新观点的巨大兴趣。弥尔顿的《论教育》(*Tractate on Education*)也表达了满足类似要求的理想的教育框架。卡斯底格朗也很好地接受了里面所包含的博雅教育概念。所谈到的三本著作是《绅士的教育》(*Institution of a Gentleman*,1555年),它是一位无名作者写给菲茨沃特勋爵(Lord Fitzwater),即后来的苏塞克斯伯爵(Earl of Sussex)的;汉弗莱・吉尔伯特爵士的《伊丽莎白女王的学园》(*Queen Elizabeth's Academy*,1573年);还有克莱兰(Cleveland)①的《青年贵族的学校》(*Institution of a Nobleman*)(出版于1607年),但正像作者所说的那样,表达了对长期以来形成的经验的信服。

简而言之,《绅士的教育》的主题是"高贵"离不开个人的卓越。很自然地顺而推之,这种个人的卓越被视为良好教育的结果。绅士的作用就是起带头的作用,他在他所从事的特殊领域中的价值能够证明他的卓越。因此,家长不再仅仅对他们的孩子负有责任,而是对整个国家负有责任,家长教育孩子是为了孩子好。

家长们要牢记四个目的:一是出于对孩子的责任而爱他们;二是教导他们对勋爵要敬畏;三是教导他们要孝敬长辈;四是教导他们知道人的终极目标是服务。自制(self-restraint)是年轻人的基本美德,因为自由过度他们就容易变成"罪人"。作者"颂扬世俗的行为"(laudator temporis acti),追忆了过去比较幸福的时光。"通过知识增加美德,大学和学习的场所最早是由我们高贵而文雅的祖先创建的,祖先们的美德和智慧随着时间的流逝变得越加聪慧,所以,他们想到了创建一个学习场所作为大学,最早在那里教育他们的孩子,从而使他们的继承人具有更伟大的品德,也就是说,相比于土地和世俗的财产,丰富的学识才是真正能够与他们相伴的。每所大学里不同学院的风格都能够证明这

---

① 克莱兰(生卒年不详),英国人文主义者、教育家。——译者注

一点。"

　　但是,现在我们对绅士生活的通常看法是这样的:"如果一个人在最好的式样流行之后还不知道如何穿着,如果他不知道如何与绅士交往,如果他不知道如何在牌桌上跟20位贵族打牌,那什么才是绅士呢?如果他不想做这些,那他就是一个蠢人或一个吝啬鬼、一个不懂时尚的人。但是,他们说,做一个喧闹者(roysterer),就成为了一位绅士。除非'喧闹者'这个词表示一个恶棍,否则我不能很好地理解它。如果一个年轻人说了许多空洞无物的话,那他们就说他很会讲话而且很机智,但是,如果他确实谈吐不凡,那他们就说他是'年轻的狐狸讲道'。如果他在学识上懂得比他们多或者是职业作家,那他们就会说他耍笔杆子。"大量的证据证明,这是对16世纪前半期地主阶级对知识所持态度的公正表述。

出身和良好品质的关系

　　通过讨论英国三种类型的男人,"绅士"一词在英国的意思也许就明白了。《绅士的教育》的作者把绅士分成三种:高贵的绅士(Gentle gentle)、伪绅士(Gentle ungentle)和那些没有绅士出身但行为像绅士的人(Ungentle gentle)。第一种绅士有良好的出身、高贵的地位、崇高的个人价值。他们有着高贵的心灵,与他们"优越的条件和漂亮的房屋"相配。这是理想化的一种类型。"绅士很明白为了未来他应该有渊博的学识,精通多国语言,有能够保卫国家的强健体魄,或者至少应该能在战事上献计献策。……而且,理所应当的是,绅士应该举止优雅,跟各阶层的人都知道怎么打交道,不会被别人利用了还愚钝不知。对绅士来说,如果懂点音乐或者会弹奏乐器,那就更好了。……总的说来,一个真正的绅士应该既能够适应战争又能够适应和平,既能够适应宫廷又能够适应乡野,一个拥有这些品质的人才配被称做是高贵的绅士,因为他的条件和品质与他居住的祖先遗留下来的高贵的房屋相

298

配。"为了说明他的观点,他举了凯撒、亚历山大和米特里坦斯(Mithridates)①的例子,并且还为读者们列举了其他的历史祖先的例子,通过对他们的模仿,家里的年轻人可能就明白了"纯正的贵族"。

"伪绅士是那些继承了高贵的血统因而通常被称为'绅士',但他没有教养的恶劣行径,按照世人的评判标准只配得个'伪绅士'的名号。"如果要问拥有地位和机会的年轻人却没有获得真正的绅士头衔是谁的过错,答案就是父母和对教育的忽视。缺少适当的纪律,孩子就会想怎么做就怎么做,而不是他应该怎么做。他没有学到杰出是来自于个人的价值,而不是偶然的出身。这些就是"降了格的绅士"。这三种绅士中的最后一种类型是最重要的,为了强调这一点,整本书的导向是:没有高贵的出身,但通过出众的优点获得尊重和绅士头衔,并把它们全部传给自己的孩子。这样的人"通过美德、智慧、策略、勤奋、法律知识和战争中的勇猛,或者用类似于诚实的方法,使他成为一个受人爱戴和尊敬的人,然后被提拔为高级政府官员,手握大权并享有声誉,甚至成为英联邦的支柱……现今这些绅士们被称做是暴发户"。但如果"暴发户"思想高尚,那就意味着德高望重,因为没有任何身体的天赋(诸如血统),能够与杰出的精神相匹配。朱利叶斯·凯撒(Julius Caesar)的军队成功的奥秘就在于他的学识,这一例子就是最有力的证明。

但是,一个新人如果他想"使他的各方面都很高贵",那就必须具有真正的价值。有一类人完全是通过他们的财富或者通过"某种暗箱操作"才成为贵族阶层的,诸如狡猾的律师,尤其是那些在没收教堂的土地时获利的人。现在有许多人进入了贵族阶层,但是,他们"既没有半点美德,也不英勇"。这些才是真正的暴发户,因为他们的地位得以提升不是由于他们的价值。

---

① 米特里坦斯(? —前 63),本都王国(当时黑海地区的一个小国)国王。——译者注

教育目的和国家利益

所谓的绅士教育,它的目的是为了国家的利益,但是,这种宽泛的作用包含许多层面,什么地方适用什么品质在不同的情况下还是有些不同的。一个共同的美德首先是获得安全,深入灌输公正的理念。一个绅士应该努力保护并承认那些比他们弱势的人的权利。如果他是一位律师,他就要致力于公正而不是利益;如果他是一个地方长官,他就要保护穷人。作为一个国家的贵族,他应该是有教养的范例、知识的学生,好客并对他的财产了如指掌。或者他可以像军队中的上校那样为国家效力;或者他在完成皇家任务时表现突出。学识渊博是必不可少的,尤其是语言知识。对于正确理解他自己的国家和其他国家,广泛的阅读是必需的。作为与自由的思想、高贵的灵魂密切相关的礼仪,是绅士本性中的一部分。在国家中,在高尚的活动中,他会把竞技体育作为娱乐,举例来说,西塞罗、苏格拉底和斯凯沃拉(Scaevola)①就是这样。射箭是最好的运动,因为这种锻炼有利于保卫国家。

300

运动:服饰

关于服饰,绅士在盛装的昂贵方面将不会领先。几乎在卡斯底格朗所写的文字中,作者谈到一个人的衣着时,都是把它作为这个人的气质的一个标志。意大利是最好的学习典范,加图、苏拉(Lucius Cornelius Sulla)②和西庇阿都是例证。英国的时尚变化太快。法国人钟情于色彩,"那么多颜色就像在彩虹中一样","他主要是仿效孔雀"。西班牙人的界限是用奢华来衡量。而荷兰人就不会受到那么多责备,因为他的时尚很少变化。服装的颜色和时尚的不断变化预示着性情上

---

① 斯凯沃拉(? —前 115 以前),罗马雄辩家和法学家。——译者注
② 苏拉(前 138—前 78),古罗马统帅及独裁执政者。——译者注

的摇摆和不确定,这是一个绅士荣誉上的很大的瑕疵。

在整本书中,意大利人情感的好的方面的影响是明显的,尤其可以追溯到这里所说的人格的外在天赋。

历史的作用

在年轻人的教育中,我们极力主张阅读史书可以作为所有闲暇时间的娱乐,"因为对联邦的所有官员和掌权的人来说,阅读史书是非常必要的"。注意到艾利奥特和小册子的作者很强调历史在公共教育中的地位,这对于我们来说是很有益的。当英国的作者们还在满足于围绕上一个世纪人文主义者老生常谈的先例这样的主题时,弗朗西斯科·帕特里齐正在根据历史的本质编纂《对话集》(*Dialoghi*),这本书在《政治学》的基础上第一次引导我们进行历史理论的科学研究。《绅士的教育》的作者从对美德说明的角度谈论这个学科。很明显,对普鲁塔克、希罗多德、阿里安、苏多尼乌斯(Gaius Suetonius Tranquillus)①和其他著名的历史学家,他只有一个很肤浅的了解,但是,他却没有阐明古代历史(因为他没有提到其他的)可以帮助我们"理解事情的过去以及现在的状况"。饶恕了克里萨斯(Croesus)②的居鲁士是"具有同情心的"君主的永恒代表,亚历山大的"公正",维斯佩基安(Titus Flavius Sabinus Vespasian)③的"明智",台塔斯的"高贵",哈德连的"有学识",安东尼·庇护(Antoninus Pius)的"平和"。另一方面,甘比西士(Cambyses)④的酗酒,尼禄、喀利古拉(Gaius Caesar Caligula)⑤和柯摩

① 苏多尼乌斯(生卒年不详),公元 2 世纪时罗马传记作家、历史学家。——译者注

② 克里萨斯(生卒年不详),公元前 6 世纪小亚细亚西部一古代王国里底亚(Lydia)之王(前 560—前 546 年在位)。——译者注

③ 维斯佩基安(9—79)),罗马皇帝(69—79 年在位)。——译者注

④ 甘比西士(死于前 522),波斯国王(前 529—前 522 年在位)。——译者注

⑤ 喀利古拉(12—41),罗马皇帝(37—41 年在位)。——译者注

达(Lucius Aelius Aurelius Commodus)①的其他的恶劣品质。当把所有这样的例子摆在面前,我们应该庆幸现在有机会过正直的生活、享受国家的福利:"之所以在这里写这些事情,那是为了年轻的绅士好。"

作者对艾利奥特和卡斯底格朗的依赖

《绅士的教育》这部作品或许有一个学术起源:作者可能是家庭教师或者是他所在学院的老师。这本书中列举的文学的例子,除了有一个引自于乔叟(Chaucer)②,其他的都引自薄伽丘(那个时代的典型)。这种论述主要归功于艾利奥特,部分归功于《宫廷人物》,这是显然的,坚决主张把知识作为近代教育的主要根基,把体育技能和军事知识作为辅助,所处的地位及偏好都暗示了军人的生涯;对市民尊严和依靠学识的职业的全面认识,不管出身而只看个人价值——所有这些谈的都是新的时代,即急需有才能和学识的人来塑造与管理都铎时代的英国生活。尽管这本书本身没有那么重要,但它很有兴趣地展示了文艺复兴的教育精神对这个国家的影响。它不是出于对学习本身的热情,不是出于使外在的生活和娱乐高尚化的愿望,不是出于对辉煌历史的民族本能,不是出于改革宗教教义和仪式的期望,而是首先为了满足能更好地治理国家的需求,为了新旧资源能一起发挥作用,为了应对近代国家更为复杂的任务而更好地装备军队。它是为了这样一个实用的和在某种意义上说有限的目的,英国人第一次抓住了文艺复兴从意大利递给他的武器。

302

汉弗莱·吉尔伯特爵士

汉弗莱·吉尔伯特爵士最为英国人所熟知的是他作为殖民活动的

---

① 柯摩达(161—192),罗马皇帝(180—192年在位)。——译者注
② 乔叟(约1340—1400),英国诗人。——译者注

一位先驱,是我们的历史上那个英雄年代的主要人物之一,这些人物的文学纪念碑是哈克路特(Richard Hakluyt)①的《航海记》(*Voyages*)。但是,和雷利(Sir Walter Raleigh)②和格兰维尔(George Grenville)③一样,他也是在宫廷里生活的,实际上在那里一群精力充沛且很关注未来的人自然地就聚集在一起。吉尔伯特是一个有前瞻性眼光的超群的人。他认为,他的命运是从"大量的时间"开始形成的,他计划写《伊丽莎白女王的学园》的动机是使他出身的阶层能够适应新的任务,这本书出版恰好就在 1572 年之前。

同艾利奥特和《绅士的教育》的作者一样,他对地主阶级利益的粗野漠视给人留下了深刻的印象。他认为,"整个国家哪怕没有一个绅士,但只要他们有点作为就行;然而现在是,他们当中的大部分人都一无是处。"意大利、低地国家和法国的学术以及艺术很缓慢地渗入英国的社会,而运动和沉重的生活负担在英国仍然是生活的重心。进一步可能会注意到,英国促进殖民地计划的人坚信大量无业的年轻人不能做生意,没有一技之长,又找不到人资助,对社会的危害越来越大。有些人无所事事地在大学或法律学院里消磨生命。比较冒险的人成了外国政府的雇佣兵,有的加入了德雷克(Sir Francis Drake)④或雷利的团队,或者成为职业海盗。吉尔伯特旨在解决这个问题,解决的方法不是对君主、廷臣或者有富裕的贵族进行教育,而是把大量的物资用于组建与全体国民相适应的教育机构。

吉尔伯特接受了柏拉图的学说,认为公共政府应该掌管教育,社会应该大量地参与教育。他认为,大学不应该为当下无所事事的青年中的坏榜样承担责任,牛津和剑桥大学除了能传授点学术知识,其他什么也不行,而这对我们目前的目标是毫无用处的。他谈到,对于青年人来说,他们需要通过"能满足目前的实际——和平与战争的行动"的教育,

---

① 哈克路特(约 1552—1616),英国地理学家和游记作家。——译者注
② 雷利(1554—1618),英国探险家、政治家、历史家和诗人,早期美洲殖民者。——译者注
③ 格兰维尔(1712—1770),英国政治家,曾任首相。——译者注
④ 德雷克(约 1540—1596),英国航海家。——译者注

尤其是所有的教学都应该使用英语。由他展开的对学园的短暂调查，显示出他努力要达到的目标。

"学园"的目的

这个方案被称之为"为了女王陛下的护卫以及其他贵族青年和绅士的教育，在伦敦建立一所学园"。他认为，之所以需要这样一个学园，那是因为宫廷的护卫和年轻的贵族普遍缺乏适当的教育手段，所受到的教育很差；而且"逐渐失去了对他们的君主和国家所有有用的美德"。他们准备搬到伦敦是想脱离农业，因此，希望为他们在那里建立一所学园，男孩们 12 岁入学，在那里一直接受教育到成年。

古代语和现代语、自然哲学及法律

出于建设性的原因，教育的方案包含了不同的学科，并被简明地分成几个部分，这样就方便复制。第一组，应该由一位教师和四个助教来教语法、希腊语和拉丁语。希伯来语有一位专门的教师。逻辑学和修辞学是一个学科。修辞学的练习应该包括用英语演说政治和军事主题。培养对本国语的精通是很必要的，因为"应用知识时主要是用通俗的语言，如布道、地方议会、国会、委员会和联邦的其他政府机关"。甚至剑桥大学的约翰·蔡克爵士认为，应该不时地用英语演说。但是，演说的主题应该与战争有关。应当注意到，通过希腊语、拉丁语和本国语的学习来有效地学习母语，这里并没有提到英国语言学家和散文家的作品。政治和哲学的读物对国民和军事政策区别对待。首先会涵盖君主国和共和国的历史以及当前的状况、政府工作、增加税收、保证公平的方法，这些例证都引自同一时期的英国。很奇怪的是吉尔伯特前后不一，他流露出了对书本和文字的深厚信仰，因为通过这些途径"孩子们在家里就可以学到更多的其他国家和我国的国民政策，而这对大多数老一辈人来说要远渡重洋才能了解到"。从军事方面来说，演说会详

304

细解释"军队的纪律和军种、教育,以及这个国家怎样保持战斗力"。通过这种方法,年轻人就能学到比任何"学校能教给他们的"更多的实用知识。"例如,与同样的书本环境相比,政府应该更重视实践。"

显然,应该尽早把语言教学导向历史、政治和军事的学习。在学园里,没有机会感受对诗人、对演说和对哲学的人文情怀。

第二组包括自然科学学科。自然哲学和数学读物基本上都是实用的——应用性的学科,诸如布防、防御工事、挖掘地道、布雷、火炮和宿营。还可以提供使用大炮、火药和射击。步兵训练包括长矛、火绳枪和戟,小规模战斗,拉练和团体操练,这些应该每天都练习。另一种读物是地理(绘制地图和海图)、天文学和航海。课堂的讲授应该偏向于真实情景的呈现,例如,一艘装备精良的船和一位有实际经验的船长。医生和外科医生在同一个部门,他们会阅读药学和有关外科手术尤其是伤口的书籍。他不用开任何药,但是,他应该能"阐明每一种特定药的成分的药理"和它的功效。

很有趣的是,规定自然哲学家和外科医生应该"尽可能地用尽量多的方法探究自然的奥秘,并进行试验",每年都要用"清晰明了"的语言汇报他们的"实验方法和结果"。更进一步,这些科学研究人员可以有一个"医学园地"。

第三组包括法学和神学的讲座。它们的职责的一部分是"制定和精确地讲授承担一般司法事务的地方官员和行政司法长官的职责",因为很多学生会走上这些职位。但是,专业性知识必须在伦敦具有授律师资格权的四个法律协会(Inns of Court)中学习。

第四组包括在文明世界中生活的必要知识。首先,由不同的教师分别教授法语、意大利语、西班牙语和德语。其次,由不同的专业教师教音乐(琵琶、三弦琴和西特琴)、舞蹈和击剑,包括艺术地使用短剑和战斧。军队的传令官负责学生的出身和注册,图书馆员有资金购买外国图书,会计有权利抄写每一本英文印刷的图书。最后,对学生学习的课程有决定权的校长管理全体教职员。

然后,接下来是"应该遵守的某种规则"。艺术和法律读物在它们各自的基础上产生一本新书。历史和外语教师每人每三年就应该"把好作品译成英文"并出版。通过这种方法，"世界上所有的民族最多每六年就能收到以殿下之名发出的珍贵礼物"。最后，每年都应该有一个赞美创建者的布道。

期望从一种改良的教育中获益

这种创建能获得的主要好处是："人们在大学里只学习知识，在这个学园里他们学习能适应日前战争与和平实际情况的实用知识"，例如，外语和军事知识。如果他们退步了，"在才能上的锻炼也使他们至少能成为一个绅士"。吉尔伯特毫不怀疑这样的学校会给英国带来永久的荣誉，世界上所有的国家当看到英国绅士的时候都会知道并且说他是"一个士兵、一位哲学家或一位高贵的廷臣"。在女王陛下的宫廷里，从此将都是高贵的绅士和有美德的人，"骑士政策和哲学"将会成为欧洲的典范。在她的不朽之名下，"世上再也没有一个能够想得到的如此富庶的国家"。

第三节 《青年贵族的学校》

《青年贵族的学校》的特征：教育目的

和《行政官之书》一样，《青年贵族的学校》(*The Institution of a Young Nobleman*，1607)受意大利人的影响很深，这确实是不可避免的。但与此同时，该书参考过其他的一些作家，诸如伊拉斯谟、朱利叶斯·凯撒、斯卡利格(Scaliger)①和克里尼图斯(Crinitus)等，并且有证据表明，作者读过蒙田的著作，在其关于《儿童的教育》(*Institution of Children*)的观点中，克莱兰明显有太多的同情心。卡斯底格朗和比他

---

① 斯卡利格(1484—1558)，意大利威尼斯的人文主义者。——译者注

早时期的帕特里齐都被提及。前者的《宫廷人物》一书,确实给克莱兰的著作的一大部分提供了基础,并且克莱兰的著作在进入宫廷之前,《宫廷人物》的意大利语版和克拉克(Clerk)的拉丁语版都有小学生读过。非常奇怪的是,霍比的英译本未被提及。詹姆斯一世(James I)①的《法庭》(*The Basilikon Doron*)②一文给读者施加了一种痛苦的反复。清教徒的性情会影响其作品,但这种影响是一种学者的清教主义,这种学者即使有点书生气但阅读面广泛;而且,清教徒的性情与尊尚礼仪的社会、尊崇某种强烈的共同意识以及尊重精明的世俗智慧并不矛盾。詹姆斯一世解释说,作品首先要在《圣经》中汲取基本的营养,尽管古典文学的来源仅仅是在很小程度上利用了《圣经》。

因此,克莱兰呈现出的教育学说中包含着一种强烈而挚诚的目的。其精神上与艾利奥特和阿斯堪相类似,但他的具体处理方法是来源于一种系统论观点,这种观点更加完整,并且每次都显示出了一个具有多方面能力的和有工作经验的老师才有的痕迹。虽然《青年贵族的学校》原版是用苏格兰英语写的,但却是在牛津大学印刷的,这并非是没有意义的。

必要的身体和心理品质

与艾利奥特的态度相似,克莱兰一开始便肯定了高贵的品质依赖于服役训练,英国的年轻人要去这样的地方才能成长,国王也需要有凌驾万物之上的能力。最初的根据可以很快得到检查。让读者惊奇的是,克莱兰不赞成找男教练或"书呆子"做男孩的家庭教师,他确实会找一位世俗学者,但却不仅限于此。根据我们所熟知的伊拉斯谟的观点,妇女会对男孩产生不良的影响。他直率地驳斥说,天赋、能力和品位在童年时代就能察觉出这一教条主义。而他认为,只有通过教育和训练,孩子们才能发现他们自己真正喜欢什么,或者最适合于做什么,从而达

---

① 詹姆斯一世(1566—1625),英国国王(1603—1625 在位)。——译者注
② 这是关于政府的一篇论文。——译者注

到目标。因此,男孩必须遵循常规的知识训练,并且应该强制去学习而不管他的兴趣爱好是否在此。

对于所有功绩的条件基础来说,健康被认为是在天赋和训练之上。克来兰在这方面所表达的观点是完全赞同蒙田的著名论断的。首先是判断力,这是智力中最有价值的品质。死记硬背的学习与缺乏用日常经验对普通事务做判断的能力相比,应该能获得教师更快的谅解。像蒙田理解的那样,这种实用的学问是所有系统教育的一个必要结果。其次,接下来的一种值得培养的天赋能力是想象力,同时孩子应该改正其心胸狭窄的毛病,因为这一毛病会让他的头脑中只填充有自己的方式和想法才是唯一合理的的内容,而使得其忽略了周围更广阔的世界和它的智慧。第三种品质是记忆力,但它完全是次要的,相比判断力而言就没有什么要赞扬的。在英吉利海峡两岸,文艺复兴正在向咬文嚼字的方向发展,其是来自于伟大的奠基者信徒中新近的且能力差的信徒的创造,正如所理解的那样,它使更有说服力的证据受到束缚而不能有所进展。

假如基本倾向是朝着忠诚、正直、追求坚定的意志的这些基本美德的,克莱兰从对弱者有亲切之感这一意义出发(他特意包括了动物),指出人类表现出了一种精神,从这种精神中可以看出更多的东西。对于好的教养来说,首要的品质是质朴纯真,即在为人处世的过程中其仪表姿态、说话方式以及脾气性情不虚假做作。克莱兰所指出的重点,让我们回想起卡斯底格朗的格言——"炫耀和做作绝不是好的品质"。为了激励严肃的人生观作为职责所在,他强烈要求让男孩们阅读史书,并且应该策划设计和运用正确的方式去宫廷参观作为实物教学课的内容。

所希望的学习课程

克莱兰着手开始做一个关于一般性学习课程系统化的阐释,在他看来,这种方式更适于更高的教育。他开始在教育的一般性目的以及运用正确方法的重要性问题上直言不讳。他再一次强调,记忆力作为一种可以培养的能力受到了过度的赞赏;同时他也指责,这是家长和教师两方面的错误所造成的。他希望，"所有的指导者首先应考虑，他们要教的任何东西是正确的和有益的；指导者要遵守一些好的教学方法，这些方法可能是在任何一个明智的人的思想和实践中最值得赞美和最有益的东西。""用容易掌握的方法去解决困难的问题，用简单的方法去处理复杂的事情。""一种好的顺序会使解释清楚直白，而没有这样的顺序就会使教师的所有工作变得费力困难。"

母语和拉丁语词法

第一个教学的内容是演说艺术。母语作为"最主要的理解工具"，从一开始它就应该有好的框架结构，要看到保育员及其他人员发音清楚明晰，而忽略任何字母或者音节的变化是蠢人经常表现的荒唐行为……"他们（家长和导师）不应该使他们的学生喋喋不休，也不应该使他们在讲说时有怪异表情或是眉毛和眼皮上下乱动。"可以按照昆体良的方法教授朗读——用牙签或其他工具并通过一种游戏的方式；而且，男孩应该尽早开始练习大声朗读。这里也大有艺术，因为他应该被教以"用甜美的音调来朗读，而不能把诗歌读成散文，也不能把散文读成诗歌；不能像一位妇女那样用尖锐刺耳的声音来朗读，也不能像一位男性老者那样用沙哑的嗓音来朗读，而是应该用一种愉快和谐的声音去朗读；朗读应轻松地开始，在整句之后停顿，并在断句的时候换气，声音的起伏要根据主题的需求、感叹或疑问的情境来定"。男孩将从临摹被"威尼斯"玻璃罩着的一本令人满意的字帖开始学习写字，这本字帖里应富有愉快的感情。

以上的学习完成之后，拉丁语的学习便开始了。语法在开始时要尽可能的简单，能让男孩会读《智者语录》（*Disticha Catonis*）或维韦斯和科迪埃的对话录就足够了，而且在一开始学习它们时教师应加以解释。词汇也将通过这样的方式获得，并且通过对所选阅读材料的语法分析、词形变化以及简单的句式结构获得。语法前后协调的准确分析和练习是在分析与写作方面取得所有进步的基础。"然而，许多聪明有学问的人废除了绅士教育中的所有的语法规则，而仅仅知道作者作品

309

的只言片语……这种办法既是乏味的又是没自信的。"在这句话中,他指的是快速感觉法,这与全部基于语法和练习的方法是明显不同的。这尤其让我们想起梅兰希顿和斯图谟认同对拉丁语的深刻理解,而反对依赖于对话和字面阅读的理解方法。克莱兰接着说:"其他那些人太自以为是,以至于当我们学习英语时,他们只让儿子跟着他们的家庭教师说拉丁语长大,这使得当他们听到'到长大时必须去学校学习他们的母语'时,只能用拉丁语回答。"毫无疑问,这参考了蒙田的经验。然而,蒙田实际上也是一个特例,他不会说母语。埃斯蒂安的孩子在家里都能说拉丁语。无疑,这种练习经常在做,有时还很成功。但是,对话录中的论证力量又是势不可挡的,即担心男孩们在听不到教师教诲时,校园生活会使他们进入本国语语境。不只是一些明智的教师认识到,强制性的拉丁语对话使得文思枯竭。在克莱兰的强烈反对下,在普通的交谈中人为地用拉丁语取代本国语的做法结束了。他的进一步的建议也不是无益的。"我更希望家长们愿意让他们的儿子学习法语的常用语和习惯用语,法语是当今世界上如此优美、通用和普及的语言。幼年是最合适的学习时间,父母亲应该像古希腊父母所做的那样,在这时作出一些牺牲。他们的舌头容易卷起来发出法语的语调,这对成人而言是很困难的。"四分之一个世纪前被意大利人所占领的地方现在被传到法国人的手中。人们越来越感觉到法语的重要性,再加上巴黎社会的一种优良标准的发展,这就导致了以下这种习惯,即把英国良好家庭的男孩送去法国的学园学习,对此弥尔顿曾书面表示抗议。

311

　　依照更好的人文主义方法,克莱兰会让初学者学习很多的词法入门知识。他认为,这些都是必要的,会使翻译能力有进步,然后再转回语法的学习,这对于人文学科来说是"房角石"(corner stone)、"身体的肌腱"(the sinews of the body)。"我承认,它可能会使教师苦恼,但却使他的学生受益。"首先可能要学词法入门,并且结合从西塞罗的《书信集》和《论友谊》或是奥维德的《书信集》或《变形记》的选段学习翻译解释。早晨是学习句法的最佳时间,在西塞罗的《演说集》(*Speeches*)的读本——《腓利比克》(*Philippics*)、《卡蒂莱恩斯》(*Catilines*)、《为阿绮亚辩护》(*Pro Archia*)、《为马尔塞鲁的法律辩护》(*Pro Lege Manilia*)的一篇或几篇文章中能得到说明。特伦斯、维吉尔和贺拉斯将在不同的时间进行学习。韵律诗体将与朱文诺尔、伯夏斯（Aulus Persius Flaccus）[1]、普劳图斯这些大师一起学习。在详述一个作家时要避免冗长的评论，这是很明智的，宁可用作者自己的解释，通过引用相似的段落来解释。在写作时，克莱兰所建议的方法是——对阿斯堪方法的一种修改——教师先提供西塞罗一篇文章的译文，然后学生们"改变一些动词的时态和语气"并译为拉丁语；再把拉丁语变为法语，两种语言对照起来一起学习。法语版和拉丁语版这时再对照西塞罗的原版。教师将温和地对待学生必然有的缺陷和毛病。依照这种方法在写作方面定期练习，会形成一定的句法规则——西塞罗修辞风格在词汇和句子结构方面的用法；同时，更重要的是，将使我们具有明辨事实的洞察能力和明晰争论的阐述能力以及雄辩的其他要素。散文作文确实不只是运用拉丁语的一个练习，它意味着"年轻的学者将在获得真正的理解力和正确的判断力方面受益，同样在说话和写作方面也能受益"。克莱兰的又一个明智的建议是，反对一种用拉丁语精确写作的过于死板的标准。教师更应该珍视运用拉丁语句子结构时的语感，而不仅仅是字和词的西塞罗范例，"主要表扬学生们选择动词和其位置的判断力"。很明显，有不止一个证据表明，人文主义学者固然强调使用拉丁语写作的重要性，但他们也承认通过拉丁语写作得到的逻辑训练结果是一种连贯清晰的本国语表达形式，这一结论在前几章已有详细论述。克莱兰明显感到用拉丁语散文来教授，他所教的不仅仅是死气沉沉的语言的词汇和句法，而是用任何语言表达时逻辑的应用，学生们可能在之后或是过段时间才开始懂得利用。

希腊语的作用

精通拉丁语法，可以"带领你的学生走入所有文科和理科的甘甜之泉"；希腊语"并不像许多人做的那样，是因为流行的缘故"，即表面上和

---

① 伯夏斯（34—62），古罗马讽刺诗人。——译者注

显示出来的原因。对希腊语学习者来说，"学习希腊语会在理解力方面获益，就像学习拉丁语会在说话方面受益那样"。克莱兰的语法（希腊语法）被建议要适当教授，将用于拉丁语语法在"双方交谈的时候"有重复时，从而使学生将两者的学习结合起来，就像西塞罗建议他儿子的那样，也像我们知道的许多人文主义学者所建议的那样。希腊语的《新约全书》应该仔细通读，接着便读伊索克拉底和色诺芬的作品。用希腊语解释起来并不那么困难。"反对晦涩困难，因为它是由人类的仇敌发明的并由教皇克莱门特五世在维也纳法庭宣布的，将通往上帝在《新约全书》中的真知的渠道封锁了起来。"希腊语知识的主要作用是引导学者"到达所有科学的源泉"。文献资料像一个指导者，指导我们在文科和理科领域获得更高的学识。对希腊语这样的断言就像一把通向"知识"的钥匙，不幸的是，这一认识尚未完全建立起来。这种观点已由格里诺、阿格里科拉、海格亚斯和梅兰希顿明确地表达过；但在 16 世纪末，环境发生了显著的变化，本国语正在达到一种书面语言的地位。古希腊作者用拉丁语出版作品，而且大多数都用近代形式。一些专家开始工作，在某些重要地区高水准的希腊语知识已经被替代。因此，声称学习数学、地理、生物学、物理学、药学或神学的最简单的方法就是通过掌握一手的希腊语知识这一观点，已不再是可信的。同时，希腊文学的真正魅力在于演说术、哲学和诗学都不是由克莱兰开始的，克莱兰至少是属于英国的一代人，还没有达到对《书信集》进行美学批评的高度。但他让我们想到弥尔顿对待荷马史诗的态度，或是伊拉斯谟对待希腊悲剧艺术的态度。

关于历史

对历史的阅读，"应该是一个年轻贵族学习的主要内容，当他想作任何的演说或想使理解力达到完善时"。他特别解释说，在历史的学习中，学习台塔斯·里弗斯（Titus Livius）或普鲁塔克的作品时，主要不是学习词语和语法结构。"行动而不是纸上谈兵"（Deeds and not words），是历史学家的主要兴趣所在。其中，对人物的描述应该要么是一个模

313

仿榜样,要么是一个反面警告。

关于自然哲学和地理学及法律

这些话让人一下子想起了蒙田。蒙田说:"当教授学生西庇阿和汉尼拔(Hannibal)①的作为和英勇业绩时,教师不应过多占用他们的大脑,想着怎样使他的学生记得迦太基(Carthage)的纪念日以及迦太基诞生和灭亡的时间。从以下两方面来说,学生既不会对马尔塞拉斯(Marcellus)②在哪里去世感到十分好奇,也不会对于他死在那个地方的原因格外好奇。重要的是哲学的解析和判断力的学习,就像我所说的,框架的形成应该一直是教师的主要意图。"他们对普遍原则的感知以及对事件和任务的阐释,是历史教学的更高方面,也是作者的思想所在。

在历史读物中,至少开始时完全是阅读古典著作,先是弗洛鲁斯(Florus)③的《史纲》(*Epitome*),接着是撒路斯特和凯撒、普鲁塔克和李维及其"冗长的演说"。然而,人文主义的学习决不仅仅限于古代文学作品。自然学科拥有了重要的地位,它们不再依赖于古代文化的学习。作为自然科学的必要入门,扎实的形式逻辑学基础是很必要的。但是,逻辑学的功能被严格定义为工具的作用,其本身不是目的。就像重量的作用不是为了比较一个物体是否比另一个物体重,一支铅笔也不是削得越尖越好。铅笔是为了书写的,而秤是为了称物体的。所以,我们学习逻辑学应该通过亚里士多德的著作,或是通过合适的简本。"因此,逻辑学在所有其他事物上的应用,如神学、法学和其他的学科","它在争论中可能战胜所有在宗教和政策方面不同的和错误的观点"。对

---

① 汉尼拔(前247—前183或前182),迦太基统帅。——译者注

② 马尔塞拉斯(? —309),即圣马尔塞拉斯一世,意大利籍教皇(308—309年在位)。——译者注

③ 弗洛鲁斯(创作时期公元1世纪末2世纪初),非洲罗马史学家和诗人。——译者注

于教学目的来说,我们很需要简要的逻辑学,因为时间不可能花费在对"麻烦的混合推理的完善上"。此外,教师要记住修辞学是逻辑学最重要的应用,并因此进行相应的阐释。

通过算术就可以自然地导入数学的学习,把欧几里德的《几何原理》第7卷、第8卷和第9卷作为补充将是有用的。然后,学生接着学习《几何原理》的第1卷至第6卷,同时阅读某些英国编辑所作的适当评论。在几何学中,最简单的练习就是画地图;在这中间,还需要学习建筑的形式以及它们的图纸。接着是天文学,同时还有数学和自然地理学。"如果一支军队的一位将军根据纬线和子午线而不知道南北极的海拔、郡和省的地理位置、气候的多样性和白天黑夜的长短,不知道空气的温度、地球的质量以及许多这样的知识,那将是一件极为耻辱的事情。至于占星术,我将不会让一位年轻的贵族去学习它。"在描述性的地理学中,让学生学习托勒密的《地理学指南》第1卷,学习马吉努斯(Maginus)的理论、奥特利厄斯(Ortelius)[①]的理论以及他的欧洲大陆地图(该地图应被悬挂于教室中)。墨卡托(Gerhardus Mercator)[②]的地球仪仍然是极其重要的。好方法的精髓仍在探索中,人们仍在探索如何使用托勒密的理论、各种地图,以及梅鲁拉(Merula)的《宇宙志》(*Cosmographia*)中介绍外国人行为和时尚的那些解说性内容。导师必须发挥他自己的经验,并且用临时准备的例子来验证他的教学。一位教师的学识水平常常远高于他的学生们,于是他会因没有一个学生能说出爱尔兰是在欧洲、亚洲或是非洲而感到震惊。在这里,有两个方面要说几句。首先,数学教学和地理学、建筑学及天文学的密切关系表明,该学科不过分追求纯数学,例如,代数就未被提及。其次,地理学正逐渐成为一个独立的学科,新的图表仪器、地图和地球仪以及新时代的各种发明,使得地理学在理论上完全近代化和在方法上完全科学化。

最后,绅士在法律方面需要某些训练。克莱兰通过否定法律实践

---

① 奥特利厄斯(1527—1598),比利时地图绘制家,绘制了著名的地图册《世界概观》。——译者注

② 墨卡托(1512—1594),佛兰德斯的地理学家。——译者注

的一些专业知识而奠定了他的地位。东罗马帝国皇帝建立了合适的学科，以指导对相关原则的考虑。注定要从事公共职业的男人应该明白如何解读议会的法律或国家的法令，并且知道国家的一些习惯法或不成文法，知道如何解释法律条款。他将至少被要求去管理地方的司法，或是在紧急情况下作为对邻居或亲属的建议者。当然，为了如此高的法律尊严的目的，在伦敦具有授律师资格权的四个法律协会中的一个协会里适当地寄宿学习是必不可少的。

316　　　无论在战争时期还是和平时期，在展示学习如何能使一位绅士更好地为他的国家服务，如何在富裕者中显示他自己的与众不同，以及如何对于一个受过良好教育的追求者是多么有用，"他可以谨慎地追求女士，用明智而诚实的方式使她们开心，并用自己谦恭、绅士及文明的行为赢得所有男人的青睐"，他坚持认为学问作为闲暇时的装饰物是多么的崇高。

文学和闲暇：书籍的正确选择

在个人阅读的主题上，克莱兰十分愉快地写道："当你们在很有兴趣地挑选你们的盔甲和马匹、购买你们的夜鹰和猎犬的时候，我建议你们去选择该阅读什么书……因为有些书只值得品尝一下，有些书可以一口气读完，而最好的书应该慢慢咀嚼、吞咽和完全消化。为了阐明这一点，我想用一个在各个陌生的城市之间穿梭旅行的人的例子，这是最合适的比喻。在一些城镇中，他会吃早饭或就餐，然后悄悄地离开；而在另外一些城镇中，他则会逗留整个晚上；但他会选择某个令人愉悦的、方便的城市留下来学习语言，并在那里定居一段时间。所以，有些书仅仅需要读一部分，有些书要全部大致通读一遍，而极少数书则需要全神贯注、认真地全部读完。"

"首先，《圣经》是所有书籍中最有说服力的，即使是那些在政策和实践两方面最伟大的古代著作也不能与之相比。在希腊人中间，有修昔底德和希罗多德——尽管他们也写过一段'惊人的历史'，对当时有

过一种不寻常的评论——还有色诺芬、利西亚斯(Lysias)①和阿里安等
人,'但主要是普鲁塔克',因为在普鲁塔克身上,愉悦和利益是相互混
合或混淆的,以至于我认为阅读他的作品就如同一个好奇的精灵在天
堂里一直走动。"还有朱利叶斯·凯撒——他对于"陛下(詹姆斯一世)
的明智判断"给予了特别的赞扬——还有撒路斯特、塔西陀、休托尼厄
斯(Suetonius)②和帕特里齐(可能更年长)。然后,他接着说:"我会让
你在阅读法国、意大利、西班牙尤其是德国的历史之前,先熟悉自己国
家的历史和大事记,这样你就懂得了生活、自然、风俗和社会阶层,了解
了你的朋友和敌人,而所有这些对你来说无论何时都是有益的和愉快
的。"

　　除了贝修斯(Hector Boetius)③之外,"在苏格兰我们很少有这种类
型的书";但是,克莱兰有理由宣称,"我们的祖先做得比说(写)得好",
也就是说,他们在忙着做"品德高尚的事情"。詹姆斯一世的《法庭》被夸
张地称为国家荣誉的支柱。英国的无名历史人物更是比比皆是。菲利
普·西德尼爵士的《阿卡狄亚》(Arcadia)"是一部历史,或者更确切地
说,是一部诗篇",它对于作家和英语文体的修辞都具有价值,克莱兰特
别向那些勤奋刻苦的人推荐这部作品。"他的智慧是如此的卓越,他的
发明是如此的稀有,他的朗诵是如此的令人陶醉。"法国为我们的绅士
提供了令人赞美的作品,包括科米斯、蒙斯特勒莱、瑟雷斯(Serres)、蒙
特卢克(Montluc)和拉诺尤(La Noue)等人的作品。在意大利人中间,
圭恰尔迪尼在整个欧洲很有名望。塔索(Bernardo Tasso)④、薄伽丘
(总是把《十日谈》除外)和皮科洛米尼(Piccoloomini)的作品也要阅读,
皮科洛米尼"的高尚行为和良好思想令全社会赞美不已"。重要的是,
"对于住在宫廷里的年轻绅士来说,阅读巴达萨尔·卡斯底格朗伯爵的
《宫廷人物》是非常必要和有益的"。历史读物的眼界,加上选择《阿卡

---

① 利西亚斯(约前450—前380),古希腊雅典演说家。——译者注
② 休托尼厄斯(生卒年不详),公元2世纪罗马历史学家。——译者注
③ 贝修斯(约480—524),古罗马哲学家。——译者注
④ 塔索(1493—1569),意大利诗人。——译者注

狄亚》和《宫廷人物》作为当代文学中具有代表性的书籍,以上这些表明了具有文化氛围的英国乡村生活标准的拓展。

在历史学家中,克莱兰喜欢"用最少的热情和喜爱,以最好的方法去亲身实践和探索真知,或者从尚在的那些人那里探索智慧。不要太快地轻信或是怀疑。清教徒在害怕诗歌时显露了他的感情,诗歌是多么迷人但清教徒却不建议多阅读。它在那时可能只被用作消遣。用写作方法和观察到的情节安排来评判一本书,但是,所有草率的和过于苛刻的指责都应该避免,然而这些无知的评判常常会出现。在所有的读物中,鼓励阅读一般的书籍,接着学习亚里士多德和西塞罗所写的古代箴言和习俗。我们应该推荐意大利人组织读书人就一个严肃的哲学或生命的主题做演说的习俗,因为它可以"提升想象力,并通过诚实的竞争提高你自己"。

对上帝、对父母和对国家的职责

在最令人印象深刻的两章(第 3 章和第 4 章)中,克莱兰探讨了对年轻人正确动机的教育。"通向上帝的责任"(Duty towards God),是从不妥协的新教精神出发的。对国王的遵从是非常重要的责任,国王的权力是神授的,而且不需要和任何教皇商讨。对于正在位的国王,人们给了很多詹姆斯所喜欢的那种赞美。"黑色火药的秘密计划"(Gunpowder Plot)是"那种非常的设计",暗示了第三层次的责任,那就是对自己国家的责任。然后,克莱兰谈起男孩对于自己父母亲的责任,这种责任不需要任何的强制,完全是天性使然。接着,在较短的一章中,他用其纯真的手法叙述了学生对于他自己导师的责任。"学生对导师的责任同儿童对其亲生父母的责任是如此紧密地结合在一起、不可分离地连接在一起。"感恩的一系列经典例子被引用,从特修斯到维斯帕西安(Vespasian)①。如果说有些过时,但坦白地说,有关的建议是基于他们的事例之上的。"因此,我劝告你们不要只是热爱和服从你们的

---

① 维斯帕西安(9—79),罗马皇帝(69—79 年在位)。——译者注

导师,还要根据你们的能力去发展和丰富他们的理论,就像阿基利斯(Achilles)①对菲尼克斯(Phoenix)、亚历山大对亚里士多德所做的那样,这也表达了学生对导师的感激之情。""不管是谁,如果对自己的导师不表示感激……那么今后他不尊重宗教、信仰和正义,也就不令人惊奇了;他将把法律和所有的公道都踩在脚下。"

　　无论是私人的还是公共的,无论是和事物的技巧有关的准则还是和个人行为正确性有关的准则,对于进入生命中的切实有用的主要美德还是要慎重对待的。"一个人正确地调整自己的行为,并符合他身边所有诚实的人们及其社交圈子的期望",就是这种智慧的一部分。"最好的智慧是最广泛的并且适用于各种人群。"这使得克莱兰谈起绅士行为的准则。"在高尚行为中寻找到指引性原则,也就是意味着对于所有的事物都可以适用。就像他生来就是为了他要去做的事情一样。"意大利人美德的精华也可以用来形容英国的绅士,在那里我们可以毫不犹豫地追溯到卡斯底格朗的影响。

社会中的联系及练习

　　像帕尔梅利一样,克莱兰从一个年轻人的行为举止到他的品性气质开始论述。考虑到你走路时候的姿势和面容,你不会像一个淘气的少女那样轻飘地行走,也不会像舞台剧中的国王那般大跨步前行。消除你在外部行为仪表中的做作,像人们观察到的那样,不要有失偏颇地从身体的姿势来判断人们的思想。尤其是要摒弃使你忽略层次低微的人的问候的偏见。不要过于肃穆,因为你不是威尼斯的议员。概括来说,行为量身定做思想的外衣,应该有外衣的条件,也就是说,应该符合时尚的要求,而不是过于古怪。

　　在宫廷的训诫中,克莱兰对于卡斯底格朗的理论未有任何的添加。真实的廷臣,用卡斯底格朗自己的语气来说,会认为克莱兰被复杂的仪式所困扰,但他不会逃离。"我承认你必须在一定程度上屈服于这个世

---

　　① 阿基利斯,荷马史诗中的英雄。——译者注

界,就像经常所说的那样,但我希望你能用自由大度的方式去处理它,这样别人就知道你可以受用这些无益的赞扬和形式,然而,你不会基于这个做出自己的判断,并为之奋斗。"个人应该对那些在公共职能部门的人给以赞扬,而且这基于"上帝的法令和人类的法令"。细节是不重要的,如果有用的话也只是针对陌生人。

廷臣的言论总是那个男子真实的写照,"是真实的自身的影子"。让他少说话、说经过慎重考虑的话,这失之宽大。他的语言不应该是琐碎的,也不应该是学究式的,不应该充满生造出来的言词,而应该像士兵那样简洁和明白。语法精确的英语并不比未经修饰的说话易于理解,假装自然但却表现出无知或粗心。要努力改正"不悦耳的口音"。在谈话中,一个年轻的男子应该"不感到惊讶但感到放心"。即使和君主在一起,也不应该胆怯;和长者在一起,不应该过于严肃;独处时,不嘲弄别人,也不嘲笑那些不在场的人。还有,没有一个聪明人会把他自己或是别人的时间浪费在闲言碎语上,他也不会在一件自己立场不确定的事情上发号施令。相反,他将保持沉默,尤其是在轻率和做作的人的身边。在不合适的场合炫耀自己的学识表现出骄傲自满,就像无意义地对服装的炫耀不能引起别人的尊重一样。

对于绅士合适的运动是艾利奥特所允许的。克莱兰同样强调射箭和骑马。但是,与主流时尚相反,他反对击剑。然而,在 16 世纪左右,人们对于箭术的热情空前高涨,意大利教练在伦敦非常抢手。他认为,人们在意识到要保护自己的荣耀的时候,更容易引起争吵。克莱兰遗憾地发现打赌和网球变成人们真实的热情;跳舞对于塑造体形和气质是有好处的,但对于提高人们行为的敏捷度却是行不通的。这些运动对于娱乐和健康是好的,但却不适合严肃的商业生活。国际象棋太费劲;所有的赌博都不好;扑克如老 K 牌是可以允许的。音乐自古以来就有自身的魅力,但是,绅士去弹奏那些以此为生的人们的乐器是不优雅的。太多的人认为"弹奏乐器是有趣的且充满幽默的"。克莱兰没有谈及绘画,我们可以猜测,他在艺术气质方面缺些什么,无疑他对绘画表示怀疑。

关于旅行

关于旅行,我们从《青年贵族的学校》中得知,和其他人相比,阿斯堪并未严重地意识到有什么大的危险,例如,出国旅行。"旅行曾经被认为并用作主要的和最好的手段。通过旅行,一个年轻贵族或任何其他人可以使他的君主、他的国家和他自己获益。它是真正的政策学和所有行政管理的好学校。""我的建议是,你们要出去旅行,以完善你们的知识。"因此,在完成了先前所规定的普通教育之后,接着就要旅行。"我的第一个建议就是,你带上你的教师一起走。"因为阿加米梅农没有带上内斯特(Nestor)①而没能穿过爱琴海,尤利西斯则带上了帕兰斯(Pallas)②,亚历山大带上了亚里士多德。这种所描述的旅行,四个人将花费 200 英镑。旅行的主要目的是为了完善"内心的谨慎",因此,获得成功的首要本领就是愿意观察和倾听,而且头脑中不带有家乡的偏见。让旅行者每天记录他的感想。

一位绅士不会使自己孤傲地脱离陌生人,而且他也不会倾向过于自信。

仿效尤利西斯,让他主要观察各个城市,它们的力量、财富和重要性,它们的中小学和大学、建筑和纪念碑,它们总的状态和形势。在观察中,尤其是"你的数学知识会对你有好处",被观察对象的生活方式(这可以用来解释他们政府的管理)、君主、王室、贸易、军事力量、贵族、商业阶层、居民的性情和力量。还有什么样的探究能比询问一座尖塔比另一座尖塔高多少或是这个铃比那个铃重多少而更有价值呢?研究这些重大的问题,将会避免在胡闹中浪费时间和金钱,防止"在帕多瓦整夜地吹牛皮和打架"的诱惑。

"旅行是一部生动的历史。"(Travelling is a lively history.)让我们假设,一个年轻男子从苏格兰出发,首先他将看到英国的牛津大学,它

322

---

① 内斯特,特洛伊战争时希腊的贤明将领。——译者注
② 帕兰斯,希腊神话中的智慧女神。——译者注

的一些学院和著名的图书馆,再到剑桥大学、到威斯敏斯特、到宫廷。穿过加来(Calais)①,他将访问亚眠(Amiens)②、巴黎(在那里他将向女王陛下的大使致敬)、奥尔良、普瓦泰(Poitiers)③、加斯科尼(Gascony)④,然后到达普罗文斯(Provence)⑤。向罗恩河(Rhone)⑥的上游行进,他将到达里昂,到那时他对法国的议会和法律已有了许多观察。从尚贝里(Chambery)出发,他将到达日内瓦(由于加尔文的名气而使他到了那里),正如我们可以确定地下结论说,这个男子然后将翻越阿尔卑斯山到达都林(Turin)⑦。在意大利,他将访问佛罗伦萨、罗马和威尼斯,尽管他被警告说,意大利对于人的灵魂会有严重的威胁。如果旅行者可以发现到达君士坦丁堡的办法,他应该为了去看新奇的风景而作出努力。从勃伦纳山口(Brenner)⑧回来后,他将在特伦特(Trent)停留,找到从匈牙利去波兰的路,然后通过德国莱茵河西部地区往回家的方向走,在那个地区他的酒量将经受严峻的考验。佛兰德斯、荷兰和丹麦将是整个旅行路线的最后几站。如果将此次旅行延伸至西班牙,作者绝对拒绝承担责任。"因为在那里,本性最好的贵族也会被败坏了;对所有高尚的东西以及宗教的亵渎和蔑视是如此普通和平常……因此,回到家后,你就会正确地尊崇上帝。"科里埃特(Coryate)⑨也用这种气势描述了同样的旅行,时间是在《青年贵族的学校》出版之后。

在他位于农村的家中,年轻的地主此时将发现自己可以完全胜任

---

① 加来,法国北部一海港城市,距英国东南部海港城市多弗(Dover)仅隔21英里。——译者注

② 亚眠,法国北部一城市。——译者注

③ 普瓦泰,法国中西部一城市。——译者注

④ 加斯科尼,以前法国西南部的一个省。——译者注

⑤ 普罗文斯,法国东南部一个地区,中世纪时以诗歌和武侠著称。——译者注

⑥ 罗恩河,流经瑞士南部与法国东南部的一条河,入地中海。——译者注

⑦ 都林,意大利西北部一城市。——译者注

⑧ 勃伦纳山口,位于奥地利和意大利之间。——译者注

⑨ 科里埃特(约1577—1617),英国旅行家,早期游记的作者。——译者注

公共事务、个人责任和休闲生活。国家也许会要求他承担更高层次的责任,对此他是完全适合的。旅行会增长见识,并使人远离无知的偏见。因为"这应该是你在旅行中所学到的最好的课程之一,通过一个人的智慧、谈吐、正直而不是一个人的习惯、他的帽子形状或者他的时尚与否,去判断和评价一个人"。

维多里诺与其他人文主义教育家

Vittorino da Feltre
and Other Humanist Educators

序 言

尤金·F·小赖斯

(Eugene F. Rice, Jr.)

　　人文主义教育理念是意大利文艺复兴时期具有持久影响力的文化遗产之一。在 1400 年至 1460 年间发表的 4 篇拉丁文论文极好地阐释了这种理念：皮埃尔·保罗·韦杰里乌斯（Pier Paolo Vergerio）①的《论绅士风度和自由学科》（*De ingenuis moribus et liberalibus adolescentiae studiis*）、利奥纳尔多·布鲁尼（Leonardo Bruni）②的《论文学学习》（*De studiis et literis*）、后来成为教皇庇护二世（Pope Pius Ⅱ）的埃涅阿斯·西尔维乌斯（Aeneas Sylvius）③的《论博雅教育》（*De Liberorum educatione*）和巴蒂斯塔·格里诺（Battista Guarino）④的《论教学秩序与学习》（*De ordine docendi et studendi*）。这些重要文献由威廉·哈里森·伍德沃德（William Harrison Woodward）翻译成英文。

---

　　① 韦杰里乌斯（1349—1420），即弗吉里奥（Pietro Paolo Vergerio），意大利人文主义教育家。——译者注

　　② 布鲁尼（1370—1444），意大利人文主义者，曾任佛罗伦萨的秘书官。——译者注

　　③ 西尔维乌斯（1405—1464），意大利籍教皇（1458—1464 年在位）。原名埃涅阿斯·西尔维于斯·比科罗米尼（Aeneas Sylvius Piccolomini）。他是唯一留下自传的教皇，这本自传提供了研究当时政治和社会的重要史料，他的书信活泼生动而又富有人情味。——译者注

　　④ 巴蒂斯塔·格里诺（1374—1460），意大利人文主义学者和教育家。——译者注

伍德沃德一方面描述了费尔特雷的维多里诺（Vittorino da Feltre）于1424年在孟都亚侯爵詹弗朗西斯科·贡札加（Gianfrancesco Gonzaga）的官邸建立的一所著名的学校；另一方面对人文主义教育家的办学目的和方法进行了明智的、均衡的分析。近七十年来，由这些重要内容构成核心的这本书一直是早期文艺复兴时期教育理论和实践的基础研究。

当文艺复兴时期的人文主义者在写教育论著时，他们是作为专业人士来写的。可以肯定，并不是所有的人文主义者都是教师。有极少数人，像彼特拉克（Petrarch）成功地使他们自己成为独立的作家；还有一些人——著名的威尼斯印刷商奥尔德斯·曼纽提乌斯（Aldus Manutius）就是一个例子——是学术编辑和出版商；另外有一些人是文职人员，他们把研究和写作与在罗马、那不勒斯以及意大利中部和北部的城市与公国大使馆的秘书工作结合起来。然而，更多的人文主义者是依靠教书而不是其他方式谋生的。正是他们的名称证实了这一点。因为"humanista"或"humanist"这个词创造于15世纪末，用来指一个特定的专业群体成员。在文艺复兴时期的文本中，各科教师以不同形式被描述成文学（studia litterarum）；博雅的、人文的或自由的艺术（bonae artes, humanae artes, artes liberales）；亦或最频繁使用且最具有意味深长的意义的"人文学科"（studia humanitatis）。

"Humanistas"既是一个古典词语，也是一个古典概念。自从它出现后，不仅"humantista"，而且"humanism"（首次由德国学者在19世纪初使用的一个术语），用来指建立在希腊和拉丁文学名著基础上的教育理论。由于这个意思，文艺复兴时期的教师们偏爱这一说法——"studia humanitatis"，即我们现在的"人文学科"这一概念。西塞罗（Cicero）①用它把希腊语"paideia"译成教育或文化。公元2世纪的语法学家奥卢斯·格利乌斯（Aulus Gellius）将此解释为"以博雅的艺术形式表达的知识和教学"（eruditio institutioque in bonas artes）。14世纪和15世纪的人文主义者恢复了这个词语。巴蒂斯塔·格里诺曾这样

---

① 西塞罗（前106—前43），古罗马文学家、哲学家和教育家。——译者注

写到:"每种生物都被赠予了一种奇特的和本能的天赋,顺其自然,马会奔跑,鸟会飞翔。赋予人类的只有对学习的渴望。因此,希腊人称之为"παιδεια",我们叫做'人文学科'(studia humanitatis)。因为美德的学习和训练是人类特有的;因此,我们的先辈称之为 *Humanitas*(人文主义),适合于人类的追求和活动。"

ix

如此全面的目的——使个人在智慧(sapientia)、学问(doctrina)和美德(scientia moralis)方面完善——从理论上说,似乎会要求一种百科全书式的课程,毕竟西塞罗早已把"智慧"定义为"所有神圣的和人类的事物的知识及其起因";费尔特雷的维多里诺本人向 15 世纪传记作家巴托洛梅奥·普拉蒂纳(Bartolomeo Platina)说:"过去常常称赞希腊人把'εγκυκλοπαιδεια'称之为通识学习[来自 kyklos(圆或球)和 paideia(一种包罗万象的教育)],声称为了使他的同伴受益,完美的人应该能够论述自然哲学、伦理学、天体运行、几何、和声学、运算和测量。"然而,实际上,人文学科的课程内容是比较有限的。人文主义的著作显示了颇为一致的智力兴趣模式:语法、诗歌、演说和历史;信件、戏剧和人物传记;文学和历史文本的学术性版本;关于道德哲学方面的对话和散文。人文主义者的教学也显示了同样的模式。人文主义者不教授所有的知识,他是一个专家。当他专业地教授课程时,无论是公开的还是私下的,偏重于拉丁文、希腊文的语言和文学、历史和道德哲学。这些是"博雅的和自由的艺术",其旨在使人们博学且品德高尚。同样的艺术确定了人文学科的内容和人文主义学校的基本课程。

这种课程的局限性反映了一个新的教育目的:培养自由的和文明的人,有品德、有趣味和有美感的人,而不是受过专业训练的医生、律师、商人、哲学家或神学家。中世纪时期的教育曾一度是专业的和神学的。从知识传播的意义上来讲,正规教育是通过文学、哲学、法律和科学文本的系统的学习来完成的——这在很大程度上由神职人员垄断。中世纪大学忽视了普通人,无论是家庭的、城镇的还是行会学校的培养都是勉强的实用。例如,因为决斗是贵族的社会职责,他们便被教以宗教的基础知识、贵族阶级的理想——勇气、荣誉以及我们称之为"骑士精神"(chivalry)的贵族职责的那些观念——而最重要是如何披挂重重

x

的盔甲骑着马与人决斗,其中没有一门课程必然涉及学习如何阅读和写作。商人和越来越多的手工艺人都能读写,但识字的目的是为了做生意,而不是乐趣和受到启发。另一方面,人文主义教育是为了装饰闲暇时间以及增强那些约占意大利城市人口百分之二、控制着政治和经济权力杠杆的当权者们的德行。它比过去更加市民化和世俗化:市民化是因为其目的是要培养市民而非僧侣或学者;世俗化是因为其目的是要培养普通人而非教士,并且是在以前一直是神职人员独享的文学和哲学学科上训练他们。不可避免地,它也是古典的。因为通过使用"humanitas"(人性)这个词语命名他们最高的智力和道德理想,文艺复兴时期的人文主义者有意识地将西塞罗对希腊人所取得的文化成就的敬慕与他们自己对古代艺术和文学重新产生的兴趣等同起来,把离他们最近的过去谴责为"黑暗时代"(dark age),而且善于辩论的人基于对经历了几个世纪所谓的野蛮与衰败之后再生的古代文学的批判性和历史性学习,宣布进行一次教育改革。

15 世纪上半叶的人文主义理论家不断强调教育的公民目的。在回顾传统学校讲授的主要课程之后,韦杰里乌斯说:"关于通识教育的总的职责,我们记得,亚里士多德(Aristotle)①不会让学生汲取生活中全部有兴趣的知识:他坚定地认为,人的本质是做一个公民,本国的一个积极成员。因为完全被文学或纯理论的思维吸引的人也许会有一个对自己有利的结局,但这对作为一个公民或君主来说是无用的。"人类有行动和思考的能力,他们必须两者兼顾,以便为他们的家庭和城市带来荣耀并为他们自己赢得"世界上的声誉和荣誉"。一个兴趣纯粹学术化或专业化的人,就是一棵不结果实的树。行动终究应该是沉思学问的目标,就像艺术和文学应该是文明休闲的娱乐方式一样。维多里诺引用西塞罗的话来证明这一点:"行动中的预兆形成了规律;"(virtutis laus omnis in actione consistat)埃涅阿斯·西尔维乌斯提醒他的读者,西塞罗曾责备塞克斯图·庞培(Sextus Pompey)②把太多的时间花费在

---

① 亚里士多德(前 384—前 322),古希腊哲学家、科学家和教育家。——译者注
② 庞培(前 106—前 48),古罗马将军和政治家。——译者注

几何学上："他的理由是，对人的真正赞扬取决于所做之事，因此，所有巧妙的琐事尽管本身无害，但却使我们没有足够的精力从事富有成效的活动，这对真正的公民来说是不值得的。"

这就是为什么人文主义教师强调口才，也就是文法和修辞，而不是逻辑；强调道德哲学，而不是科学和形而上学；并给予历史如此新颖的重要性。因为修辞学、伦理学和历史是唯一适合训练有知识的公民的课程。道德哲学使我们领悟到"真正自由的秘密"。它告诉我们：人是自由的，就像在十字路口的大力神（Hercules）①是选择走美德之路还是邪恶之路；它教我们自我认知、实用智慧以及我们对上帝、家人、朋友、国家和我们自己的责任；它使我们脱离全神贯注于自然哲学和形而上学，而走进人类的行动世界里去。历史为我们提供了通过哲学灌输的许多有关准则的具体例子。其一是给我们指出人应该做什么；其二是告诉我们过去人们所说的和所做的以及我们为现在所能吸取的实际教训。最后，口才是必不可少的，不仅是因为规范和文体美本身令人赏心悦目，而且是因为它说服我们的同胞无论是在私人生活中还是在公共生活中都要遵循历史教训和哲学准则。

人文主义者对体育的重视，体现了类似的公民和人类的目的：特别是训练公民使用武器，以便他"能随时准备好捍卫（他所在城市的）权利或以实际行动保卫所取得的荣誉或权利"；更普遍的是，全面发展所有个人的能力、力量和身体的优美以及智力和道德活力。这是一个重新界定幸福的时代，和亚里士多德一样，包括金钱、美丽和健康以及美德；这是一个重新界定智慧的时代，和斯多葛派（the Stoics）②一样，包括人类的知识以及神圣的东西；这是自古以来首次使用裸体表达完美形象——这样的时代不可避免地关注训练身体以及教育心灵，把对每种令人钦佩的人的潜能的和谐培养珍视为罕有的自由和人性化。当 15

xii

---

① 大力神，古希腊神话人物，宙斯与阿尔克墨涅之子。他神勇无比，完成了十二项英雄伟绩，被升为武仙座。——译者注

② 斯多葛派，古希腊哲学家芝诺约于公元前 305 年左右创立的哲学流派。这个学派的名字来源于"Stoa poikile"（屋顶的柱廊），据说当时他们常在此种建筑下讲学聚会。——译者注

世纪的教师教授体操并且使体育活动成为博雅教育不可缺少的组成部分时,贵族男孩在骑马和决斗上的训练(这在中世纪时曾有着严格的职业目的)就获得了新的和更普遍的意义。到了16世纪,这种对体育运动的重视只有在意大利才能找到了。在英国,体育运动最终在绅士的理想中显得如此重要,足球被视为基本的和普通的运动。在佛罗伦萨,贵族的儿子们踢足球,据说这种运动"能使身体健康、灵巧和强壮,而且使头脑清醒、敏锐并渴望道德上的成功"。因此,韦杰里乌斯说:"只要一个男孩能够使用四肢,让他进行武器训练;一旦他能够正确说话,让他在文学上得到培养。"的确,人有不同的天赋,有些人擅长使用武器,有些人则在文学上表现出色。但是,完美的人正因为培养了智力和道德美德,并把沉思和积极的生活结合起来,因此,在这两方面都很突出。文艺复兴时期,绘画最受欢迎的主题是表达对战神(Mars)①和维娜斯女神(Venus)②的热爱。图片信息亦是人文主义教育的理想:思索与战争、对国家的默祷与服务、人文主义与身体卓越的必要和令人满意的共存。

　　人文主义者认为,这样一种人的概念在古代文学中找到了其最高水平的表达。因此,人文主义教育——除了拉丁语是教会、外交、学术、法律和医学专业的必需语言这个事实外——必然是古典的和文学的。文学学习意味着拉丁文学的学习。拉丁文学,后来是希腊文学,是教育的核心内容,因为正如伊拉斯谟(Erasmus)③在16世纪对此直言不讳地阐释:"我们认为对人类至关重要的所有的知识都包含在这两种文学里。"古代文学本身就是人文主义的代言人,这种使人自由和完整的文明力量将完善其鉴赏力并影响其道德观念。曾通过正确理解古典文学

----

　　① 战神,古罗马神话故事中的马尔斯。他在罗马是一位非常受崇敬的神,与主神朱庇特并列,并且作为罗马奠基者罗慕卢斯和瑞穆斯的父亲而成为罗马人的始祖。——译者注

　　② 维娜斯女神,古罗马神话中的人物,相对应于希腊神话中的阿芙罗狄忒(Aphrodite),小爱神丘比特(Cupid)就是她的儿子。——译者注

　　③ 伊拉斯谟(约1469—1536),文艺复兴时期尼德兰人文主义思想家、语言学家和教育家。——译者注

获得自我知识的人是自由地接受教育的，其想象力是由古典人文学科的理想模式激发的，就像西庇阿（Scipio）①和凯撒（Caesar）②总把亚历山大（Alexander）③的形象摆在他们面前一样，人文主义者常以希腊和拉丁古典文学中的人物形象为榜样。事实上，"人文主义"这一概念本身暗示着这样的主张，即古典教育是人类特有的，它出色地使粗鲁的和没有教养的人变得文明，它使一个人成为更完全和更完美的人。韦杰里乌斯曾在一篇有创意的文章中写道："我们认为那些学科是通才教育，它对一个自由的人来说是很有价值的：通过那些学科，我们实现并实践美德和智慧；那种教育唤起、训练和发展我们身体和心灵（荣誉和辉煌）里那些使人们变得高尚并且被正确地断定在尊严上仅次于美德的最高的天赋。"古典学科使人自由，使人文明，使人完美。

xiv

这样的承诺意味着，没有必要减弱对基督教的热情。这的确敏锐地提出了调和基督教价值观与人文主义者对异教徒的文学作品的热情的问题，其被越来越多的人揭示为古代知识的最基本的世俗假设也变得更准确、更关键和从历史角度来讲更复杂。人文主义教育家通过把他们对古代异教的热情与对古代基督教的等同重视结合起来，通过用一种理解的钦佩的态度欣然接受整个古代文学、异教文学以及教会神父的著作，提供了初步的解决这一问题方案。

利奥纳尔多·布鲁尼曾在一篇重要的文章中强调教会神父对教育的意义："真正的学习在我们中间几乎已经消失了。我认为，真正的学习不是仅仅了解让致力于神学的那些人满意的那类庸俗的、乏味的专业术语，而是在其适当的和合法的意义上的扎实学习，即现实的知识——事实和原则——结合起来达到对文学及艺术表达的精通。如今，我们在拉克坦提乌斯（Lactantius）④、奥古斯丁（Augustine）⑤或杰罗

---

① 西庇阿（前 237—前 183），古罗马将军。——译者注
② 凯撒（约前 100—前 44），古罗马将军、政治家和历史学家。——译者注
③ 亚历山大（前 356—前 323），即亚历山大大帝，马其顿国王。——译者注
④ 拉克坦提乌斯（约 240—320），早期的教会神父，文艺复兴时期被称为"基督教的西塞罗"。——译者注
⑤ 奥古斯丁（354—430），古代基督教思想家和教父哲学家。——译者注

姆(Jerome)①身上可以找到这种结合;他们每一个人同时都是伟大的神学家而且非常精通文学。"这些话是一种宣言:既是对中世纪的学习和刻板的神学的攻击,也是对人文学科的辩护,更是断言真正的学习有双重来源——古典文学与教父神学。

因为人文主义者认为教父本身就是古典作家。通过阅读和引用荷马(Homer)②、维吉尔(Virgil)③、柏拉图(Plato)④和西塞罗的著作,他们认可了现代人对异教文学和哲学所做的研究。有几个人曾写过诗歌;还有几个人在风格和口才上与他们异教徒的同辈和前辈中的最杰出者齐名。相比之下,关于神学家的宗教著作,布鲁尼写到:"完全没有合理的和悠扬的风格,在我看来没有什么吸引力。"这也不是一个简单的风格问题,人文主义教育家认为,教父神学相比较刻板的神学科学中的傲慢,其微妙之处更适合对年轻人的宗教训练。通过把早期教会的纯洁和简单与复杂的文学文化结合起来,教父们创造了"雄辩智慧"(eloooquent wisdom)和"学术虔诚"(learned piety)。因此,它们成为基督教口才和基督教哲学最适当的模式,因为神圣的修辞比学校教师的晦涩和哥特式的"问题"更简单且更动人,因为虔诚剥去了辩证法中人为的复杂性而更接近《圣经》文本。在教父文学中,人文主义者发现了基督教视野中的古代文学。教父们调和了基督教和古典文化的理想之间的紧张局势。他们的榜样使人文主义教育家相信他们也能做同样的事情。

通过16世纪最伟大的教育理论家伊拉斯谟和胡安·路易斯·维韦斯(Juan Luis Vives)⑤,15世纪意大利人文主义教育家的原则在重点上做了微调之后被重新提出来,并在早期近代时期的天主教和新教的

---

① 杰罗姆(340—420),古代基督教圣经学家、拉丁教父的主要代表人物之一。——译者注

② 荷马(约前9世纪—前8世纪),古希腊诗人。——译者注

③ 维吉尔(前70—19),古罗马诗人。——译者注

④ 柏拉图(约前427—前347),古希腊哲学家和教育家,希腊学园的创始者。——译者注

⑤ 维韦斯(1492—1540),文艺复兴时期法国人文主义教育家。——译者注

中学里形成了固定的制度形式。直到 19 世纪末,它们仍然是主导的教
育理想。当威廉·哈里逊·伍德沃德于 19 世纪 90 年代在英国写作
时,他给自己的书加了个副标题"古典教育史导论"(*An Intruduction to
the History of Classical Education*),他清楚地认为他在描述现代教育
的起源,或者正像他自己所表述的那样:"一个时期的教育实践,其在这
个领域原有的推动力仍然在我们中间起很大作用。"伍德沃德是对的。
韦杰里乌斯、布鲁尼、西尔维乌斯和巴蒂斯塔·格里诺的教育论文以及
其他相关的人文主义者的著作,正是人文学科、唯美文学和通才教育的
现代观念的来源。文艺复兴时期的人文主义者开创了"绅士"(the
gentleman)的现代理念,其高贵是由美德和学识赋予的,简而言之,是
通过人文学科的教育而非其出生决定的;开创了无论在体育运动上还
是在希腊和罗马经典著作上,培养完整的人的现代理念;开创了其必然
功能是使赋闲的统治阶级变得文明并得以延续的,既是公民的又是非
专业的教育的现代理念。我们今天的困难(这就是为什么我们以完全
不同于伍德沃德的观点来读他的书)是这些理念不再是现代的。像文
艺复兴时期的人们一样,我们生活在一个深刻而迅速变迁的时期,一个
文艺复兴时期的价值观处于解体或转型状态的时期。对教育来说,这
是真实的,就如同对主权国家、资本主义制度、牛顿科学和在此观点基
础上的艺术一样真实。特别是越来越少的人会深信,许多对人类来说
最好的和非常重要的东西可以在古代经典著作中找到,更不用说伊拉
斯谟的"全部著作"了。对这种基本假设的逐渐削弱,已经耗尽了传统
意义上的通才教育理念。然而,通过理解人文主义教育在其历史渊源
中意味着什么以及它被设计要满足什么样的文化和社会需求,或许我
们可以选定更充分的证据来证明它是否已变成了一种历史好奇心,其
传统的原则和追求的目标在何种程度上能赋予新的涵义,以适合我们
自己的社会以及我们自己的文明人应该是什么样的观念。为此目的,
没有哪一本书能超越伍德沃德的学问精深的且有济世作用的研究。

文献注释

伍德沃德的版本在许多段落中都是释义,而不是翻译。原文是已发表的评论性版本的最佳读物,因为他写到:韦杰里乌斯的《对文艺复兴时期帕多瓦的科学、文学和艺术的回忆》(*Atti e Memorie della R. Acc. Di Scienze, Lettere ed Arti in Padova*),A·涅索托(A. Gnesotto)编,N. S. 第 34 卷(1918 年),第 96—146 页;布鲁尼的《阿雷佐的利奥纳尔多·布鲁尼的人文主义、哲学著作》(*Leonardo Bruni Aretino Humanistisch, Philosophische Schriften*),H·巴隆(H. Baron)编,(莱比锡-柏林,1928 年),第 5—19 页;埃涅阿斯·西尔维乌斯的《来自拥护奥地利统治的意大利的情况和记录》(*Fontes Rerum Austriacarum. Diplomalaria et Acta*),R·沃尔坎(R. Wolkan)编的庇护二世的信件,第 57 卷(维也纳,1912 年),第 103—158 页;或者,J·S·纳尔逊兄弟(Brother J. S. Nelson)的文本和译本,(华盛顿特区,1940 年)。巴蒂斯塔·格里诺的《论教学与学习》(*De ordine docendi et studendi*)还没有现代版。由 15 世纪上半叶的意大利人文主义者写的第五篇重要的教育论文是马菲奥·维吉奥(Maffeo Vegio, 1407—1458)的《论儿童教育与他们的显著性格》(*De educatione liberorum et eorum claris moribus*)。这在美国天主教大学 M·W·范宁(M. W. Fanning)和莎莉文(A. S. Sullivan)姐妹编的现代版《中世纪和文艺复兴时期的拉丁语研究》(*Studies in Medieval and Renaissance Latin*),第 1 卷,第 1、2 册(华盛顿特区,1933—1936 年)里很方便就能找到。E·加林(E. Garin):《意大利的人文主义教育》(*L'sducazione Umanistica in Italia*)(意大利,巴里,1949 年)是一本带有系统评注的文集,其为伍德沃德有效地增补了有关维多里诺的生活和教育方法的文献以及萨卢塔蒂(Salutati)、锡耶纳的圣伯纳迪诺(St. Bernardino of Siena)、马泰奥·帕尔米耶里(Matteo Palmieri)、莱昂·巴蒂斯塔·阿尔贝蒂(Leon Battista Alberti)、格里诺·维罗纳(Guarino Veronese)和

xviii

费拉里斯的安东尼奥(Antonio de Ferrariis)选集。更有价值的仍然是，加林(Garin)编的第二本文集《人文主义的教育思想》(*Il pensiero pedagogico dello Umanesimo*)(佛罗伦萨，1958 年)，其包括了拉丁文原著以及意大利文译本。巴尔托洛梅奥·普拉提纳(Bartolomeo Platina)的费尔特雷的维多里诺的生平已由 G·彼亚苏奇(G. Biasuz)(帕多瓦，1948 年)翻译和再版。新的教育的早期历史的其他两个主要来源，是 R·萨巴蒂尼(R. Sabbadini)编的格里诺· 维罗纳(Guarino Veronese)的信件，见《威尼斯历史杂记》(*Miscellannea di Storia Veneta*)第 8、11、16 卷(威尼斯，1915—1919 年)，以及 L·史密斯(L. Smith)(罗马，1934 年)编的韦杰里乌斯的信件。

自伍德沃德的《费尔特雷的维多里诺》(英国，剑桥，1897 年)和他的《文艺复兴时期教育的研究，1400—1600 年》(英国，剑桥，1906 年)出版之后，关于意大利人文主义者的教育理论和实践的最好的普通著作，一直是 G·塞塔(G. Saitta)的《欧洲的人文主义教育》(*L'educazione dell'Umanesimo in Italia*)(威尼斯，1928 年)和加林的《欧洲教育，1400—1600》(*L'educazione in Europa，1400—1600*)(意大利，巴里，1957 年)，是由一位拥有原始资料的教师编写的很有促进作用的汇编本。想要进一步探讨的读者会发现以下这些更专业的研究很有用：B·贝尔托尼(B. Bertoni)的《费尔特雷宫廷的杰出文人格里诺，1429—1460》(*Guarino da I'erona fra letterati e cortigiani a Feltre，1429—1460*)(日内瓦，1921 年)；A·甘巴拉(A. Gambara)的《费尔特雷的维多里诺》(*Vittorino a Feltre*)(意大利，都灵，1946 年)；V·J·豪尔肯(V. J. Horkan)的《马菲奥·维吉奥的教育理论和原则》(*Educational Theories and Principles of Maffeo Vegio*)(华盛顿特区，1953 年)；以及 R·凯尔索(R. Kelso)的《文艺复兴时期贵族女性的学说》(*Doctrine for the Lady of the Renaissance*)(伊利诺斯州，厄巴纳，1956 年)。

我们对人文主义教育理念的理解，当然受我们把文艺复兴时期的人文主义作为一个整体来解读的影响。最近，一些解释性的和文献性的研究穿越了有争议的文学迷宫而成为有用的指南：P·O·克里斯特勒(P. O. Kristeller)和 J·H·小兰德尔(J. H. Randall, Jr.)的《文艺复兴时期的哲学研究》(*The study of the Philosophies of the Renaissance*),《思想史学刊》(*Journal of the history of ideas*),1941 年第 2 期,第 449—496 页;C·安吉莱里(C. Angeleri)的《文艺复兴时期的宗教问题》(*Il problema religioso del Rinascimento*)(佛罗伦萨,1952 年);A·巴克(A. Buck)的"意大利的人文主义"(*Italienischer Humanismus*),《历史文化档案》(*Archiv fur Kulturgeschichte*),第 37 期(1955 年)、第 105—122 页,第 41 期(1959 年)、第 107—132 页;W·K·弗格森(W. K. Ferguson)的《古典复兴或人文主义的第一个百年:再评价》(*The Revival of Classical Antiquity or the First Century of Humanism:A Reappraisal*),加拿大历史协会(The Canadian Historical Association):《在渥太华举行的年度会议报告》(*Report of the Annual Meeting held at Ottawa*),1957 年 6 月 12—15 日,第 13—30 页;W·鲍斯玛(W. Bouwsma)的《文艺复兴时期人文主义的解读》(*The Interpretation of Renaissance Humanism*),华盛顿特区,1959 年;克里斯特勒(Kristeller)的《改变对自雅各布·布克哈特以来文艺复兴时期的思想史的看法》(*Changing Views of the Intelletual History of the Renaissance since Jacob Burckhardt*),T·希尔顿(T. Hilton)编:《文艺复兴:时代的理论和诠释的再思考》(*The Renaissance:A Reconsideration of the Theories and Interpretations of the Age*),威斯康星州,麦迪逊,1961 年,第 27—52 页和《在过去的 20 年中有关文艺复兴时期人文主义的研究》(*Studies on Renaissance Humanism during the Last Twenty Years*),《文艺复兴时期的研究》(*Studies in the Renaissance*),第 9 期(1962 年),第 7—30 页。

把意大利文艺复兴时期的人文主义塑造成当代形象的关键著作没有文献类文章那么多。以下这些著作是无可替代的:弗格森(Ferguson):《以史学观念看文艺复兴》(*The Renaissance in Historical Thoughts*)(波士顿,1948 年);加林(Garin):《意大利人文主义:文艺复兴时期的哲学与公民生活》(*L'Umanesimo italiano:filosofia e vita civile nel Rinascimento*)(意大利,巴里,1952 年);拜伦(Baron):《早期意大利文艺复兴时期的危机》(*The Crisis of the Early Italian*

Renaissance)两卷本,(新泽西州,普林斯顿,1955 年);克里斯特勒
(Kristeller):《经典著作与文艺复兴时期的思想》(*The Classics and
Renaissance Thought*)(马萨诸塞州,剑桥,1955 年)和《文艺复兴时期的
思想和文学研究》(*Studies in Renaissance Thought and Letters*)(罗马,
1956 年);以及 E·帕诺夫斯基(E. Panofsky)的《文艺复兴与西欧的复
兴》(*Renaissance and Renascences in West Europe*)(瑞典,乌普萨拉,
1960 年)。

前 言

威廉·哈里逊·伍德沃德
(William Harrison Woodward)

本书主要介绍文艺复兴时期第一阶段,即彼特拉克(Petrach)①去世之后的那个世纪的教育研究。全书分为三个部分。第一部分论述了独特的人文主义教师费尔特雷的维多里诺的生平。第二部分包括在此期间出版的、现在的学生不容易获得的4篇值得关注的教育论文。这些论文在本书中呈现的是英文版本。第三部分,我的目的在于对人文主义学者所设想的教育进行概括性的评论。

文艺复兴时期第一阶段教育这个话题不止在一方面引起人们的兴趣。首先,它使我们很快对更早的和缺乏自我意识的文艺复兴时期文明和理想形成更广泛的概念。因为对任何时代的教育目标来说,如果经过科学的深思熟虑,那就必须准确地表达那个时代的道德和智力倾向。其次,虽然不那么直接,像现在这样对古典学术发展的调查会使问题更明了。它与教育理想和方法的历史关系,那是不需要任何的强调。

把本研究限于早期的文艺复兴时期,我并不是只考虑篇幅问题。最近在英国和德国出现的对人文主义的批评,在我看来,它忽略了这个时期"起源"(origins)的特点。无论是从精神方面还是实践方面考虑,维多

---

① 彼特拉克(1304—1374),意大利诗人,欧洲文艺复兴时期人文主义主要代表之一。——译者注

里诺的孟都亚学校(the Mantuan school)无论如何不能与施特拉斯堡的斯图谟学校(the school of Sturm)同日而语。

在这种差异中,隐含着一个连续不断的过程,其中更伟大的人文主义者理想慢慢地变得狭隘、僵化直至迂腐,而这一切却引来了蒙田(Montaigne)①的蔑视。这不仅仅是因为韦杰里乌斯或格里诺对拉丁语的运用更自如和更少矫揉造作,也不是因为文学变成一系列的典范作品:15世纪上半叶的学者更广泛地掌握了教育的真正内容,因此,古希腊—罗马世界与现代世界的关系拥有一种更真诚的概念。

揭示早期人文主义这一重要特征,是我思想里一直存在的一个目标,甚至不惜付出某些重复的代价。在意大利,这种区别被如此热情而又有见识的学习人文主义文学的学生敏锐地获得,诸如已故的孔比(Combi)教授以及卡塔尼亚最勤奋的调查者和最有影响力的评论家萨巴蒂尼(Sabbadini)博士。这一值得赞赏的关注,不仅来自于那些自称是学问复兴(the Revival of Learnng)的学生,而且来自于所有关心古典教学的地位和方法的人。同伊丽莎白时期的那些学校一样,现今那些学校的人文主义教育无论是在其目标方面还是为达到这些目标所采用的方法方面,无疑都会受到批评。这将会有很好的用途,如果权衡所宣称的一切,我们可以退而使用一个时期的经验和公开承认的理想,其中我们今天的古典教育可以接受其一流的影响,而且从某些方面来讲是 XXV 其最崇高的影响。那么,我们不会拒绝认可这些美妙的学术和教育才能,这标志着一小部分与我们相隔差不多一代人的学生和教师能够建立一种对现代世界来说全新的教育理念,并且能够从在很大程度上不熟悉的资料中发明了一种持续5个世纪之久的可行的方法,稍作修改后就足以满足智力文化的最高需求。

我想,我有义务记录下在此书的编撰过程中我所受到的来自各方

---

① 蒙田(1533—1592),文艺复兴晚期法国人文主义思想家、散文作家和教育家。——译者注

的帮助。其中有：来自卡塔尼亚大学的拉丁语教授萨巴蒂尼博士的帮助；来自利物浦大学学院的伦德尔（Rendall）校长的帮助；来自加内特（Garnett）博士以及大英博物馆阅览室和手抄本室的高级职员的帮助，他们总是彬彬有礼的；来自科平杰（Copinger）博士的帮助；以及来自利物浦大学学院图书管理员约翰·桑普森（John Sampson）先生的帮助，他不辞辛劳地阅读了校样，他的文献知识也有很大帮助，尤其是在本书文献目录的准备上。

权威人士有关费尔雷特的维多里诺的资料

权威人士有关费尔雷特的维多里诺生平和著作的资料如下：

1. 弗朗西斯科·普伦迪拉奎（Francesco Prendilacque）的对话录。普伦迪拉奎 1422 年出生在孟都亚，1440 年他成为维多里诺的学生；数年后，他担任亚历山德罗·贡札加（Alessandro Gonzaga）的私人秘书。在学校里他与费德里戈·迪·乌尔比诺（Federigo di Urbino）同期，在学校时及毕业之后一直与其保持良好关系。普伦迪拉奎有特殊的机会接触所有有关维多里诺的个性以及他的教学和训练方法的信息。他编写对话录的时间不详，但不管怎样，肯定是在 1446 年维多里诺去世后的几年里。

2. 普拉托的萨索罗（Sassuolo da Prato）的文章《论维多里诺的生平和训练》（*De Victorini Feltrensis vita ac disciplina*）。萨索罗 1437 年就到了孟都亚学校，到 1443 年时仍然在那里。在那个时期的部分时间，他担任数学和音乐课程的助手。他的文章被同时代人称为是有关维多里诺工作的珍贵的权威性资料。

3. 弗朗西斯科·迪·卡斯蒂廖内（Francesco di Castiglione）曾做过维多里诺 8 年的学生，他把对恩师的简短描述当作开场白写进他自己担任佛罗伦萨安东尼大主教的生平里。

4. 巴托洛梅奥·萨奇（Bartolomeo Sacchi）被称为"普拉提纳"（Platina），在某些方面可以说是当代权威人士中最重要的一位。他不是维多里诺亲传的学生,而是他的心爱学生及继承人洛尼戈的奥尼贝内(Ognibene da Lonigo)的学生。1453 年,普拉提纳反过来又效仿奥尼贝内做了 3 年孟都亚学校的校长。他的职位使他能够收集到所有有关维多里诺开设的课程及使用的方法等非常详细和准确的信息资料。他的最著名的著作是《中世纪生活》(*Vitae Pontificum*)和《孟都亚城市的历史》(*Historia Urbis Mantuanae*)。他是梵蒂冈的第一任"图书馆执政官"(1475 年)。

XXVIII

5. 后来的阿莱里亚主教乔瓦尼·安德烈(Giovanni Andrea)像萨索罗一样,是维多里诺的免费学生之一。他在本书后面的第 88 页被提及到。他用前言的一部分讨论李维(Livy)①的《犹太法典》(*Editio Princeps*),承认他深受老校长的影响。据说,他已出版了其修改的李维的文本。

6. 著名的佛罗伦萨书商比斯第茨的韦斯帕夏诺(Vespasiano da Bisticci)撰写的回忆录,虽然不准确也不很明确,但在个人资料方面还是令人感兴趣的。维多里诺 1443 年访问佛罗伦萨期间结识了他。

7. 在过去十年里,从孟都亚档案遗留物中,维多里诺写给侯爵夫人佩奥拉·贡札加(Paola Gonzaga)的一些信件被披露出来,更有趣地揭示了贡札加家人和帕勒泰恩学校教师之间的关系。从文学角度来看,这些信函和安布鲁吉奥·特拉韦萨里(Ambrogio Traversari)的《游记》(*Hodoeporicon*)是很有价值的。

卡瓦列雷·罗斯米尼(Cavaliere Rosmini)出版于 1801 年的著作《从维多里诺的生平和训练中看前辈的优秀思想》(*Idea dell' ottimo Precettors, nella vita e disciplina di Vittorino da Feltre*),正像其标题所暗示的,主要从教育的角度对维多里诺进行最令人欣赏和激发思考的回忆。尽管罗斯米尼非常勤奋地从能够得到的出版资料里搜集了所有分散的有关维多里诺的评论,但这本书主要还是以普伦迪拉奎的对

---

① 李维(前 59—前 17),古罗马历史学家。——译者注

话录为基础的。然而,有关人文主义的更广泛和更精确的知识,我们应该归功于过去半个世纪的研究,这使我们能够更准确地界定维多里诺在文学复兴(the Revival of Letters)和教育通史中的地位。

本书结尾的文献目录,将有助于参照在文本或注解中实际引用的著作版本。虽然这无论如何不能说是已查询的权威人士的完整的文献目录表,但它有助于显示目前在意大利和德国正在进行的有关文艺复兴时期文学方面的积极研究。唯一正确的是,本专业的所有学生都承认受到了萨巴蒂尼博士的特殊恩惠。

第一部分

费尔特雷的维多里诺

维多里诺(Vittorino)出生在费尔特雷(Feltre),这是一个被面向威尼斯大平原的东阿尔卑斯山南坡环绕着的风景如画的小城镇。它离提香(Titian)①的故乡白云岩地区的南部边缘很近,其地理中心是威尼斯,尽管 14 世纪末它的独立是依赖于著名的雇佣兵和帕多瓦领主维斯孔悌堤(the Visconti)或卡拉拉(the Carrara)。维多里诺的父亲名叫瑟·布鲁多·迪·兰巴尔多尼(Ser Bruto di Rambaldoni),母亲的名字是曼达(Monda);家境一开始还不错②,但后来便落入倒霉的日子,1378年维多里诺出生的时候就只剩下房子和运气了。布鲁多·兰巴尔多尼是位作家或公证员,他的儿子述说在以后的几年里家里有时缺乏最基本的生活必需品。尽管身材瘦小和不起眼,但维多里诺似乎早已具有健康的体质,那当然是当地山村令人心神清爽的空气所赐。事实上,对于他的童年我们一无所知。费尔特雷几乎没有老师和书本,它远离任何一个大城镇,主要的公路也不经过那里。随着维多里诺的长大,费尔特雷已无法满足他对知识的渴望,18 岁时他就离开了家乡并于 1396

---

① 提香(1490—1576),意大利文艺复兴后期威尼斯画派的代表画家,被誉为"西方油画之父"。——译者注

② 关于维多里诺,曾做过他 8 年学生的卡斯蒂廖内(Castiglione)写道:"在费尔特雷城确实没有出现无知的人。"见梅休斯(Mehus):《安布鲁吉奥·特拉韦萨里》(*Ambr. Trav.*),第 408 页。

年进入帕多瓦大学,正像他的学生所记载的:"那里有所有的人文学科。"

帕多瓦仍然是卡拉拉公爵领地的一部分,帕多瓦大学在 14 世纪的意大利大学中具有某种特殊的影响。同时,1396 这一年也是学术史上最伟大的时期之一。因为这一年的春天,佛罗伦萨大学邀请在君士坦丁堡作为西方希腊语第一任教授的曼纽尔·克里索罗拉(Manuel Chrysoloras),担任希腊文学教授的职位。发出邀请的人表示,就尊严而言这次邀请是很值得的,因为从那时起希腊语的学习在意大利开始了。我们自然习惯把古代研究的复兴主要与佛罗伦萨联系起来,与薄伽丘(Boccaccio)①、萨卢塔蒂(Salutati)②和尼科利(Niccoli)③联系起来,并认为是市镇当局④或宫廷而不是早已建立的大学在人文主义的崛起中起着更有力的影响。毫无疑问,意大利北部的所有城市都基本如此。但是,有确凿证据表明,当时位居意大利大学第二的帕多瓦大学,与这些新学科之间保持着比半岛上任何其他"学校"(也许除了帕维亚以外)更亲密的关系。彼特拉克的精神——在文艺复兴时期的研究中,我们发现自己不可避免地怀念彼特拉克——在帕多瓦仍然有生命力。他在其近邻地区生活了多年。他与权贵家庭⑤和大学的学术界的关系都密切。弗朗西斯科·卡拉拉(Francesco Carrara)是他的崇拜者、通信

① 薄伽丘(1313—1375),意大利作家。——译者注

② 萨卢塔蒂(1331—1406),意大利人文主义者,曾任佛罗伦萨共和国秘书官。——译者注

③ 尼科利(1364—1437),意大利人文主义者,热心搜集希腊文和拉丁文名著。——译者注

④ 佛罗伦萨大学复兴于 1348 年;它起源于博洛尼亚,但从未被算入古老大学中。邀请函的措辞表明,它起源于市民,而不是学生或大学的管理者。说来也奇怪,佛罗伦萨大学的学习缺乏活力。参见福格特(Voigt):《古典文化的复兴》(*die Wiederbelebung des classischen Alterthums*)三卷本,柏林,1893 年,第 1 卷,第 340 页。

⑤ 参见扎尔多(Zardo):《 *Il Petr. ed i Carraresi* 》,米兰,1887 年。论述一个王子的品质的信,见弗朗卡塞蒂(Fracassetti)编:《晚年书信集》(*Ep. Senil*),第 1 卷,第 14 页。

3　者和亲密的私人朋友。彼特拉克的最重要信件之一就是写给他的,里面直接叙述了大学城本身的状况。他的信件揭示了彼特拉克如何对所有有关教育的事情非常感兴趣以及他对教育改革的焦虑。在彼特拉克的图书馆①,自古典时期形成的对古典著作最非凡的收藏,在其去世后多年被保存在帕多瓦大学,在那里他的许多朋友更让他对拉丁语学习的激情在大学以及在整个威尼斯得以长盛不衰。

　　但是,拉文纳的乔瓦尼·康维斯诺(Giovanni Conversino)的存在更直接地显示了彼特拉克与帕多瓦大学学术成就之间的联系。在一种特殊意义上,这位人文主义历史上的伟大人物可以说是彼特拉克的衣钵的继承人。他在彼特拉克的家里度过了作为学生兼生活秘书的成年早期的关键时期。在1379年诗人去世后不久,我们在帕多瓦找到了他;3年后,他成为修辞学教授。接着是一段游离不定的生活:他做过拉古萨市的财政官员,还有乌迪内的校长,直到1392年后的一段时间,他才以首席书记官的身份来到帕多瓦的卡拉拉,并把这一职位与大学的修辞学和拉丁语文学讲师的职位结合起来。因此,依据他的地位,康维斯诺是一位有着不小影响力的人物。他是一个非常有能力的人,其水平远远高于普通的语法大师。卫冕的卡拉拉君主(Carrara prince)非常信任和崇敬他,从其他的原始资料我们得知,君主非常支持拉丁文学的复兴。卡拉拉的统治者的确有两三代人具有良好的鉴赏力,挑选令人舒适愉快的人为学校的行政管理人员:1405年他们的政权被威尼斯议会

4　推翻后,这一举措仍被延续。寻找学者而非士兵或教士担任他们孩子

---

① 诺亚克(Nolhac):《彼特拉克》(*Petraque*),第2章,第77页以后。

的导师；他们在大学里的影响力，直接或间接地有利于这些新学科。①

到 14 世纪末，甚至像神学和辩证法这样的课程，帕瓦多大学都已采用一种新的、更客观的方式进行讲授。在保卢斯·韦内图斯（Paulus Venetus）②和韦杰里乌斯的领导下，不管是非常支持拉丁文学的人还是支持逻辑或神学方面的纯粹的治学方法的人都没有地位。这似乎好像是帕多瓦，自觉或不自觉地受到与威尼斯相邻地区的影响。在那里，对

---

① 乔瓦尼·康维斯诺（Giovanni Conversino）和乔瓦尼·马尔帕西尼（Giovanni Malpaghini）被认为是同一个人。一种混淆始于 15 世纪的科尔泰西乌斯（Cortesius），一直由福格特（Voigt）、瑞克（Racki）和格洛利亚（Gloria）坚持。但在相反的意义上，这个问题可能被认为通过萨巴蒂尼（Sabbadini）的研究《史学杂志和手抄本》（*Giornale Storico & c.*），第 5 卷，第 156 页；凯里特（Klette）的研究《论文集》（*Beit.*），第 1 卷，第 44 页；诺瓦蒂（Novati）的研究《萨卢塔蒂书信集》（*Epist. Salutati*），第 2 卷，第 404 页以及莱纳哈德（Lehnerdt）的研究（福格特：《古典文化的复兴》（*Wiederbelebung*），第三版，第 1 卷，第 213 页）得到明确解决。乔瓦尼·康维斯诺与 1364 年住在彼特拉克家的拉韦纳的乔瓦尼（Giovanni da Ravenna）是同一人，已经由莱纳哈德最巧妙地证实。然而，凯里特和萨巴蒂尼的《相反引证》（*opp. cit.*）则认为，马尔帕西尼是彼特拉克的学生。他是佛罗伦萨大学的拉丁文教授，后来是关于但丁（Dante）方面的讲师。格洛利亚在《帕多瓦的蒙德拉大学》（*Mon. Univ. Padov.*）中认为，佛罗伦萨和帕多瓦的记载都证实这两个学者是同一个人（第 2 卷，第 534 页）；但从杰拉迪（Gherardi）的《文献集》（*Statuti dello Studio Fior.*）中，我们得出了相反的结论，正如凯里特所表明的。

这种讨论几乎还没有结束。瑞克从阿格拉姆图书馆收藏的乔瓦尼·康维斯诺书信集手抄本获得的大量重要事实，尚未得到充分的考虑。见《激进的南斯拉夫的阿卡德》（*Rad. Jugo-Slavenske Akad*），1885 年，第 135 页以后。莱纳哈德编辑的福格特：《古典文化的复兴》的新的部分（第 1 卷，第 213 页），是这种在人文主义历史上颇有争议的章节的最新的和最确凿的重现。加斯帕里（Gaspary）和诺瓦蒂是正确的，他们指出有三位当代学者被称为拉韦纳的乔瓦尼。参见加斯帕里：《意大利人书信集》（*Letterat. Italiana*），第 2 卷，第 335 页。

乔瓦尼·康维斯诺是一位能干的教师。除西古·波兰托尼（Sicco Polentone）、格里诺以及伊莫拉的本韦努托（Benvenuto da Imola）外，还有许多有才干但却不太有名的学者都是他的学生。参见福格特：《彼特拉克书信集》（*Briefs. Petrarca's*）（第 92 页），写给他的匿名信。然而，他的作品确实是没有品味的，所以难以让他生存；但是，在拉丁文学的复兴中，他确实使帕多瓦成为领先的大学中心，因此，就我们的宗旨而言，这是他首要的贡献。当然，作为一位学者，维多里诺远远超过了他。

② 韦内图斯（1368—1428），罗马天主教的学术哲学家、神学家以及唯名论的逻辑学家。——译者注

希腊国家的兴趣是一种日常生活习惯；学校学习或禁欲主义道德对于一个其理想首先是实用、物质和社会事务的民族来说没有任何的吸引力。威尼斯所占的大学学生人数也许是最多的，但它反过来又从中获得校长、法学家和医生。因此，当维多里诺1396年来到帕多瓦时，他发现在意大利的任何一座城市里都充满了有利于古代学问复苏的氛围，只有佛罗伦萨除外。当然，在其他任何大学里，学生不会如此强烈感受到那种对博学的热爱、那种批判的精神、那种明晰的直觉和那种客观的智力习惯，而这些将会成为意大利学术的有特色的标志。

这个时期，帕多瓦大学不仅在意大利，而且在阿尔卑斯山以外地区的声誉都非常高。在它的学生中，我们能找到英格兰人和苏格兰人的名字；其他的学生来自于低地国家①、法国、德国、匈牙利和东方国家。医学、基督教教会法和数学吸引着更多的学生；然而，人文科目、语法、辩证法、修辞学和哲学比另外唯一一所与它有同样地位和知名度的博洛尼亚大学占有更重要的地位。

维多里诺打算全心投入到哪一所高等教育机构尚不清楚。但在一开始，他就读于文学院，听拉文纳的乔瓦尼讲授的语法和拉丁文学课程。② 作为师兄的他使很多人后来成了名，他们中有一人注定要成为一位名气不亚于他老师本人的教师，那就是作为教师的维罗纳的格里诺（Guarino da Verona）。不久，维多里诺就像他的老师那样成为一个众所周知的有才能的语法教师。因为他的贫穷迫使他接受吃力不讨好的"教师"或语法基础课教师的职位。这完全是一种个人投资，既没有大学地位也没有津贴。这很可能是收入低微的工作，既单调又艰苦，但只有这样，维多里诺才有办法让他自己能够参加辩证法、哲学和修辞学等课程的学习。教辩证法的是一个有点特别的人——保卢斯·韦内图斯教授，他把神学教学与他的大学教授职位结合起来。20年后，尼古

---

① 低地国家，特指荷兰、比利时和卢森堡，因其海拔低而得名。——译者注

② 1392年下半年，乔瓦尼·康维斯诺来到帕多瓦；他似乎一直呆在那里，担任卡拉拉（一个非学术机构）的校长和修辞学教授，直到1405年。参见诺瓦蒂（Novati）：《萨卢塔蒂书信集》（*Epistol. Salutati*），第2卷，第405页；凯里特：《论文集》，第1卷，第44页。

拉·迪·库萨(Nicolas di Cusa)从特雷韦斯来到帕多瓦跟着韦内图斯学习哲学和数学。罗西(Rossi)曾这样描述韦内图斯:他显然是"在许多学科上的原始的思想家"。① 这个时候,韦杰里乌斯在佛罗伦萨(1397—1400 年)。据说维多里诺也参加了基督教教会法的学习,这可能是他考虑到教会服务:正像我们后来所看到的,他的爱好明确地倾向于宗教生活。我们没有提及这个时候帕多瓦的希腊语教学:那里第一个公开的希腊语教授职位直到维多里诺去世之后才设立。1400 年,只有佛罗伦萨拥有教授这种被遗忘语言的教师。因为我们必须记住,尽管有薄伽丘和彼特拉克,但早在 1397 年②当克里索罗拉来到佛罗伦萨时,希腊语在意大利已完全是一种不为人所知的语言。

维多里诺在帕多瓦呆了近二十年。像当时的大多数人文主义学者一样,他曾是一位教师和学习者;听公共教授的讲座,即使在他已经获得学位(博士学位)之后。正像韦杰里乌斯在其 50 岁的时候,已经拥有了人文科学和医学博士学位(Laurea),仍毫不犹豫地与学生们一起在克里索罗拉的教室里坐了 3 年。③ 维多里诺在帕多瓦获得的人文科学博士学位包括语法和拉丁文学、修辞学或写作、辩证法与道德哲学等科目。④ 他获得学位的日期我们不得而知。不管怎样,是在 1411 年⑤前的某个时候:或许更早一些。但是,他最独特之处是拒绝戴或穿标志着他的学术职位的戒指或长袍。

7

---

① 罗西(G. Rossi):《尼古拉·迪·库萨》(Niccolo di Cusa),第 11 页。

② 这已不再有争论。诺亚克的《彼特拉克》叙述希腊语的真正地位与彼特拉克和皮拉图斯(L. Pilatus)有关。参见诺亚克:《彼特拉克》,第 339 页。当然,在威尼斯及意大利南部和希腊国家之间有着贸易关系。但是,大家都同意,在意大利找不到一个能教古希腊语法或者解释希腊作家写的普通文章的人。参见韦杰里乌斯发出的抱怨,第 106 页以后。

③ 韦杰里乌斯提到他自己的"渴望学习",这促使他在大学里听课,甚至在他年纪已经很大的时候。参见《书信集》(Ep.),第 104 页。《韦杰里乌斯书信集》(Epist. Verg.),第 159 页。

④ 格洛利亚(Gloria):《帕多瓦的蒙德拉大学》(Mon. Pad.),第 2 卷,第 84 页。

⑤ 维多里诺在跟着佩拉卡尼(Pelacani)学习数学获得学位之后,他在这一年离开了帕多瓦。格洛利亚:《帕多瓦的蒙德拉大学》,第 2 卷,第 416 页。

　　维多里诺在获得学位之后转向了数学的学习,这在当时通常是大学课程之外的一门课程。帕多瓦当时没有公共津贴的数学教授;事实上,没有任何证据显示,15 世纪初,在意大利任何一所大学里有公共津贴的教授职位。自然哲学有时与道德哲学的教授职位结合起来,像保卢斯·韦内图斯的那种情况;或与占星术的教授职位结合起来,像佩拉卡尼的那种情况。但在任何的情况下,数学的教学在任何大学的学习中依赖于偶尔出现的有能力的教师能够吸引私下的学生。

　　在这些私人数学教师中,帕尔马的比亚乔·佩拉卡尼(Biagio Pelacani da Parma)①是最有能力的。显然,他是一个有实际能力的人。他与帕多瓦的联系可以追溯到 1387 年②,或许更早的时间;1416 年,他在那里与世长辞。15 世纪初,佩拉卡尼收取高额费用私下教授几何。据记载,维多里诺尽管已拥有博士学位(人文科学),但仍然很贫穷,无法支付佩拉卡尼③所授课程的费用,因此,他主动提出在教授家里做"生活秘书"。这个职务他担任了 6 个月,勉强赢得了他老师的尊重,其甚至在私人教师中也享有要求过分严格的声誉。他在欧几里德(Euclid)④的知识的帮助下取得很快的进步,当课程结束时,他作为一位数学教师已获得了很高的知名度。这很可能包含着一些代数知识,同样也包含着欧几里德的知识,尽管占星术从来就不是他最喜欢的科目。的确,维多里诺一生与数学关联尤其密切,就像在卷首插图上复制

----

① 佩拉卡尼(卒于 1416 年),意大利数学家。——译者注

② 那时,维多里诺被称为"知识渊博的文科教师"。1386 年,他曾成功地预测了维洛纳人(Veronese)的失败。他留下很多手抄本形式的论文,包括几篇关于亚里士多德的论文。一些关于天文学和几何学的论文无疑是超过了那个时代的大众教学。格洛利亚:《帕多瓦的蒙德拉大学》,第 2 卷,第 416 页。

③ 关于卡斯蒂廖内,见梅休斯的《安布鲁吉奥的一生》(Vita Ambros.),第 408 页。格洛利亚的《帕多瓦的蒙德拉大学》(第 2 卷,第 416 页)写到,佩拉卡尼由于名声败坏而不得不离开帕多瓦一段时间,这应归因于他贪婪的本性。因为数学在任何学院都不是通常课程的一部分,由摄政王安排的私人教学完全基于商业基础。因为他的特殊能力,佩拉卡尼似乎是能够侃价,尽管从另外一个方面来讲,他是一位"公共教授",这可能被视为是不值得的。

④ 欧几里德(约前 330—前 275),古希腊数学家。——译者注

的皮萨内洛(Pisanello)①的奖章所证实的那样。这大概可能是由于当时人们对数学这门学科的性质不熟悉以及缺乏教师的缘故。因为我们几乎没有任何参考资料提及维多里诺在学校课程中应用几何的程度。

似乎维多里诺在帕多瓦一直是文法教师和私人数学教师,直到1415年他离开大学城。他的声望稳步提升,无论是在数学科目还是在文学科目上,他的教学都很受欢迎。在这些年里,大学的命运经历了一些变化。② 1405年,帕多瓦最终并入威尼斯国,导致卡拉拉家族的许多个人追随者的离开,而且使大学丧失了一个具有同情心的守护神。不过,威尼斯为她新增添的人感到非常骄傲,特意任命一位名叫西科·波莱图恩(Sicco Polentone)③的学者作为她的代表。其后不久,我们发现,帕多瓦不仅是意大利最受欢迎的大学,而且以也许是最广泛的知识目标为特征。然而,学生的纪律不太令人满意。1414年2月格里诺在他的文章中有机会对他所看到的学生生活提出严厉的批评。帕多瓦学生的守护神是酒神巴克斯(Bacchus):他们不是每年而是每天庆祝一次自己的节日,甚至每天不止一次。这与苏格拉底学校(the School of Socrates)或柏拉图学园(the Academy of Plato)简直是天壤之别!"对习俗产生冲击的讨论实际上是本国内的讨论,或者更确切地说,其实是对本国不变的习俗进行了一些删节。柏拉图学园确实是唯一进行讨论活动的,他们在饮酒讨论的时候也会醉掉。"(In illis namque disputari solitum aiunt, in his vero nostris dispotari, immo trispotari quaterque potari frequens patriae mos est. Academici de uno, de vero, de motu disserunt, hi nostri de vino, de mero, de potu dispotant.)④

---

① 皮萨内洛(约1395—1455),意大利佛罗伦萨画派画家。——译者注

② 关于这个时期的知识分子的生活特征,参见罗西(Rossi)的有趣的阐述:《尼古拉·迪·库萨》,比萨,1894年。

③ 波莱图恩(1195—1231),意大利人文主义学者,著有《帕多瓦的圣安东尼》(*St. Antoine de Padoue*)一书。——译者注

④ 未出版的信,日期是1414年,*Kal. Mart.*,佛罗伦萨,第4卷。由萨巴蒂尼引自《格里诺书信集》(*Epistol. Guar.*),第61页。

突然涌入的外国学生,特别是来自阿尔卑斯山以北地区国家的学生,威尼斯的影响以及给予往往是不超过 14 岁学生的自由,可以对格里诺所描述的纪律和道德的懈怠作出满意的解释。稍后,我们将看到由于类似的纪律混乱的原因,维多里诺被迫辞去大学教授的职位。可能的事实是,同样的混乱在其他大学里也盛行。但是,我们必须记住,当时的意大利对新学问(the New Learning)的投入是如此地强烈,尤其是在帕多瓦、佛罗伦萨和帕维亚:古代文学的重担全落在少数学者的肩上,他们是如此专注地投身于阐释或解读古典作家的工作之中。他们认为,有如此巨大的荣誉和美德摆在年轻人面前,而他们竟然如此地无聊或堕落,这简直糟糕透了。但是,一个学者把他的宝贵时间浪费在这样的审计员工作中是不可思议的事情,因为有伟大的任务等待着他去完成,而他的时间又是如此短缺。因此,事实上,也许帕多瓦并不比法国的蒙彼利埃和巴黎更糟。然而,维多里诺从他自己在那里的经历得出了他毕生的信念,即对青年时代的关键期首要的是密切和谨慎的关心;而在大学城的娱乐或诱惑中,这是很难得到保证的。

现在,有必要更加仔细地考虑那些在帕多瓦对于塑造维多里诺的智力本质,以及确实使他充满更高尚的人文主义精神的诸多影响。

1407 年,帕多瓦如此幸运地邀请到当时最伟大的拉丁语学者加斯帕里诺·巴齐札(Gasparino Barzizza)担任新的修辞学①教授职务。他在帕维亚已获得了相当高的声誉,并且与克里索罗拉结识。我们可以有把握地断言,正是通过巴齐札,在古典知识的复兴中西塞罗的传统被确切地建立了起来。而且,在较晚的时期,不可能有更好的权威人士去评论格里诺·维罗纳(Guarino Veronese):"作为西塞罗崇敬者的我正确预言了意大利的学校能自夸其享有很大的盛名。"(cuius ductu et auspiciis Cicero amatur, legitur, et per Italorum gymnasia summa cum

---

① 薪金定在 120 达克特(ducats);由于巴齐札的贫困,1412 年增加到 160 达克特。

gloria volitat.）①格里诺的确是第一个以一种彻底的学术态度接近西塞罗的人，结果他的著作采用了迄今为止其他古典作家没有应用过的分析和比较的方法。同时，我们必须小心区分 15 世纪头几十年的拉丁学问和以本博（Bembo）②为代表的更严格的西塞罗主义。纯粹模仿西塞罗，并不是巴齐札以及他视为典范的像萨巴雷拉（Zabarella）③、韦杰里乌斯和维多里诺这类学者的宗旨。在最广泛的意义上，这些人一心想调和古代学问与基督教生活、思想及他们自己那个时代的政体；他们并不想死搬硬套过去的东西。在语言上，也是如此。拉丁语对他们来说是一种活的语言，适应于像学术交流和文学讨论的需求。因此，巴齐札——以及我刚才提到的其他学者也同样如此——肯定是想研究西塞罗文风的精神；其部分原因是在西塞罗、演说家、记者和受欢迎的哲学家身上，他们找到了一个特别能满足文学或公共生活各种需求的典范。但是，他们并没有增加他们自己那个时代实际生活所需要的词汇，特别是在书信体的风格上，他们践行尽可能多的灵活性和自由以使一般形式和西塞罗式的句子结构可以并存。的确，我们可以要求这一特定的复兴时期的拉丁语使用④具有自发性和意大利色彩，这是在 19 世纪中叶过后不久我们苦苦寻求却未能找到的。在判断我们讨论的这个时期的文学方法时，有必要把这一点铭记在心。意大利学者是罗马文化的继承人，通过将拉丁文用于所有重要和严肃的目的，旨在恢复其文学遗产。事实上，他们已经太迟了；到 19 世纪末，对于他们的继任者来说，这件事情已经变得很明显，一份用本国语书写的、非常有价值的法律文

---

① 1422 年，格里诺的信。伯德雷恩图书馆，《颂词.》（*Laud*），拉丁文手抄本，第 3 卷，第 64 页。

② 本博(1470—1547)，意大利人文主义者。——译者注

③ 萨巴雷拉(1533—1589)，意大利经院哲学家。——译者注

④ 参见孔比（Combi）:《韦杰里乌斯书信集》，第 27 页；萨巴蒂尼:《西塞罗》（*Ciceron*），第 14 页，对比巴齐札的自由与瓦拉（Valla）的正式和造作的风格；以及同一作者的关于洛尼戈的奥尼贝内（Ognibene da Lonigo）的短文，1880 年。巴齐札（Barzizza）的学校在其简单性上与佩罗蒂（Perotti）的学校有本质的不同，以及其原意使拉丁语适应当时的需求。

件已经准备递交上去,实际上是为了更高的文学目标。波利齐亚诺①
(Poliziano)和本博对使用拉丁语和意大利语都无动于衷。于是,作为
一个必然结果,拉丁语永久地成为了一种人工语言,因而只是模仿。最
严格类型的西塞罗主义理所当然地出现在本博和多莱特(Dolet)身上。
此后,结构、隐喻、词汇、惯用法——所有文体的元素——必须辅之以严
格的西塞罗的惯例。凡是内容与古典思维模式截然不同的,诸如在基
督教教义上,那就必须运用最大的智慧使其表达符合奥古斯都时代的
术语。但是,这是在巴齐札之后的一百年。②

　　巴齐札以详细阐述文学作品开始;接着是论文《论老年》(De
Senectute)和《论友情》(De Amicitia);随后,他又介绍了西塞罗的《论演
说家》(De Oratore)和其他修辞方面的著作。对于《论演说家》③,巴齐
札从1407年起付出了非凡的劳动。他要处理一些残缺不全的和已被
破坏而面目全非的文本。为了把孤立的篇章连接起来,巴齐札提供了
各种各样的旁注,而不是以任何方式将它们硬塞进文本里,其目的只是
为了使不完整的著作具有一定的连贯性。通信者们给他寄去了这类的
手稿和另外一些需要修改的古典文本;最有趣的是,关于他在这类最微
妙的学术职责中的做法的评论④被保存下来。巴齐札自己的信件被当

---

　　① 意大利语的最终复兴,由于古典的影响被修改和加强,因此应归功于波里齐亚
诺(Poliziano),而且是始于15世纪的最后一个25年。罗蒙特(Reumont)的有关人文
主义对意大利语发展的影响的言论非常具有权威性:《中世纪时代的罗马城》(Lorenzo
dei Medici),第2卷,第8页以后(英文版)。[波利齐亚诺(1454—1494),意大利诗人、
人文主义者,文艺复兴时期古典文学研究先驱之一。——译者注]

　　② 注意到西塞罗主义与帕多瓦的密切联系是非常有趣的事情,从巴齐札和维多
里诺到本博(Bembo)和多雷(Dolet)。

　　③ 参见萨巴蒂尼:《巴齐札对昆体良和西塞罗的研究》(Studi di Barz. su Quint. e
Cicerone),巴齐札在亚里士多德的《修辞学》(Rhetoric)上花了很多时间,然而,他从来
没有编辑过它。他在《论演说家》(De Oratore)上的工作就没有停止过,直到他去世。

　　④ 萨巴蒂尼:《巴齐札对昆体良和西塞罗的研究》,第10、11页。

之无愧地珍视为写作的范例；①他的学术演讲也同样如此。他著名的鉴赏力在这件事情上得到了证实，即由安德烈亚斯·朱利安尼（Andreas Giuliani）执笔的关于曼纽尔·克里索罗拉去世的演讲在发表之前被递交到他那里。② 的确，巴齐札代表了人文主义精神的最好的一面，我们应该把十分重要的学问被引进大学的时间追溯到他被聘任到帕多瓦大学的时候。

　　当时，巴齐扎没有多少钱。他的津贴很微薄。为了补贴家用，他接受了两个已有些名气的同胞学者同时也是青年学生住在自己的家里。其中一个是特拉比松的乔治（George of Trebizond），他来意大利是为了学习拉丁语，并寻求成功之路；弗朗西斯·费尔福（Francesco Filelfo）担任巴齐札的副手；还有维多里诺。③ 我们不清楚，维多里诺是哪一年开始住在巴齐札的家里；但我们知道，当巴齐札1407年刚来到帕多瓦时，他37岁；7年之后，他离开帕多瓦去威尼斯。因此，维多里诺受到了那个时代第一个拉丁语学者巴齐札的直接影响④，而且从最重要的意义上来说是受到他的精神熏陶并继续他的工作。事实上，这样的断言并不过分，即在巴齐札这位伟大的学者去世之后，维多里诺是最佳类型的拉丁语知识的首要代表——理性的西塞罗主义者的崇拜者。他自己的学生，尤其是加扎（Gaza），以及特拉比松的乔治这位才华横溢的学者明显

13

----

　　① 伯德雷恩图书馆：*Codd. Canonic. Misc.*，第1卷，第360页。"加斯帕里诺·巴齐札给贝尔戈马蒂（Bergomatis）的大约133封书信得到了整理。"参见《伯德雷博物馆》（*B. Mus.*）附录，手抄本，14,786。他的作品有《论正字法》（*De Orthographia*）、《论词源》（*De Etimologia*）和《词汇学》（*Vocabularium*）。

　　② 萨巴蒂尼：《巴齐札对昆体良和西塞罗的研究》，第28页。

　　③ 萨巴蒂尼：《利古斯特新闻》（*Giorn. Ligust.*），第18期，第25页。维多里诺很可能仍然和巴齐札在一起，直到他离开帕多瓦加入格里诺。

　　④ 萨巴蒂尼谈到巴齐札时说："亲自对更多的文学作品进行了组织整理。"《巴齐札对昆体良和西塞罗的研究》，第28页。埃涅阿斯·西尔维乌斯声称：巴齐札的《戒律》（*Praecepta*）在他那个时代是优秀散文的最好的指南，参见《修辞戒律》（*Rhet. Praeccepta*），前言（Prologus）：埃涅阿斯·西尔维乌斯的《歌剧艺术》（*Opera*），第992页。

地形成了①拉丁文风(Latinnity),另外像阿莱里亚的主教和洛尼戈的奥尼贝内等,都不是迂腐的纯粹主义者,而是坚持对拉丁文的灵活的和弹性的运用。

不过,除了他的学术地位外,巴齐札在帕多瓦还以其他方式影响着人们。格里诺是他专业上的竞争对手,从他身边带走了不止一个他最信任的学生。他与格里诺②的关系显示了他的坦率和慷慨的性格,这在当时的学者中间是不常见的。据一个特别能干的旁听者的记载,他的学生是被如此教导的,不仅要"做到无比的坚定"(probe ex arte dicere Valeant),而且要"遵从戒律的规定③"(vivendo morum praecepta sequantur);巴齐札的一个众所周知的座右铭就是:"既出类拔萃,又活力超群。"(ut ornatissime quis dicit ita et recte vivat.)此外,与大师想法一样的韦杰里乌斯补充说:"实际上,目的仅仅是与我自己天性相符的卓越,如果你愿意的话,显然包括人的智力、得体的演说和作品的风格。"(eo vero demum praeclara consonantia mihi videtur, cum in homine diserto mens cum lingua concordet et sermo cum opere.)④这些话摘自韦杰里乌斯的一封信中,尽管1405年他辞去了逻辑学教授的职位,但他仍然与帕多瓦保持着密切的关系,而且是巴齐札的固定的通信者。

在此期间,韦杰里乌斯本人在帕多瓦的文学研究方面也是一个非常有影响的人物。当维多里诺1396年来到大学时,他是一位人文学科

---

① 阅读完萨巴蒂尼(《利古斯特新闻》,第18期,第230页)近日发表的关于特拉比松的乔治(George of Trebizond)本人的[《预言家》(Vatic),手抄本,第2926页]未编辑的信件摘录后,在这一点上的任何疑虑都会顿时消散。"……因为费尔特雷的维多里诺自己在说到希腊时用拉丁语";"以便(维多里诺)寻找拉丁语发展的方式";"在我看来,作为教师的维多里诺在拉丁语方面后来确实被视为偶像。"

② 格里诺的学校在威尼斯成立的时候,他总是乐于提出建议和给予鼓励;而且,无论是在公共场所还是在私下,作为一位学者和教师,对自己的主张他总是一个慷慨的倡导者。萨巴蒂尼:《利古斯特新闻》,第18期,第24页。

③ 孔比:《韦杰里乌斯书信集》,第69页。

④ 引自《书信集》,第63卷,第62页。

教师①("文学博士",1391 年 5 月)。但是,这位年轻学生可能在一二年之前就早已耳闻他的名声。因为他早在 1392 年②就出版了《论绅士风度与自由学科》(*De Ingenius Moribus*)一书,寄给了卡拉拉议院里的一位君主尤伯迪纳斯(Ubertinus),其中他第一次以系统论文的形式声称,应该坚持把拉丁文学作为高等教育训练的一个必不可少的组成部分。确实,韦杰里乌斯尝试性地但又带着明确信念地阐述了很快发展起来的人文主义教育的基础。在接下来的整个世纪中,这本书③一直被视为非常重要的文献,并且无疑对古典研究的发展产生了很大的影响。韦杰里乌斯的学识得到所有人的公认。④ 一个重要的事实能够证明他的杰出,即 1415 年曼纽尔·克里索罗拉的几个伤心的朋友来找他,为的是能有一个值得尊敬的人为这位伟大的学者撰写墓志铭,这个墓志铭至今还保存在康士坦茨湖畔的旧修道院里。⑤ 一位意大利学者首次翻译的希腊文献《阿里安的历史》(*the History of Arrian*)也应归功于他;以及首次对昆体良(Quintilian)⑥的介绍。⑦ 尽管韦杰里乌斯在近 50 岁的时候辞掉了他在帕多瓦的工作,去听 1397 年克里索罗拉在佛罗伦萨教授的希腊语法课程,但他对维多里诺还是有较大的吸引力。他的论文(全文将呈现在本书第 96 页)与他的文学作品向我们展示了他的强

15

---

① 格洛利亚:《帕多瓦的蒙德拉大学》,第 2 卷,第 491 页。

② 这个日期是由孔比确定的,《韦杰里乌斯书信集》,第 19 页、第 93 页以后。

③ 几乎在每一个学术性的图书馆,都是以手稿的形式:在 1600 年前至少有 40 种版本被印刷。保卢斯·约维乌斯(Paulus Jovius)说到,它是 16 世纪公认的教科书。《韦杰里乌斯书信集》,第 94 页以后。

④ 韦杰里乌斯的大量来自西塞罗和写给西塞罗的信件以书信集的形式存放在伯德雷恩图书馆,《书信集》(手稿),166. 17 和 18。亦可参见孔比:《韦杰里乌斯书信集》(第 68 页):"正确地说,韦杰里乌斯掌握了当时全部知名的拉丁文和希腊文文献,并进行了教学实践。"

⑤ "天生在事情上会比较挑剔的格里诺承认,这个选择很恰当。"这个墓志铭文仍然完美清晰(在因泽尔酒店的厨房里!),在勒格朗(Le Grand)的《古希腊著作目录》(*Bibliogr. Hellenique*)中刊印发表。

⑥ 昆体良(35—95),古罗马教育家、演说家。——译者注

⑦ 这个"纲要"(compendiolum)是由孔比提及的,见《韦杰里乌斯书信集》,第 21 页。

烈的宗教态度,对抵制瓦拉(L. Valla)①类型的人文主义者的乖僻提供了充分的保障。因为在他写的所有的文章里,我们都能找到他为自己的理想所付出的努力,那就是将古代世界的"美德"与对基督教责任的服从结合起来②,这是早已被人们注意到的那个时代的高尚学者所共有的特点。最重要的是,由学问复兴运动唤起的对大量教育论文的首次的、也许是最广泛的阅读,应该明确地坚持了基督教的信仰和生活标准。我们非常理解韦杰里乌斯对维多里诺的影响。作为一位学者,作为一位思想家,以及作为一位教育家,他更适合把自己的个性印在这个来自费尔特雷的如此富有同情心和如此认真的青年学者的心里。毫无疑问,主要是韦杰里乌斯的关于他自己生活和实例的论文,有助于维多里诺在其人生重大的决策中作出决定,其次是维多里诺与巴齐札的交流。维多里诺敏锐地意识到有一个缺陷有待于消除。帕多瓦并没有提供正常的学习希腊语③的机会。

但是,克里索罗拉在佛罗伦萨(1397—1400 年)的出现所产生的令人兴奋的浪潮,随后是在帕维亚(1400—1403 年)④,毋庸置疑地传到了帕多瓦。这位伟大的学者自然会穿过这座城市,继续前往威尼斯和君士坦丁堡。不过说克里索罗拉在帕多瓦⑤教授希腊语,或维多里诺向他

---

① 瓦拉(1407—1457),15 世纪欧洲最有影响的语言学家、文献学家、历史学家。——译者注

② "人文主义者维吉里奥(Vergerio)更多的是相信而不是反驳,但生活几乎意味着为了改变而结合。"孔比教授的这个判断,被韦杰里乌斯信件中的每一行所证实。《韦杰里乌斯书信集》,第 19 页。

③ 无论是乔瓦尼·康维斯诺还是巴齐札,都不教授希腊语:前者很可能一点都不懂;后者懂一点。

④ 克里索罗拉(Chrysoloras)的年表尚未最终确定。他在 1400 年离开佛罗伦萨,部分是因为瘟疫。他在 1400 年至 1403 年之间在帕维亚教书,当时迪塞姆波利(P. C. Decembri)在他父亲的家里看到了他。1403 年,他在格里诺的陪同下回到君士坦丁堡。1404 年他在威尼斯,又于 1408 年、1409 年和 1410 年在威尼斯。凯里特:《论文集》,第 1 卷,第 50—52 页。萨巴蒂尼:《格里诺书信集》(Giorn. Stor. d. Letter),意大利,1885 年,第 156 页。必须根据这两位学者的修正,阅读勒格朗:《古希腊著作目录》,巴黎,1885 年。

⑤ 马林杰(Mullinger):《剑桥大学》(Cambridge),第 1 卷,第 393 页。

学习这门语言的基础知识,那都是不正确的。然而,韦杰里乌斯和格里诺都是大学与克里索罗拉的早期工作的联系纽带。格里诺曾在克里索罗拉家里生活了数年(1403—1408 年),在君士坦丁堡的时候与其家人保持着亲密关系,1414 年①离开佛罗伦萨并最终定居在威尼斯。在那里,他开设了第一所人文主义学校,大概在 1415 年初维多里诺进入他的学校。多年来,格里诺一直与旅居西欧的克里索罗拉有着密切的书信往来,他与巴齐札也一直保持着非常友好的关系,巴齐札在帕多瓦时他曾去拜访,总之,他结识了所有有影响的学者。因此,维多里诺觉得能接受如此杰出的学者②的指导是一种珍贵的特权。格里诺无疑是意大利能够拥有的最好的希腊语学者。他在君士坦丁堡待了 5 年时间,最初是在曼纽尔·克里索罗拉的家里做"生活秘书"。他只能隔一段时间见到克里索罗拉,因为他长时间在西欧为皇帝工作。谈到曼纽尔·克里索罗拉时,格里诺总是带着最强烈的崇敬之心和最深切的挚爱之情。③ 格里诺既会说希腊语也会写希腊文。在 15 世纪头二十五年里,能够做同样事情的其他学者只有费尔福(Filelfo)④(他娶了克里索罗拉的一个侄女)和奥里斯帕(Aurispa)。⑤ 格里诺用拉丁语编辑了一本希腊语词法的小手册,克里索罗拉在讲课时给他的学生口授这些词法,而

①1414 年 2 月他还在佛罗伦萨,但 8 月已在威尼斯。萨巴蒂尼:《文艺复兴文化季刊》(*Vierteljahrsschr. Cult. Ren*),第 1 卷,第 103 页以后。

②格里诺的年表由萨巴蒂尼在他的《格里诺的书信集》(1885 年)和在他的有关这位学者的短篇传记中已经完全重编(热那亚,1891 年)。

③关于曼纽尔·克里索罗拉,似乎已有一些令人印象非常深刻的事情。迪塞姆波利关于他在帕维亚工作期间的回忆录很有趣:"迄今我记得埃曼纽尔·克里索洛拉在帕维亚或米兰城保护古代的奇迹","希腊文被透彻地教授,因为完全熟悉祖国文字的魅力,所以更有吸引力去翻译,培养高尚的情感,确立人文学科;但由于没有发现人,因而为了天使而常常对个性进行沉思。"迪塞姆波利的信(Richard. Codd. 827)在《伦巴第大主教传记》(*Arch. Stor. Lomb*)上刊登发表,马索,1893 年,第 9 页。

④费尔福(1398—1481),意大利人文主义者。对于拉丁和希腊文化的复兴有很大贡献,先后任教于威尼斯大学、博洛尼亚大学和佛罗伦萨大学。——译者注

⑤奥里斯帕(1369?—1459),意大利西西里岛的学者、人文主义者、藏书家。——译者注

且很多年来这是提供给西欧学生的唯一的希腊语入门手册。①

18　　在威尼斯,维多里诺和格里诺之间的关系是最友好的。我们得知,格里诺教维多里诺学习希腊语,反过来又从维多里诺那里学习拉丁语。这可能意味着,格里诺在威尼斯开办的学校是联合管理的方式;但很有可能,这仅仅意味着,格里诺承认维多里诺更优秀的拉丁语知识,并愉快地利用机会提高他自己的拉丁语水平。显然,维多里诺在格里诺的指导下坚持不懈地努力学习希腊语,而且他们在威尼斯一起度过的18个月(1415—1416年)奠定了他们相互爱戴和相互尊重的感情基础,这种关系一直延续到他们去世。我们明确地被告知,格里诺尽心竭力地寻求教初学者学习希腊语这门语言的方法——这不是一件轻松的事情,因为文法书、字典和课本都不容易找到。

1416年的瘟疫迫使格里诺离开威尼斯一段时间,因此,他的学校停办了。然而没过多久,他又回来了,最终他因为婚姻的缘故于1418年离开了威尼斯。② 1416年秋末,维多里诺跟随格里诺去了帕多瓦,尽管1417年格里诺回到威尼斯并重新开办他的学校,但并不确定维多里诺是否陪同他。我们所拥有的关于他这个时期搬迁的不多资料显示,接下来在1420年维多里诺在他原来的大学定居。这个时候,无论是作为一个学者还是作为一位教师,维多里诺都享有很高的声誉。仿效巴齐札和格里诺的做法,他接受一些学生(contubernales)寄宿在他家里,掌管一个学生家庭(contubernium)。对于当时的大部分大学的摄政者来说,这种特权似乎已经是司空见惯的现象,通常被认为只是一种有利可图的谋生手段而已。正如我们所看到的,帕多瓦大学当时因青年人的

---

①《埃罗泰马塔·克里索洛拉》(*Erotemata Chrysolorae*),用希腊语编写的希腊语词法,连同格里诺的拉丁文版本,采用提问和回答的方式。它是手抄本的形式,几乎在欧洲的每一个古老图书馆里,以及在许多15世纪和16世纪出版的英语方言词典中都能找到。西奥多·加扎(Thaodore Gaza)的语法也许是始于1445年,而拉斯卡里斯(C. Lascaris)的语法是始于1460年。

②根据萨巴蒂尼的说法(《利古斯特新闻》,第18期,第39页),他的结婚日期是1418年12月27日。

混合团体而充满着危险——他们当中很多人不满 14 岁——参加大学的公共课程和私人课程，而且在生活和道德方面没有正规的监督，自己管理自己。因此，维多里诺把为数不多的、家离帕多瓦较远的几个学生带到自己家里。对于其中一些朋友亲自推荐给他的学生，他自己出钱为他们提供一切费用；对于其他人，像威尼斯商人的儿子和富有领主的儿子，他收取高额学费。正如阿莱里亚的主教所记载的，旨在平衡整个家庭的开销，一方面抑制放纵饮食，另一方面解除贫穷的负担，因而所有就像"书籍、训导、食物、衣服得到相同的关注"（libris, domo, victu, vestitugue optime consulebat）一样。维多里诺一直坚决拒绝无限制地增加学生人数，学生人数要限制在他能够直接监督并能够对每个学生的特点和能力了解的范围之内。他会毫不犹豫地开除那些在道德上不令人满意的学生、那些智力低下或没有实现他们早期承诺的学生，尽管学生自己很不情愿。他友好地跟他学生的父母交朋友，在他们孩子的前途问题上提出慎重的建议。维多里诺的指导无疑是包括所有文科科目再加上数学；他也为他自己课程以外的学科教学做好准备。

我们得知，维多里诺是所有大学同学会最受欢迎的一个成员。除了他个人的人格魅力外，他在这个时候是帕多瓦最杰出的学者之一。作为一个拉丁语学者，除了巴齐札以外，他可能是无与伦比的：没有几个人能获得如此好的机会学习希腊语；而在数学方面，他也享有那个时代最有才华的大师的声誉。据说，维多里诺总是将他自己摆在随时为大学的学生服务的位置；而且，他也受到帕多瓦市民的极大尊重，因为他把高尚的生活和目标传授给他们的儿子们。

1418 年，巴齐札收到了一份来自米兰的邀请，这导致他在 1422 年[①]彻底地辞去了自 1407 年以来他一直担任的、期间有短暂中断的帕

19

20

---

① 这个日期是校正了由马苏克里（Mazuchelli）提供的日期（1418 年）后确定下来的，巴齐札：《戒律》，第 2 卷，第 499 页。参见《伦巴第大主教传记》，马索，1893 年，第 28、29 页。

多瓦大学的修辞学教授职位。这时,这个职位就提供给了维多里诺①,学生们强烈要求他接受,因为他是最有资格继承这位有如此影响力的伟大学者和教师所担任的职位的人选。不过,维多里诺是经过很长时间的犹豫和不止一次的拒绝后才同意的。他意识到寺院生活的需求,作为一位教师他能够做很多工作以便推动真正的宗教信仰和提升品性,于是他同意放弃自己的反对态度而接受这个职位。当时,维多里诺44岁。从作为一所很受欢迎②的人文主义支持的帕多瓦大学正逐渐被公认这个事实来看,他担任了一个当时在学术界具有相当重要意义的职位。

在这一时刻,我们能够对维多里诺形成一种既清晰又有吸引力的印象。外貌上,他长得瘦小;外观上,他显得体弱。但是,凭借严格的自律和热爱运动的习惯,他早已积累了一个能够承受最严重的体力消耗的体质。在维多里诺的大半生里,他从未生过病。认真的体操训练使他的动作特别柔软和优雅。他的表情尽管不严厉但却严肃。有人告诉我们,虽然他的眼睛具有一种穿透力,在他面前任何有意识的不道德行为都会招认并感到羞愧,但从他的脸上很快会显露出怜悯。通过不断的监视,强烈的性情和暴躁的本能变得顺从,易怒的脾气变得温和并得到克制。维多里诺个性的质朴体现在他的服饰上:夏季粗布长斗篷,冬季加上毛皮衬里,与威尼斯富有阶层的穿着习惯形成鲜明的对比。他不在乎冷,因为他相信人为的压力会是许多幽默的一个源泉。从维多里诺的性情以及他对权力的概念、对长者所表现出的尊敬和具有的男子气概和耐力,我们追寻到,在某种意义上讲古罗马的训练是严厉的。

----

① 普伦迪拉奎说到,这个大学教授职位是由市政当局明确为维多里诺设立的。没有理由认为,这是一个新设立的职位;对巴齐札搬迁到米兰的日期的更正,简化了这件事。哲学被增加到修辞学中,以提高其薪酬;自1412年以来,此职位的薪酬一直是160达克特。见《关于费尔特雷的维多里诺一生》(*Intorno alla vita di Vittorino da Feltre*),第32页。

② 对比一下维多里诺的有影响的职位和此后不久奥利斯帕(Aurispa)在博洛尼亚大学的职位(1424—1425年),作为一位"庄重的、有学者气的博洛尼亚大学"的希腊语教授,他既得不到支持,也没有听众。

但是，如果我们认为这种异教徒的理想在他的生命观里占有重要的地位，那就错了。之前，维多里诺是一个彻头彻尾充满信仰的基督徒。的确，这是他个性中的主要特点。正是这一点，使他免于虚夸和道德乖僻，但却毁掉了与他同时代的一些人，并使某种类型的人文主义者背上了恶名。将古代学问嫁接于基督教教育的根基，这是维多里诺的目标。我们看到，在未来的五年和二十年里，这已变成了他的成就。

然而，维多里诺注定是要对他曾充满期望的在帕多瓦的新的职业生涯伤心失望。前面已间接提及了大学学生的纪律状况，这种普遍的混乱是否影响了那些寄宿在他家里的学生和那些他认为自己负有直接责任的学生，我们不得而知。① 但是，在任何情况下，维多里诺都不愿顺从那些他要为其免受诱惑负责任的人，而他又不能很好地保护他们。因为感到他自己无法改变身边的恶劣趋势，所以，维多里诺决定离开帕多瓦。② 他辞去了他的教授职位，再次去了威尼斯。这件事大概发生在1422 年期间。我们发现，1423 年，他为威尼斯贵族的儿子和其他人开办了一所学校，这些人从意大利各地慕名而来。在威尼斯，他延续了接收寄宿生到他家里的习惯，和以前一样要求这种特殊权利的人很多，家长们提供大量费用以便争取他们的儿子能被接受。

这时，维多里诺所从事的工作非常适合他。在意大利，他迅速被公认为在新学问方面最值得信赖和最有能力的教师。在威尼斯，他有极好的机会获得来自东方的希腊语文本；他彻底地摆脱了贫困。帕多瓦近在咫尺；巴齐札确实在1422 年已去了帕维亚，而格里诺在维罗纳，威尼斯本身的位置有利于学者之间的沟通。维多里诺几乎没有时间住在

22

---

① 据蒂科齐（Ticozzi）神父说，事情是这样的。《文学家的故事》（*Storia dei Letterati*），第 15 页。

② 没有一个人文主义者像巴齐札一样在帕多瓦大学呆了如此长的时间：他太贫穷了，以至于由于家庭的缘故他很难考虑他自己的选择。尽管如此，帕多瓦大学仍然比任何其他大学更适合人文主义者，除了帕维亚大学和佛罗伦萨大学。然而，宫廷竞相聘用学者，而且给他们支付高得多的酬薪。例如，贡扎加支付 300 达克特；而帕多瓦大学支付 160 达克特，而且还是在压力下才这样做。

他的新家,也没有时间把他的学生们聚集在他的周围,1423 年①,他接到了一份邀请,极大地改变了他的前程。

詹弗朗西斯科·贡札加(Gianfrancesco Gonzaga)是统治着孟都亚的家族领袖,总的来说,是受到称赞的雇佣兵君主(Condottiere prince)类型的代表。他被他的臣民尊称为"仁慈的"暴君,与威尼斯(他的雇主)、米兰和费拉拉邻近的国家都保持着友好的关系,而且还是一个相当令人满意的教会的一员。贡札加的暗杀行为并不过分突出,因为这种情况太经常了;数年来一直与其长子有激烈的争吵,尽管如此,贡札加最终还是被劝诱原谅了他,并恢复了他的职位和宠爱。

此时,雇佣兵君主作为王朝中的"新人",拥有一个非法的头衔,不得不依赖个人素质获得对他的地位应有的承认。"维尔图斯"(Virtus)和"格洛利亚"(Gloria)——个人带来的后果和声誉——只有他有资格获此殊荣。"由于对名誉的渴求,这个暴君需要的是人才而不是血统。与诗人和学者在一起,他的确觉得自己也处于一个新的境地,几乎拥有新的合法性。"②这一"名声"可以通过聘请伟大的建筑师或画家创建或美化一所教堂或一个宫殿而获得。但是,这个特殊时期的特点是自然地偏爱杰出的人文主义者。正是这样,卡拉拉聘请了拉文纳的乔瓦尼·康维斯诺和韦杰里乌斯;或威斯康蒂家族(the Visconti)、克里索罗拉和巴齐札;或德埃斯蒂斯家族(the D'Estes),以及不久之后的格里诺和加扎。因此,贡札加希望为他自己获得一种新的尊严,这将很快得到承认而且令人羡慕,转而又去寻找为他的宫廷增添光彩的学者。他有一个年轻的家庭,此时有必要为他的孩子的教育做好准备。为了他的荣耀和孩子们未来的前程,他所能采取的措施有什么能比聘请一位著名的人文主义者为其工作更好呢? 这时,在意大利北部,作为教育家有

① 很可能是接近这一年的年底。萨巴蒂尼:《格里诺书信集》,第 65 页;帕利亚(Paglia):《伦巴第大主教传记》,1884 年,第 150 页;卢齐奥(Luzio):《威尼斯大主教》(*Arch. Venet*),第 35 卷,第 330 页。罗斯米尼(Rosmini)的日期,1425 年,当然必须放弃,尽管被福格特接受。

② 布克哈特(Burckhardt):《意大利的文艺复兴》(*Renaissance*),第 9 页(英文译本)。

两个人——维罗纳的格里诺和费尔特雷的维多里诺是最重要的。很可能是在 1421 年[①]，这个邀请首先发给格里诺，当时格里诺已经结婚并定居在维罗纳，以修辞学教师的身份为市政府工作。因此，这个邀请遭到格里诺的拒绝。然后，贡札加侯爵通过与格里诺和维多里诺都有亲密关系的威尼斯一个地方行政长官接触维多里诺。正如我们所看到的，维多里诺当时正忙于他在威尼斯刚刚开办的一所学校。他不喜欢自 1415 年以来由环境造成的生活不稳定，因此，刚开始他也倾向于做出同格里诺一样的答复——即他对现在的工作很满意而不想离开。但是，贡札加极力劝说他接受邀请；随后，维多里诺声称他自己不喜欢宫廷生活，渴望平静和有益的工作，漠视所有外面的活动，以及害怕一定会引起嫉妒和敌意的职位。在重视孩子的教育上，维里里诺承认贡札加一家的慷慨大方，即让他自由地确定自己的津贴。我们得知，最终维多里诺还是同意去孟都亚，认为以正确的方式培养一个未来的国家领导者将有益于他的臣民，而且这种职业生活不次于他现在被要求放弃的寺院生活。据他的朋友普伦迪拉奎的记载，维多里诺刚一到达孟都亚就提出了一个条件："我接受这个职位是基于这种理解，即您（贡札加侯爵）对我没有提出任何的要求，因为无论如何那对我们任何一方都是不够尊重的。我将继续为您服务，只要您自己的生活将赢得尊重。"

　　贡札加对这个有点直言不讳的声明的答复让维多里诺感到满意，正如事情所证明的那样，维多里诺从来没有后悔过他的决定，反而觉得贡札加和他的妻子佩奥拉·迪·马拉泰斯塔（Paola di Malatesta）是忠实的朋友以及他的权威的坚定支持者。1423 年底，维多里诺开始在孟都亚工作。当时，他 46 岁。他待在那里为贡札加一家工作，直到 1446 年去世。在这 22 年里，维多里诺建立和完善了文艺复兴时期第一所伟大的学校——学校的精神、课程和方法，这使我们有理由视其为古典教育史上一个极其重要的里程碑。事实上，这是一所伟大的人文主义学

---

　　① 在 1421 年或 1422 年之前，萨巴蒂尼：《利古斯特新闻》，第 18 期，第 113 页。但是，格里诺定居在他的老家维罗纳，和他的亲戚朋友在一起，有少量的财产，而且他的朋友们似乎已为他做了许多事情。

校的典范。

25　　在这里,让我们回顾一下这个时候曾有助于维多里诺形成教育理念的有影响的人物。最初的动力来自于与乔瓦尼·康维斯诺、韦杰里乌斯和巴齐札的交往;后来由于韦杰里乌斯的论文和与格里诺的友谊使之得到加强,并直接变成了对教育的特别爱好。

　　在帕多瓦居住的第一个二十年里(1396—1415 年),维多里诺充满了最纯洁的人文主义复兴的精神。在帕多瓦,文法、学问、辩证法和哲学的研究早已经与这些伟大学科的现代概念非常相似,而非中世纪概念。但不仅仅是这一点,我们还可以举出一些具体的事情,不仅是对人文主义的热情,而且是对它的教育方法给予了非常重要的推动力。这一切就发生在维多里诺决定去孟都亚的前 10 年或 12 年里。

　　首先是格里诺翻译的普鲁塔克(Plutarch)①的论文《论游戏教育》(ΤΤϵpi παιδων αγωγηs)的出版,时间现在被认为可能是在 1411 年。这篇译文在人文主义教育理念的发展中的重要性不能过高估计。但分散在古代西欧图书馆的文稿副本的数量和很多的印刷版本,证明了它所激起的强烈兴趣。这标志着维多里诺、西尔维乌斯以及威吉乌斯(M. Vegius)②对受过教育的人的尊严,对教师的地位和对教育目的的广度的新意识首次出现。它对惩罚的观念、体育的功能或开始学习文字的年龄的影响应归于普鲁塔克的新的建议,而不是有声望的专家提供的或多或少有些不成熟的看法。其次是由波吉欧(Poggio)③在圣加尔发

26　现的昆体良④的完整文本。尽管这一发现引发了整个学者圈内的兴奋,

---

　　① 普鲁塔克(约 46—118),罗马帝国时期的历史学家、伦理学家和教育家。——译者注

　　② 威吉乌斯(约生活于 15 世纪后期至 16 世纪前半期),意大利人文主义教育家。在其《儿童教育论》一书中明确提出用母乳哺育等建议。——译者注

　　③ 波吉欧(1380—1459),意大利人文主义者,曾任佛罗伦萨的秘书官。——译者注

　　④ 在谢泼德(Shepherd)的《波吉欧》(Poggio)中的波吉欧的著名的信(第 108 页),韦杰里乌斯几年前编写了一个"纲要",这无疑是维多里诺很熟悉的,把它作为《雄辩术原理》的手册。关于巴齐札论述昆体良的著作,参见萨巴蒂尼:《研究》(Studi)等,第 3 页以后。

但通过巴齐札尤其影响了帕多瓦。因为巴齐札多年来对《雄辩术原理》(*Institutio*)①做了细致的研究,迄今获得的只是一种残缺的状态,但这项工作毋庸置疑是他在帕多瓦的修辞学课程中的一个重要主题。与之相比,住在巴齐札家里的维多里诺不可能不十分熟悉他老师关于这位作家的作品,其具有精心写作的特点。因此,从圣加尔发现的文本原稿自然会以最快的速度送到巴齐札那里。1418 年 6 月,巴齐札非常专心于此研究。复本很快送到佛罗伦萨的布鲁尼和尼科利的手里,另一复本稍晚便送到了格里诺那里。此时第一次获得了对罗马演说术的顿悟,而不是对罗马教育的更全面的概念,从今以后在确定人文主义关于教授文学的目的和方法的思想路线上这是最重要的因素。这种推动力在 5 年后,即 1422 年②,因为《论演说家》的完整文本在洛迪的发现得到了进一步加强。这又是至少一个世纪以来学者们人所皆知的文本;③但它只是一种支离破碎的状态。巴齐札对这本著作的兴趣之前已经提及。这个时候,他已经离开帕多瓦去帕维亚,但无论到哪里,新发现的手抄本还是被马上送到了他的手里。作为西塞罗的一个热情的崇拜者,维多里诺经常讲授《论演说家》,但对它的研究极有可能是在巴齐札的指导下才开始的。不管怎样,他和其他学者对西塞罗的雄辩术极其重视,这一点被这些修辞学论文的完整文本的发现引发的热情所证实。1413 年,在帕多瓦所谓的李维骨头的发现,似乎不可能影响到拉丁学问。但是,以这个时代的特征,这样的事情激起的不只是情绪和想象力。事实上,维多里诺以及他那个时代的每一位学者,在一定程度上很

27

---

① 《雄辩术原理》约写于公元 96 年,后失落。文艺复兴时期,1416 年昆体良这本久已失传的的著作从积尘中被重新发现而立即光彩夺目,使人文主义者为之倾倒。该书是古代西方第一部系统的教学方法论著。——译者注

② 这本著名的法典(或许属于公元 9 世纪)在 1428 年或以后再次丢失(而不是通常说的 1425 年)。萨巴蒂尼:《格里诺对西塞罗的研究》(*Guarino e le Opere Rettoriche di Cicero*),第 433 页。

③ 彼特拉克拥有一个副本,诺亚克:《彼特拉克》,第 210 页(注释)。(与科尔廷(Koerting)相比)

容易产生我们难以实现①的联想。把他对李维的热情和对这个伟大的帕多瓦人的文本评论的挚爱,至少部分地归于把兴奋激动从意大利的一端传到另一端的一个发现,这一点也不为过。

但是,在渗透和控制这种人文主义的热情方面,基督教精神占据着最高的地位。对于维多里诺来说,这是理性信念和虔诚性情两者的结果。许多学者抵挡不住帕多瓦或威尼斯生活的诱惑,经不起异教徒理想的干扰,但他却一直坚守着基督教信仰和行为的高标准。所以,维多里诺带着将基督教生活的精神和古典文学的教育机构结合起来的愿望来到孟都亚,同时把希腊人对整个文化的热情和对物质生活的尊严两者结合起来。

据说,维多里诺第一个设想并实行以这种理想为框架的教育制度。区分这一点——人文主义教育观念的最高尚的一面和同样的中世纪企图是很值得的,因为乍一看两者之间似乎没有什么不同。文艺复兴之前的最好的学校,例如,沙特尔②的教堂学校(the Cathedral schools of Chartres)或在德芬特的共同生活兄弟会(the Brethren of the Common Life)学校,都熟悉李维或奥维德(Ovid)③这样的古代作家。然而,有特点的人文主义作家的记录却非常稀缺。没有一所学校把拉丁语学习用于对罗马文学、历史和文明的理解上。没有意识到要重新开始研究被遗忘的和长期失去的宝贵财富。具有真正的人文主义热情的学者的个别事例也许可以引用,例如,沙特尔的伯纳德(Bernard de Chartres)④和

---

① 我们可能还记得,在西蒙兹的阿皮亚古道的一个陵墓中发现一个罗马夫人遗体的事件,《古典文化的复兴》,第 1 卷,第 23 页;以及在反对破坏维吉尔(Vergil)在孟都亚的雕像,并引发对韦杰里乌斯的斥责的马拉泰斯塔家族时强烈迸发的愤慨。参见孔比:《韦杰里乌斯书信集》,第 113 页。

② 在沙特尔,对李维进行了专门的研究。但是,在阿尔卑斯山以北的任何地方,像尼科洛(Niccolo)和年轻的帕齐(Pazzi)一样的事件是不可能发生的。参见西蒙兹(Symonds):《学问的复兴》(*Revival of Learning*),第 41 页。

③ 奥维德(前 43—约公元 17),古罗马诗人。——译者注

④ 克莱瓦尔(Clerval):《中世纪的查尔特勒学校》(*les Ecoles de Chartres au moyen-age*),第 16 卷,第 225 页。[沙特尔的伯纳德,法国中世纪时期的哲学家。——译者注]

朗杜尔夫(Landulph)①，或索尔兹伯里的约翰(John of Salisbury)②；也许在威斯特伐利亚或低地国家，偶尔会有一些学者在他们较快乐的日子里详细阐述阿格里科拉(Agricola)③或卢希林(Reuchlin)④的影响。但是，这些事例都是零星地表达：除非在沙特尔，我们找不到任何的学术传统。相反，当谈及索尔兹伯里的约翰时，拉贝·克莱瓦尔(L'Abbe Clerval)公正地总结了这些证据："独特的高雅的文学使她自己适合于沙特尔的伯纳德的例子：倒不如说，强迫使之为哲学和精神学服务啊！"⑤(Lui seul a cultive la litterature pour elle-meme a l'exemple de Bernard de Chartres：les autres ont ete amenes a la mettre exclusivement au service de la philosophie et de la theologie!)

当人们阅读古代著作时，对他们的研究完全依赖于经院哲学和神学。这种态度甚至在 15 世纪仍然保留着。巴黎的事例具有重要的意义。⑥ 在那个世纪，教授的职位是要正式颁布命令的——这些职位从来也没人担任——在古典课程和东方语言课程上；但目的是什么呢？是为了便于伊斯兰教徒的皈依。实际上，在巴黎，所有的古典研究都被鄙视为纯粹的"文法"，也就是说，这些科目只适合"文法教师"探讨。在沙特尔，对古代作家的兴趣在某种程度上来讲是传统的，特别是李维(而不是西塞罗，他的著作很少)的著作被当作历史和文学来阅读，而不是仅仅作为一种文法例句。作文也被鼓励用散文和诗歌的形式。但即使那样——沙特尔(1200—1400 年)是可提供的最有利的事例——与对法律和神学的兴趣相比，这类兴趣完全是微不足道的，正如我们可以很容易地从本章文库的记载中看到的那样。文学的概念或一位古代作家的

29

---

① 克莱瓦尔：《中世纪的查尔特勒学校》，第 16 卷，第 409 页。

② 克莱瓦尔：《中世纪的查尔特勒学校》，第 16 卷，第 228 页以后。［索尔兹伯里的约翰(约 1115—1180)，英国最重要的古典学者和神职人员。——译者注］

③ 阿格里科拉(1443—1485)，文艺复兴时期尼德兰人文主义学者和教育家。——译者注

④ 卢希林(1455—1522)，德国人文主义者、古典学者、古代语言学家。——译者注

⑤ 克莱瓦尔：《中世纪的查尔特勒学校》，第 16 卷，第 230 页。

⑥ 瑟洛特(Thurot)：《教育》(Enseign)，第 83 页。

观念作为一门完整的课程,在 14 世纪的意大利以外是不为人们所知的。那时,在意大利,特别是在佛罗伦萨和伦巴第城市,许多拉丁文法学校(市立的或私立的,而不是教会的)突然出现,至少部分是受到彼特拉克影响的结果。这些学校原本都不是为更高的古典研究提供预备课程,尽管事实证明它们的确这样做了。它们的主要目的是,把拉丁文作为一门在实际生活中得到应用的科目来教授。但是,当这股对古代世界的文学和艺术的狂热浪潮席卷意大利北部的文雅生活中心,并随之带来了一种新的衡量最有价值知识的标准时,教育的理想通过必然的过程也被更改为朝着同一方向发展。人文主义教师是米兰、佛罗伦萨或费拉拉的统治者和市民对人文主义兴趣爱好的必然产物。因为每个时期的教育目标都服从于主导的智力理想或宗教理想;教育目标充其量是它们的化身,而永远不可能创造它们。

贡札加的 3 个孩子直接由维多里诺照顾。当时,有 3 个男孩,长子卢多维科(Ludovico)出生于 1414 年,还有卡罗(Carlo)和吉安卢西多(Gianlucido),他们的年龄在 3 岁至 9 岁之间。第二个女儿①塞西莉亚(Cecilia)出生于 1425 年,她还有一个弟弟,亚历山德罗(Alessandro)两年后出生。维多里诺有权适当招收孟都亚最重要的几个家庭里的一定数量的男孩,作为贡札加孩子的同学。此后,经过一年的实践,他接受了他自己私人朋友的儿子们②,他们来自于威尼斯和意大利北部的其他地区,收费根据家长的不同职位而定。慢慢地,邻近地区的君王家庭③

30

———————

① 长女玛格丽特(Margherita)嫁给了利奥奈洛·狄斯泰(Leonello d'Este),但我查不到任何提及她的教育的信息。她比塞西莉亚(Cecilia)大 7 岁。参见萨巴蒂尼:《格里诺的生平》(*Vita di Guarino*),第 100 页。

② 弗朗西斯科·巴巴罗(Francesco Barbaro)在 1443 年推荐一个亲密的朋友、神父克莱里奇(Fr. Clarici)的儿子成为学生。而且,这种做法对于维多里诺以前的学生来说可能是很常见的。

③ 安布鲁吉奥(Ambrogio)提到:"其他国王的两个儿子,每一个都大约是 10 岁左右。"(*Mart. et Durand.*,第 3 卷,第 553 页)其中一个很可能就是乌尔比诺的弗雷德里克,他出生于 1422 年,大约 11 岁时去了孟都亚。丹尼斯图恩(Dennistoun):《乌尔比诺君主回忆录》(*Menoirs of the Dukes of Urbinowu*),第 1 卷,第 64 页。1433 年,当皇帝西吉斯蒙德(the Emperor Sigismund)经过孟都亚时,他被这位皇帝授以爵位。

也设法把他们的儿子安排到如此有能力和值得信赖的教师身边接受教育。因此，乌尔比诺的弗雷德里克（Frederic of Urbino）"还是个孩子时"就被送到维多里诺这里，维多里诺给予他很多关爱，而且我们得知深爱文学是这位数年之后成为文艺复兴时期的显赫人物的特点。① 此外，由于维多里诺依稀记得自己早年的艰难拼搏并忠实于学者本能的天才平等的信念，因此，他继续完全免费接受由信赖的朋友推荐的有希望的男孩。他以与其他男孩绝对平等的地位对待这些孩子，在某些情况下他承担了他们的生活费、服装和书籍等的全部费用，达 10 年之久或更长的时间。其中一个是费尔特雷的卢多维科（Ludovico da Feltre），可能与维多里诺家有某种亲戚关系；他另外接受的一个孩子是应一个他最喜欢的学者普拉托的萨索罗（Sassuolo da Prato）②的请求。当时，最伟大的学者格里诺③、波吉欧④和费尔福⑤都把他们的儿子送到了孟都亚。他们都非常清楚在大多数大学城里困扰青少年的那些诱惑；他们知道，自己的孩子和维多里诺在一起肯定会得到最细心的监护。孟都亚侯爵可能是受其妻子佩奥拉的影响，始终对维多里诺非常敬重，在选择学生的问题上让他全权负责。孟都亚学校迅速成为意大利北部贵族青年公认的"体育馆"（Ginnasio），其赞助者完全意识到它的尊严，因此，它的声誉逐步扩展至法国和德国，甚至说希腊语的国家。

① 卡斯蒂廖内：《科尔蒂亚诺》（Il Cortigiano），第 5 页。多年来，维多里诺的一个带有题词的半身像放在乌尔比诺大皇宫中的贵宾位置。奥塔维亚诺·乌巴尔狄尼（Ottaviano Ubaldini）被当作他的兄弟抚养大，是弗雷德利戈（Frederigo）的同学，而且可能是由安布鲁吉奥提及的两个君主之子中的第二个。霍尔茨英格尔（Holtzinger）：《弗雷德利戈》（Frederigo），第 210 页：拉斐尔（Raphael）的教父桑蒂（G. Santi）献给维多里诺的诗句，在他的《弗雷德利戈的克罗纳卡》（Cronaca di Federigo），第 1 卷、第 2 卷，第 28 页以后。
② 瓜斯蒂（C. Guasti）编：Saxolus Prat.，第 18、19 页。
③ 格雷戈里奥（Gregorio）生于 1432 年；萨巴蒂尼：《格里诺书信集》，第 81 页。
④ 很可能是巴托洛梅奥（Bartolomeo）生于 1425 年。1456 年，波吉欧把他的合法长子送到格里诺那里；那时，维多里诺已经过世十年了。
⑤ 普拉蒂纳（Platina）：《科门亚里奥鲁斯·普拉蒂纳论费尔特雷的维多里诺一生》（Commenyariolus Platinas de vita Victorini Feltrensis），第 23 页。

学生的年龄相差很大。瓦拉 1430 年离开,当时他 23 岁;在他待在那里的部分时间里,很可能担任了助手。萨索罗进来的时候是 21 岁,一直待到他至少 27 岁时;科拉罗(Corraro)和尼古拉·佩罗蒂(Nicholas Perotti)进来时 14 岁;贝卡利亚(Beccaria)不到 14 岁;奥尼贝内很可能是 11 岁;其他人只有 6 岁或 7 岁。随着学校知名度的提高,学生的人数似乎也逐步增多。前面已经提及了维多里诺在帕多瓦和威尼斯接受经济拮据的父母的孩子的做法①,我们得知,在孟都亚他通过一种奖学金延续了这个原则,因此,不难相信,这种做法被大加赞赏。除了为他的学生提供生活费外,他还为靠领取国库津贴生活的父母②提供一份收入。

孟都亚侯爵把最喜爱的宫殿提供给维多里诺和他的学生使用,它离教廷或君主的家庭以及他的家庭住所很近。这个独立的别墅或娱乐场建于 1388 年,随后的几年由弗朗西斯科·贡札加四世(Francesco Gonzaga IV)拥有,它的名字是"La Gioiosa",或用威尼斯方言称之为"Zoyosa"(快乐之家)。它坐落在一个小山坡的山脊,俯瞰城市东北角的米娜西欧山谷。现在的索尔德罗广场和德拉菲耶拉广场,很可能占据了"快乐之家"的原址及其花园的一部分。③ 然而,未来校舍的名字并不能让维多里诺快乐。但他的智慧很快使他自己克服了困难。"La Gioiosa"很容易就变成了"La Giocosa"④。"La Giocosa"这个名称的联想意义未必没有有可疑意图的旧名称的联想意义明亮和快乐:它仍然是"快乐之家"(the Pleasant House);而且,稍带点罗马学校名称的味

32

---

① 萨索罗说到,那时(大约 1440 年)有 40 名学生被接收为免费生。瓜斯蒂编:*Saxolus Prat.*,第 51 页。

② 普拉蒂纳:《科门亚里奥鲁斯·普拉蒂纳论费尔特雷的维多里诺一生》,第 26 页。

③ 在对孟都亚的档案进行过大量研究后,"快乐之家"的当地环境已经被帕利亚(Paglia)清理掉了。《伦巴第大主教传记》,1884 年,第 150 页以后。

④ "Gioiosa"来自"gioia"(gaudia,喜悦):"giocosa"是"jocosa"(jocus,乐趣)。"Jocus"又是"ludus"(运动)的同义词,而后者常常用于学校的名称。正如帕利亚所说的:"La Casa Zoyosa"(快乐之家)变成了"通过有乐趣的游玩活动既教授文字知识又培养基本精神的场所",第 153 页。

道,同时符合当时善于创造发明的品味。很可能是根据维多里诺的建议,房子用画着玩耍中的儿童的壁画重新装修,这连同舒适的环境进一步强调了其名称的意义,维多里诺的学校也因此而举世闻名。

快乐之家的房子比例协调,气势宏伟,内部宽敞庄严。宽阔的走廊和高耸明亮的房间使得学校环境优雅,非常符合维多里诺对校舍应是什么样子的想法。因为正如其名称所暗示的,它将被视为一个"快乐之家"(house of delight)。维多里诺认为,一个明亮的环境有助于健康的智力学习。过去普遍认为学习的需要要求学校应该安排在一个阴暗的和不健康的场所①的观念,对于一位真正的人文主义者来说这是不可理解的。相反,"快乐之家"三面都由大草坪环绕,一面毗邻河流;河边有宽阔的小路,两侧长满了郁郁葱葱的大树。维多里诺非常珍视这片开阔的绿草地,他经常把它用作游戏场地。

"快乐之家"从一开始就被安排为校舍,在那里维多里诺本人和王子们有他们的家。部分学生被安置在附近的房子里居住,性质上完全与宫殿本身不同,他们是在老师和他的助手们的密切监督下学习和生活的。所有人到"快乐之家"来都是为了学习。所有人似乎都是寄宿者。事实上,维多里诺的特殊训练也几乎不可能实行任何其他制度。

但是,在为校舍比例的尊贵而感到高兴的同时,维多里诺又毫不犹豫地搬走了所有的豪华家具、装饰品及金银器具。② 王子们在这方面或任何其他方面也不能有特殊的考虑。他们的父亲完全信任老师的判断,并坚定地维护他在这些对身心健康有益的变化上的权威。因为维多里诺已明确表示,除非彻底地消除对奢侈、无所事事或傲慢的诱惑,任何一个学生无论其家庭地位高低都要保持一种简朴的生活状态,否则他无法试图成功地完成自己的任务。

维多里诺认为,有必要从一开始就拒绝某些他怀疑对贡札加孩子会有不良影响的同伴。这是一个棘手的工作,因为要开除的是一些地

---

① 马林杰:《剑桥大学》,第 1 卷,第 339 页。

② 被保存的日期为 1406 年的内容清单,列举了 70 张床和一大批窗帘、家具和陈设,是属于这个官殿的。

位重要的家庭的孩子,但侯爵却毫不犹豫地支持他的行动。一个较难的的事情是,选择能使他们自己适应新的生活方式的合适人员及仆人。我们知道①,贡札加的家庭生活是可信赖的,但新的纪律在宫殿里是不寻常的。要严格监督学生们的外出,他们通常会在宽敞的房子里做游戏和在学校周围的草坪上做运动。

维多里诺无疑把他自己当作学生们的父亲。他自己没有发表过任何的正式声明。② 他的学校完全把他自己吸引了。他用深情和期望的目光注视着年龄最小的孩子,用充满自豪和自信的目光关注着年龄大一些的孩子。他总是亲自处理学校生活中一些较重要的事情,他自身的感染力不知不觉地提高了他周围人的思想和行动的格调。维多里诺的坚定精神很快被极为敏感的意大利青年感受到了,因为他的一句话、甚至是一个反对的眼神,往往足以让犯错误者的眼里流出耻辱和忏悔的眼泪。他与学生们共同生活,一起吃饭,一起游戏,一起远足,经常分享他们的兴趣和快乐,使他能够照顾 60 或 70 个男孩,而且不需要严厉的处罚。因为生来是个急性子,维多里诺早已训练自己学会自我控制,从来不乱发脾气,除非遇到学生不敬或道德败坏。他很少采用体罚,这仅仅是经过讨论之后可以代替开除的一项措施。对于准备不足的学习所采用的处罚,是放学后强制性的重新学习。吸引孩子们而不是强迫孩子们是维多里诺的目的之一,同时尊重孩子们的尊严和自由。因此,在作出公正的处罚之后,他拒绝强迫一个不愿意学习的学生学习,因为他认为自然没有赋予所有人都有学习的爱好或能力。维多里诺在那个时候的特点是,有信心通过对文化学习的优异者授予荣誉称号来唤起个人和家庭的荣誉感。这是一个大多数有精神追求的青少年热切回应

---

① *Mart. et Durand*,第 3 卷,第 830 页。这里提及的是 1425 年或 1426 年。这封信的第 77 页以下被引用。

② 毫无疑问,正是维多里诺方法的这种特点吸引了裴斯泰洛齐(Pestalozzi),其通常对文艺复兴时期的教育没有多少知识或兴趣。瓜斯蒂在他的关于萨索罗(Sassuolo)的版本中,有这样的说明:“乔瓦切诺·巴尼尼(Giovacchino Benini)的纯粹说教确实一点也没有引起裴斯泰洛齐的记忆,但在萨罗索时代关于维多里诺的一生的记述却起到了激励作用,因而能够在本质上更好地了解和表达其优点。”(第 31 页)

的动机。

我们了解到,维多里诺小心提防在膳食和饮酒①上的自我放纵的习惯,而且在这些问题上甚至通过纪律来消除重大过失,尽管他也同样关心那些似乎缺乏食欲的学生。像当时的其他教师一样,他不鼓励采用人工取暖②,即使是在孟都亚的严寒冬天里。他从不站在火炉跟前,尽管他的手脚经常被冻得麻木。对于一个健康的人来说,拍手、跺脚或者更好的方式,讨论和大声朗读都是适当的补救措施:因为寒冷一般都是大脑或身体无所事事的结果。童年时期的健康活动总是受到鼓励,并且在他的所有学生中培养运动的技能。有一次,维多里诺偶尔听到两个小男孩在一边认真交谈;听到他们在讨论学习,他就大声说了一句:"这对一个小男孩来说不是什么好兆头",接着便送他们去参加活动。他认为,在所有的天气条件下的经常运动是健康的基础,而健康又是心理发展的最重要的必要条件。在他的照顾下,男孩的健康问题是他非常重视的一件事情。在这方面,我们又一次感到他与中世纪的标准是很不相同的。在天气过分炎热时,他为护送或陪同他的学生们去戈伊托侯爵的别墅、或博戈福泰侯爵的别墅、或加尔达湖、或维罗纳的较低的阿尔卑斯山的团队做好准备。如果有的学生生病的话,他会一直照顾他。的确,维系维多里诺与他学生之间个人感情的纽带体现在各种关系上。他非常渴望学生们进步,并以此感到骄傲;对学生个人的性格,他有独特的洞察力;他从不考虑自己,训练的方法又如此让人感动,以至于"快乐之家"在真正意义上是一所理想的学校,而且迄今为止学校可能永远是一个理想的家园。

这里所写下的似乎是一种想象出来的梗概,以 15 世纪常见的奉承的评论方法为依据。然而,我们拥有不完整的但却最重要的维多里诺本人的信件,有在维多里诺照顾下度过他们青年时期和成年早期的学

---

① 尽管不鼓励喝葡萄酒,但实际上也不禁止。葡萄酒常常被稀释。他自己很少量地喝一些清淡的甜葡萄酒。

② 在这个观点上,维多里诺没有什么特别的。修道院或大学宿舍的寒冷,肯定早已被强烈地感觉到了。拉什代尔(Rashdall):《中世纪的欧洲大学》(*Universities*),第 2 卷,第 665 页。维吉乌斯(Vegius):《论博雅教育》(*De Lib. Educ.*),第 1 卷,第 4 节。

生们①的明确证词；有他的那些自己后来也成为著名教师的学生所提供的间接证据；以及来自有如此广博阅历和如此充分机会获得信息的人，诸如格里诺、安布鲁吉奥、费尔福和波吉欧的尊重——这种尊重不仅是因为维多里诺的成就，而且是使维多里诺获得并保持其独特的权威性的豁达秉性。如果我们愿意的话，我们可以把这种新训练的特点追溯到对普鲁塔克的论文和昆体良的研究上。毫无疑问，某些事情是缘于人文主义者对身体是头脑和心灵的敌人之学说的反抗。但我们认为，最重要的是，维多里诺能够丢掉严厉是因为他非常喜欢年轻人，是因为他是详细了解他自己的任务并全力以赴完成它的老师。此外，我们知道，维多里诺得到有才能的同事们的帮助，他们和他们的校长的想法一致；因为他们中大多数人都受过维多里诺本人的训练。但我们能说的最后一句话始终是：维多里诺拥有权威的秘密在于他本人的天赋。

无论是维多里诺的目的，还是真正的人文主义教育者的目的，都是想获得心灵、身体和性格的和谐发展。② 与那个时代另一位伟大的教师维罗纳的格里诺相比，我们可以说，虽然格里诺是一位更好的希腊语学者，并拥有更多勤奋的读者，但他专心致志于培养出聪明和雄辩的学生③；而维多里诺旨在培养出应该为"教会中的上帝和国家服务"的年轻人，无论他们可能被要求担任什么职位。④ 但是，他们两个人都同意这

37

---

① 特别是萨索罗，他写于维多里诺的有生之年（1443 年）。普伦迪拉奎，阿莱里亚的主教卡斯蒂廖内。

② 蒂科齐神父说：他旨在培养"完美的公民"。在真正的人文主义者的心里，有一个非常实际的目的。蒂科齐：《文学家的故事》，第 18 页，第 182 页以后。

③ 科尔泰西乌斯（Cortesius）：《论人的教导》（De hom. Doct），第 226 页。福格特：《古典文化的复兴》，第 1 卷，第 551 页；布克哈特：《意大利的文艺复兴》，第 215 页，他们两人都赞成这种看法。参见施密特（Schmidt）：《教育史》（Gesch. der Padag.），第 2 卷，第 403 页，维多里诺有关教育目的的简明扼要的评论。

④ 普伦迪拉奎：《关于费尔特雷的维多里诺一生》，第 86 页。维多里诺的做法是韦杰里乌斯和维吉欧在他们关于教育的作品中所主张的做法。这种广义的教育观点可能与巴蒂斯塔·格里诺（老格里诺的儿子）所阐述的观点相左，他的论文《论教学秩序与学习》（De Ordine docendi et studendi）表达的是一种狭义的观点。参见本诺斯特（Benoist）：《儿童论》（Quid de Puerorum），第 160 页。维多里诺的理想在孟都亚被证明是切实可行的，但在稍后的时间里很少被如此充分地认识到。

一点,即所采用的教学科目、教育内容都必须主要由希腊和罗马文学组成。如果我们把人文主义者的课程与他们的中世纪前辈的课程对比一下,我们会发现并声称,古代的"三艺"(Trivium)①和"四艺"(Quadrivium)②已经消失并被一些全新的东西完全取代,这种说法几乎是不准确的。但是,这种说法是更不准确的,就如本诺斯特(M. Benoist)评价伊拉斯谟那样:"伊拉斯谟的完整体系仍然是三艺和四艺,无论删除其他什么,除非几何被与之有很深的血缘关系的地理知识所替代。"(Trivium Erasmus intactum reliquit, negue in quadrivio quidquam aliud mutavit nisi quod geometriae in locum cognatam doctrinam, geographiam substituit.)表面上看,这可能是认可了人文主义学校的"七艺"(Seven Liberal Arts)课程,即文法、修辞、逻辑、算术、几何、天文和音乐。但当我们意识到,第一,像新教师了解到的在学科相对重要性上的巨大差异;第二,他们赋予学科内容③的创新性解释之后,这种认可就失去了它所有的重要意义。毫无疑问,在意大利,就像文艺复兴时期的每一个学生很快了解到的,古典传统从未完全丧失,拉丁文在任何时期都不是一种死的语言,甚至不是一种"有学问的"语言。种族和帝国地位的意识通过罗马的遗迹、《埃涅伊德记》(*Aeneid*)或李维的故事得以延续下来,这一点在教皇的权利和罗马法中被表述出来。但是,正如前面所述说的,人文主义者通过对整个古文化领域施以严格的研究方法,以及使以往的热情适应目前的需要,促进了这种意识。所以,他们通过三艺组成科目的精神,甚至在意大利,也与上几个世纪教育家的精神完全不同。例如,一篇文章的 4 种意义所指的臆造事物——表面意义、隐喻意义、寓言意义、神秘意义——文法和逻辑共同努力去展示它们,渴望了解作者的话对于一个智力平常的人来说意味着什么。对维多里诺来说,文法和修辞如果结合起来,意味着最重要的

①"三艺",指的是文法、修辞和逻辑。——译者注

②"四艺",指的是算术、几何、天文和音乐。——译者注

③ 本诺斯特:《儿童论》(第 37 页注释 3c),第 44 页:从很多方面对伊拉斯谟(Erasmus)和后来的文艺复兴时期的有价值的研究。

希腊文和拉丁文学问、用两种语言写作的能力,以及讨论并理解古代世界的文学、历史和思想精神的本领。辩证法没有主宰所有其他的科目,特别是文法①,相反降低到一个相对不重要的地位。在方法上一切都是理性的和客观的,作为装饰和说教生活的一种手段,其目的是博学,而不是推测。教育的最重要的基础是文学,其余都是次要的。就像埃涅阿斯·西尔维乌斯和伊拉斯谟评论数学或辩证法那样:"应该充分的体味。"(degustasse sat erit)

39

维多里诺发现自己被委托照顾不同年龄的学生,他更喜欢他们在没有养成许多坏习惯之前就来他这里学习。他为最小的孩子设计了字母游戏,四五岁的孩子可以在不知不觉中被教以朗读和拼写;而且,他把一些简单的口语练习与这种游戏结合起来。从一开始,他就非常重视发音。他坚持认为,必须以正确的方式张嘴,在适当时间的间隔中换气;清晰地发每个音节,避免发音时咝咝作响或浓重的喉中发音。他制止高声朗读或讲话,并十分重视适当地强调语势和语调、重音和音量。②他教导学生,优雅的讲话必须伴随着尊贵的举止和高雅的礼仪。

朗读是每天都要做的练习之一,而且一般都是维多里诺本人在场时进行的。在书本稀缺时,这种活动的范围更大。吃饭的时候,要严格保持安静,同时听人朗读指定的作家的文章。他认为,在古典教学的后期阶段,朗读既有助于对历史学家和诗人的感悟性理解,又可以测试其理解的程度。这种做法源自克里索罗拉并深受他的学生格里诺③的重视,反过来维多里诺可能又从格里诺那里获得了这种方法。朗读还被作为雄辩的必要训练来进行认真的教授。阅读和背诵都被认为是非常健康的练习活动,不仅增强身体对寒冷的抵抗力,而且有助于消化。阅

---

① 文法这个术语以及研究这门课的精神,深深地受到当时的辩证法的影响:用于人文学科中纷争的做法导致了不真实的学习。这个主题在 1401 年的《阿雷佐的布鲁尼的对话》(the Dialogue of L. Bryni d'arezzo)中得到了探讨。凯里特:《论文集》,第 2 卷,第 53 页以后。

② 在接下来的一个世纪里,萨多莱托(Sadoleto)使用后面的朗读手段帮助讲话流畅。

③ 罗斯米尼:《格里诺》(Guarino),第 1 卷,第 113 页(注释 76)。

读和朗读的题材都包括些什么呢？在早期阶段，教年龄小一点的学生以崇敬的态度和理解的方式进行背诵是最重要的宗教练习。然后，他们练习背诵奥维德和弗吉尔（Vergil）①的简短且容易的篇章；我们知道，维多里诺的一些学生 10 岁时就能背诵自己的拉丁语作文。在书籍很少的年代背诵散文和诗歌是人们最喜欢的练习活动；因此，背诵的著作的长度和难度证明了古代人的记忆力要比现代人强得多，而且也是一种更现成的教育手段。对于维多里诺的最有名的学生佩罗蒂以及昆体良来说，记忆是"信息的第一种迹象"②。记忆的培养给青少年带来显著的成效。西塞罗或狄摩西尼（Demosthenes）③的全部演说，李维和萨卢斯特（Sallust）④的著作，还有弗吉尔和荷马的大部分诗歌，都被不到 14 岁的男孩或女孩们准确且得体地背诵下来。维多里诺认为，这种背诵的技巧⑤是最重要的，是对古典著作阅读的内容和形式有见地的评价的证据。

我们没有关于意大利语阅读或背诵的典故。例如，但丁（Dante）⑥在任何参考文献里都未提及他去维多里诺的学校或他在费拉拉的朋友格里诺的学校。

这促使我们进行这种有趣的但又有些难度的调查——当时是不是有什么地方被指派进行本国语言和文学的教育？事实上，意大利语似乎不大可能仅仅只用于最基本的教学和日常的会话中。但是，认为意

40

---

① 弗吉尔（1470—1555），古罗马诗人。——译者注

② 《基础文法》（*Rud. Gramm.*）（罗马 1473 年），参见维吉乌斯（Vegius）：《论博雅教育》，第 238 页。菲奇诺（Ficino）说：记忆是哲学家的主要先决条件之一。参见来自菲奥莱蒂的韦斯帕夏诺（Vespasiano）的有趣的引文：《尤奥米尼·伊卢斯特里的一生》（*Vite Degli Uomini Illustri*），第 113 页。

③ 狄摩西尼（前 384—前 322），古希腊最伟大的政治家、演说家和雄辩家，希腊联军统帅。——译者注

④ 萨卢斯特（前 86—前 34），古罗马著名历史学家。——译者注

⑤ 贡扎加的其中一个儿子一天就把一本《埃涅伊德》（*Aeneid*）背诵下来。普伦迪拉奎：《关于费尔特雷的维多里诺一生》。

⑥ 但丁（1265—1321），意大利诗人。——译者注

大利语在重要的教育计划①中占有一席之地是不可能的。也许有比我们想象更多的大量被翻译成意大利语的著作；其中之一，罗马的圣克莱门特(St Clement)②的历史是献给塞西莉亚·贡札加③，她是维多里诺的一个学生，对她来说原版的拉丁语应该没有任何的困难。但丁在佛罗伦萨大学获得了一个教授职位，尽管不是因为他在写作时所使用的语言。萨卢塔蒂(Salutai)④对诗人选择意大利语表示遗憾，布鲁尼唐突地说这是由于他对拉丁语一无所知。但事实上，毫无疑问，这个时候大家都认为，拉丁语注定要成为学者圈内的共同语言，任何延迟通过口头语和书面语学习这门语言的行为都是浪费机会。"本国语"可能确实对平时的生活带来了便利，但它只是一系列的方言，而不是从事文学研究的权威性工具⑤；因此，它绝不能被平等地视为能表达和解释当时在古代文明遗迹中展现出来的广阔思想。罗马的永恒也与罗马的演说有关

---

① 然而，费尔福(Felelfo)在他编写的一本小手册《拉丁语和意大利语的训练》(*Exercitatiunculae Latinae et Italicae*)(第一版，米兰，1483年)中表达了一种完全不同的(对学者来说很罕见的)看法："……并没有形成训练的方法，仅仅是把拉丁语作为装饰品，其实自己本国的语言(quod non ab re fuerit)同样是雅致的。"费尔福在自己的文学写作中的意大利语主要是一串带有意大利式词尾的拉丁词语——迂腐且矫揉造作。阿尔贝蒂(L. B. Alberti)作出回应，赞成这是意大利语最强的一面。

② 圣克莱门特，即克莱门特七世(1478—1534)，原名朱利奥·迪·朱利亚诺·德·梅第奇(Giulio di Giuliano de' Medici)，1513—1523年间担任红衣主教，1523—1534年间担任教皇。——译者注

③ 我只知道在伯德雷恩图书馆有一个副本，意大利文手稿，著作集(《书目目录》(*Catalog.*)，莫特拉(Mortata)编，1864年，第五版)。

④ 在阿雷蒂努斯(L. Aretinus)的《对话录》(*Dialogue*)中，萨卢塔蒂无疑被准确地描述为像格言中的那样，"只要同样地抄写就能很好地利用它们"，他大概把但丁放在文学上的伟大人物当中。参见凯里特：《论文集.》，第2卷，第59页。但丁的教授职位由乔瓦尼·马尔帕西尼和费尔福担任，这两人当然都是拉丁语学家。

⑤ 参见格布哈特(Gebhardt)的评论：《文艺复兴的起源》(*Les Origines de la Renaiss.*)，第171—172页，以及罗蒙特的评论(Reumont)：《中世纪时代的罗马城》，第1卷，第486页(关于语法机制的缺失)。同样的看法也是近一个世纪后伊拉斯谟对待现代语音的态度：维韦斯(Vives)最重视用拉丁语交谈的练习，《论教学科目》(*De trad. Disc.*)，第3卷，第298页。

系；所以，任何有生存价值的东西，都必须通过这一途径来表达。① 意大利语是一种不固定的、较原始的语言；它没有确定的语法规则；历史上的伟人没有正式接受它。在意大利，真正有历史记载的语言只能是拉丁语。维多里诺的做法与这一普遍的看法不谋而合。所以，我们可以有把握地得出结论：在"快乐之家"中，日常会话就像所有的教学一样，尽可能早地用拉丁语进行，而意大利语的使用是被阻止的。

虽然维多里诺因此认为拉丁语是自然的教学语言，但无论是对年龄小的学生还是对年龄大的学生，他绝不把他的课程只限于语言课程。在受教育经历较短的学生中，没有什么错误比文艺复兴时期教师给予文法的错误地位更常见。我们被明确告知，上课时间被分配给不同的学科。普拉蒂纳说："古希腊的普通教育（εγκυκλοπαιδειαν）名称是值得高度赞扬的，因为它包括多种多样的高尚知识的训练以及心灵训练。"(Laudabat illam quam Graeci εγκυκλοπαιδειαν vocant, quod ex multis et variis disciplinis fieri doctrinam et eruditionem dicebat.)②事实上，普伦迪拉奎告诉我们，任何科目的教学都不会缺少，而且提供专门的教师以确保有效果的教学。他高度重视算术这门课，是因为其培养头脑的准确性和高效率的习惯，在初级阶段是用游戏的方式进行教学，"沿袭了古代埃及人的做法，维多里诺高度赞扬这种课程的教学方法"。③ 在帕多瓦时，维多里诺在几何这一方面已获得很高的声誉，我们可以认

---

① 极端的人文主义者的论点在已经引用的阿雷蒂努斯的《对话录》中得到最好的说明。尼科洛说："我本人从哪里探究但丁（Dantes）、彼特拉克（Petrarcas）、薄伽丘（Boccatios）呢？……为什么会出现各种冲突以及惊奇和赞扬呢？"（第60页）"我本人与西塞罗的书信和维吉尔的诗歌是一致的，长久以来我偏爱所探究的一切作品（但丁、彼特拉克或薄伽丘的那些作品！）。"（第65页）

马内蒂（Manetti）尽管真诚地尊崇意大利语，但被迫用拉丁语进行写作："恰如年代缓慢地渐进，拉丁文学写作也是持久的和永恒的，并成为占据统治地位的纪念碑。"穆拉托里（Muratori）：《意大利史料集》(*Chron. Pistoriense, Praefatio,*)，第16卷，第992页。

② 普拉蒂纳：《科门亚里奥鲁斯·普拉蒂纳论费尔特雷的维多里诺一生》，第21页。

③ 萨索罗：《论维多里诺的生平和训练》，第70页。

为,他把代数的基本原理和几何这门课程联系在一起,在教授时又与绘画、测量和调查结合起来。考虑到他对这门课程的兴趣和早年作为教师获得的荣誉,我们了解到的有关维多里诺的数学教学情况远远低于我们所期望的。① 皮萨内洛收藏的奖章明确地记录了他在这个知识领域的声望。我们得知,他聘请老师教授自然哲学和欧几里德的基本原理。在帕多瓦,数学和占星术一直是密切相关的。② 维多里诺用天文学取代了占星术,而且把有关天体的知识纳入到这门课程中。自然历史并没有被忽视,尽管我们可以认为它一直是那种不重要的知识,有点像16世纪的"百科"(bestiaries)。音乐被接纳,尽管是处在周密的监督之下。③ 这个时候,有一些教育家非常渴望能够尊重音乐和音乐家的道德影响力。有人担心,沉迷于艺术只是有感官兴奋或懒惰的趋势。听音乐是一种无所作为的借口;练习音乐可能会导致完全丧失自我控制。精心挑选的音乐教师特别关注那些可能擅长这一方面的学生。但是,维多里诺坚信在音乐基础和升降和声之间存在着雅典风格的区别。因为有了这些预防措施,所以,他开设了器乐、合唱和舞蹈课程。

维多里诺认为,学习不仅要与游戏和必要的锻炼交替进行,才能达到真正的智力敏捷;而且,教师必须对科目内容本身提供多种多样的变化。在教育问题上,人文主义作家有一个共同的认识,那就是,人的精神需要的食粮种类并不比身体需要的少。④ 由于学校的科目范围无疑是狭隘的,因此,带来的后果是这个时期所获得的知识领域贫乏;他们

---

① 然而,来自乔托(Gioto)的安布鲁吉奥(Ambrogio)在1435年记述第三个儿子吉安路西多(Gianlucido)的情况:"坚持这样的目的:在欧几里德几何学方面能使他自己增加合适的图形,同样使他自己能对当时的图形是否合适和有否吸引力做出完全的评价。"梅休斯(Mehus):《安布鲁吉奥的一生》(*Vita Ambros.*),《书信集》(*Epist.*),第7卷,3.(第332页)。

② 占星术一方面与数学有密切关系,另一方面与医学也有密切关系。参见拉什代尔:《中世纪的欧洲大学》,第1卷,第243页。

③ 谈到维多里诺的观点,萨索罗说:"只要把哲学置于教育的中心。"

④ 在解释维多里诺的做法时,普拉蒂纳说:"另一种智慧因而努力养成使精神恢复的习惯。"《科门亚里奥鲁斯·普拉蒂纳论费尔特雷的维多里诺一生》,第20页。比较埃涅阿斯·西尔维乌斯:《歌剧艺术》,第156页以后。

对学校目的的适应当然是很不完美的。但有一点仍是真实的,那就是,在 15 世纪意大利最好的学校里,将学校课程限定为拉丁语和希腊语语法的机械学习,而且文选读本(Delectus)是不为人所知的。

实际上,从这种事实的性质来看,在早期阶段,在像维多里诺那样的学校里,古典语言的教学必然是比学校传统正式确立后的情况更自由,也更有吸引力。在图书匮乏的情况下,口头的方法和清晰的解说是必不可少的。因为每个学生通过逐步归纳作者在词汇和语法上的使用来积累知识是必要的。每个学生的手里都会有一本拉丁语和希腊语的入门小手册,可能是帕皮亚斯(Papias)①的《初级入门》(*the Elementarium*)和克里索罗拉②的《基础语法》(*the Erotemata*)③。但是,惯用法、同义词和屈折形式的不规则变化是通过观察和练习来学习的。因此,提供给一位好教师的文法是一种有价值的心理训练:它应得到韦杰里乌斯所要求的那种名称:"原始的知识教学法"(scientia primordialis pedagoga),它"分类整理和管理个别的教学手段"(dirigit et administrat singulas facultates),从而形成"他们的另一种训练的牢固基础"(fundamentum solidum cuiuslibet alterius disciplinae)。④ 这比口头记忆更能发挥其他很多作用和更复杂的心理加工过程。把拉丁语作为口头语经常使用,能使它的语法用起来更加自如,而且在希腊语和拉丁语上迅速进步的情况在智力一般的学生中很普遍。

维多里诺给 4 个以下的学生⑤讲解文法,在明确的阅读或连续的写作开始之前,他要求学生必须彻底掌握这些知识。老师首先通过听写

45

---

① 帕皮亚斯(约 70—155),希拉玻利教会的长老。——译者注

② 由曼纽尔·克里索洛拉编写的,用于他在佛罗伦萨和帕维亚的班级的手册。它由格里诺以拉丁文版的形式删节,并且以那种形式(通常是以"*Erotemata Guarini*"的标题)成为那个世纪最流行的初级语法手册。正如其名称所暗示的那样,它是以问答的形式编写的。

③《埃罗特马塔的公民问题》(*Erotemata Civas Questiones*)是当时西方第一本希腊文基础语法,自 1484 年初出版后广为翻印。——译者注

④ 韦杰里乌斯:《书信集》,第 5 页。

⑤ 这来自普拉托的萨索罗,他在这种论点上非常有权威性。1437 年至 1443 年间,他在孟都亚当学生;有一段时间他是维多里诺的助理。

提供足够的词汇以及一些词本身的曲折变化。然后，把诗人作家的较容易的片段发给学生，先进行解释，然后再翻译，接着再进行入门练习。与此平行的是，又开设了一门类似的历史叙事课程或道德轶事课程。由于这些课程是为基础写作或辩论①开设的，因此，在这些课程中更多地强调内容。特别是北部地区的新生，口音、音量和发音作为每节课必不可少的组成部分而受到严格的控制。在维多里诺看来，"文法的四种功能"是良好教学的基础。很明显，如此灵活的处理文法的方法展现出一种优秀的教学能力。格里诺在他在威尼斯和费拉拉的学校里采用了有些类似的方法，维多里诺把这种方法同时应用于希腊语和拉丁语的教学中。

根据如此理解的文法基础，维多里诺很快就接着建造文学大厦。说到拉丁文作家，西塞罗和维吉尔自然是奠基人。这两位作家的文章从一开始就作为文风的基础有助于对词汇和韵律的学习以及记忆力的培养。② 维多里诺把卢卡(Lucan)③和奥维德与他们加在一起。但在指定背诵的文章之前，他非常注意选定文章的解释和翻译。他的"阅读"作者的方法描述如下：首先，他解释"动词"，即每个动词的确切含义及其在句子中的结构；由此导入到课的第二部分，"演讲风格"(genus dicendi)或写作风格的解释；这包括"秩序"(ordo)、"连接"(nexus)和"话语节奏"(rhythmus verborum)，作为个别作家的特点。然后，根据"说明"(descriptio locorum)或典故，以及根据"受影响的人"(affectus personarum)或人物，对文章做进一步解释。所有这些问题会从同一位作者或另一位作者的其他段落中得到阐述。这里，我们无疑是对昆体

①　萨索罗编写了一本小手册，其中包括各种精选的此类拉丁语和希腊语的文章；不幸的是，现在已经无法查到了。因为是在孟都亚编写的，毫无疑问它表述了维多里诺本人所追求的方法。

②　据说，维多里诺的不少学生在离开学校之前能够背诵维吉尔的全部作品、西塞罗的全部的演讲和论文及书信、李维的大部分作品、以及萨卢斯特(Sallust)的全部作品。贝尔纳迪(Bernardi)：《费尔特雷的维多里诺与教育方法》(*Vitorino da Feltre e suo metode educativo*)，第 114 页。

③　卢卡(39—65)，古罗马诗人。——译者注

良和普鲁塔克应用于基础教学的直接回忆。① 维多里诺在课堂上总是用最简单和最直接的语言,避免所有的炫耀和冗语。他有很强的举例说明以及用不同的方式表达他的意思的能力。他的表达清楚,而且非常小心地适应个别学生的智力。他的声音悦耳且有穿透力,使房间里的每个人都能听到。用这种方式提供的内容让班上的每个学生都记下,每个学生形成他自己的书面词汇,并收集语法和韵律的例子。维多里诺对弗吉尔的崇敬,是他那个时代和他所在城市的特点。在奥古斯都统治下的拉丁文学全盛时期的艺术强烈地吸引着人文主义者。他这样评论弗吉尔:"在关心和细心方面超过荷马"(Cura et diligentia Homerrum superasse)。他钦佩卢卡"高亢的热情和激情"(proper ardorem et concitationem)。基于道德的理由,维多里诺不相信奥维德;但他在形成良好的诗歌品位上的作用被如此清楚地认识到,以至于选自于这位诗人作品中的一卷摘录,维多里诺是从不离手的。他谨慎地使用其他祭文诗人的作品,没有任何道德上的支撑。他高度评价特伦斯(Terence)②的"得体",而且他只与他认可的有坚强性格的学生一起读普劳图斯(Plautus)③的作品。因此,讽刺作家贺拉斯(Horace)④和尤维纳利斯(Juvenal)⑤的作品也需要删除,甚至可以说最好推迟到学业的最后一年再阅读。另一方面,《颂歌》(the Odes)是用词优雅的典范。塞内卡(Seneca)⑥的悲剧以其高尚的情操、庄重的措辞和情境的严肃性吸引着他。然而,在这些诗人中,没有一个人在思想的完善和手法的完

47

---

① 昆体良:《雄辩术原理》,第 1 卷,第 8 页;普鲁塔克:《论诗歌学习》(De aud. Poetis),第 5、6、12 节。伊拉斯谟给教这门课的一位老师的建议是很有趣的:"我们的教学应该是明显优雅的、精确的警语……其安排是固定的或灵活的,既注意词源也注意词形……并细心地提醒学生。另外,在教师主持的讨论中部分做法是相似的,差异的或相同的、模仿的或暗指的、来自某种译述的或相互交流的,但大多数无疑是拉丁文和希腊文。"《论理性学习》(De Ratione Studii),《歌剧艺术》,第 1 章,第 527 页。

② 特伦斯(约前 190—约前 159),古罗马喜剧作家。——译者注

③ 普劳图斯(约前 254—前 184),古罗马喜剧作家。——译者注

④ 贺拉斯(前 65—前 8),古罗马诗人。——译者注

⑤ 尤维纳利斯(约 55—127),古罗马最有影响的一位讽刺诗人。——译者注

⑥ 塞内卡(前 3—公元 65),古罗马哲学家、戏剧家和政治家。——译者注

美方面比得上弗吉尔。①

在历史学家中，瓦勒里乌斯·马克西穆斯（Valerius Maximus）②虽然过于容易奉承，但介绍了种类繁多的人物和事件。优雅、智慧和气魄都与凯撒的特征完全一样。尽管被指责风格上乡土气和内容上不准确（对此维多里诺愤怒地拒绝），但维多里诺是李维的热烈的崇拜者，并视其为流畅的叙事风格的大师。维多里诺频繁地作有关李维的讲座。确实，他奠定了文本的批评性研究的基础。著名的《犹太法典》的编辑，阿莱里亚的主教是维多里诺的一个学生。他在那本精采的著作的前言部分，留下了他对他从前的老师的恩情的感人的记录。他告诉我们，维多里诺讲授了有关李维的大部分历史，并且继续肯定地说："如果回忆一下所得到的指导，那维多里诺产生了公认的影响。"（si guid in recognitione profeci, auctori acceptum Vittorino referatur.）这个观点表明，对李维文本的系统更正，是维多里诺以他的学识再加之他收集的丰富文稿完全可以胜任的一项任务。萨卢斯特和昆图斯·库尔提乌斯（Quintus Curtius）③的文本在年龄小一点的班级里使用。普林尼（Pliny）④的《自然史》（*Natural History*）尽管迄今很少阅读⑤，但至少在内容以及风格上受到高度的重视。昆体良在维多里诺的评价中占据了很高的地位。我们发现，维多里诺讨论这位作家的时间与讨论安布

48

---

① 普拉蒂纳：《科门亚奥鲁斯·普拉蒂纳论费尔特雷的维多里诺一生》，第 22 页。

② 萨卢塔蒂（Salutati）尊重瓦勒里乌斯·马克西穆斯，"历史还没有如此多地摘录了道德箴言"。《书信集》，诺瓦蒂（Novati）编，第 1 卷，第 10 页。这代表了早期的人文主义者通常对史学家的态度。甚至对伊拉斯谟来说，它可能都是真实的。参见本诺斯特：《儿童论》，第 137 页："……虽然哲学明显提供了很多的卓越观点，但或许它（如历史）尤其提供了有益的观点。"

③ 库尔提乌斯（生活于公元 1 世纪），古罗马历史学家，著有《亚历山大史略》。——译者注

④ 普林尼（23—79），古罗马博物学家。——译者注

⑤ 普林尼在这个时期鲜为人知，因此，他的作品的手稿副本很罕见。1376 年，在孟都亚的贡扎加有一本；1378 年，在佛罗伦萨一本也没有；很明显，直到 1426 年，维斯康蒂的米兰图书馆也没有一本。维多里诺使用的无疑是贡扎加的那本。1350 年，彼特拉克在孟都亚买到一个副本。诺亚克：《彼特拉克》，第 270 页。

鲁吉奥的时间一样长，我们不怀疑同时还有西塞罗的《论演说家》，对此他是连续地讲授，①这已成为他的拉丁语演说术教学的基本内容。我们提一下对哲学家塞内卡的阅读，西塞罗的哲学著作稍后提及。

偶尔会有对基督教拉丁语学者的介绍。在维多里诺的书籍里，由安布鲁吉奥提及的是圣奥古斯丁的著作《论音乐》(*De Musica*)和《论范畴》(*De Cataegoriis*)；但我们没有提及拉克坦提乌斯，他通常被人文主义教师视为基督教的西塞罗。② 无疑，维多里诺已经从巴齐札那里学会了把西塞罗作为学术研究基础的最佳材料；他也不愿像在许多学校③那样把此类的模范书信文集、演说或学术练习作为西塞罗的替代品。维多里诺又一次似乎没有因他的一些继任者所拥有的想法，即基督教的教育需要使用基督教作家而不是异教徒作家的文本，而改变他明智的做事风格。但是，这里所提供的拉丁文作家的名单④很可能不是在他的学校课程中占有一席之地的文本的完整记录。

接下来是希腊作家的阅读。我们会发现，雅典风格的传统远远不如西塞罗的发展。荷马被形容为"与海洋相似的人"(oceano similis)，但作为一个诗人他不如弗吉尔，而狄摩西尼(Demosthenes)却占据了类似于弗吉尔和西塞罗在拉丁语中的地位。当前面描述过的语法和逐字直译的初步阶段认真通过后，学生们"好象纯洁的乳婴和真正的漏斗一样"(quasi lacte puro atque incorrupt imbuti)，很快就被引入到历史学

49

---

① 班蒂尼(Bandini)提到在佛罗伦萨的圣马可图书馆有一个副本，上面写有这些话："……更新和改正在维多里诺的……名声之下的一些假象。"此外，据记载，在维多里诺的指导下对同一本书的又一次阅读，对此副本的主人说："卓越的和完美的发现。"《拉丁语手抄本目录》(*Cat. Codd. Lat.*)，第 3 卷，第 417 页。

② 参见布鲁尼(L. Bruni)的观点，《论文学学习》(*De studiis et literis*)，第 124 页。

③ 巴齐札关于教育的演说、格里诺关于教育的信件、韦杰里乌斯关于教育的论文，都是现代拉丁语学家《选集》(*Selections*)中的范例，我们知道这些都是很通俗的。

④ 这是根据他的学生或通信者的各种介绍编写的；鉴于格里诺的工作书库，可能与类似的由萨巴蒂尼教授根据广泛得多的材料制定的目录相比较。《意大利博物馆中的古代经典著作》(*Museo Ital. di Antichita Class.*)，佛罗伦萨，1887 年，第 2 卷，第 373 页。

家色诺芬（Xenophon）①、阿里安②（Arrian）③和希罗多德（Herodotus）④。关于维多里诺对色诺芬的兴趣，我们有一个重要的例证。当他的学生普拉托的萨索罗要离开孟都亚时，赠送给他一本有这位大师亲笔签名题字的色诺芬的手抄本。⑤ 修昔底德（Thucydides）⑥的一个手抄本在图书馆，但资料没有提及它在学校里的使用情况。从传记文学对所有人文主义者在道德和历史教学上的重要性来讲，普鲁塔克的作品占有突出的地位。这是维多里诺从奥里斯帕那里获得的第一批书籍中的一本。在演说方面，仅次于狄摩西尼的是伊索克拉底（Isocrates）⑦，狄摩西尼以"活力"被高度重视，而伊索克拉底则以"简明"被珍视。柏拉图主要是最高年级的学生阅读：一本最精美的《对话录》(*the Dialogues*)复本大约是 1425 年买来的。在戏剧家中，维多里诺把阿里斯托芬（Aristophanes）⑧评价为"拥有学问的口才和纯洁的阿提克（Attici）⑨讲话风格，体现了道德力量的特征，因为邪恶与迫害连接在

----

① 色诺芬（约前 431—前 354），古希腊历史学家和作家。——译者注

② 中世纪对亚历山大大帝（Alexande the Great）的兴趣用这个事实来说明，第一篇由希腊文翻译成拉丁文的译作就是由韦杰里乌斯翻译的阿里安的作品。参见《古代演讲百篇》(*the Cento Novelle Antiche*)，孔比：《韦杰里乌斯书信集》，第 21 页。由佩拉图（L. Pilato）翻译的《伊利亚特》(*Iliad*)的初步版本不包括在内，因为鲍萨（Borsa）教授讽刺地说："它不是荷马风格的，不是富有诗意的东西，也不是用拉丁语说话的。"《意大利博物馆中的古代经典著作》，第 2 卷，第 73 页。

③ 阿里安（约 96—180），古希腊历史学家。——译者注

④ 希罗多德（前 485—前 425），古希腊历史学家，被称为"历史学之父"。——译者注

⑤ 此卷保存在佛罗伦萨的劳伦狄安图书馆，并由班迪尼（Bandini）编目，第 2 卷，第 285—286 页。题词如下："学生萨索罗呈献给费尔特雷的维多里诺，谨作为我们挚爱的纪念物。维多里诺本人的著作被很快地发行并作为礼物。"这本手稿传到了格里诺手里，他似乎曾尝试抹去"萨索罗"这个名字；其在极度贫困的境遇下可能被迫卖掉这本书。瓜斯蒂编：*Saxolus Prat.*，第 30 页。

⑥ 修昔底德（约前 471—前 400），古希腊历史学家。——译者注

⑦ 伊索克拉底（前 436—前 338），古希腊修辞学家和教育家。——译者注

⑧ 阿里斯托芬（前 445—前 386），古希腊雅典诗人和喜剧作家。——译者注

⑨ 阿提克，指古希腊雅典。——译者注

一起。"(doctrina linguae，puritate sermonis Attici，ad formandum bonum virum，quod vitia insectaretur，aptum.)这是对阿里斯托芬的一种奇特的评价，但体现了维多里诺追求的借助于古典作家的教学方式。欧里庇得斯(Euripides)①是"快乐的"，而又满脑子的严肃观点。虽然索福克勒斯(Sophocles)②的令人钦佩的艺术很吸引维多里诺，但埃斯库罗斯(Aeschylus)③才是他最喜欢的剧作家，尽管当时的文本条件让我们怀疑在课堂中他能够在多大程度上有效使用埃斯库罗斯的作品。④赫西奥德(Hesiod)⑤因他的"实用的见解"而被阅读，平达(Pindar)⑥因他丰富的比喻和形容词而受到高度的重视。很可能，皇帝朱利安(the Emperor Julian)的演说是被作为学校课本来使用；我们知道，圣克里索斯托(Chrysostom)⑦的作品被翻译过来作为拉丁语散文的练习。安布鲁吉奥是通过一名学生看到这位希腊教父的译本，并为此感到非常的高兴。我们看到，维多里诺在他的图书馆里还保存有其他可能已在学校里使用过的一些希腊作者的著作。

维多里诺非常强调拉丁语和希腊语的平行教学。我们不知道，他的学生实际上从几岁开始学习希腊语。但是，塞西莉亚·贡札加 7 岁时已经学习语法并迅速精通⑧；可能她的兄弟吉安卢西多开始得更早。我们多次指出，维多里诺非常注意研究每一个学生的能力、爱好和未来

51

---

① 欧里庇得斯(前485—前406)，古希腊悲剧作家。——译者注

② 索福克勒斯(前497—前406)，古希腊悲剧作家。——译者注

③ 埃斯库罗斯(前525—前456)，古希腊悲剧作家。——译者注

④ *Ed. Prin.* 由阿图斯出版社在1518年出版，这是证明埃斯库罗斯(Aeschylus)在人文主义的第一个100年间很少被阅读的公正的证据。

⑤ 赫西奥德(前750—前650)，古希腊诗人。——译者注

⑥ 平达(前522?—前442)，古希腊抒情诗人。——译者注

⑦ 圣克里索斯托(347—407)，古希腊基督教神父。——译者注

⑧ 维多里诺和格里诺的学生学习希腊语的速度受到关注，尤其是受到福格特的注意。《古典文化的复兴》，第1卷，第553页。希腊语可能被用于交谈，但施密特(Schmidt)的这种说法表明，塞西莉亚10岁时就能流利地讲希腊语是基于安布鲁吉奥的误读。参见格里诺：《论教学秩序与学习》，第167页以后。

的职业生涯,然后相应地调整他的方法。但是,他不可能在任何情况下都像格里诺那样①把希腊语视为一门"选修"课程。事实上,普伦迪拉奎曾说②,在最初几年,如果只有一个学生的话,那么维多里诺在希腊语上投入的注意力会比在拉丁语上的更多。

　　维多里诺本人作为一位希腊语学者,可能不如他作为一位拉丁语学者全面。在 15 世纪初的几十年里,意大利有三种程度的希腊语学术研究。处在一流程度的是 3 位土生土长的希腊学者以及在君士坦丁堡陷落后分散在意大利各地的一大批先行者。这些人是 1397 年至 1415 年期间待在西欧的曼纽尔·克里索罗拉、萨洛尼卡的西奥多·加扎(Theodore Gaza of Salonica)和特拉比松的乔治。他们都是具有很高造诣的人,而且克里索罗拉和加扎应该是最早的为西欧学生编写希腊语文法的人。下一程度的是那些承担着居住在希腊或君士坦丁堡的风险、热心地学习希腊语这门语言的意大利学者。这些人中的主要人物一回来就成为出色的教师,他们是格里诺、奥里斯帕和费尔福。毫无疑问,这类学者不可能像没有越过亚得里亚海的人文主义者那样只拥有些许希腊语知识。例如,奥里斯帕称维多里诺"大概……对希腊文学进行适度的教育。"③第三种程度的学术研究是由那些从刚才提到④的一流或二流教师那里学习希腊语的学者进行的。这就是维多里诺的希腊语知识的类别,最初是在威尼斯从格里诺那里学来的。一个对知识虔诚的人不可能处于任何幻想之人的下风,虽然一位本土的希腊学者所

_52_

---

　　① 福格特:《古典文化的复兴》,第 1 卷,第 552 页。

　　② 普伦迪拉奎:《关于费尔特雷的维多里诺一生》,第 45 页。亚历山德罗·贡扎加"在童年时期用希腊语进行卓越的培养,而在青少年时期用拉丁语。"

　　③ 对于安布鲁吉奥,"Bonon. vi Cal. Sep.";没有说明哪一年,但我推断是在 1424 年或 1425 年,当时奥里斯帕(Aurispa)刚从东方归来(带着大量手稿),在博洛尼亚教授希腊语。*Mart. et Dur.*,第 3 卷,第 714 页。有足够的理由表明,为什么日期无论如何不能晚得太多。

　　④ 当然,还有更多的人,如迪塞姆波利(P. C. Decembri),在克里索洛拉的《基础语法》(*Erotemata*)和一二本文本的帮助下完全自学。参见鲍萨(M. Borsa)教授,《伦巴第大主教传记》,1893 年 3 月,第 69 页。

拥有的巨大优势超过了像维多里诺那样 38 岁时才开始学习希腊语这门语言的人。但是,这些本土教师很可能是骗子。因此,维多里诺对那些能够出示在能力和性格上有令人满意的证据的希腊人非常警惕。费尔福似乎一直是中间人,大约在 1430 年,特拉比松的乔治通过他过来为维多里诺工作。从费尔福 1431 年 7 月写给乔治的一封信①中,我们得知乔治已经在孟都亚工作了。有一些年,乔治与格里诺的关系一直不好,据说他最初还是从格里诺那里学习拉丁语基础知识。② 但我们已经看到,据他自己声称,他在拉丁语学术研究中的能力是得益于维多里诺。作为对这种拉丁语全面训练的回报,他在"快乐之家"教授希腊语。尽管他是一个脾气倔强之人,但他对维多里诺的感情很深并持续很久。1426 年,他把一篇题为《论不同类型的语音》(*De generibus dicendi*)的短文献给维多里诺;大约在 1432 年,他把另外一篇题为《论西塞罗的技艺,为 Q·里加卢斯的演讲》(*De artificio Ciceron, orationis pro Q. Ligario*)的短文再次献给他,在这篇文章里他称维多里诺为"我的父亲"(pater meus),而他自己是他的儿子③,尽管事实上他并没有继承他老师的热爱和平的精神。④ 安布鲁吉奥发现,与他有关联的另外三个同胞 1432 年也在这所学校里工作。⑤ 10 年或 12 年后(1441 年),维多里

53

---

① 凯里特:《论文集》,第 3 卷,第 105 页。见 1431 年 7 月费尔福写给特拉比松的乔治的信。

② 由乔瓦尼·潘诺尼奥(Giovanni Pannonio)写的。参见《伦巴第大主教传记》,第 13 页。

③ 这无疑是保存在佚名的论文中,*Ball. Coll. Oxon.*(手稿),第 78 页,考克斯(Coxe)。

④ 他最激烈的争吵发生在与他的同胞学者阿莱里亚(Aleria)、加扎(Gaza)和佩罗蒂(Perotti)之间。

⑤ 关于卡斯蒂廖内,见梅休斯:《安布鲁吉奥·特拉韦萨里》,第 208 页。"始终按照希腊的家庭做法,部分讲授希腊语部分讲授拉丁语,而且还要按比例进行抄写。"

诺聘请了西奥多·加扎,他在 1440 年①或之前一点抵达意大利。他也是由费尔福介绍的,向维多里诺学习拉丁语,并作为一个优秀的学者、教师和文稿缮写员使他自己成为孟都亚学校聘请的最有价值的教师。因为加扎的希腊语文法是那个世纪的学者编纂的所有手册中最完善的一本,伊拉斯谟在剑桥大学介绍了它,并在编辑他自己使用的一个版本时毫不犹豫地把这部作品归入同样高水平的类别中,其中也包括维多里诺的另一个学生佩罗蒂的拉丁语语法。② 布达尤斯(Budaeus)③也发现,这是一本他那个时代能获得的最完善的书。加扎作为一个文稿缮写员和校对员的优点早已得到公认。在孟都亚,他全身心地忙于这类工作,在图书缺乏的情况下(这是当时人文主义教育的困难之一),加扎的到来使维多里诺能够扩大他和他学生的希腊语阅读的范围,甚至可以为远处的朋友提供帮助。我们毫不怀疑,在加扎的帮助下,维多里诺自己在希腊语的学术研究上也继续取得了更大的进步。因为在这位真正的人文主义教师身上,没有什么特点比他作为学者的执着态度更显著。而且,维多里诺在对知识的热情方面谦虚诚恳,是一批配得上"一个文法家的葬礼"的最优秀的学者(他们中间不少人尽管有很多缺点)中的典型代表。

因此,维多里诺有能力做得更多,否则他只能阅读希腊语作家的书籍和练习希腊语作文;可能在某些情况下,还包括希腊语的会话练习。可以肯定地断言,在意大利,只有在这个地方希腊语被如此彻底而系统

----

① 1440 年,加扎在找做希腊语教师的工作,但他不懂拉丁语这一点妨碍了他。费尔福把他送到维多里诺那里,他于 1441 年在维多里诺手下工作。凯里特:《论文集》,第 3 卷,第 63—64 页。1444 年,加扎离开了孟都亚去了费拉拉,在那里他是第一位公开的希腊文学教授。勒格朗(Le Grand)的《古希腊著作目录》认为,1441 年是加扎到达孟都亚的日期。但是,普拉托的萨索罗 1443 年写道:"当时接受了希腊人忒萨隆尼森塞姆·泰奥多勒姆(Thessalonicensem Theodorum)承担教学工作,他运用语言原理来进行教学。"他在那里待了 3 年。参见瓜斯蒂编:Saxolus Prat.,第 40 页。

② 伊拉斯谟在《论理性学习》(De Rat. Stud.)(第 521 页)中写到:"希腊语文法家当中的最高地位被公认是加扎,其次是拉斯卡里斯(C. Lascaris)。"亦可参见他给他自己编辑(巴西利卡塔,l. 1513 年)的加扎的《文法教学》(Instit. Grammat)所写的序言。

③ 布达尤斯(1468—1540),法国人文主义学者。——译者注

地教授；当然，不是在博洛尼亚、在帕多瓦①，或者在费拉拉，直到加扎本人去那里。我们没有更多的引人注目的证据证明，与宫廷、上层社会以及意大利北部的个别学者相比②，大学在希腊语学习的传播上扮演着次要的角色。

从严格的意义上来讲，涉及教授写作或修辞方法的有趣典故被保存下来。采取的第一步骤是说拉丁语和诵读拉丁语，维多里诺认为，这有助于掌握词汇以及绝不亚于诗歌和散文中的节奏感。还有一些正式的用语要背诵下来，诸如我们在佩罗蒂的语法③中找到的意大利语的对应词；然后要使用如费尔福编写的练习册，同样是使用意大利语和拉丁语的。最基础的希腊语得到了介绍，这是当时最好的教师④不谋而合的一种做法。于是，连续形式的写作往往是采用出自于简单的希腊语文章的译本形式。安布鲁吉奥⑤找了维多里诺的 9 个年龄小一点的学生，他们写的希腊文很优雅，这使他感到非常惊讶。塞西利亚·贡札加当时 10 岁，但在这方面的能力超过了他在佛罗伦萨的已快成年的学生。书信体风格得到热心地培养。在 11 或 12 岁时，开始学习这种形式和在演说中的原版作品；某些生硬和正式的范文被准确再现。拉丁语的文章被译成希腊语，虽然没有希腊语诗句的典故。拉丁语诗歌被不断地教授，模仿的是维吉尔而不是奥维德。1432 年，14 岁的卡罗·贡札加在孟都亚的庆祝皇帝访问的盛大庆典上，在安布鲁吉奥⑥面前背诵了几部分楔形诗的原版作品。

在维多里诺看来，所有的科目都是非常重要的。他总是亲自教授一二门科目。每个练习都进行个别纠正，如果必要的话，他会要求学生

① 帕多瓦的蒙德拉大学没有公开的希腊语的教授职位，直到 1446 年维多里诺去世之后。

② 参见布克哈特在这方面的评论，《意大利的文艺复兴》，第 212 页。

③ "雅致的方法表明：'对我来说如此容易的文字课程却受到了压制，为什么你们没有合适地和非常友好地安慰我并使我得到解脱呢？'""事实上，要迅速地获得智力和能力，但没有方法使我勤奋并怀有强烈的喜爱。"（有其他供选择的译文）

④ 特别是格里诺和他的儿子（参见《论教学秩序与学习》，167 页以后）。

⑤ *Mart. et Dur.*，第 3 卷，第 553 页。

⑥ *Mart. et Dur.*，第 3 卷，第 451 页。关于韵律和诗歌写作，参见第 165 页以后。

55

重写;如果任何学生想通过对老师说一些精心措辞的称赞来逃避批评,他会毫不客气地拒绝。被认可的好的修辞作文的三个标志已由巴齐札①规定下来,并成为文风的准则:得体、典雅、庄严。其中,作文又被划分成联接(或联系)、语言和字数(或节奏)。但我们已被明确告知,维多里诺给学生灌输的是一种他自己使用的简单直接的文风:"没有装饰或繁琐的文风,这一般被用于展示才华和学识。"他通常不主张华丽的写作和知识上的炫耀。在一般情况下,对于年轻的拉丁语学生,他的建议是"西塞罗永远无法被忽略"。他培养学生在词的选择和句子的安排上的良好品位。他规定,作为古典写作的一个要素,学生应该等到他考虑好文章的论点以及确定好文章的内容要采用的一般形式后才下笔;随后让自己埋头阅读古代作家的一流的范文作品。在维多里诺的那个时代,修辞还不是一门精美的艺术,后来在佩罗蒂②和他的追随者那里成为了艺术,但拉丁文写作的所有自发性又被他们的形式主义和对文风的过分详细的分析剥夺了。对于那个时代的年轻人,特别是对那些可能出任专业职务或公共职务的年轻人来说,演说能力与自如地写和说拉丁语是非常有实用价值的人文学科。维多里诺和格里诺带着这些实用目的的教授拉丁语。维多里诺作为一位专门研究西塞罗修辞风格的学者和所具备的教师的能力,使他能够在他的学生中逐步形成良好的使用拉丁语的氛围。特拉比松的乔治成为那个世纪第一批具有西塞罗修辞风格的学者之一,一位被确认在格里诺之上的学者,而且是有关修辞文风作品的知名作者。加扎在 1440 年时似乎对拉丁语几乎是一窍不通的,但跟着维多里诺学习了一年半之后,就能够用希腊语创作一个能献给美第奇(Medici)③的作品。更重要的是,像瓦拉那样的人,他那个时代最优秀的拉丁语学者佩罗蒂、奥尼贝内·达·洛尼戈④和其他杰出

① 西尔维乌斯:《修辞戒律》(前言);《歌剧艺术》,第 992 页。

② 如佩罗蒂,在解释了《特洛普斯》(Tropus)(知名人物)之后,继续把它分成了 13 个部分;这是为初学者的!

③ 美第奇,这里是指"美第奇家族"(Medici Family),或译为"梅蒂奇家族",是意大利佛罗伦萨 13 世纪至 17 世纪时期在欧洲拥有强大势力的名门望族。——译者注

④ 参见普伦迪拉奎:《关于费尔特雷的维多里诺一生》,第 87 页。

的大师们在维多里诺的影响下诞生了。

另一方面，维多里诺他自己没有写什么作品。与他那个级别的大多数学者①完全不同，他没有留下"优雅的书信"，他说已经有足够的作品存在了。他的谦逊使他掩饰而非显示他的出众的渊博学识和全面的学术研究，这样他在学问史上的地位方面便被忽略了。

维多里诺充分意识到使用一些古典作家的作品的困难，因为学校的目的早已指明。在 15 世纪里，这个问题经常被讨论。可能维多里诺对杰罗姆和巴兹尔(Basil)②的做法感到满意；或对普鲁塔克制定的关于必须精心选择教师、细心挑选内容以及小心区别文学形式和道德内容的原则感到满意。我们也许还记得，因为没有印刷术而造成书本稀缺的结果，教师有充分的自由不作为。③ 我们知道，维多里诺非常在意所有有关学生道德的事情，无论是选择还是评论，这都是他首要考虑的问题。我们没有听说任何困难是由于古代作家的异教，至少是一些教师经历过的，因为维多里诺的强烈和有活力的宗教信仰使他选择了真理和美好，在实例或文风上所选择的异教作家并不比基督教作家少，他的自信让他自己似乎从不为此感到尴尬。④

除了文学和风格，古典学者还有两个爱好，那就是对历史和古代哲学的兴趣。人文主义作家对历史在教育中的地位没有明确界定，我们

①　格里诺有很多的信件；福格特公正地说，他们的形式主义和缺乏生活情趣使许多信件成为作者能力的不幸见证。维多里诺写给安布鲁吉奥的信件遗失了，他们显然是真正的个人兴趣。关于维多里诺的《毕达哥拉斯的沉默》(*Pythagorean silence*)，参见布拉姆比拉(Brambilla)教授，普伦迪拉奎《关于费尔特雷的维多里诺一生》，第 92页。另一方面，必须记住，最可能被保存下来的信件是那些正式而"优雅"类型的信件，这些可能会被用来作为写作中的范文。但是，还有不少信件仍未发表，分散在意大利和德国南部各处图书馆里，具有很重要的传记价值。从这些被忽视的原始资料中，人文主义的早期历史的重建正在缓慢而稳步地由像萨巴蒂尼教授这样的学者去实现。

②　巴兹尔(生活于公元 4 世纪)，意大利人文主义的基督教学者。——译者注

③　我们绝不能忘记，在那个时代和我们这个时代之间，或在粗俗幽默或直言不讳的坦率表达的标准上存在着差异。

④　格里诺在费拉拉的经历是不同的；然而那时，他在这类事情上的敏感性远不如维多里诺，甚至能推荐贝卡德里(Beccadelli)的《论雌雄同体》(*L'Erma frodito*)。

57

58

不太了解维多里诺在这方面的实践情况。但他对李维的全心全意的投入我们已经提及过,而且我们知道他的兴趣并不只局限于书本上:他断然拒绝接受那些在学者中已提出讨论的有关历史学家的准确性的评论。塔西陀(Tacitus)①是从不提及的,萨卢斯特、库尔提乌斯和瓦勒里乌斯·马克西穆斯都是最喜爱的作家。普鲁塔克的著作是詹弗朗西斯科·贡札加以及大多数有学术意识的官员最喜欢阅读的书,一些传记由学生翻译成拉丁语。普鲁塔克是当时人们普遍阅读的一位古代史学家,他作为道德和政治智慧宝库的用途被每一位书信作家和修辞学家用来举例说明。我们已经看到,维多里诺拥有更伟大的希腊历史学家。他的学生佩罗蒂翻译了波里庇乌斯(Polybius)②的作品。在了解了实际目的后,维多里诺接受他在孟都亚担任一个职位。也许我们感到惊讶,我们找不到古代历史在政治价值中的更多重要性。因为像埃涅阿斯·西尔维乌斯和伊拉斯谟③一样,维多里诺之所以被历史吸引,似乎主要是因其对道德和轶事的兴趣。一个真正更广泛和更现代的观点出现在巴普蒂斯塔·格里诺④的论文中。但我们必须记住,这在不管是历史方法还是批判方法的形成中的作用是微乎其微的。与维多里诺同时代的人阅读维拉尼(Villani)⑤的作品;近一个世纪过去了,奎恰尔迪尼(Guicciardini)⑥的作品才有可能被人们阅读。

当谈到哲学时,维多里诺论述伦理学不是从纯理论方面来考虑,而是作为对生活艺术的指导。我们发现,维多里诺刚到孟都亚不久就买了一本柏拉图的《对话录》。⑦他用可以获得的最好的公开问世的作品研究最重要的希腊哲学体系,尽管我们不知道他可能已经拥有哪些亚

---

① 塔西陀(56—117),古罗马历史学家。——译者注

② 波里庇乌斯(约前 200—约前 118),亦译波里比阿,古希腊历史学家。——译者注

③ 关于伊拉斯谟的观点,参见本诺斯特的《论儿童的教学》(*De Puer. Instit.*),第137 页。

④ 参见格里诺:《论教学秩序与学习》,第 169 页以下。

⑤ 维拉尼(约 1275—1348),意大利佛罗伦萨的历史学家。——译者注

⑥ 奎恰尔迪尼(1483—1540),16 世纪意大利历史学家、作家。——译者注

⑦ 参见《论教学秩序与学习》,第 68 页以下。

里士多德的知名著作。但是,柏拉图、亚里士多德和斯多葛派作为每一个受教育的人训练的必要部分在"快乐之家"中被教授;"因为他们在培养人和公民方面是最重要的。"年龄小一点的学生可以学习西塞罗的原则,因为他吸收了希腊伦理学的精华因素,并具有真正实用的罗马人的性情,因此要放在所有在现实生活中有用的哲学家之首。据萨索罗的记载,维多里诺本人给他挑选的几个年龄大一点的学生讲授哲学课,用柏拉图和亚里士多德的著作作为他的课本:对于这个班,"他们教学的每一方面都处理得很全面"。维多里诺把这门最后的课程作为"文学"的顶峰,断言那些接下来将从事法律、医学、神学或公共服务事业的人会发现,他们自己为一种体面的生活和一些职业的实用性做好了充分的准备。这种把文学的地位看作是为专业训练做准备的思想,无论是在 15 世纪还是在 19 世纪,我们都把它作为人文主义教育的最高理想。

关于辩证法或逻辑学的地位,必须多说几句话。人文主义者对待这门科目的态度不需要冗长的论述。虽然逻辑学是大学人文课程中的 4 门①科目之一,但这位意大利天才从来没有给予它在巴黎大学或牛津大学所占据的主导地位。尼科利②问道:"为什么在逻辑学上不是英国的使人扰乱的谬论呢?为什么不是各种个别的争论方法和愚笨轻率的论述呢?"(Quid est, in Dialectica quod non britannicis sophismatibus conturbatum est? quid quod non ab illa vetere et vera disputandi via separatum et ad ineptias levitatesque traductum?)韦杰里乌斯他自己是帕多瓦大学的逻辑学教授,没有提出这门科目应排除在新的教育之外。但他宣称,他从来不遵照其他名家的方式讲授逻辑学,而是把它作为其他学科学习、尤其是自然和道德哲学③学科学习的指南和帮助。于是,这正好与记载下来的维多里诺的看法完全一致。维多里诺重视逻辑学,完全是因为其有助于确切地思考的价值——在定义、分类、推理以

---

① 文法、修辞、辩证法、哲学(伦理学)。

② 凯里特:《论文集》,第 2 卷,第 53 页。阿雷蒂诺(L. Aretino)的对话录。

③ 格洛利亚:《帕多瓦的蒙德拉大学》,第 2 卷,第 423 页;孔比:《韦杰里乌斯的书信集》,第 65 页。实际的信件,《韦杰里乌斯的书信集》第 74 卷,第 100 页。

及谬论的检测方面。但有一个目标要保留下来,即在调查中能成功找出真相;而巧妙的搪塞、狡辩以及嘴上的足智多谋都被当作空洞的炫耀①被删除掉。维多里诺会用苏格拉底式的提问揭露自负。不过,他强调逻辑学对一位教师来说是很有帮助的,能使他获得阐述、精确、关联以及清晰等重要的优点。②

更早的一些人文主义教师把辩论作为教授古典文学③的方法。克里索罗拉曾极力主张④,关于知识的扎实基础,只有以直截了当的简单方式来进行,它才是有价值的方法。对于人文主义者来说,在未开发的思想、文学和行动等广阔领域存在着具有积极意义的现实问题,因此,他们没有时间浪费在主观的难题上,并且与这些相关的科目也失去了好的名声。逻辑学作为实践真理的一种真正的辅助性工具,有其自身运行的功效,但对文艺复兴时期的学者来说它从未能拥有与文学平等的地位。

因此,虽然维多里诺的课程涵盖了大学里公认的构成人文课程的所有科目,但像帕多瓦这种在感情上深受人文主义者影响的大学,在古典阅读的深度和广度方面很可能远远超过了通常的硕士或博士学位的标准。学生们对大学地位的渴望,可能确实使他们要离开孟都亚到帕维亚、博洛尼亚或费拉拉去继续深造,这一步对于那些想从事神学、法

---

① 这也曾是彼特拉克的立场:他对反对在学校里开设雄辩术课程的观点进行非常猛烈的抨击,但又补充说:"因此,知道……除了引起感觉、提出方法、想出有迷惑力的诡计、最后进行很机智的行动,其他什么都没有。"彼特拉克:《友人书信集》(*Ep. Fam.*),第 1 卷,第 6 页(弗拉卡赛提(Fracassetti)编,第 1 卷 第 56 页)。

② 贝尔纳迪(Bernardi)。

③ 关于辩论这种形式,有时被认为是掌握在人文主义者手中的实例。参见下面的在佛罗伦萨学校中这类练习的内容(大约于 1440 年):"虽然亚历山大如此愉快地参加为了训练哲学辩论的对话,但实际上是按照听从上帝的原则来获得知识。"梅尔库里乌斯(Mercurius):*Cur, O Charon infernas sedes relinquens* & c. Arund.,手稿,第 138、82 页。

④ 凯里特:《论文集.》,第 2 卷,第 53 页。

学或医学专业的学生来说是更为必要的。因为 1433 年①詹弗朗西斯科·贡札加的规划很可能是由维多里诺建议的,在"宫廷学校"(gymnasium palatinum)的基础上建立一个"公共讲习所"(Studium Generale)②,由于错过了获得皇帝西吉斯蒙德(the Emperor Sigismund)颁发特权的必要时机而没有实施。然而,我们必须记住,在意大利文艺复兴时期,对于一个学文学的学生来说,即使他打算成为一位公共教师,大学的认可一般比起曾经是著名人文主义者的学生的名誉来讲并不太重要,其可能在一个没有大学的城市里为君主或市政当局服务。因此,就文学而言,像孟都亚这样有可能在学术界获得声誉和影响的学校,使其学生大部分都不受大学学位③的影响。在意大利,好的学校决不像在法国或英国那样按照大学的要求构建它们的课程。

维多里诺每天工作大约七八个小时。他的习惯是,白天主要是讲课或作讲座,晚上为个别学生的辅导做准备。④ 上课的时间很可能比后一世纪规定的短一些,但毫无疑问,每天开始的时间会早一些。普论迪拉奎写到:"我记得,维多里诺的情况多年来一直进展顺利。冬天的早晨他会来得很早,一手拿着蜡烛,一手拿着书,叫醒一个其进步使他特别感兴趣的学生;他会留些时间让他穿衣服,耐心等待直到他一切就绪;然后,他会把书递给这个学生,并用严肃认真的话语鼓励其继续努

---

① 日期是 9 月 17 日。由阿尔伯特二世(Albert Ⅱ)和弗雷德利克三世(Frederic Ⅲ)更新。*Lunig*,第 3 卷,第 1781 页。这个公文授予"巴黎和蒙彼利埃所有特权"。孟都亚应被加进拉什代尔先生的"纸上大学"(paper Universities)的名单,拉什代尔:《中世纪欧洲的大学》,第 2 卷,第 719 页。

② "公共讲习所",中世纪大学的最初称呼。——译者注

③ 欧洲北部的学校更依赖大学为他们的学生提供地位。参见克莱瓦尔:《中世纪的查尔特勒学校》,第 16 卷,第 439 页。

④ 格里诺在费拉拉的做法是由罗斯米尼描述的,《格里诺》,第 85 页。"在那里的情况是:上午是学生的公开课程,随后是个人的学习,这种学习偶然会一直到中午。学生在傍晚之前回家。甚至在夜晚的时候,几个学生会围着教师公开提出疑问。"格里诺和最喜爱的学生在一起,他会一直谈论到深夜。参见萨巴蒂尼:《格里诺的生平》,第 139 页。

力。就像前面已经说过的，课堂教学所采取的形式部分是听写文本、笔记和翻译，部分是口头提问。第一个遗俗是周围摆满了笔记的'现场记录'，第二个遗俗是用先前的所有语法形式来说明。许多现存的当代木刻向我们展示：教师站在或坐在一个高桌子旁，不同年龄的学生坐在不舒服的长凳上认真记着教师的解说。① 朗读的做法使单调的课堂讲解多样化，但维多里诺最独特的方法特征还是他细心的个别工作。因为我们知道，他有很多教学人员，这使得他有充分的时间去了解每个学生的爱好、能力以及勤奋程度等个人信息，他准备由此改变②他所选择的课程内容和教学方式，他的学校也以独特的成功而闻名。维多里诺对他自己的工作有一种自然的骄傲，并对每个学生的进步有着浓厚的兴趣；并由此展现了所有对教学艺术本身的不寻常的洞察力。"

在实际的教学方法上，迄今为止的材料使我们能够说，我们发现了维多里诺的学校与中世纪的学校在教学特点上的不同。我们注意到，维多里诺对待问题的态度完全是新的：明亮是他的学校环境的特点；他与他的学生们之间令人愉快的个人关系；他对于知识潜力的平静的乐观态度；他对于生活和性格的影响力的坚定信念。这部分是由于他的态度，部分是由于标志着他那个时代的人文主义热情的光芒。但是，维多里诺具有毋庸置疑的教学天才，因为我们知道，在任何艺术方面，天才对于正确的方法往往会有迅速的直觉。因此，像布莱姆比拉(Brambilla)教授③或伯纳迪(Bernardi)博士④这样的现代意大利评论家所认为的那样，维多里诺对一些较重要的教育理论学说具有潜意识的预料，也许这种说法一点也不夸大，例如，科目的适当变化、能力的统一发展、精神依赖于物质条件、对课程的有逻辑的安排、激励措施的选择

---

① 在皮斯托亚的大教堂里，著名的奇诺·西尼巴尔迪(Cino Sinibaldi)纪念碑表现的是一个类似的主题，始于一个稍微早一点的时间。

② 所有留神观察他的教学方法的人都特别详细地论述这一点；在这种对个人能力的关注中，显然有一些不寻常的东西。

③ 参见普伦迪拉奎编的版本：《关于费尔特雷的维多里诺一生》，第12页。

④ 伯纳迪(Bernardi)：《费尔特雷的维多里诺及手抄本》(*Vitt. da Felt.*)，第81页。

以及对儿童的心理能力的细心观察。如果他似乎过于偏重记忆,我们必须记住,在书本缺乏的情况下,准确的文字记忆力的更多重要性以及它在公共生活中的价值。蒂科齐(Ticozzi)①认为,维多里诺在传统方法上的优势归因于他对大希腊的毕达哥拉斯派学校的研究。萨巴蒂尼教授认为②,他从格里诺那里学到了不少东西。我们很难找到任何证据来证实这后一种观点,因为在维多里诺真正具有的全部特征里,格里诺明显不如他。不过,如果把这两位著名人物放在一起考虑,我们可以毫无顾忌地声称,他们使教师摆脱了过去所受到的人尽皆知的蔑视。③ 彼特拉克对他那个时代学校教育的讽刺评论从此不再代表受教育者的观点。他评论道:"从更广泛的意义上讲,儿童教育从不考虑其实用的目的,而是使儿童的生命迟钝麻木、精神低微贪婪以及学习轻率不屑。"(Pueros doceant, qui maiora non possunt, quibus mens tardior, sanguis gelidus, animus lucelli appetens, neligens fastidi.)他还评论道:"让那些喜欢混乱、噪音和肮脏的人,那些当教鞭欢快地落下在受害人的尖叫声中欢欣雀跃的人,以及那些除非他们能恐吓、拷打和酷刑否则就不快乐的人去教书。因此,教学——文法教学或任何文科教学——怎么能为这个公平的时代提供合适的职业呢? 在机会出现的时候,退出如此贬低人的身份的职业。"④维多里诺也许是第一个证明人文主义不仅使之成为可能,而且迫切需要一种有关年轻人的教师的新理想。

前面已经叙述了游戏和身体锻炼在维多里诺的教育计划中占据重要的地位。因为在某种意义上维多里诺是宫廷教育的继承者,这种教

65

---

① 蒂科齐:《文学家的故事》,第 15 页。[蒂科齐,意大利现代评论家。——译者注]

②《西塞罗主义》(Ciceronianismo),第 17 页。

③ 参见在福格特(Voigt)编的《彼特拉克书信集》(Die Briefsammlungen Petrarca's)中写给拉文纳的乔瓦尼(康维斯诺)的信,第 92 页:"为什么不道德的请求事实上多少会干扰你自己的本性……这种训练对你理解自我以及儿童的学问完全是无价值的……"这封信并不是寄自彼特拉克的。

④ 彼特拉克:《友人书信集》,第 12 卷,第三版,弗拉卡赛提编,第 2 卷,第 176 页。

育曾拥有其显著地位,除了中世纪的城市学校或教会学校。我们记得,他一开始是雇佣兵君主家庭的教师;他的不少学生,像乌尔比诺的弗雷德里克,被要求去服兵役。另一方面,维多里诺是一个人文主义者,因此,至少他的部分教育理想是仿效希腊和罗马的。这两种影响交织在一起,确定了身体训练是完整教育不可缺少的一部分。事实上,只有当个性充分地接受了人性的三个方面的适当比例的培养时,人文主义文化的最高水平才能达到。因此,说维多里诺重视户外生活是作为活跃的智力活动的一种手段,那是不够的。毫无疑问,这种思想在他的头脑中是根深蒂固的。他总是非常重视学生们的健康状况。他们的户外生活被精心地组织。不管是什么天气,每天以某种形式的锻炼是强制性的。有足够的空间进行游戏、骑马、跑步和所有当时流行的体育锻炼。我们听说,他特别鼓励某些球类游戏、跳跃和击剑。他对体育上卓越表现的表扬仅次于对文学能力的称赞,因为他发现这些能力可以彻底地纠正自我放纵和改变自己的柔弱。如果我们回头再看看文艺复兴时期关于教育的三篇典范论文,即韦杰里乌斯、卡斯蒂廖内和弥尔顿(Milton)①的论文,我们发现每一篇论文都特别强调尚武运动的做法:他们每个人都呈现了那种宫廷理想与人文主义理想的结合,对此刚才已经提及。但毫无疑问,尽管维多里诺也一直认同这种尚武运动,但他通常对体质训练似乎有更广的认识,认为体育锻炼的目的在于增强体格、培养坚韧的习惯以及提高抗疲劳的能力,而不是仅仅获得任何特殊的运动技能。因此,他特别关注年龄小一点的孩子的健康,在他们游戏和散步时为他们提供应有的监督。在夏天特别热的时候,他会带他们其中一些人到离孟都亚大约 12 英里、靠近维罗纳的戈伊托城堡。我们知道,索德罗(Sordello)②的青年时期就是在这个令人愉快的地方度过的,不知道维多里诺是不是把他早期在帕多瓦的诗一般的抒情心境与

---

① 弥尔顿(1608—1674),英国诗人。——译者注
② 索德罗(约生活于 14 世纪中末期),意大利吟游诗派诗人。——译者注

这个地方联系起来。① 我们注意到,安布鲁吉奥在9月炎热的一天去那里拜访他。② "维多里诺正住在戈伊托,照顾着贡札加的孩子们。我们看到,他与孩子们共进早餐;他出来迎接我们,带着喜悦的泪水向我们问候。他以隆重的方式招待我们。这些孩子似乎与他相处得非常愉快。我们谈了几个小时。然后,其中一个男孩朗诵了在西吉斯蒙德皇帝到孟都亚时他曾表演过的大约200行诗篇。我被他们展现出来的不亚于演说的优雅和得体的品位与学识所震惊。两个弟弟和他们的妹妹③也参与了表演,他们全都是聪明而有智慧的孩子……经过一个上午的最愉快的交流之后,他又为我们介绍了其他几个优秀的青年,接着在礼貌的问候之后又送了我们一程。"加尔达湖上面的山区成为更远距离的远足最易到达和最喜爱的地区,持续了几天时间,瘦而结实并且一直到最后都很活跃的维多里诺,在几个年龄大一点的学生陪同下探索了所有通往阿尔卑斯山的引人注目的入口。

所有这些使我们明白,维多里诺有意识地去实现一个明确的目标,即在发展学生智力的同时也增强他们的身体。一方面,文艺复兴时期后期的特征是对身体没有感性的狂热崇拜;另一方面,他甚至更不赞成对一切有关其活力和优雅运动的那种忽视,这仍然是他那个时代的大部分教育的特点。古代世界的一些最优秀的性情呈现出这种对简单的户外运动和对身体的艰苦训练的热爱。

但是,我们必须再次提醒自己,维多里诺自己的教育理想最终依赖于宗教信念的深度。敬畏、虔诚和奉行宗教形成了维多里诺个人生活的主要基调。对他而言,人类生命的尊严是取决于其与上帝的关系。因此,他的宗教教学坦率诚恳;坚持参加教会仪式④;灌输宽恕和谦卑。

67

---

① "只有一个城堡建在一些低矮的山脉中;冷杉和落叶松遮盖了它们主要的隘道,而环形的葡萄园与其接界。" —— 勃郎宁(Browning)的《索德罗》(*Sordello*)

② 1435年。*Mart. et Du.*,第3卷,第451页。安布鲁吉奥写给科斯莫(Cosmo)的信。

③ 吉安卢西多(Gianlucido)、亚历山德罗(Alessandro)和塞西莉亚(Cecilia)。

④ 大教堂里的弥撒每天都能听到,因为教堂离"快乐之家"很近。帕利亚:《伦巴第大主教传记》,第156页。

他亲自陪同孩子们去做弥撒;他树立榜样定期去忏悔。每天,他都亲自进行部分宗教教学。因此,除了阐明他的个性,有关维多里诺在这个方面的最有趣的事情还在于他与他的人文主义的关系。对于他来说,这就是在新与旧之间的实际和解。基督教和人文主义是两个并列的因素,对完美人性的发展都很必要。没有任何理由认为,维多里诺会因古典的生活理想和基督教的生活理想之间的矛盾而感到尴尬。对于他以及后来与他有同样性情的人来说,古代世界的思想和道德观念与斯多葛学派的道德准则以及柏拉图的理想主义是相同的:对他们来说,指出这种教学与基督教生活的更广泛方面的一致性是很容易的。

68 　　维多里诺对学术所做的一个特殊贡献,必须在这里说一说。他是最慷慨的图书拥有者之一。他心甘情愿地将他所拥有的文稿制作成副本,甚至养成了令人有疑惑的出借书籍的习惯,这在 15 世纪导致了不止一次的无法弥补的文献丢失情况。到晚年时,他发现他的善良被如此滥用,于是他不得不借助官方机构发出一个通知,其大意是延误归还从图书馆借来的书籍将会导致公开的处罚。① 因为维多里诺发现,在孟都亚一个图书馆比他预期的要重要得多。75 年前,当时的孟都亚侯爵曾是彼特拉克的亲密朋友和通信者。卢多维奇·贡札加在他的建议下获得了这些文稿,其中一些是明显的珍贵文稿并具有极大的重要性。1423 年,维多里诺在宫廷图书馆里发现了这些书籍以及一系列有价值的传奇故事,他马上着手增加其数量。② 我们发现,他带着这种目的在1425 年与奥里斯帕通信,接着与博洛尼亚的希腊语教授通信。奥里斯帕在给安布鲁吉奥的信中写道③:"我收到了一个名叫维多里诺的通信者的提议,他为孟都亚宫廷工作而且似乎懂得一些希腊语。他提出支

---

　　①《宣言》(Grida)发表于1434 年,并于 10 月 13 日由自治市的传令官公开宣读和正式宣告。在维多里诺去世后,它被重新发行,宣称非法占有侯爵或维多里诺的书籍的人将会"遭到他的追随者和复仇者的暗中反对"。卢多维科(Ludovico)发现,该法令只是部分有效,致力于其更充分的执行应交由"武器首领"(Armorum Capitan)。

　　② 诺亚克:《彼特拉克》,第 414 页。

　　③ 奥里斯帕写给安布鲁吉奥的信,Bonon.,第 6 卷。日期:(1425 年)9 月,Mart. et Dur.,第 3 卷 第 714 页。

付 50 金币买两卷柏拉图和普鲁塔克的书。我正好有这些书的副本：一本普鲁塔克的《希腊罗马名人传》(*the Lives*)的珍贵副本，以及柏拉图的《法律篇》(*the Laws*)、《理想国》(*the Republic*)和《书信集》(*the Letters*)。后面的这个手抄本是我所见过的最精致的一本。"

69

后来，维多里诺的图书馆①成为更广泛的学者圈内所关注的焦点。费尔福送给他很多不同的手抄本。一些希腊法典是他从君士坦丁堡带来的，其他更完整的拉丁文作家的副本已经在图书馆了。富有的威尼斯贵族弗朗西斯科·巴巴罗(Francesco Barbaro)和帕多瓦学者圈内的亲密朋友补充了另外一些有趣的文本。追溯到 1434 年"宣言"中的一个意味深长的条款："如果任何人拥有《异教诸神谱系》(*De Genealogia Deorum*)的副本并准备出手，他应该立即把它提供给维多里诺大师，他将购买它而且还将这种提供看作是了不起的个人恩惠。②"我们有其他证据表明，贡札加侯爵对图书馆的率直兴趣，他似乎总是最渴望帮助维多里诺实现为学校谋福利的愿望。例如，吉安·弗朗西斯科(Gian Francesco)③1444 年给当时在费拉拉的格里诺写信说："长久以来的强烈期望是完全地和正确地遵从安蒂奎迪特·朱代卡约瑟法姆(Josephum de Antiquitate Judayca)④在希腊文体上的指导"(longo atque vehementi desiderio tenemur habendi in Graeco sermone Josephum de Antiquitate Judayca, totum et integrum)；他补充说，他的一个可信赖的朋友马上要去君士坦丁堡，格里诺能否给他有帮助的建议，看在那座城市的哪个地区适合进行调查？在给这位可信任的代理人发送指令时，他还补充说："不是关心书籍的册数而是风格的优雅，不

---

① 我们不能确定，维多里诺的个人图书馆或宫廷图书馆在他书里的典故中是否提及。他自己的图书馆是一个很好的图书馆。

② 卢齐奥在《威尼斯大主教》中的《五封信》(*Cinque Lettere*)，第 36 卷，1888 年，第 339 页。

③ 吉安·弗朗西斯科(1395—1444)，弗朗西斯科一世之子，1433 年 9 月 22 日被神圣罗马帝国皇帝西吉斯蒙德封为曼托瓦侯爵，统治时期是 1433—1444 年。——译者注

④ 安蒂奎迪特·朱代卡约瑟法姆，著名犹太历史学家。——译者注

是找到书法而是很好地改善德行。"(non curamo che libri siano ornati, ne di exquisita litera, pur che siano boni et ben correcti.)①我们推测，维多里诺的目的是形成一个好的、有足够藏书的图书馆，而不仅仅是满足收藏家好奇心的贮藏柜。此外，关于小王子们在学校里所需要的图书还有一些有趣的介绍：给亚历山德罗(4岁)挑选的是《拉丁语诗篇集》(Latin Psalter)，给塞西莉亚(6岁)挑选的是《多纳图斯》(Donatus)和《韦拉德的亚历山大的语法术》(Doctrinale of Alexander de la Villa Dei)，这两本书都是词法手册；第二年(1432年)，还给她一本希腊语的《四福音》(the four Gospels)的副本。维多里诺既负责抄写又负责装订，所需费用由孩子们的母亲佩奥拉提供。② 关于后面这些介绍所指的时间，大约是上面引述的奥里斯帕的信函日期的7年后，安布鲁吉奥去拜访维多里诺，发现他还在孟都亚，尽管8月份已过了很久。他看见侯爵的两个儿子以及他们的妹妹塞西莉亚，当时在场的还有两个邻国君主的儿子，大约10岁。安布鲁吉奥与维多里诺的认识，是通过著名的佛罗伦萨收藏家尼科利，因此，他向尼科利汇报了他对维多里诺的拜访。"我们看到并检查了大约70卷书籍③，不过其中大多数是我们已经知道的。我们相当详细地讨论了昆体良；我看到了希罗多德、修昔底德、阿里安、普鲁塔克的生平等著作；一长串的诗人的作品；对我来说，比较新颖的是由希罗多德撰写的荷马的生平。他还给我看了奥古斯丁的论文《论音乐》(De Musica)和《论学术》(Cathegoriae)，这些都是他整理的。他还存有阿克里乌斯(Accrius)④对贺拉斯的《颂歌》的评论。此外，还有尤里乌斯·菲尔米库斯(Julius Firmicus)⑤8本书中的《数学》

---

① 《威尼斯大主教》中的《五封信》，第36卷，第337页以后。1444年间，维多里诺生病了，侯爵很可能是在他的指示下，着手处理图书馆的信件。

② 《威尼斯大主教》中的《五封信》，第36卷，第331页。

③ *Mart. et Durand*，第3卷，第553页。安布鲁吉奥：《游记》(*Hodoeporicon*)，第34页，描述了他对图书馆的参观情况：当时，他由维多里诺和侯爵的几个儿子以及他们的一些同学陪同，他在那里"强烈要求很好地保存希腊的众多书卷"，其包括了所有最知名的哲学家、演说家、史学家和诗人的作品。

④ 阿克里乌斯，古罗马作家和剧作家。——译者注

⑤ 尤里乌斯·菲尔米库斯，古罗马占星家。——译者注

（*Mathesis*），这是我委托他为我本人制作的一个副本；我还以您的名义要了《朱利安皇帝①的演说辞》（*the Orations of the Emperor Julian*）、《荷马的生平》（*the Life of Homer*）、《伟人昆体良》（*the great Quintilian*）和《酒神巴克斯》（*the Bacchus*）的副本。他只是很热心但无论如何不能答应我们的请求，并表示遗憾你不能在闲暇时间亲自讨论这些和其他作品。在我回去之后，他把几个希腊文手抄本送到我的住所，其中有柏拉图的《法律篇》、《理想国》和《书信集》，以及圣克里索斯托的一卷书，此外还有圣奥古斯丁的另一部著作。"

　　维多里诺和安布鲁吉奥很快成为非常亲密的朋友。安布鲁吉奥说："与他在一起确实是对的，可以从事凸现显贵的适当职业。"（mecum est jugiter quantum per occupationes summas licet.）这是他们的第一次会面，然而，他们的亲密关系很快就成熟为诚挚的感情。因此，委托给尼科利制作的书注定要成为最有价值的文集的一部分，这本书传到美第奇的手里，所以，最终成为知名的劳伦狄安图书馆②的核心。但是，不能确定所提到的书卷哪一本来自于 1536 年的《手册》（*the Hand-list*），哪一本来自班迪尼（Bandini）③。我们看到在 10 年里维多里诺被公认是文本的一个重要来源，从他那里可以获得不少文本。尼科利本人曾在一年前（1431 年）拜访了维多里诺，并写信给安布鲁吉奥④告诉他维多里诺的学识和性格给他留下了深刻的印象。他已得到维多里诺的承诺，把在孟都亚工作的希腊文抄写员之一派到佛罗伦萨在尼科利手下做类似的工作。但是，维多里诺图书馆的真正区别似乎应该追溯到 1441 年⑤或 1442 年初西奥多·加扎成为他的学校员工之后。加扎是

---

　　① 他称他们为："四位渊博的雄辩家。"（Quattuor prolixas orationes.）梅休斯：《安布鲁吉奥·特拉韦萨里》，第 419 页。

　　② 尼科利是第一个想到公共图书馆要向所有学生开放的人。他一直宣称，他打算由卡玛尔迪斯修道院管理它，安布鲁吉奥是这个修道会的院长。

　　③ 班迪尼，最早使用参见方法的意大利人，编写了《宇宙大事源》。——译者注

　　④ 1431 年 7 月 8 日。梅休斯：《安布鲁吉奥·特拉韦萨里》，第 353 页。

　　⑤ 这个日期是由他于 1444 年去费拉拉这个事实推断而得出：萨索罗的"晚"在这种情况下必须相当宽泛地解释。

意大利有史以来最好的希腊文誊写员。他似乎一直从事于对重要作家的文本的编辑工作,在某些情况下添加释义或摘要作为对学者的帮助。他的学识使他能够呈现在精确度上大大优于前五个世纪所制作的文本;他的工作因能满足孟都亚学校的需求而备受欢迎。① 在劳伦狄安图书馆,他著名的《伊利亚特法典》(codex of the Iliad)②"不断被用来进行注解"(cum perpetua paraphrasi interlineari),以及狄奥多罗斯·西古流斯(Diodorus Siculus)③的一个文本④也是在他的手里为费尔福⑤制作的,是这个朋友把他介绍给了维多里诺⑥。维多里诺图书馆的目录长期被保存在孟都亚的穆尼西庇阿档案之中,直到1830年它遭遇了那次很有价值的文集的毁灭:被散开,被像废纸一样卖掉或销毁。正如已经看到的,我们的资料很零碎。我们应该感到高兴的是,能够编制这样的他经常使用的书籍清单,因为从他的信件中我们可以构想格里诺工作时使用的图书馆⑦。维多里诺把书籍馈赠给他的学生克雷莫纳的乔克波·卡西亚诺⑧(Jacopo Cassiano of Cremona),他有一段时间接替

---

① 萨索罗谈到维多里诺学校的特有优势来自加扎的作为抄写员的工作。(瓜斯蒂编:*Saxolus Prat.*,第40页)

② 在班蒂尼的作品中有描述,《拉丁文手抄本著作目录》(*Cat. Codd. Lat.*),第二版,第2卷,第121页。1534年,这本手稿已经在美第奇家族图书馆(the Mediccan Library)里。《中世纪著作目录》(*Bibl. Med.*),索引,第23页.

③ 狄奥多罗斯·西古流斯(生活于公元前1世纪),古希腊历史学家。——译者注

④ 班蒂尼:《拉丁文手抄本著作目录》,第八版,第2卷,第677页。

⑤ 关于费尔福高度重视这种珍贵财产,参见福格特:《古典文化的复兴》,第1卷,400页及在那页的参考。

⑥ 在加扎手里的其他手稿由诺亚克摹写,*La Biblioth. de F. Orsini*,第145页。

⑦ 参见萨巴蒂尼:《意大利博物馆中的古代经典著作》,佛罗伦萨,1887年,第二版,第2卷,第373页。有关拉丁语手抄古籍构成格里诺(Guarino)的图书馆的一部分,可以从他的信件中推断出来。诺亚克已经更精心地为彼特拉克的文集做了同样的事情,"文艺复兴时期的第一个图书馆"。《彼特拉克和人文主义》(*Petr. et l'humanisme*),巴黎,1892年。这种关于图书馆的介绍和手稿的命运的研究,对于真正的学术史是必要的,但很多仍未尝试过。

⑧ 普拉蒂纳:《科门亚里奥鲁斯·普拉蒂纳论费尔特雷的维多里诺一生》,第25页。

维多里诺管理孟都亚学校。但是,似乎有不少书籍已被他的学生们作为纪念品拿走,或许如后来的时代①舆论在此方面认可的一种挪用。

维多里诺与贡札加家庭之间的关系已经提及过。从一开始,维多里诺就要求有独立性和权威性的地位。当时,让他满意的承诺似乎已经得到完满地履行。毫无疑问,弗朗西斯科·贡札加渴望永久保持自半个世纪前与彼特拉克合作时在他家里形成的文学氛围。他也意识到,那个时代最成功的校长的到来为他的宫廷带来了光彩。此外,我们知道,他的妻子佩奥拉·迪·马拉泰斯塔②尽管她的名字不太吉利,但她却是一个最有奉献精神的母亲和一个有着深厚的宗教感情的女人。宫殿的内部生活显然是令人尊敬的。克拉罗(Corraro)在 1443 年给塞西莉亚的信中写道③:"我清楚地记得你度过的童年时期的环境。你出生的时候,我住在宫殿里,我有充分的机会了解你成长期间所接受的感情、关爱以及可敬的榜样。在宫殿里,过分的奢侈是不允许的:在食物、衣着和生活习惯的所有事项上都鼓励自我克制。那里,完全不能接受寄生虫或马屁精,也不容许不正派或不体面的娱乐活动。由于吉安·弗朗西斯科经常不在家,他们之间很可能定期通信,谈些侯爵在战争中或外交上的冒险经历,或在很多情况下维多里诺替他们带孩子去戈伊托或博戈福泰躲避孟都亚炎热的夏天。"从这些信件的片段,我们能够想象维多里诺与侯爵及夫人佩奥拉之间的关系非常融洽。正如我们所预料的,贡札加侯爵是一个脾气率直的军人,很想听到孩子们的消息,但把所有详细情况留给妻子来告诉他。然而,当维多里诺生病的时候,贡札加明确下令要非常细心地提供一切必需品:当他自己病了并且快

---

① 维多里诺的债权人努力要找回如此借用的书籍,但即使是在侯爵的帮助下,也没有成功。詹姆皮特罗(Giampietro)是一个品德最高尚的人,其保存了几本书。卢齐奥:《威尼斯大主教》,第 340 页。

② 她是马拉泰斯塔,即佩萨罗勋爵的女儿,巴普蒂斯塔·迪·蒙泰菲尔特罗的嫂子。参见卢齐奥:《威尼斯大主教》,第 119 页以后:以及韦斯帕夏诺:《尤奥米尼·伊卢斯特里的一生》,第 3 卷,第 296 页(注释)。

③ 这封信,见 *Mart. et Durand*,第 3 卷,第 829 页以后。

要不行的时候,他在病床上写信给维多里诺说:"因而,神直接按照秘方来保护健康,同样祈求通过很多的说教来获得道德。"(Deum igitur pro recta valetudine nostra saepissime, ut scribitis, exorate, quoniam vestris orationibus plurimum fidei habemus.)(1444 年 9 月 2 日)。① 此外,贡札加很想知道家里身体娇弱的孩子亚历山德罗的情况,而且写信感谢维多里诺提供的令人鼓舞的消息,以及他为这个病弱孩子而设计的特殊形式的活动。② 好几次,我们提到在维多里诺的求情下赦免司法惩罚的事情。维多里诺有时对贡札加侯爵像其他的雇佣兵一样,在饭桌上放纵自己说一些半信半疑的俏皮话提出明确的抗议,尽管会有猛烈的发作③,但我们可以感觉到,就总体而言,维多里诺完全有理由尊重他的赞助人。

　　不过,很自然,在小王子们的进步问题上,维多里诺与侯爵夫人佩奥拉接触的应该比她的丈夫多一点。我们很幸运地保留了维多里诺写给她的少数信件,显然是在 1439 年④,谈到有关影响学校的事情。这些信件很简单也很直接,由于从未打算公开,因此,比正式书信更有趣。我们在这些信件里和"经济记录"的某些摘录里或皇宫的家庭账目中,找到了直接的个人关注学校的详细情况的证据。在维多里诺被雇佣的头几个月里(1423 年 12 月),我们发现了一项根据他的指示拨给洛尼戈的奥尼贝内的一件"外衣"的费用记录。有关奥尼贝内,我们再重申一次,他是一个不交纳任何费用的贫困学生之一。

---

① 卢齐奥:《威尼斯大主教》,第 337 页。

② 卢齐奥:《威尼斯大主教》,第 337 页。"贡札加十分满意,因为亚历山德罗使他自己正确地获得了知识。"

③ 普伦迪拉奎非常熟悉这个家族的成员,并认真地记录了维多里诺当他照顾的学生的面坚决地处理这些失误。

④ 一条简短的记录是 1437 年的,但只提及侯爵把里瓦尔塔的一小部分财产作为礼物送给维多里诺。("Ex Burgoforti xxi Martii")显然,佩奥拉得体地称赞维多里诺抄写了在她自己手里的正式契约的副本。另一封信中涉及到关于这份财产邻居所犯下的非法侵入行为,他要求侯爵夫人在他没有和孩子们在一起的时候务必使这类不公正行为得到纠正。卢齐奥:《威尼斯大主教》,第 333 页。

关于孩子们进步的报告不断地被送到佩奥拉那里,其中年龄最小的亚历山德罗似乎已具有最显著的智力和最优秀的性格。这里有 1439 年侯爵与威尼斯交战时处于危险的冒险中维多里诺对其安全深情关注的典故。但我们也有证据证明他对夫人佩奥拉的误解。维多里诺与女总管争吵,我们猜想女总管是由侯爵夫人任命的;他直截了当地说:"她既没有更大的能力,也不能假设她会改正缺点。"(nec illam amplius pati possum, nec si possem volo.)维多里诺认为,她应该被解雇,这在某种程度上对学校的利益是必不可少的。也许夫人佩奥拉表示了异议。但是,无论出于何种动机,我们有一封来自维多里诺的恭敬的谏信。他从来没有想过其他任何事情,只有考虑他对侯爵夫人佩奥拉、侯爵、他们的孩子以及学校的职责。维多里诺非常喜欢他们以及他们的家庭。如要他是被其他的目的所驱使,"按照圣母的更多方法,以获得专注于职业的智慧。"(alia erat via uberior si illis animum applicare voluissem.)当他相信侯爵夫人会同意他的愿望时,他特别希望她应该理解他要求的理由。但是,这些简短的信件所展现的性情是如此坦率和自然,以至于我们马上推断相互尊重和信任的关系从来没有因为提出不同的意见而严重地损害任何一方。不仅如此,它们让我们看到了在文艺复兴这段时期的宫廷内部生活,其与那个时代的意大利常常被描绘的已被严重渲染和歪曲的情境形成鲜明的对比。

此外,侯爵夫人佩奥拉还献身于那个城市的慈善和虔诚事业。我们被告知①,她花了很多时间单独去探望病人和穷人,而且她不只是在言语上慰问他们。她对遭受苦难的人的深切同情使她成为慈爱会(the Observantia)的一个热情的支持者,或恢复了由西耶纳的圣贝纳迪诺(San Bernardino of Siena)宣扬的方济各会(the Franciscan Order)的教规,并且在她的影响下孟都亚成为其最重要的中心之一。② 在这项工作

---

① 卡斯蒂廖内,梅休斯:《安布鲁吉奥·特拉韦萨里》,第 409 页。

② 格里诺对慈爱会(the Observantia)也很友好:方济会似乎不打扰维多里诺,尽管在佛罗伦萨对他有些异议,也许是在道明会士(the Dominicans)中。普拉托的萨索罗(瓜斯蒂编:*Saxolus Prat.*),第 18 页。

中，侯爵夫人发现维多里诺可以成为一个助理，因为其情感很容易对疾病或贫困产生同情。这种共同的慈善事业的纽带，增强了塞西莉亚的母亲对维多里诺的尊重和信任。

正是在有关塞西莉亚的问题上，维多里诺在侯爵的家庭议会中的地位才得以显著地说明。随着塞西莉亚的少女时代的到来，她表现出要当修女的强烈愿望。我们必须记住，除了其虔诚精神的吸引力外，对于一个具有好学本能的女子来说宗教生活仍然是一个可靠的庇护所。毫无疑问，维多里诺至少是默许地看着她的这一意愿的逐渐增强。他借给她圣克里索斯托写的一篇论文①:《批评修道院生活》(*In vituperatores vitae monasticae*)，大概他已知道这种意愿在她脑子里已经成形。也许在他职业生涯中，没有任何有记录的事实能让他在侯爵反对他女儿的意愿的斗争中如此强烈地理解人文主义教育的宗教看法。1443 年春天，我们发现维多里诺护送侯爵夫人佩奥拉到罗马;他住在佛罗伦萨，在那里他见到了韦斯帕夏诺②并与他长谈，其他人利用着这个难得的机会见了他们已经听说过许多情况的两人中的某一个。会谈中很可能提到了塞西莉亚到罗马访问的决心，对此她的母亲非常支持。前面刚刚提到的维多里诺的学生克拉罗当时是一个有地位的传教士，在佛罗伦萨与侯爵夫人佩奥拉商谈有关塞西莉亚的旅程的问题。在维多里诺的迫切要求下，"助手实际上既是欢乐的又是孤独的"③(assistebat namque illacrymans prae gaudio ut solet)，克拉罗写信安慰处在职责矛盾中的塞西莉亚。在去罗马的路途中，维多里诺还见到了叶夫根尼四世(Eugenius Ⅳ)，对方以十分崇敬的方式迎接他，表明他的

----

① 参见萨尔扎纳的保罗(Paul of Sarzana)写给安布鲁吉奥的信。(梅休斯:《安布鲁吉奥·特拉韦萨里》，第 1037 页)在其中，他报道说他已把这篇短文送给了维多里诺，并把它抄了一份:"对儿童、尤其青少年来说，第一位的是拉丁-希腊文作品阅读的充分训练。"这个译本是安布鲁吉奥自己的作品。*Ball.*(手稿文集)，第 154 页。

② 普拉托的萨索罗(瓜斯蒂编:*Saxolus Prat.*)，第 19 页。由韦斯帕夏诺编写的维多里诺的短篇回忆录很有趣，尽管没有多少价值。比斯特奇的韦斯帕夏诺:《尤奥米尼·伊斯特里的一生》(1893 年编)，第 2 卷，第 222 页。

③ 上面引用的科拉罗(Corraro)的信件，第 73 页;*Mart. et Dur.*，第 3 卷，第 829 页。

名声已超越了学者圈子,然而并没有成效。但是,贡札加侯爵在次年①就去世了,随即塞西莉亚也实现了她自己的愿望。

维多里诺所面临的另一个任务也不是没有难度的,那就是试图促成侯爵贡札加和他的长子卢多维科之间的和解。维多里诺从卢多维科10岁起就一直负责照顾这个王室的继承人,并以非常谨慎的但又是始终不渝的坚定的态度②履行这个重大的职责。维多里诺自己可以毫无困难地赢得他的信任和爱戴,即使孩子与父亲争吵,但维多里诺却从未失去过他的信任和爱戴。卢多维科虽然是长子,但他的父亲没有把他当作这个家族的军人,其后果是当雇佣兵队长出去作战的时候,通常把他留在家里代表侯爵,或者更多时候帮助他的客户们巧妙地进入威尼斯国家。次子卡罗经常陪伴他的父亲,如此引起的嫉妒迫使卢多维科去菲利波·马里亚·维斯康蒂(Filippo Maria Visconti)③的手下工作,尽管维斯康蒂与贡札加家族很友好,但他实际上仍然与威尼斯处于交战状态。这件事发生在 1436 年。卢多维科抗议说,他没有别的意图,只是想要学习他的父亲刻意不让他接触的战争艺术。詹弗朗西斯科因此而给人留下了失信的印象,使他对儿子感到非常的气愤。在卢多维科拒绝回家和效忠的情况下,侯爵在得到皇帝的同意后剥夺了他的继承权,甚至以拒不服从和背叛罪判他死刑。许多人给贡札加写信劝解,其中有来自波吉欧和格里诺的充满典故与美德格言的信件。但是,当无论是朋友、甚至是妻子和儿女们都不能让父亲心甘情愿地原谅儿子的时候,(因为卢多维科已经很容易地被他原来的老师带来见他的父亲并承认他所犯下的错误)维多里诺通过坚决谴责他的反常的残酷行为和蔑视这些后果产生的一切威胁,最终赢得了侯爵的来之不易的同意,

⁷⁸

---

① 1444 年 9 月詹弗朗西斯科去世后,佩奥拉和塞西莉亚都做了修女。

② 从格里诺写给卢多维克·贡札加的一封信中,我们推测在维多里诺到来之前,小王子在控制下接受的训练远远不能令人满意。萨巴蒂尼:《格里诺的生平》(*Vita di Guar.*),第 75 页。

③ 维斯康蒂(1412—1447),米兰公爵。——译者注

让他的儿子重新获得宠爱。① 这次和解被证明是真诚的和彻底的,对维多里诺来说,这是一个未改变的喜悦的原因,而其他所有人认为这是他的影响力的重大胜利。

有趣的是,要注意一下在维多里诺生命的最后 18 个月里,当时已经是王室首领的卢多维科以及他的兄弟们始终对维多里诺表现出深情的敬重。对他的建议或责备从未表示过不满,即使是在重大的事项上或在有他人在场的表述上。次子卡罗在年幼的时候曾因不当的言论被当着全校师生的面受到严厉斥责——对于这类过错维多里诺会做出迅速的处罚——但似乎任何事情都不会干扰这种亲切的信任,所有的年轻王子们都以这种态度仰慕着他们的老师。对于年龄最小的王子亚历山德罗,他的感情是深厚的,在某种程度上这位纤弱而又十分敏感的王子是老师最疼爱的学生。据普拉蒂纳说,兄弟们之间至少在维多里诺在世的时候还是十分亲近的,尽管有 1436 年的不和,在这点上我们可能会把相当一部分归于维多里诺的影响力。我们所拥有的他们和他们的老师几年前一起在戈伊托的照片,无疑是证明他们与老师之间的关系的典型物品。在维多里诺葬礼的那天,皇室的王子们聚集在他的墓旁,在真诚的送葬人群中显得非常的引人注目。

我们得知,维多里诺在孟都亚城很受人们的敬仰。他与他选择居住的城市息息相关。他把他的学校向所有有能力的、各种阶层的人开放,并且为许多需要帮助的孩子提供免费的教育。他对所有的学生都一视同仁,没有什么比他们的成功更让他感兴趣。他把探访过的穷人当作朋友,而且他是如此慷慨地资助贫困的学生,以至于在他死后他没有给他的继承人留下任何可以认领的物质财富。他一直不断地给教堂送礼物,虽然是在没有炫耀的情况下,而且经常是秘密地进行的。在宽容和良好的管理方面,维多里诺在宫廷里具有值得关注的影响力:因为

---

① 在由维多里诺代表卢多维克·贡扎加写给佩奥拉的其中一封信里记载了他充满深情的热情,其中他提到了实际正在进行的与米兰公爵的一些谈判。流亡王子的年轻妻子、勃兰登堡的巴巴拉(Barbara of Brandenburg)是维多里诺的一个学生。很显然,她发现,在她处于焦虑时维多里诺给予很大的支持。卢齐奥:《威尼斯大主教》,第336 页。

他从未忘记过促使他来孟都亚的最显著的动机——即塑造王子的性格和指导他们的品行,为造福他的同胞们提供真正的机会。因此,维多里诺是具有最真实的信条的一个实例,激励着文艺复兴时期第一阶段的人文主义教师们。因为维多里诺的理想很明显是培养爱国者和有能力的公民,而不是独立的学者;而且,当我们阅读认识他的人给我们留下的纪念他的文章时,我们非常清楚地意识到,至少对于维多里诺来说,学术研究绝不是忽视共同职责和对生命缺乏同情心的借口。

80

维多里诺与他那个时代的其他人文主义者形成鲜明对照的是,他的活动仅限于帕多瓦、威尼斯和孟都亚这三个城市。部分是由于这一结果,他在学者中的熟人圈子似乎很小。如果他鼓励文学交流的做法,那他可能会很容易地扩展这个圈子。格里诺给我们留下了至少 600 封信件,其中一些几乎在西欧所有的大学图书馆的手稿中都能找到。波吉欧、安布鲁吉奥和费尔福花费了大量的工作时间精心整理这些冗长乏味的而且是古典形式的书信,如果是写给他们的朋友或赞助者的①,那内容往往有些空洞。但是,维多里诺只有 6 封信被保存下来;其他的、特别是写给安布鲁吉奥②的一系列信件,他在佛罗伦萨的朋友一直都很珍视,但它们却被遗失了。维多里诺公开宣称,他觉得没有必要增加大量的书面材料,从已传给我们当代学者的信件中判断,我们当然可以承认,他的声誉极大地受到自我克制的影响。然而,他和那些与他有过接触的学者的关系格外友好。在以其"作家之间的争吵"(quarrels of authors)引发的痛苦为特点的时代,维多里诺从未被臭名昭著地评论过;相反,他总是以尊重或爱戴的方式被提及。实际上,一般人也不可能和维多里诺争吵。③

尼科利因他认人无法容忍的恩赐态度几乎得罪过每一个人。1400

81

---

① 关于这个主题,凯里特写道:"当发现,有多少友好、礼貌或奉承的正式表达使学术性的信件中的实际事实的因素黯然失色时,我们不应感到惊讶。由此,频繁缺乏日期的现象得到了解释。"《论文集》,第 3 卷,第 9 页。

② 普拉蒂纳:《科门亚里奥鲁斯·普拉蒂纳论费尔特雷的维多里诺一生》,第 27 页。

③ 卡斯蒂廖内是非常引人注目的,梅休斯:《安布鲁吉奥·特拉韦萨里》,第 409 页:"被写下来的很多话是令人嫌恶的。"

年,他把克里索罗拉从佛罗伦萨驱逐出去①,这件事激怒了性情温文尔雅的格里诺。② 相反,尼科利很难找到适当的语言表达他对本性单纯而又诚恳的维多里诺的崇敬。的确,正是他使安布鲁吉奥和维多里诺走到了一起,引发了一段终身的友谊。佛罗伦萨的卡玛尔迪斯修道会的院长安布鲁吉奥·特拉韦萨里是维多里诺最亲密的朋友。正如我们所看到的,他在 1432 年至 1435 年期间到孟都亚和戈伊托拜访了维多里诺大约三四次。吸引他的不只是维多里诺的品格,更有他的学识③;而且在宗教兴趣方面,他们有很多共同之处。安布鲁吉奥·特拉韦萨里记录了他在孟都亚首次拜访快要结束时与维多里诺分手的情形:"我们正准备出发。太阳还没有升起,这时维多里诺在几个年轻人的陪伴下骑着马出现在门口。他陪同我们走完了旅程的前三英里,在此期间他一直很客气地走在我旁边。"用安布鲁吉奥·特拉韦萨里的话说:"他们谈文学,谈诚信,谈谦逊,谈宗教,谈我们这个时代中的杰出人物。"

安布鲁吉奥·特拉韦萨里毫不犹豫地请求维多里诺帮助恢复修道会的建筑和已偏离了其创始人意图的皇族捐赠基金。他知道,没有人更有可能对这样的正义工程感兴趣,没有任何人对孟都亚领主(修道会位于他的领地)的影响力会如此肯定地有作用。维多里诺写信答复他,这是在我们手里的唯一一封此类信件,并且是由于其作者的缘故才可能在这里展示出来。

> 对我来说,明显的悲痛实际上是人(同你往常一样)在文
> 字上的原因,好象预言着人间和天堂的戒律从来没有被停止
> 过,它由于希腊学者出版的书卷所带来的一些学识而变得明

---

① 凯里特:《论文集》,第 1 卷,第 52 页。

② 萨巴蒂尼:《格里诺书信集》,第 59 页。"在尼科利时代,人们充满了敌意、固执的自负和专横;为了克服这个困难,无论什么时代,格里诺是多么的谨慎和多么的耐心,然而他自己也厌烦了。"正是因为尼科利,格里诺于 1414 年离开佛罗伦萨。

③ 参见已经引用的信件,特别是 *Mart. et Dur.*,第 3 卷,第 353 页。"博爱风格"(Condimentum humanitatis)是安布鲁吉奥对维多里诺的学识的描述。参见安布鲁吉奥:《游记》,第 34 页。

朗起来。这种悲痛表明如此的麻烦事情现在抑制了对学科知识的尊敬，不管是谁，他都是当时的见证者。但是，为什么我确实得到了安慰，同样你也得到了安慰，特别是超越现有重要的和卓越的能力，处在很多美德的反响之中，因为事实上它与我们现在的修辞学家的见解是一致的，赞扬所有保持美德的一切行动。① 但是，这样能使自己高尚。确实，可能发现他或他的助手的二中挑一的帮助。事实上，戒律从来就没有被停止过，但无论如何我指出了戒律的阴影。同样地，这是君主雅各布斯·阿尔博兰达斯(Jacobus Alborandus)所赞同的，因为修道士的圣谕掩盖了修道士的辩论，所以我自己不会去实行，这并不会使自己失去名誉；为了第一次真正地实行，现在就要消除已看到的妨碍。为了你，无论如何要获得确实能保证自己所决定的一切，同时也要持久地完全支持同样的主张，不希望延续与修道士之间的裂口，至于自己所签下的允诺从遥远来看是可疑的。这确实对现有的职业没有启发，但是自身现有的职业传递了希望。因而，到现在为止能够得出有关这种情况的方案。埃伦特(Erunt)或其他人的著作。虽然我能够允诺，但为了你，我自己仁慈地独自期待着你需要的那个约定，同时始终尽我所有的热忱去寻找机会。祝平安。12 月 12 日寄自孟都亚。②

另一方面，波吉欧的信件又为我们揭示了某些著名学者具有的浮躁的虚荣心和傲慢的妄自尊大。我们不清楚，维多里诺与波吉欧什么时候结为私交，但一定是在 1436 年之后。③ 詹弗朗西斯科·贡札加与

83

---

① 西塞罗的这句话在人文主义者中并不少见：作为一种实用目的，这很重要。他们中的大部分人在这个阶段，都把这一目标摆在他们的学生面前。

② 米特莱利(Mitarelli)：《S·米夏埃利斯手抄本著作目录》(*Bibl. Codd. S. Michaelis*)，威尼斯，1779 年，第 1207 页。这是在梅休斯的作品中提供的安布鲁吉奥给这些信件的回复。

③ 这是通过波吉欧的抗议书中的某些词语推断的。

其长子之间的争吵,曾给维多里诺造成如此大的痛苦和忧虑,引来了波吉欧写给孟都亚侯爵的一封很值得注意的信,用无可指责的拉丁语谴责他对卢多维科采取的行为。他把这封信装进给维多里诺的附函中,请他把它正式地呈现给他的赞助人。当时,维多里诺正急于促成侯爵父子之间的和解,而波吉欧把它当作一种自我宣传。所以,知道给贡札加一家公开阅读一封夸张的、迂腐的长篇大论可能带来的某些后果,因为波吉欧已将这封信的各种副本分发给邻近宫廷的学者,又考虑到卢多维科的利益,维多里诺谨慎地隐瞒了这封信的事情。他认为,更明智的做法是等着他自己更委婉的干预的效果。很显然,他认为没有必要向他的通信者解释这种拖延,这惹得波吉欧大为发怒。于是,波吉欧随即给维多里诺写了一封信①。

波吉欧给维多里诺的信
(Poggio to Vittorino)

你真不够体贴或善良,耽误这么久没有把我的信呈交给侯爵。将它和其他信件一起转交给侯爵,这是一件很容易的事情。因为根据我自己的意思坦率地阐述我已有的信念,这是我的习惯:你很难说,在此种情况下它们缺乏意义或者表达得不优雅。如果你是担心我的信件所造成的影响,你至少应该把它归还给我。否则如何解释你迟迟不肯把它放在你的赞助人面前?当然,你可以说没有适当的机会;或者,你可能已屈从于一个基点,即害怕侯爵发脾气。如果是这样的话,侯爵就不是我所想象的那种人:我也不屑与一个怨恨直言不讳的建议的人交谈。我原以为他的阅读足够广泛,能够显示他效仿像苏拉(Sulla)②这种榜样的智慧,其承认讽刺作家的文学

① 我已使用了包含在波吉欧信件的手稿卷里的副本(第252页),这被保存在利物浦的雅典娜神殿图书馆(Athenaeum Library)。只有几部分是由罗斯米尼提供的,《费尔特雷的维多里诺》(Vittorino da Feltre),第223页。
② 苏拉(前138—前78),古罗马统帅及独裁执政者。——译者注

价值,甚至是当智慧低于他而让他感到不舒服时。对我自己,
我不以学识自居,也不以智慧自居。但我阅读了很多,听说了
很多,也看到了很多:我相信,我没有写任何与侯爵的自尊心
不一致的东西,没有与我自己不相符的东西。如果他反对读
我的信,那它肯定被转交上去了。"(它当然早已被转交了!)
"对于那些渴望仔细阅读这封信的人来说,不会认为它不值得
细心研究。当他们听到你的保护人拒绝做同样的事情,他们
一定会降低对他的评价。事实上,我可以说,我已经获得不少
对于这封信的赞扬了:无需提及任何其他的评论家,教皇表示
他本人对它的风格非常满意。

所以,我送你另外一个副本,随之还有其他三封书信,都
是就同一话题写给侯爵的,希望他能认识到他以前拒绝我的
建议的错误行为。我非常遗憾,我不得不用这样的方式给你
写信。但至少我没有什么可责备我自己的。

尽管写了这封信,但波吉欧对维多里诺还是怀有最崇高的敬意。
正如普拉蒂纳告诉我们的,通过把其中一个儿子托付给维多里诺照顾,
且珍视他的儿子获得的无微不至的照顾和良好的教育,他流露出这种
尊重。①

费尔福仿效了相同的做法②,这是另一个棘手的问题。他与比他早
几年的学长维多里诺的结识,很可能是在 1416 年或 1417 年,即其担任
加斯帕里诺·巴齐札的助手的时候。我们知道,在后期他在使西奥
多·加扎、可能还有特拉比松的乔治被接纳到孟都亚起了很大的作用。
当乔治住在孟都亚向维多里诺学习希腊语时,他与其保持经常的通信。
由于这一点,加之他与加扎的亲密关系,给了他很多机会了解维多里诺
作为一个普通人及一位教师的伟大之处。我们没有他们会面的纪录,

①《费尔特雷的维多里诺》,第 30 页。
② 我无法提供这个儿子的名字,也说不清楚日期。

但友好的信息通过他人①从费尔福那里传到了维多里诺这里。当费尔福的儿子长大后，他找不到比维多里诺更愿意让他将儿子托付的老师了②。然而，肯定是费尔福的性格在很大程度上对维多里诺没有多大吸引力。

现在，应该提及维多里诺与格里诺的友情了。正如我们所看到的，这两个人的相识至少应追溯至 1414 年③格里诺住在威尼斯的时候。在以后的几年里，格里诺提到④他们之间的交往是在他们一起互惠互利地阅读希腊语和拉丁语作家的那个时期。格里诺毫不犹豫地用最高的措辞写信给侯爵贡札加，称赞维多里诺的性格和能力：他祝贺卢多维科拥有他的老师的豁达性情。这两位著名教师在他们生活中的大部分时间是否都是近邻——1418 年以后格里诺的工作经常是在维罗纳或费拉拉——是否进行过任何频繁的我们不知道⑤的通信。不过，这件事是不可能的：即他们曾以任何形式合作编写过书籍或文本，因为我们没有任何确切的根据。⑥ 但是，格里诺本人是一位学者，渴望在学识上培养他的儿子，把他的儿子格雷戈里奥（Gregorio）送到维多里诺那里。我们可以有把握地认为，这又是一个对维多里诺能力的专家证词。

维多里诺给 15 世纪后半期曾经做过他学生的学者留下的印象已经提及过。我想特别提一下那些主要活跃在拉丁语学术研究中的人。

---

① 例如，通过特拉佩尊提乌斯（Trapezuntius）："因为友爱而令人感到愉快。"凯里特：《论文集》，第 3 卷，第 105 页。

② 凯里特：《论文集》，第 3 卷，第 30 页。

③ 事实上，很可能更早一些；在维多里诺定居在那里的早些年间，格里诺已经在帕多瓦了；并且，在 1408 年当他返回到君士坦丁堡后，他偶尔会待在大学里。

④ 萨巴蒂尼：《格里诺书信集》，引自 1424 年写给贡扎加·卢多维克的一封信中。"如果他称我为老师，对此我受之有愧，所以，这来自他的本性的善良和感激。我是教过他，但没教给他多少知识，尽管他喜欢谈论我为他提供的服务。"《格里诺的生平》，第 75 页。

⑤ 迄今被忽视的一封信（大英博物馆，*Harl.*，手稿，2570 f. 175），是由格里诺写给一个有前途的学生卡洛勒斯·布鲁格诺卢斯（Karolus Brugnolus），维多里诺对其给予特殊的个人教导，信中包含了对维多里诺的深情问候。

⑥ 普伦迪拉奎说他们这样做，但是没有提供详细情况，所以我们没有任何确凿的证据证实这种说法。当然，这类的作品没有幸存下来。

由巴齐札在帕多瓦和米兰牢固确立起来的西塞罗传统,显然被维多里诺接受。在拉丁语学识上,特拉比松的乔治是维多里诺的一个典型的学生,我们可以自信地说,他是一位比格里诺更有能力的学者,他在修辞学方面的研究[①]对文风教学有深刻的影响。瓦拉是维多里诺首批学生中的一个。[②] 他的拉丁语学术研究无疑是令人钦佩的,而他在推动这方面研究的作用上也许尚未得到正确的评价。正是瓦拉[③]明确地取代了来自于新学校的中世纪拉丁语学者[如亚历山大·维拉·戴(Alexander de Villa Dei)][④]的不准确和不全面的文法书本。但是,瓦拉他没有自己写文法。这是尼古拉·佩罗蒂的作品,他曾是孟都亚学校后来的一个学生[⑤],而且有过如此辉煌的职业生涯,先是担任博洛尼亚的修辞学教授,后来成为教皇的书记官。1468 年,在完成对波利比奥斯(Polybius)[⑥]的翻译后,他开始编写他的重要的拉丁语语法手册,通过既是朋友又是同学的阿莱里亚的主教约翰(John)的机构,1473 年由在罗马的斯温海姆(Sweynheym)和潘那茨(Pannarzt)印制成一本华丽的对开本。这时,文法和修辞被结合起来并且是拉丁语语法的主要界线,词法、句法、韵律就像以后几个世纪所理解的那样被首次确定下来。这时,文法被定义为[⑦]:"正确地说和写的一门艺术,这是作家和诗人所

87

---

① 有关特拉比松的乔治作为修辞学家的名望,参见鲍西亚(Comes Purliliensis)写于 15 世纪末的那封信,《友人书信集》,第 6 卷:"由于重视修辞学技巧,因此作者忽视了西塞罗、昆体良、亚里士多德和特拉佩祖蒂(Trapezuntium)。"

② 瓦拉(Valla)在维多里诺学校的出现,仅仅取决于普拉蒂纳的威信:而这个事实受到洛伦索·瓦拉的传记作家曼奇尼(Mancini)的质疑。《洛伦索·瓦拉的生活》(*Vita di L. V.*),第 12 页。其承认,他无法解释对学校非常熟悉的普拉蒂纳怎么能犯这样的错误。

③ 有关瓦拉和佩罗蒂在拉丁语教学方面的影响力,可以阅读本诺斯特的《论儿童的学习》(*De puer. Erud.*)(第 71 页),以确认文本中所强烈主张的东西。

④ 亚历山大·维拉·戴,他在普里西安的基础上于 1191 年写了一部学校语法,这本书影响了欧洲三百年。——译者注

⑤ 佩罗蒂于 1443 年进入学校。

⑥ 波利比奥斯(约前 200—前 118),佚名,古代希腊历史学家。又译波里比阿,生于伯罗奔民撒半岛的麦加洛波利斯,年轻时即跻身于政界。——译者注

⑦ 这些是引自《文法入门》(*Grammatices Rudimenta*),第 2 页。

观察到的。"(initium et fundamentum omnium disciplinarum.)"有四个部分的语法：文字、音节、单词和说话。"（Quattuor sunt partes grammatices：Littera；syllaba；dictio；et oratio.）如此界定的文法是"所有学科的入门和基础"。（est ars recte loquend；recteque scribend，scriptorum et poetarum lectionibus observata.）重要的是，要看到伊拉斯谟毫不犹豫地赞扬佩罗蒂的语法是他那个时代现存的最完整的语法手册。① 佩罗蒂还写了一篇短文②：《论男孩们的学习》（De puerorum eruditione），这篇文章从未被印出来，或许已经完全消失了。让我们感兴趣的是，它提供了一个在维多里诺巅峰时期③他亲自培养出来的学生的经历。

后来成为教师并在 1449 至 1453 年期间担任维多里诺在孟都亚④的职位的奥尼贝内·达·洛尼戈编写了一本语法小册子⑤，他将此书献给了弗朗西斯科·贡札加。这不仅是一个课本，而且是依据维多里诺的文法教学的口头方法编著的。

但是，在所有人中间，最有趣的人是阿莱里亚的主教约翰。他在学术研究史上所占据的地位是独一无二的。因为注定应由他来完成这项任务，他的卓越是不可能再次发生在其他任何人身上：他为重要的罗马报刊编写主要的拉丁文学遗著的概论。1469 年，他在一年内编辑了凯

---

① 《伊拉斯谟的歌剧艺术》（Erasmi Opera），第 1 卷，第 521 页 C。

② 参见法布里休斯（J. A. Fabricius）：《拉丁文著作目录》（Bibl. Lat.），曼西（Mansi）编，帕多瓦，1754 年，第 5 卷，第 124 页。我一直无法查到任何图书馆提及有副本。大英博物馆有伊丽莎白女王的有关教育的书单，其包括了佩罗蒂的《论男孩们的学习》（De puerorum eruditione），Harl. 手稿，4043. f. 16.。我没有发现任何其他的作家提及这部作品，除了法布里休斯，但他没有提供消息的来源，而《纽伦堡纪事》（Nurenmberg Chronicle）（1493 年，f. 232 v.）声称为佩罗蒂写了这样一篇论文。

③ 佩罗蒂在一段时间里为红衣主教贝萨利昂（Card. Bessarion）服务，并且在维多里诺和这位伟大的希腊语学习的赞助者之间建立了私人关系。

④ 达瓦里（Davari）：《历史新闻》（Notizie Storiche），第 8 页。

⑤ 《论第八个部分的演说》（De octo partibus orationis），帕多瓦，1473 年，是第一版的日期。在他的"前言"中，他提到了维多里诺："时代的生活是如此这般神圣以及学问是如此这般卓越因此，文学教师不仅存在着而且得到了发展。"该书的一半是非常基础的，是问答形式的。

撒、奥卢斯·格利乌斯、李维、卢卡和维吉尔的作品。随后是 1470 年编辑了西塞罗的书信集：一卷他的《演说集》(*Orations*)和 1471 年发表的《奥维德》(*Ovid*)。这绝不是他的学术活动的有限范围。然而，仅仅列举这些书名就足以展示阿莱里亚的主教约翰在学术史上的卓越，并坚定了我们对这位大师的尊敬，因为他把自己拥有的全部的学术能力都如此深情地归功于他的老师。①

维多里诺总是专注于学校许多方面的工作，从而成为了（或许是不知不觉地成为了）文艺复兴时期涌现出来的最有影响力的人之一。"快乐之家"立刻变成了一个博学中心、一所提供广泛且多样训练的学校、一个培养高尚行为和品格的场所。卡斯蒂廖内称它为另一个"学园"(Academia)：智慧与学识如此神奇的结合，教学技能、自我奉献精神以及明亮和有吸引力的环境自古以来无可匹敌。在现代生活中，著名的特洛伊木马比喻(simile of the Trojan horse)，突然放出其隐藏的一群勇士，被首次应用于维多里诺的学校。最初被提及的是雅典的伊索克拉底学校，这个比喻是人文主义者最喜欢的，他们用它来形容费拉拉的格里诺学校、圣保罗(St. Paul)②的科莱学校以及其他人所创办的学校。

当老年临近的时候，维多里诺赢得了越来越多的学生们的爱戴以及人文主义者同事的尊重。侯爵詹弗朗西斯科·贡札加去世了。他的儿子卢多维科给予他原来老师的信任一点不逊色于他的父亲，甚至带有某种类似于优雅和真诚的崇拜色彩。我们可以为自己勾勒出一个瘦瘦的苦行僧似的人物形象，也许是中等偏低的个头，仍然很活跃并充满

89

---

① 维多里诺在他和我们的国家之间建立联系的唯一的一个学生是安东尼奥·贝卡里亚(Antonio Beccaria)，他在离开孟都亚后为汉弗莱公爵(Duke Humphrey)服务。在他的庇护人倒台之后，他回到了意大利。因为他的经历，至少在钱财方面，他变得更穷困了。仿效当时的时尚，他把普鲁塔克的作品翻译成拉丁文；他还翻译了亚里士多德的伦理学。但是，他主要以情爱类型的挽歌而著名。在人文主义方面，他似乎曾是一个相当狂热的争论者。普伦迪拉奎：《关于费尔特雷的维多里诺一生》，第 54 页。

② 圣保罗(前 4—64)，使徒保罗是耶稣的同时代人，但比耶稣年轻。他是发展新生的基督教的最重要的先驱。——译者注

活力,敏锐的直视目光,与学者相称的简朴服饰,暗色布料或普通毛皮的"长袍",普通的凉鞋。无论是对极度紧张的工作,还是对身体的严格训练,即使是在极端恶劣的气候下,他也从未改变这种对心智和身体的磨练,直到 1444 年他的健康状况一直都良好。他很少出门,除了他每年一次的戈伊托或加尔达湖之游。他对可能是贡札加家族赠予他的在城外的一小片地产感到非常的自豪:因为在其区域内包括了被珍视为标志着维吉尔本人诞生地的场所。我们很难想像,这样的联想会更有力地吸引除维多里诺以外的任何人。

1444 年秋季,维多里诺的健康状况一直不好;1445 年,他又感染了低热,当时的情况就如现在困扰着明乔河山谷的一样。这次疾病发作得很严重,但正是由于依靠一生平和的自我约束的习惯所增强的体质使他摆脱了疾病。然而,次年年初,更严重的发烧症状复发。这时,维多里诺将近 69 岁。意识到他的工作要结束了,他便辞去职位以让自己沉思,就这样等待着生命的终结。他病逝于 1446 年 2 月 2 日。根据他特别表达的愿望,在他的葬礼上不举行任何仪式。维多里诺的遗体被安放在圣灵教堂他母亲的遗体旁,似乎她最后的日子是在她的这个著名的儿子身边度过的。皇室的王子们以及一大群学生和市民参加了葬礼,悼念他的离去。至少对于他们中的一些人来说,维多里诺曾是他们最真实的朋友,并且他们的生活已经体验到他的善良行为带来的最强烈的感染力。

遍布意大利内外的学者们明白,巨大的损失不仅仅只降临在他们自己身上,而且是降临在整个学术界。普拉蒂纳说①:"不是一个国家……而是整个希腊和意大利,都在承受着这种痛苦的、令人惋惜的死亡。"(Non uni civitati... sed universae Graeciae atque Italiae mors haec acerba et lamentabilis.)因为维多里诺一直过着像他实际上希望的那种生活,即一种真正的虔诚的生活。他的无私精神以及他对庸俗的名声或仅仅物质上的成功的蔑视,这些使他有别于他的大多数同胞学者的

---

① 普拉蒂纳:《科门亚里奥鲁斯·普拉蒂纳论费尔特雷的维多里诺一生》,第 21 页。

地方体现在他所做的所有事情上。在维多里诺去世后,人们发现,他对贫困的学生或虔诚的作品所承诺的帮助甚至抵押了他没能活着去领取的收入。

所有知名人士中最具有吸引力的人之一就这样离去了,他们在一个令人注目的时代里,最重要的是以其多种类型的活动和性格来满足我们。在激烈的竞争时代,维多里诺没有树敌。虽然有很多自我放纵的和轻松休闲的机会,但就像他的学生所夸耀的那样,他仍然一如既往地"蔑视财富"。在到处都弥漫着道德剧变、实际上是半异教的放纵的气氛中,他保持着个人的纯洁和宗教的高标准。他的勇敢、真诚和单纯的性格打动了所有逐渐了解他的人。甚至连嫉妒心强而又好挖苦人的费尔福也只能评价他是"καλος καγαθος"①——一个品德高尚的绅士。普拉蒂纳悲叹②,随着维多里诺的去世,也随之消失于世界的这种性格,这种虔诚、这种崇高的执着在同等程度上从未被人接替。对于阿莱里亚的主教约翰来说③,维多里诺是"贫穷学生的一分子、道德的典范、美德的楷模。"(pater pauperum studiosorum, honestatis specimen, bonitatis exemplum.)安布鲁吉奥对此简单的评价没有任何的补充④:"我冒昧地说,我不知道我是否曾经见过比他更好的人。"(Meliorem illo virum, ausim dicere, nescio an unquam viderin.)

我一直努力想表明费尔特雷的维多里诺在学术史和教育史上的地位。或许很难说,今后的研究是否会从材料上补充我们对他和他的工作的资源。不过,我们已经可以看到他的重要地位,部分表现在他自己的学术研究和阅读上,但更多的是表现在他将大量的重新发现的古典文学作品用于新的教育机构的能力。对我们来说,很难了解、甚至无法

91

---

① 1431 年 7 月 28 日给特拉比松的乔治的信:因为友爱而使品德高尚的的绅士感到愉快。凯里特《论文集》,第 3 卷,第 105 页(《书信集》,5)。

② "我们的人生是无比的高贵和盛誉。"普拉蒂纳:《科门亚里奥鲁斯·普拉蒂纳论费尔特雷的维多里诺一生》,第 28 页。

③ "序言"(李维)。博特菲尔德(Botfield):《君主出版的序言和书信》(*Praefationes et Epistolae Editionibus Principibus*),坎塔布连,1861 年,第 95 页。

④ 安布鲁吉奥给尼科利的信。*Mart. et Dur.*,第 3 卷,第 553 页。

了解的维多里诺随着去世结束的那个世纪里,大量保存的古代学问突然展现在我们面前所产生的扑朔迷离的结果。旧的知识理想经历了数个世纪的逐步发展却几乎在一代人之内就由新的知识所取代,这在某种程度上对应于更深层意义上的民族的传承和人类兴趣的广度。但是,这种理想尽管令人憧憬而且鼓舞人心但迄今却没有被确定地掌握:应该表述它的这种教育是试探性的和不确定的。新希望与旧信念之间的关系;文学形式和道德内容之间的平衡;强调身体的希腊理想和教会的禁欲主义之间的冲突,——这些都是需要引起注意的一些比较重要的问题。与它们并列的是实际程序的问题。文学卓越的真正标准表现在哪个方面?逻辑在教育中的真正作用是什么?允许妇女接受教育的要求是什么?教师应该如何简化教授古代学问的方法和手段?尽管这种学问很宏大,但却是慢慢地揭示其评论和解释的秘密。在 15 世纪头几年维多里诺在帕多瓦开始任教时,诸如这样的问题已在学者的头脑中逐渐形成。随着他在 1446 年的去世,每一个问题都迅速和确切地得到了符合未来 400 年西欧受教育者观点的解决方法。如果这个解决办法部分地是直接模仿古代世界的做法,那在更大程度上是由于极少数人通过实际经验,依靠天才、坚强的个性以及持之以恒的热情,坚持缓慢而费力地走向光明的活动。在他们中间,在一位优秀教师应具有的三个主要的素质方面,表现最卓越的当属维多里诺这个重要人物。用雷南(M. Renan)①的话来说,我们承认彼特拉克是"第一个现代人"(the first modern Man),所以,正是基于真实性,我们可以主张为孟都亚学校的创办者冠以"第一位现代教师"(the first modern Schoolmaster)的重要头衔。

---

① 雷南(1823—1892),法国历史学家、语言学家、哲学家。——译者注

第二部分

佩特鲁斯·保卢斯·韦杰里乌斯与《论绅士风度》

93

韦杰里乌斯在前面第 14 页以后被提及过,主要是与那个时期帕多瓦的人文主义有关,当时费尔特雷的维多里诺就居住在那里。

1349 年,韦杰里乌斯出生在卡波·狄斯特利亚。在帕多瓦待了几年后,他就搬到了佛罗伦萨。在那里他教授逻辑学,并研究民法和基督教教会法。我们发现,1391 年,韦杰里乌斯作为"文学博士"(Doctor Artium)①、"医学博士"(Doctor Medicinae)②和逻辑学③教授再次出现在帕多瓦。在这后一门科目的教学中,他已经摆脱了呆板的方法,而且已经证明有一种从根本上对辩证法进行现代论述的迹象。在这一方面,维多里诺紧随其后。④ 不过,如果不是更早一些,韦杰里乌斯已经在

---

① 格洛利亚:《帕多瓦的蒙德拉大学》,第 2 卷,第 491 页。

②《帕多瓦的蒙德拉大学》,第 2 卷,第 491 页。

③《帕多瓦的蒙德拉大学》,第 2 卷,第 493 页。但是,福格特(《古典文化的复兴》,第 1 卷,第 432 页)说:他于 1397 年 7 月至 1400 年 6 月之间在帕多瓦的蒙德拉大学教学是错误的;他的名字在那些年的大学记录中从来没有出现过。格洛利亚:《帕多瓦的蒙德拉大学》,第 2 卷,第 492 页。

④《帕多瓦的蒙德拉大学》,第 2 卷,第 60 页。参见孔比:《韦杰里乌斯书信集》第 100 页上的这封重要的信和格洛利亚:《帕多瓦的蒙德拉大学》,第 2 卷,第 493 页。

94

佛罗伦萨完全接受了人文主义热情。在1404年①或这年后不久,他创作了论文《论绅士的风度》②(*De ingenuis moribus*)给帕多瓦领主弗朗西斯科·卡拉拉(Francesco Carrara)的儿子尤伯蒂乌斯(Ubertinus)使用。尽管这部作品被后来的文艺复兴时期学生过多忽视③,但在它出现的一个半世纪后,成为了所有文学复兴时期作品中最为广泛阅读的书籍。正如保卢斯·乔维乌斯(Paulus Jovius)④的记载⑤,在16世纪,它在学校被学生们刻苦研读。本博把它珍视为"可尊敬的哲理"(digna pilosopho);萨贝利科(Sabellico)⑥认为它"传播了崇高的和丰富的思想,因为这种哲理尽力预言和描述了后来发生的事情"(gravissimis respersa sententiis, utpote qui philosophiae prius operam dedit quam ad scribendum venisset);布鲁克(Bruker)⑦对它所揭示的人性的知识以及教师职能的崇高观念感到惊讶,其超前于那个时代很多。韦杰里乌斯的最后的、也是最忠诚的学生孔比(Combi)教授断言⑧:在大批意大利教育家中,韦杰里乌斯是一位最杰出的教育家,也是第一个用新的方法

————————

① 1403年这个日期是由韦杰里乌斯根据围攻布雷西亚的典故确定的:《韦杰里乌斯书信集》,第113页以后。萨巴蒂尼:《学校》(*La Scuola*),第29页。罗斯勒(Rosler):《约翰内斯·多米尼奇斯大主教》(*Kardinal Johannes Dominicis*),第75页,同意孔比的看法,认为1392年是正确的日期。《韦杰里乌斯书信集》,第40页。诺瓦蒂(Novati)提供的是1399年。

② 在最早的版本里和大多数的手稿里,所提供的完整标题是:"Petri Pauli Vergerii Justino-Politani ad Ubertinum Carariensem de ingenuis moribus opus praeclarissimum."某些手稿(例如,*Harl.*,2678)有附加的词语:"博雅教育"(liberalibus studiis)。

③ 1700年后,似乎没有任何版本的出版:我查到唯一的一个译本是由米歇尔(E. Michele)教授编辑的意大利文本(1878年)。

④ 乔维乌斯(1483—1552),16世纪意大利著名的人文主义历史学家。——译者注

⑤ 保罗·吉奥维奥(Paolo Giovio):《著名格言集》(*Elog. Clar. Virorum*),威尼托,1546年,第68页。

⑥ 萨贝利科(1436—1506),文艺复兴时期威尼斯人文主义历史学家。——译者注

⑦ 布鲁克,意大利新人文主义著名专栏作家。——译者注

⑧《韦杰里乌斯书信集》,第19页。

教授课程,并尽可能通过文艺复兴使之用于更大范围以及符合变化的社会条件的需要。在这篇论文里,我们首次发现被系统地大力推广和支持但迄今却被忽视甚至被禁止的教学科目和教学方法。

韦杰里乌斯是一个全面的、更优秀的人文主义者。他的拉丁语法自然而不造作便证明了这一点,正如他的文学揭示的他与走在新运动前列的学者和公众人物的亲密关系:萨卢塔蒂(Salutato)①、巴齐札和扎巴瑞拉(Zabarella)②。他对古典文本③的广泛了解也是这样;或无异议地给予他为康斯坦斯修道院中的克里索罗拉的墓撰写墓志铭的特权;或谴责卡罗·马拉泰斯塔(Carlo Malatesta)④破坏维吉尔在孟都亚的雕像⑤。但是,他对古典学问的最重要的贡献无疑就是这篇论文。其中的主要特点,在于将古典热情与基督教⑥结合起来,这至今一直是人文主义教育的理想。

这篇论文的内容自然地分成以下几个部分:

1. 导言。论文的主旨。

2. 关于特性及其科目。

3. 关于通识教育。

4. 关于学习方式。

5. 关于身体锻炼和战争艺术的训练。

6. 关于娱乐。

7. 结论。

[韦杰里乌斯的《论绅士风度》的较早版本的历史是模糊不清的。

95

---

① 萨卢塔蒂(1331—1406),意大利文艺复兴时期人文主义者,曾任佛罗伦萨执政官。——译者注

② 扎巴瑞拉(1553—1589),16世纪帕多瓦大学的逻辑学和自然哲学教授。——译者注

③《韦杰里乌斯书信集》,第68页。

④ 卡罗·马拉泰斯塔(1368—1429),在伦巴第战争期间他是一个意大利佣兵队长及里米尼、法诺、切塞纳和佩扎罗的领主,是强大的马拉泰斯塔家族成员之一。——译者注

⑤ 全部在孔比的《韦杰里乌斯书信集》,第113页。参见同书第22页。

⑥ 孔比:《韦杰里乌斯书信集》,第67页,第15页以后。

孔比说,在 1500 年之前,至少出现了 20 个版本,他研究了在稍后日期出现的 20 多个版本。第一版近来被孔比和米歇尔(Michele)归于 1472 年,可能在布雷西亚印刷的版本之一。"海恩,15987"可能是"罗马,1473"。科尔(Colle)认为"米兰,1474"是最早的版本,这无论如何是错误的。参见《帕多瓦大学的历史》(*Storia dell' Univ. di Pad.*)第 4 卷,第 46 页。然而,科平杰(Copinger)博士告诉我,他认为它是 1470 年由安贝格奥的亚当(Adam de Ambergau)在威尼斯印刷的,他自己拥有一个副本。论文 1485 年在鲁汶和 1494 年在巴黎被印制。文稿的副本非常多:它通常是与格里诺翻译的普鲁塔克的论文以及布鲁尼版本中的圣巴兹尔的论文放在一起的。]

P·P·韦杰里乌斯给卡拉拉的尤伯蒂乌斯的信
(P. P. Vergerius To Ubertius of Carrara)

96　　　1. 你的祖父弗朗西斯科一世(Francesco Ⅰ)是一个以他的处理事务和明辨是非的能力而著名的人。人们习惯说,父母对孩子有三个职责。首先是,给予孩子们让他们不感到羞耻的名字。因为不是少数人,出于任性、或甚至出于漠不关心、或也许出于想要延续一个家族姓氏的愿望,父亲给孩子取的名字使之遭受一生都挥之不去的不幸。第二个职责是,提供条件使他的孩子在一个重要的城市里长大,因为这不仅仅关系着他未来的自尊,而且与第三个职责以及父亲应给予儿子的最重要的关怀密切相关。这就是确保他在全面的学识上得到良好的培养。因为没有任何财富,没有任何应对未来的合理的防御措施,能与接受严肃而自由的知识教育这个礼物相提并论。拥有了这些,一个人就可以赢得最谦逊的名人的荣誉,并为他出生的城市争光,尽管这可能不为人所知。但我们必须记住,虽然通过改名字或离开某个城市,一个人可以摆脱不吉利的名字的负担,或对没有名气的城市的瞧不起,但他永远也无法弥补早期教育的缺失。因此,这最后提到的基础必须在孩子生命的最初几年得以奠定,性格的塑造必须是在易受影响的年龄,心灵的训练必须是在他们记性好的年龄进行。

实际上,所有家长都共有的这个责任,对于那些拥有很高地位的人来说更是义不容辞的。因为有地位的人的生活是在公众的视线下度过的,所以,那些在同胞中身居要职的人一定是被期望作为见证个人优点和能力的典范。因此,您,尤伯蒂乌斯,一个显赫的名人的传承者,在我们这个古老而学识最渊博的城市帕多瓦,拥有至高无上的权力的许多代皇族的代表,特别被关注是否获得了我们所说的学识上的卓越能力。我们的名字,我们的出生地,我们自己是无法选择的。另一方面,在学习上的进步,如在性格上,在很大程度上取决于我们自己,并且随之带来它的持久回报。但我知道,我在激励一个不需要鞭策的人。我可以说比这更多的话吗?——继续您已开始的事情;让未来的前途与您过去的表现始终一致。

因此,我给您写了这篇有关学习和行为准则的论文。通过这篇论文,我想让青年人在学习的科目和方法上得到最好的训练,以及在他们的日常生活中他们应当追求或避免的行动。虽然这篇论文是写给您的,但是,它适用于所有拥有得天独厚的条件、活跃的思想和崇高的目标的人,他们渴望通过自己的生活表达他们对这种恩赐的感激之情。因为任何自由的心灵都不愿轻易地陷入单纯的懒惰,或被并入生活中较为寡情的一面。

2. 在判断青年人的性格上,我们认识到,首先,一个男孩受到渴望得到赞扬的鞭策,这是他具有健康的性情的标志。基于这一点,好胜心可以被定义为没有恶意的竞争。此外,我们注意到,愿意和准备服从本身就是对未来进步的充分保障,同时与对赞许的热爱结合起来,这暗示着获得最高的和卓越的品质的可能性。因为到目前为止,男孩还不到一个由理性支配来激励的年龄,毫无疑问,如柏拉图和西塞罗所说的,这将是最可靠的动机。但是,伴随着服从的好胜心,说明这种理性在这个时候还不够牢固而无法提供动力。其次,我们重视在性格发展过程中每一个体现灵活、勤勉的和认真的迹象。正如马的秉性,既不需要鞭打也不需要刺激。所以,一个孩子对知识的渴望标志着他可能大有希望的心境。在所有这些品质都能有机地结合起来的情况下,我们对性格的充分发展也就没有什么可担忧的了。再说,我们可能会对一件遭

97

98

到惩罚或不光彩的事情表露出应有的羞愧的或者尽管这一切仍能尊敬他老师的男孩有信心。天生就性情友善、宽容、善于交际以及从容面对所说和所做的一切事情的男孩,其前途是很有希望的。也许我们可以用亚里士多德的话来补充说,过多的体力很少能与智力兴趣相协调。关于外形方面的争论,我更喜欢留给他人来讨论。不过,我们已经说了足够多的事实,表明性格的形成可能会在最初几年里得到确认。我们可以承认,外表的尊严和性情的高尚通常是有一定关系的。苏格拉底(Socrates)①认为,应该鼓励男孩们注意镜子里的自己,拥有庄重举止的男孩会觉得自己的行为应与之相称,外形缺乏吸引力的男孩应该为获得一种内在的和谐做准备以弥补他的缺陷。不过,或许我们从注视别人将获得比我们反省自己更大把握的刺激,例如,西庇阿、法比尤斯(Fabius)②和凯撒总是把亚历山大或过去其他英雄的形象摆在他们眼前。

然而,如果注视逝去的英雄的外形有帮助的话,那我们从生活中有价值的例子中岂不是可以汲取更多的帮助?因为性格的培养和教学一样:"活生生的声音"(living voice)的帮助远远大于书面文字;我们可以观察到的生活以及实际摆在我们面前的人物,对我们的触动是其他影响所不及的。那么,把生活中的以他们的价值而闻名和受到尊重的真人实例推举出来,作为孩子模仿的榜样。此外,让我们老年人不要忘记这样去生活,因为我们的行为对于把我们看作是指导和榜样的年轻人来说,可能就是值得尊敬的模范。

至于年轻人的道德修养问题,我们必须记住,首先每个年龄都有其独特的危险。这些危险部分是由于自然天赋的原因,部分是由于训练不健全或生活经验不足的原因。例如,一个男孩会有一个慷慨大方和宽宏大量的性格,这正是由于他自身多年来的热情和乐观的习惯,我们认为这样的性情胜过吝啬小气。然而,至于天生的性格,还有毫无顾忌

99

---

① 苏格拉底(前469—前399),古希腊哲学家。——译者注

② 法比尤斯(约前266—前203),古罗马政治家、将军。以避免与敌直接作战和采取拖延的战略使敌师疲于奔命,终于战胜迦太基军队。——译者注

地挥霍金钱的习惯,对其价值的漠不关心或那些被赐予粗心性格的人,都必须得到检查。此外,在正确的引导下,过剩的活力会激励年轻人更加全力以赴;相反,如果没有这样的指导,可能就会形成一种傲慢的情绪或无法忍受的自负。这里存在着对性格的很大的危险,吹嘘的习惯反过来又会引发在生活里的所有交往中无视真理,而且随着岁月的流逝其错误容易变得根深蒂固。严肃的人认为,没有什么会像夸张和不诚实那样如此严重地伤害一个年轻人。的确,老师普遍将会谨慎地反复灌输养成少说话的习惯,甚至是很少说话的习惯,以及形成回答问题而不是提问题的习惯。对于一个不爱说话的青年来说,他最多只犯一个错误,那就是他少言寡语;而一个爱说话的人可能会犯五十个错误。谈话中的轻率必须得到果断的处理,牢记由圣保罗重复过的诗人的警告:在这件事情上,自然的羞愧感可能会得到顺利的呼吁。再者,如果男孩爱轻信他人的话,那我们可以把它归因于缺乏经验;如果他们改变了他们的口味或意见,那是因为体液的流出和由过剩的自然热量造成的。况且,在他们做的所有事情上,其几乎不认可节制的戒律,当然也不承认严厉的谴责,这会产生那种强烈的激情,因为它属于他们的年龄并在最初几年里有其适当的作用。我们可以把他们最初的情绪变化无常的特点归于这一相同的自然倾向。

虽然孩子的大部分时间是在家庭的不成文的纪律约束之下,但不能被视为不在公共管理的控制之内。因为孩子的教育不仅仅是个人利益的问题,它也涉及到国家的利益,因为在某些方面这的确被认为是在其适当范围内对年轻人的合理训练。我希望看到,这种责任心得到延续。但是,要落实到细节问题。保护年轻人不受缘于他们年龄的自然诱惑是非常必要的。因为正如人们所说的,生活的每一个阶段都有其自身的积重难返的恶习。青年是激情的时期;中年是野心的时期:老年是贪财的时期。当然,我说的是在一般条件下。所以,我们也发现童年时期共同的缺点,这就是显而易见的有关规则的科目。为了保持高标准的纯洁,所有舞蹈的诱惑或会引起不轨行为的场面都应该敬而远之:一般来说,与女性的交往应尽量避免。一个坏朋友可能会毁坏一个人的性格。精神和身体的无所事事是诱惑放纵的一种通常的根源,不爱

100

交际和孤僻的习性必须受到管教而决不能鼓励。一些有害的想像和其他的阴郁、沮丧都是由于缺乏健康的朋友而形成的。导师和朋友应该从那些可能引出最好的品质、可能被好的榜样吸引并可能把恶行消灭在最初的萌芽状态的人中间选择。所有吃、喝或睡眠过度都应受到阻止，虽然我们不能忘记个人的不同需求。但是，我们的身体本能只应得到满足，而不是纵容。在是否允许儿童喝酒的问题上，我认为应该禁止，除非是最小的量，即使如此也应该用水稀释，而且水占较大的比例。但是，在任何情况下，都不允许吃、喝或睡觉直至完全满意的程度；在所有身体的消遣方面，我们必须使我们的孩子们习惯于完全而又不费力地控制其欲望。尤其是对神圣仪式的尊重是最重要的，这应该从早年时期起就开始灌输。然而，这种虔诚的态度绝不能以变成无理的迷信方式来强迫，因为这样造成的后果只能是蔑视而不是信仰。亵渎的语言被普遍认为是一种令人憎恶的罪恶；不尊重教会的仪式或空洞的宣誓必须进行严厉的压制。对长辈和父母的敬爱同样是一种义务。在这一方面，古代为我们提供了一个完美的表率。因为罗马的年轻人过去常常是护送议员、城市的前辈们到元老院，并在入口处等着他们，在他们商议完之后再陪伴他们返回家里。在这一方面，罗马人意识到了一种令人钦佩的对耐力和耐心的训练。这种对同样品性的崇敬将意味着，对客人的礼貌以及对长辈、朋友和下属的适当问候。因为在这些方面的正确举止始终是有吸引力的，对于君主的儿子来说更是如此，他的举止必须在适当的和自然的轻松中带有某种尊严。个人举止的这些具体细节可以通过观察来学习，并辅以英明的指导。确实，这通常必须采取纠正的形式，而且对于那些即将主宰一个城市或一个国家权力的人来说也许是最需要的。我们可以把朋友的责备比喻为一面诚实的镜子，故意拒绝听取他们意见的人因而把自己投入到谄媚者的怀抱。这不能不说是个奇迹，因为一个富有的、有身份的、有地位的以及在奢侈和舒适中长大的人应该证明自己在所有场合都是明智的和强大的；娱乐的诱惑和寄生虫的恶劣影响以及每一个自我放纵的机会几乎没有留下一个缝隙使理智和诚信可能强迫进入。柏拉图在《高尔吉亚篇》(Gorgias)里特别赞扬在这样环境里成长的人能抵制诱惑。我会让您注意到,一个特殊的危险源在于父母的软弱和放纵,这将逐渐削弱其子女的道德力量;当失去父亲的管教时,这种现象常常会更加突出。因此,我非常赞同可能处于这种危险境地的儿童在国外接受教育的方法;或者,如果在他们自己的城市里,那就在亲戚或朋友家里接受教育。因为一般来讲,不在自己家里的感觉能够检验男孩们的自我意志并迫使他们拥有一个健康的自我克制,至少会消除存在于他们之间的一些阻碍,并且全身心地投入到我现在必须阐述的那些人文学科中去。

3. 我们认为,这些人文学科是自由的,它们对一个自由人(a free man)来说是有价值的。通过这些人文学科,我们获得和实践了美德与智慧;那是一种唤起、培养和发展能使人变得高尚并在尊严上被判定仅次于美德的身体和精神上的最重要的天赋的教育。因为对于一个具有庸俗看法的人来说,获利和消遣是生活的目的;而对于一个具有崇高性格的人来说,道德价值和名誉才是生活的目的。这样,甚至从婴儿时期起,这种目的和这种努力在不断成长的心灵中应该始终充满活力并具有最重要的意义。因为我可以充分肯定,除非我们在最早的时期就开始对其真诚地探索,否则到晚年我们将无法获得智慧。我们一点也不赞同那些欠考虑的人、那些早早做出承诺随后未必能兑现的人。这可能发生在特殊的情况下,部分是由于身体原因。但毫无疑问,大自然赋予了一些孩子如此敏捷和如此快的理解力,以至于在严肃和高尚的科目上他们无需很大努力就能获得显著的推理和交谈能力,并且在正确引导和全面学习的帮助下到成年时就可以获得最高的殊荣。另一方面,能力适中的孩子需要得到更多的关心,他们的自然缺陷可以通过技能来弥补。但是,所有这些都必须在早年时期进行,"在他们的心灵具有年轻人的特点的时候,在他们的年龄仍然是容易受到影响的时候,"尽管头脑灵活,但要习惯于艰苦而努力的学习。从广义上来说,不是那种把对青年的关注排除在外的教育。难道卡托(Cato)①不觉得在晚年时学习希腊语是一件荣耀的事情吗?难道最伟大的哲学家苏格拉底不

---

① 卡托(前234—前149),古罗马历史上第一个用拉丁语写作的罗马作家。——译者注

是强迫自己用因年老而僵硬的手指学习弹琵琶吗？

令人担心的是，我们今天的年轻人在学习兴趣方面是落后的，学业被认为是令人厌烦的。孩子几乎还没有断奶就开始要求他们自己的方式，在一段时期里各种技巧都被用来使他们受到控制以及将他们吸引到严肃的学业中去。教师必须作出判断，孩子能在多大程度上依赖于模仿、奖励和鼓励；在多大程度上他必须诉诸更严厉的措施。过度宽松令人反感，过度严厉也是同样，因为我们必须避免所有使孩子感到恐惧的事情。在某些性格上——那些皮肤黝黑意味着安静但却个性强烈的人——必须谨慎地采用克制的方法。这种类型的孩子大多是非常有天赋并且只能承受温和的方式。这类事情发生得很多，一个本性优良的孩子受挫于环境，诸如家庭的贫困，迫使一个有前途的青年放弃学习去做生意；不过，另一方面，贫困对崇高本性的危险比巨大财富小一些。再者，父母鼓励他们的孩子从事家庭传统的职业，这可能使他们不能接受通识教育：我们所居住城市的惯常职业对他们的选择施加了决定性的影响。因此，我们可以说，在这些事情上完全无偏见的决定是不可能的，除非某些特别的天性得到神的青睐，就像诗人所说的那样，被不知不觉地引领而选择了正确的人生道路。在孤独的漂泊中学会接受艰苦生活并拒绝自我放纵的行为，因此，达到最高境界的大力士赫拉克勒斯（Hercules）①的神话是这个深刻道理的重要背景。对我们来说，正是这些能够降临在我们身上的最好的东西，无论是我们的生活环境还是负责照顾我们的那些人的指导和规劝，在它们还具有可塑性时就应该要塑造我们的性格。

尤伯蒂乌斯，您自己的情况是，在您面前有军事训练或文学训练两种选择。要么在吸引高尚精神的人们的职业中占据一个重要的地位；要么在全世界获得名声和荣誉。您，作为一个以战斗勇敢而被封为贵族的皇室后裔，很自然地应该乐意接受您父亲的许可完全投入到那种训练中去。但值得赞扬的是，您在所选择的两个方面都精通：在您家庭

① 赫拉克勒斯（Hercules），此名来源于拉丁语，希腊和罗马神话中的大力神。——译者注

传统的军事生涯上增加另外一个对思想和品格来说重要的训练,即文学的学习。

您的选择需要勇气。因为我们不能否认仍有一群人——因为我必须这样称呼他们,像皇帝李锡尼(Licinius)一样,谴责知识和人文学科对国家构成危险而且认为它们本身令人讨厌。实际上,真理是完全相反的。然而,当我们回顾历史时,我们不能否认知识根本不能驱逐邪恶,但在腐败的控制之下我们的确可能成为邪恶的额外工具。对于一个天性善良的人来说,知识是一种帮助和装饰;对于像暴君克劳迪亚斯(Claudius)或尼禄(Nero)那样的人来说,知识则是完善残酷或愚蠢的手段。另一方面,您的祖父卡拉拉的雅格布(Jacopo da Carrara),尽管他是知识的庇护人,但他自己并不精通文学,在去世时他对青年时期没有机会获得较高的学科知识深感遗憾;这向我们证实了虽然到年老的时候我们亦渴望得到它,但只有在早年时期我们才肯定能获得我们所期望的那种学问。结果,正是因为年轻的勤奋而没有轻松的目的,所以,让我们为自己提供珍贵的有利条件以应对未来的时代,为悠闲的生活提供广泛的兴趣,为忙碌的生活提供娱乐。想一想文学艺术对沉浸于阅读和思索的人的必要性,以及对专注于事务的人的重要性。无论是在公共或私人的事务里,能够优雅地说和写在谈判中占据不小的优势。特别是在国家的管理中,当王子得到休息和私人的间歇时,他该多么珍惜文学知识给予他明智地利用这些休闲时间的那些方法!想一想多米提安(Domitian)①,虽然他是维斯帕先(Vespasian)的儿子、提图斯(Titus)的弟弟,但他却不得不以打苍蝇的方式消磨他的休闲时光!这是后人传递给君主们有关重要判断的多么严重的警告啊!他们生活在任何东西都无法长久藏匿的光明之中。与此相反的是西庇阿的说法:"我永远休闲着、孤独着,从表面上看我似乎一直是无所事事或者独自一人"——一个高尚性情的证据,与有记载的卡托的做法相比,值得重视。卡托在元老院的繁琐事务中,能够使自己摆脱外界的分心之事,真

105

———————————

① 多米提安(51—96),古罗马皇帝(81—96 年在位)。史书多数译为"图密善",神学书籍多数译为"多米田王"。——译者注

正独处并由他的书籍来陪伴。

的确,好书所具有的影响力让我们的思想远离没有价值或令人烦恼的主题,这是对我的要学习文学的论点的又一支持。除外,它们的作用在那种我们发现自己孤独、没有同伴、也没有使人全神贯注做事的场合下更为突出——做什么事能比把书聚集在我们周围更好呢?在书本中,我们看到广博的知识展现在我们面前,可以使我们快乐或给我们启迪。其中,包含着人类伟大成就的纪录、大自然的奇观、过去的普罗维登斯(Providence)的作品、揭开未来秘密的关键。然而,最重要的是,这类知识是不会腐烂的。与图片、题词、硬币、书籍一起享有一种不朽。但事实上,在所有这些东西中,记忆是永久的;不过,在免于意外风险方面,文学超越了其他各种形式的记载。

确实,文学所展示的不仅仅是事实,而且还有思想及其表达。只要这样的思想有价值,而且表达完美,我们确信它们不会消失;尽管我并不认为没有风格的思想将肯定不可能吸引很多的注意力或得以幸存。相比这种通过文学的手段,生活能提供使过去、现在甚至将来成为我们自己知识的影响力更大的魅力吗?一个家庭是书籍的家庭该有多好啊!我们可以与西塞罗一起大声呼喊。在书籍的陪伴下,没有噪音,没有贪婪,没有任性;它们用语言跟你交谈;它们静静地使用语言;对我们所有的要求,它们的回答都是现成的并切中要点。书籍的确具有更高水平的——更广泛的、更强的——记忆力,这是我们所有人的共同财产的一个仓库。

我非常重视把这无价之宝完好地传递给我们后辈的责任,不要因为我们的任何不小心而受到损害。在长串的和高贵的作家名单中,其中有多少是由于历代的无知固执而造成的空白啊!书籍——部分或全部——被获准销毁。其余剩下的书籍往往是面目全非的、残缺不全的或不完整的。罗马任何一小部分历史,很难只通过对一部希腊语著作的阅读就能有所了解。更糟糕的是,这种曾经几乎成为我们民族的日常口语,与拉丁语本身一样熟悉的同样高贵的语言在她自己的后代们之间濒临消失。对我们意大利人来说,她已经完全失去了,除了我们这个时代的一两个人正在慢慢地努力想挽救回某些东西——如果这仅仅

106

是对她的一种回声——免于被遗忘。

现在,我们斟酌一下可以被理所应当地包括在"人文学科"(Liberal studies)名称下的各门科目。在这些科目中,我认为历史是第一位的,其理由是它的吸引力和实用性,既吸引学者也吸引政治家的品性。在重要性上位居其次的是道德哲学,它在一种特殊意义上的确是一门"自由艺术",因为它的目的是教给人们真正自由的秘密。那么,历史给予我们由哲学反复灌输的各种教义的具体例子。其一,解释人们应该做什么;其二,显示人们在过去都说了和做了些什么,由此我们可以为现今借鉴什么样的实用的经验教训。我将指出作为学习的第三门主要科目,即雄辩术,其在完善的人文学科中的确占有重要的地位。通过哲学我们了解事物的基本实质;通过雄辩术我们以有条理的装饰如此展示这些事物的真实性,以便使不同的思想都具有说服力。历史提供经验——日积月累的智慧,适于补充推理的影响力和雄辩的说服力。因为我们承认,合理的判断、智慧的演说、完善的举止是一个真正拥有自由观点的人的标志。

我们得知,希腊人为他们的后辈们设计了四门科目的训练课程:文学、体操、音乐和绘画。如今,在这些课程中,绘画没有被人文学科所接受。迄今为止,因为它与写作相同(实际上这是绘画艺术的一方面),它属于画家的职业。希腊人作为一个热爱艺术的民族,给它附加了一种特殊的价值。

然而,文学艺术取决于不同的基础。这是一个适合任何时代和任何环境的学习,用于对新知识的探究或对旧知识的改造和应用。因此,在一开始就必须认识到语法和作文规则的重要性,将其作为整个文学学习必须依赖的基础;而且,与这些基础知识密切相关的是辩论艺术或逻辑论证。这个作用是让我们在讨论中能够分辨真理和谬论。在阐明学习的真正方法时,逻辑学的确是获得任何学科知识的向导。其次是修辞学,严格来说是通过这种正式的学习我们掌握了雄辩术。正如我们刚刚陈述的,这门课程在人文学科中占据第三位,在公共生活中尤为重要。事实上,现在雄辩术的知名度已经不如过去了,几乎成了一门失去的艺术。如今,在法庭上、在委员会上、在公众集会上、在阐述中、在

107

说服中、在辩论中,雄辩术已不被接受,速度、简洁和朴实是唯一所需要的素质。凭借此我们的先辈为他们自己和他们的语言获得如此巨大荣耀的雄辩术现在被鄙视;但是,如果我们的青年人愿意获得真正教育的美名,他们一定要尽力赶上他们先辈在这一方面的成就。

在雄辩术之后,我们所列出的是诗和诗艺。虽然这些科目在日常生活中没有用处,然而作为雄辩术的一个助手,主要与生活的休闲方面有关。

至于音乐,希腊人拒绝把"有教养"的头衔给予任何一个不会唱歌或弹奏的人。苏格拉底通过自己在晚年时学习弹奏而为雅典青年树立了一个榜样;他极力主张对音乐的追求不是作为一种感性的放纵,而是对灵魂内在和谐的帮助。到目前为止,因为它被作为一种对道德和精神健康的娱乐性知识教授,因此,音乐是一门真正自由的艺术;而且,无论就其理论和实践来说,都应该在教育中占有一席之地。

探讨数字特性的算术和探讨大小、线、面以及立体特性的几何,都是重要的学科,因为它们具有一种特殊的确定性因素。天体的科学以及它们的运行、亮度和距离,将我们带进天空的清澈平静之中。在那里,我们可以观测恒星或行星的会合,并预测日食和月食。大自然的知识——有生命的和无生命的——在天上和地球上的事物的规则和属性,及其原因、变化和影响,特别是通过对其原因的阐述而对其奇观的解释(因为它们被普遍认为)——这对青年人来说是最愉快的、同时也是最有益的学习。关于物体重量的探究可以与这些结合起来,它与数学家们称之为"透视画法"(Perspective)的科目相关。

在这里,我可以简略地提及一下三个专业学科:医学、法学、神学。作为应用科学的医学,对学生来说无疑是非常有吸引力的。但是,它不能被说成是一种自由的学习。基于道德哲学基础之上的法学无疑受到高度的重视。法学被认为是一门学科,这种重视是完全应该的;但当法学被应用时,便成为一种纯粹的交易。神学所探讨的是与我们的感官迥然不同的主题,只有通过纯粹的智力才能获得。

4. 主要的"学科"现已被重新进行了探讨。绝不能以为人文教育要求熟悉所有的学科,因为彻底掌握即使是其中一门学科也可能相当是一生的成就。我们大多数人必须学会像满足于适度的财富一样,满足于中庸的能力。也许我们做得很明智,追求我们认为最适合我们的理解力和我们的品性的那种学习,尽管我们不能真正确切地理解一门科目,除非我们能够感知它与其他科目的关系。学科的选择将在一定程度上取决于个人智力的特点。因为当一个孩子迅速地抓住他在寻求的要点并出色地将它陈述出来时,另一个速度比他慢很多的孩子会有更健全的判断,所以,要发现他的竞争对手的结论中的弱点。前者也许会在诗歌或抽象的学科中取得成就;后者也许会在真正的学科中和实际的工作中获得成功。或者,一个孩子可能思维敏捷但在表达自己时却很迟缓,对他来说学习修辞学和逻辑学将很有价值。然而只有谈话的能力很奇特时,我不知道该给予何种建议。一些人有很强的记忆力,这些人应该适合于学习历史。但重要的是要记住,与智力相比记忆没有多大价值,尽管就迄今为止的教育来说,不包含记忆力的智力训练是根本没有的。因为我们无法提供证据证明我们知道一件事,除非我们能够使它再现。

另一方面,一些人有特殊的处理抽象真理的能力,因而在数学和形而上学上有很大的进步,但在特定的和具体的事务方面有缺陷。性情刚好相反的那些人,在自然科学和实际事务上反应敏捷。天生的爱好应该得到承认而且在教育中要遵循。让能力有限的孩子只学习他证明自己能取得一些成效的科目。

重视人文学科的一般职责。我们记得,亚里士多德不会让他们理解生活的全部兴趣,因为他一直坚信作为一个公民、一个国家的积极成员的人的本性。对于完全沉溺于文学的吸引或追求纯理论的思考的人,也许会有一个利己的结局,因此对于一个公民或君主来说这种知识是无用的。

在获取知识上,我们应该重视去找最好的老师进行启蒙知识教育;在选择作家上,我们应该只采用那些一流作家的作品。因此,菲利普(Philip)把亚历山大(Alexander)委托给亚里士多德是为了最基础的知识的学习;罗马人把维吉尔作为首选的阅读书籍。这两种情况都是正确的:因为在早期灌输给正在成长中心灵的知识将深深扎根。所以,在

110

任何学科的学习中，如果把错误的原理和有害的标准置于初学者面前而不是合理的方法和恰当的例子，他就需要克服双重的困难。斯巴达的音乐老师提摩太（Timotheus）的故事说明了我的意思。他习惯向已经学到一些音乐知识后来找他学习的学生收取双倍学费，因为他说他不得不开设一门课程教学生忘记他们以前已经学到的东西，然后才能给他们开始他自己的专门教学。

无论是对学校教师还是对学生来说，特别是有两种错误似乎都迫切需要纠正。第一种错误是试图一次教或学太多知识的习惯。因为正如消化系统拒绝完成消化不相配的或过多的食物的任务，记忆系统也不能承担过度的负担，对于成人来说，营养不良的心灵会变得更衰弱而不是更强大。纠正这种错误的方法是限制一次学习的学科数目，以使记忆可以彻底保存每一门学科，这样每天的复习使我们获得的知识更牢固。第二种错误是匆忙从一个科目转向另一个科目，这不利于稳定的进步。因为意大利有一个谚语警告我们："不容许搁置一段时间的酒会变酸。"（Wine not allowed to rest turns sour.）所以，我们应当每一次全心全意地投入到一门科目的学习中，并抑制肤浅的好奇心。学科中的秩序需要遵守。无规律阅读或随意翻阅的习惯，一会儿是开始部分，一会儿是结尾部分，一会儿是中间部分，这是许多学习无效的原因。另一方面，集中于某个具体学科的广泛阅读，往往有助于彻底掌握它。

此外，我们必须记住每个人的智力天赋是不同的。具有热切的智力性情的人，容易很快因为困难而感到气馁，除非用问题或讨论来进行激励。只要有真正能力的支持，成功似乎一般都会回报耐心的指导。才华横溢的天才不惧怕任何事情，他们努力解决最严重的问题并拒绝承认失败。但此时，敏锐的洞察力和迅速的获取往往伴随着较差的记性。对如此有天赋的孩子，我会强烈要求采用某些与卡托一样的计划，晚上他要复习他在白天所做的、所看到的和所阅读的一切，尽管这不仅会占去他的工作时间，而且还会占去他的休闲时间。所以，经常复习所有的新知识，至少是那种我们认为是最重要的知识，将对记忆力有很大的帮助。所以，与同学一起讨论科目的习惯，同样将有助于我们理解、表达和记住我们已获得的知识。的确，这是辩论术作为一种教学手段

111

的宝贵作用。再者,讲授我们已学过的东西的做法,也是某种确保牢记这门学科知识的方式。另外,通过练习我们可以学会怀疑我们自己的学识,因此,不仅能增强我们的勤奋程度,而且能使我们的谦虚得到珍视。因为想展示他们惊人的博学的诱惑困扰着许多年轻学生,所以,我们可以承认,一个人不能像欺骗自己那样很容易地欺骗其他任何人。怀疑我们自己的能力并摈弃那种对我们自己的能力或知识的假定,也许是真正进步的最重要的本质,因为自以为是会引诱我们轻视对认真细致的需要。

这种事情将会经常发生,一个初学者会在科目内容或表达上碰到很多困难,无论他学习哪一门学科。也许,他指责他自己正在使用的书本或书本的作者,当然错误在于他自己的无知,而这只能通过在具体学习中的默默坚持来克服。每天留出不能以任何借口侵占的固定时间进行阅读,这是一种经过实践反复证明的和可以强烈推荐的做法。亚历山大甚至在战役中都在进行大量的阅读;凯撒在战场上指挥军队时也在写他的纪事;而奥古斯都(Augustus)在背诵诗歌。有了这样的楷模,在和平时期的城市生活中,还有哪些娱乐活动可以作为忽视日常学习的借口呢?不仅如此,现在许多被浪费掉的闲暇时间,通过把它们用于较轻松愉快的阅读这种消遣方式能够节省下来。一些人明智地在晚餐期间安排阅读科目;另一些人在书籍中求得睡眠或赶走睡眠,虽然医生们对后一种做法的滥用的谴责无疑是正确的。在每一个图书馆里,时钟都被挂在读者能看到的地方,通过迅速流逝的时间提醒他需要勤奋。我想补充一点,不要将图书馆用于它所设计之外的任何其他目的。

5. 在迄今为止我已经写到的有关学科的选择上,我更明确地关注那些性格倾向于学问而不是战争的人。但是,如果一个有活力的体格与一种精力充沛的智力结合起来,教育的真正目标就在于两种有效的训练——智慧,即它可以明智地控制;还有身体,即它可以及时地顺从。因此,如果我们被卷入战争中,那我们会发现已准备好捍卫我们的权利或以实际行动维护荣誉或权力。特别是君主的教育,在战争艺术的指导方面必须给予很高的地位,不能少于和平时期的人文学科训练。亚历山大大帝本人不仅是一个骁勇善战的君主,而且是荷马的忠实学生,

112

113

455

更喜欢他的一首诗,其中他把阿伽门农(Agamemnon)①称做是一个伟大的国王,因为一个英勇的战士认为他是所有真正的统治者的典型代表而不是诗人。

由于战争不仅需要军事技能,而且还需要身体耐力,因此,男孩从他最早年的时候就必须逐步适应于困苦和严重的体力消耗,这样当他成年后就能够承受重负和艰难。米诺斯(Minos)②和利库尔戈斯(Lycurgus)③的制度规定,克里特岛和斯巴达的青年应该通过力量的技艺和战场的危险在敏捷和勇气方面得到锻炼,通过忍受炎热和寒冷、饥饿和干渴在耐力方面得到锻炼。因为奢华削弱精神和身体,所以,体力消耗能强化两者。即使在古代,我也找不到一个比您的父亲弗朗西斯科更重要的例子,他总是宣称这种处在困难和身体的重压情况下的镇定是让他感到最骄傲的品质。尽力显示自己在这个最重要的才能方面是一个出色的孩子。这种身体的能力还要伴有对死亡的蔑视以及随之而来的一种不可征服的勇气。因为所有人都应该把生活视为比高尚的行为更重要。如果我们认为我们的首要责任是品德高尚地和勇敢地生活,无论在和平时期还是在战争时期,那我们就不会像许多人认为的那样过高估计长寿的恩典。如果死亡来临,那我们就会勇敢地迎接它;并且如果需要的话,我们会高高兴兴地去迎接它。即使它似乎来得不合时宜,我们仍将有我们的机会。非洲的征服者西庇阿(Scipio Africanus)④是第二次布匿战争(the Second Punic War)中的英雄,当时他只不过是个孩子,在提契诺州战役(the battle of the Ticino)中就从敌

① 阿伽门农,迈锡尼国王,阿特柔斯之子,与斯巴达国王墨涅拉俄斯是亲兄弟。在特洛伊战争中是希腊军队的统帅。——译者注
② 米诺斯,传说中克里特岛统治者。死后成为阴间法官。——译者注
③ 利库尔戈斯,传说中古代斯巴达的立法者。古希腊历史学家希罗多德最早提到这位立法者。——译者注
④ 西庇阿,又译斯奇皮欧。古罗马贵族,在共和国时期以军功显赫著称的有大西庇阿和小西庇阿。普布利乌斯·科涅利乌斯·西庇阿(Publius Cornelius Scipio),史书上一般称"大西庇阿",或"非洲的征服者西庇阿"(Scipio Africanus),以便跟他的父亲"老西庇阿"、他的弟弟"小西庇阿"和他的"继孙西庇阿"相区分。——译者注

人脚下自豪地救了他的父亲。埃米利乌斯·雷比达（Aemilius Lepidus）①是另一个被他的同胞们以最高荣誉奖励的英勇无比的例子。您自己在战斗中也没有退缩，像您最近在布雷西亚抵抗日耳曼游牧部落的战斗中所展示的那样，您赢得了朋友同时还赢得了敌人的最高钦佩。

所以，我再说一遍，男孩从童年时期起就应该得到勇气和耐力方面的技艺训练，这是非常重要的。古代斯巴达的纪律确实很严厉。男孩们被训练成具有这样的性格，即在竞争中他们不能屈服也不能承认自己被打败；最严峻的考验也不能引起任何痛苦的哭泣，尽管血会流出来和意识自身退让。结果是，所有的古人反复讲述斯巴达人在战场上的大无畏的勇气，他们的武器对他们来说就是他们自身的一部分，只与生命一起被抛弃或放下。还有什么比这种同样早期的最勤奋的训练更能使罗马人在他们参加的战役中展示他们自己如此勇敢和如此有耐力呢？因此，男孩是否在军事上或在文学上进行训练（因为这是两种主要的自由艺术，所以对王子最为适合）：他一能走路就让他在军事上得到训练，他一能准确地表达就让他在文学上得到训练。再者，这会很容易把文学学习与身体训练交替进行，对男孩来说会有很大的好处：事实上，无论他多大，同样的做法都将被推荐。我们知道，狄奥多西（Theodosius）②白天进行军事操练或料理国家事务，晚上他都用来读书。

在选择身体锻炼上，应采取那些有助于保持身体健康和使四肢更强壮的方式，因此，在一定程度上有必要考虑每个男孩的不同情况。一些男孩习惯于温暖潮湿的气候，他们将需要通过大运动量的锻炼以适应干燥和严寒；或者，那些脾气急躁的人如果在炎热的太阳下操练，将会最适合训练他们的克制能力。在童年时期，必须给予儿童很多关爱，以免他的成长受到阻碍或神经会因严重的体力消耗而过度紧张；不过，

①　埃米利乌斯·雷比达（约前89—前13），罗马执政官。——译者注

②　狄奥多西（346—395），亦译为"狄奥多西一世"或"狄奥多西大帝"，罗马帝国皇帝（378—395在位）。他是最后一位统治统一的罗马帝国的君主，并于393年宣布基督教为国教。395年在他临终前，他将帝国一分为二，交给他的两个儿子阿尔卡狄乌斯（东罗马）和霍诺里乌斯（西罗马）分别统治。——译者注

在青年时期,这可能要慢慢地增强。也许应该遵循的规律是这样的:在儿童时期,学习第一;在青年时期,道德第一。但是,程度不同的体育锻炼对所有人来说都是重要的。

115

　　罗马人重视系统和科学的军事训练可以用盖乌斯·马略(Caius Marius)①的例子进行说明。据普鲁塔克所说,马略每天都会出现在他的儿子作为军校学生驻扎的军事训练营。尽管他的年龄和他的高位,但伟大的战士本人在训练时还是习惯站在自己的位置上。在剑术上的井井有条的训练应归功于鲁提里乌斯(P. Rutilius)②,尤其是在刺和挡的技艺方面。因此,剑术从那时起就变成一个不仅是体力和胆量的问题,而且是一个复杂的技能问题。所以,我们的青年人同样必须学习剑术,例如,砍、刺和挡;盾和矛的使用;棍棒的使用;训练用任意一只手都能挥舞剑。此外,奥古斯都对游泳的技能非常重视,还有跑步、跳跃、摔跤、拳击、投标枪、射箭、在运动中或在战争中全面的马术,——这些都是士兵的全面训练所必需的。特别是,他在重骑兵的训练中得到锻炼是必要的。在不同的时期,武器和战争的方式是不同的。荷马时期希腊人的双轮战车、罗马人的军团都已消失;今天的主要兵种是骑兵。但是,无论那个时期的什么方式或什么武器,应该让我们的年轻人在能够设计的种类繁多的操练中有充分的实践机会,以便他们可以为直接交手的战斗或部队的战斗、猛然袭击的战斗或小规模战斗做好准备。我们不能预先阻止战争、突发事件或骇人的恐怖事件,然而通过训练和实践,至少在这种情况发生时我们能够做好这样的准备。因此,我们可以用贺拉斯的话说:

> 受压抑的朋友需要忍受
> 易怒的成人与儿童之间的冲突
> 神在思考和洞察
> 掠夺的骑士对枪矛的敬畏

---

① 盖乌斯·马略(前157—前86),古罗马著名的军事统帅和政治家。——译者注
② 鲁提里乌斯(前154—前75),古罗马执政官。——译者注

在神指引下的灵魂和惶恐的天性

在反响之中

《奥德赛》第3卷第2页

此外,最好能包括更广泛的战争艺术方面的知识,对此我指的是将才的准则:战略和战术、纪律、补给用品以及兵营的安排和冬季的营房。因为指挥员必须准备好承担繁重的职责。作为一个真正懂得战争艺术的人,如果他不能保持冷静和自信,那么他指挥的部队将不会坚持到胜利;失败的坏声誉,无论公正与否,都将由他独自承担。的确,战争艺术只能通过战场上的重要经验来获得,但由伟大的士兵们根据他们的职业所写的这些书籍也不可忽视。您的父亲在这些科目上比其他任何人更有能力给您以英明的指导,尤其是更多的有关战争器械的使用。事实上,如今您自己的家庭为您提供了军事技能方面的重要实例,带着从青年到老年应有的那种尊重和孝顺的感情,您要不断地求助于他们[特别是您的父亲弗朗西斯科和您的叔叔雅格布(Jacopo)],并且成为人类和平社会的真正基石。

6. 但是,因为我们不能这样认为,我们能够让自己把整天的时间都用在被安排的任务上,所以,现在我将阐明休闲娱乐的真正地位。首先,这意味着,男孩们不能参加任何降低品质的游戏,或者那些不能发展身体天赋或意志力的游戏。因此,我们不能给予西庇阿和莱利乌斯(Laelius)①喜欢的那种做法以很高的地位,即沿着海岸边漫无目的地散步以便为疲惫的心寻找休息的机会,一边走一边捡卵石和贝壳。另一方面,斯凯沃拉(Scaevola)②就更明智一些:他在庭院里度过了无聊的日子,在大运动量的棒球中为疲惫的精神和身体的劳累找到同样能使人清新气爽的最好方式。所以,其他人也在狩猎、利用鹰行猎或钓鱼中寻求娱乐,他们是如此热衷于他们的乐趣,以至于这些消遣活动所需要的艰难努力都是轻松愉快的。

---

① 莱利乌斯(前190—前129以后),古罗马名将西庇阿的副将。——译者注
② 斯凯沃拉(生活于前2世纪),古罗马著名的法学家。——译者注

我们喜欢体力上的辛苦劳动。

117　　因此,它成为贺拉斯最著名的一句诗。① 如果这些活动对于那些因学习而筋疲力尽的人来说是一种太费力的放松方式,那么,在安静的睡眠中、温柔的骑马中或愉快的散步中寻求休闲就足够了。正如利库尔戈斯所认可的,机智和适宜的幽默也是重要的。求助于音乐和歌曲也不会是有失体面的事情。毕达哥拉斯学派(the Pythagoreans)②不就赞成这一点吗?不仅如此,荷马本人向我们证实了阿基里斯(Achilles)③在战斗结束后就是通过唱歌来恢复他的精神,虽然他的歌曲表达的不是爱情而是英雄事迹。既然这样,那我们就可以选择最适合我们心境的方法。西西里人的方法大多有助于柔和的平静;高卢人的方法促使我们有活力和爱运动;意大利人的方法居中。一个人自己唱没有在另一个人的伴奏下唱更庄重;然而,观看跳舞女孩或我们自己随音乐跳舞都没有什么价值。尽管有些人不顾它的猥亵和虚荣的自负倾向,可能把后者辩护为一种锻炼形式。据说,"纸牌"的游戏是帕拉墨得斯(Palamedes)④在特洛伊战争期间发明的,为的是让他的士兵们在百无聊赖之时不闲着,这并没有受到所有这样的非议。玩骰子是绝对要受到谴责的。它要么是一种赌钱的基本形式,要么是一种柔弱的刺激。然而,含有技巧的游戏是可以允许的,其中运气只起了很小的作用。皇帝克劳狄斯(Claudius)写了一本关于玩骰子的书,这使得堕落的人为他们的放纵找到了有利的论据。

---

　　① "温和而严格的学习不需要艰苦努力。"《讽刺诗集》(Sat.),Ⅱ,第2卷,第12页。

　　② 毕达哥拉斯学派亦称"南意大利学派",是一个集政治、学术、宗教三位于一体的组织。古希腊哲学家毕达哥拉斯创立。它产生于公元前6世纪末,公元前5世纪被迫解散,其成员大多是数学家、天文学家、音乐家。它是西方美学史上最早探讨美的本质的学派。——译者注

　　③ 阿基里斯,古希腊神话人物,海洋女神忒提斯(Thetis)与国王佩琉斯(Peleus)的儿子,他是所有英雄之中最耀眼的一位,也是战无不胜的。——译者注

　　④ 帕拉墨得斯,希腊神话中的英雄,瑙普利俄斯之子,以智慧著名。——译者注

那些把他们的时间都用于文学学习的人,可以在题材内容的变化中找到足够的放松机会。但必须记住,有时为了我们工作中的利益需要可以暂时什么都不做。始终被拉紧的弦会断裂。我知道,事实上,对于智者来说,没有什么事情像无所事事那样累人。我们知道,一些人把他们每天的时间分成三个部分:一部分用在睡觉上,一部分用在吃饭和休闲上,还有一部分用在人文学科上。对于这样的观点,我不能发表什么意见;但至少我可以有把握地说,我们能给知识分配的时间越多,那我们为自己所获得的生活就越丰富、越充分。

最后,关于注意个人的生活习惯问题,我必须补充说一句。在这个问题上,我们绝不能疏忽。因为虽然我们不可以在外表上花太多心思,这有点女人气,但我们必须对我们的服饰以及它是否适合时间、地点和环境给予应有的重视。也许我们不应该过于严厉,如果一个接近成年的年轻人似乎对他的外表没有给予应有的关心,那么有些事情是可以原谅他的,只要他没有把他的怪癖带入人生中更加重要的年龄。

7. 把这篇论文提供给您,尤伯蒂乌斯,我以我开始的方式结束。您不需要我的强调,遵循您最佳的自我本能,您会被认为您是值得尊敬的。如果我看来好像奉承了您,那是因为我满怀信心地期待着看到您履行您的青春诺言。要是您证实我是一个真正的预言家,您将得到人们的赞誉,不仅仅是在您自己所处的时代;但是,如果我写的东西有帮助的话,那将包括在遥远未来的人们。然而,要是您辜负了我的期望,至少有一个人将不得不遗憾地承认:您应有尽有,但惟独没有您自己。

阿雷佐的利奥纳尔多·布鲁尼与《论文学学习》

　　这篇像往常一样以书信的形式编辑的短篇论文,可能是最早的人文主义者关于教育的短文,这是专门献给一位夫人的。信是写给蒙特费尔特罗的巴普蒂斯塔(Baptista di Montefeltro)的,她可能是一批勤奋好学的女性中的第一人,她们是文艺复兴时期的具有特色的成果。

　　巴普蒂斯塔是乌尔比诺伯爵安东尼(Antonio)的次女,安东尼于1404年逝世。她当时21岁,1405年6月14日与佩萨罗(Pesaro)爵士的嗣子加莱亚佐·马拉泰斯塔(Galeazzo Malatesta)结婚。这次婚姻是很不幸的。这个一无是处的丈夫作为一个统治者是如此遭人憎恨,以至于执政两年(1429—1431年)之后,他就从他的城市里被驱逐出去。他的妻子随即在她的老家乌尔比诺找到一个令人愉悦的避难所。在那里,她度过了大约20年的寡居和幽静的生活。她于1450年去世,那时她是一个圣基亚拉大教堂的方济各修会的女会友。

　　还在她结婚之前,巴普蒂斯塔就已培养了对诗歌的兴趣,并且因对古代文学的酷爱而被其强烈吸引着,这标志着14世纪的结束。她丈夫的父亲、佩萨罗在位的领主、被我们熟知为"擅长十四行诗的马拉泰斯塔",他帮助并分享他的年轻媳妇对文学的爱好。他们互换歌曲和拉丁文书信,其中有许多被保存在手稿的文集里。[①] 1433年,西吉斯蒙德皇帝经过乌尔比诺时,就是由她以拉丁语演说[②]迎接的,半个世纪后这个演说还被认为是值得出版发行的。当时很可能是罗马教皇的秘书利奥纳尔多·布鲁尼(Lionardo Bruni)给她写了这封用英文形式呈现的书信。其写作日期现在还不能确定。但从开头那些话的大意,我们完全可以认定这封信写于她结婚(1405年)之后不久。

———————————

　　① 由具有宗教气质的巴普蒂斯塔创作的两首歌曲以及她写给马丁五世(Martin V)的一封信在丹尼斯图恩出版发行。《乌尔比诺公爵》(*The Duke of Urbino*),第1卷,第409页。

　　② 我们记得,吉安卢西多·贡扎加(Gianlucido Gonzaga)在不久之后皇帝访问孟都亚时背诵了一首有两百行的六步格的诗。

　　这篇短文的重要性主要在于它揭示了在人文主义历史的早期阶段意大利的一些更富有思想和更热切的伟大女性关注古典著作的研究这个事实。巴普蒂斯塔是维罗那①的诺加罗拉家族（the Nogarola of Verona）、塞西莉亚·贡札加、伊波利塔·斯福尔扎（Ippolita Sforza）以及她自己更幸运和更杰出的后裔科斯坦萨（Costanza）和她的女儿、另一个巴普蒂斯塔（1447—1472 年）即乌尔比诺的伟大的费德里戈公爵（Duke Federigo of Urbino）的妻子等人的先驱。

　　我想，还有证据证明，新知识在佛罗伦萨被新圣母玛利亚教堂的道明会（the Dominicans of Santa Maria Novella）视为痛苦的学习，在乔瓦尼·多米尼奇（Giovanni Dominici）②的著作中近来也发现类似的言论，他谴责他那个时代越来越多的知识分子迷恋于异教思想和文学。然而，布鲁尼由于他的处境，加之要与我们阅读的有关那个世纪女性的最高水平训练的各种理想的所有观点相一致，在为他的通信者安排阅读课程时，他坚信道德和宗教具有至高无上的价值。他渴望证明古代世界和生活中的基督教标准之间的关联。因此，这段关于异教的知识与高尚生活的艺术之间的关系非常重要③。它明确地表明，我们所认为的曾是费尔特雷的维多里诺对塞西莉亚和巴巴拉教育的目标和原则上，它与马费奥·维吉欧④的论文中阐述的关于女孩教育的看法是一致的。

121

---

　　① 关于妹妹伊索塔（Isotta）和吉尼弗拉·诺加罗拉（Ginevra Nogarola），她们都是格里诺的学生。参见萨巴蒂尼：《格里诺的生平》，第 123 页。对于她们，他说："人文主义者假设妻子是家庭的女子。"

　　② 引自 B·乔瓦尼·多米尼奇（B. Giovanni Dominici）：《管理学校的法则》（*Regola del Governo di Cura Familiare*），萨尔维（Salvi）编，佛罗伦萨，1860 年。这部作品是最重要的以文学形式写的抗议书，反对已经传承给我们的对古代知识的复兴。乔瓦尼是新圣母玛利亚教堂修道院中的牧师，因此，他的书为下一世纪的道明会士确定了趋势。它的出版是在 1400—1405 年间。布鲁尼的巴泽尔（S. Basil）的布道的版本是对乔瓦尼直接的反驳：人文主义者总是很喜欢用这位教父的权威来捍卫对古典文学的阅读。参见埃涅阿斯·西尔维乌斯：《论博雅教育》（*De Liberor. Educ.*），第 150 页以后。

　　③《论博雅教育》，第 133 页以后。

　　④《论博雅教育》这部作品往往被错误地认为是费尔福的论文。参见《文集》（*Lib.*），第 3 卷，第 12、13 节，他的有关女孩教育的看法。

最适合女性学习这门课程的主要特点似乎就是这些。宗教作为一门学习科目不亚于作为一种个人品德,需要占据首位:道德像古代世界最有智慧的人以及教会所认可的那样,与信仰密切相关。作为大量的道德戒律实例的哲学、辩论、巧妙的谈话和机敏的讨论以及历史,所有这些都紧随其后。从广义上讲,文学涵盖了古老的拉丁语以及更伟大的先辈们,其内容和形式都是必须学习的。最后这一点的重要性不能被夸大。因为表达的风格和流畅是受过教育的人认可的、更细微区别的标准。

从我们所熟悉的较突出的例子来判断,尽管有一些迂腐和偶尔的表露,但不能说社会舆论不利于女性的文学学习或它确立了女性活动的一种新标准。确实,这个时代的女性在这种新的激情的压力下,似乎比男人更好地保持了道德和智力的平衡。在实际生活中,有学识的女性是好妻子和好母亲,既会持家又有高尚品德,而且具有很强的判断力,因此,不乏在事业上具有显著能力的女性。学识优秀的巴普蒂斯塔公爵夫人更以她的针线活而著名。同时,在那个世纪结束之前,无论是在意大利还是在西班牙,大学的教授职位偶尔会由女性担任。[①]

[1571年,海恩(Hain)提供的科隆版本是最早的版本,但没有具体日期(1472年?)。佛罗伦萨版本出现在1477年4月,从它的序文中的信件来看,这似乎是佛罗伦萨第一个流通版本。接着是罗马的一种版本。1483年帕多瓦的另外两种版本以及1496年慕尼黑的版本都出现在15世纪。更晚的版本很少被特别提及。]

阿雷佐的利奥纳尔多论文学学习
——写给杰出的巴普蒂斯塔·马拉泰斯塔女士的一封信
(Lionardo D'Arezzo Concerning the Study of Literature,
—A Letter addressed to the Illustrious Lady, Baptista Malatesta)

因为您在这个知识领域享有很高的声誉,使我想把这篇短文寄给

---

① 丹尼斯图恩:《乌尔比诺君主回忆录》,第2卷,第123页。

您这位杰出的女士。我寄这篇短文,部分原因是想表达我对您已取得
的荣誉的一种敬意,部分原因是对您进一步努力的一种鼓励。我可能
有必要通过古代的优秀例子来激励您:科妮莉娅(Cornelia)是西庇阿的
女儿,其书信的文体作为典范流传了几个世纪;女诗人萨福(Sappho)以
她丰富的诗歌艺术手法拥有如此巨大的荣誉;阿斯帕西娅(Aspasia)的
学识和口才使她能与苏格拉底保持亲密的关系。关于这些例子,我想
让您把这一长串的伟人中的最杰出者铭记在心里。像您这种有智慧的
女性,没有什么能比最佳让您感到满足。当然,您本人可能希望赢得甚
至比她们更高的声誉。因为她们生活在学术成就稀少的年代,所以,她
们没有享有独特的声望。唉,同时,我们陷入这样的时代,一个博学的
人几乎好像是一个异常的人,而女性的博学完全不为人所知。因为真
正的知识在我们中间几乎已经消失了。我声明,真正的知识不是仅仅
了解那种满足那些致力于神学之人的通俗的、乏味的术语,而是有适当
的和合理的全面知识,即对现实的认识——事实和原理——结合起来 *124*
以便能精通文学和表达艺术。目前,我们在拉克坦提乌斯、奥古斯丁或
杰罗姆身上能看到这种结合,他们每一个人都非常精通文学而同时又
都是伟大的神学家。但是,回头来看看他们今天的继承人,我们怎么能
不为这些人对整个文学领域的无知而感到脸红呢!

　　这使我极力主张这个真理——尽管对您来说没有必要——所有真
正的学识的基础必须建立在牢固和全面的拉丁语知识之上。这意味
着,以广博的心态、准确的学问以及仔细注意细节为特征的学习。除非
有这种坚实基础的保障,否则试图建立持久的大厦是没有意义的。没
有它,大量的不朽的文学著作是晦涩难懂的,而且作文的技巧也是不可
能的。为获得这种基本知识,我们绝不能放松对这种语言的语法的细
心注意,而要不断地加强和扩大对它的了解直至它完全成为我们自己
的知识。我们可以从塞尔维乌斯(Servius)①、多纳图斯(Donatus)②和

---

① 塞尔维乌斯(前579—前534),古罗马王政时代的第六位国王。——译者注
② 多纳图斯(约320—380),古罗马语法学家。——译者注

普里斯西安(Priscian)①那里获得许多知识,但更多的知识是通过我们
在阅读中的仔细观察。在阅读过程中,我们必须认真注意词汇和屈折
形式的变化、修辞和隐喻,以及所有文体的手法,如韵律或对句,通过这
些手段细腻的风格被展现出来。为此目的,在作家的选择上我们必须
特别谨慎,以免缺乏艺术性的和庸俗的文风影响我们自己的写作和降
低我们的风格。通过对所选作品的敏锐的和批判的意识以及注意每一
段的意义、句子结构、每一个词的说服力直至最不重要的虚词,从而可
以尽可能地避免这种危险。在这一方面,我们的阅读直接影响我们的
风格。

　　您可能很自然地先阅读基督教作家的作品,在他们中间最有影响
的当属拉克坦提乌斯,他被公认为后古典时期最优秀的作家。我要特
别推荐他的这些著作供您学习:《反对虚假的宗教》(*Adversus falsam
Religionem*)、《论神道》(*De via dei*)和《论人的创造》(*De opificio
hominis*)。在拉克坦提乌斯之后,您可能会在圣奥古斯丁、圣杰罗姆、
安布罗斯(Ambrose)②和居普良(Cyprian)③之间选择。如果您希望阅
读纳奇恩曾的格雷戈里(Gregory of Nazianzen)、圣克里索斯托和巴兹
尔的作品,那要注意您所采用版本的翻译的准确性。在古典作家中,西
塞罗将是您永恒的乐趣,在丰富的思想和语言上,在风格的影响力上,
事实上在一切可以吸引人的方面都集于其一身,这简直是无与伦比的!
位居其次的是维吉尔,他是我们民族文学的荣耀和喜悦。然后是重要
的诗人李维和萨卢斯特紧随其后。这些作家的用法,将有助于您测试
您自己在词汇和句法结构选择上的准确性。

　　现在我们注意到,在所有好的散文中——虽然这点当然不很突
兀——某些韵律的成分切合并表达了段落的总体结构,从而给其意义
提供了线索。因此,我向您推荐用清晰和准确的语调大声朗读的做法,

① 普里斯西安(512—560),公元 6 世纪意大利拉丁语法家。——译者注
② 安布罗斯(约 340—397),米兰主教,公元 4 世纪基督教最著名的拉丁教父之
一,也是天主教会公认的四大圣师(Doctor of the Church)之一。——译者注
③ 居普良(200—258),北非迦太基的主教,对基督教的"教会论"影响深远的拉丁
教父。——译者注

这样可以帮助您理解作家的作品。用这个手段,通过理解建构段落中的主要句子,您将更快地抓住该段落的大意。这样,通过声音解读散文的韵律将会与您自己写作的优势相互作用,同时通过强制的深思熟虑和有智慧的表达来提高您自己的阅读。

写作的技巧并不局限于单纯的文字组成,它还涉及到双元音和词的音节的划分问题、在每个字母书写上的公认惯例、单一的手写体以及整个缩写词领域。这看似小事,但在这些问题上,我们理应拥有有教养的实践知识。音量规则更为重要,因为诗歌中的韵律往往是我们仅有的对句法结构的某些线索。有人可能会进一步问,对于一个首先在音量和韵律上没有把握的人来说,在诗歌创作中的什么能力或在诗歌文学中的什么关键能力或风格是可能的? 正如我已经暗示过的,没有韵律成分,也不能称其为散文。在这一方面,亚里士多德和西塞罗的确有详细的论述。一位熟练的演说家或历史学家在唤起适合他身边情况的不同情感时,将会注意通过扬扬格、抑扬格、扬抑抑格或其他节奏获得这样的效果。忽视这一点,就是忽略了风格中最微妙的问题之一。您会发现,这种精细的改进将只适用于一个渴望精通更细微差异的评论和表达的人,但是,这种人一定要通过观察和实践才能熟悉每一种为文学艺术增添区别和装饰的手段。

但现在,更广泛的问题摆在我们面前,这就是我们学习的题材,即我一直称之为事实和原则的现实情况不同于文学形式。像以前一样,这里我考虑,对于具有敏锐能力和崇高志向的学生来说,任何没有趣味的学科都是不值得学习的。不过,有必要进行区别对待。在一些知识的分科上,我宁愿抑制学习者的热情;而在其他知识的分科上,我鼓励学习者把热情用到极致。因此,对于某些学科来说,尽管适度的精通无论如何是需要的,但精密的知识和过度的奉献似乎是徒劳的表现。例如,算术和几何的微妙之处不足以吸引文雅之士,占星术应该同样如此。发现我建议(虽然有很多犹豫)重要而又复杂的修辞艺术应该被列入同一类,您会感到惊讶。我的主要原因很明显,因为文雅最适合于女性。对女性来说,辩论的错综复杂以及行为和姿态的演说技巧都没有一点实用价值,即使它们确实都很得体。所有形式的雄辩——公开讨

126

论、法庭辩论、合理辩护等——都完全不属于女性的学习范围。

127　　那么,什么学科适合女性学习呢?作为她自己特有的科目首先摆在女性面前的是整个宗教和道德领域。因此,她需要认真学习教会的文学。例如,像圣奥古斯丁这样的作家,给她提供最充分的虔诚和博学的探究机会。她的虔诚本能会使她珍惜目前仍活着的圣人的帮助和安慰,但在这种情况下让她不要一时冲动地想深入了解他们的著作,因为与圣奥古斯丁的著作相比,那些书籍绝对缺乏合理和悠扬的文风,对我来说似乎没有任何的吸引力。

　　此外,趣味高雅的基督教女士没有必要学习这门繁重的科目,把自己局限于阅读教会作家的作品。事实上,道德一直是由希腊和罗马最高贵的知识分子来探讨的。他们所留给我们的有关禁欲、戒酒、谦虚、正义、勇气和崇高的精神方面的知识,需要您的真诚的尊重。您必须考虑充分的美德会不会幸福这类问题;或者,如果幸福存在于美德之中,它是否可能被酷刑、监禁或流放摧毁;是否承认这些会使人不幸福,更进一步说是会使人痛苦不堪。再者,是否幸福[与伊壁鸠鲁(Epicurus)一致]在于快乐的出现和痛苦的消失;或者(与色诺芬一致)在于正直的意识;或者(与亚里士多德一致)在于美德的实践呢?与所有其他问题相比,这些是不论男女最值得追求的,它们是正式讨论和文学训练的适当材料。因此,让宗教和道德在基督教女士的教育中占据最重要的地位。

　　但是,我们绝不能忘记,真正的区别是要通过广泛的和范围多样的、有助于生活乐趣的学科来获得的。不过,其中我们必须知道我们为它们投入应有比例的注意力和时间。

128　　在这些学科中,我把历史放在第一位,即一个向往真正文雅的人无论如何都不能忽视的一门科目。因为了解我们自己的历史及其发展的起源以及所有民族与所有君王的成就,是我们的责任。

　　因为对过去历史的认真研究,扩展了我们对当代事务的预见,以及为公民和君主提供起激励作用的课程或提出在公共政策的秩序方面的警告。从历史中,我们还能获得大量的道德戒律的例子。

　　在已经流传给我们的古代文献的不朽作品中,历史占据一个非常重要的地位。我们特别重视像李维、萨卢斯特和库尔提乌斯这样的作家;也许,凯撒大帝甚至超过这些作家,其纪事风格如此高雅又如此畅达,使它们得到我们的热烈赞赏。这样的作家会得到一位勤奋好学的女士的完全理解。因为历史毕竟是一门简单的科目,它的学习既不微妙也不复杂。它在于最纯粹的事实叙述,其一旦被掌握,就很快被保留在记忆之中。

无论如何,古代伟大的演说家必须包括在内。我们在任何地方都找不到这样的情况,美德得到更充分的颂扬,恶习受到更强烈的谴责。从他们那里,我们还可以学到如何表达慰藉、鼓励、规劝或忠告。如果演说家阐述的原则由哲学家为我们描述,那正是我们从前者那里学会如何运用这些情感——诸如愤怒或同情——使它们在个别情况下的应用得到更准确的理解。此外,从演说术中,我们获得大量在文学作品中有如此大影响的优雅和显著特色的表达。最后,在演说中,我们发现丰富的词汇、清晰流畅的风格、活力和影响,对我们来说它们在写作和谈话中都是非常宝贵的。

现在,我谈谈诗歌和诗人——一门每个受过教育的女士都必须显示自己完全熟悉的科目。因为我们无法证明过去任何一个优秀的和有才智的人不被诗人强烈地吸引。亚里士多德通过不断引用荷马、赫西奥德、平达、欧里庇德斯和其他诗人的作品,证明他对这些作家作品的熟悉程度几乎不比哲学家们差。柏拉图也经常吸引着他们,并以这种方式用他的观点影响着他们。如果我们转向西塞罗,我们发现他并不满足于引用恩纽斯(Ennius)①、阿克齐乌斯(Accius)②以及其他拉丁语作家的作品,而是将诗从希腊语翻译过来并乐此不疲地使用它们。塞内卡是一个严肃的人,不仅有丰富的诗的典故,而且本人就是一位诗人;而教会那些伟大的神父们杰罗姆、奥古斯丁、拉克坦提乌斯和波依

129

---

① 恩纽斯(前239—前169),罗马共和国时期的诗人、剧作家。被认为是最具影响力的早期拉丁语诗人和古罗马文学的奠基人。——译者注

② 阿克齐乌斯(约前170—前85),古罗马悲剧作家、语言学家。——译者注

修斯(Boethius)①，在他们的争论中展示出他们对诗人的了解，事实上在他们所有的作品中都表明了这点。因此，我认为，对古代伟大诗人的熟悉是任何想得到真正教育的人所必不可少的事情。因为在他们的著作中，我们发现对自然和事物的原因及起源的深刻思索，无论是它们的古老还是作者的身份，都对我们非常重要。除了这些，有关日常生活中的事物的许多重要真理得到建议或说明。所有这一切都像我们所钦佩的那样，以优雅和尊贵的方式表达出来。例如，荷马所描述的战争艺术是多么的生动：一个领导者的职责、战场的机遇、军队的不同态度！因为当赫克托尔(Hector)②责备埃涅阿斯(Aeneas)③太草率地极力主张追击时，也并不缺乏智慧的决策。事实上，我们自己时代的统帅们，如果愿意屈尊从这古老的智慧中获益来保障全体国民的安全和挽救宝贵的生命，那该有多好啊！此外，想一想彩虹女神(Iris)④在阿伽门农国王的睡梦中拜访他并提醒他谨防统治者的懒散是多么的适宜——苏格拉底、柏拉图或毕达哥拉斯(Pythagoras)能够更加明确地展示一个国王的责任吗？还有不少十分重要的戒律，它们适合于和平时期的艺术。不过，现在是把这些戒律传递给我们自己的诗人的时候了，在我看来是传递给在展示自然和心灵的内在秘密方面超过所有哲学家的维吉尔：

130

首先认识，天，地，海洋，

月球的苍白天体，满天星斗的行列，

被心灵滋养，

一个聪颖的智慧，

其光芒在机构的每个部门中闪耀

---

① 波依修斯(480—524)，中世纪第一位思想家。——译者注

② 赫克托尔，古希腊神话中普里阿摩斯(Priamus)的儿子，特洛伊(Troy)王子，帕里斯(Paris)的哥哥。他是特洛伊第一勇士，被称为"特洛伊的城墙"。——译者注

③ 埃涅阿斯，特洛伊英雄，老英雄安基塞斯(特洛伊王室成员)与爱神阿佛洛狄忒(罗马神话中称维纳斯)的儿子。——译者注

④ 彩虹女神，亦称"伊里斯"，希腊神话中彩虹的化身，为希腊诸神报信的使者。——译者注

因而唤醒强大的整体。

从此,人和家畜的灵魂突然涌现,

还有带有翅膀的快乐的人们,

以及海洋隐藏在平静的潮汐下面的

那些奇怪的形状。

一种火热的力量激发了他们的生活,

从天国获得的一种本性,

尽管部分被带有泥土的肢体堵塞

以及沉闷的"腐烂的覆盖"。[①]

我们也不能否认一个诗人的某种灵感,他在耶稣基督诞生前夕能说道:"圣母玛利亚的再现"和"从天上派下来的神的后代"。拉克坦提乌斯也是这么理解的。他认为,在这一点上女预言家(the Sibyl)[②]直接被暗示指救世主(the Saviour)。这种预见未来的能力被隐含在"诗人"的名称里,所以,常常被给予真正的诗人。我们都必须承认,在这样一个人身上"拥有"某种比自己还要强的能力。

然而,我们知道,在某些方面——所有文学的知识和鉴赏不足——这类凭神学家的作品而著名,因而适合最高职位的人的整个文学分支,被谴责是不值得学习的。但是,当我们记得最优秀的诗歌的价值、其形式的魅力以及其题材的多样性和趣味性时,当我们考虑到从我们的儿童时期起它可能就被轻易地指定为记忆的范围时,当我们回顾节奏和韵律用于表达我们的情感和智慧的特有的亲和力时,我们必须得出这样的结论,自然本身就反对这类轻率的评论家。在庄严的弥撒场合,当"所有日子的开始"(Primo dierum omnium)这样的一段文章突然出现在我们面前时,我们不是常常突然感到心灵的振奋吗?那么,当古人说灵魂是按照和谐与节奏原则的特殊关系安排的,对我们来说就不难理

131

---

① 维吉尔:《埃涅伊德》(*Aeneid*),第 4 卷,(康宁顿的版本)。

② 西比尔(the Sibyl)来源于希腊语,含义是"女预言家"(Prohetes),昵称"Sib"。——译者注

解他们的意思了,因此,绝不会让其他的影响力如此适宜地和如此肯定地改变。所以,我认为,我的信念是建立在牢固的基础之上的,即通过我们的解释,诗歌比任何其他形式的表达具有更强烈的吸引力,而任何对获取知识如此宝贵的助手以及如此尊贵的快乐之源泉一无所知和漠不关心的人,那是绝对没有资格被称为"受过教育的"。如果我对这个问题似乎讨论得过分详细,请相信我的困难一直是宁愿克制自己,而我对此的感知是如此的强烈。我没有忘记,您自己家族的一位成员曾明确地接受了相反观念。他的确赢得了所有人对他的应有尊重。但是,也有另一类的争论者。他们的看法仅仅是这样的:"古代诗人的题材是从爱与罪的故事中挑选出来的。"但我指的是珀涅罗珀(Penelope)①与尤利西斯(Ulysses)②的故事、阿尔克提斯(Alcestis)③与阿德墨托斯(Admetus)④的故事,这些只不过是许多其他故事的代表作。我问:"你在哪里能找到有关忠贞和奉献的更高尚的例子或者在女性最崇高的美德方面的更深刻的教训呢?"对这个问题的答案是:"不错,然而还有另外一种关于日神福玻斯(Phoebus)和达那厄(Danae)、权神伏尔甘(Vulcan)和维纳斯(Venus)的故事。"但是,这些小说不能只从字面上来理解,这些片段在数量上与维吉尔和荷马的著作中所叙述的大量的高尚人物相比显然是微不足道的,以及忽视任何艺术作品的优点而只注意其缺点是不公正的评论,对此谁还不明白呢?"是的,但是,像卡托一样,我们心甘情愿地为美好作出牺牲,这样我们就不会被污点腐蚀,因此,我们不仅自己不会读诗人的作品,而且也不把这些作品传到别人的手里。"然而,柏拉图和亚里士多德研究这些诗人,因此,我拒绝承认,他们在实用的智慧上或真诚的道德上屈服于我们现代的评论家们。他们不是基督徒,然而,事实上却与之有着一致的生活习俗并深恶痛绝存在

① 珀涅罗珀,希腊神话人物,奥德修斯忠贞的妻子。——译者注

② 尤利西斯,希腊神话中的奥德修斯,以果敢机智而著称。——译者注

③ 阿尔克提斯,希腊神话人物,伊奥尔科斯(Ioclos)国王珀利阿斯(Pelias)的美丽的女儿,以钟情于丈夫著名。——译者注

④ 阿德墨托斯,希腊神话人物,阿尔戈英雄之一,以他忠贞的妻子而著名。——译者注

于基督教面前的邪恶，因而独立于它。假设我们转向《圣经》（the Scriptures），我们必须承认，它们包含了不少故事，与诗人叙述的任何故事相比要差一些，但我们不能因为这个原因而禁止《圣经》（the Bible）的阅读。当我阅读《埃涅伊德》中的埃涅阿斯和狄朵（Dido）①的爱情故事时，我非常敬佩这位天才诗人，但我知道这个内容本身是个小说，因此，它不会留下什么道德影响。同类的其他例子也是这样，字面上的真理不是目的所在。另一方面，没有人质疑《圣经》的文字的准确性，但却使我在这一方面产生许多疑虑。

不过，我愿意承认有两种类型的诗人：一是贵族阶层的诗人，之所以这样称呼他们是因为他们的技艺；二是平民阶层的诗人。在安排女性的阅读时，后者的作品可以暂时放在一边。一位喜剧剧作家可能会过度渲染他的智慧，一位讽刺作家可能会过于直言不讳地描述他遭受的道德腐败，让女性回避他们。另一方面，维吉尔、塞内卡、斯塔提乌斯（Status）②以及像他们那样的作家享有最高贵的名声，而且可能甚至必须得到所有渴望被称为高雅的同伴们的信任。

总结一下我一直在努力阐明的观点。从一开始我就提到的那种高水平教育，只有经历了许多事情并阅读过很多书籍的人才能达到。诗人、演说家、历史学家以及其他学者的所有著作都必须学习，每一种学习都必须尽力。这样，我们的知识才会变得全面、简明、丰富和高雅，为以后的实践做好准备或有益于对所有学科的理解。但是，为了使我们能够有效利用我们自己了解的东西，我们必须给我们自己的知识增加表达力。这两方面学问的确应该区分开来，它们既相互联系又相互区别。只精通文学形式而对事实和真理没有广泛的认识是一种无用的学识；同样，缺乏优雅表达的知识无论多么广博都似乎会被遮盖住或部分浪费掉。事实上，人们完全可以问，如果不能用适合本科目的语言表达

133

---

① 狄朵，罗马神话人物。古罗马诗人维吉尔的史诗《埃涅阿斯纪》第 4 卷叙述了埃涅阿斯如何拒绝了迦太基女王狄朵的爱情，服从天意，继续前行去完成上天交付给他的使命，女王因而自杀。——译者注
② 斯塔提乌斯（约 45—95），古罗马诗人。——译者注

深厚和丰富的知识,那拥有它又有什么用处呢。然而,如果拥有这两种能力——渊博的学识和优雅的文体——我们就可能拥有最重要的、不同于其他人的和永久的名声的资格。如果我们回顾一下古代文学中的伟大人物,例如,柏拉图、德谟克利特(Democritus)①、亚里士多德、狄奥弗拉斯特(Theophrastus)②、瓦罗(Varro)③、西塞罗、塞内卡、奥古斯丁、杰罗姆和拉克坦提乌斯,我们就会发现,很难说我们是更佩服他们的学识还是更佩服他们的文学写作能力。

但是,我最后的话必须是这样的话。渴望最高智慧的人必须致力于获得两种能力。这样,各种有用的知识来源将要求你以适当的比例进行学习。没有什么比探讨宗教和我们在世界上的职责的学科与作者具有更迫切的需求。这是因为他们帮助并说明这些最重要的学习,即我极力劝您注意的历史上最得到认可的诗人、历史学家和演说家的作品。

---

① 德谟克利特(约前 460—前 370),古希腊哲学家。——译者注
② 狄奥弗拉斯特(约前 371—前 287),古希腊逻辑学家、哲学家和植物学家。——译者注
③ 瓦罗(前 116—前 27),古罗马学者和作家。——译者注

教皇庇护二世埃涅阿斯·西尔维乌斯与《论博雅教育》
（1450 年写给波希米亚和匈牙利的国王拉迪斯拉斯）

像韦杰里乌斯（P. P. Vergerius）一样，埃涅阿斯·西尔维乌斯（Aeneas Sylvius）的这篇论文主要是写给一个执政家族的后裔。年轻的波希米亚国王拉迪斯拉斯（Ladislas）在他的父亲阿尔伯特二世（Albert Ⅱ）1439 年去世后出生，他的监护权是他的众多责任之一，即等待着新的皇帝腓特烈三世（Frederick Ⅲ）在下一年的选举。拉迪斯拉斯一直由这位皇帝照顾到 1452 年，1457 年 11 月他与世长辞，年仅 18 岁。可以说，他短暂的一生几乎未能显示出很大的能力或坚强的性格。

埃涅阿斯·西尔维乌斯在他作为秘书参加完巴兹尔会议（the Council of Basil）之后，1442 年开始辅佐这位皇帝。因此，他与这个孩子有着密切的接触，出于政治原因其从未被允许远离王宫。1446 年，西尔维乌斯成为牧师；第二年，被提升为的里雅斯特（Trieste）的主教。他的多方面才能使得他能够胜任需要微妙接触的工作，从而他在王室和皇帝的大臣中获得了一个值得信任和有影响力的职位。他与拉迪斯拉斯国王的联系似乎是由对这位男孩真正的兴趣所驱使。因此，当他满 10 岁时，主教以正式的形式写信给他，表达他关于一个王子应该受到的教育的总体看法。

埃涅阿斯·西尔维乌斯作为一个拥有良好环境的意大利人，是在人文主义的氛围中长大的。他把准备一种通过其甚至能让那些野蛮人理解这种新知识的方法作为他的职责，现在他的工作就在他们中间开展。但是，西尔维乌斯并不是一位严格意义上的学者，他的拉丁语使用流畅而不是"优雅"，他懂得的希腊语也很少。不过，已经提供的译本部分地满足了这个肤浅的学生对于希腊思想和文学的需要。此外，他天生具有积极的爱好，他的主要兴趣是生活而非研究；他拥有太实际的爱好，而且太清醒以至于不会被矫揉造作和自负所误导，这些损毁了他那个时代一些甚至更有能力的人文主义者。因此,这证明了这种论点,即这种新的教育理想已保护了其兴趣在于实际生活的人,以及对文学的最高能力几乎不抱什么幻想的人居然也把文学视为教育不可缺少的基础。我们可能感到惊讶的是,为什么对历史和地理表现出如此广泛和理性关切的人在这些科目的论述上是如此的简单。他的主要目的似乎是要警告他的通信者,由于风格的原因①,不要只学习自己国家的历史。②

[书志编纂家所了解的第一版是 W·泽尔(W. Zell)在科隆编写的版本,没有日期,不过大概是 1475 年。其他的没有被提到的是属于 15 世纪的版本。它被收录在 1551 年在巴塞尔出版的皮乌斯二世(Pius II)的作品全集里。1571 年,在增补了一些内容后又重新发行。自那以后,《关于教育的论文》(*Tract on Education*)从未再版。]

埃涅阿斯·西尔维乌斯·皮克罗米尼写给波希米亚和匈牙利国王拉迪斯拉斯的短文

(Aeneas Sylvius Piccolomini to Ladislas, King of Bohemia and Hungary)

136   1. 在探讨我们感兴趣的男孩教育问题时,我们必须首先确信他天生具有一个良好的和可教的性格。此时,这是一种天赋而不是一种获取,尽管是一种无节制地给予的天赋。因为正如昆体良正确的论断,如果飞翔是鸟的本能或奔跑是马的本能,那么渴望和积极进取的性情就是一个儿童的天生特点。因此,教育家通常有权假定他负责照顾的受教育者对心理活动的一种天生爱好,尽管会富有成效地取得真正的进步,但这种天生的能力需要通过有序的训练和经验才能得到发展。天性、训练、实践——这些似乎是所有教育的三大要素。

那么,组成我们人体两大元素的心灵和身体必须一起得到发展。

---

① 参见本书英文本第 152 页。

② 关于埃涅阿斯·西尔维乌斯在知识的复兴中的地位,参见福格特:《埃尼亚·西尔维奥》(*Enea Silvio*),第 2 卷,第 248 页以后。

至于智育应该明确在什么年龄开始,不需要在这里进行讨论。您已经进入了少年时期,我现在提供的指导是考虑到您自己的特殊情况。然而,我并不是只考虑您自己,而且还有您的老师,听听我在这里所阐述的一切也会获得益处。的确,据说,苏格拉底曾把一个学生的粗心大意归罪于他老师的才智;塞内卡被一些人指责应对尼禄的罪行负责;普鲁塔克记录了因学生的错误而对老师的公开谴责。甚至在教育的最初阶段,教师的选择是如此重要的一个问题,以至于我们对他们在选择中所表现出来的草率感到惊讶。不用提古老的珀琉斯(Peleus)①和菲尼克斯(Phoenix)②的故事,马其顿的菲利普把亚历山大交托给亚里士多德照顾的例子,可能是对这种漠不关心的充分斥责。

对于一个教师的效率来说,他在知识上的自负只是比性格上的散漫的危害小一点。坏的榜样很容易导致在以后的生活中养成一个人无论怎么努力都无法摆脱的习惯。因此,教师必须在智力上有能力且真诚,具有丰富的经验和健全的道德。在行为举止上,他应该避免严厉而不落入低俗的随意。这样的一个合格教师将有能力履行其职责,即用智慧和高尚的戒律及榜样保护正在不断成长的智力,就像一个细心的园丁一样用篱笆围住新栽的树。因为人的完善的秘密在于童年时期的正确训练。但是,这种训练必须由友好的且有影响的权威人士来实施,而且不应该依赖于棍棒。因为正如昆体良和普鲁塔克所教导的,孩子必须是被有说服力的热忱吸引着去学习,而不是像一个奴隶一样被驱赶着去学习。因为尽管赞扬绝对不能沦为奉承,所以,另一方面采用对个人侮辱的方式纠正错误,同样也会引起对教师和学科的憎恨。正如

---

① 珀琉斯,希腊神话人物,阿耳戈英雄之一,忒提丝的丈夫,阿喀琉斯之父。——译者注

② 菲尼克斯,希腊神话传说,天方古国的凤凰神鸟,又叫做不死鸟、长生鸟。根据古希腊的传说,凤凰生活在阿拉伯半岛上的一口枯井附近,每天当黎明来临时,鸟儿就在清晨的阳光下沐浴,并唱着美妙动听的歌,而太阳神就停下他的战车静静地聆听这动听的歌声。这时世界上好像就只有凤凰的存在了。每当凤凰知道自己要接近死亡的时候,它都会用芬芳的树枝来筑巢,然后在火焰中燃烧。当它快燃尽的时候,会有一只新生的凤凰从火焰中飞出。所以在现代英语里,"Phoenix"象征"永恒、再生"。——译者注

137

尤维纳利斯所说的,在好的学校里,教师实际上对他的学生行使着父母的职责,因此,他不应该感到满足,除非他引发了相应的孝顺的情感。

2. 至于男孩的身体训练,我们必须牢记,我们旨在培养对他一生都有益的习惯。因此,让他培养一种坚定的性格以抵制过度的睡眠和各种形式的懒散和放纵的习惯——如奢侈的软床或者贴身不穿亚麻制品而穿丝绸制品——往往会使身心衰弱。正确的举止和姿态是十分重要的。用嘴唇和五官做鬼脸的幼稚习惯应及早得到控制。应该教男孩挺胸抬头、直视前方并且毫不畏惧,无论行走、站立或坐着都要保持尊严。我们发现,在古希腊,无论是哲学家还是公务人员——例如,苏格拉底、克吕西普(Chrysippus)①或马其顿的菲利普——都认为这个问题是值得他们关注的,因此,这可能被认为也是值得我们关注的。每位教师都应该鼓励学生开展训练人的肌肉活动能力与一般举止的游戏和运动。因为这样的身体训练不仅培养优雅的姿态,而且保证我们身体器官的健康活动并形成强健的体格。

注定会有很高地位的每一个青年应该进一步在军事演习中得到训练。保卫基督教国家免受土耳其人的攻击将是您的天命。您应该被提早教以使用弓、弹弓和矛,这将成为您的教育的重要组成部分;您要学习驾车、骑马、跳跃和游泳。对于每一个人来说,这些都是值得荣耀的技能,因此,应该是教育家值得关心的事情。思考一下维吉尔提供的那张有关意大利青年的图片,精通他们那个时代所有的军事训练。还有,应该鼓励年龄小一点的儿童做游戏——球类游戏和环类游戏——但这些游戏不能粗糙和粗暴,其中应有技能的因素。如果要使学习不成为厌恶的对象,那么这样的娱乐活动应成为每一天工作不可缺少的一部分。正如大自然和人类生活带给我们的是努力和休息的交替——辛劳和睡眠、冬季和夏季——所以,我们可以认同柏拉图的观点,即工作后的休息是进一步工作的必要条件,这是我们生存的法则。遵守这个真理是教师的最重要的责任。

在饮食方面节制的规则在于拒绝一切不必要地加重消化负担并因

---

① 克吕西普(约前280—约前205),斯多葛学派的代表人物。——译者注

此会损害心理活动的食物。同时,不能纵容对食物的挑剔。例如,一个可能要面临在营地里或在森林中生活命运的男孩应该这样训练他的食欲,以便他甚至可以吃牛肉。饮食的目的是要增强体格,所以,让健壮的体魄拒绝蛋糕和糖果、精心制作的小雀鸟或鳗鱼菜肴,这些是给娇贵的和身体虚弱的人吃的。我知道,您自己的同胞像所有的北方民族一样,在饮食问题上是极不遵守规则的人。但是,我指望您自己天生的自尊心保护您不受这种坏榜样的影响,并且使您能够鄙视您周围那些人的嘲笑和抱怨。除了疾病和腐烂,什么能够造成食欲习惯性地过度沉迷呢?这种对食肉的认可,曾遭到过去所有伟人的谴责。在奥古斯都·凯撒(Augustus Caesar)身上,在苏格拉底身上,我们有很多完全不关心食物选择的例子。卡里古拉(Caligula)①、尼禄和维特利乌斯(Vitellius)②是作为严重地喜爱感官享受口味的充分例子。对于处在巅峰时期的希腊人来说,吃喝是生存的唯一手段——不是最重要的结果和目的。因为他们认可亚里士多德的观点,即在这种身体享受的能力上我们与低级动物处于同一水平。

至于酒的使用,请记住,我们喝酒是为了解渴,而且当智力的刀刃变得迟钝时,节制的限度也就到了。应该教育男孩避免去喝酒,因为他的血液中拥有大量的天然水分,所以,很少有口渴的体验。由此,只有高度稀释的酒可以允许儿童喝,而妇女也许完全不喝酒更好,就像罗马的习俗一样。酒的过量使用在北欧民族中比在意大利更为普遍。柏拉图允许像趋于精神放松的适度喝酒,但事实上,真正意义上的戒酒很难与绝对禁止所有可能引诱我们无法作出有道德的决定的事情相一致。这样,年轻人抵制放纵的最佳防御措施被发现可能在于对葡萄酒的谨慎使用,由天生的意志力和警惕的态度做保障。没有理由说明为什么社交宴庆因为严肃的谈话不应该是庄重的而是欢快和快乐的。但是,毕竟身体不过是心灵活动的框架,所以,我们坚信毕达哥拉斯的格

140

---

① 卡里古拉(14—54),罗马帝国朱利亚·克劳狄王朝的第三位皇帝盖约·凯撒的别名,拉丁文"Caligula",意思是小军靴。——译者注

② 维特利乌斯(15—69),罗马皇帝。——译者注

言——任何纵容身体的人都是在为他自己设计一个监狱。即使我们没有古人的支持,对于严肃的有才智的人来说,食物和衣服显然只有在对身体和精神的有活力活动必不可少时才值得关注:除此之外就是浅薄或阴柔之气。但是,这并不排除对人的外表的关注确实是每个人自尊心的需求,然而对一个君主来说是尤为必要的。

3. 我们现在必须赶紧谈论我们学科中更大的和更重要的部分,这就是讨论人类所有天资中最宝贵的部分——心灵。事实上,出身、财富、名誉、健康、活力和美丽都受到人们的高度重视,可是它们所有都具有偶然的特性,来得容易,去得也快。但是,心灵的财富是一个稳定的拥有,不会被时运、诽谤或时间所夺取。我们的物质财富完全受一个成功的敌人的支配,但是,正如斯蒂尔弗(Stilpho)所说的:"战争无法强行征用个人的财富。"所以,你会记得苏格拉底对高尔吉亚(Gorgias)①的答复,并将它用到您自己的情况:"我怎样才能裁定伟大的国王是否幸福,直到我了解他在性格和智慧上能够真正得到什么?"这里,把真理放在心上所表达的意义是:我们唯一可靠的拥有就是性格。人们的地位和财富会发生变化,而且可能会很突然和很大,但我们也不可能通过接受思想而巧妙地将自己围住,以抵制生活中的所有机会。就像梭伦(Solon)②很早以前宣称的那样,没有理智的人竞敢用卓越来换钱。不仅如此,更确切地说,正如暴君们通过他们的经验发现,真正智慧的功能是使我们能够承受命运的变化。哲学,或者换句话说,对美德本质的探究,的确特别适合王子们的学习。因为在某种意义上他们是法律的独断的体现,很可能是重重地压在他们身上的一种责任。确实,人们常说,没有人能比对成千上万人的幸福或痛苦有重要意义的人更需要储存丰富的心灵。像所罗门(Solomon)③一样,他将理所当然地祈求领导这个国家的智慧。

那么,我有必要让您牢记学习哲学和文学的重要性,没有文学和哲

---

① 高尔吉亚(约前 483—约前 375),古希腊哲学家、修辞学家。——译者注

② 梭伦(约前 638—约前 559),古代雅典的立法者、诗人。——译者注

③ 所罗门(活动时期公元前 10 世纪中叶),以色列最伟大的国王。——译者注

学本身难道不是无法理解吗？通过这种双重智慧，王子得到训练以便了解上帝和人类的法则，我们每个人都通过它受到启发从而理解我们周围世界的现实情况。文学指引我们对过去有一个真正的了解，对现在有一个正确的估计，对未来有一个全面的预测。在没有文学的地方，黑暗将笼罩大地；一个读不懂历史教训的君主是奉承和阴谋的无助的牺牲品。

接下来，我们要问，男孩应该在多大年龄开始学习文学？狄奥多西和埃拉托斯特尼（Eratosthenes）①认为，7 岁是最早的合理时期。但是，阿里斯托芬、克吕西普（Chrysippus）和昆体良，会让孩子从幼年起就在有技能的智慧之人的照料下开始他们的训练。在照料这个问题上，细心的关怀是必要的，因为影响正在成长的心灵的各种因素是如此的微妙。但是，母亲的无意识的指导高于其他任何形式的保护措施，她就像古时的科妮莉娅一样，必须以身作则地给孩子灌输一种优雅的谈吐和举止的习惯。

在宗教方面，从您的基督教教养来看，我可以认为您已经学习了《主祷文》(the Lord's Prayer)、《圣母的称呼》(the Salutation)、《使徒信条》(the Creed)、《圣约翰福音》(the Gospel of St John)以及某些《短祷文》(Collects)。您已被教授了上帝的主要戒律、圣灵的天赋、致命的罪孽；救助之道和未来世界的生活信条。实际上，这后一种真理的确是由苏格拉底教导的，虽然我们是从西塞罗那里知道的。没有任何的世俗爱好对我们有如此急迫的要求。我们不会珍惜已经赋予我们的这种人类的生活方式，除非它为我们准备好了未来的国家。关于这一伟大学说的更全面的真理，超出了您的年龄范围。但随着时间的推移，您可以查阅由教会的那些伟大学者所阐述的一切；而且，不仅仅是由他们阐述，因为正如巴兹尔认可的，古代的诗人和其他作家也都充满了同样的信念，因此，基于这个原因他们也值得我们学习。的确，文学总是滔滔不绝地教给我们"上帝先于一切"的训诫。此外，作为一个君主，您的整

142

---

① 埃拉托斯特尼（约前 276—前 194），亦译厄拉多塞、埃拉托色尼，希腊数学家、地理学家、历史学家、诗人、天文学家。——译者注

个生活和性格都应该标明对大量给予您帮助却不求任何好处的人表示感激，由于崇敬，那些所有与教会的各种服务、信仰以及权威有关的事情使得您效仿康斯坦丁（Constantine）①和狄奥多西的孝顺的顺从。因为尽管神职人员致力于对国王的保护，但这并不在他们的权力范围。

　　在同伴的选择上，要注意只交往那些值得您模仿的人。确实，这是一个与您将来的幸福密切相关的问题。我们都会处于屈服于坏榜样影响的危险之中，特别是在青年时期。总之，我相信，您的导师会让您远离那种阴险的奉承，这与我们可以肯定或建议的一切相一致。只与那些年龄与您相仿的、坦率和诚实的、言语和行为纯洁的、态度谦虚的、温和并爱好和平的人保持亲密的关系。抓住每一个学习的机会，用您的领土上的各种方言与人交谈。没有翻译就不能与他的臣民交流的人是不配做君主的。米特拉达梯（Mithridates）②能够与无论什么省的臣民用他们的方言进行交谈，而忽视这一简朴职责的君王输给了本帝国，因此，它的德国君主也变成了意大利的一般省份的郡王。连接君主和臣民的纽带应该由相互的感情来编织，这样怎么会没有自由的和相互理解的沟通呢？正如荷马所说的，沉默适合女人，但对于一个男人，而且是作为国王站在他的臣民面前的那个男人来说，这是一件相当耻辱和丢人的事情。

　　4. 然而，此外，我们必须学会以不同特点、以适合我们臣民的风格和方式表达我们自己。总之，对于一个专注于事务的人来说，口才是一个重要的技能。尤利西斯虽然是一个卑微的战士，但凭借他的有说服力的言语被判定是阿基里斯的有价值的武器。西塞罗也以同样的意思告诫我们："要和平，不要战争。"(let arms to the toga yield.) 但是，言语在任何时候都应该是深思的结果，如果不是那样的话，那就让男孩（不，还有成人）确信沉默是他更明智的做法。在没有机会做认真准备的条

---

　　① 康斯坦丁（272—337），罗马皇帝君士坦丁大帝的另译。第一位信仰基督教的皇帝，曾在公元313年颁布《米兰诏书》，承认基督教为合法且自由的宗教。此外，他的一系列改革措施为欧洲从奴隶社会向封建社会的过度起到了重要作用。——译者注
　　② 米特拉达梯一世，位于安那托利亚的本都王国的建立者（前302—前266在位）。——译者注

件下,像伯里克利(Pericles)①或德摩斯梯尼这样的演说家拒绝向议会发表演讲。一位肤浅的演说家是用他的嘴唇说话,而不是用他的心或靠他的理解说话;而且,忘记了饶舌与雄辩不是一回事。多少次人们有理由为太快的言语反应以及贺拉斯警告我们的"不可收回的话"而感到后悔。不过,有一个折中的做法:适度的言语,这避免了类似于毕达哥拉斯式的沉默和忒耳西忒斯式的唠叨,因此,我们应该以此为目标。因为如果没有适当的练习,公开表达的能力在有需要时就可能完全是缺乏的。实际上,传递我们的话语需要有条不紊的训练。必须严格禁止女孩的尖声的、颤抖的语调,同样必须禁止她任意地大喊大叫。在任何情况下,必须说出完整的词语,给每一个音节和每个字母以适当的长度,特别要注意最后一个音。话语像它本来应该的那样,绝不能在喉咙里逗留,而要清晰地说出来,舌头和嘴唇都要充分地发挥它们各自的作用。您的老师会安排在发音时其音节的形式或连接需要特别小心的词语作为练习。您应该记得狄摩西尼训练让拥挤的人群听到他的声音的手段吧。

那么,用优雅的和有特点的方式来表达自己是您志向中的一个适 144
当目标;没有志向,那么在这种或其他学业上的卓越成就是很难取得的。但是,如果如德谟克利特所说的,言语是肤浅的事情,用其表达的思想及由此产生的行为才是实际存在的事物,那么,由于不真实的谈话,您将被警告要避免因它而引起的不真实性。我们知道,尤利西斯巧妙地保护他的战友们免受塞壬(the Sirens)②的歌声的吸引;圣保罗引用米南德(Menander)③的有关"邪恶的信息"造成的伤害。但是,这决不意味着,我们必须在社会交往中始终要极端的严肃。在交谈中,友好和礼貌总是有吸引力的,执拗或自负是令人作呕的,浮夸的不自然的语调是引起人们蔑视的。当然,无诚意或恶意不只是礼貌上的缺陷,而是

---

① 伯里克利(前490—前429),古希腊雅典民主派政治家和演说家。——译者注

② 塞壬,希腊神话传说中的她被塑造成一个人面鸟身的海妖,飞翔在大海上,拥有天籁般的歌喉,常用歌声诱惑过路的航海者而使航船触礁沉没,船员则成为塞壬的腹中餐。——译者注

③ 米南德(前342—前290),古希腊新喜剧诗人。——译者注

很大的过错。因此,应该使您的谈吐真诚、坦率、自重和具有男子气概。

大自然和环境为我们提供了演说的普遍的素材、话题及其更广泛条件下的处理方式。然而,当演说被认为是一门艺术时,我们发现,语法的功能指导其表达,辩证法的功能给其论点,修辞学的功能给其说明,哲学的功能使其完善。但是,在详细论述这一点之前,我们必须首先强调记忆的压倒性的重要地位,这实际上是文学能力的首要条件。一个男孩应该毫不费力地学习,准确地记住,并很容易地再现。自然地记忆被称之为"学问的哺乳之母"(the nursing mother of learning)。然而,不管一个男孩是否具有记忆力的天分,记忆是需要培养的。因此,让我们每天都记一些诗人或道德家的篇章吧。

5. 人们认为,文法是所有知识的入门工具。作为一门学习的科目,文法比它的名字所意味的更复杂和更富有成果,它所产生的全部效益只是为了尽早并积极地着手于其追求。最伟大的有才智的人都明确显示他们自己对文法的认真学习。执政官和国家的捍卫者塔利(Tully)、伟大的皇帝尤里乌斯·凯撒(Julius Caesar)以及他的继任者奥古斯都(Augustus)都在他们的著作中证实了这种最基础的知识分科中的技能,没有哪一个王子认为他不值得与如此伟大的典范们保持一致。我已经说过,学问是国王的必要素养,古时的皇家先知(Royal Prophet)强制执行这个规定,当时他宣称:

> 所以,现在这些国王要明智,要博学啊,因为你们是地球的法官。

但是,在我们这个时代,一个人如何能博学并获得智慧呢?除非他首先掌握所有知识的最基础的部分,即文法。

那么,"文法"(Grammar)这一术语,就像昆体良所说的,是与"文学"(Literature)和"字母"(γράμμα)完全相同的。这种文法艺术自然地分为三个部分:首先是准确的演说技巧或口才,其次是散文和诗歌的写作技巧,第三是书信文体的技巧。口语文法的准确性,标志着对词汇和句子结构的正确选择。关于前一点,词的使用以及它们的来源必须小心注意。因为词要么是源于本土的要么是外来的，它们不是简单的就是复合的，它们可能是本义和直义或喻义和转义。或者，我们可以再一次区分认可用法的词和新创的词。例如，所有来源于意大利语的词都是本土词，而外来词的来源很多，有来自于高卢的（如 reda）、来自于西班牙的（如 gurdi，即 stolidi）、来自于德国的（如 marchio）。不过，当然希腊为我们提供了更多数量的词。在使用来源于希腊的词时，正确的方法是选择拉丁语形式的屈折变化，虽然维吉尔在诗中的用法更偏爱希腊语形式的屈折变化。在简单词中，"amo"、"lego"是明显的例子；我们称"per-lego"、"im-probus"为复合词。此外，还有更复杂的形式，"im-per-territus"、"male-volus"、"Anti-christus"。我们所说的词的本义，是指保留其原来的直接运用的意义。例如，河流（fluo）简单地说就是一个"流动的水体"（flowing body of water）；但是，"durus"（丑陋的）指一个人的性格显然是用的喻义。作为一种文学技巧，这种使用词的转义现象非常普遍，正如我们提及"lumen orationis"（杰出的口才）、"contentionum procellae"（辩论的风暴）或说一只鹦鹉在它模仿人类的声音时发出硬硬的声音（monetare voces）。但是，当这种隐喻的使用掩盖了话语的一般意义时，那么它不再是一种装饰而变成了乏味。如果旷日持久，这种矫揉造作的比喻常常用于寓言或仅仅用于口头谜语。我们所说的被认可的词，就是指那些构成该语言公认的词汇的词，而且我们应该仅仅依赖这些词。毫无顾忌地创造新词只属于极少数人，那些语言的伟大创造者们。但是，在所有的写作中，必须遵守一个约束规则。事实上，有把握的而且优雅的谐音，您在这方面也许是有能力的，但首先要选择将最准确地表达您想表达的意思的词语。

这样，通常在掌握了词的这些特点后，您将继续学习屈折变化、小后缀和其他派生形式；后一种的例子有"scabellum"、"bipennis"、"excido"。表达格、语气或时态的修饰的屈折变化，在文法中得到了充分的展示而且必须认真学习；同样，还有词性以及它们在表达时所用的形式的区别。词在句子中的正确顺序和连接从句的方法甚至更为重要。

在说拉丁语时，需要非常谨慎地避免各种非规范语言现象（barbarism）。"非规范语言现象"这一术语包括各种错误，部分是不得

146

体,部分是违反了最优秀作家的标准用法。例如,一种"非规范语言现象"使用了在罗马语中没有被公认的外来字,如德语中的输入词。此外,夸张或极端的讲话方式也归类于同样的问题。在词或屈折的惯用形式上的无知或反常的变化,如果是格律的要求,在诗中也许是情有可原的,但却破坏了散文。错误的音量,无疑同样是一种"非规范语言现象"。文理不通是另一种语言现象,但却是与文法错误紧密相关的类型。例如,性或格的不当使用、介词的错误力度、对"an"、"ne"和"non"的混淆、使用像"nex"、"mortes"以及其他不为最优秀的作家所知的形式。必须注意识别明显的文理不通,"equulus grandis"要避免但这并不是文理不通,同样"Ludi floradia"也不属于文理不通。"Catalina"、"Galba"以及其他的以"-a"结尾的男性名字、"Glycerium"和其他的以"-um"结尾的词,尽管似乎不正确,但却都是适当的。实际上,可以依靠推理(Reason)、传统(Antiquity)、权威(Authority)、惯例(Usage)这四个准则来区分明显的文理不通。

关于推理,我们首先表达的意思是类比,而类比意味着类似词语的比较。所以,我们比较一个词在某些方面与另一个词有相似之处,这样这个词的应用就会得到彻底解决。其次,推理取决于词源,但无论是衍生还是类比,都不能确定一个词的形式与固定用法是否不一致,因此,我们不说"audaciter"(勇敢),也不说"conire"(胆怯)。事实上,仅仅是类比常常会将我们引入歧途,就像我们从"domus"(家人)的格的变化中所能看到的那样。词源是对文字起源的探询,但过于巧妙的猜测往往使这门学科受到蔑视。例如,"人"(homo)这个词源于"humus"(土壤),如一种生物从地上涌现;"星星"(stella)源于"stilla"(滴),如一束光;"单身的"(caelebs)源于"caelum"(天空),如一个挣脱了最沉重的生活负担的人,比如一位妻子。即使伟大的瓦罗也错误地将"ager"(水压箱)与"ago"(从前)联系起来(就像他的作品中曾出现过的一处那样)。即使本身很合理,词源也不应引诱您用最优秀的作家所接受的拼写形式卖弄学问地篡改。传统和权威都应得到我们的尊敬,因为他们自身带有某种不被轻视的尊严。同时,对于一位年轻作家来说,没有什么比感情用事更糟糕。因此,提防对老式的被迫模仿,而且避免将现在已经

过时的词语引入到今天所应用的语言模式里。就像帕瓦瑞纳斯 148
(Phavorinus)对他的一个学生所说的那样——您会在奥卢斯·格利乌
斯身上发现这样的趣闻轶事——"模仿古代伟大人物的美德,但让他们
的古语跟随他们一起去吧。"语言最重要的应该是可以理解的且是不矫
揉造作的。谁现在还会用"nox"作为"eum"的夺格或用"im"作为"eum"的
宾格呢?然而,《十二铜表法》(Twelve Tables)展示了这两种语言现象。

　　我们所呼吁的权威,首先必须是演说家和历史学家的权威;由于他
们对韵律限制的依赖,诗人的权威只能位居第二。不过,所有的权威都
必须源于最好的时代,当时的演说无论是内容还是风格都具有明晰的
特点。

　　那么,权威性的惯例提供了在所有写作中都应遵守的最终准则。
从类比、从神圣的传统或从鉴定的角度来说,都不能对这个准则置之不
理。现在要确定这种惯例,并不像它看起来的那样是一件简单的事情。
因为在风格方面就像在更重要的内容方面一样,我们不会把惯例看作
是大多数人的唯一做法,正如昆体良告诫我们的那样。像智慧一样,像
高尚的生活一样,只有少数人具备这样的口才天赋。平民的使用降低
了拉丁语的地位,"erit cito ventire"将是"他将来的"一个流行的说法。
因此,我们必须为我们的惯例寻找一个更高的标准,而且我们会找到
的。因为正如在行为方面我们把好人的习惯动机和行动作为我们的准
则,所以,谈到风格上的惯例,我们的意思是只展示学者们和受过正规
教育的人们的统一做法。

　　6. 把这一点作为梗概或建议——它不过是——以上提到的文法
的三个功能的第一个功能,即涉及正确的言论和口才的功能。但是,由
于文学的研究在现实中形成了一个完整的整体,因此,文法的第二个功
能,即作为散文和诗歌书面写作的技巧,已由以上所叙述的有关口头语 149
言的理论所阐明。所以,我再重申一遍,写作技巧只有通过认真和大量
地阅读演说、历史和诗歌方面的权威作家的著作才能获得。在这个过
程中,您必须不仅要注意他们使用的词汇,而且要注意他们处理主题的
方法。追随古代的先例,即史诗风格方面的两位大师荷马和维吉尔,应
该是您在诗歌方面的首选。主题的崇高以及《伊利亚特》(Iliad)和《埃

涅阿斯记》的浪漫主义精神使他们脱颖而出,正如奥古斯丁所认为的那样,这些可以作为对男孩们的一种启发灵感的训练。但是,这个建议意味着,在希腊语的学习中,您不太可能找到一位称职的教师。尽管如此,学习这种文学的巨大优势应该敦促您去寻找一位教师,如果有机会的话:因为作为匈牙利国王,您将统治的不是这一古老民族的少数后裔。此外,真正自由地使用拉丁语,只能在同步学习这种较古老的语言的条件下得到保障。我不能忘记卡托在这方面的权威地位,尽管我认为我为生活在偏远的潘诺尼亚的某人提供了一个完美的计划。同时,我们会把自己局限于罗马的语言和文学之中。

现在,我遭到了反对。您也会面临这位浅薄的牧师的反对。"为什么要把宝贵时间浪费在学习这类异教徒诗人的堕落的资源上呢?"他们会引述西塞罗、柏拉图、杰罗姆和波依修斯,并呼吁将这些古代诗人的名字从贵国的领土上清除出去。对此,您的回答只能是:"如果这篇长篇大论的确代表了我的人民的严肃认真的建议,那我只能愤然离开,然后告别笼罩在如此令人震惊的黑暗中的国土。"然而,令人高兴的是,在匈牙利有不少人认为古代诗人是一种宝贵的财富。您会毫无困难地引用经典的先例,给他们以应得的荣誉。甚至杰罗姆、奥古斯丁、居普良这些先辈们自己,也毫不犹豫地从异教徒的诗歌中获取例证,因此认可对他们的学习。

此外,如果我们因他们包含的错误而拒绝这些古代的伟大作家,那么,我们又将如何对待那些神学大师呢?那些歪理邪说出自他们身上。那么,难道我们要驱逐他们并销毁他们的著作,就像罗马人曾经因为医生所犯的错误而驱逐他们吗?最后,记住使徒保罗(Paul the Apostle)利用伊壁孟尼德(Epimenides)①或米南德强制执行教义就可以了。难道这不是一种充分有力的姿态:"你鄙视使徒保罗的权威,那么你能要求我们尊重你吗?"

但是,我并不认为所有的诗人都适合年轻人的智力;我想补充说,也不是所有神学家都适合基督教学生。关键的问题是:您如何利用您

---

① 伊壁孟尼德(生活于公元前 6 世纪),古希腊克里特岛的哲学家。——译者注

的作家？巴兹尔为我们留下了关于此事的明确指导：一方面，我们留下他们的信仰和迷信、他们对幸福的错误观念、他们对道德的有缺陷的标准；另一方面，我们乐于接受他们能够提供的赞扬正直和谴责邪恶的所有言论。细想一下蜜蜂的习惯，其他生物喜欢花的颜色或香味；然而，它们却明智地采集潜藏在花里的芳香。因此，它们选择定居在那里，并满足于它们所选择的果实，这也是它们的最终目标。因此，正如杰罗姆所说的，在阅读古代诗人的作品时，我们汲取有生命的和美好的东西，摒弃盲目崇拜、错误或贪欲并让其自然腐烂。这里制定了一条令人钦佩的指导我们阅读所有古代作家的作品的原则。无论是诗人还是历史学家或哲学家推荐的卓越品质，我们可以有把握地接受他们在增强品格上的帮助。因为对于青年人来说，有关道德价值的早期印象通常是最持久的。这里，引用贺拉斯的话：

> 在更新的多年后，
> 这种味道将仍然渗透在用来调味它的罐中。①

因此，在教育中，通过明智地使用文学会同样促进道德和学问。

在选择独特的作家时，我们必须考虑的不仅仅是诗人，而且还应有历史学家、哲学家和演说家。在基督教作家中，我选择现在的作家。至于诗人和拉丁文作家中，第一位永远属于维吉尔。他的语言中的音乐艺术是如此地高贵典雅，他的名气又是如此地经久不衰，在这里至少赞扬没能抬高他的地位，批评也没能损害他的声誉。让学者观察他的多样化风格，时而简洁，时而丰富，时而朴素，时而华丽。卢卡以他的历史题材而显得尊贵，而斯塔提乌斯不如他那么令人印象深刻，然而地位与他并列。奥维德的作品令人怜悯、有吸引力、不受拘束，其中最杰出的作品是《变形记》(*Metamorphoses*)。其他几个诗人几乎不能恰当地被列入诗人行列，在史诗格调的诗人中克劳迪安(Claudian)②和创作《阿

151

---

① 《书信集》，第1卷，第二版，第70页。（西奥多·马丁爵士的版本）
② 克劳迪安(370—404)，古罗马宫廷诗人。——译者注

尔戈英雄》(the Argonauts)的那位诗人可能是首选。贺拉斯的地位仅次于维吉尔,其风格和主题的魅力使他的作品倍受青睐。然而在这里,我再一次强调,我们必须选择适合年轻人学习的作品。就另外一个伟大的讽刺作家尤维纳利斯来说,这一点甚至更为必要,尽管他在道德上要求诚挚和判断上要求严谨。在处理战争问题时,人们不能为君王收集玫瑰。普西乌斯(Persius)只对那些能够精通他的晦涩的人有帮助。

挽歌诗人的所有作品都令人萎靡不振,全都不适合男孩们的阅读。普劳图斯和特伦斯的作品必须用来学习文辞;至于在悲剧这个最有价值的学科上,我们只有塞内卡。在演说上,我们的目标在于高贵和优雅。悲剧为我们呈现了一方面,喜剧为我们呈现了另一方面。此外,在阅读剧作家的作品时,应该让教师鼓励他的学生判断各种人物和情况,严重警告所有支持错误行为的言行。

在演说家中,位于首位的当属西塞罗,几乎没有别的选择。风格上的坦率和直截了当使他总是很容易被人们所理解。阅读他的《论义务》(*De Officiis*)一书,不仅是一种有用的练习,而且是一种绝对必要的练习。圣安布罗斯(St. Ambrose)写到,在模仿它的过程中,这是一部能明智地阅读并可以补充他的演说模式的作品,因此西塞罗的教学在基督教方面取得了很大的成功。拉克坦提乌斯、奥古斯丁和杰罗姆他们每个人都有优雅的风格;格雷戈里(Gregory)①也可以被有益地利用。谈到我们自己同时代的作家,利奥纳多·阿雷提诺(Lionardo Aretino)②、格里诺、波吉欧和安布鲁吉奥都展示了一种对学习很有价值的朴素的文辞。

在历史学家中,李维和萨卢斯特位列第一,尽管查士丁(Justin)③、昆图斯·库尔提乌斯、瓦勒里乌斯·马克西穆斯和阿里安在译本中可

① 格雷戈里(539—594),中世纪最著名的基督教史学家之一。——译者注
② 利奥纳多·阿雷提诺,即"利奥纳多·布鲁尼",1370年他出生于阿雷佐(Arezzo),故也被称为"利奥纳多·阿雷提诺"(Leonardo Aretino)。——译者注
③ 查士丁(创作时期3世纪),罗马史学家。——译者注

能会被男孩们阅读,我把苏埃托尼乌斯(Suetonius)①排除在外。在历史这一相同的标题下,我强烈要求教授部分的《旧约》(*the Old Testaments*)和《新约》(*the New Testaments*),如从《创世纪》(*Genesis*)、《国王的书籍》(*the Books of the Kings*)、《马加比家族》(*the Maccabees*)、《朱迪丝书》(*Judith*)、《以斯拉记》(*Esdras*)和《以斯帖记》(*Esther*)等书籍中的摘录,以及部分的《福音书》(*the Gospels*)和《使徒行传》(*Acts of the Apostles*)。正如西塞罗所说的,历史是过去的活生生的见证,是真理的明灯,是我们现在生活的指南,因为它展示的是那些已经过去的事情。因此,彻底精通主要的历史学家的著作是最重要的,从他们的研究中能够学到处理事务的实用智慧。不过,在这里我想补充一个最严肃的警告,即谨防把时间浪费在学习像波希米亚历史或匈牙利历史这样的科目上。因为这样的作品只不过是纯粹的、无知的年代史编者的成果,混杂着一些胡说八道和谎言,在形式上、风格上或认真的反思上都缺乏吸引力。因为如果我们指望男孩们在他们后来的人生中逐渐培养一种合理的判断,那么从最初的教育起,他们就必须只熟悉那些最好的作品。

7. 文法的第三部分是关于书信写作的技巧。这也是一个王子绝不可视为他不应关注的一门艺术。除了通信事实上对他来说是一种重要的职责外,用这种风格进行有规律的创作的习惯对于学习这些作者也是有帮助的。在早期的帝国中,有好几个伟大的凯撒都以他们作为书信作家的能力而著名。已故的罗马教宗尼古拉五世(Pontiff Nicolas V)和他的前任们也是如此。此外,也许一位王子不用常常写字,但应该让他学会写得字迹清楚。伟大的阿方索(Alfonso)②的签名就很像一条蠕虫在纸上爬行的痕迹,这对他来说一点颜面都没有。同时,在像字母形状如此小的事情上也很值得细心一点,让圆形字母圆点,让环形字

---

① 苏埃托尼乌斯(约69—140),罗马帝国历史学家。他最重要的现存作品是从凯撒到图密善的12位皇帝的传记。——译者注

② 阿方索十世(1221—1284),卡斯蒂利亚王国国王(1252—1284年在位),费尔南多三世之子。他在位期间,同时还担任莱昂王国国王和加利西亚王国国王。——译者注

153 母显示出他们的环形，等等。笔迹上的整洁和精确都应该进行培养。古代的手写风格比我们的更工整、更清晰，而且更像希腊人的笔法，事实上它起源于此。不过，无论采用什么风格，都必须注意提供良好的模式。此外，在挑选笔法摹本时，要选择有用的和有教育意义的科目，比如来自著名的散文作家或诗人的道德名言，以便学者不自觉地吸收崇高的思想。至于拼写，规则确实应该定下来，但真正的方法是拼写的练习要与对好作家的有观察力的阅读结合起来；至于诗歌韵律，它有助于拼写。现在，我想就拼字法补充几句话。在处理复合词的时候（如那些以"ad-"作为前缀的词），惯例将是最保险的向导，因为同一复合词就是拥有同样水平的专家也可能给出不同的拼写。需要注意在组合时要双写辅音字母的规则。因为由于"x"相当于"cs"或者"gs"，"ex-surgo"可以写成"exurgo"、"ex-sanguis"、"exanguis"。注意"iacio"复合词的用法，以及介词在组合中的更重要的修饰作用。从希腊文借来的词中，保留着"ph"代替"Φ"的拼写。像昆体良一样，把介词"cum"与连词"quum"区分开来。语言纯正癖者拼写成"Caius"，但却发成"Gaius"的音。由此我们看到，书面形式并不总是为我们保存了真正的语音价值，尽管昆体良告诉我们"Caius"是男人、"Gaius"是女人。其他不确定的实例是"quidquid"或"quicquid"、"id-circo"或"icirco"。有时，插入辅音是为了谐音，例如，"si-*c*-ubi"、"em-*p*-tum"、"am-*b*-io"、"ob-*s*-curus"、"ob-*l*-iquus"。"K"是一个多余的字母，总是被"c"所取代，尽管"Kalendas"、"Karolus"证明了它的使用。

事实上，惯例几乎已经确定了在大多数情况下的拼写，因此，我们必须在我们自己的实践中认真遵守过去最好的学者和作家的标准。

154 在这两个包含希腊字母"ρ"的词——"Rhenus"和"Rhodanus"中，送气音的使用表明在最早的时候德国人和高卢人都使用希腊字母，而且这些河流的名字也源自于希腊语。在其他被采用的词中，必须遵守送气音的正确规则。拉丁语的辅音没有送气音，除非把塞尔维乌斯包括在内，我们把"pulcher"排除在外。因此，我们应该写成"mihi"、"nihil"，而且很可能还有"incoo"、"sepulcro"。在拉丁语中碰到的其他的送气辅音都是希腊语的衍生物："rhetor"、"archiepiscopus"、 "monarcha";所以,我们正确地写成"Phoebus"、"Orpheus"。我们注意到,作为例外,"fama"来自于"Φημι","filius"来自于"Φιλοs","fero"来自于"Φερω"。"Yerusalem"拼写错了,第一音节由简单的元音"Ⅰ"组成。"autumpnus"、"contempno"也是如此,其中的谐音不需要"ρ",但我们写成了"contempsi"。拉丁文的最高级经常被写成"-ssimus",而不是"-ximus"。"Nixus"来自于"nitor",暗指体力,"nisus"暗指脑力。拼字法的一般规则就谈到这里。个别单词的拼写,如前所述,只有在自己的阅读中通过观察惯例才能学到。

8. 在文法与修辞之间有着必然的最密切的联系。因为正是借助于修辞学,作家(无论是历史学家还是诗人)显示他的文学风格和技巧,从而获得他判断人和物的表现形式,或演说家展示他的感染力和结论。诗人和历史学家都习惯于依赖修辞规则,对此您会明智地让自己仅仅专心于知名的权威,专心于西塞罗、昆体良和亚里士多德,他的《修辞学》(Rhetoric)后来出现在一个译本里。的确,您注定不会从事演说家的职业,而是要尽君王的责任。然而,良好的修辞惯例的知识对您来说是十分重要的,即使在实际生活中,适当的演说技巧在很多情况下可能也是需要的或容许的事情。

您也不能忽视辩证法,它反过来与修辞学有着如此紧密的关联;因为两者都同样旨在说明理由。事实上,逻辑学没有任何的益处,除非它直接有助于清晰准确的思维和表达,在推理中使我们能够认识到论证中确定的、很可能的和明显虚假的步骤之间的根本区别。然而,要谨防那些把时间和聪明才智都浪费在单纯的言辞之微妙上的逻辑学家,在他们手中逻辑学是一件物品,不具有充满活力的价值,而只是智力终结的体现。您会记得,西塞罗曾责备塞克图斯·庞培太过于迷恋几何,而且还证实在他的有生之年把太多的时间花费在民法学和辩证法上。他的理由是对人的真正赞美在于所做之事[1],因此,所有巧妙的琐事尽管

155

---

① 维多里诺激励安布鲁吉奥具有同样的情操(本书英文本第82页)。这俩人都强调新知识的强大的实用功能,这标志着新知识的最好的一面。有了这三者,文学本身就是一种手段而不是一个目的。

本身无害,但却使我们没有足够的精力从事富有成效的活动,这对真正的公民来说是不值得的。

如果是这样的话,那我们必须问一问:我们是否要把音乐列入不适合王子学习的诸多学科中?较晚时期的罗马人似乎反对他们的皇帝注重这门艺术。另一方面,这正是特米斯托克洛斯(Themistocles)①的明显缺陷,他不会给七弦琴调音。斯巴达的军队在歌曲的鼓舞下迈向胜利,尽管利库尔戈斯不承认这个事实,因为在他看来这与不苟言笑的男子汉气概不相称。希伯来的诗人国王肯定需要提到,而且西塞罗也支持他。因此,在这些不同意见中,我们的判断倾向于将音乐列入其中,作为一门只有在具有好品质的导师引导下适度学习的学科,将严格禁止所有感官性的旋律。在这些条件下,我们可以接受毕达哥拉斯的观点,音乐对心灵产生一种舒缓的和清新的影响。

几何特别适合男孩早期阶段的教育,因为它同时激发理解能力和推理能力。结合算术这门科目,您的老师肯定会把这两种能力包含在您的训练课程中。几何的价值可以由锡拉库扎(Syracuse)②这个例子得到证明,这座城市只凭借几何学家阿基米德(Archimedes)③的这种技能延长它的防御线。另外,几何的学习为我们提供了比总是由辩证法提供的更精确的推理方法,许多显然只是假设的东西由几何的对事实的严密观察所纠正。例如,线的最理想的形式是圆,因为它圈起了最大的空间;等边三角形容纳的比不等边三角形多。除了借助几何方法,即使是推理也不会提出这些真理。同时,尽管几何是一种有吸引力的学习,但不应该使人过于着迷。王子绝不能对天文学一窍不通,因为它把天空展现在我们面前,并且通过这种方式向人们诠释天堂的秘密。古代最伟大的统治者们不是对这种智慧甚为敬佩吗?伯里克利和苏尔皮

---

① 特米斯托克洛斯(约前528—前462),古希腊雅典历史上著名的军事家、政治家。——译者注

② 锡拉库扎,古希腊城邦,阿基米德的故乡。——译者注

③ 阿基米德(约前287—约前212),古希腊数学家、科学家和发明家,理论力学的创始人。——译者注

奇乌斯（Sulpicius）①同样都通过迅速使用这种学问安然度过本地区的危机时期。迪翁（Dion）②和尼西阿斯（Nicias）③就是两个涉及到正确或错误地研究日食月食所造成的得失的例子。任何人都完全有可能问：如果没有天文学知识，那我们怎能理解包含在古代诗人作品中的许多有关天国的典故。基于这些理由，应该将这门科学纳入年轻王子的课程之中。

但是，在这里我们必须提出一个警告，以免在我们对自然或外界事物的兴趣上存在一种危险。我们发现，对于那些关系到性格和行动的较重要的东西没有给予足够的重视。有两个困难摆在我们面前：一是科目的选择和教学的方法，二是我们承受着由于过多不同种类的学习使学习者的负担过重的风险。我们必须牢记，思考官能正是在这种多样的紧张中得到解脱，就像消化官能是通过连续的饮食而得到辅助的一样。所以，我不担心您的心灵会遭受科目交替或教师改变之苦。因此，让文法、辩证法和其他科目轮流占据您的心灵，同时还应考虑到体育训练在您的教育中必须占据一定的地位。

9. 到目前为止，我们已经涉及到了能让我们获得思想启蒙的学科。但是，我们尚未直接考虑我们如何能真正地区分来自于基础知识中的真实的和公正的事物与我们的阅读和生活中有辱人格的事物：即什么是必须模仿的和什么是必须避免的。诗人、演说家和历史学家提议，也许不能强制实行美德。因此，我们为了达到一个更高的源头而必须寻找最终的指导，那就是哲学。哲学现在意味着对智慧的渴望；智慧超越了人文科学的"七艺"所包含的范围，因为它探讨所有人类的和神的事物的起因。对于泰勒斯（Thales）④来说，哲学就是自然科学；苏格拉底紧随其后，把神的道德法律从天国带给人类；柏拉图通过增加心理

---

① 苏尔皮奇乌斯（公元前 200 年左右任职），古罗马执政官。——译者注

② 迪翁（前 408—前 353），哲人柏拉图最优秀的弟子，也是叙拉古城（Syracuse）的一位政治家。——译者注

③ 尼西阿斯（约前 470—前 413），古希腊远征军主将之一。——译者注

④ 泰勒斯（前 624—前 547），古希腊第一个自然科学家和哲学家，希腊最早的唯物主义学派——米利都学派的创始人，古希腊七贤之一。——译者注

学完善了哲学。那么,为了品行的真理,我们让我们的学生学习道德哲学,一门真正必不可少的学科。因为在这里他会更准确地认识到他应有的责任,首先是对上帝的责任;然后是对父母、对长辈、对陌生人的责任;再者是对民权和军权以及对他的同胞们的责任。他将学到,对待妻子、对待朋友、对待佃农和奴隶,他应有怎样的行为。

此外,哲学将教您鄙视贪婪——萨卢斯特告诉我们,真正的智者永远不会对财富有那种贪欲。尊重妇女、爱护孩子和家庭、同情贫困者、对所有人公平、自我抑制愤怒、克制放纵、成功时戒骄戒躁、知足、勇气、责任——这些都是哲学将教给您的一些美德。为了从青少年的早期起及时灌输这种真正的智慧,我会指定学习经过精心准备且在风格上有吸引力的、尤其是适用于这个目的的书籍。我已经提到一两本适合于这一目的的著作。我想补充所有涉及道德职责的著作,例如,西塞罗的《论老年》、《论友情》(*Friendship*)和其他著作、塞内卡的信件、波依修斯的《论安慰》(*Consolation*)。只有在教师选择由优秀的鉴赏家公认的、无论是在内容和风格上都很合适的著作的条件下,才能推荐其他著作。

巴蒂斯塔·格里诺与《论教学秩序与学习》

巴蒂斯塔·格里诺（Battista Guarino）①是维罗纳的格里诺（Guarino Veronese)的小儿子②,出生于 1434 年。其间他父亲居住在费拉拉,在那里格里诺担当元老院的继承人利奥奈洛·狄斯泰(Leonello D'Este)③的家庭教师并开办学校。我们推测,他是维罗纳的格里诺的儿子中唯一一个真正爱好学识的人,而且他父亲对他的能力寄予厚望。年幼的时候,他在维罗纳的格里诺的直接监护下长大和受教育,其在自己早期承诺的引领下,将他委托给那种学生居住在教师家里的私人教师。维罗纳的格里诺的目的在于用这种方式确保他的方法的连续性。

1455 年,巴蒂斯塔·格里诺当选为博洛尼亚大学的修辞学教授,当时他只有 21 岁,这是他的学识声誉的重要证据。这个职位他担任了 2 年,便回到费拉拉和他父亲一起生活。他早已成为文本校订的专家,而且投入了大量的时间研究卡图卢斯(Catullus)④的文稿。25 岁时,很可能是在他父亲的建议下,他撰写了论文《关于讲授和阅读古典作家的方法》(*Upon the Method of Teaching and of Reading the Classical Authors*)。因为如果我们不包括由他写给利奥奈洛·狄斯泰⑤的这封信的话,从老格里诺那里我们没有得到任何公认的关于教育艺术的出版物。论文日期为 1459 年 10 月,维罗纳的格里诺于次年的 12 月过世。那么,我们可以这样认为,这篇论文正像它声称的那样,陈述了指

159

160

----

① 巴蒂斯塔·格里诺(1434—1513),意大利文艺复兴时期的人文主义学者。维罗纳的格里诺的小儿子。——译者注

② 萨巴蒂尼:《格里诺书信集》,第 81 页。

③ 维罗纳的格里诺和维多里诺一样,把其他许多学生与王子们放在一起,直接在他的管理之下。费拉拉大学(University of Ferrara)成立于 1436 年,当时格里诺被聘为修辞学教授。

④ 卡图卢斯(约前 84—前 54),古罗马抒情诗人。——译者注

⑤ 萨巴蒂尼:《格里诺书信集》,第 373 封信;"第一封写于 1441 年";信件本身很完整,见罗斯米尼:《格里诺》,第 1 卷,第 113 页。

导费拉拉学校教学的一般原则。在他父亲过世之后,巴蒂斯塔·格里诺被一致推选为他的大学教授职位的继任者。

这篇论文的范围比韦杰里乌斯或埃涅阿斯·西尔维乌斯的窄一些。它没有涉及古代文学以外的科目;历史当然是专门讲李维和普鲁塔克的,有一个合适的段落,但逻辑或道德似乎主要是被当做西塞罗的例证。然而,希腊作家却占有重要的一席之地。很显然,这篇论文标明的时间正是只允许把精通两种古代文学的人称为一个受过教育的绅士的时候。在这篇论文中①,这种文化的标准首次用正式术语得到确认和捍卫。

[论文上的日期是维罗纳日历 1459 年 3 月 15 日。(海恩,*8128)显然是最早的有记录的版本,但没有地点和日期,也没有印刷者。1489年的海德尔堡版(海恩,*8131)和 1496 年的莫迪纳版(海恩,8129)是目前为止那个世纪仅有的最著名的两本。这与后来 16 世纪和 17 世纪在巴黎或阿姆斯特丹②出版的论文不相符。]

巴蒂斯塔·格里诺写给布雷西亚的马菲奥·甘巴拉的信
(关于在讲授与阅读古典作家中观察到的秩序和方法)
(Battista Guarino to Maffeo Gambara, of Brescia,
Concerning the Order and the Method to be Obseved
in Teaching and in Reading the Classical Authors)

161   1. 在为您提供您能接受的这个短篇论文时,我充分认识到,您不需要任何动力就能把对文学的追求当作您远大抱负中的最有价值的目标。但您会发现,我所写的并不是对我们过去交流的一种不受欢迎的

---

① 我们知道,费尔雷特的维多里诺的做法是超出一般的看法;而且,我认为,事实上孟都亚学校对希腊语的重视远超过格里诺在费拉拉的学校。

② 罗斯勒(Rosler)的第一版本的日期是错误的(斯特拉斯堡,1514 年)。后来的一个版本记载的是:耶拿,1704 年。罗斯勒:《约翰内斯·多米尼奇斯大主教》,第 142 页注释。

回忆;相反,这可能证明那些可能读到它的其他读者会觉得很有用。因为我已经看到,不仅学生们急于为他们的个人阅读寻求指导,而且教师们也在寻找一些明确的教授古典文学应遵循的方法原则。因此,我论述了有关教授希腊文学和拉丁文学的方法,而且我相信我拟定的这种方法将被证明是一种对文学和学识的完全令人满意的训练。我应该提醒您,在这篇短文中所呈现的结论,不仅仅是我个人经验的成果。实际上,这是几位学者的理论和实践的总结,特别是它的确代表了我父亲维罗纳的格里诺的理念。您甚至可以认为他是以我的文笔写给您的,为您提供他长期的和成熟的教学经验成果。我是否能希望您亲自证明,这又是一个他的方法原则具有很高价值的例子呢?

162

首先,让我以一个告诫开始。没有一位教师能让一个天生粗心大意和不感兴趣的学生真正酷爱学习。一个年轻人自己必须努力获得这一点。不过这种爱好一旦开始发展,那么用奥维德说的话就是:"我们读的书越多,我们的求知欲就越强。"因为当心智已经开始享受学习的乐趣时,它对更全面和更深奥的知识的兴趣将会与日俱增。但是,除非首先要有擅长于此的欲望,否则就不会精通学业。因此,让一个年轻人热切地去寻求那些真正的、荣耀的和持久的心智瑰宝吧,无论是疾病还是死亡都无法摧毁它。冒险家们通过陆路和海路寻求的财富,常常使得人们想去享乐而不是想去学习。因为自我放纵是一种诱惑,所以,用善意的或如果需要严厉的话使他们的孩子摆脱其引诱,正是父母们义不容辞的职责。那么,在以后的数年里,或许父亲的明智建议的回声会萦绕耳边,并且会在抵制诱惑时起作用。

在选择教师的时候,我们应该记住,他的身份在某种程度上应带有父亲的权威:因为除非尊重是出自对他这个人和他的职位,而不是必须尊重他说的话。我们的先辈们把师生之间的关系建立在对待教师是子女般的敬畏和对待学生是父亲般的疼爱的基础上,这无疑是正确的。因此,马其顿的亚历山大具有一种健康而合理的本能,促使他说出这样的话:当他把他的生命归于他的父亲菲利普时,他把同样的恩情(即如何使用他的知识)归于他的导师亚里士多德。因此,从一开始就必须小心以免选错教师,例如,一位没有教养的或缺乏教养的教师。这样,孩

163　子会在不良的教育下白白浪费掉宝贵的青春年华,不仅没有正确地学到知识,而且所接受的教育大部分需要重新被消除,就像提谟修斯(Timotheus)①很久以前说的那样。② 况且,正如贺拉斯提醒我们的,早年接受的错误知识根本不容易根除。其次,教师不能将鞭笞作为学习的动机。这是对一个生来自由的青少年的侮辱,从而使得学习本身变得令人厌恶,而且仅仅是对它的恐惧导致胆怯的男孩们选择拙劣的逃避。结果是,学生在道德上和智力上受到损害,教师受到欺骗,最终惩戒完全没有达到它的目的。教师最常用的手段必须是和蔼,尽管惩罚应该得到保留,因为它作为最后一个对策应该放在不起眼的位置。至于年龄大一点的男孩,可以依赖他们的好胜心和羞耻感,这两者都是怯于失败带来的声誉损坏。我还要提出劝告,在这个阶段,孩子们要把两者结合起来,着眼于鼓励他们之间的健康的竞争精神,从中可以得到很多益处。不应当鼓励采用大班,特别是对初学者,因为这样虽然真正均衡的卓越品质显然可能得到保证,但如此重要的全面的基础训练却是不可能的。然而,就更高级的学生来说,学生的人数当然往往能激发教师的教学热情。

2. 谈到学习课程。从一开始起,重点就必须放在说话和阅读两个方面的清楚的和持续的阐述上。但同时,表达必须是十分自然的;如果是做作的或夸张的话,那效果是令人厌烦的。教育的基础必须建立在文法之上。除非彻底弄清楚这方面的知识,否则随后的进步是不确定的,——这好像一幢房子建立在不牢固的地基上。因此,尽早获得名词和动词的知识,并把它作为其他知识的起点。教师应该专心于特别介绍背诵、考试以及改正屈折形式的错误的方法。

文法分为两个部分。第一部分论述支配着不同词性的使用的规则,因而被称为"方法学"(Methodice);第二部分包括连续的散文学习,

---

① 提谟修斯(? —前354),希腊政治家、将军。——译者注
② 关于轶事,参见罗斯勒:《约翰内斯·多米尼奇斯大主教》,第110页。

尤其是历史叙事散文①,因而被称为"注释学"(Historice)。

164

现在,这些规则能够很好地从我父亲编写的手册②中学到,其简要阐明了写作的更重要的法则。在使用这种或类似的课本时,学生必须在书面和口头练习上得到训练。只有通过口头作文的迅速实践,才能获得流畅和敏捷。如果班上学生都习惯于说拉丁语,这一点将得到进一步巩固。具有关键性的某些普遍规则必须让全班学生及早学习,并且经常练习。只有通过这类词,我们才能识别主动、被动以及异态动词之间、或者具有及物和不及物含义的动词之间的差异。最重要的是,要求每个孩子用实例说明词法和语法的主要规则,不仅准确地,而且还带有某种适当文体,例如,适当注意句子中词的顺序。这样,在教育的最早阶段,就能养成正确和高雅的写作习惯。对于一位完全胜任他的工作的教师来说,他将会慎重地仅仅使用那些在准确性和完整性上都能信赖的文本的副本。由于自称是校订者的无知或自负,刚才提到的著作因补充和修改而受到严重破坏。就我所讲的例子,您可以查阅有关第二种变格的形容词比较级的构成规则,在一些副本里添加了一种不适当的校正,"一个元音前的元音"被变成"-us 的前元音",在另外一处这种拼写"Tydites"由我父亲的(当然是正确的)形式"Tydides"替代。

但是,回过头来看。可以这么说,让学生努力学习这些规则,直到它们被如此根深蒂固地植入记忆中,以至于它们成为心灵本身必不可少的一部分。这样,语法规则就会被努力地而且几乎是下意识地准确无误地回想起来。同时,也着手开始学习音量和韵律的规则。文学的这一分支是如此的重要,以至于任何忽视它的人都不能自称是一个受过教育的人。因此,重要的是,古人给予这门科目如此多的关注,甚至教会的伟大支柱奥古斯丁都没有不屑于发表一本关于韵律节奏的小册

---

① 这将采用文选读本、摘录形式或连续阅读一个较容易地用拉丁文或希腊文写作的历史学作家。

②《格里诺规则》(*Regulae Guarini*)是一本非常流行的词法手册,这是要背诵下来的。

子。① 在阅读诗人的时候,韵律知识对于自娱自乐来说是必不可少的;不仅如此,甚至对于他们作品的理解来说也是必不可少的。熟悉韵律结构能使我们领会节奏的许多妙处,同时我们对作家的确切含义的唯一线索经常是由元音的音量提供的。节奏的技巧也不局限于诗文。演说家们常常表现出他们自己是这门艺术的大师;而且,为了充分地欣赏他们口才的流畅,更多地是为了我们自己也能做到这一点,我们必须熟练掌握韵律的一般规则。基于这个理由,推荐使用以亚历山大的名义流传下来的语法手册②是可能的。它建立在普里西安的伟大作品的基础之上,但它更多地被用在记忆格律的形式上。当认真学习韵律的基础知识时,我们将会发现精通韵律是通过每天阅读诗人的作品而获得的。维吉尔的作品必须熟读,并作为一个固定的任务去背诵。用这种方法,六步格的诗不乏大量的单独音节,不仅在耳边留下深刻的印象,而且不知不觉地影响我们的风格。然后,其他的韵律也可以尝试,以便任何形式的古诗都没有被忽视。

166　　3. 我曾经说过,写拉丁文诗的能力是一个受过教育的人的基本标志之一。现在我想表明第二点,其至少具有同等的重要性,即精通希腊的语言和文学。已经到了我们必须毫不含糊地谈论这种学问的极其重要的要求的时候了。我清楚地知道,那些不懂希腊语的人以非常明显的原因贬低其必要性。但是,我会毫无疑问地坚持我自己的信念,即从任何真正意义上来说,没有希腊语知识,拉丁语学问本身是不可能的。我可以指出大量的由希腊语派生或借来的词,以及所产生的与它们有关的问题,例如,元音的音量、双元音③的使用、晦涩难懂的正字法和词源学。一个不知道湖(lake)的名称与希腊字"δρυιζ"关系的人,就无法完全领会维吉尔的有关"地狱之湖"(the Avernian Lake)的典故:

---

① 《论音乐》(*De Musica*)收藏在维多里诺的图书馆里,罗斯勒:《约翰内斯·多米尼奇斯大主教》,第 70 页。

② 韦拉德的亚历山大(Alexander de Villa Dei)的《文法术》(*Doctrinale*)。

③ 格里诺·维罗纳(Guarino Veronese)写了一篇论文《论双元音使用的技巧》(*De arte diphthongandi*)。

在那片令人恐惧的地方上空，

没有任何飞鸟能够毫无危险地拍打它的翅膀……①

或者，奥维德的诗句：

因为在这里有着坚硬的岩石

田野上长着有毒的植物……②

是难以理解的，除非我们能够把"cautes"（岩石）和希腊词"磨刀石"（ακονη）联系起来。因此，如果对这些词的希腊语词源学没有清晰的认识，那"市民"（κειρω）这个名称以及阿佛洛狄忒③（αφρων）的最大影响也只能是隐约地了解。④ 此外，希腊语法可以单独解释独特的、符合某些名词词尾变化的格的结尾，大多是一些专有名称，其保留异国的形式，例如，"蒂朵"（Dido）、"曼图斯"（Mantus）。这些特殊形式也不只局限于诗人使用。然而，我转向伟大的拉丁文权威人士本人，转向西塞罗、昆体良、卡托和贺拉斯：他们一致宣称罗马语言和罗马文学紧紧依赖于希腊语，并通过实例和训诫敦促人们不断学习这门古老的语言。这里，只引用贺拉斯的话⑤：

您，我的朋友，您的样式是否取自于希腊，

并且昼夜精读它们使之成为您的规则。

还有：

---

① 《埃涅伊德》，第 6 卷，第 239 页。（康宁顿的版本）

② 《变形记》（Metam.），第 7 卷，第 418、419 页。

③ 阿佛洛狄忒，古希腊神话人物，爱与美的女神，罗马神话中称为维纳斯。她生于海中，以美著称。——译者注

④ 西塞罗：《论神性》（De Nat. Deor），第 3 卷，第 23、59 页。

⑤ 《论诗歌的技巧》（De Arte Poetica），第 2 卷，第 268—269、323—324 页。（西奥多·马丁爵士的版本）

　　　　对于希腊，她所关心的只有名誉，

　　　　缪斯女神(the Muse)赠予天才，以及诸神们会使用的一
　　种语言。

有了这样的同伴，我毫无恐惧地极力主张相同的论点。

　　如果我们的确要追随昆体良，那么，我们甚至应该从希腊语而非拉丁语开始。然而，当我们考虑到对我们来说希腊语必须(几乎是不可避免地)是一门精通的语言而不是口语化的语言时，这实际上是不可能的；而且，拉丁语本身需要比帝国时期的一个罗马人所需要的更精心和仔细的教学。另一方面，我本人认识不少我父亲的学生——正如您所知道的，我父亲是一位在两种语言上都具有同样高的声誉的学者——在彻底掌握拉丁语后，仅在一年后他们便能在希腊语上取得如此大的进步，以至于他们能准确地把难度一般的整篇希腊语作品翻译成令人满意的和可阅读的拉丁语。现在，这种程度的精通只能通过仔细和系统的语法基础知识的教学才能获得，因为它们是在曼纽尔·克里索罗拉著名的《基础语法》手册里，或在我父亲根据他敬爱的老师的原著编写的简略本里规定的。在使用这种课本时，最最要注意的问题肯定是带有其系统的语气和时态结构知识、规则形式的动词；接着同样必须掌握不规则动词。当名词和动词的各种形式可以立即得到区别时，以及语态、语气和时态的每一种屈折变化得到辨认时，——这一点只能通过经常的口头练习得到测试——然后就应该开始学习简单的叙事散文。在这个阶段，所有其题材需要严密思考的作家应该回避，因为整个注意力必须集中在词汇和语法结构方面。只有当这些方面的自由程度已得到保证后，教师才应该介绍难度越来越大的书籍。

　　我们的学生应该首先通过诗人中至高无上的大师荷马来熟悉他们。从我们自己的诗人荷马，特别是维吉尔，获得他们的灵感；在阅读《伊利亚特》或《奥德赛》时，我们的快乐没有一点是来自于我们经常接触的类似作品。确实，我们就像在镜子里看到《埃涅伊德》的形式和方式粗略地出现在我们面前，那些事件、更不用说描述它们的比喻或修饰词，可以说全都包含在其中。维吉尔在他的短篇著作中以同样的方式

借用了忒奥克里托斯(Theocritus)①或赫西俄德(Hesiod)②。在努力地学完荷马之后,学习方向就可以转向其他的英雄诗人和戏剧家。

在这种更广泛范围的阅读中,不仅会增加大量的词汇,而且在这方面的记忆将会通过做笔记的习惯得到大大增强,这种做法应该在随后有条不紊地安排。然后,应该学习重读的规则,并按照同样的方法观察它们的应用。初级写作的定期练习从一开始就需要,这一点非常重要,而且这在一定程度上可以帮助文法分析。接着,学生将很快能够把拉丁文作家的作品翻译成希腊文,这是一种无法替代的使我们认识到作家语言的适当性以及风格的高尚性的实践,同时这又为我们提供了越来越多的掌握它的自由。因为尽管词语含义的微妙差异或措辞的优美可能被一个不经意的读者所忽视,但它们却逃不过一个忠实的翻译者的眼睛。

然而,在以这种方式开始学习希腊语时,必须同时在拉丁语上继续取得进步。例如,早期阶段的更广泛的语法规则必须由更全面的语言结构的学习所代替,就像我们在普里西安那里发现的那样,还须充分注意迄今被忽视的不规则现象或例外现象。同时,西塞罗的《书信集》将被用于朗读的目的。把它们作为可能是最好的有助于纯正、率直以及风格流畅的方式之一致力于记忆力的提高,并且用同样令人钦佩的形式提供适合我们自己使用的令人钦佩的内容。但是,我不愿被理解为主张西塞罗的《书信集》是唯一在风格上能提供充分训练的。因为风格的差异是更广泛领域的学习的成果。这里,再次引用贺拉斯的话:

> 关于好的写作,可以肯定
> 秘诀就在于智慧:因此学习是为了明智。③

①	忒奥克里托斯(前305?—前250),古希腊诗人、牧歌的创始人。——译者注
②	赫西俄德(约前8世纪—前7世纪),古希腊诗人。——译者注
③	《论诗歌的技巧》,第309页。(康宁顿的版本)

4. 但现在,我们要从第一或初级阶段过渡到第二或更高级的阶段,我称之为"注释学"的文法阶段,这涉及到对散文作家、特别是对历史学家的连续学习。这里,我们通过贾斯汀或瓦勒里乌斯·马克西穆斯这样的作家,以简短而全面的普通历史的概观开始,这将包括罗马人的观点。后一个作者在提供具有吸引力风格的和有道德的戒律实证上也很有价值。此时,学者将把注意力集中在以正常秩序排列的历史学家身上。有了他们的帮助,他将学会理解不同类型国家的礼仪、法律和机构,将考查个人和国家的不同命运、他们成功和失败的根源、他们的优势和他们的劣势。这种知识不仅在日常交往中是有趣的,而且在事务的安排顺序上是有实用价值的。

170 　　与历史学习并列在一起,是对诗人作品的仔细阅读。这将使诗体小说的真正意义得到领会。正如西塞罗所说的,它在于以虚构的人和情境的形式展现我们自己生活的真实性。因此,杰罗姆能够利用特伦斯把他对节制的规劝带回国来。让我们不要忘记,维吉尔作为一门深入和固定学习科目不必总放在第一位,但要单独进行学习。这里,我们有奥古斯丁这个明确的权威,他极力主张把这位伟大诗人当作我们的终身伴侣。卢卡也许可以推迟到较后阶段学习,这完全是合乎情理的。昆体良把他看作是"修辞诗人":他的诗与辩论艺术的某些方面无疑是很相似的。但在他的作品的个别部分里,有敏锐的辩论家某种焦虑。所以,我应该建议,紧随维吉尔之后的应该是斯塔提乌斯,他的《底比斯》(Thebais)是受《埃涅阿斯记》的影响写成的,其将被发现是很容易阅读的。奥维德的《变形记》对神话的系统知识作了有益的介绍——一门广泛的文学应用的科目——这类科目值得密切关注。这位诗人的其他作品,如果我不包括《纪年表》(Fasti)——作为古代知识的来源是独一无二的,但是,唉! 尽管它很有趣,然而由于不完整——可能会很明智地从学校课程中被删除。塞内卡的悲剧因境遇的危险性和人物的道德高尚而吸引我们,正因为如此它们被专门用于教学目的。在措辞的优雅和适宜方面,特伦斯得到西塞罗的赞赏,基于这些原因他呼吁部分喜剧应该背诵下来。如果我们把特伦斯和最伟大的讽刺作家尤维纳利斯放在一起,我们会发现,这两位作家不仅为我们提供了足以应付日常交往所需的丰富和灵活的词汇,而且还为我们提供了大量的明智而庄严的判断。的确,没有足够的理由反对说尤维纳利斯不适用于教育目的,因为他过于坦率地描述发生在他眼皮底下的邪恶道德。然而,首先,这一点只出现在极少数的段落中,而其余的讽刺作品必定会博得所有认真的人们的钦佩;第二,如果我们必须表达我们在这个问题上的愤慨的话,我们应该直指罪恶本身而非评论家。普劳图斯以流利的口才和机智而闻名,这些特点使他在拉丁文学中赢得很高的地位。缪斯如果说拉丁语的话,就会选择"普劳图斯式的措辞",这是一种常见的流行语;马克罗比乌斯(Macrobius)①把这位喜剧诗人连同西塞罗一起列在罗马语大师的首位。贺拉斯在诗歌艺术方面有独特的见解,在表达上特别有细腻感,在修饰词的选择上只有维吉尔能超越他;此外,他的讽刺作品对这种类型的诗歌做了最好的介绍,普西乌斯远不如他清晰。还有其他的诗人在文学上也具有重要性,但对他们的学习可能要推迟到较后的时期。在阅读诗歌作家时,偶尔应该伴随着阅读探讨占星术和地理学的作家,这是很有好处的,例如,庞波尼乌斯·梅拉(Pomponius Mela)②、索林诺斯(Solinus)③以及斯特拉博(Strabo)④,后一个作者最近已经由我父亲从希腊语翻译过来了。托勒密地理学中的概念也应该弄清楚,以便我们能够理解对我们不熟悉的国家的描述。

我迄今勾勒出的学习课程,将证明为构成修辞学的进一步分科做好了充分的准备,包括对伟大的不朽的雄辩术著作的彻底考查,以及演说艺术本身的技能。在这门科目中,需要我们予以注意的第一部著作是西塞罗的《修辞学》(*Rhetoric*)⑤,其中我们发现对演说术的所有要点都给予了简洁而全面的阐述。西塞罗的其他的修辞技巧著作将紧随其后,而且其中所制定的原则必须根据他自己的演说来检验。的确,学习

---

① 马克罗比乌斯(活跃于5世纪初),罗马作家、语法学家和新柏拉图主义哲学家。——译者注

② 梅拉(生活于公元1世纪),古罗马宇宙志学家。——译者注

③ 索林诺斯(生活于公元3世纪),古罗马作家。——译者注

④ 斯特拉博(前64—23),古希腊历史学家和地理学家。——译者注

⑤ 《修辞学》(*Phelorica ad Herennium*),格里诺·维罗纳已确定其是不真实的。

171

172 雄辩术的学生必须时常把西塞罗的著作放在手边,他的著作的简明、高尚的道德标准以及实用的特征给予他们卓越的训练,以便成为一个公共演说者。在这种相同的关联下,令人钦佩的昆体良也不应被忽视。

最好将逻辑学原理也包括在我们的学习课程中,而且与此一起的还有亚里士多德的《伦理学》(*Ethics*)和柏拉图的《对话录》,因为这些都是正确理解西塞罗作品的必要帮助。西塞罗的对话,无论是在形式上还是在内容上,似乎经常直接效仿柏拉图。然而,就我个人而言,他的任何著作都不及《论义务》和《图斯卢姆谈话录》(*Tusculans*)那样吸引人。前者评论了人生中所有的主要职责;后者向每一位现代作家展示了丰富的、最有价值的知识——既有关于物质的又有关于表达的。我想补充一点,一些有关罗马法原则的知识将有助于充分理解拉丁语作家。

带领学生完成我现在制定的课程的教师可能有这种信心,即他为学生提供的训练不仅将能使他们在没有任何帮助下进行阅读,而且在轮到他们自己时还能有效地担任教师。

5. 现在,我着手讨论我的论文的第二个主题:那些不得不依靠自主学习的人要遵循的方法。我的第一个、也是最紧迫的信条是这样的:让一个年轻的学生习惯性地认为他自己很可能被要求教授他目前正在学习的课程。对于草率的或肤浅的学识没有更好的检验方式。因为正如昆体良很久以前提醒我们的,一个知道教授他正在学习的课程将是他自己的责任的人将会勤于从各个方面检验它,并且从不同角度检视*173* 它,因此,他会使他自己获取这个课程可能产生的每一个要点。如果有机会的话,他将与学生讨论手头的问题;或者,如果没有这种机会的话,他将设计一个假想的辩论,其中他将阐述或为他已获得的知识辩护。

在阅读一个作家时,只满足单一一个学者的论述是不够的。每一个重要的评注都必须查阅,使我们对原文的确切含义和每个词的影响力能够形成我们自己的判断。我们应该时常认真全面地写随笔,就好像我们要将其设计出版一样。这种做法不仅激发我们的智慧,而且集中我们的注意力:它趋于精心的诠释、现成的作品以及更准确的细节的回忆。大量按时整理的随笔可以充当备忘录。刚开始上独立阅读课程的学生应该把注意力放在那些探讨广泛题材的作家身上,例如,奥卢斯·格利乌斯、马克罗比乌斯以及普林尼,普林尼的《自然史》(*Natural History*)的确与大自然本身一样广泛。我可以把圣奥古斯丁的《上帝之城》(*De Civitate Dei*)增加进来,因为其阐明了具有历史意义的仪式和礼节以及古代世界的宗教信仰,所以它是很有价值的。在这类阅读中,进行摘录的做法需要关注文章的主题以及收集不同作家的类似的段落,这对学生有很大的帮助。我也没有忘记强烈要求使用著名的毕达哥拉斯派的方法,他们在晚上要在脑海里反复思索他们白天所听到的或读到的任何有价值的东西。没有更多的方法确定有助于我们清晰地记住我们已学到的知识。我建议,除此之外,每月固定一天复习我们在前四周所学习的全部课程。

在希腊语的学习上,已经掌握文法基础知识的学生个人可以满怀信心地采用一种我从经验中得知的、已证明在语言学习上是行之有效的方法。他应该选择一位其著作已被准确地译成拉丁语的作家。把原文和译文放在一起,让他对两个版本进行最仔细的词对词的比较,这样他很快就熟悉了希腊语词汇。同时,让他培养自己大声朗读希腊作家的作品的习惯,但这是一种不幸被渐渐忽视和怀疑对我们的学识不利的习惯。我说的是"朗读",因为如果明确注意每个词的话,那它一定会在耳边留下应有的印象,因此,它的真正意义就传到心里。医学专家认为,除了在智力上的价值,朗读对身体也有益。普鲁塔克认为,通过嗓子锻炼呼吸能力的这种活动对人体的整个系统有着直接的影响,其增加了身体的热量,加快和清洁了血液。所以,普林尼和阿里斯顿也认为,嗓子的运动有助于所有消化功能的健康活动。当然,大声喊叫和任何不当形式的声嘶力竭的喊叫一定要避免,否则就会损伤喉咙。

在阅读时,这种做法的另一个效果将是培养演说中的自信,这是一个演说家应具备的最重要的品质,然而这种品质却并不常见。因为缺乏这种品质,所以,尽管西塞罗称伊索克拉底是"雄辩术之父"(the Father of Eloquence),但他从未发表过演说,虽然他早已将此牢记在心。良好阅读的要点不难掌握。首先,无论阐述多么准确,无论演说多么流利,除非作者表达的杰出观念以读者的各种语气表达出来,否则我

174

们宣布这种努力失败。其次,这意味着一种经过认真训练的语调,伴随着认可的停顿,其与对话中所包含的连贯思想保持一致。学生必须尽一切努力,以实现这种思想和表达之间的关系的令人满意的调整。因为没有思想的表达,没有概念的词语,永远不能满足明智的学习的爱好者。

175　　在大自然中,我们发现,一些动物满足于以花为食物,就像蜜蜂一样;其他动物以叶子为食物,就像山羊一样;此外,还有些动物以植物的根为食物,就像猪一样。这使我反思,学者的爱好需要各种各样的最好的精神食粮。在风格的纯正和优雅上,在以令人尊敬的形式展现的杰出行为中,在以高贵的形式表达的高尚思想里,——在所有这些方面而不是某一方面,他找到滋养心灵和精神的养料。然而,在诗歌方面,谨慎似乎是必要的。因为像多足类动物(the Polypod),在欣赏时的确足以令人愉快,但在睡眠时却会引发噩梦,所以,尽管没有任何东西能像诗一样满足我们的愉悦感,但其中也暗藏着一种扰乱和刺激精神的力量。于是,在阅读诗人的作品时,我们需要把我们的思想集中于隐藏其中的基本真理,而不是它们所表达的想象力。这样,我们不会因为在那里看到的不虔诚、残酷、恐怖而感到心神不宁,我们仅仅通过描述的人物和情境的一致性来判断这些事物。我们批评艺术家,而不是批评伦理学家。过去,克里索罗拉常常用类比的方法说明这种文学规范。我们是因为触摸到而不是因为看到蛇或蝎子而退缩,任何一种动物的巧妙图画都是快乐的源泉。或者我们害怕暴风雨的轰鸣声,或者我们听到锯子的摩擦音而发抖,然而,灵巧地模仿这种声音会惹得我们发笑。在现实生活中让我们反感的事情,在小说中通过其巧妙的描述可能会赢得我们的赞美。不过,如果诗人用同样的技巧论述自身高尚的事情,那我们可能也会毫无保留地接受他的引导。

　　在安排我们的阅读时,给每一门科目分配具体的时间并遵守这个规则是很有帮助的,一旦制定了规则就要严格执行。这样,我们可以天天检查我们的学习进度。很早以前,赫西奥德就告诫说,一大堆粮食毕竟只是由小谷粒堆积而成的。所以,规定每天为特定的作家安排甚至是几分钟的学习时间都常常是一种收获。追求学问和进行其他活动一

176

样,其顺序和方法是进步的秘诀。合唱团在和谐的节拍与音符中唱歌,否则它产生的只不过是一种噪音;军队是一个有高度组织性的各种武器的列阵,配有专门的一批征粮者、运输工具和随军流动的妇女,否则它是一群惶惑和危险的暴徒。因此,我们明白了至关重要的规律,其适用于一支军队的都督,也同样适用于学习。因为除非我们清楚地确定我们的阅读课程,并按照它安排我们的学习时间,否则如此多的科目要求我们给予注意力,专心和彻底是不可能的。我们的心灵被同等的吸引力分割于各类书籍之间,结果是根本没有任何扎实的学习。当一天的阅读结束,我们坐下来温习和巩固我们所获得的知识时,我们发现我们自己的印象是模糊和不确定的,事实已经被我们忘掉了,因此,明确的结论是不可能的。

6. 在我结束这篇短文之前,我谨请您把文学的功能看作是一种休闲的装饰。正如您还记得的,西塞罗声称,学问是青年时期的灵感,是老年的喜悦,是快乐和财富的装饰品,是逆境中的慰藉。书房中的休闲在国外是没有障碍的。在我们的工作中,在我们休闲时,不管我们是继续熬夜还是我们想睡觉,文学永远是我们身边最可靠的资源。我们是想让我们的心灵恢复精力吗? 我们在哪里可以找到比同时提供实用和喜悦的追求更愉快的事情呢? 如果其他人在掷骰赌博中,在玩球中,在剧院里寻求娱乐,您却在获取知识中寻求欢乐。在那里,您不会看到任何您会不佩服的东西,您不会听到任何您乐意忘记的事情。因为好书不产生任何的罪行,不引发任何的指责;相反,它们会充满希望地、没有恐惧地鼓励您。最后,通过书籍,而且唯有书籍,您不仅总是与最杰出的和最伟大的作家进行交谈,而且甚至是与不可一世的、逝去的作家本人进行交谈。在这种爱好中度过的一生,应该得到年轻的普林尼所赠予的称号——"真正的和国王似的一生";或者,如阿提利乌斯(Attilius)①习惯说的,没有任何的闲暇可以比在书籍之中度过更高尚、更充实。他说,与学问有关的劳动比任何形式的娱乐都更令人愉快。

177

---

① 阿提利乌斯,罗马执政官,公元前 106 年与克温图斯·赛尔维利乌斯·凯皮欧(Quintus Servilius Caepio)一同执政。——译者注

事实上,当老普林尼温和地责备他的侄子利用休闲时间散步时,他接受了这种观点,因为没有人更仔细地为自己钟爱的学习抓紧每一分钟。一天,他的秘书在一个朋友面前给他读书,其要求把一个漫不经心读出来的句子重复一遍;那句话被重复了一遍。普林尼不耐烦地转向他的客人:"为什么要打断?意思清楚了,而现在因为这次停顿我们损失了10行或者更多行的句子。"在元老院里,尤蒂卡的卡托会一直全神贯注地读书,直到公共事务的开始。狄奥弗拉斯特习惯于斥责大自然,把长寿给予雄鹿和乌鸦,而它们不会利用;同时拒绝把长寿给予人类,而在他们面前还有学习无限知识的任务。因此,听从这些伟人的建议,让我们确保不让我们短暂的学习年限被无所事事地消磨掉。每一种生物都被赠予一种奇特的和本能的天赋。顺其自然,马会奔跑,鸟会飞翔。赋予人类的只有对学习的渴望。因此,希腊人称之为"教养孩子"(παιδεια),我们称之为"人文学科"(studia humanitatis)。因为对美德的学习和训练是人所特有的,所以,我们的祖先称他们为"人类"(Humanitas),那些追求和活动适合于人类。没有任何的知识分支像我现在试图描述的学习一样,涵盖如此广泛的科目。

我将以我开始的方式结束。如果这篇短文完成了或者是圆满完成了我提出的承诺,这是因为它的确展现了我那博学且受尊敬的父亲这么多年来在他自己的学校里一直遵循的学习顺序和方法。因为正如希腊英雄自古老的特洛伊木马那时起就遍布被占领的城市,所以,我父亲出自的那所著名的学院,那些学者中的绝大多数人一直传播着知识,其不仅遍布整个意大利,而且远远超越了她的边界。您,作为我的学生,在某种意义上就是他的知识的继承人。以所有的热情继续遵循在此制定的戒律,那么,您会实现我对您的未来所抱有的期望。我知道,如果可能的话,您将会努力超越他们的。

第三部分

关于第一个百年人文主义教育目的和方法的评论

本章的目的是要展现第一个百年的人文主义学者有关教育目的和方法的普遍看法。为了将此次调查限定于完全相关的内容,我把注意力局限于表述那个时期的确切的教育实践的原始资料。因此,所提及的权威人士要么是像维多里诺和格里诺一样是实际上的校长,要么是编写了有关教育某一方面或另一方面论文的著名学者。以这种方式,我实际上没有提到由15世纪的人文主义者用如此丰富的形式创作的大量的纪事、学术演说或信件。尽管在古典学识的历史方面很有趣,但他们对学生的教育所产生影响是很小的;从严格意义上讲,这一点在我主要论述的论文里是不会以更明确的方式出现的。

无论是关于所追求的总的目标,还是为了实现这些目标所提倡的方法,我们的权威人士所呈现的是奇特的一致。这就使得详细地提供有关一个时期更高类型的教育实践的连贯且明了的梗概成为可能,其原始动机在这一领域内仍然在我们中间有力地展现着。引文往往有一定的长度,其原因是我的目的在于向学生推荐直接查询教育历史上至关重要的一个时期的第一手资料。因此,在历史这个知识范围同在所有其他知识范围一样,直接了解原始资料的习惯能够避免无论是对思想还是对事实的真正要旨的误解。出于同样的原因,我一般不给予批评,而让这些权威人士展示他们本人的真实情况。

关于这一时期教育的主要论文有以下这些:

1. 韦杰里乌斯:《论绅士风度》(大约1393年)。

2. 阿雷佐的利奥纳尔多·布鲁尼（利奥纳尔杜斯·阿雷提努斯）：《论文学学习》（大约 1405 年）。

3. 弗朗西斯科·巴巴罗：《论博雅教育》（*De Liberorum Educatione*），他的短文《论妻子》（*De Re Uxoria*）中的一章（第 2 卷，第 9 章）。

这一章很可能是作者与维罗纳的格里诺交流后的成果。实际上，这篇论文在其家里已经准备发行。① （1428 年）

4. 埃涅阿斯·西尔维乌斯·皮克罗米尼（Aeneas Sylvius Picclomini）（后来成为庇护二世）给王子西吉斯蒙德（Archduke Sigismund）的一封信，对此我们可以给予这个题目：《论对君主的正确教育》（*Upon the Right Education of a Prince*）（大约 1445 年）。

5. 埃涅阿斯·西尔维乌斯·皮克罗米尼：《致生来就是波西米亚和匈牙利国王的儿童》（*Tractatus de Liberorum editus ad Ladislaum Ungariae et Bohemiae Regem*）（1450 年）②。

6. 巴蒂斯塔·格里诺：《论教学秩序与学习》（1459 年）。

7. 马菲奥·维吉奥：《论儿童教育与他们的显著性格》。在 6 本著作中，一本系统地模仿韦杰里乌斯的论文的著作，但在对得体的举止以及道德和宗教义务的规劝方面的内容更丰富。这本著作是维吉欧后期更明确的宗教发展阶段的作品：奥古斯丁和莫妮卡（Monica）比亚里士多德和普鲁塔克更经常地提及它。（大约于 1460 年）

8. 吉安·潘诺尼奥（Gian Pannonio）：《致格里诺的颂词集》（*Silva Panegyrica ad Guarinum*）（大约 1457 年）。他是维罗纳的格里诺的学生，与其儿子巴蒂斯塔·格里诺的关系特别亲密。这种关于格里诺的学校和教学方法的有格律的描述很有趣，尽管自然而然地，夸张比比皆是。它写于格里诺的有生之年，包括大约 2 900 行字。

---

① 参见"序言"中的信："实际上，这封信是多米尼（Domini）1428 年至 1429 年在说服瓜里尼·韦罗尼西斯（Guarini Veronensis）时用古老方法誊写给诺文布里斯·韦罗纳（Novembris Veronae）的。"编于巴黎，1513 年。

② 这部著作的大部分章节，尤其是涉及语法的部分，借用了昆体良的第一本书，经过很小或根本没有修改。我斗胆把这些精简为那个版本，见本书英文本第 136 页。

9. 雅格布·鲍西亚(Jocopo Porcia),鲍西格里亚伯爵(伯利耶鲁玛伯爵):《论高尚教育》(*De Generosa Liberorum Educatione*)(大约 1470 年)。① 本作者作为以写战争艺术的作家更为人熟知。这篇短文几乎被完全遗忘了。

某些信件主要是写给君主们的,有时被归入教育论文中。例如,《格里诺写给利奥奈洛·狄斯泰的信》(*Guarino to Leonnello D'Este*),罗斯米尼:《维罗纳的格里诺》(*Guarino Verono*),第 1 卷,第 113 页;《费尔福写给 M·卓威阿诺的信》(*Filelfo to M. Triviano*),《费尔福的生平》(*Vita di Filelfo*),第 2 卷,第 463 页;马泰奥·帕尔米耶里(Matteo Palmieri)的作品《谈市民的生活》(*Della Vita Civile*)(大约 1432 年);以及 L·B·阿尔贝蒂的作品:《谈家庭》(*Della Famiglia*)(1431—1441 年),包含大量且重要的有关孩子抚养问题的章节。

在上述作品中,那些在第 1、2、5 和 6 项中所提及的作品经过翻译在本书中被提供。

某些其他论文的介绍现在似乎丢失了:——

10. 吉安奥佐·麦乃提(Gianozzo Manetti):《论儿童教育》(*De Liberis Educandis*)。

11. 赛克·博兰图恩(Secco Polentone):《论学习的本质》(*De Ratione Studendi*)。作者是巴齐札的学生,也是维多里诺②的朋友。

12. 尼古拉斯·佩罗蒂:《论博学的儿童》(*De Puerorum Eruditione*)。

13. P·C·迪斯姆博瑞(P. C. Decembri):《论男孩们的学习》(*De Studendi Puerorum*)。

或许这份目录是不完整的,但我有意把自己局限于彼特拉克去世(1374 年)后的那个世纪。正如已经说过的,跟随着佩罗蒂,我们被引到一种更复杂的学识类型中,其在人文主义教育第二个阶段的教育方法

182

---

① 罗斯勒证实,根据书本身的题词,日期肯定在 1471 年之前。

② 一部以写给尼科利的书信形式谈论李维尸体发现的作品,如同展示他的人文主义热情一样有趣。*Patav.*,第 5 卷,Kal.,1414 年 11 月。

中找到表现力，即以伊拉斯谟、萨多雷托(Sadoleto)①、维韦斯和诺西亚(Nausea)的论文为标志的时期，尽管非常有趣，但不在本论文讨论的范围之内。

一、人文主义教育家的总体目的

毫无疑问，人文主义者作为一个团体深信古典学科的实用性。维多里诺②早就说过，他的目的是培养"完美的公民"(the complete citizen)。韦杰里乌斯在我们这个时代的一开始便热切地提出③，教育的理想是"作为公民要做尽善尽美的人"(the perfection of the man as Citizen)，这是他在亚里士多德那里发现的。其中，必定要追求的学科的选择和趋势应由这一总体目标来确定。学习不能被视为回避积极生活和关注公共利益的借口。④ 维多里诺在写给安布鲁吉奥的信中，出于

---

① 萨多雷托(生活于公元16世纪)，教皇保罗三世(Paul Ⅲ)统治时期的红衣大主教。——译者注

② 参见蒂科齐(Ticozzi)编：《文学家的故事》，第19页："通常表明，他的所有学生没有获得必需的高尚生活，学习哲学、法学和医学……同样也就没有可爱的品性……尽管面对整个社会生活的命运和热爱美德。"

③ 韦杰里乌斯：《论绅士风度》，第479页："因为全部献身于探究和富有魅力的文学，或许确实能消除他自己的困惑，以及理所当然地多少有益于城市王子和市民的发展。"

埃涅阿斯·西尔维厄斯：《歌剧艺术》，第604页："我也不同意文学作品本身如此来颂扬人类，况且问题是错误地解释德谟克利特(Democritum)和狄俄尼索斯(Diogenemque)的联系。"

④ 因为维多里诺的态度，我们可能会提及在1423年他接受去孟都亚的邀请的动机以及他在那个城市的实际生活。蒂科齐：《文学家的故事》，第24、79页。韦杰里乌斯也以同样的精神写到："因此，我的卓越的哲学力量肯定会影响到城市的市民和在偏僻地区的漂泊者，因为人们的共同努力对很多希望来说是有利的和有益的。"孔比编：《书信集》，第64页。

维吉欧的论文(参见上文第180页)在观点上用同样的目的编写。福格特说："对人来说，他的目的也包括名望和通过好的方法来达到卓越，而不仅仅是学问。"《古典文化的复兴》，第2卷，第461页。

赞许而引述了西塞罗的话："行动中的预兆形成了规律。"①这不仅是他自己的理想，而且是孟都亚学校的主要目的，即对实际生活的正式训练，这一点是众所皆知的。确实，这是人文主义世俗精神的特有目标之一，正如它所体现的，与意大利人的智慧的客观特征相一致。埃涅阿斯·西尔维乌斯要年轻的拉迪斯劳斯（Ladislaus）国王铭记类似的真理。他也引用西塞罗的那句话："称赞行动有别于聚精会神。"他不赞成可能使注意力脱离生活的真实目的的学科，他特别以辩证法和几何为例。② 这类学科本身是合理的，但它们的发展倾向违反现实的利益。事实上，文学可以这样学习，以便它们产生类似的效果。但是，狄摩西尼、亚里士多德、凯撒和普林尼的例子表明，如果能正确地追求的话，文学证明是对真正的公共精神和行政能力具有最大可能的帮助。③ 在事务上的实际判断，是人文主义教学的一个主要成果。④ 到目前为止，埃涅阿斯·西尔维乌斯与韦杰里乌斯的观点是一致的⑤，他们主张"健全的判断力、智慧的言语以及正直的行为"是通过人文知识而培养的素质。特别是，王子需要这种训练。这样便可以放心地指望他能够察觉阿谀奉承、故意利用、不诚实的劝告⑥：他的执政能力将建立在坚实的知识基础之上，他的智慧将使他成为"原则的镜子"（principum speculum）以及邻国统治者自然会求助的管理者和仲裁者。在当时的专业训练方面，

183

184

---

① 《文学家的故事》，第 82 页。

② 《歌剧艺术》，第 989 页。"无论如何，事实上如此真正地探索艺术的活动至少在努力反对管理上的问题，相反地肯定是尽责任的。……一切不必要的模仿艺术是嫌恶的……会惹出诽谤的麻烦。"《文学家的故事》，第 155 页。

③ 《歌剧艺术》，第 604 页："文学实际上是能够引起在公共管理上的训练。"

④ 《歌剧艺术》，第 603 页："……要能够进行冷静地思考，唯一的是要有更多的文字知识。"

⑤ 《论绅士风度》，第 108 页。也可参见他的通识教育的定义，《论绅士风度》，第 102 页。

⑥ 《歌剧艺术》，第 607 页："也可以说，由于文学的保护作用，因此肯定表明不与人文知识保持一些距离是合时宜的，以将来获得你的美德和阐释自己的体验，并期待将来使自己形成合理的习惯。……没有完全相同的情况，然而有万能的原则的镜子以及每一个类似的管理着和仲裁者。"

当完成其古代哲学的最后课程时,古代学习被认为是对像法学、医学和神学这类专门课程的最好准备。① 此外,在佛罗伦萨,没有任何一个人文主义者怀疑过在文学中包含着对商人或银行家职业的最好准备。

但除了古典文化的更广泛的影响,有人认为,几乎对于现实生活的每一方面,都可以从古典著作的学习中获得最好的指导。亚里士多德的《政治学》(*Politics*)是最明智的治国之学术手册;维吉休斯(Vegetius)②和凯撒是战争技艺的最好的指导者;维吉尔是农业的最好的指导者。在管理家庭方面,西塞罗、普鲁塔克的《论教育》(*Upon Education*),以及弗朗西斯科·巴巴罗的《论妻子》在贵族朋友中被视为很重要和可靠的依赖。在各级政府部门中,在战争、司法、议会和国内政策上,文学是实践智慧的一个可靠的来源。③

那么,公民权作为教育的最高目的,我们准备去寻找古人的信念,即对年轻人的教育是国家关注的问题,没有被理论家们忽略。韦杰里乌斯绝对肯定这种立场④,他认为国家的行动是必要的,尽管这涉及到性格。社会直接关注其未来成员的道德培养,因为好公民有助于国家的利益不亚于个人的利益。韦杰里乌斯将他的原则限定于保障年轻人免遭道德危险的规定,但并不清楚他对在实践中通过公共条例可以获得自制、稳健和勤奋的美德的方法了解到何种程度。然而,我们可能还记得,这个时期的意大利和古希腊的密切类比,不仅涉及到政治问题,

---

① 普拉托的萨索罗(1443 年),有关维多里诺,第 71 页:"……表现他自己谦恭行为的肯定是他的技艺和学识,或者医学,或者法学,或者精神学,能够十分流畅地和容易地填满他的心灵。"

② 维吉休斯(生活于公元 4 世纪),古罗马军事思想家。他最有名的一句话是:"你要和平,那就准备战争!"——译者注

③ 《歌剧艺术》,第 604 页:"忽而发现表面现象,忽而作出含糊的决定,忽而熟练地使用武器,忽而保持友好的回忆,这需要他的全部有价值的文学知识……或独自或少数人带着如此多的惊讶去实现君主的目标。"

④ 《论绅士风度》,第 99 页:"当很多的家庭教育被准许时,至少相当多的习惯被合法地改变了,但讲述的几乎全是服从。因为在其中发现共和精神和市民身份正确的道德本质,以及关注青少年理性的培养,这实际上是有益于市民身份和他自己的美德。"第 453 页。

而且涉及到社会和伦理问题。因此,这种按照希腊方式形成社会秩序的尝试绝不是完全不切实际的。

但在 15 世纪,"完美的公民"的概念意味着,把它视为个人全面发展的一个必要条件。对于人文主义教育家来说,这一点限制了服从基督教信仰和道德;用这种方式,在"完美的公民"训练方面获得了教会、国家和个人权利之间可行的折衷方法。我们从乔瓦尼·多米尼奇[①]的论文中得知这种妥协被认为是危险的,因此,我们意识到,在许多更优秀的学者的心里,存在着关于对宗教的服从和对学术的自由奉献的各自权利的某种担忧。由于这种冲突,因此,维多里诺宁静地来了。[②] 然而,他的学生和亲密朋友格雷戈里奥·克劳罗(Gregorio Corraro)却为修道院生活中止了人文学科(1430 年)。伊索塔·诺加罗拉(Isotta Nogarola)[③]和塞西莉亚·贡札加(Cecillia Gonzaga)[④]的例子,证实了在博学妇女中存在着相同的趋势。

在这个时期的意大利人中的更宽泛的个性意识[⑤]不属于本著作讨论的范围。追踪其作为一种人文主义教师的令人鼓舞的动机的影响力,也就足够了。"个人卓越的意识"(consciousness of personal distinction)也许是最好地传达有关意大利人使用"Virtus"(美德)这个词的观念,当然绝不是这个时期所特有的。但丁、薄伽丘和彼特拉克都同样受到它的鼓舞。这与渴望此种卓越得到公众的认可,以及其消亡后的幸存物——名誉(fama)、荣耀(gloria)、颂扬(laus)、后代(posteritatis)是密切相关的。然而,随着人文主义者的到来,它成为了一个明确的教育目的。出身的不利条件可能会由于杰出的教育而被克

186

①《论绅士风度》,第 120 页;一段选自他的恶言谩骂的引文,第 212 页以后。

②《论绅士风度》,第 20 页。

③ 关于伊索塔(Isotta),参见萨巴蒂尼:《格里诺的生平》,第 128 页;"苦行主义使人性窒息。"参见第 250 页以后。

④《格里诺的生平》,第 77 页。

⑤ 关于个性和名誉普遍作为意大利人文化的动机,参见布克哈特的令人钦佩的评论:《意大利的文艺复兴》,第 129 页以后。

服,这也是防止受生活不够体面的影响的行之有效的保护。① 因为对于一个平庸的人来说,获得和满足是生活的目的;而对于一个性情高尚的人来说,随之而来的卓越的意识和名誉是占主导地位的目的。② 这种更高的本质被人文学科所珍视,因为它们带来了"名誉与荣耀,以及通过现今与历史的比较而获得的智慧。"(honor et gloria,quae sunt sapienti prima post virtutem proposita praemia.)另外,在结束他的论文时,韦杰里乌斯通过直接呼吁为尤波提乌斯(Ubertius)追授荣誉,以颂扬他在文学上的卓越成就,进一步使他的劝勉达到了高潮。③ 事实上,作为文学的一种特殊的吸引力,他们的追求还仅限于少数的精选类别,这一点在那个世纪之初就被提出了。④ 因此,即刻的名声成为对精通的某种回报。但是,最高的声誉只归属于那些因广泛的学习而闻名的学者⑤,这将源于知识和一种完整的、有尊严的生活两个方面。他们确实可能会通过对他们肯定要为自己赢得的名利的反思,而得到进一步的促进。⑥

天赋不足以发展成为卓越,他们必须通过学习得以加强。⑦ 历史告诉我们,这对于过去的君主们而言是正确的。就像在英国如此遥远的

---

① 《论绅士风度》,第 443 页:"难以理解的是教育能悄然地提升家庭的名誉和生活的地位以及解释通常的惯例。"

② 《论绅士风度》,第 459 页:"因为存在不体面地获得财富和按照所定的目标获得满足,所以需要高尚的美德和声誉。"

③ 《论绅士风度》,第 459 页:"因此,他赞成结果的获得实际上就是每一个直接的赞扬,其实我也赞成文学上的颂扬;无论名望怎样,他的不少方法将来是值得赞扬的。"

④ 布鲁尼:《论文学学习》,第 2 页:"或者说,赞扬实际上是清楚的,却是微弱的。……或者说,他的暂时的名望使他不断地减少勤奋努力。同样地,一位女子在出嫁时,才发现需要在女性方面进行更多的指导。"

⑤ 《论文学学习》,第 17 页:"事实上绝对卓越的人是值得钦佩的,真实的名声表明他得到了赞扬,除非由于他的知识没有考虑到情况的变化。"

⑥ 《论文学学习》,第 34 页:"……别人的关怀将使他们在争取荣誉上受到激励。"

⑦ 《歌剧艺术》,第 601 页:"没有任何人阐明力量以及闻名的能力原理的实现,除非由于自然天赋和习得学识的结合。"第 604 页:"确实,每一个卓越的时代都阐明了努力推进文学的原理,……或者激发这样的人(例如,西吉斯蒙德)继续地、大胆地和合适地发展,或者吸引世界上所有的主要力量……极好地得到表现。"

国土上的政治家①——格洛斯特公爵汉弗莱（Humphrey，Duke of Gloucester）——因他对文学的支持而进入名人圈。

就道德发展而言，人文主义教师不愿意把太多的机会用于个人品性的训练。那个时代所认可的道德，其在很大程度上等同于更严谨的罗马作家的实用的斯多葛哲学，满足了更好类型的学者。然而，毫无疑问，道德本质在一定程度上受人文学科的影响。② 爱国主义、自我牺牲、勇气、克制以及积极的美德，被看作是良好教育的最重要的成果，因此，也很快产生了更有价值的生活观及其好处和机遇。在所有这一切中，给美德或卓越、给个性元素的展现的机会，不亚于在道德性情上公然蔑视或完全忽视公认的行为标准。这种更高尚类型的基督教个性（如此称呼它）是人文主义教育的明确目的之一。埃涅阿斯·西尔维乌斯的这句名言③："每一种正确生活方式的规范已经把这种文学学习包括进去了"（Omnis bene Vivendi norma Literarum studio continetur），或许代表了理论家的观点，而非具有实际经验的教师的观点。通过对个人性情的仔细观察以及对其中必要的原则的修改，韦杰里乌斯把相当长的篇幅专门用于对性格训练的描述。④ 他所依赖的正是榜样和指导而不是熏陶，无论是来自古典的还是来自《圣经》的原始资料。然而，格里诺重视通过古典文献所提供的道德课程。对他来说，特伦斯是一位最最重要的道德老师⑤，所以，他主要在这个意义上利用特伦斯。我们被

188

①《歌剧艺术》，第601页。

②《论文学学习》，第34页："尤其是宗教学习和有良好活力的自我的结合"；而且，这带有明确的和看得见的性格目的。他继续写道："况且对你来说，所有的一切都要进行答复，或发誓、或解释。诗歌 eaque de causa 和演说需要坚持慎重地思考，但在文学上同样要求理解天生的和值得重视的技艺，除非承认这种关系，否则那是不可能的。"

③《歌剧艺术》，第601页。

④《歌剧艺术》，第97页以后。

⑤《格里诺》，第145页："特伦斯（Terenzio）指出，他自己未来的全部愿望是担任道德老师。"

告知,他总是把特伦斯著作中提出的戒律讲得很透彻。① 另一方面,学问不能保证防止邪恶癖好这一点也被明确接受:它甚至可能成为堕落的工具。② 所以,我们判断,维多里诺虽然在选择著作上极其注意,而且无疑认真地把它们变成适合道德教育的论述,但似乎只研究了毅力、真诚和谦虚的培养,更确切地说,通过运动场上的纪律,通过明智的宗教礼仪,以及通过他自己的榜样。不过,道德被认为是理性服从的一门科目,这正是人文主义的特点:生活的各种职责确实是预设好的,但不能试图越过其世俗的和客观的意义,或认为它们高于所有来自非基督教来源的确认的需求。③ 布鲁尼的态度是对这种立场尤其值得注意的声明。④

在社会生活中的卓越是以谈话能力、个人举止、富于机智的休闲和有尊严的晚年为特点的。在教育观中,没有一位人文主义教师不考虑这些目标。他们预示一个拥有有序的习惯和有教养的社会,其中审美和礼仪的明确标准已得到公认。把这些个性因素贬低为"技能",仅仅属于"生活休闲方面",将是把这种有关人性和公民权的思想完全误解为 15 世纪公认的观念。独立以及对社会贡献某种特殊或个人因素是"完美的人"的双重职责。

以讨论、浪漫叙事或有教养的谈话为特点的礼仪交往,在文艺复兴时期的意大利社会占有主导的地位,在其真正的重要性上,需要得到受

---

① "事实上,所有的阅读、所有的功课、所有的教师都应该很好地使生活充满幸福。"卢多维克斯·卡博(Ludovicus Carbo)是格里诺的一个学生,由罗斯米尼引自《格里诺》,第 1 卷,第 115 页。

② 鲍西亚(Porcia):《论高尚的教育》(*De Generosa Liberorum Educatione*),第112 页:"如果文学科目要有高尚的性质,那肯定需要很好地消除恶劣和劣等的东西。"《论绅士风度》,第 105 页:"危险的工具会很经常地带来惩罚。"

③ 埃涅阿斯·西尔维乌斯指的是道德职责可能是已被接受的实例的来源,仅仅是古典道德家西塞罗、塞内卡、波依修斯;因此,他特别渴望只是为此目的而选择被认可的作家。《歌剧艺术》,第 991 页;以及第 158 页。此外,布鲁尼:《论文学学习》,第 16页:"不尊崇在本质上需要的文学,但是仍教授世俗的科目,意识到坚持很好地传递具有生命意义的哲学才能。"

④《论文学学习》,第 30 页。当一个假想的对手回复时,布鲁尼以柏拉图和亚里士多德的例子捍卫对古代诗人的阅读:"基督教的存在或许至少能弥合本性的伤痛。"他的第二次反驳是:"其实当时好象没有品行的高尚,但现在确实是同样需要追求的。"

教育的学生的认可。这奠定了其在审美和道德问题上对公众舆论的形成的影响力。社会交往甚至比文学更易于普及知识和道德评价的共同标准。至少人文主义把不小的功劳归功于这种广泛的但却无形的影响力。因此,这一点也不奇怪,人文主义教育家竟然明确阐明更高的交谈技巧是他的目的之一,特别是有知识的人通过它对社会舆论产生影响。①

　　人文主义者坚持认为,学问应同样适用于行动和讨论。布鲁尼在描述关于学习在女性生活中的地位时,很自然地把它们的社会方面放在了最前列。② 至关重要的是,知识应与表达结合起来,每一个收获都与另一个收获不同。布鲁尼声称③:"确实,一个人会诚实地问拥有渊博而多样的学问有什么好处,除非他能用适合于这门学科的语言来表达它。只有在这两种能力都存在的时候,我们才能把最高称号给予卓越的和持久的声誉。"在君主的教育上,对这种社会领导者的素质是不能掉以轻心的。④ 善于言谈的要领要用心制定,而且包括关于声音练习⑤的明确方向。冷静和温和、礼貌以及愿意聆听都是必要的素质。⑥ 太严肃的态度会使人反感,就如同在坚持一种论点时的固执一样;同时,让您的对话者愉快地说服您往往是一种明智的让步。对所有的谈话来

---

　　①《歌剧艺术》,第 975 页:"相比之下,他们的演说更加优雅和高贵。"《论绅士风度》,第 102 页:提到具有更高理解力的儿童的谈话能力。

　　②《论文学学习》,第 32 页:"事实上,如此的获得"(来自广泛的阅读和观察)"提供那么多的事和人,如此丰富、如此多样、如此优雅以及如此大范围……但正是和文学在一起,可以使枯燥无味和毫无价值的知识重新开始变得非凡的和明晰的,可以发现隐藏的、模糊的事和人。"

　　③《论文学学习》,第 33 页:"提议为了减少一些损失和认识壮丽,如果不是演说,那也是因为享有名望。"

　　④《歌剧艺术》,第 974 页:"迪琴达姆(Dicendum)评论说,当果断地说服儿童时,但愿他不仅仅是演说,而是具有熟练地优雅演说的能力。"

　　⑤《歌剧艺术》,第 143 页;维多里诺在这方面的关心,在《论文学学习》第 39 页上被提及。

　　⑥《歌剧艺术》,第 975 页:"主张流畅地说话、温柔地当面激励以及慈爱地回答。重要的是因为性格丰富而受到尊敬,并养成憎恨。坚持主张……不仅仅是克服,而是肯定拥有明显的克服机会。"

191

说,愤怒、发脾气、傲慢和夸张都是有破坏性的。

庄严的举止是个人卓越的重要因素。继韦杰里乌斯之后,维多里诺渴望看到通过优雅的举止来表达与智力本质相应的道德素质。① 他自己的身体能力的实现,不亚于心灵和精神的优越意识,在"完美的人"的成长中是必要的元素。之后,我们会看到教育的这种功能在实践中是如何处理的。这里,注意到它在人文主义的总体目的中所占的地位就够了。

关于娱乐和老年,人文主义者们有许多话要说。使一个人真正得到名副其实的自由、保护他免遭低劣消遣或不同境遇的暴虐,是人文学科的目的之一。因此,人类因为独享那种名副其实的自由②而欢欣喜悦。由于在我们生活的其他领域,这种自由不像在我们的休闲娱乐中那样被如此自觉地意识到,因此,使我们为这种机遇做好准备就是良好教育的一种最迫切的职责。③ 由此,西塞罗很自然地呼吁文学的支持;西庇阿或卡托更多地支持普遍的观点:多米提安提出这种伤感的告诫。韦杰里乌斯关于教育目的的有助于真正利用休闲娱乐特别有说服力。学识是抵制无价值的或不受欢迎的思想的一种资源,它是得到最聪明的和最有教育意义的知识伙伴的手段。但是,正如人文主义者所理解的,教育提供其他形式的娱乐活动④:音乐、唱歌、游戏和室外的各种技能。它旨在使学生为利用所有这些做好准备,以便使每个人都可以自重地和有尊严地活着。

---

192

① 《歌剧艺术》,第 967 页:"相应的举止特征";第 968 页:"因此,教导确实使得每一个行动表现得优雅。"《论绅士风度》,第 98 页。

② 《论绅士风度》,第 102 页:"我们认为那些人文学科是对自由人有价值的"等。

③ 《论绅士风度》,第 106 页。所以,巴巴罗(F. Barbaro):《论妻子》(*De Re Uxoria*),第 31 页:"在他早期的心灵和身体的训练中,获得学问、理智和想象,并在雅致、交往和教养方面进行相当多的练习。"这准确地表达了人文主义教育关于行动、卓越和休闲的完整思想。

④ 《论绅士风度》,第 116 页。

二、早期教育——家庭

人文主义者敏锐地意识到幼儿的最初几年在儿童发展中的重要性。[①] 父母从一开始就必须关心教育的三个方面的每一方面。最好的方式是：在可能的情况下，母亲应该承担照顾孩子的责任[②]；如果不得不求助于陌生人的话，那在人选上必须特别的注意。不应当只考虑人的品质，而且还要考虑孩子周围的人的礼貌、言谈以及口音。从保姆那里常常学到一些粗俗的乡土性，这在之后的童年时期很难改掉。

幼儿时期一结束，孩子便开始获取知识、形成道德习惯以及发展身体特长。[③] 这种教育主要还是母亲的责任，这是向孩子传授爱上帝、爱国家和爱家庭的最早课程，这些课程对未来道德的稳定性奠定了良好的基础。因此，对长辈的尊重、对小辈的礼貌、对同辈的坦诚等品质也要在这一阶段反复灌输。[④] 实际的教导不能以任何的借口而省略[⑤]，尽管有关最早应该在多大年龄实施这种教育，可能存在一定的疑问。[⑥] 这

①《论妻子》，第 29 页："雷斯塔（Restat）的自由教育绝对是妻子最有益的报答和拥有长久的尊严。"《论绅士风度》，第 459 页："因此，应当加强最初的婴儿期和努力研究才智的征兆。"；以及第 102 页。

②《论妻子》，第 31 页："因此，杰出的和显贵的女性为了结合儿童的自由。"但是，如果不可能，"那就需要自然的和适宜的养育，开始进行细心的交谈……纤弱的婴儿应该是受到保护的、健康的和被给予温柔友爱的"。鲍西亚亦是如此，在《论高尚的教育》第 108 页上谈到有必要寻找拥有良好的口音且不使用各种方言的保姆。

③《论妻子》，第 31 页："在婴儿期之后，但愿母亲注意照护孩子有生命力的身体和天赋优秀的本性。"

④《论妻子》，第 31 页：上述引文。

⑤《论高尚的教育》，第 107 页："在自由的和高尚的儿童教育上，应该注意到实际上是有失败的情况，因此，无论如何父母要更多地由自己来教育，开始注意在本质上进行思考。"

⑥《歌剧艺术》，第 966 页："到目前为止还是两个方面"，即体力和智力训练，"同样的主张是婴儿期和幼儿期，这有助于从早期开始对儿童进行教育"。

194 也许是个人能力和健康的问题。① 认为早期的希望往往会导致失望,因此,在童年的最初阶段应该刻意把排名靠前的孩子放在后面,这是一个错误的想法。② 至少有一点是真实的,如果少年时期没有把时间用于追求学问,那么,在以后的几年里这种损失永远也无法充分挽回。我们听说过,而且我们有记载,通过游戏③来教阅读和算术,贡札加的孩子们6岁前就被教授初级文法。④

然而,家庭教育主要用于正确的个人习惯的形成,例如,在吃饭和饮酒方面,从一开始就应该被反复灌输最该当心的适度。⑤ 一个有着良好教育的孩子的娱乐、游戏⑥,以及与其他孩子的交往⑦,永远不会因为父母的不幸或较低的身份而受到指责;行为和身体举止,所有这些都是在童年时期最初五年中需要密切注意的重点。有必要从健康和自尊的角度重视适合于孩子的服饰⑧;同时,此类的奢侈品,如柔软的羽毛床、或过于精致的亚麻布制品、或丝绸服饰,都应严格避免。⑨ 在最早可能

---

① 《论绅士风度》,第460页:"事实上,肯定是由于本性的存在,在我们中迅速发现了这样的本性……"以及第102页。在以后的时期,伊拉斯谟写过一篇关于在尽可能早的年龄开始智力训练的必要性的重要论文:《论儿童的培养与博雅教育》(*De Pueris statim ac liberaliter instituendis*)。

② 《论绅士风度》,第460页:"其实这种想法肯定没有发生,但每一种想法几乎都得到了传播。人们思考的目的是正确地和明智地发现有关童年习惯不断养成的更广泛的因素,虽然并没有不同于合乎科学的理论。"

③ 《论绅士风度》,第38、42页(关于维多里诺)。

④ 《论绅士风度》,第69页。

⑤ 《论妻子》,第31页:"应该知道适度的兴奋,但愿这为将来的青少年时期中的每一个适度打下基础。"

⑥ 《论妻子》,第31页:"在那里愉快地避开记忆的活动,以及不卷入任何羞辱的事情。"

⑦ 《论妻子》,第31页:"预期(父母)此后确实不会有更多的耻辱和任何其他受指责的损害,这些耻辱和损害是由于难以理解的事情……妄自尊大的惯例所造成的。"

⑧ 《论高尚的教育》,第112页。

⑨ 《歌剧艺术》,第967页:"温柔教育的名称意指慈爱的,所有的儿童都是生气勃勃的和身心发展的。维坦达(Vitanda)确实提及了温柔等。"以及第137页。

的年龄阶段,不应该鼓励依赖人工取暖①或使用手套。②

很显然,身体的健康和耐寒的习惯、热情向上的道德品性、虔诚和谦虚的举止以及智力的好奇心而非被动性③,是童年时期最初五年的家庭教育应该灌输的主要素质。肯定是父母④以及所有可能会接触儿童的人⑤的榜样,将被看作是实施这一阶段教育的戒律;通过表明杰出的同胞受到的那种尊重,这种影响力可能会尽早得到扩展,同样这也可以作为对年轻人抱负的一种鼓励。

三、人文学科

接下来,我们考虑的是,人文主义者在家庭教育的基础上提出的上层教育(superstructure)的普遍方式,这里是指通过他们的努力实现在本章开头所描述的很多目标。

在我们这个时代一开始,韦杰里乌斯就早已将博雅教育(liberal education)定义为一种能够使一个人获得和追求一种有道德的生活与智力的卓越的教育,训练和开发他的身体能力的教育。⑥ 这样的教育将使人们为政治家、士兵或普通公民的生涯做好准备。但是,其目的绝不

---

① 维吉乌斯:《论博雅教育》,第 174 页。以及第 35 页。维多里诺的实践在普伦迪拉奎的《关于费尔特雷的维多里诺一生》第 28 页和第 35 页被提及。

② 普拉蒂纳特别记录了维多里诺的这件事情;瓦拉尼(Vairani):《*Cremonensium monumenta Romae ex fantia*》,第 24 页。

③《论妻子》,第 32 页:"除非少数的规定是提及教育的……事实上,教育的障碍就在于没有充分地和确定地分析论述那些不体面的行为。"韦杰里乌斯对此表示很赞同,并解释说:孩子们的职责正是等待父母的智慧和可以使他们传授这种知识。《论绅士风度》,第 99 页。

④ 韦杰里乌斯建议,如果父母的榜样和管理有缺陷的话,那就应该及早把孩子从家里送出去:《论绅士风度》,第 101 页。《歌剧艺术》,第 141 页。

⑤《论绅士风度》,第 98 页。《论高尚教育》,第 113 页,鲍西亚认为,没有任何的促进,就等同于曾指出的在公民中拥有令人钦佩的生活价值的榜样的作用。

⑥《论绅士风度》,第 102 页。

仅仅是训练一个学生。① 这种综合目的显然是由希腊—罗马的理想主义者提出的,尽管它同时被认为与基督教教徒的生活态度完全一致。在其实际工作中,这种教育在孟都亚学校以最充分的形式被展示出来。继普鲁塔克之后,维多里诺为他的方法冠予"百科全书式"(encyclopaedic)②的名称,因为他明确提出对他的学生进行道德、智力和身体教育的三重目的。

人们认为,在生活的所有或者几乎所有的领域中,最深刻的真理都会在古代文学中寻找到,其中包括更伟大的基督教会前辈的著作,到目前为止至少涉及到了他们的宗教和道德内容。③ 所以,文学在智力方面④、哲学⑤以及前辈们的学习上占主流,而道德教学、体育和军事训练用于自然文化的学习。同时,数学⑥、自然学习和天文学也有它们应有的地位;音乐、唱歌和舞蹈得到了承认,对后一种有些保留。绘画被当做一种技巧,而非文学科目。雄辩术、背诵和阅读作为学生自己学识的辅助方式。这绝不是说每个学生都能掌握呈现在他面前的整个知识领域⑦。没有理解的知识是受到谴责的⑧,因为急于从一门科目跳到另一门科目的不断变化的好奇心,对所有真正的进步都是无益的。然而,在所有这些变化中,教育的最根本特点在于系统的训练和练习。"不学而

①《论绅士风度》,第 110 页。

② 有关维多里诺,普拉蒂纳:《科门亚里里奥鲁斯·普拉蒂纳论费尔特雷的维多里诺一生》,第 21 页:"古希腊的普通教育(εγκυκλοπαιδειαν)名称是值得高度赞扬的,因为它包括多种多样高尚知识的训练以及心灵训练。"维吉欧:《论博雅教育》,第 263 页,强调采用那种"确实包括世界学问的"古代教育。

③《论文学学习》,第 15 页。布鲁尼提及宗教知识:"事实上,奥古斯丁准确地区分了妇女的地位。"另外,参见同书第 124 页。

④ 当然,这一点贯穿于每一个人文主义者的作品中。韦杰里乌斯是他那个阶层的典型:《论绅士风度》,第 105 页。

⑤《歌剧艺术》,第 991 页,在列举关于道德要学习的作家时,西尔维乌斯把自己放在罗马古典作家中。参见布鲁尼:《论文学学习》,第 127 页。

⑥《论绅士风度》,第 108 页。

⑦《论博雅教育》,第 264 页:"不能完全仔细地去考虑,也不能充分把握地去占有,但通过接触这些科目可以得到体验。"《论绅士风度》,第 109 页。

⑧《论绅士风度》,第 110 页。

知的自然知识是盲目的"(Natura sine disciplina caeca)①,这是被人们普遍接受的一种信条。这是科目的必要变动②,然而相应的教师变化也是可取的:智力的健康的确需要多样性。但是,把知识与风格相结合、以及赋予文学形式以事实和真理,是人文主义教师在博学方面的理想③,这依然是千真万确的。

在道德和智力方面建议为女性设立的课程和男性一样,或许有关修辞学强调得少一些,而更多的是有关宗教。④ 没有人认为,较低水平的学识是较小能力的必然后果。但是,人们承认,只有有闲暇的和有地位的女性才能一心一意地追求学问。

维多里诺建立了文艺复兴时期的传统,即在教育中能力是对分享其特权的要求的检验。学生平等是他接受学生的原则,因此,他的博雅教育制度使学生获得了最全面的发展。他像这个时期所有的杰出教师一样,也是一个普通信徒(layman);而且,学校的世俗特点也绝没有诋毁他的重要的道德和宗教看法。意大利北部的两所著名的学校与在英国的威廉·威克姆(William of Wykeham)最近成立的学校⑤之间的比较,使我们能够认识到人文主义的教育理想和基督教会的教育理想的区别。在随后的世纪里,科利特(Colet)⑥是第一个坦诚接受教育主要是提供给普通信徒和公民这一原则的英国人。

孩子应该在几岁开始明确的和系统的教学课程,这是一个有争议

①《歌剧艺术》,第966、601页:天赋需要通过"教学"(doctrina)来训练。

②《论博雅教育》第264页,维吉欧强调各种学科仅仅是以文学教学的不同处理方式为背景的。毫无疑问,这些学科中的一二种将被选择用于专门的学习。

③《论文学学习》,第3页:"教育很合理地使人领悟高尚和粗俗,那是因为文学技巧是与知识连接在一起的。"《论绅士风度》,第469页:"正是由于这种有价值的描述,因此,既不是过分地崇拜也不是始终停留在拥有。"

④《论文学学习》,第126、127页。

⑤ 即温切斯特公学(Winchester College),由温切斯特主教威廉·威克姆(William of Wykeham)于1382年创建。他在创办温切斯特公学的同时也建立了牛津大学新学院,让公学毕业生进入大学深造。——译者注

⑥ 科利特(1466—1519),英国人文主义教育家。——译者注

的主题。我们知道,维多里诺在贡札加的孩子们 5 岁前就负责训练他们。① 他们的母亲是一个不寻常的女性,因此,对自己孩子的训练产生浓厚的兴趣。似乎有可能的是,人文主义者强调在孩子 5 岁后的教育上母亲与家庭教师之间的合作。② 尽管有把固定课程推迟至 2 年之后或者根据个人情况而定的趋势③,但无论如何,学校教育应从 10 岁开始。人们普遍同意,记忆在早年时处于最佳的状态,而且因为学习的基本原理大部分归于这种能力的作用,所以,把开始学习文法的时间推迟到 5 岁以后是不可取的。

孩子是否应该待在家里④上走读学校,这个争议很大。一方面,鉴于很多原因,一个男孩应该生活在父母的眼皮底下是很有益处的。但与此相比,把他放在一个全是女人的家庭群体里也会招致许多风险,其愚蠢的放纵以及对道德原则的无知会阻碍男子气概和自立能力的正常发展。⑤ 因此,把男孩们从家里送出去常常是明智之举,即使他们依然在本地的城市里⑥。如果选择一所较远城市的学校,重要的是要考虑那个城市的道德和智力的特点,学校在其中被置于何种地位。⑦ 更不用说,男孩们为他们的学校和接纳他们的城市应该表现出来的适当的自

---

① 《论文学学习》,第 29 页。

② 《论高尚教育》,第 110 页。鲍西亚认为,在家庭教师的指导下,男孩应该留在家里学习道德和礼仪;由于不同阶层的混杂以及随之而来的坏榜样,学校对于男孩来说是很危险的。然而,"对于学校来说,它还是十分适合于公共教育的"。《论博雅教育》,第 212 页:"可能有更多的人支持尽早让男孩接受公共教育,以养成习惯和进行听说训练,而不是在家里由私人教师进行照护。"维吉欧急切地希望,在有安全保障的条件下,应该尽早把男孩送到与他年龄和能力相仿的群体里。

③ 《论博雅教育》,第 211 页。《歌剧艺术》,第 972 页。

④ 维吉欧和鲍西亚是如此的;韦杰里乌斯(《论绅士风度》,第 101 页)郑重声明,这完全取决于父母自己的性格。

⑤ 维吉欧和韦杰里乌斯很坚定地阐明这一点。

⑥ 《论绅士风度》,第 101 页。

⑦ 维吉欧认为,男孩不应该被送到城市的学校里。"在那里,没有习俗的名望,没有居住者的大方和优雅的举止;……确实,但愿拥有市民身份的平民具有一种移植来的独特品行和良好天资。""受到赞美的是,城市学校的教师给男孩们塞满学识。"《论博雅教育》,第 214 页。

豪感。一个著名的学习场所的令人振奋的环境会直接影响年轻人的思想,继而避免一个慷慨大方的年轻人陷入更低水平的志向中去。父母应该把倾听孩子对学校所学知识的背诵①当作一种义务,应该培养孩子在家庭成员圈子里使用正确的拉丁语,并且应该认真地管理和监督孩子在家里的预习。②

在儿童教育的第一阶段中,给他们提供的教学科目似乎就是这些:阅读,用能移动的字母来教;算术,用游戏来教;写作和绘画;背诵圣歌、信条、上帝的祷辞以及献给圣母玛利亚的赞美诗;拉丁语,通过会话掌握;包含在格律诗形式中的最基础的词法;意大利语和拉丁语的词汇或词组手册。教学科目中没有列入方言,但是,准确发音和用意大利语进行文雅交流的习惯被认为是非常重要的。童话故事非常丰富。维吉欧以他的亲身经历告诉我们③:按照惯例,让孩子们在很小的时候就了解古代历史和神话的课程,随后熟悉构成他们教育的主要组成部分的文学内容。部分是采用上课的形式,部分是采用对话的形式。而且,为了娱乐,给年龄小的孩子介绍李维、维吉尔、荷马和普鲁塔克。据维吉欧的记载,由一位有技巧的教师通过消遣的方式给全班讲《埃涅伊德记》的故事从来就没有忘记过。美德和礼仪的训练是通过周密的宗教仪式,通过讲《圣经》或普鲁塔克的道德故事,以及通过在家里强调恭敬和谦逊的举止来完成。没有比指责人文主义教育忽视儿童教育的批评更不合理的了。

选择家庭教师是一件需要事先仔细考虑和筹划的事情。一方面,必须主要根据家庭教师的个人性格来选择④;因为他和他所照顾的人以及和整个家庭成员圈的关系一定要紧密,而且应该非常平易近人和可信任。另一方面,家庭教师应该是一个有真才实学的人。⑤ 对于最基础

---

① 《论博雅教育》,第 216 页。
② 《论高尚教育》,第 112 页。
③ 《论博雅教育》,第 262 页。
④ 《论高尚教育》,第 110 页。
⑤ 《论教学秩序》,第 162 页。《论绅士风度》,第 110 页。

200

201

的学习几乎没能给予太多的关注。菲利普让亚里士多德教亚历山大阅读。孩子一无所知比接受不当的教育要好得多，否则教师就必须首先消除不良基础所带来的损害。所以，家庭教师应该是一个在所有方面都能获得尊重的人，尽管父母严重疏忽这一点。[1] 把他当做重要的人物是因为他"替代父母的职责[2]"(in loco parentis)，并且这将随之形成礼貌对待他和维护他的权威性的习惯。父亲最好仿效对教学工作非常热心的伊米尼乌斯(P. Aemilius)的例子，因为这将鼓励教师同时激励他所照顾的学生。[3] 的确，使孩子养成学习的习惯并热爱知识既是教师的职责，也是父母的职责。

对于贡札加和狄斯泰王子(D'Este princes)来说，维多里诺和格里诺同时分别担任家庭教师和教师。正如我们所看到的，连接维多里诺和他的学生的纽带，一方面是以尊敬和崇拜为特征的相互真挚的感情，另一方面是深切的个人关注。这实现了人文主义者的理想。因为教师只能负责照顾这么多他能够了解并进行个别指导的学生。[4] 他的责任是替代父亲培养孩子们的道德和智力品性[5]；基于这种推断，他将决定

①《论博雅教育》，第220页，维吉欧谴责许多有钱的父母对他们儿子的教育漠不关心。"他们不会向孩子们的家庭教师打招呼，甚至不承认家庭教师的存在。他们付给家庭教师尽可能少的工资，而且抱着一种缺了一颗牙齿或瞎了一只眼睛的人的可怜神态。"《歌剧艺术》，第137页。

②《论教学秩序》，第4页："在教师检查中，他似父亲般地进行了慎重的安排……"格里诺补充说："我们的祖先认为，家庭教师与他的学生之间保持着一种准父母的关系，这样他可能会更深刻地认识到托付给他的责任。"

③《论博雅教育》，第219页："但是，家长也应该恰当地教导孩子在教师的教育下获得进步，并尽很大的努力来表现。"

④《论博雅教育》，第218页；以及《论教学秩序》，第163页，强调班级的人数少一些，特别是在更早的阶段。对于年龄大一点的孩子来说，更大一点的班级能够激发教师的热情。

⑤《歌剧艺术》，第967页："教师没有很大的魅力但应该作出他自己的努力，父亲本身没有实际经验但可以提出他自己的建议。"《论博雅教育》，第223页："否则，孩子就不能得到完全的照顾和精心的看护。"

用他实施的训练①和以他树立的榜样②全身心地投入到教学工作中去。

　　人文主义教师忠实于他的发展个性的目标,认为观察和鼓励学生的个人爱好和能力是最重要的。韦杰里乌斯③和维吉欧两人都把很多的注意力投入到表彰不同的性格上。但是,对每一个个体儿童的智力研究,仍然是一件更加紧迫的事情。首先,为年幼的孩子们提供适当的智力活动是每位家长的义务。④ 当教师介入去照顾孩子们时,他就接管了这一责任。除非他对智力特长和能力是一位敏锐的观察家,否则他注定会是一个失败者。维多里诺认为,彻底理解他的教材,然后使科目和方法都能适合其需求,这是他的首要职责。⑤ 普伦迪拉奎有一个重要的段落,说明维多里诺的实践证实了在本章开头我们从其他来源搜集到的所有资料。"事实上,维多里诺过去也常常这么说,我们不期望每一个男孩都表现出相同的爱好,或同等程度的智慧能力;但是,无论我们自己有什么样的偏爱,或许我们应该承认我们必须信奉天赋本性的领先地位。既然她没有赋予每个人学习各种知识的能力,所以,的确没有几个人在三四个方向上都拥有天赋,但每个人都已获得一些天赋,但愿我们能发现它。接着,他继续把人类的心灵比作肥沃程度不同的土壤,有的好,有的差,但即使是最差的土壤,也会因适当的耕种而有所收获。因此,他找到了他认为最适合于每一个个体心智的教学科目和方法。他会对最迟钝的孩子抱有极大的苦心,通过设计简单的任务或者

203

---

　　①　"文雅的和温顺的本性……正是因为教育的低劣和献身精神的缺乏而枯萎,从而会最大程度地阻碍文字的学习和身心的发展。"《论博雅教育》,第223页。

　　②　这是维多里诺的教育中最有影响的观点:"在本质上讲,教师尤其应该作为他的每一个学生成为正直的和有教养的人的活镜子。"在《格里诺的生平》第100页上,萨巴蒂尼提到这两位伟大的教师实施他们独特的方法。

　　③　关于韦杰里乌斯,参见《论绅士风度》,第97页以后;《歌剧艺术》,第1卷,第18节。

　　④　《论绅士风度》,第446页:"因此,主要是结合孩子本性本身的依据……父母在其他方面的照护特别应该学习,并进行讨论和相应的思考。"

　　⑤　布拉姆比拉(Brambilla)教授在他的普伦迪拉奎版本的第97页上写道:"在维多里诺的著名格言集里以及对他的教育方法的深入思考中,可以了解到这些应该遵守的(注意、清楚、连续)和表现的事情。"

一些特殊形式的训练,他可能会满足那些最没有前途的学生的需要。"①
韦杰里乌斯对心智能力的差异表现出很强的洞察力。② 智力有敏锐而
锋利的一面,科目内容中的各种困难只会激发其努力。那么,危险不在
于依赖聪明而在于忽视记忆,知识只有通过记忆才能够获得以备将来
使用。但是,对于那些智力迟缓的学生来说——要与铅而不是与钢相
比较——教师必须提供诸如口头教学和提问的不断刺激。③ 让教师认
真研究这些男孩的爱好,以便使他们可以全身心地投入到那些他们自
己可能以最大的乐趣和收益追求的科目中去。我们并不指望每一个孩
子都有文学才能,所以,尽管文学是最好的,但并不是唯一的教育手段。
很明显,商业、农业和军事都是以其他方式可以给予适当准备的专业。④
教师要始终保持不变的目标,就必须使学生感兴趣并占据他们的心灵,
继而设计相应的课程。

　　然而,事实上,对于那些爱好不适于古典学习的学生要遵循的教学
课程并没有提出多少明确的建议。我们将看到,要对既不是文学又不
是军事训练的教学方法形成任何明确的概念,那有多难。老格里诺、他
的儿子巴蒂斯塔·格里诺或利奥纳尔多·布鲁尼都不会承认,文学竟
然会在教育中占次要的地位。至少可以很自信地说,每一个人文主义
者都认为,爱好且精通文学名著肯定表明其具有较高类型的智力。

---

① 普伦迪拉奎:《关于费尔特雷的维多里诺一生》,第42页。

②《论绅士风度》,第109页。韦杰里乌斯对实用和具体的兴趣爱好偏爱的这种
思维与唤起另一种思维的猜测和抽象的学科形成对照,这本质上就是意大利式的。

③《论绅士风度》,第482页。

④《论博雅教育》,第290页:"实际上,只有潜心地投入才能获得完全的文学才
能。"维吉欧认为,甚至那些通过文学的方式得到最好训练的学生,也不应该把他们自
己只局限于这一门课程中。在《歌剧艺术》第477页上,韦杰里乌斯写道:"因此,要把
一切的学问结合起来,没有绝然的无知,特别是要领悟它们的价值。"布鲁尼非常强调
把"知识的历史"(scientia rerum)和"技能的学问"(peritia literarum)结合起来的必要
性。《论文学学习》,第132页。然而,"科目"(Res)这个词绝不是暗示外部的和具体的
真实性。它只是包含了不同于文学形式的内容。

很自然,对个人性格和能力的观察决定了训练的方法。① 通过训练,教师不仅激励了学生,而且约束了学生。无论在哪种情况下,师生之间友好的个人关系都是重要的因素。② 学生对教师报以准父母般的感情。学生被表扬所激励,然而这必须尽量少用,从某种程度上讲是怕引起其他学生的嫉妒。③ 每个男孩之间或者班级的小组之间④的健康的模仿,在学校生活的早期阶段是必要的;有时所采用的恭维只不过是小小的迁就,男孩们不是宠物狗(pet dogs)。⑤ 在之后的数年里,个人对卓越的渴望可以得到充分的依赖。所以,当男孩快到成年时期时,思考能力将取代所有形式的外部刺激⑥。对身体的惩罚将不再需要克制,但对于年龄小一点的男孩,这种方式要受到强烈的谴责。因为在任何情况下这都是一种侮辱,并随之变成了"经常的事情"⑦:这肯定会导致对学习缺乏兴趣或不喜欢,而且时常会激起对教师的强烈仇恨。如果教师像聪明的内科医生那样,仔细地观察道德病态的类型⑧,他将学会依赖耐心而非暴力的救治方法。因此,教师必须具备沉着而坚定的性格;他可以尽情地流露出愤怒的表情,但必须很好地把它控制住;在与孩子

---

① 《论博雅教育》,第 195 页:"概括地讲,实际上在全面熟知作品和讲述观点之前,应该理解儿童的天性、区分各种才能的特征、修正已有的错误……这将有助于儿童克服恶习和激发活力,否则甚至会影响他们的治疗。"

② 《格里诺》,第 100 页:"在格里诺时代,梅托多(Metodo)教学法的主要基础与马埃斯特罗(Maestro)和他的学校之间存在着密切的联系。"

③ 《论博雅教育》,第 227、234 页:"因此,应该进行适度的赞扬,因为与此相等的赞扬欲望能够弥合美德和占优势的文学的关系,相比之下也就没有无价值冲突(或发怒,或憎恶)的危险。"

④ 由维吉欧根据他自己的经历特别进行了强调。他描述了一段关于他的老师、一位卓越的人文主义教师所采用的方法的有趣回忆。全班被分为几个小组,有老师在场,在一个最有能力的男孩的引导下练习辩论。"尽管没有充分的能力讲述自我,但无论如何,确实至少应该指出并努力注视那些会引起麻烦的征兆。"《论博雅教育》,第 228页。

⑤ 《论博雅教育》,第 203 页。

⑥ 《论绅士风度》,第 97 页;以及《论教学秩序》,第 163 页。

⑦ 《论教学秩序》,第 163 页。

⑧ 例如,易怒的性格需要通过低盐饮食得到控制。《论绅士风度》,第 99 页。

206　们交往的时候,他必须抛掉严厉、讽刺和报复的心理。①

　　毫无疑问,维多里诺的训练,无论是在刺激方面还是在约束方面,都是这些原则的成功应用。对这种成功的奥秘已经做了说明。要进一步指出的是,小班或大量的个别教学②是重要的因素;而且,也不能忘记另外一个条件,即真正献身于教学工作本身。就如格里诺的例子,显然还有维多里诺某些学生的例子,我们能很好地了解到很少出现对严厉的需要。另外,考虑当时的教学技巧情况似乎是重要的。由于缺乏教科书,对个人的口头教学是必要的,所以,灵活而全面探讨的学习方法,这属于教育的尝试性阶段,以及对构成其主要内容的文学的某种爱国热情是必要的,所有这些都有利于产生较高水平的兴趣。因此,人文主义早期阶段的较容易的训练与人文主义后期阶段的训练形成了鲜明的对照。③ 我们知道,在彼特拉克时代的学校里,惩罚的措施普遍是很野蛮的。④ 此外,一个世纪后,当伊拉斯谟还是孩子的时候,这些惩罚措施

207　几乎没有任何的减少。⑤ 但是,毫无疑问,早期的人文主义者不仅仔细考虑了而且实际展示了教师的一种能力以及他所教科目的内在吸引力,使得理想的训练不仅是可能的而且是有效的。

　　教师努力地培养学生的阅读技巧。最早的措施是通过可移动字母

---

　　①《论博雅教育》,第 234 页:"概括地讲,塔勒姆(Talem)他自己对待学生严厉而不可怕、谦恭而不庸俗……发怒但适度、责备但不傲慢、处罚但不严酷"等。

　　②《格里诺》,第 1 卷,第 86 页。格里诺用整个晚上倾注于给他的学生进行个别指导,学生可以带着他们碰巧阅读到的任何问题来找他。住在他家里的学生,就是以这种方式被给予系统的教导:"由于学生有重复的问题,因此很多夜晚被用来进行个别教导,甚至在他的公开讲课上;另外,学生的爱好需要其他多种知识的教导。"罗斯米尼的著作中关于格里诺在费拉拉的实际做法的那一部分(《格里诺》,第 1 卷,第 78 页以后),仍然很值得研究:它并没有被萨巴蒂尼的新近的且在很多方面都更精确和更有启发性的传记所取代。

　　③ 鲍尔森(Paulssen)或施密特(Schmidt)在他们的教育历史中,并不认可人文主义教育第一时期这一重要特点,也不认可文艺复兴时期任何的教育评论家。

　　④《格里诺》,第 1 卷,第 64 页。

　　⑤ 伊拉斯谟:《论儿童的自由教育》(De Puerius statim),第 1 卷, 第 504 页;这是一篇很重要的自传体文章。他补充说:"既没有任何残暴扯碎的抗议,也肯定没有获得什么教育。"(第 505 页)

的方式,其采用游戏的形式。① 第一个目标旨在获得清晰而有效的发音②,这从学校生活的一开始就得到了注意。但要避免的错误被不停地重复练习。语调必须浑厚,不要像女性的音调那样微弱、尖声或颤抖;同时,所有压制声音宏亮的行为必须避免。③ 为了确保这一点,发音④的每个器官,即呼吸、咽喉、牙齿和嘴唇必须各司其职。⑤ 每个字的音必须完全发出,最后一个音节不能含糊地发,字与字之间也不能模糊地连在一起。需要设计一些练习,以保证涉及各种发音困难的词的练习。⑥在发音时,不应该伴随着一些不适当行为的标记,例如,扮鬼脸或粗鲁的手势。⑦

在语音和语调方面,最重要的要素是认真的、镇定的速度⑧,这能使学生把握段落的含义,结果带着判断和品味去表达它。随着这种判断

---

① 《格里诺》,第1卷,第38页。普拉蒂纳:《科门亚里奥鲁斯·普拉蒂纳论费尔特雷的维多里诺一生》,第21页:"文字外表和色彩的多变特征使儿童能够通过游戏来识别。"(出自维多里诺)

② 格里诺在给利奥奈洛·狄斯泰的信中写道:"首先,事实上没有向内或在其中用舌低声说话,但发出了清晰而有效的声音。"(克里索洛拉)《格里诺》,第1卷,第113页。《论博雅教育》,第234页:"声音的训练削弱和修正了方法的观念。"《歌剧艺术》,第975页:"肯定地,尤其是声音的特征。"

③ 《歌剧艺术》,第975页:"(声音)既不是女性似的微弱,也不是相似的颤抖和尖叫。"《论教学秩序》,第26页:"声音尖叫和粗鲁嘶哑的效应。"《论博雅教育》,第234页:"声音清晰、强硬、喧闹。"

④ 《论教学秩序》,第6页:"肯定是在内部悄然地发出低声和抖动。"

⑤ 《歌剧艺术》,第975页:"尽管言词包括如此多的文字,但最后没有音节、没有用咽喉以及自由地运用舌和嘴唇,也就不能用言词进行会话。"普拉蒂纳:《科门亚里奥鲁斯·普拉蒂纳论费尔特雷的维多里诺一生》,第21页:"因为在用声音表示他自己的坚定和勇敢情绪时,他不是运用咽喉就是运用舌和嘴唇。"

⑥ 《歌剧艺术》,第975页;以及第143页。昆体良亦如此,《雄辩术原理》,第1卷,第一部分以后。

⑦ 《论博雅教育》,第249页。维吉欧敦促进行阅读中控制嘴的动作和所有手势的练习:乡下人的粗鲁和演员的复杂的面部活动都令人反感。在这个问题上,维多里诺是最苛求的·普拉蒂纳:《科门亚里奥鲁斯·普拉蒂纳论费尔特雷的维多里诺一生》,第24页。

⑧ 《论文学学习》,第8页:"对学生来说,用这种方法进行合理的阅读,即使责骂鞭打也只能起到暂时的表达作用,因此,肯定既不能粗鲁的急躁,也不能低俗的轻率。"

力的出现,读者会加快阅读速度、降低或提高语调①,并且表明一位伟大的散文作家本能地用来装饰其作品的节奏。② 遵守停顿的规则,以便标明插入词、从句或完整句子,遵守重读和音量,这对所有高水平的阅读来说都是必不可少的。仅仅机械地表达一连串的词和句子,那根本算不上是阅读。③

高水平的阅读对很多不同的目的有用。优雅、沉着以及在交谈和公共演说中的敏捷④是其中几个目的。朗读希腊语或拉丁语的习惯,对于了解段落的要旨和含义都是很有价值的。所以,克里索罗拉建议这种做法,而格里诺急切地实施这种做法。⑤ 这样阅读过的东西才能更牢固地在我们脑海中留下深刻的印象。这种练习对读者自己的风格也有益,尤其是考虑到写作,在试图用散文形式或诗歌形式写作前,最好朗读一些范文段落。⑥ 除涉及到智力的和社会的好处外,对身体也有明确的益处。维多里诺极力主张,较之于人工取暖,朗读是一种更好的抵御寒冷的方式。格里诺与普鲁塔克和普林尼的观点一致,他们认为,没有什么能比精力充沛的阅读和背诵更有助于消化过程。⑦

在家里说拉丁语的习惯得到人文主义教师如此多的鼓励,被用作更系统的文法学习的自然入门课。这种训练开始得很早,即在出生后第5年结束后不久。在我们这个时代,维拉德的亚历山大的《语法

---

①《论博雅教育》,第249页:"当(声音)在高昂、适度和低沉的变化中,这不仅会阻碍发音,因而肯定要停一下歇口气,而且是慢慢感觉到的。"

②《论教学秩序》,第8页:"因此,在精心地阅读时,不仅表明得到了充分的满足,而且同样表明达到了充分的和谐。"

③《论教学秩序》,第174页。

④《歌剧艺术》,第974页:"虽然仅仅是没有果断地对演说进行假设,但优雅地演说应该是具有熟练能力的。"格里诺在《论教学秩序》第174页上认为,通过阅读练习会极大地促进公共演讲中"大胆"。

⑤《格里诺》,第1卷,第113页:"在他的回音时,好象还有外面发出的其他声音,提及动机或者理解尖锐的刺激。"还可以参见萨巴蒂尼:《格里诺的生平》,第103页,提及了这封信。

⑥《论文学学习》,第125页。维多里诺关于写作的实践,《论文学学习》,第56页。

⑦《论文学学习》,第35页;《论教学秩序》,第174页;格里诺·维罗纳基于此种原因很重视阅读(罗斯米尼:《格里诺》,第1卷,第113页)。

术》——用六步格诗的形式编写的拉丁语词法——似乎被作为第一本教科书,在某种程度上讲这本书是要背诵的。这本书由帕皮亚的《主训诠释》(*Elementarium*)、格里诺或多纳图斯的《规则》(*Regulae*)给予了补充,至于更高级的学生由普利西安的教科书所替代。条件允许的话,每个学生都要拥有这些著作的副本;但在绝大多数情况下,他会被要求通过听写把选自所使用的教科书中的这些段落记下来,因为教师应该选择。

很可能,每一位成功的教师逐渐地把他自己的手册提供给他的学生使用;而且,这本手册是以问答的形式编排的,就像隆尼格的奥格尼比尼(Ognibene da Lonigo)或克里索罗拉的手册,这是公认的希腊语的入门手册①。这本手册附有一小本的短语书,如费尔福编译的以及我们在佩罗蒂②的大文法(large Grammer)中所看到的,在这里拉丁语和意大利语的句子并排提供。此外,精选的段落——无论是选自古典作家的摘录,还是巴齐札或格里诺的范文书信,或创作用于展示句法规则的短篇记叙文③——接着被介绍,另外选自奥维德和维吉尔的段落被要求背诵。

但是,从其最广泛的意义上来说,"文法"有时又被认为包括整个范围的拉丁文学和作品;另外,在"文学"和"修辞学"这些术语下,文法又被认为只是基础的学科。的确,拉丁语和希腊语文法还仍然处在归纳阶段,它只能通过对伟大作家的实际阅读来学习④;拼字法、词法、句法、韵律学和风格都完全没有以权威的规则和用法⑤被具体化。在演绎方面,作为一种实用艺术,文法仍然只是在形成之中。然而,同时,我们能

①《论文学学习》,第 88 页。

②《论文学学习》,第 40 页(注释)。

③《论文学学习》,第 45 页。

④《歌剧艺术》,第 148 页;以及《论教学秩序》,第 124 页。

⑤ 当然,我指的是语法和用法的中世纪标准的古典替代品,一个由彼特拉克尝试性地开始,并由巴齐札和维多里诺继续的缓慢而费力的发展过程,但是,在格里诺(他逝世于 1460 年)的一生中几乎没有任何的成就。

够追踪文法概念的发展过程,其大量的规则被演绎地应用于阅读和作品中。所以,韦杰里乌斯就这样把它看成是文学的入门课,其功能是确定拼字法、屈折变化、词和从句的顺序。① 文法是教学的必要手段,它的学习是所有智力进步的根本原因。所以,维多里诺也把它看作是一种入门科目,"在教育年轻人方面的所有主要的注意力都是为了征求意见。"(diligentissime omnia in erudiendo primurn addescente prosequenda arbitratur.)②格里诺把文法的这种功能叫做"方法学"(Methodice)③,或语言公式的说明,称之为"房子的地基"(foundation of the house),它论述一切涉及句子的句法结构的一切。④ 所以,佩罗蒂把它定义为"正确地说话和书写,以及阅读作品和诗歌的艺术"(art recte loquendi recteque scribendi, scriptorum et poetarum lectionibus obervata)⑤;而且,这是"适合于讲话的方法"(ratio congrui semonis)。⑥ 在这里,随着埃涅阿斯·西尔维乌斯,我们转到了其功能的更广泛的观点,因为它包含"谈话和演讲"(recte loquendi scientia)、"散文和诗歌形式的写作(poetica et aliorum auctorum enarratio)"以及"书信体风格"(scribendique ratio)。⑦

重要的是,要注意到区别拼字法和词源学⑧、双元音的使用、希腊名

---

① 韦杰里乌斯:《书信集》,孔比编,第 5 页:"文法是知识教育的基础、分类和管理的唯一方法。……从而建立了其他各种训练的牢固基础。"《歌剧艺术》,第 976 页:"文法是区别分类的入门。"

② 普拉托的萨索罗,瓜斯蒂编:*Saxolus Prat.*,第 56 页。

③《论教学秩序》,第 7 页:"事实上,在建筑中……和在学习方法上是同样的,因为其最好的原则是分辨出为什么有更多的进步,那是因为意识到有更多的缺点。"格里诺直接从昆体良(《雄辩术原理》,第 1 卷,第 9 页)那里借用这些专用术语。

④《论教学秩序》,第 10 页。

⑤ 佩罗蒂:《语法入门》(*Grammatice Rudimenta*),第 3 页以后。

⑥《论绅士风度》,第 473 页。

⑦《歌剧艺术》,第 976 页。

⑧ 韦杰里乌斯:《书信集》,第 5 页。《歌剧艺术》,第 979 页。《论博雅教育》,第 244 页。

字①的音译和古语②的重要性。通过早年细心的教学，通过很多的重复③，通过口头和书面练习④，但最重要的是通过在阅读中的不断观察，这种重要部分的知识就能够被牢固地掌握，以至于几乎会变成一种机械的能力⑤。

212

给年轻的学者选择拉丁语作家，这没有什么困难。在简单的叙述文的入门书之后，立即着手阅读《斐德罗篇》(*Phaedrus*)，或者瓦勒里乌斯·麦克西穆斯⑥的《埃涅阿斯纪》和《书信集》(*Letters*)⑦，或者西塞罗的《喀提林演说》(*Catiline speeches*)。⑧ "以最好的开始"(To begin with the best)⑨是人文主义者的统一信条。史诗⑩对于男孩们来说特别有吸引力；西塞罗的文风⑪清楚易懂，所以，他的题材很容易理解。有时，在阅读维吉尔的作品之前先阅读奥维德、卢卡和萨卢斯特⑫的作品，

---

① 《论教学秩序》，第 164 页。

② 《歌剧艺术》，第 147 页。《论博雅教育》，第 244 页。古典语言的做作受到了昆体良的谴责，《雄辩术原理》，第 1 卷，第 7 页。

③ 例如，《论教学秩序》，第 7 页："在儿童训练中，一方面重复教师讲的，另一方面反复地进行记忆。"

④ 《论教学秩序》，第 7 页：如果男孩们进行这样的训练，那么他们"在描述中和说话中显然准备采用合适的方法，而且无论如何都要努力增加机会以习惯于直接用拉丁语说话"。

⑤ 《歌剧艺术》，第 148 页。《论文学学习》，第 124 页。

⑥ 《论博雅教育》，第 255 页：对于年轻人来说，道德寓言是文学的最好入门。《论教学秩序》，第 169 页。

⑦ 《论高尚的教育》，第 112 页。在开学期间，"他的学生学习西塞罗《书信集》，不仅从字面上进行很好的吸收……而且在描述和说话上努力地进行简单的模仿"。

⑧ 维吉欧极力主张喀提林演说(Catiline speeches)，《论博雅教育》，第 255 页。

⑨ 《论绅士风度》，第 110 页。《歌剧艺术》，第 152 页。

⑩ 《歌剧艺术》，第 981 页：教师"通过优雅的英雄史诗激发了青少年的精神，由于其是世上最重要的，因此不仅产生了令人鼓舞的影响，而且受到了内涵丰富的感染"。《论博雅教育》，第 255 页："要细心地使男孩从幼年起就熟悉"英雄史诗。

⑪ 《歌剧艺术》，第 984 页："西塞罗的文风确实是使人欢乐的和清晰的。"

⑫ 乔瓦尼·多米尼奇：《管理学校的法则》，第 134 页，通常说到奥维德(Ovid)是第一个阅读的诗人。维多里诺把卢卡(Lucan)和维吉尔(Vergil)放在一起阅读。鲍西亚在《论高尚的教育》第 112 页上强调萨卢斯特(Sallust)的"历史原理"(historicorum princeps)，他应该是最早被学习的作家之一。

这几位作家是紧密地连在一起的。

在大概估计用于学校目的的拉丁文学时，我们首先要看诗人。关于古典诗人是否适用于年轻人培养的问题①，一直被新的教育的对手们激烈地争论着。新圣母玛利亚教堂的道明我会神父乔瓦尼（the Dominican Father Giovanni)特别谴责基于神话和荒淫的故事的学习，因为它们从中汲取主题。② 毫无疑问，他肯定表达了当时（大约在1400年）常见的一种观念。大多数人文主义者利用机会反驳这类责难。他们指出，伟大的教父们巴兹尔、杰罗姆和奥古斯丁，以保罗本人为榜样，引述诗人的作品或建议学习他们。③ 难道不能说奥古斯丁和拉克坦提乌斯是的的确确地非常崇敬维吉尔吗？④ 没有人会因为把古老神话作为大量的信仰而受到严重的干扰；相反，在这些神话中甚至有许多故事揭示了对美德、忠诚和自我牺牲精神的赞扬。⑤ 此外，诗歌不是从字面上理解的，许多真理是通过比喻表达的。再者，当诗人描绘道德上的弱点或缺陷时，我们便认识到了这位艺术家一贯阐述他笔下人物的技

---

① 《论文学学习》，第130页。《歌剧艺术》，第149页。格里诺在费拉拉与普拉托的萨索罗之间的著名争论打开了这个话题：萨巴蒂尼：《格里诺的生平》，第147页。

② 《格里诺的生平》，第120页："现在假设年幼孩子的抚育和天性的陈旧变化中存在着不真实的情况，雅致的不正直几乎至今使虚弱的天性带有罪恶，这标志着所有可耻的恶毒言行可能要进行思考，学习奥维德（Ovidio）重要的说教著作：《论阿曼迪的艺术》(de Arte Amandi)，更多地赞扬他的书籍和世俗著作。同时通过维吉尔(Vergilio)的悲剧作品和其他作品。……最糟糕的是那个嫩弱的心灵充斥了适合于虚假思想的祭祀方式……基督教的最初变成了异教的，以及最初的呼唤是上帝的罗马爱神丘比特(Iuppiter)或农神萨图恩(Saturno)、女神维纳斯(Venus)或主祭坛的华盖(Cibeles)，最高的奠基人（三位一体中的）圣父、圣子和圣灵(Padre, Figliuolo, e Spirito Santo)，其原因是真正的信仰行动被忽视，上帝没有受到真正的尊敬，罪恶是有理由的。……整个恶意的计谋行动就是撒旦(antico serpente)。"

③ 《歌剧艺术》，第150页；《论教学秩序》，第170页。

④ 《论文学学习》，第130页。

⑤ 布鲁尼特别引述佩内洛普(Penelope)和阿尔克提斯(Alcestis)，《论文学学习》，第131页。

巧,展示罪恶并不是他的真正目的所在。① 人们普遍认为,对古代诗人的阅读需要小心地区别对待。② 女性应该避免阅读尤维纳利斯③,尽管在他的讽刺诗里并没有什么,"但不值得推崇,基督教的著作不完全适合于一位女性"(non laudabile, non christiano homini maxime congruum);男孩不应该把注意力放在挽歌诗人、漫画剧作家或讽刺作家身上,这些作家的作品应该在稍后阶段阅读。④ 但是,谁会愿意对维吉尔一无所知呢?

人文主义教师的立场是可以理解的。对于基督教和更高类型的异教来说,大多数有实用价值的美德是共有的。⑤ 到目前为止,当诗人们赞颂这些美德并用他们的技巧来表现它们的时候,会把它们作为生活中的和文学形式中的典范。⑥ 对神话的迷信至少是无害的:如果我们能把它们诠释为寓言,那它们甚至可能是有益的;同时以妩媚动人的外表装饰诗人的天赋,那总是令人钦佩的。其中的逸事确实像在《圣经》中的一样,没有一点启发性,但其数量与更崇高的主题相比是微不足道

---

① 《论教学秩序》,第 175 页。所以,为特伦斯(Terence)辩护的更年长的格里诺断言以便回答普拉托的萨索罗:如果代表他的特征的剧作家被作为邪恶的或罪恶的,这归于戏剧作为一种艺术工作的需要,并不是在作者身上的道德邪恶的一种象征。萨巴蒂尼:《格里诺的生平》,第 147 页。

② 《论博雅教育》,第 250 页:"很多诗歌作品确实表述出禁止男孩去选择它们。"这适用于挽歌作者、以及贺拉斯(Horace)和卡塔拉斯(Catullus)的一些抒情诗。《歌剧艺术》,第 983 页。

③ 《论文学学习》,第 132 页。

④ 《论博雅教育》,第 250 页;维多里诺亦是如此:"仅仅承认讽刺有极大的作用";维吉欧:"普西乌斯和贺拉斯的风格并没有漠视……忽视年轻人的读物选择,显然是为了避免猥亵的语言。"关于维多里诺,普拉蒂纳:《科门亚里奥鲁斯·普拉蒂纳论费尔特雷的维多里诺一生》,第 22 页。

⑤ 《论文学学习》,第 131 页。

⑥ 《歌剧艺术》,第 983 页:"十分杰出的创作与作品的回忆在一起,因而在责任选择上提及如此多的感动和激动。"像蜜蜂一样,我们甚至可能从有毒的花上提取蜂蜜。

的。① 自然哲学的真理、现实生活的经验教训分布在更伟大的古诗中。② 但是,进一步说,我们智力本能和情感特性与诗意的和谐之间有着直接的对应关系。③ 因此,诗被表明为更好的训练心灵的适当工具。其形式和题材多样,作为一种生活的装饰,它可能易学并且易保留。从我们最早的青少年时期起,诗就有启发心灵的力量,所有这一切使得我们给予崇高的诗歌在教育中的很高地位。总之,没有有关诗人的良好知识,就没有人能够获得"文学卓越"。④

215　　继维吉尔之后,他的"ars"(技艺)、"eloquentia"(雄辩术)和"gloria"(荣耀)是不可超越的⑤,首选的诗人是"修辞"诗人卢卡和斯塔提乌斯⑥。奥维德的《纪年表》和《变形记》比他的其他诗作更适合;塞内卡的悲剧因其风格和情操的重要性而受到珍视⑦;贺拉斯是"略小一点的维吉尔"(parum minor vergilio)⑧;克劳迪安是后来的诗人中最纯净的⑨;特伦斯和普劳图斯在谈话风格上是非常出色的。⑩ 然而,维多里诺和格里诺在关于学生是否应该阅读漫画剧作家的问题上有分歧,没有提及

---

① 《论文学学习》,第 131 页。

② 《论文学学习》,第 129 页。

③ 《论文学学习》,第 130 页。

④ 《论文学学习》,第 131 页。

⑤ 《歌剧艺术》,第 984 页;普拉蒂纳:《科门亚里奥鲁斯·普拉蒂纳论费尔特雷的维多里诺一生》,第 21 页(引自维多里诺)。

⑥ 《论教学秩序》,第 170 页。《歌剧艺术》,第 603 页:"斯塔提乌斯(Statius)不断灌输意义深刻的和重要的思想。"

⑦ 《论教学秩序》,第 170 页。

⑧ 《歌剧艺术》,第 603 页。

⑨ 《歌剧艺术》,第 603 页。

⑩ 维多里诺佩服他们,"因为很多雄辩术讨论证明嫉妒至少会造成对本性的损害,而不会替代痛苦。"普拉蒂纳:《科门亚里奥鲁斯·普拉蒂纳论费尔特雷的维多里诺一生》,第 22 页。

卢克莱修。① 武术②是被严格禁止的。

言之凿凿的主张为历史在人文学科中赢得了一个突出的地位。③ 西塞罗的一段众所周知的话④被引用来支持人文主义者的这种看法。但是,因为教育目的的缘故,这个术语只涵盖了对罗马历史的文学性陈述,以及更小程度地对希腊历史的文学性陈述。当布鲁尼谈及学习"我们自己历史的起源"的重要性时,他想到了埃涅阿斯或罗穆卢斯(Romulus)⑤,想到西庇阿或奥古斯都。⑥ 随后年代的记载至旧的帝国的衰落,都不值得考虑。方言的历史或寺院的年鉴是要刻意回避的。例如,波希米亚人或匈牙利民族的历史⑦,可能会产生一些有价值的收获,但要搜寻它们,即便对一个其命运就是要统治这些民族的君主来说这也是一种无意义的劳动。这种成果是未受过教育的人的作品,无论是准确性、风格还是教导的作用,都是毫无价值的。伟大的历史不仅仅值得关注的,而且同时还是不朽的文学著作。因此,要学习这些正确的和有教育价值的历史。

216

---

① 意大利学者对卢克莱修一无所知,直到发现了由波吉欧编纂的一个完整的副本,格里诺于 1416 年末或 1417 年初得到的一个手抄本。次年 7 月 6 日,F·巴巴罗为这本遗失了的经典著作的发现写信祝贺波吉欧。但仅此而已,关于这本原著没有任何其他消息直到尼科洛去世,其珍惜地将它据为己有。我们不知道格里诺的副本起了什么作用。然而,无论是在风格上还是在内容上,卢克莱修都没有引起这个时期的人文主义者的很多注意。参见萨巴蒂尼:《格里诺的生平》,第 37 页,关于日期。

② 《歌剧艺术》,第 603 页:"危险的"(perniciosus)是他对"武术"的称呼。

③ 例如,韦杰里乌斯将它列为通识教育科目中的首位;《论绅士风度》,第 106 页。在写给一个学生的信中,格里诺说到:"学习越是诚实,行为就越是充满活力。"《意大利博物馆中的古代经典著作》,第 2 卷,第 415 页。

④ 《论演说家》,第 2 卷,第 9、36 页:"历史证实了生命的真理、生活的回忆、权力的灵魂以及使节的古老。"

⑤ 罗穆卢斯(约前 771—约前 717),与雷穆斯(Remus,约前 771—约前 753)一起作为罗马神话中罗马市的奠基人。在罗马神话中他们是一对孪生子。——译者注

⑥ 《论文学学习》,第 128 页。

⑦ 《歌剧艺术》,第 984 页:"然而,对于博希蒙勒姆(Bohemorum)的历史或温加洛勒姆(Ungarorum)以及与它相似的历史,惯常的做法是要求男孩去进行叙述。当然,不熟练的写作使他持续地产生愚蠢行为,并在准备和决定的过程中出现说谎现象。"

于是,这样学到的历史实现了各种功能。首先,对于那些可能被要求去处理事务的人来说有很大的价值。[1] 因为通过这种学习,我们深入了解了其他国家的各种制度和习俗[2],我们也认识到我们自己发展的秘密。其次,我们理解了过去已被证明是有益的各种美德,以及已被证明对国家来说是致命的各种罪恶,我们能够追溯增强或削弱其权力的政策。从历史中,我们了解了国王和自由民的不同命运,从而确定了今天我们自己管理国家的本领。因为任何人,无论是军人还是政治家,都可以从他自己个人经验中获得阅读书籍提供的如此渊博的智慧。[3] 但是,历史有另一面,这使得它作为教育工具会更有吸引力。如果哲学家规定了指导行为的原则,那么,只有历史学家能够用具体的例子阐明它。[4]我们不仅想知道什么是应该做的,而且想知道过去做了什么以及做的方式。历史由在风格上有非凡天赋的人编写,为我们提供了实例,不仅本身令人印象深刻,而且以一种无论是教学还是公众言辞都能很容易利用的表达方式。我们可以满怀信心地断言,历史的这种说教功能决定了它在人文主义学校里的教授方法。[5] 此外,有人主张[6],历史对于每一个有学问的人来说都是一种很有吸引力的学习,特别容易被当作一门教育科目。这主要是记忆的问题。布鲁尼说到:“在历史的学习中,没有任何难以捉摸或复杂的东西,它在于对最简单的事实的叙述,其一旦被掌握也就毫无困难地被记住了。”

---

① 《论文学学习》,第 128 页;《论绅士风度》,第 106 页。《歌剧艺术》,第 604 页:在给西吉斯蒙德(Sigismund)的建议中,他详细地论述了历史在培训判断能力方面的价值;以及《歌剧艺术》,第 141 页。

② 《论文学学习》,第 128 页;《论教学秩序》,第 169 页。

③ 《歌剧艺术》,第 603 页:“经验的损失从来没有达到这种程度,即知道怎样的损失是合理的损失。”

④ 《论绅士风度》,第 106 页;《论文学学习》,第 128 页;彼特拉克(Petrach):《名人传》(De viris illustribus),马佐里尼(Razzolini)编,第 1 卷,第 6 页。“在这边确实是有利的历史结局(除非上当受骗),在那边强求寻找的或是合理的方法或是无常的概述。”

⑤ 甚至对于伊拉斯谟来说,这都是事实,这一点由本诺斯特证实,《儿童论》,第 138 页。

⑥ 《论文学学习》,第 128 页。

我们看到，就其建设性的一面来说，历史没有被人文主义者视为来自于不同的资源，对一个民族发展有持续性描述的创作。它也没有被看作是一门批判性调查①的科目。如果我们把著名的比昂多(Biondo)②的例子③或波吉欧的纯文学成果④除外，那么中世纪或当代历史几乎没有被仔细考虑过。事实上，历史的来源是固定的，它们完全是文学，同时它们的权威性是由风格的吸引力决定的，还有它们适用于对道德的熏陶。面对有关李维作品的准确性的怀疑态度，维多里诺愤怒地拒绝接受这种暗示：从历史角度来看，一个优秀的拉丁语学者、一个优雅的讲述者、一个帕多瓦人可能是不值得信赖的。⑤

瓦勒里乌斯·麦克西穆斯的作品在学校里被大量使用，因为他为伦理学者提供了丰富的实例。⑥ 贾斯汀、库尔提乌斯、弗洛鲁斯(Florus)⑦以及由韦杰里乌斯编辑的阿里安的拉丁语版本被推荐给初学者。普鲁塔克是学者们最喜爱的历史学家；因为传记法特别有助于道德戒律的灌输。⑧ 其作品用拉丁语，或稍后阶段用希腊语创作。卡米

---

① 然而，我们应该牢记瓦拉(Valla)的尝试性评论方法，从某些方面来讲他是这个时代最有影响力的才华出众的人。

② 比昂多(1388—1463)，意大利人文主义史学家。——译者注

③《罗马衰亡史》(*Historiarum ab inclinatione Romanorum Decades*)，巴泽尔，1559 年。

④《罗马昌盛史》(*Historia Florentina*)八本书。这是由波吉欧的儿子雅格布(Jacopo)翻译的，而且常常以那种形式出版发行。

⑤ 普拉蒂纳：《科门亚里奥鲁斯·普拉蒂纳论费尔特雷的维多里诺一生》，第22页。

⑥《论教学秩序》，第169页。因为维多里诺的判断，普拉蒂纳：《科门亚里奥鲁斯·普拉蒂纳论费尔特雷的维多里诺一生》，第22页："在最大程度上有能力经常选择几乎多样的历史表达。"

⑦《歌剧艺术》，第152页。关于弗洛鲁斯(Florus)，见萨巴蒂尼的《意大利博物馆中的古代经典著作》、《格里诺的生平》。[弗洛鲁斯(约74—约150)，罗马帝国时期的史学家、演说家、诗人。——译者注]

⑧ 格里诺写信给利奥奈洛·狄斯泰(Leonello d'Este)(罗斯米尼：《格里诺》，第1卷，第118页)，写到普鲁塔克时，他说道：人物传记是对君主的实际职责的最好的训练。他提议为他特别选择一些篇章，使这门严肃的学科更易于理解。

拉斯(Camillus)①或佩洛皮达斯(Pelopidas)②生平的译本,对一个赞助人来说,对阅读来说,都是一门可接受的课程,或宣称这样的版本是这所学校的一种有益的练习。凯撒被布鲁尼视为主要的历史学家。③ 但是,维吉欧和鲍西亚顺从公众的意见,更喜欢萨卢斯特④;李维的确是维多里诺首先引入学校的。苏埃托尼乌斯⑤是不允许男孩们阅读的;塔西佗⑥对于学者们来说是鲜为人知的,而且作为文体家又总是被怀疑地看待,因而从未被提及。此外,包括从《旧约》和经外书籍(the apocryphal books)(特别是《玛喀比传》(*the Maccabees*)下卷)精心挑选的叙述故事。⑦ 埃涅阿斯·西尔维乌斯确实把很大篇幅专门用于由一个小王子从对以色列和犹大国王(Judah)的记载中得出的教训。

　　演说术的实践是建立在认真学习古代幸存的古典雄辩术和修辞学论文的杰作基础上的。附加于这门艺术的很高价值,并不是仅仅通过学者的,而且是在公共事务、外交、社会和礼仪的功能中,导致了对古代修辞学的认真学习,这是人文主义学校的一大特色。西塞罗的演说或插入萨卢斯特和李维历史中的修辞作文是主要的演说术材料。在人文主义者看来,它们对教育的价值,首先在于其中厉行的有关公民和个人的深刻的道德训诫。例如,布鲁尼将口才视为在实践中实施由哲学提出的以及在历史中举例证明的原则时,给予情绪冲动以个人意志。⑧ 没有任何地方美德得到如此有说服力的阐明或罪恶得到如此强烈的谴

---

① 卡米拉斯(公元前5世纪—公元前4世纪),罗马将领和政治家。——译者注
② 佩洛皮达斯(前410—前364),底比斯(古希腊的主要城邦)将军。——译者注
③《格里诺》,第1卷,第128页。
④《论高尚的教育》,第112页:"萨卢斯特的更多著作在研究幽灵表现、诱惑和领悟的原因。"
⑤《歌剧艺术》,第152页。
⑥ 萨巴蒂尼:《拉丁文抄本》(*Codici Latini*),第450页。在整个15世纪的上半叶,对于人文主义者来说,塔西佗(Tacitus)实际上几乎是无人知晓的;所以,虽然格里诺于1444年左右在佛罗伦萨渴望获得手抄本的原版,但是,我们可以绝对有把握地说,这位历史学家对于当时的拉丁语的知识或历史知识完全没有影响力。
⑦《论博雅教育》,第252页。
⑧《论博雅教育》,第128页。

责。接下来,我们从演说家那里学到了实用的雄辩术技巧,通过这一技巧,不同的人深刻地认识到了信念。① 为了事务处理②、法律讨论以及日常谈话,辩论的能力是最重要的。在哪里能比在西塞罗的辩论演说中更富有成效地学到这一点呢? 为了使男孩认识到古代演说术的影响力,应该带他去听某些口才好的市民或法庭上著名律师的演说。③ 在那里,他会感觉到手势和演说风格如何与逻辑技巧结合起来去阐明案件,因此,学会了通过想象补充在被记录的演说中缺失的必要元素。最后,整个科目的风格由西塞罗和昆体良这样的作家用例子、或用规则、或用两者展现了出来。④ 词汇、比喻、阐述以及说服,所有的表达艺术都通过精通西塞罗的演说而得到了最有效的培养。

在阅读西塞罗的同时,伴随着他的演说技巧的不断实践。⑤ 西塞罗的演说论文都必须学习,尤其是《论演说家》,这篇论文经巴扎齐和维多里诺之手形成了最重要的拉丁语课本之一。其中制定的戒律,应通过从演说文自身中选取适当的摘录进行说明。昆体良对罗马雄辩术的系统评注也将被永久使用。⑥ 然而,除了古典的例子,拉克坦提乌斯⑦、教会西塞罗派(the Cicero of the Church)、安布罗斯、奥古斯丁和杰罗姆也提供了内容上扎实和风格上受人欢迎的材料。甚至是现代作家、学习古代雄辩术的学生自己,布鲁尼、格里诺或安布鲁吉奥·特拉维尔萨利的演说,都被认为是演说散文中有价值的典范,因此,他们的演说在学校里也值得关注。

---

① 《论绅士风度》,第 472 页:"通过雄辩术,能够更加十分优雅地讲述,同时最充分地论证很多的心智。"

② 韦杰里乌斯把雄辩术称之为"公民行使询问职责的技艺",它有三种形式:"判断"(iudiciale)、"审思"(deliberativum)、"论证"(demonstrativum)。

③ 《论高尚的教育》,第 114 页;他所指的是 12 或 13 岁的男孩。

④ 《论高尚的教育》第 125 页:在布鲁尼看来,这的确是自彼特拉克以后每一个人文主义者的观点。

⑤ 《论教学秩序》,第 172 页。

⑥ 《论教学秩序》,第 172 页。

⑦ 《歌剧艺术》,第 151 页。

哲学作为一门严肃的科目被限于伦理学,完全不包括形而上学家(Metaphysic)①,这是人文主义的一个显著特点。但是,正如西塞罗和塞内卡所阐述的,伦理学并非是指罗马的斯多葛派道德观的备忘札记。它在意图上的确有使用价值,但就其应用来讲是个人的而非社会的。崇敬、自制、谦虚、诚实、勇气以及个人美德都被详细论述,并加上来自于丰富的古典资料的实例说明。更复杂的问题,例如,爱国义务与个人抱负和机遇的关系,或罗马"道德"中基督教的自我压抑和坚持己见的对立——智力的和道德的——或最初认可的道德本质以及宗教对它的影响,所有这些都被忽略了。这里,像实际调查中某些其他领域一样,古代最好时期的固定用法被接受为良好的、可行的标准。因而,由此推论,教授道德的方法主要是文学和说教。② 因此,学习西塞罗、亚里士多德和塞内卡,再加之来自于李维、尤其是来自于普鲁塔克的实例说明,提供了一种重要的教育方式。③

在公共生活训练方面(维多里诺和格里诺的许多学生对此都很期待)或个人身份训练方面,道德哲学仅次于历史而居第二。它涵盖了所有的生活以及所有身份的人。因此,对于男孩和女孩来说,它在教育中的重要地位都是一样的。在实践中,无疑要依靠宗教、榜样和惩戒④;但

---

① 对韦杰里乌斯来说,这句话的说法在某种意义上是正确的;但就教育而言,这句话的整体倾向是反对任何绝对实际的和客观的智力利益。参见他用他自己的话表达的目的:与逻辑学相比,"哲学更依靠勤奋,没有仅仅寻找世界的事物,但同样是完全直接地思考生活的存在"。《书信集》,第 74 卷,第 100 页。

②《歌剧艺术》,第 972 页:"除了文学知识外,哲学确实不容易有意识能力。"布鲁尼亦如此,《论文学学习》,第 127 页。

③ 关于维多里诺的观点,普拉蒂纳:《科门亚里奥鲁斯·普拉蒂纳论费尔特雷的维多里诺一生》,第 22 页:"因为完全尊重正义的教育,以及雅典柏拉图学园哲学、斯多葛学派和逍遥学派的学问,在本质上对提升心灵和和形成良好的教导力量同样是完全必要的。杰出的西塞罗、柏拉图、亚里士多德和芝诺(Zenonis)的故事充分表明,公众和私人完全需要获得活力。"

④ 通过维多里诺和格里诺,而且毫无疑问通过所有的实践的教师;但是,甚至他们在行使职责时也高度评价西塞罗或普鲁塔克的认可。

在行为原则方面的完善训练,源自于古典书籍的阅读。① 的确,这些都是由诗人、历史学家和演说家阐明与建议的,然而,为了系统地了解这门严肃的科目,伦理学家必须要学习。

在选择伦理学家时,至关重要的是,只有在风格上和内容上被公认是合理的著作才被采用。柏拉图、亚里士多德、西塞罗,尤其是《论义务》和《图斯卢姆谈话录》,塞内卡和波依修斯都涉及到了这个观点。在这一方面,维多里诺走得更远,他还包括了奥古斯丁和其他教会作家,布鲁尼也是如此。但重视风格的必要性造成了在实践中古典伦理学家在实际教学中的至高无上的地位。② 布鲁尼因而声称要充分自由地选择作家,只是有些不以为然;埃涅阿斯·西尔维乌斯也是同样,求助于中世纪或现代的教士。维多里诺和格里诺的习惯是,让学生认真了解通过每日对古代作家的阅读而被给予的道德训诫的重要性,或者,另一方面,在必要的情况下,区分古代作家的道德困惑和文学或表达它们的辩证法技巧。

然而,在论述教育的人文主义作家中,偶尔有人把哲学的更广泛的概念看作是"所有文科之母"(mater omnium artium)或等同于"对智慧的热爱"(amor sapientiae);这种智慧被定义为:"一切事物的知识,无论是神的还是人类的,他们的法律和他们的动机。"③正如我们从普拉蒂纳

223

---

① 《论博雅教育》,第288页:"自古以来,要使本性高尚,就要适当地学习哲学(确实寻求我们教师的生命力)。"埃涅阿斯·西尔维乌斯亦是如此,《歌剧艺术》,第141页。其中,古代作家在由布鲁尼极力主张的正式讨论中将作为主要的依据材料,《歌剧艺术》,第127页。

② 这是一个极不寻常的的事实,奥勒留(M. Aurelius)的《沉思录》(Meditation)从未被任何一个人文主义学者提及过。彼特拉克在他的论文《论帝王之职责和德性》(De Officio et Virtutibus Imperatorum)中对它们作者的提及,显然只不过是一种老生常谈;但在15世纪的希腊学者中,似乎没有人获悉这个重要的古代伦理学不朽作品的幸存。然而,在前一世纪,不仅若干副本似乎已被印刷,而且一些独立的章节由普拉努德斯(Planudes)引入到一本有关道德的摘录文集中。君主教育(education princeps)直到1559年才出现,这本身就很有意义。

③ 《歌剧艺术》,第991页;《论绅士风度》,第108页。

那里得知的①,维多里诺把自然哲学列入他的课程,以及科学、伦理学和数学的神奇混合,让我们想起帕多瓦哲学教授的道德和自然哲学之结合。但是,在探讨这种更广泛意义上的哲学时,在人文主义教师看来,除了由于自身的缘故而被重视的数学外,主要的目的被逐渐局限于已提供的如此多的知识,以便能使男孩理解在古代诗人和历史学家著作中包含的天文、地理和自然历史的典故。② 当古典教育被更准确地定义时,这些科目不再获得独立的地位,而且"哲学"也失去了除伦理学之外的所有的其他内容。老普林尼、索林诺斯和庞波尼乌斯·梅拉的作品因其各种各样的题材而受到早期人文主义者的珍视③,后来又被从学校的课程中删除掉。

224   在与这个调查有关的本时代初,我们发现,韦杰里乌斯像他之前的彼特拉克一样,感叹西方学者对希腊文学仍然是一无所知。④ 但在几年后,就发现他与格里诺和布鲁尼同坐在克里索罗拉在佛罗伦萨的演说厅里欣喜地迎接新时代的曙光。将希腊语引入学校课程,应归功于在威尼斯的格里诺和在孟都亚的维多里诺。没有人比维多里诺更重视这门科目,详尽地阐述用希腊语学习、阅读和写作的顺序和方法主要应该归功于他。无论是韦杰里乌斯还是布鲁尼,都没有在我们面前的论文里提及希腊语;埃涅阿斯·西尔维乌斯提到希腊语,但只是对在匈牙利

---

① 普拉蒂纳:《科门亚里奥鲁斯·普拉蒂纳论费尔特雷的维多里诺一生》,第21页:"肯定地说,那些完美的力量,诸如自然、死亡、天文运动、家系形式、和谐与协调、以及可数的测量,大概是需要讨论的令人难懂的事情。"

② 这是格里诺的立场,《论教学秩序》,第171页。出于同样的原因,斯特拉波(Strabo)的地理知识被推荐。然而,波吉欧非常喜欢尼科洛·康提(Niccolo Conti)游记中的地理和旅行,他把这些放在他的作品《论不同之命运》(De Varietate Fortunae)中。但是,韦杰里乌斯和维多里诺更严肃地探讨自然哲学,也许是由于帕多瓦的影响。

③ 因为这个原因,格里诺推荐奥卢斯·格利乌斯(Aulus Gellius)、马克罗比乌斯(Macrobius)和普林尼(Pliny)。在《自然史》(Historia Naturalis)中,萨巴蒂尼写道:"他自己的天性确实是多样的。由于波塞德莱(Possedere)和杰利奥(Gellio)时代人文主义者的需要,他迅速地从古代中做好了充分的准备。"

④《论教学秩序》,第106页。

或德国没有机会学习它表示遗憾。① 在费拉拉的老格里诺不如在孟都亚的维多里诺那样强调希腊语的重要性。事实上,公众舆论认为,从教育方面来讲,希腊语是站在完全不同于拉丁语的基础之上的。因为从真正意义上来讲,拉丁语是意大利的历史悠久的语言,它的使用是生活中许多职业的迫切需要,所以,罗马文学知识对于社会声誉来讲是不可或缺的。另一方面,希腊语获得较小范围的关注。对它的学习被视为是有助于充分理解作为语言和文学的拉丁语,因此,它被认为是崇敬荷马、柏拉图和狄摩西尼的关键。但直到 15 世纪中叶,由于文本的倍增与词法和语法的确定,才使得对希腊语的习得成为一件更简单的事情;维多里诺和格里诺的影响使其本身得到普遍的认同,以致于有可能规定任何对希腊语一无所知的人没有资格受教育。②

在维多里诺的指导下,贡札加的孩子们很早就开始学习希腊语这门科目。塞西莉亚 7 岁时就知道格的变化和词形的变化,这很平常。只要掌握了拉丁语文法中必要的基础知识,希腊语和拉丁语就可以同时教授。③ 正如普里西安介绍的,这门科目中的更高水平的知识是不可能考虑的,除非有了一点希腊语基础。在这个阶段,要非常重视通过希腊语的词形变化进一步了解拉丁语的拼字法。克里索罗拉的《基础语法》是一本通用的手册。它被专门修改和简写,包括由格里诺编写的相同的拉丁文版本。《福音书》④这本简单的散文阅读书籍被提供,包括或不包括同时编写的的拉丁文版本,被当作第一本连续阅读的著作。用希腊语大声朗读从最初作为一种辅助活动来练习,变成了更快捷地领会作者的含义的教学活动;同时,把文章翻译成拉丁语,再加上用希腊

225

---

① 《论教学秩序》,第 149 页。

② 《论教学秩序》,第 166 页。

③ 普拉蒂纳:《科门亚里奥鲁斯·普拉蒂纳论费尔特雷的维多里诺一生》,第 20 页:"为了容易地理解希腊语和拉丁语两方面的知识。"

④ 塞西莉亚·贡札加在 8 岁以前就一直在阅读希腊语的《福音书》。卢齐奥:《威尼斯大主教》,1888 年,第 329 页以后。波里奇亚诺(Poliziano)与皮耶罗·德·美第奇(Piero de' Medici)一起在他的学生 7 岁前(1478 年)开始学习希腊语,使用加扎(Gaza)的语法。

语写作文,就构成了平时的练习。

　　荷马是首先要学习的诗人,一方面是因为他是"史诗之父"(the father of Epic poetry)①,所以对男孩们很有吸引力;另一方面是对更好地鉴赏维吉尔的作品很有帮助。迄今为止,古典传统并没有被人文主义者公式化,因为阿波罗尼奥斯·罗迪乌斯(Apollonius Rhodius)②、希罗多德和色诺芬的作品是接下来要认真阅读的书籍。我们可能还记得维多里诺对于主要的希腊作家的评价③,这是由他们对教学的重要性决定的。伊索克拉底是巴蒂斯塔·格里诺特别重视的。戏剧家似乎是在修昔底德或狄摩西尼④之前已被阅读。但是,我们在关于学校里采用的阅读顺序或作家的选择方面的信息资料是非常有限的。然而,我们知道,普鲁塔克占据了重要的地位,希腊教父巴兹尔和圣克里索斯托也被经常阅读。

226　　格里诺能够使学生在经过一年的学习之后,适当地把刚刚讲过的作品翻译过来。⑤ 他鼓励学生在一本拉丁语译本的帮助下进行快速阅读。然而,他不赞成昆体良的建议,即先于拉丁语之前开始学习希腊语。很可能,维多里诺和少数几个聪明孩子一起确实尝试过这种实验。⑥

　　为了学校的目的,《圣经》和教父们常常被推荐。维吉欧渴望,只有

---

　　①《论教学秩序》,第 168 页。

　　② 阿波罗尼奥斯·罗迪乌斯(约生活于公元前 3 世纪),古希腊学者和史诗诗人。——译者注

　　③《论教学秩序》,第 49 页。

　　④ 然而,在维多里诺指导下,孩子们很早就开始阅读狄摩西尼(Demosthene)的书。

　　⑤《论教学秩序》,第 167 页。

　　⑥ 谈到亚历山德罗·贡扎加,普伦迪拉奎在《关于费尔特雷的维多里诺一生》第 45 页上写道:"在童年时期,通过希腊语来培养卓越;在青少年时期,通过拉丁语以及更多地学习宗教来达到成熟。"亚历山德罗(Alessandro)是这个家庭的学者诗人,很受维多里诺的宠爱。

　　我们关于学校的希腊语教学和要阅读的作者的信息,仅限于维多里诺的实践活动和格里诺的短文。

来自于《旧约》中的选文,尤其是《创世纪》或者《以西结》(Ezekiel)这两本书应该交到年轻人的手中。紧随要背诵的《圣经》中的诗篇之后,将是对《谚语》(Proverbs)和《圣经外传》(Ecclesiasticus)以及《马加比家族》的学习。就风格而言,后者的第二本书提供了罗马文学的最经典的例子。① 在别处,我们偶尔会听到使用《创世纪》、《国王的书籍》、《以斯帖传》以及《以斯拉传》的建议,还有来自于《新约》、《使徒行传》。② 这种选择大多数被局限于更简单的历史故事,不仅作为道德教学而且作为历史来阅读。③

在教父中,拉克坦提乌斯以其优雅的风格占据首位,在这一方面,人们常常把他与西塞罗相比。④ 奥古斯丁位居第二,但在题材上他或许拥有更高的声誉。的确,维吉欧记述了奥古斯丁把他自己的早期训练的经历作为他的论文的正文。⑤ 至少在这个较早的新知识时期,人文主义者渴望求助于这位教父权威支持他们的教育理想。⑥ 包括在人文主义教师的学校课程中⑦的其他教会作家有:杰罗姆、安布罗斯、居普良、

227

----

① 《论博雅教育》,第 252 页:《创世纪》(Genesis)、《以西结》(Ezekiel)和《雅歌》(Song of Songs)这些书不应该被教授直到 20 岁。

② 《歌剧艺术》,第 603 页:"献祭的手抄本在家里不断得到满足,并从古代的和新近的文本中思考最后的愿望。"

③ 埃涅阿斯·西尔维乌斯(《歌剧艺术》,第 605 页)非常强调来源于《旧约》故事中的课程。他认为,使徒信条的知识《主祷文》(Lord's of Prayer),以及其他简单的套话集将很早就被获得,《歌剧艺术》,第 141 页。

④ 《歌剧艺术》,第 124 页。

⑤ 《论博雅教育》,第 140 页。

⑥ 例如,关于古代诗人的价值,《论博雅教育》,第 165 页和 170 页(格里诺);《歌剧艺术》,第 149 页(埃涅阿斯·西尔维乌斯)。

⑦ 《歌剧艺术》,第 603 页。格里诺"尊崇文学而没有忽略文学,但特别是尖锐评论对奇普里尼亚(Cipriani)、拉克坦蒂(Lactantii)、希罗尼米(Hieronymi)和奥古斯丁(Augustini)的学习……为什么没有世俗的方法,而且实际情况是宗教信仰和修道士经常在瓜里尼纳姆讲堂(Guarinianum auditorium)宣讲对人类友好的基督。"关于格里诺的一个学生卡博(Lud. Carbo),由罗斯米尼引用,《格里诺》,第 1 卷,第 115 页。

圣克里索斯托、圣格雷戈瑞·纳齐盎(St. Gregory Nazianzen)①和利奥(Leo)。② 后来的作家,尤其是繁琐的神学家,受到严令禁止。我们怀疑,在这种情况下,低级的拉丁语使用成为一种至少和他们作品的性质一样严重的障碍。③ 我们注意到那种学术社会的判断的有信心的呼吁,在意大利,无论是神职人员还是非神职人员都支持这一立场。

关于古典作家的论述方法,某种启示可能来自于在有关这两位伟大教师④的记载中看到对这个主题的偶尔提及。在此条件下必须进行的课堂活动,已经提及过。课本的缺少和不准确、字典和注释的缺乏、句法的不成熟状态,尤其是希腊语教学在这种困难的条件下做准备,迫使教师在很大程度上不得不依赖于讲座和听写的方法。然而,即使在这些局限下,讲课的形式仍有变化的余地。对于已经口授的作家的一部分文本,格里诺要求把它朗读下来。⑤ 如果在第一次阅读后,没有弄懂所读的文章,不管是因为句子的节奏和结构还是因为清晰的含义,整个过程将会被重复。当解释单调枯燥时,教师的技巧在获得准确且简明的描述中发挥了作用。在希腊古典著作的阅读中,这种描述将会使用拉丁语。这里,巧妙的提问存在着时机的问题。我们知道,格里诺不

---

① 圣格雷戈瑞·纳齐盎(330—390),古罗马帝国君士坦丁堡的主教,素有"神学家"的称号。夸美纽斯在《大教学论》中曾引用过他对教学艺术的见解:"教育人是艺术中的艺术,因为人是一切生物之中最复杂和最神秘的。"——译者注

② 利奥(401—474),亦称大利奥,教皇利奥一世(Leo Ⅰ),古罗马利奥王朝的第一任皇帝(457—474 年在位)。——译者注

③《歌剧艺术》,第 604 页:(西尔维乌斯写给西吉斯蒙德的信)"现在描述在意大利谁是最博学的,我推断尤其是圣克托·维克托里的休哥内姆(Hugonem de Sancto Victore)、亚历山德里亚的亚历山大(Alexandrum de Ales)、马格纳姆·奥尔贝塔姆(Magnum Albertum)、佩特勒姆·布莱森塞姆(Petrum Blesensem)、利拉的尼科拉姆(Nicolaum de Lira)以及阿拉纳姆(Alanum),应该不断地宣传他们。但是,这还没有得到您的赞同。因为虽然他们是能干的,但在其他地方至少还不能这样说。我自己或许要正确地进行深入思考,而不要有什么幻想。但是,在整个意大利生活中应该在观点上达成一致。……训练的职责就是赞成这一观点,实际上,最好经常地模仿他们。"与此相比,布鲁尼反对阅读当代的宗教著作,《论文学学习》,第 127 页。

④ 关于维多里诺的做法,参见以上第 46 页。

⑤《格里诺》,第 1 卷,第 113 页,格里诺写给利奥奈洛的信。

赞成通过背诵规则学习句法的方法①。他通过说和阅读拉丁语来教授文法②；只有当学生能够用例子说明语法规则时，他才要求把公式记住。

有把握的解释和初步的口语练习以及随之进行的文法教学，往往采取讲座的形式。类似的段落被引用和记录。例如，在阅读荷马时，维吉尔会常常被提及。③ 由于神话的、地理的以及其他类的典故得到解释，因此，大量的知识被累积在笔记本中以备将来使用。尤其是"阐释"关于历史的或其他人物的反思，会占据课程的很大一部分。很明显，这里难免让人觉得仅仅是炫耀多样的学问；然而，我们最了解的教师在实践中都是以教学方法的简练和坚持不懈地帮助提高最迟钝的学生的智力而闻名。④ 如此讲解的作家的特别部分，也许包括一段非凡的轶事、巧妙的应答、惊人的明喻或隐喻，专门用于记忆的练习，而且每月一次对这样的段落进行复习和归类。记下来的笔记被复制，其材料被并入精心整理的书卷中。⑤

在阅读西塞罗的演说时，教师特别注意风格的问题，其作品不仅作为文学而且作为写作的范文进行讲述。讲解维吉尔和奥维德时使用同样的方法，在这种情况下课堂上要求学生用散文和诗歌释义。在教授年龄较大的学生时，教师可以讲解修辞学的整个领域。但在我们之前的那个时代，这种技巧的更高级的详细阐述在学校中并没有训练，而且

---

① 《格里诺》，第 1 卷，第 85 页。

② 吉安·潘诺尼奥（Gian Pannonio）：《颂词汇编》（*Silva Panegyrica*），第 2 卷，第 520 页以后，对格里诺的文法说明给以诗意般的描述。

③ 《论教学秩序》，第 168、173 页。普拉蒂纳：《科门亚里奥鲁斯·普拉蒂纳论费尔特雷的维多里诺一生》，第 21 页。

④ 普拉蒂纳注意到，维多里诺的特色是："根据学生的才能和阅读的水平……采取不同的方法。"《科门亚里奥鲁斯·普拉蒂纳论费尔特雷的维多里诺一生》，第 19 页。"格里诺非常友爱、非常乐意和非常耐心地与学生进行问答。他确实观察到学生的强烈的渴望，因为任何一切都是学生自己熟悉的迁移。"L·卡博，罗斯米尼引自《格里诺》，第 1 卷，第 115 页。但是，这两位伟大的教师在教学上的简练和极其认真仔细的证据，并不依赖于孤立的看法。格里诺关于好的教学的观点是选择其内容既好理解又有趣的书籍，《格里诺》，第 1 卷，第 168 页。

⑤ 《论教学秩序》，第 173 页。

事实上也是不允许的。

一流的学者们非常强调使用最好的课本。① 就像格里诺所主张的那样,在个人阅读希腊语时,适宜的文学译本和原文同时使用,这被认为是教学方法上很了不起的发现;还有他的学生学习阅读时立即快速逐字直译,这肯定也是值得注意的。我们必须记住,格里诺像费尔福一样会说希腊语。但是,在教学上,早期人文主义者最擅长的特点在于坚持个别指导。② 他们重视文法和写作的初级阶段,并煞费苦心地使自己适应于每个学生的需求。教师和学生的工作时间都非常长。③

在人文主义者看来,写作的重要性体现在表现所有他们想说的和想写的。在文学作品中,风格是持久性的④,事实上几乎也是可靠性的必要条件;在社会上,它被认为是一个受过教育的人的明显标志。口才的作用——通过它意指风格,无论是在谈话和写作中,还是在演说中,——都是至高无上的尊严。因为尽管哲学的目的是展现卓越思想和性格的标准,并用历史来进行说明,但是它只归于口才并通过适当的激励来促使它们的应用。人们常常说,人文主义者(至少是后来那个时代的人文主义者)艰难地为他们自己人生理想中的个人宗教信仰的精神力量提供了一个场所;迄今为止这是真实的。这种解释基于这个事实,即学者们认为他们自己风格能够完成宗教推动力的功能,来自于权威的过去的经历,通过告诫以古典文学的形式讲解的非常透彻的论证和阐述可以作为个人生活的一种精神力量。⑤

----

① 《论教学秩序》,第 164 页;《论绅士风度》,第 106 页。

② 《格里诺的生平》,第 139 页。格里诺"是进行双倍教学工作的学者:白天奉献给公众,晚上奉献给私人。公共的课程是两方面的:上午是讲解拉丁语诗歌和散文作家,下午是阅读普通的希腊语著作。整个夜晚主要是认识他面前的工作,但现今依然要做好准备去回应所有遇到的困难"。

③ 对于一位真正认真的学者来说,5 个小时的睡眠被认为是足够了。

④ 《论绅士风度》,第 469 页:"假设肯定有更多的手抄本供人们容易地阅读,假设它们对演说产生切实的和有益的促进。正是因为存在着有价值的手抄本,所以,既没有依靠天赋也没有停滞不前。"

⑤ 《论文学学习》,第 128 页。

其次,我们必须记住,好的散文风格具有很高的实用价值。除了其个人特点的元素外,拥有这种散文风格是公共或职业生涯的主要资格。因此,我们愿意去发现,一旦纯正的规范确定了,那么古代作家的阅读主要是由要养成阅读好作品的习惯愿望来指导。在我们所关心的那个时代,教师还没有学会把"富于词藻的"(epideictic)或人为的修辞表现视为写作的最高目标。由于维多里诺,我们已经看到,争取华丽辞藻效果的努力得不到支持。要写明晰的散文而免于炫耀和修饰,这是他的教学目的。① 因此,我们发现,这明确了要教男孩们努力争取"在没有本国注解者的帮助下,能够十分清楚地演说"(oratio plana, perspicua, dilucida, nulliusque interpretis indigens auxilio.)。② 词语的选择不应受古语(archaism)③的影响,但必须是人们普遍接受的那些词语。尽管西塞罗是哲学和演说风格的自然典范,但人们没必要把他看成是专横之人;只要我们把他的句子结构的一般原则牢记在心,我们是可以使用"国内熟悉"(domestica et usitata)的词语。写作的第三个功能的确没有其他两个功能重要,但从教育方面来讲,这一点却逐渐被认为是很珍贵的。这就是拉丁语和希腊语的写作在对必须要效仿的文学进行严格学习中的地位。④ 在译文或原主题被显示之前,无论是内容还是表达都被分解为最简单的元素。将诗歌意译成散文,将希腊语译成拉丁语以及反向练习,还有对所推荐的范例段落进行直接的模仿,这些都被作为

232

---

① 所以,格里诺要求:第一,清晰;第二,语言特性,或正确选择和应用词语;只有当这些条件满足时,他才会重视好写作的第三点,风格。参见《格里诺》,第1卷,第84页。

② 辩证法迄今为止构成了人文主义课程的一部分,首先被视为写作的助手,并被视为修辞学的一个分支。维多里诺和韦杰里乌斯完全摆脱神学家的方法,仅仅把逻辑学作为清晰和准确表达的手段。《格里诺》,第1卷,第60页。

③ 拉丁语的易变的拼字法是学者们主要关心的问题,因此,在古语拼写上的迂腐的努力是一种常见的现象。拼字法的真正基础,无论是文学的还是语言学的,很明显都超出了人文主义者的能力范围。

④《论教学秩序》,第168页。

对古典风格进行严密分析的手段而反复地进行灌输。① 另一方面,如果不仔细观察最优秀的作家的写作方法,那么任何人都甭想把文章写好。② 因此,正确选择古典读物是很重要的。可以说,只有这样,我们才能够在不知不觉中吸收那些具有难以捉摸的魅力的风格,其在于"酣畅、优雅、整洁和有吸引力。"③(sonus, elegantia, concinnitas et venustas.)

这种训练应该尽早开始。④ 对于诗歌写作来说,奥维德和维吉尔是自然的榜样,这将被证明是有利于散文⑤写作能力的培养。因为拉丁语演说为连续写作提供了初步的入门知识,所以,必须注意坚持把好的文学例子用于文法规则的教学,不管是由教师提供的还是由班上学生找到的。⑥ 经常使用的练习是对《西塞罗书信集》(the Letters of Cicero)⑦的演说和模仿,同时用希腊语和拉丁语朗读并背诵大部分最优秀的散文作家的作品,直接用于词汇的学习和风格的培养。布鲁尼尤其愿意让学生注意和重视在最好的散文中表现出的节奏因素,以便对其进行模仿。⑧ 维多里诺⑨和格里诺特别重视写作的练习。在后来的介绍更复杂的修辞技巧的阶段,随着对隐喻、明喻、借喻和优雅的精心学习,这

①《论博雅教育》,第 235、236 页。

②《歌剧艺术》,第 148 页。

③《论文学学习》,第 5 页。

④《论教学秩序》,第 168 页:谈到当孩子一开始学习语言,希腊文写作就是很重要的。

⑤《论博雅教育》,第 235 页:很早就教授韵律;但抒情诗的韵律却很少受到关注。

⑥《论博雅教育》,第 164 页。

⑦《论教学秩序》,第 169 页。

⑧《论文学学习》,第 125 页。

⑨ 普拉蒂纳:《科门亚里奥鲁斯·普拉蒂纳论费尔特雷的维多里诺一生》,第 24 页:"要求学生自己在写作时细心地修正,在很多方面尽可能地反复斟酌。"关于维多里诺教授写作的方法,参见同书第 56 页。

些修辞技巧在我们所处的时代几乎不太重要①，而要求散文和诗歌②的原版作品。在辩论演说方面、在公众演说方面以及（尽管更谨慎）在赞美演说辞方面，维多里诺设计了特殊的练习。③ 我们知道，他的目的是培养敏捷和自信，为学生④未来的职业做准备。但在这里一如既往，我们必须记住，在判断人文主义者的学术成就时，作为最典型代表的维多里诺学校注重古典学习并再现它，带着与那个时代的文化和活动保持一致的明确目的。因此，在写作中，个性的特征并没有被丢弃，同时强调严格模仿西塞罗和李维的必要性；以至于当应用到韦杰里乌斯和他的直接继承人的更真诚和更直接的拉丁文风时⑤，完全针对随后几个世纪的文风方法的批评变得无关紧要。但是，毫无疑问，可能要承认这个事实，即有人认为通过勤奋地学习和模仿西塞罗和维吉尔⑥，结合适当遵守修辞学的戒律以及诗歌的技巧，可以期望一个有毅力的学生不仅能成为一个学者，而且还能成为一个诗人或演说家。然而，在实际中，

234

---

① 维多里诺本人写到："一切的夸耀和对华丽格言的喜爱"（omni pompa ac fastu verborum amoto）；"无用的装饰或者追求有用的演说"（nullo fuco aut amnitu orationis utens）。

② 六步格是主要用于写作练习中的韵律；但年龄大一点的学生使用其他种类的韵律。格里诺：《论教学秩序与学习》，第 165 页。很少提及或没有提及用希腊语教授诗歌写作的方法。

③ 关于普拉托的萨索罗，瓜斯蒂编：*Saxolus Prat.*，第 64 页：萨索罗"他的（如修辞学）此时是不清楚的，教师意识到要进行演说训练，但原因显然是公众的、人们欢迎的、元老院的题目。""同样地，宣称准备利用市场、元老院、公共集会等场所。"

④ 格里诺的一个学生 L·卡博承认，甚至是一个年轻人，也写过并发行一万多首六步韵律格诗和二百多篇华丽风格的演讲。因此，罗斯米尼说："他本人有相当多的观点。"

⑤ 下面这段引文来自萨巴蒂尼博士于 1893 年在卡塔尼亚大学的讲话，证实了在文本中所占据的那种地位。"意大利的人文主义学校很多是规模小的。为了古罗马文学和文化再生的需要，那些致力于 15 世纪整个复兴的献身者，不仅凸显了自己有力的和活泼的个性，而且对古代的模仿上获得了成功，但在缺乏光辉的 16 世纪很可能是表现幼稚天真的西塞罗风格。"《拉丁文学和学科的开端》（*Prolusione al Corso di Letteratura Latina*），1893—1894 版，第 18 页。

⑥《论教学秩序》，第 171 页；关于维多里诺对《论演说家》的认真学习，参见《论教学秩序》，第 48 页。

诗歌写作被视为一种技巧①,而良好的散文风格才是一种绝对实用的才能。

四、数学、科学和音乐

在 14 和 15 世纪这一时期,意大利的数学学科地位需要进一步研究。毫无疑问,在与这一评论有关的时代结束时,意大利人把对数学学科的追求与对其他科学的追求一样摆在首要的位置。毫无疑问,15 世纪对文学的极大兴趣,往往会成为正确评价把数学作为学校教学中一门科目的障碍。对于建筑师和航海家来说,数学这门科目始终是他们的职业上的重要科目之一,就如同绘画②对艺术家和建筑家一样,但只有优秀的教师承认它在人文学科中占据最重要的地位。

大约在 1400 年,帕多瓦大学比其他任何大学更多地认同数学这门科目。但是,佩拉卡尼③(Pelacani)的努力工作是通过幸存下来的大量手稿作品来展示的,即使现在大多都未经检验,在这门学科中也没有公开的教授职位。韦杰里乌斯和维多里诺的教育理念都源于帕多瓦,非常重视把几何和天文学以及现在我们应该称之为基础力学的科目列入完整的训练课程中。④ 然而,布鲁尼⑤和埃涅阿斯·西尔维乌斯⑥只把

---

① 《论绅士风度》,第 107 页。我们必须记住,诗歌技巧包含在修辞学的总体范围内。

② 绘画没有被承认属于通识教育的范畴(《论教学秩序》,第 107 页)。它是画家的专门才能。然而,它可能会被视为书法的初步训练,因此值得关注。维吉欧明显倾向于改变人文主义者的一贯判断,反映在埃米里乌斯(Aemilius)明确希望他的儿子学习绘画。《论博雅教育》,第 281 页。格里诺和埃涅阿斯·西尔维乌斯都重视书法。格里诺的亲笔签名是清晰和优雅笔迹的完美范例。

③ 格洛利亚:《帕多瓦的蒙德拉大学》,第 2 卷,第 415—416 页。

④ 《论绅士风度》,第 108 页。有关维多里诺,《论绅士风度》,第 43 页,以及普拉托的萨索罗,瓜斯蒂编:*Saxolus Prat.*,第 64 页。

⑤ 《论绅士风度》,第 126 页。

⑥ 《论绅士风度》,第 156 页。数学属于那些关于自然或外部兴趣的科目,其排名低于涉及品格和行动的更重要的事情。

这些科目列在次要的地位,而格里诺和他的儿子则完全忽视它们。

显然,几何通常是在纯数学领域进行教授,大概是通过欧几里德[①],因为代数几乎没有被提及。欧几里德被明确地视为繁琐的逻辑学的一个更好的替代者,这受到了每一个人文主义者的谴责。对于年轻人的智力来说,由几何提供的严密的演绎推理方面的训练[②]具有重要的价值,因此,这门科目在开始阶段就可能被介绍。它是对草率推论的矫正,并促进养成论证的习惯。它还培养敏锐的观察力。维多里诺把算术、几何和天文组合在一起,将它们看成不仅是我们所拥有的唯一的、确切的知识,而且是明晰思路的最好的刺激物。从算术的学习中,理解力迟缓或精神恍惚的人能够最有效地获得思维敏捷和精力集中的能力,此外,算术以一种很强的自然智力开发其他任何学科都无法开发的更高的实际能力。[③] 几何也有它自己的实用性,因为阿基米德用他的科学延长了锡拉库扎的防御线。[④] 尽管某种有才智的人认为这门科目很有吸引力[⑤],但将太多的精力用于这门科目中的非实际的一面就是一种没有意义的做法。[⑥] 因此,关于普遍原则的通用知识是受过教育的人所必需掌握的全部知识。

至于天文学,我们必须牢记,这门科目在较早几个世纪的普通知识中所填补的更广泛的职责。《神曲》(*La Divina Commedia*)表明,广大的公众熟悉天空的地图和星座的法则。日历、时钟、指南针和地图取代了这种传统知识的很大部分。然而,人文主义教师们在他们的课程中保留了这门科目,更容易地把某些已故的罗马作家作为权威。熟悉天文学对解释古典文学中经常出现的典故,也是必要的。[⑦] 韦杰里乌斯推

---

① 《论绅士风度》,第 43 页(注释)。

② 萨索罗说:如果没有这种训练,就会有担心男孩"在其他学科上永远地漂泊和流浪"的风险;瓜斯蒂编:*Saxolus Prat.*,第 65 页。《歌剧艺术》,第 156 页。

③ 萨索罗(他在数学上是维多里诺的助手)认为,佛罗伦萨人从他们的算术训练中获得了其业务能力,瓜斯蒂编:*Saxolus Prat.*,第 65 页。

④ 《歌剧艺术》,第 156 页以后。

⑤ 《论绅士风度》,第 109 页。

⑥ 引自西塞罗,《歌剧艺术》,第 155 页。

⑦ 《歌剧艺术》,第 156 页。

荐星座、行星、太阳和月亮的知识,迄今为止涉及到它们的运行或会合的法则,作为一种愉快的学习。① 没有确定什么特别的教育目的,但除了其实用价值外,这方面知识的主要价值显然在于它培养了某种敬畏精神,使得心灵不屑于世俗的烦恼。维多里诺紧随韦杰里乌斯之后,虽然我们对他教授这门科目的方法一无所知;埃涅阿斯·西尔维乌斯赞成适度了解这类知识,并且引用一些古典历史事件,其中对日食规律的无知证明了战争中的一个决定性因素。

　　人文主义者对于占星术的态度更容易界定,这具有十分重要的意义。关于这门科目,韦杰里乌斯没有说过一个字,维多里诺摈弃它,布鲁尼藐视它,埃涅阿斯·西尔维乌斯是该领域的人,但并不相信它,但他知道在实际生活中它仍然被迷信的人所敬畏。因此,君主必须了解一些这类知识,而且尽最大可能地利用它。② 对整个占星术知识的第一次大规模的抨击,应归功于彼特拉克。③ 没有人文主义者相信它;而像庇科(Pico)④这样的少数人公开谴责它。在嘲弄这种强大的迷信堡垒的过程中,人文主义对科学真理所做的贡献必须得到承认。

　　意大利文艺复兴时期以对奇怪的动物和植物的极大好奇心而著名,因此,大理石或宝石上的美丽颜色受到十分的珍视。收集这样的稀罕之物是一个城市或一个人出名的标志。这种对自然物体的兴趣与喜爱遥远旅行的故事有关,甚至是受到热情的人文主义者⑤的影响,而且在某种程度上与医学学习有关。因此,发现为了教育目的而推荐的自然史学习⑥是"人类的智慧以及与事物保持一致"(intellectui humano consona atque conformis),或者维多里诺认为这种知识对于"完美的

---

　　①《歌剧艺术》,第 108 页。

　　②《歌剧艺术》,第 156 页。埃涅阿斯·西尔维乌斯赞扬阿方索(Alfonso)藐视占星家,《歌剧艺术》,第 493 页。

　　③《晚年书信集》(*Epist. Sen.*),第 3 卷,第 1 页:(弗拉卡赛提编:《晚年书信集》(*Lettere Senili*),第 1 卷,第 143 页)。

　　④ 庇科(1463—1494),意大利人文主义者。——译者注

　　⑤《歌剧艺术》,第 223 页,注释。

　　⑥ 根据韦杰里乌斯:《论绅士风度》,第 476 页。维多里诺的观点是由普拉蒂纳提供的,《科门亚里奥鲁斯·普拉蒂纳论费尔特雷的维多里诺一生》,第 21 页。

人"(vir perfectus)来说是必不可少的,这并不奇怪。然而,很难了解这种大自然教学进行到何种程度。如果我们扩大一下我们的视野,把伊拉斯谟建议采用的做法包括进来,我们应该不得不承认,"关于气象、植物和动物"(de meteoris, de plantis, de animalibus)的教学仅仅适合于年幼的孩子,因为他们还不能领会更严肃的问题。在这种情况下,通过图片对其用途的阐述是很有趣的。由此表明,在前一世纪,人文主义者在科学科目上的教学方法取得了很小的进步或者根本就没有什么进步。"龙袭击大象的图片被展示。教师说出希腊语的名称,其与拉丁语的名称相同;他给出'elaphantus'(象)这个词的主格和所有格;然后,用希腊语和拉丁语说出象鼻的名称。接着,他描述象牙,并介绍其象牙产品;以及象呼吸的过程。接下来,详细介绍印度龙,用希腊语和拉丁语这两种语言说出它的名称,并指明其阴性形式。老师继续描述两个野兽之间的搏斗,并提供其他的详细情况,这可能是由学生提出的问题联想到的。再者,狩猎的场景将以最有吸引力的方式为教树木、植物、鸟类和动物名称提供机会。"①

现在,有充分的理由相信,这是人文主义者讲授自然科学方法的典型例证。因此,两件事情是显而易见的:一是传授的知识没有鉴赏且琐碎②;二是这种知识主要是有助于学习词汇或理解古代典故。我们可以有信心地说,布鲁尼和格里诺就是以这种观点看待自然历史的;而埃涅阿斯·西尔维乌斯则认为,提醒 10 岁的男孩不要沉醉于"对自然的学习或沉思"(naturalibus studiis et contem-plationibus)是明智的。由于专制的风格蔓延到整个古典教育领域,在临近我们这个时代结束时,由韦杰里乌斯和维多里诺提倡的对自然界的关注受到了冷落。

关于是否应该把音乐和唱歌列入教学科目中,人文主义者的观点是有一些分歧的。人们认识到③,一方面,希腊人尊重音乐和唱歌方面

239

---

① 伊拉斯谟,《歌剧艺术》,第 510 页。

②《论文学学习》,第 129 页:清楚地表明古代作家中的文学权威表达他们关于大自然的观点。

③《论博雅教育》,280 页:"根据古代学者的见解,音乐包含有诗意和智慧……"对这门技艺一无所知的人被认为是"高尚学问最少的人"。

的技艺,认为吟游诗人是上帝的使者,因而拒绝把"完美的人"的尊称授予既不会弹奏也不会唱歌的人。另一方面,意大利人的自尊心几乎不容许公开的感情流露,而且基督教的观点是不愿意屈从于声音的感性魅力。人们还记得,罗马人在是否允许给年轻人教音乐方面的观点也不完全一致。

因为生活主要与行动有关,所以,有人问:教育应该考虑一门既不能开发智慧和判断力也不能培养品行的科目吗?[①] 然而,斯巴达人在严格的限制下,的确是鼓励唱歌的;大卫(David)[②]、格拉古兄弟(Gracchus)[③]、西塞罗,他们所有成就大事的人都练习这种技艺。毕达哥拉斯和苏格拉底也认可它:它被视为一种既激励高尚行为又缓和精神失调的手段。

然而,在实际生活中,人文主义者认为,音乐是一种危险的放纵,除非有特别慎重的防护措施做保障。[④] 维吉欧说:"在音乐教学中,需要最高的警觉性,因为我们看到有这么多前途无量的青年把心灵和性格的所有精力白白浪费在沉湎于无价值的和声学中";萨索罗在维多里诺的孟都亚学校里教这门艺术,他说[⑤],"我们这个时代的流行音乐是肮脏的、无耻的、腐败的且有破坏性的",尽管就其本意来讲,音乐被提供给人们,以便成为人类思想和情感中所有最好的和最高贵的东西的捍卫者和促进者。通常,教唱歌的教师名声不好,他们是下等人,因易受影

---

① 《歌剧艺术》,第 155 页。

② 大卫(公元前 11 世纪末至 10 世纪初),犹太古代半传说性的国王。——译者注

③ 格拉古兄弟,即提比利乌斯·森普罗尼乌斯·格拉古(Tiberius Sempronius Gracchus,约前 169—前 133)和弟弟盖乌斯·森普罗尼乌斯·格拉古(Gaius Sempronius Gracchus,约前 160—前 121),罗马著名的法官和演说家。他们的外祖父是罗马将军大西庇阿。——译者注

④ 《论博雅教育》,280 页:"对音乐特别需要给予照顾";鲍西亚说道:"由于轻浮和懒情,尤其是由于对音乐的忽视,使得情感出现了问题。"《论高尚的教育》,第 113 页。

⑤ 萨索罗,瓜斯蒂编:*Saxolus Prat.*,第 69 页。

响的性格而不能得到人们的信任。① 在《坎佐纳》(Canzone)②中或对鲁特琴(the lute)③的轻而易举的技艺,使得人们半信半疑或引来自负,这对所有严肃的学习习惯是极其有害的。

然而,这一时期的教育家们几乎是无一例外地、有保留地承认音乐。他们似乎特别强调音乐作为一种消遣活动和帮助人们摆脱生活烦恼的价值。④ 但过高的技艺是不可取的⑤,那是专业音乐家的本分。然而,音乐这门科目应该在所要求的范围内教好。⑥ 弦琴乐器居先,因为用手指弹奏比因吹奏而使容貌变形显得更为庄严。因此,各种形式的小提琴和更大且更复杂的"大键琴"(clavicembalo)⑦是公认的乐器。⑧在唱歌时,独唱先于合唱。在唱歌和乐器音乐都有时,只允许演奏较严肃的旋律,就像哲学家会赞扬具有明确教育意义的建议一样。⑨ 伴随着音乐跳舞,显然是得到维多里诺赞许的,尽管在这一点上他与韦杰里乌斯的观点有所不同,而且与鲍西亚的观点也不同,其在我们这个时代快要结束时的写作时,认为这种行为与绅士的身份不相称。然而,这种判

241

---

① 《歌剧艺术》,第 989 页:"如果教师没有发现自己的缺点。

② 《坎佐纳》,是一部最早的器乐作品。它出现于 16 世纪 20 年代,最初是由法国尚松(Chanson de Geste)移植或改编的,而且都是为管风琴而作的。——译者注

③ 鲁特琴,亦称琉特琴,是一种曲颈拨弦乐器。这个词一般主要指中世纪到巴洛克时期在欧洲使用的一类古乐器的总称,是文艺复兴时期欧洲最最风靡的家庭独奏乐器。——译者注

④ 《论博雅教育》,280 页:"在安逸的生活中会直接使人蜕退";《论绅士风度》,第117 页。

⑤ 《歌剧艺术》,第 989 页:"没有……学习如何避免的知识。"《论博雅教育》,第302 页:维吉欧认为,这不值得,因为一个女孩"需要希腊语和拉丁语的知识、弹奏弦琴和良好的优雅举止"。他宁愿这个女孩根本不会唱歌或跳舞。

⑥ 关于维多里诺的观点,普拉蒂纳:《科门亚里奥鲁斯·普拉蒂纳论费尔特雷的维多里诺一生》,第 19 页:"教师通过赞美诗和抒情诗来进行培养,因为这是最恰当的方法;用这种方法在这方面和其他方面模仿阿提克,但一定要注意唤起和谐和协调,并表现出良好的和纯洁的美德。"

⑦ 大键琴,一种盛行于 16 至 18 世纪间的键盘乐器。——译者注

⑧ 布克哈特:《意大利的文艺复兴》,第 392 页。

⑨ 无需说,苏格拉底的和声学的特征以及它们对性格的影响,存在于所有人文主义者的脑海中。

断与那个时代的社会舆论是不相符的。因为如果要培养优雅和谦逊的行为举止,那么端庄和优雅的跳舞就是一种很重要的技艺。

五、道德教育和宗教教育

关于道德和宗教教育可能要补充几句话,主要是对以上说过的道德哲学的训练和学习进行补充。① 通过回顾可以知道,人文主义教师强调最多的美德是崇敬、自制、谦虚和诚实。在这种情况下,特殊的品质需要被灌输,例如,告诫君主要宽厚和谦卑,或者警告宫廷官员不能搞阴谋诡计。②

我们发现,维多里诺和格里诺都坚持每天去做礼拜;维多里诺还敦促他的年龄大的学生按时作忏悔和接受圣餐。所有论述教育的作家毫无例外地强调宗教仪式以及尊重教会教义和条令的责任。然而,对于那些伟大的教师们来说,规章条例在他们的宗教教育中是最不重要的组成部分。

不能过于强烈地肯定,熟悉维多里诺和格里诺的实际工作以及韦杰里乌斯③和维吉欧的目的,就揭示了贯穿其整个教育实践中的完全真诚的宗教信念。维多里诺的伟大成就,在于促成了基督教生活和人文主义理想之间的和解。在这一方面,他被其他教师追随着,尽管很少有相同的坚定不移的坚持。④ 维多里诺把人文主义教育看作是对基督教公民的培养,这是对隐藏在维多里诺方法之下的动机的公正描述。他

---

① 《意大利的文艺复兴》,第 204 页和第 221 页。

② 关于格里诺:萨巴蒂尼:《格里诺的生平》,第 103 页。格里诺为利奥奈洛翻译了一本伊索克拉底的著作,论述君王职责是王子职责的向导。格里诺写给他的儿子杰罗姆(Jerome)关于他在那不勒斯官廷的品行的信,罗斯米尼:《格里诺》,第 1 卷,第 119 页。

③ 关于韦杰里乌斯,《格里诺的生平》,第 15 页;关于维多里诺,《格里诺的生平》,第 27 页。

④ 《歌剧艺术》,第 141 页,以某种不同的理由支持人文主义者的学习,即异教文学本身就有一种潜在的宗教精神。

自己在学校的宗教教育中起着榜样作用,通过演说、通过私人谈话、以及最重要的是通过他自己的榜样,他充分运用他个人性格的力量在学生一生中最关键的几年里影响他们。对于贫困的和遭受苦难的学生,维多里诺明确鼓励他们要有责任感,永远不要忘记他的公民义务以及宗教制裁。对于君主和宫廷成员,他让他们特别铭记他们自己身份的职责,用《圣经》和古代道德家来坚定他们的信念。他在塞西莉亚决定去当修女这件事情中的作用前面已经提及过。用《圣经》和古代经典不断灌输敬爱父母和长辈、敬爱学习和美德、尊重日常生活中的高尚礼仪,以及任何不虔诚的失误或亵渎语言都要受到严厉的惩罚。

毫无疑问,维多里诺是一个特别优秀的人,他的可爱性格以及在供养由他照顾的贫困学生方面所做出的个人牺牲使他具有了特别的影响力。但是,毕竟他的方法描绘了我们发现在当时的所有论文里都提出的理想:尽管我们可以完全相信在实践中并没有多少教师达到如此高的水平。年轻的威尼斯贵族弗朗西斯科·巴巴罗强调同样的主旨,当时他极力主张灌输对上帝和家庭的崇敬是一切教育的基础;要确保这一点,家长和教师的榜样是非常必要的。

在崇敬之后,自制能力最强烈地吸引着文艺复兴时期的教师。在所有关注的问题中,身体的节制被认为是真正的行为规范,符合身体天赋本身的利益。对于身体骨骼来说,没有暗示是禁欲主义的蔑视。相反,身体健康、柔软性以及尊贵一直是真正的人文主义教育家所考虑的问题,他们牢记古老的惩戒肉欲的思想,不赞成中世纪教士的身体无价值的观念。

通过说教方法和文学实例论述生活的正确原则,的确是很容易的。就埃涅阿斯·西尔维乌斯来讲,我们有意识——合理地——对罗马道德老生常谈,而非深切的个人真诚。但是,在最好的学校实践中,与维多里诺和格里诺这类教师的密切交流,加上经常性的游戏、运动和武术训练对健康的道德标准形成了最可靠的保护。

使有意识的个人突出这个人文主义理想与在教育论文[1]中强调的

243

---

① 例如,由巴巴罗写的《论妻子》,第 32 页。

244　虚心和自我谦逊的美德保持一致,似乎是更困难的。但是,我们必须记住,任何地方都不像 15 世纪的意大利那样如此迅速和如此势不可挡地处罚草率的或无根据的自作主张。在年轻人的训练方面,教育孩子应在长辈面前保持沉默,在客人面前他们应克制住不提问题①,他们的着装和举止不应引人注目,这是父母和老师的责任,同时也被视为最卓越的一种标志。真实的职责也禁止吹嘘或夸大以及在演说和写作中所有形式的炫耀;使用隐喻和奔放的想象力都是不恰当的。在交谈中的执拗、敌意或用词不当被谴责为一种鲁莽的脾气。② 认识到无知而下决心要做得更好,意识到权力但却有节制地显示它,这是有可能实现个人突出的性情的标志,在数年之后这一点也没有必要隐瞒了。

六、体育

　　不能忘记,从某一个方面讲,早期的人文主义教育就是青年的优雅举止发展和军事训练,这是上一世纪的特点。人文主义教育理想不是这座自由城市的成果或这所大学的成果,而是宫廷的成果。威尼斯、佛罗伦萨、帕多瓦都有学校,其在 15 世纪初的几十年里处处洋溢着人文主义精神。但正如我们所知道的,这样的学校是尝试性的,而且的确部分实现了它们的创始人的目标。只有在像孟都亚或费拉拉这样的宫廷里,人文主义才能展示其完整的教育理想。其中一个原因在于这个事245　实,即在那里他们才能得到体育方面的自由机会和鼓励。

　　从韦杰里乌斯的论文中,我们看到,文学训练和军事训练之间的区别得到明确的承认。任何一种训练都是值得称赞的,两种形式的结合对于一个有地位的人来说就是理想的教育。但是,即使在宫廷学校里,也有很大的班级——城镇居民的孩子和私人领地的青年——军事生涯

---

① 无论如何,这并不意味着,在学校里的强烈的好奇心不被当作智慧的标志,而且得到更有智慧的老师的鼓励。维多里诺对这种品质的评价高于对记忆力的评价,所以,通常被公认是优秀的标志。

② 《歌剧艺术》,第 144 页。

对他们没有任何吸引力。维多里诺首次运用完整的古代的训练概念①，为他们设计了系统的自然教学方法。从一开始，耐寒习惯的培养不仅奠定了健康的基础，而且使男孩们习惯了经常性的劳累。注意慢慢地增加身体耐受度，这是一种需要仔细观察每个儿童的责任。② 授课因有规律的和自由的间歇而中断，进行自发活动③，这被要求在所有的时间里不应少于 2 个小时。坏脾气的习性、性格孤僻的习惯以及不参加游戏的意愿都被坚决制止。在年幼儿童的户外游戏中，各种形式的球类运动④被看作是最有价值的；其次是跑步和跳跃，作为强制的有活力的活动。跳舞尽管有许多好处，但经常受到谴责：在一定程度上，这似乎是因为它让男孩们熟悉了较轻松和不够刺激的影响。10 岁以后，需要定期的技能训练的运动和锻炼，例如，射箭、击剑、弹弓的使用和初步的军事训练。⑤ 竞争应该得到鼓励，因出色的速度和耐力而受到奖赏。使用武器的技能作为公民义务的必要训练应该得到培养，因为每个公民都可能要在保卫公共自由和独立中尽他的职责。⑥

为了培养有男子汉气概和优雅的举止习惯，其作为卓越的外部标志⑦而受到格外的重视，因此，设计了专门的训练。对于在社会上有高雅举止的男孩来说，没有任何一个人文主义者会忽视这些好处，具体表现在以轻松和优雅的方式走路、坐着或站立。维多里诺很可能是第一个带着这种明显的目的把体操作为一种艺术来教授，认为为了其自身

246

---

① 布克哈特：《意大利的文艺复兴》，第 389 页，以及萨巴蒂尼：《格里诺的生平》，第 102 页。他们两人都同意维多里诺一般给予体育以特殊的地位，尤其是精心设计的体操。

②《论绅士风度》，第 114 页。《论博雅教育》，第 281 页。

③ 鲍西亚：《论高尚的教育》，第 111 页。

④《论博雅教育》，第 286 页："儿童愿意玩高尚的球类游戏。"球类游戏包括足球、扔球与接球："三角球"（trigonalis pila）这个词仍然很晦涩。《论高尚的教育》，第 111 页，鲍西亚反对让出身名门的青年玩"粗鲁的和庸俗的游戏"。格里诺呼吁亚历山大和斯凯沃拉（Scaevola）的先例，他们非常喜欢球类游戏。

⑤《论高尚的教育》，第 113 页。

⑥《论博雅教育》，第 282 页："这是极其必要的学习。"

⑦《歌剧艺术》，第 137 页以后。

利益应该坚持不懈地练习,除了军事训练或单纯的娱乐。① 因此,在他那个时代之后,体操被列入意大利更高层次的教育中。格里诺在费拉拉模仿维多里诺的做法,虽然也许不如他那么坚持。对于士兵来说,骑马和游泳被认为是必不可少的,而且对于每一个人来说也是有用的才能。格里诺关于游泳的论点是非常独特的:"作为一门艺术,游泳使肌肉具有弹性;它增加了另外一种身体力量,因为通过它一个人不再仅仅是陆地上的居民。更重要的是,要记住有多少杰出人士曾经是游泳健将。这里提及霍雷休斯·科克莱斯(Horatius Cocles)②、亚历山大和凯撒就足够了。马其顿人的轻率行为的故事,将提醒利奥奈洛(Leonello)洗澡时要十分小心。狩猎作为培养耐力和勇气的运动,在有机会的地方被提出建议。

对于年龄更大一点的学生来说,安静的娱乐活动可能富有魅力。例如散步③,特别是在晴朗的日子里,在优美的风景中或在海边,和可爱的同伴一起骑马、钓鱼、鹰猎和捕捉小鸟。然而,后一种是成年人的消遣方式,而非年轻而有朝气的运动。

人文主义教师所拥有的目标,其观点可能在个人与个人之间稍有不同。维护健康④和保证心理活动尽可能地自由和朝气蓬勃,在这些目标中无疑是最重要的。其次,在人文主义教育的较早期阶段,实际获得的身体能力是个人卓越的一个不可缺少的因素。然而,这并不是说,这些都要"像运动员那样"(in morem athletarum)去追求;一种专业技能意味着,对人类机能毕竟是最不重要的方面的一种无价值的强调。但是,游戏作为一种健康道德的促进因素的价值⑤,以及作为一种手段防

---

① 萨巴蒂尼:《格里诺的生平》,第 103 页。

② 霍雷休斯·科克莱斯(约活动于公元前 6 世纪前后),古罗马传说中的英雄。相传他与另外两名志愿者在台伯河唯一的木桥上奋勇抵抗入侵的敌军,让其他人得以安全撤退。——译者注

③《论博雅教育》,第 287 页。格里诺和鲍西亚亦是如此。

④《论博雅教育》,第 281 页:"激励和尊重亲密的友谊。"对一个男孩来说,"凶暴的和沮丧的仪表"是不合适的,因此,它最好从户外运动中废除。《论博雅教育》,第 283 页。

⑤《论博雅教育》,第 283 页。

止放纵、卑鄙和对他人的利益与幸福持自私的冷漠态度的价值,很可能是实践的教师在 15 世纪就如在今天一样最认真考虑的论点。

七、人文主义与女孩教育

人们常常说,在对女孩的教育中,人文主义者设想了与对男孩提出的相同的学识标准和科目范围。然而,至于它应用于我们这个时代,这还需要某种条件。

这种区别似乎在教育内容上的差异,没有在修改后的强调其中某些元素的差异大。人文主义者在女性地位上没有尝试过任何大的变革。家庭、社交生活、养育子女、慈善和宗教义务,仍然是她们的最重要职责。毫无疑问,有一种新的元素出现,即智力卓越的元素,布鲁尼或维吉欧的理想妻子是比阿尔贝蒂的著名书籍①中描述的家庭妇女更有趣的人物。所以,像对待男孩那样对待女孩,这种"卓越"只能通过文学训练才能达到。②

248

宗教的惯例和井然有序的生活的例子,是一个女性最关心的问题。③ 无论是布鲁尼还是维吉欧,都十分强调女性在这方面的训练。但是,在学习上,她总是把同样的目标摆在她自己面前。因为尽管布鲁尼是一个热情的学者,但当他论述阅读对女性很适合时,他从一个特殊的角度看待文学。在学习拉丁文学时,她将会首先转向教父们的文学作品,特别是奥古斯丁和拉克坦提乌斯的作品。④ 这里,人文主义者的独特感觉揭示了它本身。因为这两位作家被赞扬为著名作家和神学家。在当代教士中也许有博士,他们对一个女性的精神生活可能有帮助,但绝对不应该阅读他们的作品,以免她的文学品位被破坏。⑤ 此外,没有

---

① 《家庭制度》(*Il Governo della Famiglia*),这代表了较古老类型的图斯卡式(Tuscan)生活。

② 《论文学学习》,第 123 页以及各处。

③ 《论博雅教育》,第 302 页。

④ 《论博雅教育》,第 124、127 页。

⑤ 《论博雅教育》,第 127 页。

理由把道德戒律的学习限于教会作家,因为像西塞罗和塞内卡这样的作家能够提供美德方面的深刻训诫,随后是对道德原则的适当讨论。然而,这种观点从未被忘记过。学习古代文学的真正目的是培养我们天性中的更高的能力[1],尽管它同时也会为社会地位增添光彩和赋予休闲以尊贵。在古典训练中,某些元素,比如修辞学的微妙之处会被忽略,所以,对作家作品阅读的选择需要判断力。历史对一个女性来说是一门特别合适的科目,但她不会对如此平庸的学科(如算术或几何)太感兴趣,因此,她也不会为占星术所诱惑。[2]

249

一个女孩的教育实际上是一件需要母亲细心监督的事情,因为实际的品行和宗教的性情是最重要的。与举止和性格相比,文学肯定是居于第二位的。尽管如此,因为她在唱歌、运动、跳舞方面的出色可能不会受到鼓励,所以,她会在希腊语和拉丁语的学习中发现智力兴趣。这就是维吉欧的建议[3],他明确地从一个人文主义教士的角度来看教育,因此,他最崇拜的是奥古斯丁和他的母亲莫妮卡(Monica)。除了贡札加家庭外,维多里诺似乎没有接受过任何其他家庭的女儿。然而,塞西莉亚的学识肯定毫不逊色于她的兄弟们,她早期在希腊语上的进步已经提及过[4],这曾使安布鲁吉奥感到非常震惊。

格里诺在维罗纳教学的时候,有两个最热心的学生伊斯塔(Isotta)和吉内娃·诺加罗拉(Ginevra Nogarola)。[5]伊斯塔因她自己的学识而非常出名,像蒙特费尔特罗的巴蒂斯塔一样,她是一个对人文主义者真诚同情的女性。她以散文和诗歌的形式书写漂亮的拉丁语。在她与格里诺的通信中,她引用希腊作家以及古典和现代的拉丁语学者,以严格的人文主义形式处理轶事和说明。但是,伊斯塔的例子向我们证明,社会并不接受一位女性从控制其行为的公认的规则中解放出来的倾向。她给格里诺写信竟会被认为是一个不合适的举动,以至于她处于维罗

---

[1]《论文学学习》,第133页。

[2]《论文学学习》,第126、128页。

[3]《论博雅教育》,第302页。

[4]《论博雅教育》,第50页。

[5] 萨巴蒂尼:《格里诺的生平》,第125页。

纳社会舆论的诅咒之中。因此,尽管一个女性可能是、也的确应该是非常精通教父的、道德家的以及最重要的古代诗人的文学作品;应该书写优雅的拉丁语,如果可能的话也应该书写优雅的希腊语;应该阅读历史;并且应该具有广泛的知识领域可用于社会中的讨论和谈话①,但是,她不能擅自打破一个有地位的女性在道德和社会责任上的惯例。结果,厌倦感可能在一些精力更充沛的人的心中产生,正如我们所知道的,在博学的女性中的其他人意识到她们的宗教直觉和异教文学的吸引力之间的对立。由于这两个原因,再加上在乱世中避难所的需求,可能有助于解释为什么在相当多的情况下人文主义者的动机会在禁欲主义的目的前屈服,以及为什么像伊斯塔、塞西莉亚及她的母亲保拉,还有蒙特费尔特罗的巴蒂斯塔这样有学问的女性当了修女。

最后,显而易见,人文主义文化仅仅被有限的有权势家庭的妻子与女儿所追求和获得。在她们中间,这种现象在佛罗伦萨和威尼斯比在较小的城市里更为普遍。然而,那些名声已传到我们这里的女性肯定是很多人的代表,给我们的印象是在性格上女人味十足,大多具有很强的实际才能。因此,在她们自己那个时代,因她们的高雅和修养得到的尊重不亚于因她们的家庭美德得到的尊重。

---

① 《论文学学习》,第 132 页;以及第 190 页以后。

文献书目

《文艺复兴时期教育研究，1400—1600》

The following list has been compiled to facilitate the identification of the works quoted and referred to in the present volume.

Ady (Mrs H.). *Isabella d'Este*. 2 voll. 8°, London 1903.

Agricola (Rudolph). *De Inventione Dialectica*. Ed. Alardus. 4°. Colon. 1539.

Agricola (Rudolph). *Lucubrationes, tomus posterior*. Ed. Alardus. 4°. Colon. [1539].

Agricola (Rudolph). *Opuscula*. 8°. Louvain 1511.

Agrippa (Henricus Cornelius). *De Nobilitate et Praecellentia feminei sexus*. 8°. Antwerpiae 1529.

Alberti (Leon Battista). *Il Trattato della cura della Famiglia*. See Bonucci (A.).

Alexander De Villa Dei (Grammaticus). *Doctrinale*. Ed. Reichling. 8°. Berlin 1893.

Allen (P. S.). *The Letters of Rudolph Agricola*. In *Eng. Hist. Review*, April 1906. 8°. London 1906.

Allen (P. S). *Opus Epistolarum Des. Erasmi Roterodami denuo recognitum et auctum*. Tom. I. (1484—1514). 8°. Oxford 1906.

Anon. *The Institucion of a Gentleman*. 2nd Ed. 4°. London 1568.

Anon. *Vocabularius Breviloquus*. f°. Argent. 1491.

Arnaud (Car.). *Quid de pueris Instituendis senserit L. Vives*. 8°. Paris 1887.

Ascham (Roger). *The Scholemaster*. Ed. J. E. B. Mayor. 8°. Cambridge 1884.

Barbaro (F.). *De Re Uxoria*. 4°. Paris 1513.

Barlandus (Hadrianus). *Dialogi XLII, ad profligandam è scholis barbariem utilissimi*. 12°. Colon. 1530.

Bassi (Domenico). *Il primo libro della "Vita Civile" di Matteo Palmieri è l' "Institutio Oratoria" di Quintiliano*. In *Giornale Storico della Letteratura Italiana*. xxiii, p. 182 seqq. 8°. Torino 1894.

Benoist (A.). *Quid de puerorum institutione senserit Erasmus*. 8°. Paris 1876.

Bercher (William). *The Nobylytye of Women*. Roxburghe Club. 4°. London 1994.

Berthault (E. A.). *De M. Corderio et creatis apud Protestantes litterarum studiis*. 8°. Paris 1875.

Bezold (F. von). *Rudolf Agricola*. 4°. München 1884.

Biagi (G.). *La Vita privata dei Fiorentini*; in *La Vita Italiana nel Rinascimento*. 8°. Milano 1896.

Bonucci (Anicio). *Opere Volgare di L. B. Alberti*. 5 voll. 8°. Firenze 1843 &c.

Bossert (A.). *De Rud. Agricola Frisio, Litterarum in Germania restitutore*. 8°. Paris 1865.

Bretschneider (C. G.). *Corpus Reformatorum*. 4° and 8°. Halis Sax. 1834.

Bruni (Domenico). *Opera intitolata, Difese delle Donne, nella quale si contengono le difese loro delle calumnie dategli per gli Scrittori*. 8°. Firenze 1552.

Bruni (Lionardo). *De Studiis et Literis*. 8°. [1477].

Bude (Guillaume). *De l'Institution du Prince*. 8°. Paris 1547.

Burckhardt (Jacob). *The civilisation of the Renaissance in Italy*. Translated by S. G. C. Middlemore. 8°. London 1892.

Capella (Galeazzo). *Della Eccellenza et Dignità delle Donne*. 8°. Vinegia 1526.

Castiglione (B.). *Il Cortegiano*. f°. Venezia 1528.

The same. *The Book of the Courtier... done into English by Sir Thomas Hoby*. with introduction by Walter Raleigh. 4°. London 1900.

Cato (Dionysius). *Disticha Moralia*, *cum Scholiis Erasmi*. 4°. Argent. 1521.

Charpenne (Pierre). *Traité d'Education du Cardinal Sadoleto... traduit avee Notes*. 8°. Paris 1855.

Christie (R. C.). *Étienne Dolet*. New ed. 8°. London 1899.

Cittadella (L. Napoleone). *I Guarini*. 8°. Bologna 1870.

Cleland (James). ΗΡΩ-ΠΑΙΔΕΙΑ or *The Institution of a Young Noble man*. 4°. Oxford 1607.

Colluraffi Da Librizzi (A.). *It Nobile Veneto*. 4°. Venetia 1623.

Corderius (Maturinus). *De Corrupti Sermonis Emendatione Libellus*. 8°. Paris 1530.

Corderius (Maturinus). *School-Colloquies*, *English and Latine*, by Charles Hoole, M. A. 8°. London 1657.

Creighton (Mandell). *Historical Essays and Reviews*. 3rd ed. 8°. London 1903.

Despauterius (Joannes). *Rudimenta J. D. in tres partes divisa*. 4°. Paris 1512.

Dolce (Lodovico). *Dialogo della Institution delle Donne*. 8°. Vinegia 1557.

Domenichi (Lodovico). *La Nobiltà delle Donne*. 8°. Ven. 1549.

Domenichi (L.). *La Donna di Corte*. 4°. Lucca 1564.

Dominici (Giovanni). *Regola del Governo di Cura Familiare*. Ed. Salvi. 8°. Fir. 1860.

Einstein (Lewis). *The Italian Renaissance in England*. 8°. New York 1902.

Elyot (Sir Thomas). *The Boke named the Governour*. Ed. H. H. S. Croft. 2 voll. 4°. London 1883.

Elyot (Sir Thomas). *Of the Knowledeg (sic) whiche maketh a Wise Man*. 8°. Lond. 1533.

Erasmus (Desiderius). *Opera omnia... cura f. Clerici*. Io voll. f°. Lugd. Bat. 1703.

Fairbairn (A. M.). *Tendencies of European Thought in the age of the Reformation* (ch. xix. in the *Cambridge Modern History*. vol, ii.). 8°. Cambridge 1904.

Galateo (Antonio). *De Educatione*. In Casotti (Francesco), *Scritti inediti o rari di diversi autori trovati nella provincia d'Otranto e pubblicati con prefazioni ed altre memorie originali da F. C.* 8°. Napoli 1865.

Gaspary (A.). *Storia della Letteratura Italiana*: *trad. da Zingarelli*. 3 voll. 8°. Torino 1887.

Gaullieur (E.). *Histoire du Collēge de Guyenne*. 8°. Paris 1874.

Gaza (Theodore). *Grammaticae Institutionis Liber Primus. Translatus per Erasmum Roterodamum*. 4°. Basileae 1516.

Geiger (L.). *fohann Reuchlin, sein Leben und seine Werke*. 8°. Leipzig 1871.

Geiger (L.). *Renaissance und Humanismus in Deutschland und Italien*. 8°. Berlin 1882.

Gerini (G. B.). *Gli Scrittori Pedagogici Italiani*. 8°. Torino 1896.

Gilbert (Sir Humphrey). *Queene Elizabethes Achademy*. In *Early English Text Society*. (Extra Series) 8°. 1859.

Guarino Da Verona. *Regulae Grammaticales*. 4°. Ven. 1475.

Guarino (Battista). *De ordine docendi et studendi*. 8°. Heidel. 1489.

Guenther （S.）. *Geschichte des mathematischen Unterrichts im deutschen Mittelalter*. 8°. Berlin 1887.

Hartfelder（Dr Karl）. *Melanchthoniana Paedagogica*. 8°. Leipzig 1892.

Hartfelder （Dr Karl）. *Philipp Melanchthon als Praeceptor Germaniae*. 8°. Berlin 1889.

Hartfelder（Dr Karl）. *Unediertc Briefe von Rudolf Agricola*. (Festschirft zum Heidelb. Jubil.) 4°. Karls. 1886.

Heyden（Sebaldus）. *Formulae puerilium colloquiorum pro primis Tyronibus Sebaldinae scholae Norimbergae*. 12°. Aug. Vindel. 1530.

Huarte（Juan）. *Essamina degl' ingegni degli Huomini*. （From the Spanish.）8°. Venet. 1603.

Humfrey（Dr Laurence）. *The Nobles. or Of Nobility... lately Englished*. 8°. London 1563.

Jebb（R.C.）. *The Classical Renaissance*（ch. xvi. in the *Cambridge Modern History* vol. i.）. 8°. Cambridge 1902.

Jebb（R.C.）. *Erasmus*（Rede Lecture，1890），2nd edition. 8°. Camb. 1897.

Joly（A.）. *Etude sur J. Sadolet*. 8°. Caen 1856.

Kan（Dr I. B.）. *Erasmiani Gymnasii Programma*，1894. 4°. Roter. 1894.

Lacasa（G. de）*Il Galateo*. In *Rime e Prose*. 4° Ven 1588.

Luther（M.）. *An den Christlichen Adel deutscher Nation*. Ed. Benrath. 8°. Halle 1884.

Luzio（A.）and Renier（R）. *I Filelfo e l' Umanismo alla Corte dei Gonzaga*. In *Giornale Storico della Letteratura Italiana*，vol. xvi. （1890），p. 119.

Luzio (A.) and RENIER(R.). *Il Platina e i Gonzaga*. In *Giornale Storico della Letteratura Italiana*. vol. xiii. 1889.

Mancini (Girolamo Maria). *Vita di L. Battista Alberti*. 8°. Firenze 1882.

Mancini (G. M.). *Vita di Lorenzo Valla*. 8°. Firenze 1891.

Massebieau (Louis). *Schola Aquitanica*, *programme d'Études du Collége de Guyenne au xui* Siècle*. 8°. Paris 1886.

Massebieau (Louis). *Les Colloques Scolaires*. 8°. Paris 1878.

Melanchthon (P.). See BRETSCHNEIDER and HARTFELDER.

Messeri (Antonio). *Matteo Palmieri*. In *Archivio Storico Italiano*. 8°. Torino 1894.

Monroe (Paul). *Thomas Platter and the Educational Renaissance of the xvi century*. 8°. New York 1904.

Morneweg (Karl). *fohann von Dalberg*. 8°. Heidelberg 1887.

Mueller (Joh). *Vor-und friihreformatorische Schulordnungen und Schulverträge in Deutscher und Niederländischer Sprache*. 8°. Zschopau 1885.

Namèche (A. J.). *Mèmoire sur la vie et les ouvrages de L. Vivès*. 4°. Bruxelles 1842.

Nolhac (P. de). *Pétrarque et l'humanisme*. 8°. Paris 1892.

Nichols (F. M.). *The Epistles of Erasmus. from his earlest letters to his fifty-first year*. Voll. i. and ii. 8°. London 1901—4.

Palmieri (Matteo). *Libro della Vita Civile*. 8°. Firenze 1529.

Patrizi (Francesco), Bp. of Gaeta. *De Regno et Regis Institutione*. 8°. Paris 1567.

Patrizi (Francesco), Bp. of Gaeta. *Discorsi... sopra alle cose appartenenti ad una città libera trad. da G. Fabrini* [from the De Inst. Reipublicae]. 8°. Vinegia 1545.

Paulsen (Dr F.). *Geschichte des gelehrten Unterrichts auf den deutschen Schulen* etc. , Zweite Auf. 2 voll. Leipzig 1896.

Paulsen (F.). *The German Universities and University Study*. Eng. trans. , with preface by M. E. Sadler. 8°. London 1906.

Perottus (Nicolaus). *Rudimenta Grammatices*. 4°. s. l. s. a. ; 1471.

Pfeiffer (Dr Franz). *Rudolf Agricola*. In *Serapeum* X. 97. 113. 8°. Leipzig 1849.

Piccolomini (Alessandro). *De la Institutione di tutta la Vita de l'Huomo nato nobile e in Città libera*, *libri X*. 12°. (no place) 1543.

Primaudaye (P. de la). *The French Academie*, *wherein is discoursed the Institution of Maners*. Translated by T. Beard. 3rd ed. 4°. London 1594.

Puech (E.). *Maturin Cordier*. 8°. Montauban 1896.

Rebitté(D.). *Budé restaurateur des études Grecques*. 8°. Paris 1846.

Reichling (D.). *Johannes Murmellius*. 8°. Freib. im Breisgau 1880.

Romei (Il Conte Annibale, gentil'huomo Ferrarese). *Discorsi... divisi in Sette Giornate*. 4°. Verona 1586.

[Englished as "The Courtier's Academie," by J. K. London 1598.]

Rösler (A.). *Kard. Joh, Dominicis Erziehungslehre*. 8°. Freib. 1894.

Sabbadini (R.). *La Scuola e gli Studi di Guarino Guarini Veronese*. 8°. Catania 1896.

Sabbadini (R.). *La Vita di Guarino Veronese*. 8°. Genova 1891.

Sadoletus (J.). *Opera quae exstant omnia*. 4 voll. 4°. Veronae 1738.

Sandys (John Edwin). *Harvard Lectures on the Revival of Learning*. 8°. Cambridge 1905.

Sandys (J. E.). *A History of Classical Scholarship*. 2 voll. 8°. Camb. 1903, etc.

Schmid (Dr Karl A.). *Geschichte der Erziehung vom Anfang an bis auf unsere Zeit*. 5 voll. Stuttgart 1844—1892.

Schmidt (Charles). *La vie et les travaux de Jean Sturm*. 8°. Strasbourg 1855.

Serapeum. Zeitschrift für Bibliothekswissenschaft; herausgegeben von Dr Robert Naumann. 3 I voll. 8°. Leipzig 1840—1870.

Thibaut (F.). Quid de Puellis instituendis senserit Vives. 8°. Paris 1888.

Tilley (Arthur). Literalure of the French Renaissance. 2 voll. 8°. Cambridge 1904.

Tresling (T. P.). Vita et Merita Rudolphi Agricolae. 8°. Groningae 1830.

Triwunatz (Dr Milosch). Guillaume Budé's "De l'Institution du Prince." 8°. Leipzig 1903.

Vegius (Mapheus). De Educatione puerorum et eorum Claris Moribus libri sex. 4°. Mediol. 1491.

Veil (Dr Heinrich). Zum Gedächtnis Johannes Sturms. In Festschrift des Protest. Gymnasiums zu Strassburg. 8°. Strassb. 1888.

Vergerius (P. P.). De Ingenuis Moribus. 4°. Ven. (?)1470.

Voigt (G.) Die Wiederbelebung des Classischen Alterthums. 2te Ausg. 2 voll. 8°. Berlin 1893.

Watson (Foster). Cordier. In School Review (of Chicago). vol. xii. 8°. Chicago 1904.

Woodward (W. H.). Desiderius Erasmus concerning the aim and method of Education. 8°. Camb. 1994.

Woodward (W. H.) Vittorino da Feltre and other Humanist Educators. 8°. Camb. 1905.

Wotton (Sir Henry). A Philosophicall Surveigh of Education. or Moral Architecture, by Henry Wotton, Kt., Provost of Eton College. [Fist published in Reliquiae Wottonianae.] 12°. Lond. 1651.

《维多里诺与其他人文主义教育家》

The following List has been compiled to facilitate the

identification of and refercnce to the works actually quoted in the text and notes of the present volume. It in no way represents the whole body of available authorities nor of those which have been consulted for the purposes of this work.

Adda (Marquis Gerolamo d'). *Indagini storiche, artistiche e bibliografiche. sulla Libreria Visconteo. Sforzesca del Castello di Pavia*, parte i. 8°. Milano 1875.

Alexander De Villa Dei. *Das Doctrinale des Alexander de Villa Dei*: kritisch-exegetische Ausg. , bearbeitet von Dietrich Reichling (*Monumenta Germaniae Paedagogica*, Bd. xii). 8°. Berlin 1893.

Antognoni (Oreste). *Appunti e memorie*. 8°. Imola 1889.
[Literary essays, including one on "Vittorino da Feltre e un suo biografo" (F. Prendilacqua).]

Bandini (Angelo Maria). *Catalogus Codicum Latinorum Bibliothecne Mediceae Laurentianae*. 3 voll. fol. Florentiae 1774.

Bandini (Angelo Maria). *Catalogus codicum manuscriptorum Bibliothecae Mdiceae Laurentianae, varia continens opera Graecorum patrum*. 3 voll. fol. Florentiae 1764—70.

Barbaro (Francesco). *De re uxoria* libelli duo [with two letters commendatory of the work by Poggio Bracciolini and P. Vergerius. Edited by A. Tiraquellus]. 4°. In aedibus Ascensianis: [Parisiis] 1513.

Benoist (A.). *Quid de puerorum institutione senserit Erasmus*. 8°. Parisiis 1876.

Bernardi (Jacopo). *Vittorino da Feltre e suo metodo educativo*. 12°. Pinerolo 1856.

Bisticci (Vespasiano da). *Vite di uomini illustri del secolo* xv... rivedute sui manoscritti da Ludovico Frati. 3 voll. 8°. Bologna 1892.

Borsa (Mario). *Pier Candido Decembri e Umanismo in Lombardia* (in

Archivio Storico Lombardo, Mar. 1893). 8°. Milano 1893.

Botfield (Beriah). *Praefationes et Epistolae Editionibus Principibus anctorum veterum praepositae*. 4°. Cantabr. 1861.

Bruni (Lionardo) Aretino. *De studiis et literis*. 8°. Parisiis 1642.

Burckhardt (Jacob). *The Civilisation of the period of the Renaissance in Italy*, trans. by S. G. C. Middlemore. 8°. London 1892.

Castiglione (Francesco di). [A biographical fragment upon Vittorino da Feltre quoted in the *Vita Ambrosii* prefixed to *Ambrosii Traversarii Epistolae*, ed. L. Mehus, q. v.]

Castiglione (Count Baldassare). *Il Cortegiano*; *or the Courtier*: written by B. Castiglione, and a new version of the same into English... To which is prefix'd the *Life of the author* by A. P. Castiglione. 4°. London 1727. [Italian and English text.]

Clerval (L'Abbé A.). *Les Écoles de Chartres au moyen-âge dn v au Ⅹ Ⅵ' siècle*. (*Mémoires de la Société Archéologique d'Eure-et-Loire. tome Ⅺ*). 8°. Chartres 1895.

Colle (F. M.). *Storia scientifico-letteraria dello Studio di Padova*. 3 voll. 4°. Padova 1824.

Combi (Carlo A.). See under 'Vergerius, P. P.'

Cortesius (Paulus). *De Hominibus Doctis*. [in P. Villani *Liber de Civitatis Florentiae famosis civibus*]. 4°. Flor. 1847.

Davari (Stefano). *Notizie Storiche intorno allo Studio Publico ed ai Maestri del Secolo ⅩⅤ e ⅩⅤⅠ che tennero scuola in Mantova*. 8° Mantova 1876.

Dennistoun (Jas.). *Memoirs of the Dukes of Urbino*. 3 voll. 8°. Lond. 1851.

Dominici (Giovanni). *Regola del Governo di Cura Familiare. Testo*... illustrato con note dal Prof. Donato Salvi. 8°. Firenze 1860.

Erasmus (Desiderius). *Opera omnia*, *emendatiora et auctiora*: cura J.

Clerici. 10 voll. fol. Lugd. Bat. 1703—6.

Fabricius (Joannes Albertus). *Bibliotheca Latina Mediae et Infimae Aetatis*. Ed. J. D. Mansi. 6 voll. 4°. Patav. 1754.

Filelfo (Francesco). *Exercitatiunculae Latinae et Italicae*. (Hain-Copinger 12,957.) 4°. Mediol. 1483.

Fioretto (Giovanni). *Gli Umanisti, o lo studio del Latino e del Greco nel secolo XV in Italia*. 8°. Verona 1881.

Gaspary (Adolf). *Storia della Letteratura Italiana* [a translation into Italian of '*Geschichte der italienischen Literatur.*' Berlin 1855]. 2 voll. 8°. Torino 1889.

Gaza (Theodore). *Grammaticae Institutionis liber primus*, sic translatus per Erasmum Roterodamum. 4°. Basil. 1516.

Gebhart (Émile). *Les origines de la Renaissance en Italie*. 8°. Paris 1879.

Gherardi (Alessandro). *Staluti della Universilà e Studio Fiorentino dall' anno* MCCCLXXXVII *seguiti da un' appendice di documcnti dal* MCCCXX *al* MCCCCLXXII *pubblicati da A. Gherardi*. fol. Firenze 1881.

Giovio (Paolo). *Elogin veris clarorum virorum imaginibus apposita*. fol. Venetiis 1546.

Gloria (Andrea). *Monumenti della Università di Padua*. 3 voll. 4°. Venezia 1884—88.

Guarino, Battista. *De Ordine Docendi et Studendi*. 4°. s. l. et a. [? Modena, 1496], (Hain 8129).

Guarino Veronese. *Erotemata Guarini* [an abridged Latin version of Τὰ ἐρωτήματα of M. Chrysoloras]. Venetiis 1512.

Guarino Veronese. *Regulae Guarini*. 4°. s. l. et a. [? Bologna 1475].

Guasti (Cesare). *Intorno alla Vita e all' insegnamento di Vittorino da Fcltre*, lettere di Sassolo Pratese volgarizzate. [With emended Latin text.] 8°. Firenze 1869.

Hody （Humphrey）. *De Grcecis illustribus linguae literarum humaniorum instauratoribus*. 8°. Londini 1742.

Ianus Pannonius. *Silva Panegyrica ad Guarinum Veronensem praeceptorem suum* ［*in Iani Pannonii Opera*］. 8°. Traiecti ad Rhenum 1784.

Index Bibliothecae Mediceae ［1536］. 8°. s. l. et a.［Florentiae，1883］.

Klette （Theodor）. *Beiträge zur Geshichte und Litteratur der italienischen Gelehrtenrenaissance*. 3 voll. 8°. Greifswald 1888—90.

　（ⅰ）Johannes Conversanus und Johannes Malpaghini von Ravenna.

　（ⅱ）Leonardi Aretini ad Petrum Paulum Istrum Dialogus.

　（ⅲ）Die griechischen Briefe des Franciskus Philelphus.

Legrand （Émile）. *Cent-dix lettres grecques de Franqois Filelfo* (d'après le Codex Trivulzianus 873). 8°. Paris 1892.

Legrand（Émile）. *Bibliographie Hellénique，ou description raisonnée desouvrages publiés en grepar les Grecs aux* ⅩⅤ* e et* ⅩⅥ* e siècles*. 2 voll. 8°. Paris 1885.

Luzio （Alessandro）. *Cinque Lettere di Vittorino da Feltre* ［in *Archivio Vento*，t. xxxvi.］. Venezia 1888.

Mancini. *Vita di Lorenzo Valla*. 8°. Firenze 1891.

Manetti (Giannozzo). *Chronicon Pistoriense a condita urbe，usque ad annum* MCCCCXLVI［in Muratori （L. A.）*Rerum Italicarum Scriptores*，tom. xix. p. 985 sqq.］fol. Mediolani 1731.

Martène （Edmond）&.DURAND（Ursin）. *Veterum scriptorum et monumentorum，historicorum，dogmaticorum，moralium，amplissima collectio*. 9 voll. fol. Parisiis 1724—33.

Mazzuchelli (Giovanni Maria). *Gli Scrittori d' Italia*. 2 voll. fol. Brescia 1753—6.

Mehus (Lorenzo). *A. Traversarii... Latinae Epistolae... Adcedit*

Eiusdem Ambrosii Vita. fol. Florentiae 1759.

Mittarelli （ Johannes Benedictus ）. *Bibliotheca Codicum Manuscriptorum Monasterii S. Michaelis Venetiarum*. fol. Venetiis 1779.

Mullinger （James Bass）. *The University of Cambridge from the earliest times to the royal injunctions of* 1535. 8°. Cambridge 1873.

Nolhac （Pierre de）. *La bibliothèque de Fulvio Orsini: contributions à l'histoire des collections d'Italie et à l'étude de la Renaissance*. 8°. Paris 1887.

Nolhac （Pierre de）. *Pétrarque et l'humanisme*. 8°. Paris 1892.

Novati （F.）. *Il Epistolario di C. Salutati*, a cura di F. Novati. 2 voll. 8°. Firenze 1891.

Ognibene Da Lonigo ［ Ommbonus Leonicenus ］. *Grammaticae libellus...［sive］ de octo partibus or ［ati］ onis liber*. 4°. Per Jacobū Gallicū: ［Venetiis］ 1473. （Dedicated to Fredericus de Gonzaga.）

Paglia （Enrico）. *La casa Giocosa di Vittorino da Feltre in Mantova* （in *Archivio Storico Lombardo*, 1884）. 8°. Milano 1884.

Perottus （Nicolaus）. *Rudimenta Grammatices*. fol. Romae 1473.

Petrarca （Francesco）. *De viris Illustribus Vitae*, ed. Luigi Razzolini: ［with Italian version of Donato da Pratovecchio］. 2 voll. Bologna, 1874, 1879.

Petrarca （Francesco）. *Epistolae de rebus familiaribus et variae*,... studio et cura I. Fracassetti. 3 voll. 8°. Florentiae 1859—63.

Petrarca （Francesco）. *Lettere senili*... volgarizzate e dichiarate con note da G. Fracassetti. 2 voll. 12°. Firenze 1869—70.

Piccolomini （Enea Silvio）, Pope Pius II. *De liberorum educatione*, ad Ladislaum Ungariae et Bohemiae regem ［in En. Sylvii *Opera*, p. 965］. fol. Basileae 1551.

Platina （Bartholomaeus）. *Commentariolus Platinae de vita Victorini*

Feltrensis, ex codice Vaticano [in Vairani, q. v.].

Porcia (Jacopo di), Comes Purliliarum. *De generosa liberorum educatione*, ed. J. Alenus Cremonensis. 12°. Basil. 1541.

Porcia (Jacopo di), [Comes Purliliarum]. *Opus Epistolarum familiarum*. fol. [? Venetiis 1540].

Prendilacqua (Francesco). *Intorno alla vita di Vittorino da Feltre. Dialogo...* tradotto e annotato dal professore Gius. Brambilla. 8°. Como 1871.

Racki (Franjo). Ivan Ravenjanin (in *Rad fugoslavenske Akademije*, lxxiv.). 8°. Agram 1885.

Rashdall (Hastings). *The Universities of Europe in the Middle Ages*. 2 voll. 8°. Oxford 1895.

Reumont (Alfred von). *Lorenzo de' Medici, the Magnificent...* translated from the German by R. Harrison. 2 voll. 8°. London 1876.

Rosmini (Carlo de'). *Idea dell' ottimo precettore nella vita e disciplina di Vittorino da Feltre e de' suoi discepoli*. 8°. Bassano 1801.

Rosmini (Carlo de'). *Vita e disciplina di Guarino Veronese, e de' suoi discepoli*. 3 voll. 4°. Brescia 1805—6.

Rossi (Giuseppe). *Niccolò di Cusa*. 8°. Pisa 1894.

Sabbadini (Remigio). *Briciole Umanistiche* (in *Giornale Storico della Letteratura Italiana*, xviii.). 8°. Torino 1891.

Sabbadini (Remigio). *Briefe des Guarino von Verona* (*Vierteljahrsschrift fiir Kultur und Litteratur der Renaissance* I. p. 103). 8°. Leipzig 1886.

Sabbadini (Remigio). *Codici Latini posseduti, scoperti, illustrati da Guarino Veronese* (in *Museo Italiano di Antichità Classica*, II. ii.). Firenze 1887.

Sabbadini (Remigio). *Della Biblioteca di Giovanni Corvini* (in *Museo*

Italico d' Antichità Classica, I. iii.) Firenze 1888.

Sabbadini (Remigio). *Epistolario di Guarino Veronese*. 8°. Salerno 1885.

Sabbadini (Remigio). *Guarino Veronese e le opere retoriche di Cicerone*. 8°. Livorno 1885.

Sabbadini (Remigio). *Lettere inedite di Ognibene da Lonigo*, con una breve biografia. Lonigo 1880.

Sabbadini (Remigio). *L'ultimo ventennio della vita di Manuele Crisolora*, 1396—1415 (in *Giornale Ligustico*, ann. xvii. , 1890).

Sabbadini (Remigio). *Notizie sulla vita e gli scritti di alcuni dotti Umanisti del Secolo XV*. I. Crisolora. 2. I due Maestri Giovanni da Ravenna. 3. Francesco Filelfo. 4. Antonio Beccadelli. 5. Giovanni Lamola. 6. Poggio. (in *Giornale Storico della Letteratura Italiana*, vol. v.) 8°. Torino 1885.

Sabbadini (Remigio). *Storia del Ciceronianismo nell' età della Rinascenza*. 8°. Torino 1885.

Sabbadini (Remigi). *Studi di Gasparino Barzizza su Quintiliano e Cicerone*. 8°. Livorno 1886.

Sabbadini (Remigio). *Vita di Guarino Veronese* (in *Giornale Ligustico*, ann. xviii.). 8°. Genova 1891.

The same work, reprinted as an independent volume. Genova 1891.

Santi (Giovanni). *Federigo di Montefeltro. Duca di Urbino, Cronaca*. Zum ersten Male herausgegeben von Dr Heinrich Holtzinger. 8°. Stuttgart 1893.

Sassuolo Da Prato [Saxolus Pratensis]. See under 'Guasti (Cesare).

Schmidt (Karl). *Die Geschichte der Pädagogik*. 3 voll. 8°. Berlin 1894.

Schmidt (Otto Eduard). *Die Visconti und ihre Bibliothek zu Pavia*. (in *Zeitschrift fiir Geschichte und Politik*. 1888). Bd. II. 8°. Stuttgart 1888.

Shepherd (William). *The life of Poggio Bracciolini*. 4°. Liverpool 1802.

Symonds (John Addington). *The Renaissance in Italy*. i. The Age of the Despots; ii. The Revival of Learning. 8°. London 1875—7.

Thurot (Charles). *De l'organisation de l'enseignement dans l'Université de Paris au moyen-âge.* [*Thèse prisentée à la Facultè des Lettres de Paris.*] 8°. Paris, Besancon 1850.

Ticozzi (Stefano). *Storia dei Letterati e degli Artisti del Dipartimento della Piave.* tom. I. (all published). 4°. Belluno 1813.

Traversarius (Ambrosius) Camaldulensis. *Hodoeporicon*, ex bibliotheca Medicaea a Nicolao Bartholino Bargensi Publicae luci assertum. 4°. Flor. et Lucae [1680].

Traversarius (Ambrosius). See also under 'Mehus(L.).'

Vairani (Tommaso Agostino). *Cremonensium Monumenta Romae extantia.* fol. Romae 1778.

Contains *Comment. De Vita Victorini Felt.* by Platina.

Vegio (Maffeo). *De educatione liberorum.* Ed. J. Alenus Cremonensis. 8°. Basileae 1541.

Vergerius (Petrus Paulus). *Dei nobili costumi di Pierpaolo Vergerio,* trad. da Everardo Micheli. 16°. *Siena* 1878.

Vergerius (Petrus Paulus). *De Ingenuis Moribus.* Ed. J. Alenus Cremonensis [with treatiese by L. V. Roscius and others]. 12°. Basil. 1541.

Vergerius (Petrus Paulus). *Epistole di Pietro Paolo Vergerio.* [Collected and edited by Carlo A. Combi.] 4°. Venezia 1887.

Vives (Joannes Ludovicus). *De tradendis disciplinis.* Colon. Agr. 1536.

Voigt (Georg). *Die Briefsammlungen Petrarca's und der venetianische Staatskanzler Benintendi* (in *Abhandlungen der k.*

bayerisch. Academie der Wiss. Ⅲ. Cl. XVI. Bd. III. Abth.). 4°. München 1882.

Voigt (Georg). *Die Wiederbelebung des classischen Alterthums : oder das erste fahrhundert des Humanismus*. 3ᵗᵒ Aufl., besorgt von Max Lehnerdt. 2 voll. 8°. Berlin 1893.

Voigt (Georg). *Enca Silvio de' Piccolomini als Papst Pius der Zweite und sein Zeitaller*. 8°. Berlin 1856.

Zardo (A.). *Il Petrarca e i Carraresi*. 8°. Milan 1887.

人名与主题索引

《文艺复兴时期教育研究，1400—1600》

Young children，teaching of，118，119，277—9

《维多里诺与其他人文主义教育家》

译后记

　　《文艺复兴时期教育研究》是英国著名历史学家、教育史学家威廉·哈里森·伍德沃德在西方学术界享有盛誉的重要著作。本著作现被列入山东教育出版社策划的"西方教育史经典名著译丛"——"十二五"国家重点图书出版规划项目、2012 年度国家出版基金项目。这里，我们深切地期望，通过本著作的翻译出版，将在文艺复兴时期教育研究的文献资料和分析评述上，有助于我国教育界众多学者，尤其是高等院校教育史专业研究者、教师和学生拓宽思路和深入思考。

　　本著作英文版中包含了大量拉丁文的词汇和句子，还有少量希腊文、意大利文、法文和德文的词汇和句子。在翻译过程中，我们尽力把它们译成了中文，有的句子可能译得还不够准确，有的句子只是意译，但我们把原文都注在了后面，这样读者如有需要的话，可以自己根据原文再进行核查。

　　《文艺复兴时期教育研究，1400—1600》一书的翻译根据其 1924 年版（第一版为 1906 年）。该书共 13 章，其中，第 1—6 章、第 10—11 章和第 13 章由浙江大学教育学院赵卫平副教授翻译，第 7 章和第 12 章由浙江大学教育学院教师赵康博士翻译，第 8—9 章由西安外国语大学英语教育学院赵花兰副教授翻译，最后由赵卫平副教授校阅和统稿。该书现还收入了 1967 年版中劳伦斯·斯通撰写的序言（由赵卫平翻译）。在此对在翻译过程中提供各种帮助的其他同志谨表谢意。《维多里诺与其他人文主义教育家》一书的翻译根据其 1963 年版（第一版为 1897 年）。该书共 3 个部分，由西安外国语大学英语教育学院赵花兰副教授翻译。

在《文艺复兴时期教育研究》一书即将出版之际，我们衷心感谢山东教育出版社领导对学术著作出版的大力支持，并对"西方教育史经典名著译丛"的策划人和责编蒋伟、牟逊的辛勤劳动表示真诚的谢意。

由于译者的水平有限，书中难免有不妥之处，敬请读者批评指正。

赵卫平

浙江大学教育学院

赵花兰

西安外国语大学英语教育学院

2013 年 8 月